TRAITÉ

THÉORIQUE ET PRATIQUE

DE

CONTRAT D'ASSURANCE SUR LA VIE

PAR

J. LEFORT

AVOCAT AU CONSEIL D'ÉTAT ET A LA COUR DE CASSATION
LAURÉAT DE L'INSTITUT

TOME DEUXIÈME

**Exécution du contrat d'assurance sur la vie.
Obligations résultant du contrat. — Effets du contrat à l'égard de
l'assureur, de l'assuré, du bénéficiaire et des tiers. — Attribution
du bénéfice de l'assurance.**

PARIS

THORIN & FILS, ÉDITEURS

LIBRAIRES DU COLLÈGE DE FRANCE, DE L'ÉCOLE NORMALE SUPÉRIEURE,
DES ÉCOLES FRANÇAISES D'ATHÈNES ET DE ROME,
DE LA SOCIÉTÉ DES ÉTUDES HISTORIQUES
1, RUE LE GOFF, 1

1894

TRAITÉ

DU

CONTRAT D'ASSURANCE SUR LA VIE

TOME DEUXIÈME

TRAITÉ

THÉORIQUE ET PRATIQUE

DU

CONTRAT D'ASSURANCE SUR LA VIE

PAR

J. LEFORT

AVOCAT AU CONSEIL D'ÉTAT ET A LA COUR DE CASSATION
LAURÉAT DE L'INSTITUT

TOME DEUXIÈME

Exécution du contrat d'assurance sur la vie.
Obligations résultant du contrat. — Effets du contrat à l'égard de
l'assureur, de l'assuré, du bénéficiaire et des tiers. — Attribution
du bénéfice de l'assurance.

PARIS

THORIN & FILS, ÉDITEURS

LIBRAIRES DU COLLÈGE DE FRANCE, DE L'ÉCOLE NORMALE SUPÉRIEURE,
DES ÉCOLES FRANÇAISES D'ATHÈNES ET DE ROME,
DE LA SOCIÉTÉ DES ÉTUDES HISTORIQUES
4, RUE LE GOFF, 4

1894

TRAITÉ

THÉORIQUE ET PRATIQUE

DU

CONTRAT D'ASSURANCE SUR LA VIE

QUATRIÈME PARTIE

OBLIGATIONS DE L'ASSUREUR, DE L'ASSURÉ, DU TIERS ASSURÉ ET DU BÉNÉFICIAIRE.

Dans le contrat d'assurance sur la vie il intervient d'ordinaire trois personnes :

L'assureur qui, moyennant une prestation annuelle nommée prime, assume tous les risques ou mieux s'engage à verser telle somme si le décès du souscripteur de la police ou assuré se produit dans les conditions déterminées ;

L'assuré, qui se fait promettre par le premier qu'à sa mort et si le contrat est maintenu dans toute sa force, un capital fixé sera payé à un tiers ;

Le *bénéficiaire*, qui est ce tiers et qui recueillera le profit du contrat.

Chacune de ces personnes a des droits. L'assureur a le droit de toucher la prime et de réclamer la rupture de l'engagement dans des circonstances déterminées ; l'assuré a la faculté de continuer chaque année l'opération et de se procurer ainsi en principe la certitude qu'une indemnité sera acquise, à sa mort, à une autre personne; le bénéficiaire est le créancier de la somme promise par l'assureur.

Mais chacune de ces personnes a aussi des obligations particulières.

C'est cette étude qui va être abordée dans cette quatrième partie.

CHAPITRE PREMIER

OBLIGATIONS DE L'ASSUREUR.

L'acceptation de l'assurance par la Compagnie crée pour cette dernière des obligations spéciales. Ces obligations sont de différentes sortes. Il faut distinguer les obligations qui naissent lors de la formation du contrat, celles qui se produisent au cours du contrat et celles qui résultent de l'arrivée de la condition prévue.

SECTION I

Obligations lors de la formation du contrat.

Lors de la formation du contrat l'assureur doit, en premier lieu, faire connaître sa personnalité, révéler la constitution et la nature de la Société. Le contrat serait nul si l'assureur se rendait coupable de dissimulation à cet égard[1]. L'erreur sur la personne de l'assureur entraîne la nullité du contrat.

De plus, l'assureur doit donner communication à l'assuré des conditions générales de la police avant la signature du contrat. Il est indispensable que l'assuré en ait connaissance, même avant de faire les déclarations prescrites pour la validité de la convention.

En outre, la Compagnie doit se conformer aux devoirs qui lui incombent pour permettre, à la personne qui se présente et qui se trouve dans les conditions voulues, de mettre à exécution le projet de contrat. C'est ainsi qu'elle doit délivrer la police sans laquelle le contrat pourrait être dépourvu d'utilité, puisque la police est précisément une des pièces dont la production est exigée pour le versement du capital assuré.

1. Paris, 27 août 1838, Bonnev. de Mars. : II, 40.

Seulement, il est à remarquer que si la police se perd du vivant de l'assuré ce dernier ne saurait obliger la Compagnie à lui donner un duplicata [1]. La remise d'un duplicata pourrait, en effet, au cas où la police serait transmissible par la voie de l'endossement, procurer le moyen de négocier le titre. Mais ce n'est pas une prohibition absolue ; la Compagnie est maîtresse d'agir à sa guise. Ce qui est certain, c'est que l'assuré n'a aucun moyen d'action [2].

Il est à peine nécessaire de dire que l'assureur ne doit pas plus modifier de son plein gré les clauses de la police que déroger aux Statuts et méconnaître les tarifs approuvés par le Gouvernement.

SECTION II

Obligations au cours du contrat.

1. — Lorsque l'assureur a accepté l'assurance proposée par une personne, il est tenu à l'égard de cette dernière. Tant qu'elle le demande, il doit renouveler le contrat d'année en année. Il ne peut s'y refuser en invoquant l'état de santé devenu forcément plus précaire avec l'âge (sauf, bien entendu, toute aggravation de risques imputable à l'assuré). Et la Compagnie est si bien engagée qu'elle n'a pas

1. Couteau : *Traité des assurances sur la vie*, T. II, p. 273 ; Bédious : *Le contrat d'assurance en cas de décès*, p. 53. Conf. Trib. civ. Seine, 22 janvier 1876, *Journ. des assur.*, 76, 114. Trib. civ. Genève, 27 juin 1879, *Semaine judic.*, 1879, p. 757 ; C. Genève, 12 janvier 1880, *ibid.*, 1880, p. 91. — *Contrà*, Trib. civ. Seine, 17 juin 1873, *Journ. des assur.*, 73, 413. — V. aussi Aguel : *op. cit.*, n° 409.

2. Des réformes ont été proposées à cet égard.

En premier lieu, l'on a songé à appliquer l'art. 152 C. Comm., d'après lequel le juge peut autoriser le payement d'une lettre de change perdue moyennant justification de la propriété et caution tenue pour trois années. Mais une pareille solution a été écartée, par la raison que l'art. 152 concerne expressément les effets de commerce et qu'il n'est pas possible de l'étendre à d'autres titres, par cela seul qu'ils contiendraient la clause à ordre. Paris, 13 décembre 1854, D. P. 55, 5, 34. — V. *Anal.* Trib. civ. Seine, 11 août 1877, 26 mars 1879 et 12 février 1881, Bonnev. de Mars., III, 215, 236, 266. Conf. Rome : *Du contrat d'assur. sur la vie*, p. 184.

En second lieu, on a proposé d'étendre aux polices d'assurances sur la vie les dispositions de la loi du 15 juin 1872 sur les titres au porteur perdus ou volés (*Le Droit*, 24 juin 1880), ou bien de déclarer applicable la prescription de cinq ans édictée par l'art. 189 C. Comm. (V. Vauzanges, *Monit. des assur.*, septembre 1880), ou encore de rendre les endossements opposables aux Compagnies seulement après notification par voie extrajudiciaire (*De la perte des polices d'assurances sur la vie*, *Gazette des tribunaux*, 9 décembre 1880). Peut-être conviendrait il, pour les polices à ordre, d'insérer dans le contrat la clause édictant la prescription de cinq ans, et, pour les autres, de s'inspirer de l'art. 19 du décret du 10 août 1868, relatif à l'exécution de la loi du 11 juillet 1865 et qui permet de pourvoir au remplacement du livret-police perdu dans les formes prescrites pour les titres de rente sur l'État, sur la production d'une déclaration faite devant le maire de la commune où l'assuré a sa résidence. — *Sic* Couteau : *op. cit.*, T. II, p. 273.

La Compagnie ne saurait être tenue en principe de remettre à l'assuré un dupli-

le pouvoir de modifier pour le renouvellement les conditions primitivement fixées quant au montant de la prime. Elle ne peut pas réclamer une somme plus forte, elle est astreinte à se contenter de la
prime uniforme. D'autre part, elle n'est pas fondée à exiger de l'assuré des justifications nouvelles pour son état de santé et elle n'a
pas la faculté d'imposer une nouvelle visite du médecin [1].

II. — En second lieu, la Compagnie est obligée de veiller à la
gestion des fonds qui lui ont été confiés par les différents assurés et
qui contribueront au paiement de l'indemnité.

Ainsi que cela a été établi plus haut [2], l'assurance suppose et exige
nécessairement l'association ; le contrat n'intervient qu'à titre de
procédé pratique du principe de l'association [3].

L'assureur qui dirige cette association ne doit rien négliger pour
que les intérêts que cette dernière lui confie soient sauvegardés.
Ainsi il tiendra la main à ce que les différentes clauses des polices

cela en cas de perte de la police, si cette dernière était transmissible par endossement ; ce duplicata permettrait au souscripteur de le transférer à un tiers alors
que le double original primitif aurait déjà fait peut-être l'objet d'une première
transmission ; la Compagnie pourrait se trouver en présence de deux porteurs et
être exposée à payer deux fois (Trib. civ. Seine, 22 janvier 1876, *Journ. des assur.*,
76, 114).

Si la police n'est pas transmissible par endossement, comme dans ce cas elle
ne peut être transférée sans que la Compagnie en ait connaissance, on pourra,
au contraire, délivrer un duplicata, mais sous certaines conditions et réserves
(déclaration de perte, garantie contre la réclamation des tiers).   Trib. civ. Seine,
17 juin 1873, *Journ. des assur.*, 73, 445 ; Trib. civ. Seine, 19 juin 1880, *ibid.*,
80, 308.

En ce qui concerne la délivrance d'une copie ou d'une expédition de la police,
ce n'est pas douteux, les Compagnies sont libres de refuser ou de délivrer, suivant les circonstances, la copie qu'on leur demande ; en principe, elles ne doivent pas copie de leur police. Elles ne consentent, sauf de rares exceptions, à
remettre une copie de la police qu'au souscripteur lui même. En pareil cas elles
ont même soin de mentionner, sur la copie qu'elles remettent, par un *nota* particulier, que la copie est sans valeur et délivrée à titre de simple renseignement.
Les Compagnies refusent de donner copie de la police aux tiers, bénéficiaires ou
créanciers. Elles considèrent qu'elles sont tenues, sinon par la loi, au moins par
la nature même de leurs opérations, au secret professionnel absolu. Elles croi-
raient manquer à la discrétion professionnelle, sur laquelle le souscripteur a
compté, en délivrant, à un autre que le souscripteur, copie d'un contrat qui doit
rester secret jusqu'au jour du décès.   Cf. *Journ. des assur.*, 1893, p. 252 et 253.

Il a été cependant jugé (Trib. civ. Seine, 18 mai 1893, *Journ. des assur.*, 93, 250,
Rev. périod. des assur., 93, 412, que le syndic a le droit de réclamer à la Compagnie une copie du contrat passé par une personne tombée ultérieurement en faillite ; cette décision écarte l'objection tirée du secret professionnel, mais se base
sur ce que le syndic se trouve investi d'un mandat de justice à l'effet de reconnaître les forces et les charges de la faillite.

1. Il a été soutenu (Versigny : *Monit. des assur.*, avril 1869, p. 162) que si l'assuré
veut faire revivre le contrat frappé de déchéance pour non paiement de la prime,
la Compagnie ne peut par elle même, et sans l'intervention de la justice, refuser
l'assuré prouvant qu'il est en bon état de santé.

2. V. T. Ier, p. 100 et suiv..

3. Cf. de Juvigny : *Coup d'œil sur les assurances sur la vie des hommes*. Paris, 1825.

soient rigoureusement observées; il portera son attention sur les
cas de déchéance de façon qu'il en soit tenu compte; de même, il
doit s'opposer à l'admission de personnes ne se trouvant pas dans
les conditions prévues et normales, puisqu'il est essentiel que le
groupe des assurés comprenne des individus placés dans une situation identique quant aux chances de risques; enfin, il lui incombe
de faire tous ses efforts pour que les risques soient exactement
supportés et qu'ils ne soient pas aggravés, le défaut de surveillance
à cet égard étant de nature à faire sortir de la caisse de la mutualité
des sommes qui ne seraient point dues en réalité et dont le versement opéré soit à la suite d'erreur, soit à la suite de fraudes,
appauvrirait d'autant le fonds commun.

D'autre part, il appartient à la Compagnie de faire fructifier les
sommes considérables que, grâce aux réserves, elle a dans sa caisse,
de manière à pouvoir affecter le produit aux opérations d'assurance.
Mais elle doit agir à cet égard d'une façon sûre et prudente. Cet
argent en effet ne lui appartient pas d'une façon absolue, à la différence de la réserve statutaire imposée à toute Société qui veut sérieusement opérer; les sommes composant la réserve n'ont qu'un objet :
fournir une garantie aux assurés, la certitude que le chiffre de la
prime sera suffisant et ne devra pas être augmenté; la Compagnie
ne doit point détourner de son but cette réserve destinée, selon la
définition classique, à faire face aux risques restant à courir [1].

La Compagnie agit sous sa responsabilité, mais dans la plénitude
de ses pouvoirs, conformément aux Statuts et sous la surveillance du
Gouvernement [2].

Bien que fort intéressés au maintien de la solvabilité de la Compagnie, les assurés ne sauraient vouloir s'immiscer dans l'administration de la Société; s'ils conçoivent des craintes ils ont seulement
la faculté de cesser leur assurance et de faire liquider leur compte,

---

1. La réserve des primes ne semble pas, quoiqu'on ait pu dire (Léon Marie :
Bullet. de l'Institut des actuaires français, janvier 1893; *Bullet. de l'Institut des
actuaires français*, avril 1893, p. 30 ; Couteau : *op. cit.*, T. II, p. 253), être la propriété absolue des assurés. Les primes qui ont servi à la constituer ont été alié-
nées totalement par ces derniers au profit de l'assureur. Ce qui est seulement
vrai, c'est que la Compagnie est absolument tenue de conserver à la réserve sa
destination première et essentielle, et de restituer la fraction relative au risque
futur, lorsqu'il intervient l'opération comme sous le nom de rachat, c'est-à-dire
quand le contrat n'est pas renouvelé avant l'arrivée de la condition.— V. sur cette
question Adan : *Du droit de propriété sur la réserve de primes dans les assurances
en cas de décès* (*La Belgique judiciaire*, 16 juillet 1893), et les autorités citées par ce
savant distingué ; Rehfous : *op. cit.*, p. 82.

2. D'après l'art. 5 du décret du 22 janvier 1868, à l'exception des sommes nécessaires aux besoins du service courant, les fonds des Sociétés anonymes d'assurances à primes doivent être employés en acquisitions d'immeubles, en rentes sur
l'État, Bons du Trésor et autres valeurs créées ou garanties par l'État, en actions
de la Banque de France, en obligations des départements et des communes, du
Crédit Foncier de France ou des Compagnies françaises de chemins de fer qui ont
un minimum d'intérêt garanti par l'État.

le paiement des primes étant facultatif, sauf à eux à réclamer des dommages intérêts pour le préjudice causé par la rupture du contrat. Mais ils ne peuvent faire plus.

III. — D'un autre côté, la Compagnie doit veiller à l'administration des sommes destinées à être réparties par la voie de la participation aux bénéfices. L'on sait, en effet, qu'après avoir prélevé les frais généraux et la rémunération destinée aux actionnaires, les Compagnies ont l'habitude de faire participer les assurés au bénéfice annuel résultant de la différence entre le montant des primes versées et celui des sommes à payer. La Compagnie est maîtresse absolue à cet égard. D'après les polices, c'est le Conseil d'administration qui seul détermine les bases et le mode de calcul servant à établir le chiffre des bénéfices réalisés, la durée de la période des inventaires, l'époque des répartitions, ainsi que le montant; c'est l'assemblée générale des actionnaires qui approuve les comptes. Les assurés sont tenus de les accepter. Il leur est formellement interdit de les critiquer. La police peut leur enlever d'une façon précise le droit de réclamer la production des comptes et exercer un contrôle. Mais la Compagnie n'en est pas moins obligée d'agir au mieux des intérêts des assurés.

Pareillement l'assureur doit tenir compte de la quote part afférente dans les bénéfices à la personne indiquée dans la police, à défaut d'indication à la personne chargée du service des primes, c'est-à-dire au contractant, puisque la participation aux bénéfices a pour objet d'obvier à l'exagération des primes. Il en doit tenir compte de la manière et aux époques indiquées. En outre, la Compagnie n'a pas le moyen, en principe, de contester à l'assuré le choix qu'il peut faire relativement à la fraction qui lui revient dans la participation aux bénéfices. L'assuré a la faculté absolue, à son gré, soit de réclamer le montant en argent, soit de demander que la somme lui revenant serve à réduire la prime, ou bien à augmenter le capital assuré. Bien certainement des dispositions précises ont été édictées à ce propos, notamment pour soumettre le participant à l'obligation de faire connaître à l'assureur son option dans un délai déterminé, à moins d'être considéré comme ayant manifesté l'intention de voir la somme augmenter le capital assuré. Mais le droit du participant n'en existe pas moins et la Compagnie n'en est pas moins forcée, sauf stipulation contraire, d'accepter le choix.

L'assureur doit rester solvable jusqu'à l'échéance du contrat: il faut que l'assuré trouve bien la contrepartie de la prestation qu'il accomplit. C'est là un principe qui, formulé par l'art. 346 C. Comm. conformément à une ancienne doctrine [1] pour les assu-

1. Pothier : *Tr. du contr. d'assurance*, n° 187.

rances maritimes, est applicable en matière d'assurance sur la vie.

L'insolvabilité de la Compagnie, manifestée par la faillite [1], peut avoir les plus graves inconvénients pour l'assuré : ce dernier voit disparaître les garanties sur lesquelles il avait traité lors de la signature du contrat et sur lesquelles il était en droit de compter; d'un autre côté, s'il veut continuer à recourir à l'assurance il faut qu'il s'adresse à une autre Compagnie; dans ce cas il a à se livrer aux démarches nécessaires en pareille circonstance; il a à supporter en particulier l'examen médical qui n'est pas sans causer une certaine gêne, surtout lorsqu'il s'agit d'une femme; en outre la situation dans laquelle il se trouve est moins bonne : il est plus avancé en âge ; il se peut aussi qu'il ait contracté depuis sa première assurance des affections de nature à motiver soit un rejet de sa proposition, soit une aggravation des conditions.

Aussi des mesures doivent elles être prises dans l'intérêt de l'assuré.

La Compagnie est tenue, en cas de faillite, ou bien de fournir une caution destinée à assurer le paiement du capital assuré, si la condition prévue au contrat vient à se réaliser, ou bien (car il est difficile de trouver en l'espèce une caution bonne et valable, à cause des intérêts et des sommes considérables qu'il faudrait garantir [2]) de subir la résiliation [3], mais la résiliation avec dommages intérêts représentant précisément la différence du taux de la prime à payer pour l'assurance nouvelle [4]. De plus au

1. Il faut que l'insolvabilité soit réelle; de simples craintes ne suffiraient pas. V. notamment, Trib. comm. Seine 12 juin 1884, *Journ. des assur.*, 84, 372.

2. Sans doute la Compagnie peut se substituer un autre assureur, mais cette substitution ne peut avoir lieu dans tous les cas.

D'après l'art. 29 de la loi belge du 11 juin 1874, si l'assureur tombe en faillite lorsque le risque n'est pas encore fini, l'assuré peut demander caution ou, à défaut de caution, la résiliation du contrat. On trouve la même disposition dans l'art. 285 du Code de commerce néerlandais, dans l'art. 536 du Code civil du canton de Zurich, dans l'art. 433 du Code de commerce italien, dans l'art. 458 du Code de commerce portugais.

3. C'est encore la meilleure sauvegarde lorsqu'il est constant que la situation financière de l'assureur est compromise, Trib. Gand, 25 mars 1874, *Journ. des assur.*, 75, 140.   Voir aussi Paris, 4 août 1882. S. 83, 2, 175; D. P. 84, 5, 31; Toulouse, 2 mai 1883. S. 83, 2, 175; D. P. 84, 2, 46.

4. Couteau : *op. cit.*, T. II, p. 255 et 309. — Vivante : *Il contratto di assicurazione*, T. III, p. 229 et 233; Furquim d'Almeida : *Des assur. sur la vie spécialem. en cas de décès*, p. 108; Rehfous : *op. cit.*, p. 87.

L'opinion ne semble pas douteuse; ces renvois ont seulement pour effet de montrer que telle est bien la doctrine admise en France, en Italie, en Belgique et en Suisse. Pour établir qu'en cas de résiliation l'assuré ne doit pas être admis au passif de la faillite pour le montant total du capital assuré, l'on a parfois songé à invoquer la jurisprudence (Cass., 10 août 1863, D. P. 63, 1, 349 ; Paris, 15 mai 1878. D. P. 82, 1, 107 ; Paris, 28 janv. 1879, D. P. 80, 2, 25) d'après laquelle, en cas de faillite d'une Société ayant émis des obligations remboursables à un taux supérieur à celui de leur émission, les porteurs sont admis au passif seulement pour la somme réellement versée à la Compagnie (Herbault : *Traité*

cas de résiliation la valeur du rachat doit être remboursée[1].

Lorsque l'assureur tombe en faillite il ne doit pas, au jour de la faillite, à l'assuré, en cas de décès, pour la vie entière, le capital assuré. L'obligation assumée par la Compagnie est conditionnelle; cet engagement est subordonné à la condition suspensive du décès, et du décès se produisant dans des conditions déterminées; cette condition ne s'étant point réalisée, il ne saurait être question du versement du capital. De plus, si l'on appliquait dans sa rigueur le principe de l'exigibilité de la créance, on aboutirait à un résultat inadmissible : toutes les personnes qui ont traité avec la Compagnie se présenteraient avec des droits égaux, elles seraient en mesure de réclamer des dividendes nécessairement proportionnels au capital promis; il arriverait que deux stipulants qui ont souscrit au même âge une assurance pour la même somme, mais à des époques différentes, recevraient une indemnité identique, et pourtant l'un aurait payé les primes pendant une période moins longue[2]. Il faut donc purement et simplement appliquer l'art. 346 et reconnaître à l'assuré le droit à la dernière prime, à la prime de l'année courante, du moment que la Compagnie ne peut remplir ses engage-

---

des assurances sur la vie, p. 263; Dalloz : *Rép. Supplém.* v° *Assur. terr.*, n° 396). Pour se rallier à une pareille opinion, il faut nécessairement accepter cette idée que l'assurance sur la vie est un placement fait avec une stipulation de remboursement à long terme assimilable à une obligation de chemin de fer remboursable par voie de tirage au sort. Or, nous nous refusons à l'admettre. L'obligation qui résulte d'un contrat d'assurance pour la Compagnie est conditionnelle et non à terme; le capital est dû uniquement si l'assuré meurt dans le laps de temps garanti par le paiement de la prime, après renouvellement du contrat. — V. Couteau : *op. cit.*, T. II, p. 255 et 340.

1. Nous adhérons complètement à la proposition (Couteau : *loc. cit.*) de faire garantir le solde créditeur de chaque assuré par une affectation spéciale, afin d'éviter le danger d'être remboursé, en monnaie de dividende, de la portion des primes payées par anticipation.

Il est certain que la législation actuelle en matière de faillite ne sauvegarde pas suffisamment les assurés. A l'étranger on paraît plus disposé à prendre des mesures; à la vérité, elles s'imposent moins en France car la faillite pour les Compagnies françaises est peu probable; elle ne peut guère résulter que d'une gestion défectueuse et anti statutaire, c'est à dire d'actes que le contrôle peut prévoir et réprimer. Aux États Unis l'on paraît avoir songé à prendre des mesures particulières. L'art. 21 de l'*Act* de 1870 sur les Compagnies d'assurances sur la vie dispose que la mise en liquidation pour insolvabilité d'une Compagnie doit être prononcée, s'il est établi que le capital joint aux primes à recevoir est insuffisant pour payer les dettes futures résultant de toutes les opérations (Crawley : *Law of life insurance*, append.). Dans l'État de New-York le superintendant a pour devoir de provoquer la faillite et la liquidation de la Société dont les ressources ne sont pas en rapport avec les risques en cours. Vivante : *op. cit.*, T. III, p. 101, note 1.

2. Boure : *op. cit.*, p. 161. M. Patinot qui, pour refuser le droit de paiement, s'appuie sur ce que la somme assurée n'est due que sous la condition du paiement annuel des primes, fait valoir de plus que l'on ne saurait argumenter de ce qui est généralement décidé pour les loyers futurs dus au failli par la raison que l'on ne peut assimiler à l'obligation passive du propriétaire l'obligation active du débiteur des primes. *De l'assur. sur la vie : Rev. prat. de dr. fr.*, T. XXVI, 1868, p. 565.

ments, à la valeur du contrat au jour de la faillite, c'est-à-dire à la valeur de rachat, sans parler des dommages intérêts [1].

Si l'assuré ne peut demander, en cas de faillite, le montant du capital assuré, à plus forte raison ne peut-il réclamer avec la résiliation *ab initio* la restitution de toutes les primes payées; en effet, malgré la résiliation, le contrat a existé pendant un certain temps; durant une période la Compagnie a assumé les risques; il est naturel qu'elle conserve les primes qui en sont la contrepartie [2].

En cas de liquidation forcée la situation est absolument différente. La mise en liquidation ordonnée par justice, ou du moins le mauvais état des affaires qu'elle rend public ne délie sans doute pas les parties de leurs engagements [3], mais elle autorise l'assuré à demander la cessation du contrat. La rupture doit d'ailleurs être admise d'autant plus facilement qu'elle ne produit d'effet que pour l'avenir et ne préjudicie à la Compagnie qu'en ce qu'elle lui retire des bénéfices éventuels [4].

Par conséquent, l'assuré a le choix entre l'attribution d'une caution et la résolution [5].

Au contraire, la mise en liquidation volontaire ne saurait en principe obliger l'assureur soit à fournir une caution, soit à subir la résiliation. Il est vrai que la mise en liquidation a pour conséquence nécessaire de diminuer les garanties de solvabilité que présentait la Société avant sa mise en liquidation; la mise en liquidation empêche de contracter de nouvelles assurances et maintient l'existence pour les seuls besoins de la liquidation [6]; par suite de l'impossibilité où la Compagnie se trouve de passer de nouveaux traités, il n'y a plus équilibre final entre les sommes à rembourser en cas de sinistre et les primes encaissées. Néanmoins cette modification dans les conditions d'existence ne peut être considérée comme de nature à obliger l'assureur à subir la résiliation. C'est qu'en effet le contrat doit être maintenu, malgré des circonstances susceptibles de le faire considérer comme moins solide, lorsque l'assuré ne peut reprocher à

1. M. Patinot avait prétendu que la faillite donne un droit de créance égale à la somme qu'il faudrait pour faire une assurance dans les mêmes conditions que celle qui a été résolue (*loc. cit.*, p. 565). Mais il a été jugé que le montant de la créance, pour laquelle chaque assuré est admis à produire, doit être égal à la valeur au comptant de son contrat au jour de la faillite, c'est-à-dire à la somme dont l'assuré se trouve crédité à son compte spécial de la réserve (Trib. comm., Seine, 10 nov. 1885; Dalloz, *Rép. Supplém.*, v° *Assur. terr.* n° 391). En Suisse il a été décidé que les dommages intérêts peuvent être accordés sous forme de diminution proportionnelle de la prime. Trib. fédér. Suisse, 26 avril 1890, S. 91, 4, 22.

2. Trib. fédér. Suisse, 26 avril 1890, S. 91, 4, 22.

3. V. notamment Trib. Seine, 16 juill. 1851, *Journ. des assur.*, 51, 204.

4. Note, D. P. 86, 1, 129.

5. Trib. Gand, 25 mars 1874, *Journ. des assur.*, 75, 149; Trib. Lyon, 23 août 1882 *ibid.*, 83, 52; *Sic* Turin, 29 févr. 1889, *La Legge*, 89, 765.

6. Cass. 16 août 1880, S. 82, 1, 176; D. P. 82, 1, 80; 11 mars 1884, S. 85, 1, 447; D. P. 84, 1, 199.

l'assureur d'avoir diminué par son fait les garanties sur lesquelles il était en droit de compter [1]. D'autre part, l'assuré savait que la Société avait le droit de se dissoudre et de se mettre en liquidation ; par suite, il a dû prévoir cet état de liquidation et il ne saurait s'en plaindre [2].

Bien que le cas ne soit guère vraisemblable il se peut que l'assureur ne soit pas un assureur de profession et qu'il tombe en déconfiture. En semblable occurrence l'assuré semble avoir le droit de réclamer toute la somme promise lorsque la prime consistant en une prestation unique a été intégralement versée et la solution doit être la même pour la prime consistant en versements périodiques, l'art. 1188 C. Civ. étant applicable ici. Seulement à raison de sa propre dette, dette résultant des primes dont il est tenu, l'assuré agira peut-être d'une façon plus sage en demandant la résiliation avec dommages intérêts, de façon à se soustraire aux conséquences futures de son engagement et à pouvoir produire à la contribution pour la somme à lui allouée [3].

<h2 style="text-align:center">SECTION III</h2>

<h3 style="text-align:center">Obligations à l'arrivée de la condition prévue.</h3>

L'assureur est tenu de payer le capital lorsque se produit la condition prévue [4]. Ce n'est pas, comme on l'a écrit, la seule obligation qui découle du contrat à la charge de l'assureur [5], les observations qui précèdent l'ont fait voir. C'est plutôt, suivant une judicieuse expression, l'obligation primordiale, celle qui le domine tout entier [6].

---

1. Ainsi, sous certaines conditions dont il sera parlé plus loin, en cas de mise en liquidation même volontaire, l'assuré peut demander la rupture du contrat lorsque la Compagnie n'offre plus aucune garantie. Cass., 20 oct. 1865, D. P. 86, 1, 130 ; Bordeaux, 15 nov. 1851. S. 52, 2, 90.

2. Trib. Aix, 17 juill. 1851, *Journ. des assur.*, 52, 231 ; Trib. Lyon, 20 nov. 1851, *ibid.*, 52, 9 ; Trib. Aix, 4 déc. 1851, *ibid.*, 52, 10 ; Trib. Largentière, 18 mai 1852, *ibid.*, 52, 220 ; Trib. comm. Rouen, 20 oct. 1885, *ibid.*, 1886, 106 ; Douai, 19 novemb. 1879, D. P. 84, 5, 31 ; Agen, 24 nov. 1885, S. 87, 2, 149. Il en est autrement en matière d'assurances mutuelles.

3. Rome : *op. cit.*, p. 162.

4. Toutes les polices contiennent une clause analogue quant à la disposition : *Les sommes dues par la Compagnie sont payées au siège social, dans les trente jours de la remise de la police et des pièces justificatives dûment légalisées, lesquelles comprennent notamment l'acte de naissance, l'acte de décès de la personne dont la vie était assurée et le certificat du médecin constatant le genre de maladie ou d'accident auquel elle a succombé.*

5. Rome : *op. cit.*, p. 86 ; Typaldo Bassia : *Les assur. sur la vie au point de vue théor. et prat.*, p. 119 ; Masson : *Des assur. sur la vie et spécialem. de leur bénéfice*, p. 128.

6. Fey : *op. cit.*, p. 119.

L'assureur est tenu de payer, quelque soit le genre de mort, mort naturelle ou mort violente [1], pourvu, bien entendu, que le décès ne survienne pas dans les conditions exclues par la police (suicide, duel, etc.).

D'une façon générale l'on peut dire que c'est au moment où le sinistre se réalise que naît l'obligation de l'assureur [2]. Mais si l'arrivée de l'événement prévu suffit à elle seule à faire naître à la charge de l'assureur le devoir de payer la somme, il faut cependant que cet événement lui soit révélé. On ne saurait obliger de plein droit l'assureur à prévenir la demande des intéressés. C'est à ceux-ci qu'il appartient de faire valoir leur droit, et d'ordinaire on insère dans la police un délai de forclusion, passé lequel ils ne sont plus admis à faire aucune réclamation. Une semblable disposition est absolument régulière [3].

A moins d'une clause spéciale, les règles édictées par le Code civil pour le payement étant applicables, le capital devrait être versé par l'assureur aussitôt après le décès, à la date fixée. Mais dans la pratique il n'en est pas ainsi. Les polices accordent à la Compagnie pour se libérer un délai [4] fixé ordinairement à trente jours [5], à dater de la remise des pièces établissant le droit au capital assuré.

Un pareil délai n'a rien que de très rationnel. Il faut que l'assureur examine les documents qui lui sont soumis et vérifie si réellement la somme stipulée au contrat doit être remise.

---

1. Sauf recours, s'il y a lieu, contre l'auteur du crime ou du délit, au cas où l'assuré aurait été victime d'un méfait. Cour d'assises du Jura, 28 juin 1884, S. 85, 2, 219. La question sera traitée plus loin.

2. Cass., 25 janv. 1888, *Journ. des assur.*, 88, 184.

3. Cass., 1er févr. 1853, S. 56, 1, 892; D. P. 53, 1, 77; Nancy, 25 juill. 1851, S. 51, 2, 576; D. P. 52, 2, 67; 30 mai 1885, *Journ. des assur.*, 86, 69; 26 oct. 1885, *ibid.*, 86, 70; Trib. de Florac, 1er oct. 1885, *ibid.*, 86, 241; Trib. Belfort, 4 déc. 1888, *Journ. des assur.*, 89, 68; — Sic, Quénault : *Traité des assur. terr.*, p. 189; Grün et Joliat : *Traité des assur. terr.*, n° 357; Boudousquié : *Traité des assur. contre l'incendie*, p. 403; Persil : *Assur.*, n° 254; Alauzet : *Assur.*, T. II, n° 531; Pouget, *Dict. des assur.*, v° *Prescript.*, p. 607; Ruben de Couder : *loc. cit.*, v° *Assur. sur la vie*, n° 143. — V. aussi *Journ. des assur.* 1886, p. 71.

4. A défaut de stipulation d'un délai dans la police, le juge peut-il en accorder un à l'assureur? M. Tissier (*Des assur. sur la vie*, p. 171), après avoir constaté qu'en théorie l'affirmative n'est pas douteuse, combat l'opinion (V. Merger : *Assur. terr.*, p. 146) qui tendrait à accorder un délai de faveur aux Compagnies, par la raison que les Compagnies traitent spécialement en prévision de la mort de l'assuré, que toutes leurs opérations reposent sur des événements de cette nature, qu'elles ont donc dû se constituer un fonds de roulement suffisant pour parer à des éventualités qui font l'objet même de leurs opérations journalières. Il est bien certain en tout cas que des circonstances exceptionnelles (épidémie soudaine, guerre, invasion) doivent motiver une autre solution. Sic, Rome : *op. cit.*, p. 81 et 82.

5. Les Compagnies mutuelles se réservent un délai plus long parce que la répartition peut donner lieu à des difficultés et aussi parce que souvent, pour échapper à la nécessité d'un fonds de roulement, elles procèdent par des répartitions annuelles.

Une fois le décès porté à la connaissance de la Compagnie et les justifications faites, la Compagnie doit payer, sauf bien certainement à exciper des circonstances de nature à emporter déchéance.

L'assureur doit remettre la somme portée à la police. Comme le sinistre n'est pas partiel et comme l'évaluation du dommage a été faite lors de la signature du contrat, aucune difficulté ne peut s'élever[1]. En outre, non seulement il ne saurait être fractionné, mais il doit être intégral ; aucune réduction n'est admissible, en exceptant le cas où des primes seraient encore dues à la Compagnie. Et encore la diminution ne peut-elle intervenir que dans certaines conditions : comme le disposent les polices, lorsque la prime est payable par fractions semestrielles ou trimestrielles, la Compagnie déduit de la somme à payer par elle, les fractions semestrielles ou trimestrielles restant à payer sur l'année en cours au moment du décès.

Sauf clauses contraires et aussi sauf circonstances exceptionnelles, telles qu'une épidémie soudaine, une guerre, une invasion ayant pour effet de couper les communications, l'assureur doit payer comptant, en espèce, billets de banque ou en mandats à vue sur la succursale de la Banque la plus voisine de l'endroit où la police a été souscrite[2].

En cas d'assurance contractée sur la tête d'un tiers la Compagnie paie à l'assuré ; il en est de même s'il s'agit d'une assurance à capital différé. Si l'assurance est mixte la Compagnie se libérera valablement entre les mains de l'assuré s'il survit à l'époque fixée, entre les mains des ayants droit s'il est décédé à cette époque. Quand l'assurance est une assurance en cas de décès, le capital est touché par les ayants droit.

L'assureur n'a pas à se faire juge des difficultés qui se produisent

---

1. Merger : *op. cit.*, p. 117 ; Marshall : *op. cit.*, liv. III, ch. 3 ; Grün et Joliat : *op. cit.*, n° 411 ; Pardessus : *Dr. commerc.*, T. II, n° 595 ; Alauzet : *Assur.*, n° 550.

2. Si la somme à payer consiste non dans un capital déterminé, mais en une rente que l'assureur devra servir au bénéficiaire, la délivrance de cette rente devra se faire de la manière et dans les conditions prévues par la police. Faute par l'assureur d'y consentir, le jugement de condamnation qu'obtiendrait le bénéficiaire lui tiendrait lieu de titre de constitution de cette rente vis-à-vis de l'assureur. — Merger : *op. cit.*, p. 146.

Il a été jugé qu'au cas où les Statuts portent que les versements des primes devront être convertis en rentes sur l'État, c'est un coupon d'inscription de rentes qui sera à payer par cette Compagnie au moment de la liquidation de l'assurance et qui ne pourra être valablement saisi par les créanciers de l'assuré ; mais en même temps il a été reconnu que la saisie-arrêt frappe utilement les sommes dues en espèces par la Compagnie. — Trib. civ. Lyon, 3 décembre 1880, *Journ. des assur.*, 81, 140 ; *Monit. jud. de Lyon*, 2 février 1881.

D'autre part, le Tribunal civil de la Seine a décidé, le 28 février 1873 (*Journ. des assur.*, 73, 364), qu'il y a lieu de prononcer la nullité de la saisie-arrêt pratiquée entre les mains du directeur d'une Compagnie d'assurance sur la vie dont les Statuts disposent que le bénéficiaire ne pourra recevoir de la Compagnie que des coupons de rente sur l'État français.

pour l'attribution du capital assuré. Il n'a qu'à prendre les précautions convenables pour payer valablement, en tenant compte particulièrement des oppositions [1], et, en cas d'opposition il a la latitude de recourir aux offres réelles et à la consignation.

L'obligation de payer le montant de l'assurance ne pourrait donner action contre l'assureur que s'il y avait mise en demeure, et tout se bornerait aux intérêts de la somme exigible (art. 1153 C. Civ.).

Le paiement ne peut être fait qu'autant que la Compagnie a reçu toutes les pièces justificatives mentionnées par la police. Tant qu'elles n'ont pas été fournies elle est en mesure de refuser le versement du capital. La simple dénonciation du décès serait insuffisante [2]. Il faut que l'assureur puisse, s'il le juge à propos, faire procéder à toutes les mesures de contrôle nécessaires : les pièces dont la remise est imposée permettent seules de se livrer utilement à cet examen.

La personne qui est appelée à toucher le montant de l'assurance ne peut invoquer aucune excuse pour se dispenser de livrer les justifications nécessaires [3]. En particulier, elle ne peut opposer en principe [4] la perte ou la destruction de la police [5]. Mais si la

1. La Compagnie doit spécialement veiller au cas où le capital revenant à l'assuré est insaisissable. Il a été jugé à ce sujet que lorsqu'aux termes des Statuts, tout sociétaire, au moment du partage de l'association, n'a droit qu'à un coupon de rente sur l'État représentant sa part dans les bénéfices de l'association, cette part doit être déclarée insaisissable et ne peut être l'objet d'une saisie-arrêt de la part d'un créancier de l'assuré. Montpellier, 17 juin 1870, D. P. 71, 2, 179.

2. Cette seule dénonciation ne constituerait pas l'assureur en demeure et ne l'exposerait pas à des dommages-intérêts ; la mise en demeure ne peut résulter que d'une demande en justice ; d'autre part, ce serait à dater de cette demande, et non à partir du sinistre, que les intérêts pourraient être alloués à titre de dommages-intérêts. — Tissier : *op. cit.*, p. 172.

3. Toutes les polices sont formelles à cet égard :

Les sommes dues par la Compagnie sont payées au siège social dans les trente jours de la remise de la police et des pièces justificatives dûment légalisées, lesquelles comprennent notamment l'acte de naissance, l'acte de décès de la personne dont la vie est assurée et le certificat du médecin constatant le genre de maladie ou d'accident auquel elle a succombé.

Le décret du 10 avril 1868 sur le fonctionnement de la Caisse créée par la loi du 11 juillet 1868 impose également (art. 21) l'obligation de produire un livret-police, avec l'acte de décès, et un certificat de propriété.

Il est bien certain qu'afin de supprimer toute apparence de difficulté, la Compagnie peut requérir tous documents établissant bien le droit à la perception de la somme même, par exemple des actes de notoriété, des extraits de liquidation, etc.

Mais l'assureur ne peut se prévaloir d'une circonstance fortuite qui empêcherait le bénéficiaire de se procurer une des justifications nécessaires, par exemple le certificat *post mortem* que le médecin refuserait en excipant du secret professionnel. Trib. comm. Seine, 4 juillet 1889, *Rec. périod. des assur.*, 90, 220 ; Paris, 4 février 1891 ; *ibid.*, 91, 86 et *Journ. des assur.*, 91, 136 et S. 91, 2, 88 ; Trib. civ. Besançon, 17 février 1887, S. 87, 2, 94.

4. Nous disons en principe, car nous exceptons le cas où l'assureur aurait jugé à propos de délivrer un duplicata propre à remplacer la police ; en pareille circonstance il ne peut se prévaloir de l'absence du titre, puisqu'il a remis un document destiné à le remplacer. — Paris, 22 mai 1882 ; Bonnev. de Mars. : 11, 605 ; Agnel : *op. cit.*, n° 408.

5. Les Compagnies n'ont pas tardé, en effet, à revenir sur cette prétention qu'elles avaient essayé de faire prévaloir autrefois de considérer leur obligation anéantie

Compagnie est en droit de refuser tout versement entre les mains de la personne qui oppose cette perte, rien n'établissant que le titre, lorsqu'il est endossable, n'a pas été transmis à un tiers et l'assureur s'il consentait à verser les fonds pouvant être exposer à payer deux fois, elle n'est pas totalement libérée ; elle ne saurait être dégagée tant que la prescription de droit commun (art. 4262 C. Civ.) n'est pas accomplie [1]. Seulement la somme due doit être versée à la Caisse des dépôts et consignations, pour y rester à la disposition du tiers porteur éventuel de la police pendant le délai de trente ans à partir du décès de l'assuré, à l'expiration duquel seulement les représentants ou ayants cause de celui-ci seront autorisés, faute de représentation de la police par un tiers porteur, à retirer eux-mêmes ladite somme. Mais comme il doit être fait emploi du capital déposé en rente sur l'État 3 pour 100 au porteur, les représentants ou ayants cause peuvent être autorisés à toucher ces intérêts, à charge de donner caution pour les cinq premières années d'intérêts [2].

avec la police (v. Trib. comm. Seine, 2 décembre 1850 ; Bonnev. de Mars. : II, 128). Quoique l'on ait pu dire (Bravard Veyrières : *Dr. comm.*, T. III, p. 359, note 1 ; Elnert : *op. cit.*, p. 89 ; Brauer : *Die allgemeine deutsche Wechsel Ordnung*, p. 24), le débiteur ne doit pas au titre. — De Folleville : *De la possession des meubles*, n°s 272, 273 et 374 ; Bailly : *Rec. périod. des assur.*, 1893, p. 390, note.

1. Merger : *op. cit.*, p. 435. La prescription édictée par l'art. 432 C. Comm. n'est pas applicable. Paris, 13 décembre 1851, D. P. 55, 5, 34.

2. Paris, 13 décembre 1851. D. P. 55, 5, 34 ; Trib. civ. Seine, 11 août 1876, *Journ. des assur.*, 78, 103 ; Trib. civ. Seine, 26 mars 1879, *ibid.*, 79, 218 ; Trib. civ. Seine, 19 juin 1880, *Journ. des assur.*, 80, 308 ; Trib. civ. Seine, 12 février 1881 ; Bonnev. de Mars. : III, 266. Conf. Trib. comm. Bruxelles, 17 janvier 1878, cité par Furquim d'Almeida : *op. cit.*, p. 103.

Cette solution paraît seule juridique, car l'on ne saurait songer à l'application de l'art. 151 C. Comm. rédigé uniquement pour les effets de commerce (Paris, 13 décembre 1851. D. P. 55, 5, 34 ; Agnel et de Corny : *op. cit.*, p. 259).

On se demande, en effet, si l'on établissait une analogie entre la police et la lettre de change, analogie contre laquelle tout proteste, comment pourraient s'appliquer les articles relatifs à la nécessité du protêt le lendemain de l'échéance, au recours solidaire contre les endosseurs, à la défense de former opposition, etc., et comment il pourrait être possible de décider avec l'art. 165 que l'engagement de la caution ne dure que trois ans, alors que l'assureur peut rester trente ans exposé à des réclamations.

En fait, ce procédé est préférable même au dépôt à la Caisse de la Compagnie, de façon à faire produire intérêts à la somme, car la Compagnie serait exposée à des risques. D'autre part, elle ne saurait avoir la prétention de conserver cette somme, car si cet argent peut ne point appartenir au réclamant, il n'appartient pas à la Compagnie et celle-ci ne peut s'enrichir aux dépens d'autrui. — Cf. Rome : *op. cit.*, p. 184.

Il faut noter néanmoins qu'un jugement du Tribunal de Marseille du 18 octobre 1876 (*Journ. des assur.*, 77, 189) a appliqué les règles spéciales à la lettre de change et décidé que l'assureur pouvait être contraint de payer l'indemnité moyennant une caution libérable, trois ans après l'époque de l'échéance de la police.

La solution devrait être la même au cas où il y aurait impossibilité de produire les autres pièces exigées et notamment, si la Compagnie l'exigeait, la dernière quittance de prime soldée.

Le dépôt à la Caisse des dépôts et consignations, il faut l'ajouter, n'a été recommandé que pour la police cessible par voie d'endossement pur et simple : pour

Il est à noter que la circonstance, que les primes, de portables qu'elles étaient, sont devenues quérables, ne saurait entraîner une dérogation à la clause de la police déclarant que le paiement doit se faire au domicile de la Compagnie, au siège social. L'usage de présenter les polices à domicile est hors d'état de détruire la disposition formelle du contrat [1].

En l'absence de toute stipulation le paiement doit être fait au siège social ; c'est l'application de l'art. 1247 C. Civil [2].

L'assureur doit payer à ceux qui ont qualité pour recevoir la somme conformément aux principes généraux (art. 1139, 1241 C. Civ.), c'est-à-dire, en principe, au preneur d'assurance, ou bien à celui qui le représente (mandataire, tuteur, conseil judiciaire, mari assistant la femme mariée, syndic), au bénéficiaire désigné par lui ou à celui qui a succédé à ses droits, soit par suite d'une mutation (héritiers), soit comme investi d'une cession régulière de l'indemnité.

Si la Compagnie paie sans réserves, elle doit être considérée comme ayant renoncé aux exceptions qu'elle pouvait opposer à l'assuré. Cependant il faut, conformément à l'art. 1235 C. Civ., exclure le cas où le payement aurait été fait par erreur : une action en répétition pourrait alors être introduite [3].

La solution serait la même si la Compagnie avait payé sur des pièces fausses [4].

Le capital est dû par suite de l'événement prévu au contrat ; est-il dû lorsque la personne sur la tête de laquelle repose l'assurance est en état d'absence légalement constatée, lorsque la déclaration d'absence a été prononcée quatre ans après les dernières nouvelles [5] ?

la police qui n'était pas cessible par voie d'endossement, comme la perte ne saurait avoir aucune influence, la Compagnie devrait payer entre les mains du bénéficiaire désigné au contrat, en cas de non signification ou de non acceptation du transport ; pareillement, en présence d'une police cessible par voie d'endossement, mais moyennant le consentement exprès de l'assureur, la Compagnie qui n'aurait pas donné son consentement serait seulement tenue vis-à-vis de la personne mentionnée dans le contrat. — Rome : *op. cit.*, p. 182 et 183 ; Cl. Patinot : *De l'assur. sur la vie* (*Revue prat. de dr. fr.*, T. XXVII, 1869, p. 57).

1. Cass. 17 décembre 1879 D. P. 80, 1, 262 ; S. 81,1, 27, et Couteau : *op. cit.*, T. II, p. 260.

2. Les polices le déclarent expressément. L'arrêt précité du 17 décembre 1879 consacre cette décision.

3. Persil : *op. cit.*, n° 283 ; Monthue : *Des assur. sur la vie*, p. 213 ; Vibert : *De l'assur. sur la vie*, p. 57 ; Ruben de Couder : *op. cit.* v° *Assurance sur la vie*, n° 54.

4. Trib. civ. Seine, 13 décembre 1888, *Journ. des assur.*, 87, 77.

5. En Angleterre il y a présomption que la personne dont il n'existe aucune nouvelle depuis sept ans, est morte ; mais il n'y a aucune présomption à établir relativement à l'époque de sa mort pendant ces sept années. — *Journal des assurances*, 1876, p. 66.

D'après le Code de commerce portugais de 1888 (art. 462), l'absence du lieu du domicile ou de la résidence et sans nouvelles met, sauf convention contraire, l'assureur dans l'obligation de payer l'indemnité dans le cas où, de droit, la curatelle définitive prend fin.

Suivant l'art. 576 du Code de commerce chilien de 1867, l'absence ou la dispa-

On a soutenu que les ayants droit ont la faculté de réclamer le bénéfice de l'assurance dès que l'absence a été déclarée, à la condition de fournir caution, par application de l'art. 123 C. Civ. [1], l'assureur ayant en cas de retour le droit de répéter le capital payé de même que les primes non acquittées. Néanmoins l'assureur ne doit rien tant qu'il y a seulement présomption d'absence, la loi autorisant les mesures simplement conservatoires parceque les chances de vie sont réellement supérieures aux chances de mort ; il en doit être de même lorsqu'après déclaration, il y a envoi en possession provisoire du moment que les chances de vie sont encore égales aux chances de mort. Mais l'assureur est obligé de payer lorsqu'il y a eu envoi en possession définitive, car les chances de vie sont bien minimes ; il est difficile de croire à l'existence d'une personne qui n'a laissé aucun renseignement lorsqu'il s'est écoulé soit trente ans depuis l'envoi en possession provisoire, soit cent ans depuis sa naissance [2].

En effet, la présomption d'absence et la déclaration d'envoi ne suffisent pas pour démontrer la mort de l'assuré puisqu'il en résulte uniquement un état d'incertitude sur la vie et la mort de l'absent, ce qui est incompatible avec le caractère même du contrat qui ne déclare ouvert le droit au capital que si la mort est prouvée. Au contraire l'envoi en possession définitive montre qu'il est plus que vraisemblable que l'assuré est mort. Cette solution se concilie absolument avec les règles de notre droit civil. Lorsqu'il s'est écoulé

rition de l'assuré ne rend pas exigible la somme assurée, sauf convention contraire ; mais si les héritiers présomptifs de l'absent sont envoyés en possession définitive de ses biens, ils peuvent exiger le paiement de la somme assurée en donnant caution de la restituer, si l'absent revient.

1. Pardessus : *Dr. commerc.*, T. II, n° 600 ; Herbault : *op. cit.*, p. 139 ; Paulmier : *Étude sur les assur. sur la vie tant au point de vue fiscal qu'au point de vue civil* (*Rev. prat. de dr. fr.*, T. LII, 1892, p. 122).

2. Persil : *op. cit.*, n° 281 ; Grün et Joliat : n° 408 ; Quénault : *op. cit.*, p. 185 ; Alauzet : *op. cit.*, n° 559 ; Rome : *op. cit.*, p. 186 et s. ; Vibert : *op. cit.*, p. 138 ; etc. ; Agnel : *op. cit.*, n° 406 ; Couteau : *op. cit.*, T. II, p. 261 ; Fey : *op. cit.*, p. 123 ; Furquim d'Almeida : *op. cit.*, p. 105. V. Montluc : *op. cit.*, p. 242.

M. Patinot (*De l'assur. sur la vie : Rev. prat. de dr. fr.*, T. XXVII, 1869, p. 54) estime, de son côté, qu'il n'y a pas lieu d'argumenter des décisions données par le législateur relativement à l'absence, pour régler ce qui nous occupe ; dans les hypothèses envisagées par elles, il y a une condition qu'il faut nécessairement régler, une situation dont la loi civile doit s'occuper, de là des présomptions à établir. Mais ces présomptions ne peuvent être opposées à celui qui s'est obligé à payer une somme quelconque à la mort de l'individu absent. A quelle époque s'attacher ? A celle de la déclaration d'absence ou bien à celle de l'envoi en possession définitive ? Les primes seront-elles dues jusqu'à cette époque, ou l'assuré sera-t-il présumé mort, au jour de la disparition ou des dernières nouvelles ? L'assureur, termine M. Patinot, s'est obligé sous une condition : la mort de l'assuré ; les bénéficiaires doivent donc prouver que cette condition est remplie et on ne doit pas se contenter d'une présomption vague de mort, puisque les primes sont dues pendant la vie de l'assuré, et que d'un autre côté, si l'assuré est mort d'une certaine manière, ou dans certains lieux, la somme assurée n'est pas due.

plus de trente ans depuis l'envoi en possession provisoire ou cent ans depuis la naissance de l'absent, le législateur, qui pourtant ne permet qu'à regret aux parents les plus proches de s'immiscer dans la gestion des affaires de l'absent et qui entoure cette administration des précautions les plus grandes (il ne leur confie la gestion des biens que comme un dépôt, à titre conservatoire et sous leur responsabilité), le législateur estime qu'il y a lieu de perdre toute espérance : il le répute mort ; il permet à ses héritiers de se partager son patrimoine sans mettre aucune gêne à leur administration, sans leur imposer aucune garantie. L'assureur ne serait pas fondé à se montrer plus rigoureux ; il n'oserait prétendre, lorsque, par exemple, cent ans se sont écoulés depuis la naissance de l'assuré, que ce dernier vit peut-être encore, car les tables de mortalité montrent que sur 10,000 personnes, il n'en est pas une seule qui arrive à cet âge extrême [1].

A côté de la raison de droit qui s'oppose au versement du capital assuré, au cas de déclaration d'absence et d'envoi en possession provisoire, il y a un motif de fait déterminant : la faculté qui serait laissée de réclamer le bénéfice de l'assurance au bout de quatre à cinq ans serait la plupart du temps illusoire ; nécessairement une caution devrait être donnée (art. 123 C. Civ.). Or, il est certain que le bénéficiaire ne consentirait pas à assumer une pareille charge pour un avantage qui, au total, n'est qu'éventuel [2].

Il faut donc bien conclure que c'est seulement lorsqu'il y a eu envoi en possession définitive que l'assureur doit payer la somme convenue.

Dans tous les cas l'envoi en possession ne peut être réclamé par le bénéficiaire agissant *jure proprio*. S'il est en même temps héritier de l'assuré, il a qualité à ce titre pour poursuivre la déclaration d'absence et demander d'abord l'envoi en possession provisoire, puis en possession définitive ; mais, s'il n'a pas d'autre titre que celui de bénéficiaire, il est hors d'état de provoquer ces mesures. On ne comprend pas, en effet, que l'envoi en possession, qui a pour but de garantir la fortune de l'absent en la mettant aux mains d'administrateurs intéressés à la gérer d'une façon utile, puisse être prononcé au profit de personnes qui n'ont aucun droit à ce patrimoine. D'autre part, si l'on accordait au bénéficiaire un droit d'ingérence, il faudrait conférer le même droit à toute personne qui aurait fixé la

1. Bonne : *op. cit.*, p. 188 ; Masson : *op. cit.*, p. 120. Par application de la règle qui fait ordonner le dépôt à la Caisse des dépôts et consignations de la somme assurée, lorsque la représentation de la police est impossible, M. Fey *(loc. cit.)* propose de confier aux tribunaux le droit de faire consigner la somme, au cas où les envoyés en possession provisoire réclameraient le paiement de l'assurance.
2. Couteau : *op. cit.*, T. II, p. 262.

mort de l'absent pour terme d'extinction de la dette, ce qui est inadmissible. En outre, les preuves exigées par la loi pour la déclaration d'absence seraient fort difficiles à faire pour un étranger [1].

De ce cas il faut rapprocher celui que visent les art. 720 et suivants du Code Civil, c'est-à-dire la mort simultanée du stipulant et du bénéficiaire.

On sait de quelle importance peut être la solution de la question de la survivance du bénéficiaire, notamment lorsque la police attribue le capital assuré à une autre personne en cas de mort du qualifié. Dans les art. 720 et suiv. la loi a posé des présomptions qui, à défaut de preuves contraires, doivent servir de règles aux juges ; ces présomptions sont à appliquer seulement aux cas prévus d'une façon spéciale ; or, l'on est loin ici de l'espèce indiquée par le Code. Bien mieux, il est généralement admis que ces dispositions ne concernent pas le cas où les deux personnes victimes du même accident étaient appelées à la succession respective l'une de l'autre par le testament et non par la loi ; l'hypothèse dont il s'agit s'éloigne bien plus de celle des art. 720 et suivants.

Toutefois, rien n'empêche le juge de consulter, mais seulement à titre de présomptions de l'homme, les dispositions légales dont la valeur est réelle [2].

Lorsque l'assureur a obtenu toutes les justifications nécessaires il paie le capital assuré. Il n'a aucune raison pour différer le paiement, quand il s'est convaincu que tout s'est passé d'une façon régulière, normale. Un retard ne pourrait qu'engager sa responsabilité.

Mais, d'un autre côté, il faut ajouter que si le paiement libère l'assureur et s'il suppose la renonciation de sa part à toute exception, la Compagnie n'en conserve pas moins un droit de réclamation en cas de versement fait à une personne sans droit ou sans qualité ; en opposant l'erreur, la fraude, en établissant son ignorance lors du payement, elle a le droit de répétition que l'art. 1235 C. Civ. accorde à tout débiteur qui a payé une dette qui n'existait point à sa charge [3].

---

1. Roure : *op. cit.*, p. 189.

Saisissons cette occasion pour constater que l'absence de l'assureur, au cas où par impossible elle se produirait (naturellement dans l'hypothèse peu vraisemblable de l'assurance assumée par un particulier), n'aurait aucune importance, l'action en payement soit des primes, soit du capital assuré se dirigeant alors pour ou contre les envoyés en possession ou l'administrateur.

2. Roure : *op. cit.*, p. 191.

Néanmoins il a été jugé (Trib. comm. Seine, 27 avril 1887, *Journ. des assur.*, 87, 198) que si plusieurs personnes décèdent simultanément et s'il n'a été relevé aucun indice permettant d'établir l'ordre des décès, ce sont les prescriptions légales des art. 721 et 722 C. Civ. qui déterminent les présomptions de survie.

3. Persil : *op. cit.*, n° 283 ; Alauzet : *op. cit.*, 476 ; Montluc : *op. cit.*, p. 213 ; Tissier : *op. cit.*, p. 176.

CHAPITRE DEUXIÈME

OBLIGATIONS DE L'ASSURÉ.

La personne qui signe une police d'assurance sur la vie assume par cela même des devoirs particuliers dont la sanction est l'annulation de la convention [1].

Il importe de distinguer les devoirs qui incombent au moment de la formation du contrat et ceux qui doivent être observés au cours de ce dernier.

SECTION I

Obligations lors de la formation du contrat.

§ 1. — Déclarations.

Il est un principe fondamental en matière d'assurances : l'assuré est tenu de faire connaître tout d'abord la nature et la situation des objets soumis aux risques.

Pour les assurances sur la vie, ce qui semble devoir être indiqué principalement, c'est l'âge de la personne assurée, parceque les tables de mortalité permettant à la Compagnie de se rendre compte de la durée probable de la vie d'un homme quelconque arrivé à cette période de la vie, il est possible d'apprécier les chances favorables ou défavorables qu'offre l'entreprise.

On pourrait croire à première vue qu'il suffirait à la Compagnie de demander à l'assuré son âge, de diminuer de quelques années la période de vie probable et de calculer sur cette base réduite de la sorte le chiffre de la prime. Mais en fait il n'en est pas et il ne

____

1. Il appartient dès lors à l'assureur qui se prévaut de l'inexécution de l'obligation d'établir la contravention commise par l'assuré.

peut pas en être ainsi. L'assureur exige d'autres renseignements sur la santé de la personne qui veut s'assurer, sur sa profession, sur la localité qu'elle habite [1].

Il tombe sous le sens, en effet, que l'individu d'un tempérament débile est plus sujet à la mort que la personne robuste. De même, on conçoit que le campagnard a beaucoup plus de chances de vieillir que le citadin exposé à une foule de maladies propres aux villes. Il n'est pas contestable que le rentier offre moins de prise à la mortalité que l'homme qui vit dans un atelier. Il n'est pas douteux que la mort menace plus le médecin qui peut être appelé auprès de personnes atteintes de maladies contagieuses que l'avocat ou le professeur, etc. L'assurance sur la vie repose sur des prévisions, sur des calculs basés sur les tables de mortalité; il importe que les assurés du même groupe soient dans des conditions autant que possible identiques au point de vue des chances de décès. C'est pour ce motif que la Compagnie exige des renseignements précis sur les antécédents, l'état de santé, le genre d'existence de celui qui se présente pour signer une police. C'est en appréciant toutes ces indications que l'assureur traite. Il faut donc que les déclarations soient sincères. Le bon sens le veut non moins que l'équité : telle circonstance qui n'a point été relevée peut être de nature à exercer une influence sur l'esprit de l'assureur, déterminer ce dernier, sinon à refuser le contrat, du moins à imposer d'autres conditions. De ce que l'assurance est un contrat de bonne foi, il s'en suit qu'il ne doit y avoir aucune dissimulation, que la plus grande sincérité est exigée.

L'exactitude dans les déclarations, l'annonce de toute circonstance capable de faire mal apprécier le risque accepté par la Compagnie sont considérées comme essentielles; la loi et la convention en font une obligation rigoureuse et édictent une peine sévère pour tout mensonge, toute dissimulation. Reproduisant l'art. 348 C. Comm. appliqué d'abord aux assurances maritimes, puis aux assurances terrestres en l'absence d'une législation spéciale, les polices disposent expressément que les déclarations constatant l'âge de l'assuré, sa profession, l'état habituel de sa santé, le lieu de sa résidence servent de base au contrat ; toute réticence, toute fausse déclaration qui diminuerait l'opinion du risque et qui en changerait le sujet annule l'assurance [2]. Les termes peuvent varier [3] mais l'idée

---

1. M. Patinot croit pourtant pouvoir considérer comme une erreur légère une inexactitude touchant le lieu de la résidence de l'assuré : *De l'assur. sur la vie* (*Rev. prat. de dr. fr.*, T. XXVI, 1868, p. 546.)

2. C'est la nullité qui doit être prononcée et rien que la nullité; le juge ne saurait en pareille circonstance soit prononcer la réduction de la somme assurée, soit allouer un supplément de prime. — V. à titre d'exemple sur le caractère obligatoire de l'annulation, Nancy, 12 nov. 1887. *Rev. périod. des assur.*, 87, 523.

3. *Les déclarations, soit du contractant, soit du tiers assuré, servent de base au présent contrat*, disent les polices. *Toute réticence, toute fausse déclaration*

est partout et toujours la même : l'assuré ne doit rien cacher de ce que l'assureur a intérêt à savoir, il doit être franc; il faut absolument que dans les déclarations qu'il soumet à la Compagnie il n'y ait rien qui soit de nature à amener une appréciation erronée du risque à courir [1].

Cette obligation [2] et la sanction qu'entraîne la violation du devoir imposé à l'assuré, l'appropriation des primes dont il sera parlé plus loin [3], ont été consacrées par de très nombreuses décisions judiciaires [4].

Elle a réellement un caractère absolu et atteint même le cessionnaire et tous autres ayants droit comme l'assuré lui-même [5].

Seulement l'annulation du contrat, peine de l'inexactitude dans la déclaration, ne doit pas être prononcée dans tous les cas. Il est essentiel que la réticence soit propre à l'assuré [6], qu'elle se produise au moment où les parties s'engagent l'une envers l'autre [7],

qui diminuerait l'opinion du risque ou qui en changerait le sujet *annule l'assurance.*

1. Il a été proposé de distinguer la déclaration fausse, c'est-à-dire la déclaration sciemment inexacte, et la réticence, ou silence gardé de mauvaise foi (de Courcy : *Quest. de droit marit.* Paris, 1877. T. I, p. 301). Mais cette distinction n'a point prévalu.

2. Elle a été proclamée en termes formels par les législateurs qui ont émis des dispositions particulières pour l'assurance sur la vie. C'est ainsi, par exemple, que le Code de commerce italien de 1886, renvoyant dans son art. 452 à l'art. 429, dispose, conformément aux règles générales du contrat d'assurance, qu'une assurance sur la vie est entachée de nullité s'il a été fait des déclarations fausses ou erronées ou des réticences de circonstances connues de l'assuré et de nature à influer sur le consentement de l'assureur.

3. V. p. 41.

4. V. notamment Rouen, 21 janvier 1876, D. P. 77, 2, 226; S. 78, 2, 337; Rouen, 7 mai 1877; D. P. 81, 2, 234; S. 80, 2, 225; Paris, 5 juill. 1878, D. P. 81, 2, 234; S. 80, 2, 225; Paris, 12 févr. 1878, D. P. 78, 2, 58; S. 80, 2, 225; Paris, 17 février 1881, S. 83, 2, 25.

5. En ce sens Paris, 12 févr. 1878, D. P. 78, 2, 58; S. 80, 2, 225; Trib. fédér. Suisse, 11 juin 1887, cité par Rehfous : *op. cit.,* p. 32.

Comme M. Labbé l'a justement fait remarquer (S. 80, 2, 228), on ne doit pas comparer le cessionnaire avec le sous acquéreur d'un droit de propriété qui, d'après une doctrine constante, est complétement à l'abri (Toullier : *Dr. civ.,* T. VII, n°s 549 et 550; Duranton : *Dr. civ.,* T. X, n° 186; Larombière : *Obligat.,* T. I, sur l'art. 1114, n° 12; Demolombe : *Contrats et obligat.,* T. I, n° 100; Colmet de Santerre : *Cours analyt.,* T. V, n° 27 bis; Laurent : *Dr. civ.,* T. XIX, n° 75). Ici la créance est un droit né du contrat, elle est empreinte de tous les vices du contrat qui l'a fait naître, même du vice du dol, le plus personnel. Seul le cessionnaire, à titre onéreux, pourrait justement être soustrait aux effets de la nullité pour vol parce qu'il court un risque, celui de perdre.

6. V. à ce sujet Trib. comm. Bruxelles, 5 juill. 1886, *Rec. périod. des assur.,* 86, 439.

Ainsi lorsque l'assuré a fourni des réponses véridiques, si la Compagnie a obtenu de tiers des renseignements confidentiels, elle ne peut se prévaloir contre l'assuré de l'inexactitude de ces dernières indications. Trib. civ. Seine, 3 mars 1885, *Rec. périod. des assur.,* 85, 122.

7. Cass., 30 avril 1884, D. P. 85, 1, 299. S. 85, 1, 366; Amiens, 21 mai 1885, S. 85, 2, 170.

Le payement de la première prime n'étant que l'exécution d'un contrat d'assurance précédemment formé, le fait que l'on a dissimulé à la Com-

mais qu'elle soit, sinon grave [1], du moins susceptible de vicier le contrat, de nature à influer sur l'opinion du risque [2], ce qu'il appartient à la Compagnie d'établir [3].

À cet égard, et conformément à une jurisprudence constante en matière d'assurances [4], le juge du fait a un pouvoir souverain : il a toute latitude, soit pour s'éclairer sur la nature de la réticence, soit pour décider si cette dernière est de nature à influer sur l'opinion du risque [5].

L'assuré doit, en premier lieu, faire connaître son âge, puisque c'est cette indication qui permet à la Compagnie de fixer les conditions du contrat. Cette déclaration a une importance capitale. Aussi une inexactitude a-t-elle pour but de faire tomber les engagements de l'assureur; dès que l'assuré cache une partie de son âge il diminue l'opinion du risque et il encourt la peine spéciale édictée en pareil cas; la dissimulation ne serait-elle que d'un an que la nullité devrait être prononcée à la requête de l'assureur [6]. Il faut reconnaître

pagnie, au moment de ce payement, l'état de maladie grave où se trouvait alors l'assuré, n'est pas une cause d'annulation du contrat d'assurance, alors même que, d'après les clauses de la police, l'assurance ne doit avoir effet qu'à partir du payement de la premi... prime. Cass., 30 avril 1884, S. 85, 1, 366. V. les observations insérées au *Repert.* de Dalloz, Supplém., v° *Assur. terr.*, n° 358, et Cont. Bruxelles, 18 févr. 1888. *Pas.* 89, 2, 371, *Ann. de dr. commerc.*, 90, 177.

Contra, Paris, 19 avril 1882. S. 83, 2, 138 (arrêt cassé par la décision précédente).

1. La doctrine allemande enseigne qu'il y a réticence (*Verschweigung*), lorsque l'assuré a omis de déclarer un fait *important* qui était à sa connaissance ou qu'il ne pouvait ignorer sans une négligence grave. — Cf. Koenig: *Handb. d. deutsch, Handels und Wechselrechts* de W. Endemann, T. III, p. 759, etc., 700, etc..

2. Ne pouvant citer toutes les décisions qui ont proclamé ce principe si élémentaire qu'il ne peut faire l'objet de la moindre contestation, nous renvoyons pour l'indication au *Répertoire des assurances* 1853-83, de M. Badon Pascal, v° *Réticence*, n° 18, etc.

3. Couteau: *op. cit.*, T. II, p. 152; Fey: *op. cit.*, p. 97; Apnel: *op. cit.*, n° 375; Furquim d'Almeida: *op. cit.*, p. 71; Paris, 13 décemb. 1854, D. P. 55, 5, 33; S. 54, 1, 115; Trib. civ., Seine, 20 juin 1879, *Journ. des assur.*, 80, 23; Cass., 18 janv. 1881. S. 83, 1, 67; Trib. comm. Seine, 17 juin 1887, *Rev. périod. des assur.*, 87, 301; Trib. comm. Seine, 31 mai 1887, *ibid.* 303; Paris, 29 janv. 1892. *Rev. périod. des assur.*, 92, 332; *Journ. des assur.*, 92, 191. Il appartient à la Compagnie de prouver directement qu'au moment de la souscription de la police, l'assuré était réellement atteint de la maladie dont il est mort. — Arrêts précités du 13 décembre 1854, du 18 janvier 1881 et du 29 janvier 1892.

4. Cass., 24 févr. 1835, S. 35, 1, 179; 25 janv. 1848, Bonnev. de Mars., T. alphabét. n° 314; 24 avril 1876, D. P. 76, 1, 435; 6 mars 1888, *Journ. des assur.*, 88, 221, 29 avr. 1889, *Gaz. des trib.*, 6-7 mai 1889. — Cf. J. Lefort : *Les assurances terrestres*, n° 587 et suiv..

5. Cass., 18 janv. 1881, S. 83, 1, 57. Conformément à une jurisprudence constante, l'art. 253 C. P. C. donnant toute latitude à cet égard (Cass., 22 juill. 1872, S. 74, 1, 73), le juge du fait peut donc refuser de prescrire une enquête (Cass., 18 janv. 1881, S. 83, 1, 57), non seulement pour le cas où la preuve testimoniale ne serait pas admissible, mais encore si les faits articulés qu'il apprécie souverainement, n'étaient pas concluants (Cass., 16 févr. 1874, S. 75, 1, 116; 26 avril 1882, S. 82, 1, 395), ou encore si l'on pouvait suspecter les documents sur lesquels se fonde l'assureur (Cass., 18 janv. 1881, précité).

6. V. Dalloz : *Rép.*, v° *Assur. terr.*, n° 342; C. supr. des États Unis (*Albany Law Journ.*, XIII, 201 et *Journ. du dr. intern. privé*, 76, 100; Chasserin : *Étude*

toutefois, en fait, que les Compagnies n'usent pour ainsi dire pas de ce droit ; lorsque l'écart entre l'âge réel et l'âge déclaré n'est pas très grand elles se bornent à demander, avec les intérêts, les compléments de primes et à déduire la somme ainsi formée du capital que réclame le bénéficiaire [1].

En second lieu il est tenu de donner tous les renseignements nécessaires quant à sa situation [2], quant à son domicile et aussi quant à sa profession [3]. Les motifs se conçoivent aisément. L'indication du domicile et de la profession permet de connaître l'état physique et le genre de vie [4], c'est-à-dire les circonstances de nature à prolonger ou à abréger la vie, car il est certain que l'existence dans un lieu déterminé, l'exercice d'une profession augmentent ou diminuent les chances de mortalité ; il est clair que les personnes qui demeurent à la campagne, les cultivateurs sont prédisposés à vivre plus longtemps que l'homme qui passe son temps dans les bureaux ou les ateliers ; on prévoit que les rentiers offrent moins de prise à la mortalité que le médecin qui se trouve continuellement en lutte avec les maladies contagieuses ou la personne qui mène une existence pénible [5].

sur les réticences et déclarat. fausses ou inexactes dans l'assurance sur la vie (*Le Droit*, 1er août 1889). Cependant il a été jugé que l'inexactitude dans la déclaration relative à l'âge de l'assuré n'est pas de nature à motiver la nullité de l'assurance, et a seulement pour conséquence d'entraîner une réduction proportionnelle du capital assuré. Trib. civ. Seine, 25 juill. 1885 (*Journ. des assur.*, 85, 604). — V. aussi note de M. Labbé, S. 83, 2, 23.

1. D'après une nouvelle rédaction des polices imaginée par plusieurs Compagnies françaises, il est expressément convenu que *toute différence constatée entre la date de naissance déclarée lors de la souscription du contrat et celle portée en l'acte de naissance de l'assuré produit, lors du décès, par le bénéficiaire donnera lieu soit à une réduction proportionnelle du capital assuré soit au remboursement, sans intérêts, des sommes perçues en trop sur les primes.*

Bien que d'après le Code civil autrichien (art. 871) l'erreur de l'assureur qui a diminué l'opinion du risque ou qui l'a trompé sur son sujet soit une cause de nullité parce qu'elle porte sur l'un des objets principaux que les parties ont eu en vue il a été jugé (Trib. d'appel de Trieste 23 nov. 1877, *Jurit. Blätter* 1878, nᵒ 18 ; *Journ. du dr. intern. priv.* 79, 491) que l'indication erronée de l'âge a seulement pour effet de faire élever la prime, l'erreur ayant exercé une influence non sur la conclusion du contrat, mais sur la fixation de la prime.

2. Comme le célibat a une influence décisive sur la longévité, en ce sens que la durée de la vie est plus longue chez les hommes mariés que chez les célibataires. (*Traité de l'examen médical dans les assurances sur la vie*, p. 508, etc.), il se peut que l'assureur impose à l'assuré l'obligation de fournir une réponse à ce sujet. En pareil cas, la déclaration mensongère ferait encourir la déchéance. V. un arrêt de la Cour suprême des États-Unis, *Albany Law Journ.*, 1875, 300, in *Journ. du dr. intern. priv.*, 75, 386.

3. Certaines législations (notamment le Code de commerce chilien de 1867, art. 578) ont cru devoir édicter une disposition imposant aux parties l'obligation d'insérer dans la police l'âge, la profession et l'état de santé de l'assuré.

4. Trib. comm. Bruxelles, 15 décembre 1888, *Rec. périod. des assur.*, 88, 327.

5. Sur l'influence au point de vue de l'assurance sur la vie que la profession exerce sur la durée de la vie, V. Cook : *La mortalité par profession en Angleterre* (*Monit. des assur.*, novembre 1889, p. 593,) et *Traité de l'examen médical dans les assur. sur la vie*, p. 512, etc..

Les Compagnies ont même la latitude de s'enquérir de la situation de fortune de la personne qui propose de s'assurer[1]. Il ne leur est pas indifférent de savoir si le souscripteur de la police acquittera la prime soit avec ses seules ressources, soit avec son salaire. Lorsqu'une pareille clause est applicable la dissimulation constitue une réticence susceptible de faire annuler le contrat[2].

A raison de l'influence considérable que les habitudes d'intempérance exercent sur la longévité[3], l'assureur a le plus grand intérêt à savoir si le futur assuré est ou non adonné à l'ivrognerie. A l'étranger les représentants des Compagnies ne manquent pas d'interroger à ce sujet le proposant et de lui demander s'il fait un usage immodéré des boissons alcooliques[4]. Aussi prononce-t-on la résiliation lorsque la Compagnie découvre par la suite le mensonge

Il est élémentaire que l'on doit demander aux femmes si elles ont eu des enfants, si les couches se sont passées d'une façon normale et aussi si elles sont enceintes lors de la proposition. Nul n'ignore la perturbation que la grossesse peut jeter dans les prévisions, et, d'autre part, l'on sait que très fréquemment les maladies de l'utérus qui conduisent la femme au tombeau sont la suite des accouchements laborieux. V. ce qu'a dit à cet égard M. Massé : *De la mortalité spéciale aux femmes* (*Monit. des assur.*, février 1887).

Il y a des Compagnies qui refusent systématiquement toute proposition concernant soit une femme enceinte pour la première fois, soit celle qui l'ayant été déjà a dépassé le septième mois de la grossesse.

Il est certain d'ailleurs que la femme qui s'assure traite moins de son propre mouvement que dans un but de prévoyance ou de générosité et il est à craindre que la femme enceinte ne soit atteinte dans sa santé et ne songe à l'assurance que sous la pression de personnes de l'entourage. Comp. *Traité de l'examen médical dans les assurances sur la vie*, p. 506 et 507; Weill Mantou : *Manuel du médecin d'assurances sur la vie*, p. 180. Peut être pourrait on alors exclure les risques de l'accouchement. Mais en tout cas les Compagnies ont raison d'exiger que le mari s'assure en même temps que la femme.

Il nous semble qu'en cas d'assurance contractée par une jeune fille sur sa propre tête, il importe à la Compagnie d'exiger que connaissance lui soit donnée du mariage, à raison de la grossesse et de l'accouchement. Dans tous les pays l'on a constaté une mortalité excessive des femmes de vingt à trente ans, époque des premières couches, et une mortalité plus grande pour les femmes que pour les hommes jusqu'aux âges où les premières ne sont plus exposées aux épreuves et aux fatigues inhérentes à leur sexe. Cf. *Traité de l'examen médical dans les assurances sur la vie*, p. 504, etc..

1. Les Compagnies françaises n'interpellent pas directement le proposant à cet égard; elles se contentent de demander des renseignements à leurs agents.

2. Bruxelles, 6 avril 1889, *Journ. des assur.*, 89, 225.

3. Quant à l'influence que l'intempérance exerce sur la longévité et la santé, Comp. J. Lefort : *Intempérance et misère*, Paris, 1873, p. 137 et suiv.; Badon Pascal aîné : *L'intempérance, son influence sur la durée de la vie* (*Journ. des assur.*, 1874, p. 389).

Dans un travail reproduit par le *Medical adviser of life assurance*, M. Neison a établi qu'à l'âge de vingt ans l'intempérance réduit de 44,2 à 15,6 la durée moyenne des années qui restent à vivre, à trente ans de 36,5 à 13,8 années, enfin, à l'âge de quarante ans, de 28,8 à 11,7 années; en résumé ce serait une réduction des 2/3 de l'existence future.

4. En Angleterre, lit-on dans *L'Assurance moderne* (25 février 1888), les Compagnies d'assurance sur la vie étudient très particulièrement les ravages causés par l'alcoolisme; deux tarifs distincts sont dressés, l'un pour les personnes qui consomment de l'alcool, l'autre pour celles qui s'en abstiennent.

de l'assuré [1]. En France il n'existe rien de pareil, par une négligence qui ne saurait se comprendre, vu le développement chaque jour croissant de la consommation des alcools, notamment de l'absinthe qui entraîne des troubles graves du côté de la sensibilité, de la motilité et de l'intelligence, qui réduit de beaucoup la durée normale de la vie, occasionne fréquemment des morts subites et conduit plus sûrement encore au suicide [2]. Les Compagnies ne s'enquièrent en aucune façon des habitudes de sobriété ; on ne trouverait pas une interrogation à cet égard plus indiscrète que celle qui porte sur les antécédents. La conséquence c'est qu'à défaut d'une question positive sur ce point ou d'une déclaration spontanée, mais contraire à la vérité, le signataire de la proposition n'est pas tenu de prévenir l'assureur des habitudes qui peuvent hâter son décès, si d'ailleurs elles n'ont encore produit aucun désordre dans son organisme [3]. Seulement il est bien certain que la Compagnie qui inscrirait une disposition formelle à cet égard serait en mesure de se prévaloir de la fausse déclaration de l'assuré.

1. V. dans ce sens un arrêt de la cour de Dublin rendu en 1875, cité par Couteau : T. II, p. 147 ; C. supr. de l'Ohio, juin 1881 (*Law Review*, XII, 484 et *Journ. du dr. intern. priv.*, 81, 443).

2. Legrand du Saulle : *Traité de méd. lég. et de jurisprud. médic.*, Paris, 1885, p. 976. Comp. Lunier : *De la production, de la consommation des boissons alcooliques en France et de leur influence sur la santé physique et intellectuelle des populations*, Paris, 1877, et J. Lefort : *La consommation des boissons alcooliques en France* (*L'Économiste français*, 30 mars 1878).

L'on conçoit parfaitement que des difficultés puissent s'élever à ce sujet parce que beaucoup de médecins pensent que l'usage des liqueurs fortes n'entraîne pas immédiatement des conséquences fatales, et aussi parce qu'il est souvent difficile d'établir que l'assuré s'adonne à l'ivrognerie : c'est ainsi que l'on a pu citer des cas d'alcoolisme dus à l'usage immodéré de la liqueur de la Grande-Chartreuse et de l'eau de mélisse des Carmes chez des personnes qu'on ne pourrait soupçonner de s'adonner à l'ivrognerie (V. Decaisne : *Bull. de l'Acad. de méd.*, 1876, p. 607). Néanmoins, comme il ne saurait être question d'une précision rigoureuse, mathématique en quelque sorte, les Compagnies pourraient fort légitimement appeler formellement l'attention du proposant sur ses habitudes, et rechercher non point s'il y a eu consommation normale, mais s'il est de notoriété que l'individu abuse des alcooliques, s'il se met fréquemment, habituellement en état d'ivresse.

Il a été décidé que l'on ne saurait réputer coupable de réticence ou de fausse déclaration l'assuré qui, interrogé et examiné sur son état sanitaire par le médecin de la Compagnie, a répondu à la question : « Y a-t-il des présomptions d'alcoolisme? » par ces mots « *Boit quelquefois la goutte* » ; qu'il appartenait alors à l'assureur dont l'attention était ainsi mise en éveil de pousser ses investigations sur l'intensité du vice attribué à l'assuré, Trib. comm. Seine, 12 mars 1892. *Rev. périod. des assur.* 92, 329.

3. Couteau : *op. cit.*, p. 147. Chavegrin : *Études sur les réticences et déclarations fausses ou inexactes dans l'assurance sur la vie* (*Le Droit*, 1er août 1889). V. en ce sens, Trib. civ. Seine, 3 mars 1885, *Journ. des assur.*, 85, 238.

Mais bien entendu il faut écarter le cas où le proposant serait soigné pour alcoolisme héréditaire.

On devrait faire porter une question sur la pratique du régime végétarien, ainsi que sur l'abstinence systématique recommandée par les sociétés de tempérance et qui est de nature à produire des désordres graves lorsque le changement de vie a lieu chez une personne suivant un régime différent. V. Lutaud : *Étude médico-légale sur les assurances sur la vie*, Paris, 1887, p. 34. V. aussi Taylor : *Principles and pratice of medical jurisprudence*, Londres, 1865.

Il en faudrait dire autant pour deux sortes d'intoxication volontaire qui sont de nature à diminuer vraiment les chances d'existence, l'usage immodéré du tabac et surtout l'abus de l'opium, en particulier le morphinisme susceptible de produire les dangers les plus sérieux [1]. Dans l'état actuel des choses l'assuré n'a point à redouter la peine de la réticence pour le défaut de sincérité à ce sujet. Mais il est à désirer que dans leur propre intérêt et aussi pour contribuer à amener une diminution de ces déplorables habitudes, les Compagnies refusent d'accepter la proposition faite par une personne adonnée à ces pratiques et qu'en cas de non déclaration elles puissent se prévaloir de la réticence commise.

Le proposant doit faire connaître à la Compagnie, sinon l'état de santé de ses descendants au moins les maladies héréditaires, dire si une de ces maladies a enlevé prématurément un membre de sa famille, le père, la mère, le frère ou la sœur.

Ce n'est pas sans raison. L'hérédité du sang comprend la transmission par le père et la mère des signes physiologiques, des dispositions morbides et des forces vitales ; ce phénomène biologique exerce une action incontestable sur la durée de la vie humaine. Il est impossible de n'en pas tenir compte. Il y a là un élément d'appréciation du risque des plus décisifs ; dans bien des cas, on acceptera une assurance qui est proposée sur la tête d'un sujet de santé médiocre dont les parents et grands parents sont morts dans un âge avancé ; et, par contre, on refusera de délivrer un contrat à un proposant bien portant qui présente dans sa famille de mauvais antécédents. Sauf les cas d'accidents, on voit rarement succomber de mort prématurée un assuré dont les auteurs ont dépassé la vie ordinaire [2]. Par suite, à peine de nullité du contrat l'individu qui désire s'assurer doit faire savoir si l'un de ses ascendants n'est pas mort de certaines affections, dont la transmission est fatale, comme la phtisie [3], le cancer, la syphilis héréditaire, la folie [4], etc. Cepen-

---

1. V. Rochard : *Les intoxications volontaires* (*Revue scientifique*, 22 juin 1889, p. 770, etc.) ; les désastres produits par l'abus du tabac et de l'opium sont bien indiqués dans ce travail. Comp. *Traité complet de l'examen médical dans les assurances sur la vie*. Paris, 1887, p. 144 et 145 ; Lutaud : *op. cit.*, p. 34 et 35.

2. *Traité de l'examen médic. dans les assur. sur la vie*, p. 4, etc. — L'opinion contraire a été pourtant soutenue par le docteur Bertillon, dans l'article sur les *Assurances* du *Dictionnaire encyclopédique des sciences médicales;* pour lui l'assureur doit uniquement prendre pour point de départ l'état actuel de la personne assurée, l'âge, la profession, l'organisme actuel et personnel. Mais outre que cette opinion paraît isolée, il faut remarquer qu'il y a à ce sujet une clause formelle dans les polices, clause qui s'impose dès lors.

3. Trib. civ. Seine, 23 juillet 1885, *Journ. des assur.*, 85, 601. Il a été décidé également que l'on devait réputer coupables de réticence l'individu qui ne déclare pas que sa mère est morte jeune d'une affection pulmonaire (Rouen, 7 mai 1877, D. P. 81, 2, 235), la personne qui cache que l'un de ses frères est depuis plusieurs années atteint de paralysie des deux jambes (Trib. civ. Seine, 9 avril 1881, *Journ. des assur.*, 81, 257).

4. Trib. civ. d'Angers, 7 juin 1892, *Journ. des assur.*, 93, 166.

dant si toute réticence constitue une cause de nullité ce n'est qu'autant que la déclaration est volontairement fausse [1]. Prononcer la nullité dans tous biens, alors qu'une erreur est possible en pareille circonstance, ce serait faire preuve d'un rigorisme excessif.

Ce que l'assuré doit nécessairement faire connaître à la Compagnie c'est son état de santé, parce que c'est sur les indications fournies à ce propos que la Compagnie traite. Il est évident que jamais une Compagnie n'acceptera la proposition d'une personne condamnée à une mort prochaine ou tout au moins exposée, à raison de son état maladif, à mourir dans un avenir rapproché; les risques ne seraient pas en rapport avec la contre partie recueillie par l'assureur. L'assuré est donc tenu de faire connaître soit les infirmités, soit les maladies graves qui sont de nature à abréger ses jours [2], telles qu'elles existent au moment où se conclut le contrat, quand la police se signe [3].

Les maladies à déclarer sont toutes les affections chroniques manifestes et dont la gravité est notable, non seulement parce qu'elles peuvent entraîner soudainement la mort, mais aussi parce qu'elles ont une tendance à abréger la vie [4], par exemple une ou plusieurs attaques d'apoplexie, la paralysie locale ou générale, l'épilepsie, l'aliénation mentale, l'altération du cœur et du système circulatoire, une ou plusieurs hémoptysies, les affections pulmonaires et laryngées

1. Couteau : *op. cit.*, p. 147.

2. Grün et Joliat : *op. cit.*, n° 402; Alauzet : *op. cit.*, n°s 561 et 562; Merger : *op. cit.*, n° 133, p. 123.

En Angleterre, on a pourtant tenté d'appliquer l'assurance sur la vie à des personnes que le mauvais état de leur santé avait fait repousser par les Compagnies ordinaires; les tentatives ne paraissent pas avoir réussi. Cf. *De l'assurance des mauvaises vies en Angleterre (Monit. des assur.*, 15 mai 1879, p. 155 et suiv.) et notre *Traité*, T. 1er, p. 73, note 3.

3. C'est, en effet, à ce moment que doit être envisagée la réticence parce que c'est à ce moment que la convention se forme. Par application de ce principe il a été décidé que la dissimulation de nouveaux risques qui se produit non pas au moment de la signature de la police, mais au moment du payement de la première prime, n'entraîne pas la déchéance du contrat. Cass. 30 avril 1884. D. P. 85, 1, 229; Amiens, 24 mai 1885. S. 85, 2, 170. *Contrà*, Paris, 19 avril 1882 (arr. cassé, D. P. 82, 226. S. 83, 2, 138. V. les observat. Dalloz, *Rép. Suppl.*, v° *Assur. terr.*, n° 358.

Si donc le point de départ est non pas le payement de la première prime, mais bien la signature de la police, il importe peu, au point de vue de la réticence, qu'il, survienne dans l'intervalle une maladie grave et qu'il n'y ait point une déclaration à ce sujet. La question avait été déjà entrevue et résolue dans ce sens par M. Roune : *op. cit.*, p. 56.

Il a été jugé que l'on doit réputer coupable de réticence l'assuré qui, au moment de verser la première prime non payée lors de la signature du contrat, a omis de déclarer une maladie grave dont il était atteint et dont il est mort le soir même. — Trib. Seine, 1er avril 1885, *Journ. des assur.*, 86, 190.

4. Nous pensons qu'il faut déclarer même une affection ayant un caractère accidentel, bien que le contraire ait été parfois affirmé (V. C. de circuit d'Indiana, 22 sept. 1885; *Am. L. Reg.*, XIX, p. 973 et *Journ. du dr. intern. privé*, 86, 186), car le proposant ne peut substituer une appréciation qui est à la fois peu éclairée et intéressée.

(phtisie, etc.), l'asthme, la goutte, l'hydropisie, les tumeurs diverses, etc. Pareillement il faut signaler les vices de conformation congéniaux ou acquis qui sont susceptibles d'abréger la vie, spécialement les hernies, les infirmités cachées dans la profondeur des organes, telles que les fistules, les rétrécissements rectaux ou vésicaux, les incurvations marquées de la colonne vertébrale qui, par la gêne qu'elles apportent aux mouvements respiratoires et circulatoires, doivent prédisposer aux affections du cœur et des gros vaisseaux et rendre le pronostic plus grave dans le cours des affections de poitrine [1].

Les questions de réticence sont purement de fait; les tribunaux ont toute qualité pour les apprécier souverainement d'après les circonstances [2].

Partant de ce principe qu'il faut considérer comme coupable de réticence la personne qui déclare n'avoir jamais eu soit une infirmité, soit une maladie grave, alors qu'elle sait pertinemment qu'elle était atteinte très sérieusement, la jurisprudence proclame [3] qu'il y a réticence lorsque l'on cache soit une inflammation de la moelle épinière [4] ou une maladie de cette nature et la syphilis [5], soit un état d'épilepsie [6], soit un état de paralysie, soit des attaques d'apoplexie [7], une fluxion de poitrine et une phlébite [8], une affection de poitrine [9], surtout l'existence de la phtisie [10] ou d'une pleurésie [11] et même des bronchites [12], ou bien une maladie mentale [13], une maladie de foie assez grave pour nécessiter des visites fréquentes du médecin [14], un rhumatisme articulaire [15], des fièvres intermittentes accompagnées de troubles digestifs et suivies d'un

1. Bertillon : article *Assurance* dans le *Dictionnaire encyclopédique des sciences médicales*, T. VI, p. 711, etc..
2. Cass. 4 avril 1887, S. 89, 1, 260 ; D. P. 87, 1, 241.
3. Ces divers cas ne sont, bien entendu, indiqués qu'à titre d'exemples.
4. Rouen, 24 janvier 1876. D. P. 76, 2, 126. S. 78, 2. 337 ; Nancy, 16 février 1884, *Rec. périod. des assur.*, 85, 624.
5. Rouen, *ibid.* ; C. de Hanovre, 5 juin 1871. D. P. 77, 2, 126. S. 78, 2, 47.
6. Paris, 12 février 1878. S. 80, 2, 225. V. note de M. Labbé, *ibid.* ; D. P. 78, 2, 58.
7. Trib. civ. Seine, 25 juin 1881, *Journ. des assur.*, 81, 478.
8. Paris, 17 février 1881. S. 83, 2, 25. Dalloz: *Suppl.*, v° *Assur. terr.*, n° 352. Surtout si la maladie dernière, cause du décès, se rattache pathologiquement à des maladies antérieures non déclarées.
9. Rouen, 7 mai 1877. S. 80, 225. V. la note: D. P. 84, 2, 234.
10. Trib. civ. Seine, 24 février 1885, *Journ. des assur.*, 85, 517.
11. Paris, 5 juillet 1878. S. 80, 2, 225. Dans cette espèce l'assuré avait intentionnellement fait remonter la pleurésie à l'époque de la guerre franco-allemande de 1870-1871, alors que l'affection était plus récente et que la guérison n'avait jamais été complète. Il y avait là à la fois réticence quant à la persistance de la maladie, et dissimulation, ce qui pouvait avoir de l'importance au point de vue médical.
12. Trib. comm. Bruxelles, 15 décembre 1888, *Rec. périod. des assur.*, 88, 327 ; Trib. civ. Seine, 4 mai 1891, *Rec. périod. des assur.*, 91, 121.
13. Trib. Tours, 30 août 1871, *Monit. des assur.*, 1873, p. 371.
14. C. de Genève, 18 avril 1887, *Journ. des assur.*, 87, 453.
15. Trib. civ. Seine, 13 novembre, 1885, *ibid.*, 86, 17.

affaiblissement général [1], enfin parfois, lorsque la police l'exige, la goutte, l'asthme [2] et même une affection susceptible de donner lieu à une opération chirurgicale, telles que la taille de la pierre [3] ou la lithotritie.

Le principe posé va si loin que l'on n'a pas hésité à admettre que la personne qui a contracté une assurance sur la vie doit faire connaître son médecin et celui de sa famille, et qu'il a été jugé, non sans raison, qu'il y a réticence dans le fait de dissimuler les visites faites fréquemment chez un médecin dont le nom n'a pas été donné [4].

En tout cas, il est à noter que la circonstance que le médecin de la Compagnie, après avoir visité l'assuré, aurait délivré un certificat favorable [5], ne supprimerait pas la réticence [6]. C'est en vain que l'on soutiendrait qu'il y a lieu d'appliquer par analogie la doctrine admise en matière d'assurances terrestres, d'après laquelle l'assureur ne peut se prévaloir contre l'assuré de l'omission d'une déclaration dans la police rédigée par son propre représentant, alors qu'il est établi que ce dernier avait une entière connaissance de la situation et que l'assuré a entièrement suivi la foi de ce représentant, seul rédacteur de la convention. Le médecin ici ne représente pas la Compagnie, il n'est pas chargé de traiter avec l'assuré, mais seulement de l'examiner dans l'intérêt exclusif de l'assureur et de contrôler *de visu* la vérité de ses déclarations. Son devoir est de donner

1. Trib. civ. Bruxelles, 20 juillet 1880, *Journ. des assur.*, 81, 22.

2. Marshall : *op. cit.*, liv. III, ch. II.

3. Merger : *op. cit.*, p. 123.

Constitue une réticence le fait de cacher une réforme du service militaire spécialement pour affection pulmonaire. Trib. civ. Seine, 14 mai 1891, *Rec. périod. des assur.*, 91, 121.

4. Trib. comm. Bruxelles, 1er juillet 1886, *Rec. périod. des assur.*, 87, 601.

5. Cette solution se conçoit. Il peut arriver que d'accord avec des proposants qu'il sait atteints de maladies graves pouvant entraîner la mort dans un bref délai, le médecin de la Compagnie délivre des certificats favorables. Assurément ces certificats n'ont d'autre valeur que celle de simples renseignements et ils ne peuvent conférer aucun droit ; en fait cependant, ils sont décisifs pour la Compagnie.

En droit, toutefois, ils ne tombent pas sous le coup des art. 147 et 162 C. P. relatifs au faux en écriture privée (Cass. 28 juillet 1887, S. 90, 1, 490 ; Garraud : *Traité théor. et prat. du Code pénal*, T. III, n°s 213 et 219) ; ces pièces ne présentent que le caractère de faux commis dans des conventions, dispositions ou décharges. Ils ne contiennent pas, en effet, un faux par contrefaçon ou altération d'écriture ou signature, soit par fabrication de conventions ou dispositions, obligations ou décharges, soit par altération de clauses ou de fait que l'acte avait pour objet de recevoir ou de constater.

Lorsque ces certificats sont mensongers, ils ne sont punissables que dans le cas où ils présentent l'un des éléments caractéristiques de l'escroquerie, auquel cas la juridiction correctionnelle est compétente pour en connaître. Cass. 28 juillet 1887, S. 90, 1, 490.

6. Rouen, 21 janvier 1876, D. P. 77, 2, 126, S. 78, 2, 337 ; 7 mai 1877, D. P. 81, 2, 231 ; S. 80, 2, 225 ; Paris, 12 février 1878, D. P. 78, 2, 68, S. 80, 2, 225 ; Nancy, 16 février 1884, *Rec. périod. des assur.*, 85, 624. — V. Ruben de Couder : *op. cit.*, v° *Assur. sur la vie*, n° 61.

un simple avis sur les apparences de santé en proposant. Si par suite de la simulation de celui-ci, le médecin n'a pas pu constater une maladie, ni le médecin, ni la Compagnie d'assurances ne sauraient être déclarés responsables de l'erreur qui entraîne la nullité du contrat [1]. La visite du médecin est un supplément de précautions prises par l'assureur et dans son intérêt ; elle ne peut lui être préjudiciable et profiter à l'assuré [2]. L'assuré, de son côté, est censé ignorer les résultats de cet examen, qui ne lui appartient pas, et qu'il ne peut invoquer à aucun titre. Comment admettre, d'ailleurs, que l'assuré qui, après avoir trompé l'assureur, a réussi à induire en erreur le médecin lui-même, puisse se prévaloir de cette erreur pour échapper à la déchéance qu'il a encourue par ses réticences ou ses fausses déclarations?

Si la circonstance qu'il y a eu examen médical ne couvre pas la nullité, il en doit être ainsi quand il s'agit même d'une maladie actuelle de l'assuré, se révélant au moment de la visite par des signes extérieurs.

Il faut observer que l'acceptation par une Compagnie d'une police concernant une personne qui a indiqué les maladies dont elle était atteinte n'empêche pas de voir une réticence dans le fait par cet assuré d'avoir fait assurer sa vie postérieurement à une seconde Compagnie sans lui avoir déclaré les dites maladies et infirmités [3].

Il a été parfois soutenu que l'on doit réputer coupable de réticence l'individu qui, après avoir caché une maladie grave, meurt non pas de cette maladie, mais d'une affection survenue accidentellement, par exemple le phtisique qui périt par un accident, la personne qui, après avoir dissimulé une maladie de la moelle épinière, décède à la suite d'une fluxion de poitrine. On a donné les raisons suivantes : la Compagnie a un intérêt évident à faire annuler le contrat pour se soustraire ainsi au payement de la somme promise ; de plus, les Compagnies font de la sincérité de cette déclaration la base du contrat ; elles le disent et une légitime importance s'attache à cette déclaration ; elles stipulent formellement dans des conventions acceptées du contractant le droit de faire prononcer la résiliation en cas de fausse déclaration ; la fausse déclaration a donc fait naître au profit de la Compagnie une action en résolution ; l'intérêt est certain, comment la mort de l'assuré par une cause étrangère pourrait-elle faire perdre à la Compagnie le droit de l'intenter? Il n'est pas exact non plus d'alléguer que la fausse déclaration

---

1. C'est ce que mettait fort bien en lumière une note insérée dans le Recueil de Sirey, 78, 2, 337.

2. Dalloz : *Rép. Supplém.*, v° *Assur. terr.*, n° 355. — V. aussi Patinot : *loc. cit.*, p. 546-547 ; Legrand du Saulle : *Étude médico-légale sur les assurances sur la vie,* Paris, 1868, p. 24, etc.

3. Paris, 11 décembre 1879, *Journ. des assur.*, 80, 62.

n'a causé dans cette hypothèse aucun dommage réel à l'assureur; il eût, en effet, s'il eût été mieux instruit, réclamé des primes plus considérables ou peut-être même refusé de consentir l'assurance [1].

Bien que l'on puisse soutenir que le fait de la réticence n'a causé en pareil cas aucun préjudice à l'assuré et qu'il y a obligation pour la Compagnie de payer l'indemnité comme en cas ordinaire par le motif que le décès s'est produit dans des conditions normales [2], il faut dire que la dissimulation de la maladie entraîne la nullité, alors même que le contractant est mort d'une autre affection. D'abord peut-il être bien certain que l'état maladif dissimulé n'a pas eu une influence sur le décès; cet état n'a-t-il pas disposé l'assuré à être atteint plus facilement par la maladie accidentelle qui l'a frappé? En second lieu, il est certain que l'assureur a été trompé, que le contrat a été conclu sous l'empire de l'erreur, qu'il ne l'aurait pas été si la réticence n'avait pas eu lieu. Cela suffit pour qu'aux termes formels des polices il soit annulé [3]. Tout ce que l'on peut admettre, c'est qu'il y a là une question de fait soumise aux tribunaux [4]. Sans doute cette question de fait sera fort délicate à apprécier; il faudra tenir compte des circonstances de la cause, rechercher s'il y a eu intention frauduleuse, mauvaise foi. Mais il ne se départira pas de la plus grande réserve. Il importe de ne pas perdre vue que l'assurance est un contrat de bonne foi, qu'une réticence est grave, qu'un mensonge ne peut être puni trop sévèrement. D'autre part, il convient de le considérer, l'on ne peut savoir d'une façon absolue si la maladie n'a pas exercé une influence funeste; un homme affaibli par une première maladie n'est-il pas plus accessible à la seconde qui l'emporte? les données de la science sont-elles assez certaines à ce sujet [5]?

Si l'assuré qui commet une réticence dans les déclarations relatives à l'état de santé [6] est exposé à voir prononcer contre lui l'an-

---

1. Rome : *op. cit.*, p. 55

2. Grün et Joliat : *op. cit.*, n° 402 ; Alauzet : *op. cit.*, n° 562 ; Merger : *op. cit.*, p. 124.

3. Couteau : *op. cit.*, T. II, p. 143 ; Furquim d'Almeida : *op. cit.*, p. 72. V. dans ce sens Rouen, 24 janvier 1876, D. P. 77, 2, 126. S. 78, 337 ; Trib. Tours, 30 août 1871, *Monit. des assur.*, 1873, 331 ; Trib. civ. Bruxelles, 12 mars 1875, *Belg. jud.*, 79, 251.

4. C'est ainsi que l'on doit voir une décision d'espèce dans l'arrêt de la Cour de Paris du 30 janvier 1880 (D. P. 81, 2, 234. V. la note de M. Labbé, S. 80, 2, 232), maintenant le contrat par le motif q l'infirmité sur laquelle l'assuré avait gardé le silence était sans relations avec la maladie, cause de la mort. Il était constaté en fait que l'affection qui avait déterminé le décès de l'assuré n'existait pas lors du contrat et n'avait amené la mort qu'à la suite d'un traitement intempestif à Vichy.

La même remarque doit être faite à l'occasion de l'arrêt de la cour de Paris du 16 février 1891, *Rev. périod. des assur.*, 91, 117 ; *Journ. des assur.*, 91, 239.

5. Couteau : *loc. cit.*

6. Il est à peine besoin de rappeler que les règles sur la réticence s'appliquent non seulement aux maladies personnelles, mais encore aux affections héréditaires dans la famille.

nulation du contrat, ce n'est que si la réticence ou la fausse déclaration est de nature à diminuer l'opinion du risque ou à en changer le sujet. Dès lors, il n'y a pas réticence motivant la rupture du contrat quand il est certain que l'assuré n'a point révélé une circonstance incapable d'exercer une influence sur l'appréciation du risque, lorsqu'il a caché une maladie ou une infirmité qui ne pouvait avoir aucune action sur la santé[1].

La déclaration est suffisamment exacte si le proposant est, malgré l'existence d'une infirmité particulière, dans un état de santé ordinaire tel qu'il puisse être considéré comme devant arriver au terme commun de la vie des personnes de son âge et de sa condition[2].

Il appartient aux tribunaux de dire souverainement si telle ou telle omission est de nature à diminuer l'opinion du risque. Il s'agit, en effet, d'interpréter les circonstances de la cause.

A titre d'exemples on peut citer les décisions qui ont proclamé qu'un contrat d'assurance reste valable, malgré l'absence de déclaration par l'assuré d'une infirmité dont il était atteint, lorsque cette infirmité ne peut exercer aucune influence sur la durée de la vie[3], si la réticence concerne des accidents qui s'étaient manifestés à l'époque d'un premier accouchement et qui ne se sont pas reproduits depuis[4], lorsque l'omission porte sur des maladies qui ont été inexistantes ou sans gravité réelle ou guéries[5], quand l'affection non relevée n'a été que des accidents passagers disparus sans laisser de traces[6]. Pareillement on ne saurait considérer comme coupable de réticence la personne qui va aux eaux pour changer d'air[7]. L'on peut ajouter que les douleurs, si violentes, si fréquentes même qu'elles soient, ne suffisent pas pour faire considérer l'omission comme coupable; un seul point est à considérer : la durée de la vie est-elle compromise? Il importe peu à l'assureur que le sujet souffre ou non, si son existence n'est pas en danger.

Il est bien entendu toutefois que l'assuré ne doit pas se faire juge de la gravité de l'affection[8].

1. Paris, 7 janvier 1879, D. P. 80, 2, 123 ; S. 80, 2, 225 ; Trib. civ. Seine, 29 octobre 1888, *Journ. des assur.*, 89, 15 ; Bruxelles, 22 mars 1876, *Belg. jud.*, 77, 775; Paris, 7 mai 1889, S. 91, 2, 213; Bruxelles, 30 mars 1889, *Rec. périod. des assur.*, 89, 113; C. supr. d'Autriche, 15 janvier 1868, *Samml. v. civilr. Entscheid. d. ob. Gerichtshof*, n° 3072 et *Journ. du dr. intern. priv.*, 75, 31. — G. Couteau : *op. cit.*, T. II, p. 143; Fey : *op. cit.*, p. 91 ; Farquim d'Almeida : *op. cit.*, p. 71.

2. V. les faits qui se sont passés en Angleterre et que rapporte Marshall : *op. cit.*, ch. II.

3. Paris, 7 janvier 1879, précité.

4. *Ibid.*

5. Trib. civ. Seine, 29 octobre 1888, précité.

6. Paris, 17 mai 1889, *Journ. des assur.*, 90, 32 ; Paris, 22 mars 1893, *Journ. des assur.*, 93, 435. V. Bruxelles, 30 mars 1889, précité.

7. Paris, 29 octobre 1886, *Rec. périod. des assur.*, 86, 506.

8. L'assuré doit déclarer les faits qui causent ses appréhensions, mais il ne doit compte ni de ses inquiétudes ni de ses conjectures. — de Courcy : *Quest. de dr. marit.*, T. I", p. 301. Labbé : note, S. 80, 2, 227.

L'on peut dire, d'une façon générale, que la fausse déclaration ou réticence n'entraîne la nullité que si elle est de telle nature qu'elle ait déterminé le consentement de l'assureur à contracter dans les conditions convenues [1]. A l'inverse, la dissimulation est sans effet juridique lorsque l'assureur, même s'il avait été mis au courant, aurait traité dans les mêmes circonstances.

Il se peut que l'inexactitude soit le résultat d'une erreur. En pareil cas on s'est demandé si l'assureur peut s'en prévaloir et si, même lorsque la bonne foi est certaine, la nullité du contrat est susceptible d'être prononcée. La question ne peut pas s'élever pour les polices qui annulent l'assurance pour déclaration fausse ou inexacte; en semblable occurrence, conformément au contrat qui fait la loi des parties, l'erreur doit être assimilée au dol et toute déclaration faite sans fraude peut motiver une demande en nullité. La difficulté n'a lieu que pour les polices qui édictent la nullité, soit dans les termes de l'art. 348 C. Comm., c'est-à-dire au cas de réticence et de fausse déclaration, soit avec une modification à cette disposition, pour les réticences, les déclarations fausses ou inexactes.

En doctrine, on semble porté à reconnaître qu'il n'y a pas réticence de la part de l'assuré lorsque l'erreur est involontaire, lorsque ce dernier est de bonne foi [2]. Cette opinion s'appuie en droit sur ce que l'art. 348 C. Comm. implique la mauvaise foi, sur ce qu'il diffère de l'art. 1116 C. Civ. en ce que l'assureur peut obtenir l'annulation du contrat sans avoir à prouver que s'il avait connu l'existence du fait non déclaré ou inexactement rapporté, il n'aurait point contracté; d'autre part, on fait valoir que le système opposé est d'une rigueur excessive et qu'il y aurait de l'injustice à rendre l'assuré victime d'une erreur qu'il était peut-être hors d'état d'éviter.

Bien que cette solution ait été consacrée par la jurisprudence qui, d'abord un peu hésitante, après avoir proclamé le caractère absolu de la pénalité [3], paraît de plus en plus en portée à décider que la réti-

---

1. Bruxelles, 30 mars 1889, précité.

2. Grün et Joliat : op. cit., n° 402; Alauzet : op. cit., n° 562; Pouget : op. cit., T. II, v° Vie, p. 1030, n° 39; Fey : op. cit. p. 91; Herbault : op. cit., p. 168; Agnel, op. cit., n° 371. V. Labbé : note, S. 80, 2, 223; S. 83, 2, 25; V. aussi note D. P. 81, 2, 234.

M. Labbé (S. 80, 2, 227) engage même les Compagnies à considérer l'art. 348 comme réprimant uniquement la mauvaise foi, elles éviteraient, dit-il, des procès, ne se priveraient que de gains médiocres, mais augmenteraient le chiffre des polices, beaucoup de personnes hésitant à s'assurer en présence de l'interprétation donnée à cette disposition.

Les assureurs ne sauraient cependant abandonner le principe qui résulte de la portée donnée généralement à l'art. 348.

3. Décidé dans ce sens que l'erreur produite de bonne foi n'en est pas moins une erreur viciant le contrat (Paris, 5 juillet 1878, S. 80, 2, 225; D. P. 78, 2, 234) et que le silence gardé, même par ignorance ou de bonne foi, sur un fait de nature à diminuer l'opinion du risque entraîne la nullité de l'assurance (Paris, 17 février 1881, S. 83, 2, 25). — V. aussi Rouen, 21 janvier 1876, D. P. 75, 1, 126. S. 78, 2, 337.

rence ou la fausse déclaration du souscripteur de la police ne peut entraîner la nullité de l'assurance que s'il est prouvé que l'assuré a sciemment et volontairement trompé la Compagnie [1], une semblable solution doit être écartée.

Il faut dire que la bonne foi ne saurait valider le contrat. Le dol vicie le consentement, mais l'erreur le vicie également lorsqu'elle porte sur la substance ; or, ici la substance même du contrat c'est l'appréciation des risques [2]. L'assureur, au moment où il va contracter des engagements fort onéreux, ignore absolument tout des circonstances de nature à influer sur sa décision. Sans doute il y a l'examen par un médecin, mais si ce contrôle a une valeur réelle, il ne faut pas en exagérer l'importance ; combien d'affections dont le médecin n'a et ne peut avoir connaissance que par les propres déclarations de l'agent. La visite que fait subir le médecin ne peut amener aucun résultat, si le malade, au lieu de guider tout d'abord l'homme de l'art par des réponses sincères et exactes, lui cache les symptômes qu'il éprouve ou l'égare par de fausses indications. On allègue que l'assuré peut ne pas se rendre rigoureusement compte de la gravité d'une indisposition et qu'il est fort possible qu'il n'y attache pas d'importance au point de vue de l'assurance [3]; mais ce n'est pas lui qui s'engage et qui assume les risques; ce n'est pas lui qui doit les mesurer et les apprécier. A pousser jusqu'au bout ce raisonnement on arriverait à cette conclusion qu'il n'y aurait jamais de refus, que les moribonds se trouveraient tous assez valides pour

1. Rouen, 7 mai 1877, D. P. 81, 2, 231; S. 80, 2, 225; Paris, 12 février 1878, D. P. 78, 2, 58; S. 80, 2, 230; Paris, 10 mai 1878, S. 80, 2, 225; Paris, 30 janvier 1880, D. P. 81, 2, 236; S. 80, 2, 225; Paris, 7 janvier 1881, Dalloz: *Rép. Supplém.*, v° *Assur. terr.*, n° 357; Trib. comm. Seine, 17 septembre 1885, *Rec. périod. des assur.*, 85, 541 (V. la note) et *Journ. des assur.*, 85, 624; Nancy, 12 novembre 1887, S. 88, 2, 159; Trib. civ. Seine, 29 octobre 1888, *Journ. des assur.*, 89, 45; Paris, 17 mai 1889, *Journ. des assur.*, 90, 32; *Rec. périod. des assur.*, 89, 287; S. 91, 2, 215; Trib. civ. Seine, 5 mai 1890, *Journ. des assur.*, 90, 443; *Rec. périod. des assur.*, 90, 54; Paris, 20 janvier 1892, *Journ. des assur.*, 92, 197; Trib. civ. Seine, 31 mars 1892, *Journ. des assur.*, 92, 234; Trib. comm. Seine, 4 août 1892, *Journ. des assur.*, 92, 422; *Rec. périod. des assur.*, 92, 599; Paris, 22 mars 1893, *Journ. des assur.*, 93, 435; *Rec. périod. des assur.*, 93, 465; Trib. comm. Bruxelles, 7 décembre 1889, S. 90, 4, 32. — *Contrà*, Trib. civ. d'Angers, 7 juin 1892, *Journ. des assur.*, 93, 156.

Il faut noter que dans l'opinion des personnes soutenant que la réticence n'existe avec ses conséquences punissables qu'autant qu'il y a intention mauvaise, il convient de réputer l'art. 348 applicable à la faute lourde et d'assimiler cette dernière à la fraude.

2. Couteau : *op. cit.*, T. II, p. 143.

3. C'est ainsi que la Cour de Paris a jugé, par son arrêt précité du 17 mai 1889, que l'on ne saurait proclamer coupable de réticence pouvant entraîner l'annulation de la police, l'assuré qui n'a pas révélé deux accidents sur la gravité desquels les médecins entendus aux enquêtes ont donné leurs appréciations et explications, *s'il ne résulte pas des documents versés aux débats que l'assuré a pu ou a nécessairement dû les connaître exactement et s'en rendre assez rigoureusement compte pour y attacher une importance sérieuse au point de vue du risque de l'assuré.*

contracter une assurance [1]. En pareille circonstance, il ne s'agit pas de savoir si l'assuré est de bonne ou de mauvaise foi : il n'y a qu'à rechercher si le proposant, dans ses déclarations, soit par omission, soit par une affirmation inexacte, a atténué pour la Compagnie l'étendue du risque : si oui, le contrat doit être rompu, car, nul n'a le droit de substituer, après coup, son appréciation à l'appréciation de l'assureur [2].

En résumé, l'assureur entend prendre à sa charge les risques de décès menaçant les hommes en général, à l'exclusion de tout risque spécial à l'individu et qui proviendrait d'hérédité ou de toute autre cause ; celui qui, soumis à des risques particuliers qu'il connaît ou devrait connaître, contracte une assurance sans les déclarer, met à la charge de l'assureur un risque différent de celui qu'il avait en vue. Donc le contrat est nul [3].

Cette solution paraît avoir une telle supériorité sur le premier système qu'elle a été consacrée à l'étranger [4]. Il ne s'est jamais élevé de difficulté à ce sujet.

1. Il est bien certain que l'on ne saurait, en faveur du maintien du contrat, soutenir que le contractant, tout en connaissant la nature de sa maladie, s'illusionnait sur ses résultats, qu'il croyait qu'une opération, réputée par lui sans danger, le délivrerait d'une affection cancéreuse. S'il fallait tenir compte de l'état d'esprit des malades et de leurs espérances insensées, la police ne signifierait plus rien. — V. Rome : *op. cit.*, p. 54.

2. V. observat. *Journ. des assur.*, 1890, p. 34 et suiv., et 1892, p. 236.

3. Rehfous : *op. cit.*, p. 37.

4. La loi belge du 11 juin 1874 (art. 9) dit expressément que la réticence, la fausse déclaration de la part de l'assuré, « même sans mauvaise foi », rendent l'assurance nulle lorsqu'elles diminuent l'opinion du risque ou en changent le sujet de telle sorte que l'assureur, s'il en avait eu connaissance, n'aurait pas contracté aux mêmes conditions. V. en ce sens Trib. civ. Bruxelles, 12 mai 1875, *Belg. jud.* 79, 254 ; Furquim d'Almeida : *op. cit.*, p. 70 ; cet auteur fait justement remarquer que l'erreur, qu'elle soit volontaire ou non, porte sur la *substance* même du contrat.

Il a été jugé que si la réticence ou la fausse déclaration de l'assuré, même sans la mauvaise foi, rend l'assurance nulle, la réticence doit s'entendre du silence gardé par l'assuré sur un fait qu'il connaissait, et la fausse déclaration de l'affirmation d'un fait qu'il savait inexact, qu'en conséquence, la déclaration simplement inexacte de l'assuré, par suite de son ignorance de la vérité, ne suffit pas pour annuler l'assurance. Bruxelles, 22 février 1890, S. 91, 4, 15 ; Trib. comm. Bruxelles, 7 décembre 1889, S. 90, 4, 2 ; Bruxelles, 22 décembre 1891, *Rev. périod. des assur.*, 91, 350.

En Angleterre, les déclarations qui font corps avec la police et qui sont nommées *warranties* doivent être d'une exactitude absolue ; la police est nulle quand il y a inexactitude, sans qu'il y ait à distinguer si c'est le résultat de l'erreur, de l'ignorance, de la négligence ou de la fraude, comme aussi sans qu'il y ait à distinguer si l'inexactitude porte ou non sur une circonstance importante (Bunyon : *op. cit.*, p. 31). A la vérité, il est permis d'éviter la nullité en indiquant que l'on répute exact le fait avancé, mais que l'on est hors d'état de garantir l'exactitude.

En Allemagne, d'après les art. 810 et 813 du Code de commerce, applicables non seulement aux assurances maritimes, mais aux assurances terrestres, la déclaration inexacte, volontaire ou involontaire, faite de bonne ou de mauvaise foi, rend le contrat nul. Et la doctrine est fixée dans ce sens. V. Malss dans le *Zeitschrift f. Vers.-R.*, 1, p. 109. Comp. Rehfous : *loc. cit.*

Cependant on admet que si l'assureur connaissait l'inexactitude de certaines données et n'en avait pas moins continué à percevoir les primes, il doit être pré-

En France, cette opinion s'impose en droit par cette considération que l'art. 348, c'est-à-dire le texte qui domine la matière, ne distingue ni fraude, ni ignorance [1], et permet de mettre un terme à l'assurance par cela seul que l'assureur ayant été trompé sur la gravité du risque, la convention est viciée.

Un système intermédiaire a bien été imaginé, d'après lequel, si l'assureur n'obtient pas l'annulation pour toute inexactitude, il peut la réclamer s'il a cru à l'existence d'un état de fait diminuant la gravité des risques et si cette erreur l'a seule décidé à s'obliger [2]. Ainsi l'assureur ne pourrait se prévaloir de toute indication fâcheuse pour lui quant à l'âge, quant aux maladies non déclarées et susceptibles d'abréger la vie; il pourrait exciper seulement de l'erreur sur l'âge quant il aurait cru à l'âge assurable un individu qui l'avait dépassé. De même il serait en mesure d'invoquer l'erreur sur la santé s'il établissait que la maladie non déclarée était de celles qui, connues, forment pour lui un obstacle à la conclusion de l'assurance.

sumé avoir renoncé à exciper de l'irrégularité.   Lehr : *Traité élément. de droit civil germanique*. Paris, 1892, T. II, p. 183.

En Autriche pourtant on semble croire que la mauvaise foi est nécessaire. Trib. Trieste, 18 août 1878, *Journ. du dr. intern. priv.*, 79, 492 et la note *ibid.*

En Italie, l'art. 452 du Code de commerce ne proclame la nullité qu'en cas de déclarations fausses ou erronées ou de réticences de circonstances connues de l'assuré.

Dans le rapport qu'il a présenté en 1891 à la *Société des juristes suisses* sur *Les principes à édicter à la base d'une loi fédérale sur le contrat d'assurance sur la vie* (Bâle, 1891), M. Rehfous a reconnu que l'assureur avait le droit de provoquer l'annulation du contrat dans tous les cas, sans que le preneur puisse opposer sa bonne foi, l'ignorance où il était lui-même du fait non déclaré.

C'est une innovation. Dans son Exposé des motifs du projet de Code de commerce, M. Munzinger opposait qu'il y aurait rigueur injuste à frapper la simple négligence de la même peine que la fraude. D'autre part, l'avant-projet du Code fédéral des obligations accordait à l'assureur le droit : 1° d'attaquer le contrat *avant l'avènement du risque* si l'assuré avait répondu inexactement soit par mauvaise foi, soit par négligence, si la réponse pouvait influer d'une manière décisive sur la volonté de l'assureur ou si l'assuré avait caché de mauvaise foi un fait important; 2° le droit de demander la résiliation du contrat *après le décès*, à charge par lui de prouver que le décès avait été causé par une circonstance ou un fait non déclaré ou inexactement déclaré par mauvaise foi, au moment de la conclusion du contrat.

1. Dans l'ancien droit ce principe était constant. V. Émérigon : ch. I, sect. V, § 3. Pareillement, la doctrine moderne considère que l'art. 348 concerne toute déclaration erronée, même sans intention mauvaise.   Alauzet : *Dr. commerc.*, T. VI, n° 2100; Cauvet : *Assur. marit.*, T. I, n° 190; Bédarride : *Commerce marit.*, T. III, n° 1203, etc.; Weil : *Assur. marit.*, n° 99 et suiv.; Pardessus : *Dr. commerc.*, T. II, p. 883, etc.; Boistel : *Précis de dr. commerc.*, n° 1351; de Valroger : *Des réticences* (*Le Droit*, 1er juin, 1889); Lyon Caen et Renault : *Précis de dr. commerc.*, T. II, n° 2264; Sic Cass., 1er décembre 1869; D. P. 70, 1, 200 et autres décisions de tribunaux citées par ces derniers auteurs. Ce qui semble déterminer ces auteurs c'est que le Conseiller d'État chargé de la rédaction de l'Exposé des motifs, lors de l'élaboration du Code de commerce, a nettement déclaré que l'erreur dans l'opinion du risque empêche les volontés des parties de se rencontrer, qu'elle a mis obstacle au consentement de sorte que la nullité est absolue.

V. toutefois *Contra* Marchal : *op. cit.*, p. 90, etc..

2. Chavegrin : *loc. cit.*; Sic, Trib. civ., Tours, 30 août 1881; Bonnet, de Mars, : III. 151 ; C. supr. d'Autriche, 28 mars 1878. *Journ. du dr. internat. priv.*, 79, 491.

Mais, outre que rien ne justifie en droit une semblable distinction, il faut reconnaître que ce système n'est point pratique.

Pour faire la preuve relativement aux maladies la Compagnie devrait mettre sous les yeux des juges les lettres missives et documents montrant que dans des affaires antérieures la constatation de la maladie même sur laquelle porte le débat a entraîné de sa part le rejet de propositions d'assurances. Ce serait trahir le secret dû aux correspondants, manquer à un devoir essentiel. Il faudrait donc produire, soit les instructions générales, circulaires et autres pièces impersonnelles adressées aux agents à l'occasion de leur service, soit même le questionnaire que doit remplir tout proposant, et l'on devrait essayer de démontrer que ces pièces excluent la possibilité d'un contrat avec toute personne atteinte de l'affection visée. Mais une pareille justification serait presque toujours impossible et les difficultés se présenteraient en masse [1].

§ 2. — Indication des autres assurances.

En second lieu, l'assuré doit faire connaître les assurances contractées avec d'autres Compagnies précédemment ou en même temps. C'est l'application d'un principe admis pour toutes les assurances terrestres [2].

Et l'assuré est tenu de faire connaître non seulement les contrats passés, mais même ceux qui n'ont point abouti, à raison du refus opposé par les Compagnies. Il importe à l'assureur de savoir quels motifs ont empêché la conclusion d'un contrat à une date antérieure, d'abord parce qu'il peut trouver là une ligne de conduite, en second lieu parce qu'il lui est possible en se renseignant de compléter les indications qu'il possède déjà. Il n'est pas rare de rencontrer des personnes qui, après avoir vu refuser leur offre

1. On a fait valoir (Rehfous : *Des principes à édicter à la base d'une loi fédérale sur le contrat d'assurance sur la vie*, p. 31) qu'il conviendrait de déterminer un délai, passé lequel l'action en nullité ou en résiliation pour réticences ne serait plus recevable et de fixer ce délai à dix ans, comme le délai normal de la prescription. Il est presque impossible que dans un délai de dix années les circonstances qui étaient de nature à exercer une influence sur l'opinion du risque, ne manifestent pas leur existence de manière à permettre à l'assureur de se faire libérer de ses obligations s'il s'y croit fondé. D'autre part, il est indispensable de mettre les bénéficiaires du contrat, qui en ignorent absolument les vices, qui doivent compter sur sa validité, à l'abri de contestations qui se produiraient après le décès.

2. V. Cass., 10 avril 1877 D. P. 77, 1, 479; S. 78, 1, 77.

Certaines législations ont cru devoir édicter une disposition à ce sujet : l'art. 427 du Code de commerce espagnol de 1885 impose à l'assuré l'obligation de révéler à l'assureur les autres assurances sur la vie contractées par lui antérieurement ou simultanément avec d'autres Compagnies, sous peine d'être privé des bénéfices de l'assurance et réduit au droit d'exiger la valeur de la police.

pour cause de maladie, consentent à se soumettre à un traitement de nature à masquer pendant un laps de temps plus ou moins long l'affection même aux yeux des hommes de l'art et, dans de pareilles conditions, entament des pourparlers avec une autre Compagnie. D'autre part, il arrive fréquemment qu'une personne, ayant appris par sa première démarche que la maladie déclarée par elle et difficile à constater était un obstacle à l'assurance, fait cette maladie au cours des pourparlers avec la seconde Compagnie. La clause qui impose l'obligation de tenir l'assureur au courant tend à empêcher de pareils faits déloyaux et de nature à créer les plus grands dangers pour les Compagnies.

La validité d'une pareille déclaration est admise sans conteste. Il en est de même de la déchéance édictée en cas d'inobservation de cette règle [1] : le proposant qui cache son échec, qui, par conséquent, cherche à obtenir d'une autre Compagnie les avantages qui lui ont été refusés, qui veut présenter comme satisfaisante une situation déjà réputée mauvaise, n'est pas de bonne foi. Sa punition, consistant dans l'annulation du contrat, n'a rien d'excessif [2].

La jurisprudence n'a jamais refusé de considérer comme coupable de réticence et de dissimulation de nature à diminuer l'opinion du risque et à le frapper de la peine indiquée par la police en pareille circonstance, l'individu qui ne déclare pas qu'il a fait des démarches précédemment en vue d'une assurance et que sa demande a été repoussée [3], ou qui cache un ajournement équivalant à un refus [4]. Mais comme les déchéances sont de droit étroit il a été décidé que le proposant qui, interpellé sur le point de savoir si quelque Compagnie a déjà refusé de l'assurer, répond négativement,

1. M. Vibert se refuse cependant à voir là une cause de déchéance : il base son opinion sur ce que la nouvelle Compagnie a tout pouvoir et toute facilité d'appréciation, et que d'ailleurs la connaissance de refus antérieurs pourrait l'influencer au préjudice du contractant. Mais cette opinion est isolée. V. Pardessus : op. cit., T. II, n° 593 ; Merger : op. cit., p. 113 ; Couteau : op. cit., T. II, p. 148 ; Agnel : op. cit., n° 378. En tout cas il est bien certain que l'obligation n'existe à la charge de l'assuré, avec ses conséquences pénales, que si la police lui en fait une obligation.

2. Il est à remarquer que la nullité de l'assurance est opposable au cessionnaire et à tous autres ayants droit comme elle le serait à l'assuré lui-même, Paris, 12 février 1878, D. P. 78, 2, 58 ; S. 80, 2, 225. — Nous avons envisagé la question précédemment.

3. Cass., 10 avril 1877, D. P. 77, 1, 479 ; Rouen, 17 févr. 1859, Bonnev. de Mars. : II, 213 ; Trib. comm. Strasbourg, 1er mars 1875, id. III, 197 ; Trib. civ. Seine, 26 août 1884, Rev. périod. des assur., 85, 167 ; id. 3 mars 1885, ibid. ; id. 1er avril 1886, Journ. des assur., 86, 20 ; Nancy, 12 novemb. 1887, Rev. périod. des assur., 87, 623 ; Trib. comm. Seine, 9 juin 1888, id. 88, 294 ; Journ. des assur., 88, 135 ; Trib. civ. Seine, 14 mai 1891, Rev. périod. des assur., 91, 121. Cf. un arrêt de la Cour suprême des États Unis reproduit dans Albany Law Journal, 1875, p. 300 et cité Journ. du dr. intern. priv., 75, 386.

4. Paris, 5 juill. 1878, D. P. 81, 2, 234 ; S. 80, 2, 225. Il n'y a pas à tenir compte de ce fait que l'assuré aurait révélé la circonstance à un agent de la Compagnie et qu'il n'aurait pas fait mention du refus d'après l'avis de cet agent.

ne fait pas une fausse déclaration alors qu'après avoir adressé à une autre Compagnie des propositions d'assurance il n'a reçu aucune réponse et s'est volontairement abstenu de continuer les pourparlers engagés [1], ou encore s'il n'est pas prouvé qu'il eut connaissance du rejet de la proposition antérieure [2], ou aussi s'il n'y a eu que des pourparlers engagés avec un agent et non pas une proposition d'assurance par le client lui-même [3], ou enfin s'il est constant que dans sa réponse à une question de l'agent sur l'existence d'assurances antérieures le proposant a entendu déclarer qu'il n'avait d'autres pourparlers engagés avec cet agent qui, d'ailleurs, avait rédigé la proposition destinée à l'autre Compagnie [4].

La réticence commise du chef d'une assurance antérieure suffit pour faire prononcer la nullité de l'assurance. La Compagnie n'a donc nullement besoin d'établir en outre que la maladie qui a causé la mort de l'assuré était la même que celle qui avait motivé le rejet de la précédente proposition.

La nullité édictée pour réticence ou déclaration fausse ou bien inexacte n'est point une nullité absolue.

Elle peut être couverte d'abord par la prescription de dix ans, conformément à l'art. 1304 C. Civ., à dater du jour où la Compagnie a découvert l'erreur ou le dol. De plus, elle peut être couverte par une ratification expresse et même par une ratification tacite.

Les faits susceptibles d'être considérés comme emportant confirmation sont laissés à l'appréciation du juge. Il convient simplement de dire que l'exécution du contrat par l'assureur peut être prise comme signe de ratification. La Compagnie qui aurait accepté le versement de la prime ne serait donc pas fondée à se prévaloir de l'irrégularité si elle avait encaissé le montant volontairement, et aussi s'il y avait eu intention de faire disparaître le vice de l'engagement [5]. On ne saurait trop engager les Compagnies à être soigneuses et à éviter la délivrance d'une quittance, si ce n'est sous réserves et en manifestant par leurs agissements la ferme volonté de ne pas accepter, par la réception des fonds, la situation qui leur est faite.

Lorsque la Compagnie fait prononcer l'annulation de la police pour réticence, pour déclaration fausse ou inexacte imputables à l'assuré, elle peut certainement s'engager à restituer à ce dernier les primes perçues, à l'exception de la première. D'après une nou-

1. Paris, 10 novemb. 1886, *Journ. des assur.*, 87, 7.
2. Paris, 22 mars 1893, *Journ. des assur.*, 93, 435 ; *Rev. périod. des assur.*, 93, 465.
3. Paris, 21 janv. 1891, D. P. 91, 2, 318.
4. Trib. comm. Seine, 4 août 1892, *Journ. des assur.*, 92, 423 ; *Rev. périod. des assur.*, 92, 599.
5. Besançon, 4 mars 1882, S. 83, 2, 60 ; Cpr. Cass., 10 novemb. 1851, D. P. 51, 1, 324, et Chavegrin : *loc. cit.*, § 4.

velle rédaction des polices, la Compagnie peut s'engager à restituer, après un certain laps de temps, les primes en cas d'annulation [1]. En pareille circonstance il n'existe aucune difficulté. Mais cette solution n'est pas généralement adoptée encore et les règles antérieurement suivies n'ont pas été abandonnées par toutes les Compagnies : faisant application de l'art. 351 C. Comm., les polices consenties par nombre de Compagnies déclarent expressément que si le contrat est annulé les primes payées restent acquises à la Compagnie [2].

Une pareille clause est non seulement légale en tant que figurant dans la police signée par les deux parties, mais elle est aussi éminemment juste [3]. Il ne saurait être objecté que la nullité édictée par l'art. 348 C. Comm. qui permet de prononcer la nullité, loin d'avoir des effets dans l'avenir, rétroagit à l'origine du contrat, l'efface et le fait disparaître, de telle sorte que l'assureur ne peut conserver l'émolument d'un contrat qui est réputé n'avoir jamais existé. Bien que le contrat ait été déclaré nul, l'assureur n'en a pas moins couru des risques ; il aurait pu ne pas découvrir le risque dissimulé et être tenu de verser l'indemnité, le sinistre se produisant ; à raison du risque couru pendant le temps où le contrat a existé en fait, l'assuré ne peut point réclamer la fraction de la prime destinée à payer l'assurance annuelle. En second lieu, il n'est pas plus à même de demander la restitution de la partie de la prime mise à la réserve, parce qu'il a commis une faute dont il mérite d'être puni et parce que, devant croire que tout se passait régulièrement, l'assureur a compté par avance cette prime pour la formation de la mutualité du groupe dans lequel était compris celui dont l'assurance a dû être annulée [4]. La Compagnie avait le droit

1. Après cinq années entières écoulées.
2. *Toute réticence, toute fausse déclaration qui diminueraient l'opinion du risque ou qui en changeraient le sujet, portent les polices, annulent l'assurance, et dans ce cas les primes versées demeurent acquises à la Compagnie.*
3. Paris, 12 février 1878, S. 80, 2, 225 ; D. P. 78, 2, 59 ; Trib. civ. Seine, 1er avril 1886, *Journ. des assur.*, 86, 211 ; Nancy, 12 novemb. 1887, *Rec. périod. des assur.*, 87, 523. — Un arrêt de la Cour de Rouen du 21 janv. 1876 (D. P. 77, 2, 126 ; S. 76, 2, 337), proclamant la solution contraire, doit être écarté à raison de cette circonstance que la question était tranchée d'avance, la Compagnie ayant offert la restitution des primes. Un jugement du Tribunal civil de Tours, du 30 août 1871 (D. P. 78, 2, 58, note) a ordonné la restitution par le motif que l'assuré n'avait commis aucun dol ; mais l'on sait que le texte de l'art. 348 C. Comm. n'autorise pas une pareille distinction. V. les observations de M. Labbé ; note, S. 80, 2, 230.
En Angleterre des décisions anciennes, il est vrai (1777 et 1781 ; Monthe : *op. cit.*, p. 222) ont jugé que, si le risque n'avait jamais existé, il y avait lieu à restitution de la prime ; mais que, si le risque avait existé, ne fût-ce que pour vingt-quatre heures, il n'y avait pas lieu à cette restitution. Cette différence entre le cas de nullité et celui de cessation *ex post facto* disparaît dans les clauses des polices des Compagnies. La disposition est générale et absolue.
4. Couteau : *op. cit.* T. II. p. 152.

de réclamer des dommages-intérêts à raison des agissements de l'assuré ; le maintien des primes dans sa caisse lui donne satisfaction.

Si l'on ne peut invoquer cette considération que la Compagnie a dû considérer les primes comme définitivement acquises, en conséquence les dépenser soit dans ses frais généraux, soit en dividendes ou en parts de bénéfices à ses actionnaires et que ce serait l'exposer à des mécomptes, rompre l'équilibre des bilans antérieurs que de remettre en question des résultats acquis [1], il faut dire que le principe de la restitution des sommes versées fournirait à la mauvaise foi des assurés une sorte de prime d'encouragement à commettre des réticences ou de fausses déclarations qui, en définitive, ne les exposeraient à rien perdre et leur ménageraient même des réserves accumulées.

Le juge ne peut donc en présence d'une police ne mentionnant pas la facilité nouvelle laissée par certaines Compagnies, se dispenser de faire produire effet à la clause attribuant définitivement, en cas de réticence, les primes perçues. Il ne doit même pas rechercher s'il y a eu ou non dol ou fraude. Il suffit que la Compagnie établisse la réticence [2].

En revanche si la police était muette (hypothèse fort peu vraisemblable), il est à croire que le remboursement devrait être ordonné [3] ; les pénalités ne sauraient, en effet, être suppléées.

§ 3.   Paiement de la première prime.

L'assuré doit payer la prime afférente à la première année [4]. C'est là un principe commun aux assurances terrestres [5].

1. Trib. civ. Seine, 1er avril 1886 précité.

2. Pour notre part, nous repoussons absolument la distinction que l'on a voulu parfois établir, suivant que l'assuré était de bonne ou de mauvaise foi (Rehfous : *Des principes à édicter à la base d'une loi fédérale sur le contrat d'assur. sur la vie*, p. 31 et 32). Fidèle à la doctrine qui fait application de l'art. 348 C. Com. dans tous les cas, nous pensons que l'assureur est fondé à retenir les primes à titre de dommages-intérêts. Il est à noter que les polices n'indiquent aucune distinction.

La loi belge du 11 juin 1874 prescrit (art. 10) à l'assureur, en cas de bonne foi de l'assuré, de rembourser la prime soit pour le tout, soit pour la partie pour laquelle le risque n'a pas été couru, et (art. 11) elle n'attribue à l'assureur la prime que si le contrat est annulé pour cause de dol, fraude ou mauvaise foi. En Hollande, d'après l'art. 282 du Code de commerce, la prime entière est acquise en cas d'annulation du contrat pour dol, fraude ou mauvaise foi. En Italie, suivant l'art. 429 du Code de commerce applicable en matière d'assurance sur la vie de par l'art. 432, si du côté de l'assuré il y a eu mauvaise foi l'assureur a droit aux primes.

3. Chavegrin : *loc. cit.*, § 4.

4. *La police n'a d'existence et d'effet qu'après le paiement de la première prime*, lit-on dans les polices, *ou si la prime a été fractionnée, de la fraction convenue de cette prime.*

5. Nancy, 26 mars 1873, *Journ. des assur.*, 73, 477 ; Paris, 20 nov. 1878, *ibid.*.

Ce paiement a une importance considérable. D'une part, il atteste que le contrat a pris cours. D'autre part il semble de nature à enlever le droit de se prévaloir au moins des irrégularités de forme [1].

Si le versement de la prime est facultatif, cette règle ne s'étend pas à la première prime qui est toujours obligatoire. Les polices contiennent une clause pour le dire, et pour indiquer non seulement que cette première prime doit être payée comptant, mais encore que l'assurance ne prend cours qu'après la libération de l'assuré [2]. Une pareille disposition se justifie à tous les points de vue. La prime est une cotisation nécessaire pour entrer dans le groupe des assurés ; on ne peut être membre de leur association sans avoir au préalable payé cette cotisation [3]. En outre, cette clause est licite, par suite obligatoire [4]. Ce n'est pas l'existence, mais bien l'efficacité du contrat qui est subordonnée à l'accomplissement de la condition.

Il faut donc dire que l'assurance n'a d'effet qu'après l'exécution des deux conditions : la signature du contrat et le paiement de la première prime [5] ; lors même que la police serait signée par les contractants le contrat ne serait pas en cours s'il n'y avait pas eu le versement qu'impose la convention et l'assurance serait sans effet si le décès arrivait avant le paiement de la première prime [6].

L'obligation est si absolue que cette première prime est exigible

79, 85 ; Grenoble, 3 mars 1881, S. 82, 2, 68 ; Paris, 19 avril 1882, S. 83, 2, 138 ; D. P. 82, 2, 226 ; Trib. comm. Seine, 31 oct. 1877, *Journ. des assur.*, 80, 26 ; Trib. civ. Rambouillet, 9 mars 1888, *Journ. des assur.* 88, 254 ; Paris, 30 oct. 1889, *ibid.* 90, 9 ; Trib. civ. Seine, 12 nov. 1891, *ibid.* 92, 124 ; *Rec. périod. des assur.*, 92, 143.

1. Ainsi le paiement de la première prime et la délivrance de la quittance couvrent l'irrégularité résultant du défaut de signature de l'assuré sur la police. C'est ce qui a été jugé le 14 février 1890, par la Cour d'appel de Paris, confirmant un jugement du Tribunal civil de la Seine, du 26 décembre 1888 (D. P. 91, 2, 273). Dans l'espèce, on produisait l'original trouvé dans les papiers de l'assuré et qui, bien que non signé par l'assuré qui, du reste, était illettré, était revêtu de la signature des représentants de la Compagnie. Or, il est certain que l'art. 1325, § 1, du C. Civ. est respecté lorsque l'original remis à l'une des parties est signé par l'autre et réciproquement. V. Demolombe : *Obligat.*, T. VI, n° 113 ; Aubry et Rau : *op. cit.*, T. VIII, p. 229, § 750, texte et note 30 ; Boistel : note, D. P. 91, 2, 273.

2. *La Police n'a d'existence et d'effet qu'après le paiement de la première prime. Le paiement des primes (autres que la première) étant toujours facultatif...*

3. Couteau : *op. cit.*, T. II, p. 158.

4. V. les observations de M. Blondel à ce sujet : *op. cit.*, p. 140, et Herbault : *op. cit.*, p. 169. — V. aussi Trib. civ. de Lyon, 5 février 1870, *Journ. des assur.*, 70, 123, et dans un autre sens Trib. civ. Bordeaux, 19 décembre 1879, *Journ. des assur.*, 80, 63, jugement d'après lequel un assuré, après avoir reçu sa police, a été considéré en mesure de refuser le paiement de la première prime par le motif que le contrat ne rendait pas ce versement obligatoire.

5. Nancy, 26 mars 1873, *Journ. des assur.*, 73, 477.

6. Trib. civ. Rambouillet, 9 mars 1888, *Rec. périod. des assur.*, 88, 196 ; *Journ. des assur.*, 1888, 254, et Paris, 30 octobre 1889, *Rec. périod. des assur.* 89, 292 ; *Journ. des assur.*, 90, 9 ; Trib. civ. Seine, 12 novemb. 1891, *Rec. périod. des assur.*, 92, 113 ; *Journ. des assur.*, 92, 124. De ce que le contrat est suspendu tant que l'assuré ne s'est pas libéré il faut conclure que la Compagnie a le droit de renoncer à l'assurance. Amiens, 24 mai 1885, S. 85, 2170.

même s'il a été stipulé que le paiement aurait lieu par fractions, par exemple tous les trois mois [1], la dette n'en restant pas moins une et due tout entière à l'assureur pour la période commencée [2].

De même il n'y a point lieu de se préoccuper de savoir si la prime est ou non portable ou quérable.

En pratique, la police porte quittance de la première prime; elle est remise à l'assuré seulement contre le paiement de ce qu'il doit [3]. S'il en était autrement, l'assureur serait en droit de refuser toute existence au contrat jusqu'au jour du paiement, à moins qu'il n'eût accordé un délai pour le versement [4]. En pareille circonstance, le contrat serait réputé avoir pris naissance, les risques auraient commencé à courir du jour de la convention. Mais dans les usages constants il n'est accordé aucun délai.

Si le refus de la part de l'assuré empêche le contrat d'exister [5], il faut reconnaître que tout retard ne rend pas la police nulle. Quand par exemple l'agent ou le préposé de la Compagnie a, par sa faute, empêché d'accepter le paiement, l'assuré est à l'abri de toute action [6]. C'est l'application de ce principe confirmé par l'art. 1178 C. Civ. que la condition est réputée accomplie lorsque c'est le débiteur, obligé sous cette condition, qui en a empêché l'accomplissement. La solution doit être la même en cas de force majeure, par exemple en cas d'investissement d'une ville [7] ou de fléaux empêchant les communications [8].

---

1. Trib. civ. Lyon, 5 février 1870, D. P. 70, 3, 80.

2. Herbault : *op. cit.*, p. 169 ; Vibert : *op. cit.*, p. 79 ; Couteau : *op. cit.*, p. 150.

3. Comme le fait observer avec raison M. Couteau (*op. cit.*, T. II, p. 150), l'agent qui remettrait la police à l'assuré sans l'encaissement de cette première prime, se rendrait coupable d'une faute grave. V. Trib. Seine, 29 avril 1885, *Journ. des assur.*, 85, 290.

Sur le point de savoir où et comment doit être payée la première prime, il faut s'en tenir aux règles concernant les primes annuelles.

4. En échange de la police, l'assuré peut certainement remettre, si la Compagnie y consent, au lieu d'espèces (ce qui est le cas le plus général) un billet à ordre. Mais ce billet n'emporte pas novation, par application de l'art. 1273 C. Civ. L'acceptation de ce billet par la Compagnie n'est qu'un acte de complaisance consenti pour faciliter le paiement de la première prime ; par suite, si le billet n'est pas payé à l'échéance le contrat est nul. Trib. civ. Seine, 21 avril 1866, *Journ. des assur.*, 67, 129 ; Blondel : *op. cit.*, p. 139 ; Herbault : *op. cit.*, p. 169 ; Couteau : *op. cit.*, p. 160.

5. Il a été jugé (Trib. civ. de Bordeaux, 19 décembre 1870, *Journ. des assur.*, 80, 65) que l'assuré peut résilier le contrat qu'il a souscrit en refusant de payer la première prime, alors que le contrat stipule à son profit la liberté de résilier l'assurance, même avant tout paiement effectué.

6. Cass. 4 mai 1887, D. P. 87, 1, 206 ; S. 87, 1, 199. Il appartient à l'assuré d'établir les agissements du préposé à cet égard (même arrêt).

7. C'est ce qui a été décidé pour le paiement des primes annuelles. Trib. civ. Seine, 21 janvier 73, *Journ. des assur.*, 73, 104 ; Rouen, 12 mars 1873, D. P. 74, 2, 60, et Cass. 24 novembre 1874, D. P. 75, 1, 64.

8. En cas de retard dans le paiement de la première prime, s'il surgit une aggravation de risques (par exemple, une maladie grave survenue inopinément entre la signature de la police et le versement, la Compagnie ne peut pas

La clause relative au paiement de la première prime peut être imposée même quand il s'agit d'un avenant ayant pour but de rectifier une déclaration inexacte susceptible d'entraîner la déchéance de l'assuré [1].

En principe la prime est *portable*. C'est donc l'assuré qui doit aller verser ou faire verser sa prime ; la Compagnie n'est pas tenue de la faire recouvrer à domicile. Néanmoins, dans la pratique et pour éviter des lenteurs, des oublis qui risqueraient de se produire, les assureurs rendent volontairement la prime *quérable*, c'est-à-dire font toucher, au moment de l'échéance, le montant de la prime au domicile des assurés. Toutefois, les dérogations de la Compagnie à la portabilité et les tempéraments admis par la jurisprudence ne s'appliquent qu'aux primes afférentes aux contrats en cours d'exécution et non à celle payable au moment de la formation du contrat [2].

La Compagnie a le droit d'exercer des poursuites contre l'assuré à l'effet d'obtenir le paiement de la première prime. Mais si elle agit ainsi elle doit être considérée comme ayant renoncé au droit qu'elle avait de refuser un paiement tardif et d'empêcher ainsi la police de produire effet [3].

§ 4. Paiement des frais du contrat.

En outre de la prime, l'assuré doit payer les frais du contrat dont il est appelé à bénéficier [4].

opposer la réticence à l'assuré qui n'aurait rien dit. Cass. 30 avril 1884, D. P. 85, 1, 229 ; S. 85, 1, 306 ; Amiens, 21 mai 1885, S. 85, 1, 179. Avec ce refus de paiement, l'assureur pouvait soit considérer le contrat comme rompu, soit le maintenir avec droit de poursuites ; du moment qu'il a choisi le second parti il est lié par la convention, et, à partir du jour où cette dernière a été conclue, c'est-à-dire à dater de la signature de la police, époque à laquelle n'existaient pas les nouveaux risques. Il n'a pas été formé deux conventions successives, l'une au moment de la signature de la police, l'autre lors du paiement de la première prime. Il n'y a jamais eu qu'une convention unique, soumise à la condition suspensive de ce paiement ; et cette condition s'étant réalisée en temps utile, rétroagit jusqu'au jour de l'engagement réciproque des parties. Or, la dissimulation n'entraîne déchéance que si elle intervient au moment où s'est formé le contrat. En ce sens, Dalloz : *Rep.*, Supplem., v° *Assur. terr.* n° 358 ; Bruxelles, 18 févr. 1888, *Pas.*, 89, 2, 374 et *Ann. de dr. commerc.*, 90, 177.

V. *Contrà* cependant Paris, 19 avril 1882, D. P. 82, 2, 226 ; S. 83, 2, 138 ; mais cette décision a été cassée par la Cour de cassation le 30 avril 1884 (arrêt précité).

1. Cass. 2 janvier 1883, S. 83, 2, 156 ; D. P. 83, 1, 329.

2. Paris, 20 novembre 1878, *Journ. des assur.*, 79, 85.

3. Paris, 19 avril 1882, S. 83, 2, 138 ; D. P. 82, 2, 226 ; Cass. 30 avril 1884, S. 85, 1, 366 ; D. P. 85, 1, 229.

4. *Les droits de timbre et toutes les taxes existant actuellement ou établies postérieurement à la souscription de la police, disent les conditions générales des contrats, ainsi que les frais de perception de ces différents impôts, sont à la charge de l'assuré et sont acquittés en même temps que les primes.*

SECTION IV

Obligations au cours du contrat.

Au cours du contrat l'assuré a deux obligations qui lui incombent :
1° Ne pas aggraver les risques ;
2° Acquitter la prime.

§ 1. — Non aggravation des risques.

L'assurance étant conclue sur la base des déclarations faites par l'assuré pour les risques assumés par l'assureur, il est manifeste que le premier ne doit rien faire pour modifier la situation et augmenter les chances défavorables pour la Compagnie.

Le contrat est fondé sur l'appréciation des risques indiqués lorsque l'on s'est mis d'accord. C'est en tenant compte des circonstances alors révélées que l'assureur a accepté la mission de garantir contre les conséquences du décès et qu'il a fixe le montant de la prime. Il serait souverainement injuste de reconnaître à l'assuré la latitude d'apporter un changement dans les risques. La raison et l'équité s'opposent à ce que la Compagnie assurant un risque normal, habituel, soit tenue par suite des agissements d'un assuré qui, de son plein gré, transforme le caractère du risque et en fait un risque anormal, extraordinaire. Une personne, au moment de la signature du contrat, habite un pays salubre, exerce une profession paisible, par exemple le commerce ou l'agriculture, ou même vit de ses rentes ; elle offre à ce moment des chances inférieures de mortalité ; mais si, alors que la police la couvre, elle fixe son domicile dans un pays malsain, exposé aux fièvres, ou bien si elle prend une profession dangereuse, travaille dans une mine ou une carrière, se fait incorporer dans l'armée ou sert dans la marine, elle augmente les occasions de mort, elle en crée même ; elle dérange les combinaisons de la Compagnie qui n'a pas pu compter sur la substitution des chances plus grandes de mortalité aux conditions de longévité.

Le contrat d'assurance sur la vie n'interdit pas d'une façon absolue tout changement. Il permet à l'assuré de modifier son genre de vie sans qu'il y ait lieu de tenir compte des atteintes susceptibles d'être apportées à la santé, sans avoir à redouter les risques plus considérables de décès, et il donne ainsi le moyen d'éviter une déchéance[1] qui serait fatale[2]. Mais il impose comme condition l'avertissement de l'assureur.

En d'autres termes, tout changement apporté dans le risque doit, à peine d'annulation du contrat, être révélé à l'assureur afin que ce dernier règle sa conduite et en particulier examine, d'abord s'il y a aggravation de sa responsabilité, en second lieu, si, à raison de l'augmentation de la charge qui lui incombe, il ne doit pas exiger des conditions nouvelles, réclamer une prime plus forte[3].

Toutes les polices font une loi à l'assuré de prévenir la Compagnie du changement ou de l'augmentation des risques.

On appelle aggravation de risques toute modification de nature à accroître les chances du sinistre, c'est-à-dire de la mort[4].

L'obligation qui incombe à l'assuré à ce sujet est absolue. Elle s'impose même dans le silence de la police. C'est qu'en effet elle dérive de la nature même du contrat qui est essentiellement un contrat de bonne foi[5]. Seulement il est bien certain que l'assureur ne doit être prévenu du changement qui se produit dans le risque que si la modification provient du fait de l'assuré. Par exemple l'on peut déclarer nul le contrat souscrit par celui qui, après avoir traité avec une Compagnie comme civil, entre à l'armée et vient à être tué dans une guerre. Au contraire on ne saurait invoquer la clause de déchéance pour la personne qui, sans

1. En France l'on est unanime à reconnaître que le droit de résiliation qui appartient de ce chef à l'assureur découle de la nature même du contrat. Ailleurs, principalement en Allemagne, des auteurs se refusent à reconnaître à l'assureur le droit de se prévaloir d'un changement de profession, de genre de vie (Falk : *Rechtsgrundsätze im Versicherungswesen aus den Erkenntnissen des R. O. H. G. und des R. G. zusammengestellt*, I, p. 115; König dans le *Handbuch d. deutsch. Handels und Wechselrechts* de Endemann, III, p. 808); d'autres jurisconsultes enseignent que, suivant les circonstances, la résiliation peut être prononcée par justice. V. les autorités citées par König : *loc. cit.*, p. 813. Comp. Rehbous : *op. cit.*, p. 68.

2. En Allemagne, comme en France, on enseigne que la résiliation a lieu de plein droit; en Angleterre, certaines Compagnies se refusent à admettre la résiliation dans tous les cas et se bornent à édicter une suspension de l'assurance. V. Bunyon : *op. cit.*, p. 67, etc.

3. On trouve des dispositions à ce propos dans les législations qui ont édicté des règles propres à l'assurance sur la vie.
Ainsi le Code de Commerce italien (art. 451) dispose *a contrario* que les changements de résidence, d'occupation, d'état et de genre de vie de la part de l'assuré font cesser les effets de l'assurance s'ils aggravent les risques de telle sorte que l'assureur n'aurait pas consenti au contrat ou n'y aurait consenti que sous d'autres conditions. La même disposition figure dans le Code de Commerce portugais (art. 459) et dans le Code de Commerce hongrois (art. 502). En Allemagne, on admet que l'assureur a le droit de se départir du contrat si l'assuré choisit une profession dangereuse.
D'autre part, on trouve dans un grand nombre de Codes étrangers un article prévoyant les cas de suicide, duel, voyages au loin, etc. Ces dispositions seront indiquées en détail plus loin.

4. V. Sentence arbitr. de Chalon-sur-Saône, 17 mai 1851, *Journ. des assur.*, 51, 442.

5. Herbault : *op. cit.*, p. 175; Blondel : *op. cit.*, p. 144.

quitter sa condition, se trouve exposée aux opérations des belligérants et perd la vie au cours de la guerre. Aucune déclaration n'incombait, en effet, à cet assuré, car sa situation ne s'est point modifiée par lui-même ; ce n'est pas par son fait qu'il a été exposé à des dangers qui n'avaient point été prévus et par suite l'assurance n'a pas cessé d'exister [1]. De même, l'assuré n'est point tenu de déclarer les maladies survenues depuis la signature de la police pas plus que les blessures assez graves pour mettre son existence en péril. Bien certainement les risques sont supérieurs, mais cette augmentation est une des chances qui font nécessairement partie du contrat et auxquelles l'assureur a entendu se soumettre [2].

Les faits susceptibles d'être considérés comme constituant une aggravation de risques sont fort variés [3]. Il appartient aux tribunaux d'apprécier la gravité des circonstances ainsi que les termes de la police [4] et la décision du juge du fait à cet égard est souveraine [5].

Les polices qui reproduisent les mêmes clauses avec de très

1. Couteau : *op. cit.*, T. II, p. 218.

2. Alauzet : *op. cit.*, n° 562 ; Merger : *op. cit.*, p. 125 ; Rome : *op. cit.*, p. 56. C'est ainsi que nous avons dit plus haut (V. p. 28) que l'aggravation produite après la signature de la police et avant le paiement de la première prime, ne saurait être considérée, en l'absence de toute déclaration à l'assureur, comme un motif de retirence.

3. Dans son art. 2162 le Code prussien déterminait limitativement les faits à regarder comme une aggravation des risques : abandon de l'Europe, participation à une guerre, voyage sur mer. Une énumération a plus d'inconvénients que d'avantages. On l'a reconnu en France aussi bien qu'en Angleterre.

4. En principe l'assureur ne saurait soutenir que par sa vie désordonnée, ses excès, particulièrement ses excès alcooliques, l'assuré a avancé la fin de ses jours. Si l'ivrognerie est un vice rédhibitoire en matière d'assurance sur la vie (Legrand du Saulle : *Traité de méd. lég. et de jurispr. méd.*, p. 975, etc.), elle ne peut constituer un motif de déchéance qu'autant que l'assuré a converti les boissons alcooliques en instrument actif, intentionnel de suicide.

En Angleterre, il n'en est pas de même : les polices contiennent fréquemment une clause déclarant que le contrat sera annulé si l'assuré porte préjudice à sa santé par des excès. Aux États-Unis, il a été jugé que l'assureur pouvait faire annuler la police souscrite par un assuré dont la mort avait été causée par l'excès de boissons alcooliques non prescrites par le médecin. — *L'Assurance moderne*, numéro du 25 février 1888.

Sur l'aggravation des risques par l'état d'ébriété, V. Nancy, 15 novembre 1884, S. 85, 2, 205 et *Rev. crit. de législat. et de jurisprud.*, 1886, p. 449.

5. Alauzet : *op. cit.*, n° 562 ; Blondel : *op. cit.*, p. 144 ; Moulhe : *op. cit.*, p. 289.

Une remarque faite par ce dernier auteur est à noter : il conviendrait aux tribunaux, d'après le principe que nul ne peut s'assurer contre son fait, d'être plus ou moins rigoureux dans l'interprétation des polices suivant qu'il s'agirait d'une assurance faite sur la vie de l'assuré, ou d'une assurance faite sur la vie d'un tiers. Cette distinction, dit-il, a été adoptée dans la pratique par plusieurs Compagnies ; dans le premier cas, si les risques sont augmentés, la Compagnie est libre de résilier ou de consentir la continuation de l'opération moyennant une surprime ; dans le second, ce n'est plus à la Compagnie que cette option appartient, c'est à l'assuré : pourvu que, dès qu'il apprend que les risques sont accrus par le fait d'un tiers, il en avertisse l'assureur, il aura la faculté de payer une augmentation de prime, s'il ne préfère pas résilier.

légères différences visent les cas les plus fréquents : le suicide, le duel, la mort résultant d'une condamnation judiciaire [1], le risque de voyage et de séjour à l'étranger dans certains cas [2], le risque de mer [3], en principe le risque de guerre [4].

1. La Compagnie ne répond pas des risques de duel, de suicide ou condamnation judiciaire.

En cas de décès, par suite des risques exclus par le paragraphe précédent, si les trois premières primes annuelles n'ont pas été payées, la police est de plein droit sans effet et les primes payées demeurent acquises à la Compagnie.

Si les trois premières primes annuelles au moins ont été acquittées, la Compagnie tient compte aux ayants droit de la valeur qu'elle aurait payée, si elle avait racheté le contrat la veille du décès ; cette valeur est calculée conformément à la disposition de la police à cet égard.

La déchéance prononcée par les §§ 2 et 3 du présent article, n'est pas applicable en cas de suicide inconscient ; mais il est de convention expresse entre les parties que, dans ce cas, la preuve de l'inconscience de l'assuré suicidé sera à la charge des bénéficiaires de l'assurance.

2. Nombre de polices s'expriment ainsi : La Compagnie ne répond pas des risques de voyage ou de séjour hors des limites de l'Europe, de l'Algérie et de la Tunisie, ni des risques de voyage par mer autres que ceux d'un port d'Europe à un autre port d'Europe, d'Algérie et de Tunisie et vice versa, à moins d'une convention expresse et spéciale, à défaut de laquelle la police est résiliée de plein droit à compter du jour du départ ou de l'embarquement.

Mais dans ces derniers temps certaines Compagnies ont cru devoir atténuer cette prohibition. A la disposition précédente a été substituée cette clause : La Compagnie répond par la présente police des risques de voyage par terre ou par mer et des risques de séjour : 1° dans l'Europe tout entière ; 2° dans tous les autres pays et régions situés au nord du 35e degré de latitude nord, excepté, en Asie, à l'est du 50e degré de longitude ; 3° dans tous les pays ou régions situés au sud du 30e degré de latitude Sud ; 4° en Algérie, en Tunisie, en Tripolitaine, au Maroc, en Égypte jusqu'à la deuxième cataracte, en Syrie, en Palestine, dans toutes les îles de la Méditerranée ; 5° dans la République Argentine, au Paraguay et dans la Caroline du Nord ; 6° en Nouvelle Calédonie et à Taïti. Mais la Compagnie ne répond pas des risques de voyage et de séjour au de-là de ces limites et en dehors de ces contrées, à moins d'une convention expresse et spéciales, à défaut de laquelle la police est résiliée de plein droit à compter du jour du départ ou de l'embarquement.

La disposition relative aux suites du résiliement a été maintenue telle qu'elle était :

Dans le cas de résiliement stipulé par le paragraphe précédent, si les trois premières primes annuelles n'ont pas été payées, la police est de plein droit sans effet et les primes payées demeurent acquises à la Compagnie.

Si les trois premières primes annuelles au moins ont été acquittées, la Compagnie tient compte aux ayants droit de la valeur qu'elle aurait payée, si elle avait racheté le contrat la veille du départ ou de l'embarquement.

3. Si l'assuré est ou devient marin de profession, ou fait partie à un titre quelconque du personnel de la flotte, la police est résiliée de plein droit à partir du jour de l'embarquement, à moins d'une convention expresse et spéciale.

Dans le cas de résiliement prévu par le paragraphe précédent, si les trois premières primes annuelles n'ont pas été payées, la police est de plein droit sans effet et les primes payées demeurent à la Compagnie.

Si les trois premières primes annuelles au moins ont été acquittées, la Compagnie tient compte aux ayants droit de la valeur qu'elle aurait payée, si elle avait racheté le contrat la veille du jour de l'embarquement.

4. Si l'assuré est ou devient militaire, la Compagnie garantit les risques de tous services militaires en temps de paix en Europe, en Algérie et en Tunisie, y compris le risque de mort reçue dans les répressions d'une émeute, d'une sédition ou d'une insurrection.

La présente police ne couvre aucun risque de guerre contre une puissance étran-

A. — Suicide.

Le contrat d'assurance sur la vie repose sur le hasard. Le sinistre ne peut donner lieu à réparation de la part de la Compagnie d'assurances que s'il est dû à un événement fortuit. La convention intervenue est dépourvue d'effet quand la mort n'est point le résultat d'un fait accidentel, lorsqu'elle est la conséquence d'un acte volontaire. Les polices, dans leur très grande majorité, doivent donc exclure et elles excluent ce cas : l'assureur déclare formellement qu'il entend ne pas répondre des risques de suicide [1].

gère (ce risque pouvant, toutefois, faire l'objet d'un contrat distinct souscrit conformément aux conditions arrêtées, pour cette assurance spéciale, par le Conseil d'administration et qui seront en vigueur au moment de la déclaration de guerre). Si l'assuré est appelé à prendre part à une guerre contre une puissance étrangère soit comme combattant, soit dans un des services auxiliaires de l'armée, l'assurance est suspendue de plein droit du jour où l'assuré est entré en campagne ; elle reste en suspens pendant toute la durée de la guerre et pendant un délai de huit mois, à compter de la cessation définitive des hostilités.

Si l'assuré placé dans les conditions de l'article précédent décède, soit dans le cours de la guerre, soit dans le cours du susdit délai de huit mois, sans qu'il y ait à distinguer si le décès est la conséquence de la guerre ou s'il est dû à des causes indépendantes de la guerre, l'assurance est annulée, mais, quel que soit le nombre des primes payées, la Compagnie verse aux bénéficiaires du contrat le montant intégral de la réserve établie conformément aux procédés de calcul adoptés par la Compagnie.

Si l'assuré est vivant à l'expiration du délai de huit mois ci-dessus spécifié, l'assurance rentre en vigueur de plein droit, sans examen médical, mais sous la condition expresse du paiement préalable de toutes les primes qui auraient pu échoir pendant la suspension de l'assurance, ainsi que des intérêts de retard à 4 pour 100 pour les primes qui n'auraient pas été payées à l'échéance.

A défaut de paiement des primes dans ce délai et après envoi de la mise en demeure prescrite par l'art. 3, § 3, la police sera résiliée ou réduite suivant la distinction établie en l'art. 4.

L'assuré qui, rentré dans ses foyers, aura fait constater le bon état de sa santé, par un médecin désigné par la Compagnie, pourra, en versant, s'il y a lieu, les primes échues avec intérêts de retard, obtenir la remise en vigueur de sa police sans attendre l'expiration du délai de huit mois.

1. Comp. sur ce sujet Vivante : *Il suicidio nelle assicurazioni sulla vita*, Bologne, 1890 et *Der Selbstmord in der Lebensversicherung* (*Assecuranz-Jahrbuch*, XIII) ainsi que notre travail sur *Le suicide et l'assurance sur la vie* dans nos *Nouvelles études sur les assurances sur la vie*, p. 31 à 42, et la bibliographie donnée par Vivante : *Il contratto di assicurazione*, T. III, p. 205, V. sur les statistiques du suicide l'ouvrage de M. Socquet : *Le suicide en France* (1827-80), Paris, 1890, et l'article que nous avons publié sous ce titre : *Le suicide en France et à l'étranger* (*L'Économiste français*, 15 avril 1882) d'après les recherches de MM. Legoyt (*Le suicide ancien et moderne*), Morselli (*Il suicidio*), Foley (*Statistique de la Morgue*), Motet (*Le suicide en France*), etc.

L'exclusion du cas où l'assuré se tue est expressément édictée par le Code de Commerce italien (art. 450), par celui de l'Espagne (art. 180) ainsi que celui du Portugal (art. 458), par le Code de Commerce hongrois (art. 504), par le Code de Commerce néerlandais (art. 307), par les Codes de Commerce argentin (art. 698) et chilien (art. 575).

Consacrant une jurisprudence antérieure (Bruxelles, 2 juin 1851, *Belg. jud.*,

En France, le Gouvernement refuserait certainement d'autoriser toute Compagnie qui manifesterait l'intention contraire et édicterait une clause en faveur du suicide [1].

Nul ne saurait formuler une critique à ce sujet [2]. L'élément aléa-

IX, 15; Trib. civ. Bruxelles, 11 mars 1861 et Trib. comm. Bruxelles, 4 décembre 1862; *ibid.*, XIX, 675; III, 1151, la loi belge du 11 juin 1874 (art. 41) déclare que la responsabilité de l'assureur cesse en cas de suicide volontaire. Cette disposition est d'ordre public, comme on l'a dit aux Chambres lors de la discussion de cet article. La loi du 16 mai 1891 sur les assurances dans le Grand-Duché de Luxembourg excepte le suicide, sauf convention contraire. En Allemagne, il est reconnu également que le contrat perd ses effets contre l'assureur si l'assuré a à s'imputer sa mort prématurée par un suicide.

Cependant il a été admis parfois que la mort volontaire n'entraîne pas la résiliation du contrat, sauf à imposer des conditions particulières, à exiger le paiement de plusieurs primes entre l'engagement et le décès pour arrêter la spéculation d'un homme aux abois se tuant pour sauver, par sa mort, la situation des siens. Ainsi des Compagnies américaines ont accepté le suicide survenu un an et un jour après le contrat d'assurance; la Compagnie *le Gresham* l'admet aussitôt après le versement de trois primes; la *Compagnie belge d'assurances générales* paye en cas de suicide survenu après trois années. Cf. Garrisson : *Le suicide dans l'antiquité et les temps modernes*, p. 144. Il est à noter toutefois que, même aux États-Unis, on reconnaît que la police peut réputer le suicide une cause de déchéance. V. C. sup. d'Iowa, 4 octobre 1888 (*Journ. du dr. intern. priv.*, 89, 898).

En Angleterre, la plupart des polices admettent la validité de l'assurance en cas de suicide pourvu que le contrat ait été maintenu un certain nombre d'années, cinq ou trois ans au moins.

1. Le Tribunal de la Seine a proclamé la validité d'une police assurant même le cas de suicide, à la condition qu'il ne surviendrait pas avant un certain laps de temps (Trib. civ. Seine, 7 mars 1862; Rouen, de Mars. : III, 89,). En ce sens Dorllac de Borne : *Sur la déclaration des risques dans les assurances sur la vie. L'Opinion*, numéro du 15 août 1891, p. 114).

Mais il faut remarquer que cette décision, qui concernait une Compagnie étrangère, n'a pas fait jurisprudence. Elle violait manifestement les principes d'ordre public; quoique l'on puisse dire, le suicide est toujours un acte immoral.

Cependant, il y a lieu de le noter, la doctrine du Tribunal de la Seine a trouvé des adhérents. Des auteurs ont paru assez disposés à valider les stipulations en cas de suicide lorsqu'il s'agit d'assurances sur la vie perpétuelles. Ce système s'appuie sur ce que, dans ces assurances, le fait volontaire de l'assuré ne fera, en définitive, qu'accélérer la réalisation du risque (Alauzet ; *op. cit.*, 494). Mais c'est oublier que l'art. 6 du Code civil interdit de consacrer les conventions particulières qui dérogent aux lois intéressant l'ordre public et les bonnes mœurs; d'autre part, c'est vouloir trop envisager la question au point de vue de la règle que « l'on ne peut s'assurer contre son fait ». À ce point de vue restreint, on ne voit pas pourquoi il ne serait pas possible de faire une assurance même contre l'assassinat, puisque ce ne serait là qu'une augmentation de risques; or, du moment que la réalisation du risque présente quelque incertitude, si faible qu'elle soit, le contrat aléatoire est possible. Mais, si l'on se place plus haut, si l'on songe au péril social, à la sécurité de chacun menacée, on ne peut s'empêcher de combattre de pareilles tendances. V. Moulbie : *op. cit.*, p. 310.

De ce que nous considérons la prohibition du suicide comme intéressant l'ordre public, nous estimons, quoi que l'on ait pu dire (Dorllac de Borne; *loc. cit.*), qu'une Compagnie étrangère assurant contre le suicide dans son pays d'origine ne pourrait valablement assurer contre le suicide en France. Il importe peu que les Statuts approuvés à l'étranger soient contraires à la défense édictée en France; les Statuts d'une Compagnie étrangère ne sauraient méconnaître une prescription qui est non pas contraire à la nature du contrat telle qu'on l'admet en France, mais contraire à l'essence même du contrat.

2. En tout temps l'exclusion du suicide a été enseignée. V. Grun et Joliat : *op. cit.*, n° 386; Alauzet : *Assur.*, n° 564; Pardessus : *Dr. commerc.*, T. II, n° 590;

toire, ou plutôt indéterminé, ne doit être à la disposition d'aucune des parties contractantes, sans quoi il y aurait dans le contrat clause potestative, conséquemment nulle. Qui donc a le droit de fixer le terme de l'engagement, l'échéance du contrat? Le hasard, le hasard seul a le droit de tirer à vue sur les Compagnies d'assurances. En d'autres termes, les Compagnies souscrivent au profit de l'assuré une lettre de change dont l'échéance est en blanc et le hasard seul a le droit de remplir ce blanc [1].

Même si la police est muette sur la déchéance encourue par le fait de la mort volontaire, l'assureur est libéré. A défaut d'une stipulation expresse, il faut suppléer la clause portant annulation [2]. La nature du contrat répugne, en effet, à ce que l'une des parties puisse, à son gré, modifier l'élément aléatoire qui lui sert de base. On doit aller plus loin, et réputer nulle toute espèce de convention maintenant le contrat en cas de suicide: l'ordre public et l'ordre moral s'y opposent, autant que la nature même du contrat qui, encore une fois, a pour but exclusif de garantir contre un événement imprévu et non pas contre un acte volontaire [3].

Merger : *Assur. terr.*, p. 139. Plus récemment on a nettement établi que le suicide est totalement inassurable (*Etude critique des conditions générales des polices d'assurance sur la vie : Monit. des assur.*, 1889, p. 281).

Cependant M. Pufinet (*Rev. prat. de dr. fr.*, T. XXVI, 1868, p. 557 et 558), excipant de ce que l'amour de la vie semble être une garantie suffisante pour les assureurs, déclarait jadis que les Compagnies pourraient payer en pareil cas la somme assurée sans avoir la crainte de voir se multiplier leurs pertes, sauf à elles, pour éviter la fraude ou la folie, à convenir que la police n'aura d'effet qu'après cinq ans de date.

Ce qui retient l'assureur ce n'est pas l'idée de la perte, c'est ce principe fondamental que l'assuré ne peut aggraver le risque et par son propre fait, en hâtant son décès, modifier la convention qui fait dépendre le paiement du hasard seul.

1. Reboul : note, *Rev. prat. de dr. fr.*, T. XXII (1866), p. 179.

2. Moullue : *op. cit.*, p. 208; Ruben de Couder : *op. cit.*, v° *Assur. sur la vie*, n° 47; Goldschmidt : *Zum Recht der Lebensversicherung (Zeitschrift für das gesammte Handelsrecht*, 1878, 183, etc.).

3. Herbault (*op. cit.*, p. 138) croit qu'il est inutile d'invoquer ces arguments et qu'il suffit de dire que la clause est nulle comme contraire à l'essence même du contrat.

En Belgique, la prohibition est absolue: il a été dit aux Chambres lors de la discussion de l'art. 41 de la loi de 1874, qu'il s'agissait de prescrire des règles qui sont d'ordre public, auxquelles, par conséquent, il n'est pas permis de déroger par des dispositions particulières (Orquin d'Almeida : *op. cit.*, p. 92). Le Code de Commerce espagnol paraît consacrer la même doctrine.

Au contraire, le Code de Commerce hongrois (art. 504) permet de déroger à la prohibition. Pareillement la loi du 16 mai 1891 sur les assurances dans le Grand-duché de Luxembourg (art. 41) dispose que par convention l'on peut pour le suicide éviter la déchéance.

Le principe de l'interdiction de déroger à la disposition propre au suicide a été contesté par M. Konig (*Handbuch d. deutsch. Handelsrech.*, d'Endemann, III et *Einfluss der Selbstentleibung auf den Versicherungsvertrag*; Bâle, 1885), par M. Vivante (*Contratto di assicurazione*, T. III, p. 204, etc.) et par M. Rehlous prétendant que la convention qui exonère l'assureur des risques de suicide n'a rien de contraire à l'ordre public, si bien que certaines Compagnies ont décidé qu'elles ne se prévaudraient pas de la clause de déchéance lorsque le contrat

Toutes les personnes qui s'occupent d'assurances sur la vie savent qu'il n'est pas rare de voir des individus se tuer afin de réaliser au bénéfice de leurs héritiers une assurance contractée à dessein et avec la pensée arrêtée d'une mort volontaire; que serait-ce si la police pouvait, au moyen d'une prime plus considérable, produire effet pour le suicide?

La déchéance toutefois ne peut être prononcée que quand le suicide est accompli dans l'intégrité des fonctions mentales. Lorsque la mort volontaire est le résultat d'une affection cérébrale, de la folie, le contrat conserve tout son empire. C'est que dans ce dernier cas, il n'y a point chez l'assuré un acte de libre volonté; le décès est la conséquence d'un fait maladif rendant l'individu absolument passif et inconscient. Cette distinction[1] est admise sans contestation par les jurisconsultes français[2]; elle a été consacrée par un grand nombre de décisions judiciaires[3]. C'est à peine si

daterait de plus de cinq années (Des principes à édicter à la base d'une loi fédérale sur le contrat d'assur. sur la vie, p. 23 et suiv.).

1. Cette distinction a été parfois faite dans les législations étrangères. Ainsi la loi belge de 1874 parle du suicide volontaire (art. 41). Il en est de même dans le Code de Commerce italien (art. 450) et dans le Code de Commerce portugais (art. 458).

2. Labbé : *De la démence au point de vue de la responsabilité et de l'imputabilité en mat. civile* (Revue critique de législat. et de jurisprud., 1870, p. 123); Pouget : *Dict. des assur.*, v° Vie, n° 27; Moulhue : op. cit., p. 207; Vibert : op. cit., p. 117; Ruben de Couder : op. cit., n° 45; Fry : loc. cit., n° 92; Herbault : op. cit., p. 153; Legrand du Saulle : *Etude médico légale sur les assurances sur la vie*, p. 46; Lutaud : *Etude médico legale sur les assurances sur la vie*, Paris, 1887, p. 39, etc.; Typaldo Bassia : *Assur. sur la vie*, p. 108.

Cependant M. Cronau (*Les assur. sur la vie dans leurs rapports avec le suicide et la folie* : L'Opinion, 15 septembre 1891, p. 130 et 131), après avoir exprimé ses doutes sur cette distinction, ajoute que si cette dernière doit être admise il convient d'en restreindre l'application et de ne réputer le suicide inconscient que lorsqu'il est le résultat de la folie, sa suite naturelle, en d'autres termes quand il y a eu mélancolie suicide.

3. Trib. civ. Seine, 25 juillet 1854, Bonnev. de Mars. ; III, 39; Paris, 30 novembre 1875, D. P. 77, 2, 132 ; S. 77, 1, 25; Trib. civ. Seine, 1er avril 1876, *Journ. des assur.*, 76, 238; 12 mai 1876, *ibid.*, 76, 295; Cass. 3 août 1876, D. P. 79, 5, 30 ; S. 77, 1, 25; Trib. civ. d'Anvers, 29 juin 1878, *Journ. des assur.*, 78, 305; Trib. civ. Seine, 21 novembre 1878, *ibid.*, 79, 23; Trib. comm. Seine, 23 novembre 1882, *ibid.*, 83, 59; Trib. civ. Seine, 14 mars 1884, *Rec. périod. des assur.*, 84, 224 ; 3 juillet 1884, *ibid.*, 84, 185; *Journ. des assur.*, 85, 108; 2 février 1887, *Rec. périod. des assur.*, 87, 297; Trib. comm. Seine, 7 juin 1888, *Journ. des assur.*, 88, 482; Paris, 16 novembre 1889, D. P. 92, 2, 46 ; Trib. civ. Seine, 22 mai 1890, *Journ. des assur.*, 90, 411 ; Lyon, 17 février 1891, S. 91, 1, 116; D. P. 92, 2, 46; Trib. civ. Seine, 18 mars 1891, *Journ. des assur.*, 91, 207; *Rec. périod. des assur.*, 91, 222; 22 avril 1891, *Rec. périod. des assur.*, 92, 40; 24 avril 1891, *ibid.*; Paris, 16 juillet 1892, D. P. 93, 2, 233; S. 92, 2, 194, et notre dissertation à l'occasion de cet arrêt et d'un autre arrêt de la Cour de Paris du 21 octobre 1892 (D. P. 93, 2, 16, *Pand. fr. périod.*, 93, 2, 257).

Comme nous l'avons fait remarquer dans notre travail sur *Le suicide et l'assurance sur la vie* (Rec. périod. des assur., 1885, p. 308 et suiv.), la jurisprudence française présent. seule l'exemple de l'uniformité.

En Allemagne une sentence en date du 19 octobre 1866, du *Stadtgericht* de Berlin (Zeitschrift Wallmann, 3e année, p. 623 et Couteau : op. cit., p. 240) a déchargé l'assureur de ses obligations parce que l'enquête avait révélé que

quelques rares jugements ont déclaré que la clause excluant le risque du suicide était absolue [1].

Cependant on a prétendu que rien dans les polices n'autorisait à prétendre que l'annulation du contrat était subordonnée au caractère *volontaire* du suicide et non au suicide lui-même [2]. Mais c'est méconnaître ce principe que l'assurance se rapporte seulement à des

l'assuré s'était *intentionnellement* donné la mort; la Cour de Nuremberg a décidé le 15 mars 1867 que ce n'est pas l'absence de responsabilité qui exclut l'idée de suicide, mais bien l'*ignorance* inconsciente de l'action physique, qu'il est indifférent de savoir si l'assuré, en commettant un suicide, se trouvait dans un état d'insanité d'esprit qui le rendait incapable d'apprécier la portée de son acte, mais qu'il importait de connaître s'il se trouvait dans un état de trouble mental, tel qu'il ne savait plus qu'*il allait commettre un acte qui le tuerait* (Zeitschrift 9e année, p. 99, et Couteau : *ibid*.). D'autre part, un arrêt du Tribunal supérieur de Commerce de l'Empire rendu le 15 octobre 1875 *Journ. du dr. intern. priv.*, 77, 151 a jugé que le suicide qui libère la Compagnie d'assurances ne peut s'entendre que du suicide accompli volontairement, avec intention et conscience, et un autre arrêt, prononcé le 8 avril 1884 par le Tribunal de l'Empire *ibid*., 82, 329, a distingué également le suicide conscient et le suicide inconscient. Cependant la Cour suprême de Brême, le 30 mars 1875 *ibid*., 76, 176, et la Cour de Dresde, le 16 février 1875 *ibid*., 79, 197, ont paru admettre que le suicide annulait le contrat dans tous les cas, même lorsqu'il y a folie.

En Autriche, un arrêt de la Cour suprême du 29 mars 1879 *Jur. Blatt.*, 1879, no 30; *Journ. du dr. intern. priv.*, 79, 196 a déclaré que la clause de la police qui déclare l'assurance nulle en cas de suicide est réputée ne faire aucune distinction. D'un autre côté, la Cour suprême a décidé le 30 mars 1875 *Journ. du dr. intern. priv.*, 76, 196, que le suicide est une cause d'annulation de la police alors même qu'il résulte d'une folie notoire.

En Belgique, la Cour de Bruxelles le 2 juin 1851 *Belgique judic.*, IX, p. 19 et le Tribunal de Commerce de la même ville, le 4 décembre 1865, ont décidé que la nullité édictée pour le suicide est générale, mais la même Cour, le 12 août 1861 *Belgique judic.*, XIX, 1861, p. 655, et le Tribunal d'Anvers, le 29 juin 1878 (Couteau : *loc. cit.*), ont accepté la distinction établie en France. Le doute semble levé maintenant en présence de l'art. 41 de la loi belge qui supprime la responsabilité de l'assureur quand la mort de l'assuré est le résultat d'un *suicide volontaire*.

En Hollande, c'est cette dernière solution qui paraît devoir triompher Jugem. arbitral d'avocats d'Amsterdam, 29 décembre 1875, *Journ. du dr. intern. priv.*, 73, 144.

En Angleterre les deux opinions ont été adoptées presque simultanément Monthue: *op. cit.*, p. 208; Couteau: *loc. cit.*. En 1842 et en 1846 il fut décidé qu'il n'y avait pas lieu de distinguer si l'assuré était ou non en état de se rendre compte de ce qu'il faisait, mais par la suite la solution contraire fut préférée: V. Behbuns: *op. cit.*, p. 73. La doctrine paraît favorable à la distinction du suicide conscient et du suicide inconscient. V. ce que dit le professeur anglais Taylor dans son *Étude médico-légale sur les assurances sur la vie*, publiée dans les *Annales d'hygiène publ. et de méd. lég.*, 2e sér., T. XXVI, 1866, p. 393.

Aux États-Unis un premier arrêt de la Cour suprême rendu en 1872 *Journ. du dr. internat. priv.*, 84, 528, mettant fin à une divergence profonde qui existait entre les Cours des différents États de l'Union et les Cours de circuit, décida que l'assureur était responsable seulement du suicide perpétré en état de folie; depuis de nombreuses décisions ont consacré cette manière de voir V. *Journ. du dr. internat. priv.*, 89, 898. Mais dans ces derniers temps les polices ont été rédigées pour exclure le suicide commis tant en état de santé qu'en état de folie et la validité d'une pareille clause a été reconnue C. supr. d'Iowa, 1 oct. 1888, *Alb. L. J.*, XXXVIII, p. 367 et *Journ. du dr. intern. priv.*, 89, 898.

Pour la Suisse, V. *Rev. de dr. commerc.*, 1890, p. 104.

1. Trib. civ. Seine, 13 août 1874. Bonnev. de Mars, III, 192.

2. Dechaumbre: *Gazette hebdomadaire de médecine et de chirurgie*, 1876, p. 495.

événements fortuits et qu'elle ne peut viser un fait qui est précisément voulu. D'autre part, c'est aller contre l'équité et le bon sens que de considérer comme volontaire le suicide d'un aliéné.

En second lieu, et cette objection est plus grave, car elle s'appuie sur l'autorité de savants médecins aliénistes [1], on a prétendu que tout individu qui se suicide doit être considéré comme ne jouissant pas de l'intégrité de ses facultés. La réponse est facile, elle est fournie par la pathologie médicale qui enseigne d'une façon catégorique que le meurtre de soi-même n'est pas toujours un acte insensé et qu'il n'est pas invariablement dépourvu de liberté morale [2]. Sans nul doute, les maladies cérébrales entrent pour beaucoup dans le chiffre des suicides [3]; on ne saurait pourtant dire que le suicide implique nécessairement l'aliénation mentale. Il est incontestable que bien des suicidés conservent au milieu de leurs préparatifs une liberté d'esprit et un sang froid parfaits et que souvent il est impossible de trouver dans la tenue, dans les écrits, dans les derniers actes de l'individu la preuve morale qu'il n'avait pu lui-même attenter à ses jours [4].

Le suicide volontaire ne doit pas être confondu avec la mort survenue après des complications morbides, dans une crise de folie.

La règle posée pour le suicide commis dans un accès de folie doit incontestablement s'appliquer au suicide résultant d'une erreur. Pour la personne qui meurt après avoir absorbé une substance qu'elle ignorait être du poison ou après s'être servi d'une arme à feu qu'elle croyait déchargée, il ne saurait être question d'une déchéance. Là encore la mort est due à un fait accidentel, à une circonstance pour laquelle la volonté n'a rien été.

On a soutenu d'une façon générale qu'il fallait assimiler au suicide le décès survenu à la suite du secours prêté à un semblable. Il faut pourtant se garder d'être trop absolu [5]. Si un individu, sans nécessité aucune, affronte un danger de mort et succombe, victime, non point de son dévouement, mais de sa témérité, de son imprudence,

---

1. Esquirol et Bourdin ont, en effet, soutenu cette opinion que le suicide est toujours une maladie et toujours un acte d'aliénation mentale.

2. Legrand du Saulle : *Traité de médecine légale et de jurisprudence médicale,* p. 495; Taylor : *op. cit.,* p. 393.

3. En France, pour la période de 1875 à 1879, on a constaté pour 30.128 suicides, 9.175 cas dus aux maladies cérébrales. D'après le travail publié en 1875 par M. Guttstadt, dans la *Zeitschrift,* du bureau de statistique de Prusse sur 1.000 morts volontaires, 333 sont occasionnées par la folie en Prusse et en France, 330 en Italie et 330 en Belgique. V. sur cette question Legoyt : *op. cit.,* 2e part., ch. III; Morelli : *op. cit.,* et notre article déjà mentionné sur *le Suicide en France et à l'étranger* (*L'Économiste français,* 15 avril 1882).

4. Brierre de Boismont : *Rech. médico-légales sur le suicide* (*Annales d'hyg. publ. et de méd. lég.,* 2e sér., T. XII, p. 126.)

5. M. Herbault semble trop absolu en proclamant p. 138 la responsabilité de l'assureur dans ce cas d'une façon générale.

l'exception de suicide pourra être opposée par l'assureur. Ainsi une personne exerçant la médecine à Paris, apprenant que le choléra a éclaté soit dans une partie éloignée de la France, soit à l'étranger, se rend sur les lieux contaminés pour soigner les malades sans y être appelée et meurt; le sentiment du devoir n'est pas en jeu ici, car rien ne motivait le séjour au milieu des malades et nul reproche n'aurait pu être fait à ce médecin s'il avait refusé de quitter sa clientèle ordinaire, la ville qu'il habite et pour laquelle le contrat est passé. En pareille circonstance la Compagnie d'assurance pourrait se réputer déchargée; elle soutiendrait avec raison qu'elle n'avait assuré ce médecin que pour les risques naturels, normaux auxquels il était exposé dans la localité où son concours est requis, mais qu'elle ne saurait être tenue pour des faits qui n'intéressaient point l'assuré, pour une conduite qu'il n'était point obligé de tenir. A l'inverse, lorsque la mort survient dans l'accomplissement du devoir, elle ne peut point être réputée volontaire, car il est des cas où la lutte contre le danger est une obligation morale : par exemple, un médecin succombe en combattant un mal contagieux dans la ville qu'il habite; il n'y a nul doute à cet égard; l'assureur aurait tort de refuser aux ayants droit le paiement du capital assuré. Il ne s'agit pas d'une mort volontaire, parce que la victime n'était pas libre de refuser son ministère et se trouvait hors d'état de se dérober au danger [1].

C'est donc une question de fait et d'appréciation.

Il ne semble pas que l'on puisse appliquer la déchéance édictée pour le suicide au cas où l'assuré abrégerait son existence par des désordres; une vie d'excès, ne fait point perdre par cela même, et nécessairement, le bénéfice de l'assurance [2].

On a soutenu parfois que la tentative de suicide, non suivie d'effet, autorise l'assureur à demander la résiliation du contrat. L'on a invoqué cette considération que l'assuré ne doit pas volontairement chercher à mettre fin à ses jours, que l'assuré ayant manifesté une première fois une semblable intention, des tentatives nouvelles risqueraient de se produire et d'être suivies d'effet. Mais l'unique

---

1. Une condition générale des Statuts d'une Société d'assurance sur la vie porte telle que le contrat sera sans valeur si l'assuré expose sa vie volontairement ou inutilement; il ne faut pas interpréter cette condition, qui doit recevoir pour l'assuré la bénigne interprétation, comme comprenant d'autres agissements que ceux que l'assuré saurait réellement ou aurait su avec une attention vulgaire propres à créer après lui un danger. — Trib. sup. de Leipzig, 4 mai 1887 cité dans les *Annales de droit commercial*, 1889, p. 121.

2. L'assuré a-t-il, par une vie d'excès (abus de boissons alcooliques), contrevenu aux obligations qui lui incombaient d'après le contrat, l'assureur ne peut plus se baser sur ce fait pour s'affranchir de sa dette, s'il a continué à recevoir les primes en connaissance de cette vie désordonnée. En revanche, il n'est pas tenu à une application particulière pour s'informer d'une pareille dérogation au contrat. Trib. sup. de Leipzig, 3 novembre 1886, cité dans les *Annales de droit commercial*, 1889, p. 121.

décision judiciaire que l'on possède [1] a condamné cette opinion qu'elle répute beaucoup trop générale : l'assureur n'est en droit de demander la résiliation que si la tentative risque, d'après les déclarations des médecins, d'être une cause d'abréviation de l'existence.

Seulement il est parfaitement loisible aux Compagnies d'édicter dans les polices une clause à cet égard et l'on ne saurait trop les engager à insérer une disposition à ce propos [2].

S'il appartient à l'ayant droit de l'assuré de signaler le décès de l'assuré à la Compagnie, c'est cette dernière qui doit prouver qu'il y a eu suicide. De très nombreuses décisions judiciaires [3] ont mis cette preuve à la charge de l'assuré.

Elles se fondent sur ce que l'obligation de payer une certaine somme lors du décès incombant à l'assureur, c'est lui qui doit établir la circonstance libératoire. Tenu d'exécuter son engagement, il faut qu'il prouve le fait qui lui permet de s'y dérober, l'exception autorisant une dérogation à l'action [4].

1. Trib. Seine, 10 mai 1884, *Rec. périod. des assur.*, 84, 348. V. aussi Trib. Seine, 1er avril 1889, *Journ. des assur.*, 89, 225.

2. La Compagnie serait-elle en mesure d'intenter une action en dommages-intérêts contre la personne qui, sans se borner à être présente, prêterait son bras à l'assuré cherchant à se suicider et tiendrait l'arme homicide ? On peut le penser puisque, d'après la jurisprudence, il y a là homicide (Cass., 16 nov. 1827, *Bull. Crim. C. Cass.*, n° 284.

La solution doit être la même au cas où deux personnes conviennent que l'une tuera l'autre et se tuera ensuite ; si la première ne fait que se blesser, elle peut être poursuivie pour homicide (Cass., 23 juin 1838, *Bull. Crim. C. Cass.*, n° 77 ; 17 juill. et 21 août 1885, *ibid.*, n°s 287 et 348. — Cf. à ce sujet Chauveau et F. Hélie : *Théorie du Code pénal*, 6e édit. par Villey, T. III, n°s 1230 etc.; Rouquarel : *Le suicide*, discours de rentrée à la Cour d'Aix, *Gaz. des Trib.*, 19 et 20 oct. 1891.

3. Trib. civ. Seine, 25 juill. 1854, Bonnev. Mars. ; III, 49 ; 13 août 1874, *ibid.*, III, 192 ; Paris, 30 nov. 1875, D. P. 77, 2, 132 ; S. 77, 1, 25 ; Trib. civ. Seine, 1er avril 1876, *Journ. des assur.*, 76, 238 ; 12 mai 1876, *ibid.*, 76, 295 ; Cass., 3 août 1876, D. P. 79, 5, 30 ; S. 77, 1, 25 ; Trib. comm. Seine, 24 nov. 1882, *Journ. des assur.*, 83, 59 ; Trib. civ. Seine, 13 mars 1884, *Rec. périod. des assur.*, 84, 224 ; Trib. comm. Bruxelles, 14 janv. 1886, *ibid.*, 86, 580 ; Trib. civ. Seine, 9 févr. 1887, *ibid.*, 87, 297 ; Trib. civ. Seine, 1er avril 1889, *Journ. des assur.*, 89, 225 ; 22 mai 1890, *ibid.*, 90, 111 ; Paris, 13 nov. 1890, *ibid.*, 91, 20. V. toutefois Herbault : *op. cit.*, p. 154 ; Rehtous : *op. cit.*, p. 78 ; Alauzet : *op. cit.*, n° 559.

4. Les motifs ont été formulés en ces termes, par un éminent magistrat du Tribunal de la Seine, M. Picard, dans une affaire de suicide : « N'oublions pas le point de départ du débat. Il s'agit de résilier un contrat. La base de la résiliation, c'est le suicide. C'est donc aux Compagnies qui demandent la résiliation à faire la preuve... Je comprends qu'on me trouve difficile pour la preuve ; mais à cela il y a deux raisons : la première, c'est qu'il s'agit d'une réclamation et que les Compagnies doivent l'établir comme demanderesses ; la seconde, c'est qu'il s'agit d'un suicide, et qu'un semblable fait ne doit pas s'induire, mais se prouver comme un délit. Et, puisque la preuve n'est pas faite, que l'alternative se poursuit et que je suis encore entre la mort accidentelle possible et le suicide probable, alors j'incline pour le possible et je maintiens le contrat. » Comp. Boure : *op. cit.*, p. 53 et 54.

En Allemagne, dans les cas où le suicide est une cause d'extinction du contrat,

Cette jurisprudence n'est pas favorable aux Compagnies. Il est souvent difficile de déterminer si la mort est due à un suicide, à un accident, ou si elle est survenue spontanément. Ainsi un individu disparaît au fond d'une rivière pendant qu'il prenait un bain, un autre tombe par la portière entr'ouverte d'un wagon en marche, un troisième tombe du haut d'un pic élevé, ou est pris de vertige au moment où il traversait un précipice; ces morts sont-elles accidentelles ou volontaires[1]? Il y a place pour le doute et les Compagnies en sont réduites à soupçonner les faits de mort volontaire plus souvent qu'elles ne peuvent l'établir. Mais, l'on doit en convenir, la jurisprudence paraît trop uniforme et trop bien établie pour qu'une réaction soit à espérer.

En principe, il semble que si l'assureur n'a qu'à prouver le fait du suicide, c'est-à-dire le fait de sa libération, il ne lui incombe pas d'établir que l'assuré s'est tué dans un moment de raison, alors qu'il avait conscience de ses actes: il appartiendrait au bénéficiaire de prouver l'exception de la folie de l'assuré, c'est-à-dire un fait nouveau. Si c'est à la Compagnie à prouver le suicide ce n'est pas trop exiger du bénéficiaire qui soulève alors une exception (à savoir que la mort n'a pas été le résultat d'une volonté libre) que de lui demander d'en faire la preuve : *reus in excipiendo fit actor*[2].

En vain l'on soutiendrait que l'assureur devant prouver le suicide, lorsque la mort même spontanée n'est pas consciente et réfléchie, il n'y a pas suicide[3]. Le suicide est l'action de l'individu qui se donne la mort volontairement, sachant qu'il se la donnait et ayant pleinement conscience de cette action. L'on ne prétendrait pas avec plus de raison que tout suicide n'entraîne pas libération, que l'assureur doit prouver le suicide volontaire, car c'est seulement au cas de suicide volontaire que l'assureur est exonéré[4]. C'est, en effet, oublier que si la partie à laquelle incombe la charge de la preuve doit établir chacun des éléments de fait dont le droit ou le bénéfice légal qu'elle entend faire valoir suppose le concours, l'obligation ne saurait être étendue au delà : la partie qui s'y trouve soumise n'est pas tenue de prouver l'absence des causes ou circonstances dont l'existence aurait pu faire obstacle à l'acquisition du droit ou entraîner la déchéance du bénéfice légal qu'elle invoque; elle n'est

l'assureur ne peut s'en prévaloir qu'en prouvant qu'effectivement l'assuré a mis lui-même fin à ses jours; et les intéressés peuvent combattre l'effet de cette preuve, en établissant que l'assuré s'est tué dans un moment où il n'avait pas l'usage de ses facultés. Leht : *Traité élém. de droit civil germanique*, T. II, p. 184.

1. Lalande: *Manuel de méd. lég. et de jurisprud. méd.* p. 368; Comp. Tardieu et Taylor : *Etude médico-légale sur les assurances sur la vie* (*Annales d'hyg. publ. et de méd. lég.*, 2e sér., T. XXVI, p. 394), et Labbé: *loc. cit.*.

2. Herbault : op. cit., p. 154; Couteau : op. cit., T. II, p. 237.

3. Paris, 30 nov. 1875, D. P. 77, 2, 132; S. 77, 1, 25.

4. Ruben de Couder : op. cit., V° *Assur. sur la vie*, n° 16.

pas tenue davantage de justifier que ce droit ou ce bénéfice n'a pas été modifié ou restreint au profit de ses adversaires [1]. Si, au lieu du suicide, l'assureur invoquait un autre moyen de défense, par exemple la prescription, l'assureur ne saurait être obligé de prouver que la prescription n'a été ni suspendue ni interrompue [2]; l'on ne voit point la raison d'une différence : de même que la folie rend inopérante l'exception tirée du suicide, de même la suspension ou l'interruption rendent inefficace l'exception de prescription [3].

Il faut l'avouer, bien que plusieurs décisions semblent reconnaître notamment que c'est au bénéficiaire à prouver que la mort n'a pas eu pour cause un acte spontané, mais un accident dû à l'état de démence ou d'imbécillité de son auteur [4], cette opinion n'a point prévalu. La jurisprudence paraît fixée en ce sens que le suicide étant un acte volontaire et conscient, la Compagnie ne fait pas assez en prouvant le fait matériel; elle doit établir que l'assuré avait la volonté libre et raisonnée de mettre fin à ses jours [5]; l'assu-

1. Aubry et Rau : *op. cit.*, T. VIII, p. 456.

2. Aubry et Rau : *op. cit.*, T. VIII, p. 458 ; Besançon, 1er mars 1827, Dalloz : *Rép.* v° *Obligations*, n° 145.

3. Dupuich : note, D. P. 93, 2, 234.

4. Paris, 16 nov. 1889, S. P. 92, 2, 46 ; S. 91, 2, 115 ; Trib. civ. Seine, 22 avr. 1891, *Rec. périod. des assur.*, 92, 40 ; Trib. civ. d'Anvers, 29 juin 1878, *Journ. des assur.*, 78, 305.

5. Paris, 30 nov. 1875, D. P. 77, 2, 132 ; S. 77, 1, 25 ; Lyon, 17 févr. 1891, D. P. 92, 2, 46 ; S. 91, 2, 116 ; Paris, 16 juillet 1892, D. P. 93, 2, 233 ; S. 92, 2, 199 ; Paris, 21 oct. 1892, *Pand. fr. périod.*, 93, 2, 257 ; Trib. civ. Seine, 1er avr. 1876, *Journ. des assur.*, 76, 238 ; 13 mars 1881, *Rec. périod. des assur.*, 81, 221. Enfin, il y a lieu de signaler l'arrêt de la Cour de cassation du 3 août 1876 D. P. 79, 5, 30 ; S. 77, 1, 25) proclamant que le fait matériel de se donner la mort ne suffit pas pour compter l'engagement d'une Compagnie d'assurances, que l'extinction des obligations ne peut avoir lieu que par un fait volontaire et réfléchi et que par conséquent il appartient bien à la Compagnie qui doit justifier le suicide de prouver que ce dernier a eu lieu dans la plénitude des facultés mentales.

M. Dupuich (note, D. P. 93, 2, 233, qui a cru devoir écarter, à raison des circonstances de fait auxquels ils se rapportaient, les jugements du Tribunal de la Seine du 12 mai 1876, 21 novembre 1878, 2 février 1881 et l'arrêt de Paris du 21 octobre 1892, cités précédemment, a soutenu que l'arrêt de la Cour suprême du 30 novembre 1876 n'a point l'importance théorique qu'on lui prête : cette décision, dit cet arrêtiste, est uniquement fondée sur l'interprétation souveraine en fait que la décision attaquée (Paris, 30 nov. 1875 précité), donnait des clauses de la police, interprétation qui était au moins fort contestable. D'ailleurs, il intervenait dans des conditions de fait qui en restreignaient singulièrement la portée ; non seulement dans l'espèce la Cour de cassation le constate l'assuré était, lors de son suicide, inconscient de ses actes, mais encore la Compagnie elle-même avait offert de faire la preuve qu'on exigeait d'elle et se trouvait ainsi se pourvoir contre un arrêt qui avait admis ses conclusions. Le rejet du pourvoi, dit comme conclusion M. Dupuich, était donc en fait inévitable.

En admettant que cet arrêt du 3 août 1876 puisse s'expliquer ainsi, ce que nous ne pensons pas, il faut l'avouer, il n'en reste pas moins acquis que la tendance de la jurisprudence est absolument contraire à la doctrine généralement enseignée par les auteurs. On s'en aperçoit en lisant les décisions qui ont affirmé que la Compagnie, débitrice du capital assuré, ne pouvait être libérée à l'égard des ayants droit de l'assuré qu'en prouvant avec *une certitude absolue* qu'il y avait eu suicide conscient, que par suite en cas de doute, malgré des

reur doit prouver que l'assuré n'était pas fou au moment où il a mis fin à ses jours [1].

Malgré sa rigueur et bien qu'elle ne soit nullement fondée en droit, cette jurisprudence prévaut pour le moment. Il appartient aux Compagnies, en choisissant avec soin des espèces favorables, de ne point reculer devant la lutte; il se peut que le revirement

présomptions, la déchéance n'était pas applicable Trib. civ., Seine, 1er avril 1889, *Journ. des assur.*, 89, 225, et *Rev. périod. des assur.*, 89, 40 .

Fort heureusement une réaction a paru se produire contre de pareilles tendances et l'on semble admettre aujourd'hui que le juge n'est point tenu de s'en tenir à la preuve matérielle. V. notre note (*Pand. fr. pér.*, 93, 2, 257) à l'occasion des arrêts de la Cour de Paris, du 21 octobre 1892 *ibid*. et D. P. 94, 2, 46), et du 16 juillet 1892 *ibid*. et D. P. 93, 2, 233).

Est-il besoin de dire que nous déplorons une pareille tendance de la jurisprudence qui part de cette idée que l'inconscience du suicide doit être présumée au mépris de ce qui est enseigné (Demolombe : *Donat, entre vifs et testam.*, T. I, nº 349; Aubry et Rau : *op. cit.*, T. VII, p. 43; et autorités citées D. P. 93, 2, 235), au mépris de ce qui a été jugé Orléans, 20 févr. 1829; Caen, 3 févr. 1826; Dalloz : *Rép.* vº *Disposit. entre vifs*, nº 237; Orléans, 28 avril 1860, D. P. 60, 2, 98; Caen, 22 nov. 1851, D. P. 51, 5, 383 ; Lyon, 17 févr. 1891, D. P. 92, 2, 46; S. 91, 2, 116 ?   V. les observat. de M. Dupuich, D. P. 93, 2, 235.

C'est en invoquant cette idée que l'on est arrivé à soutenir en Angleterre qu'il convient de considérer le suicide comme l'une des causes ordinaires de décès : il est injuste, dit-on, de faire souffrir les tiers, c'est-à-dire la femme, les enfants, les héritiers, les créanciers même pour un acte accompli par une personne qui n'en avait pas conscience. V. lettre insérée dans *The Truth* et analysée dans *L'Assurance moderne*, nº du 30 août 1886.

1. V. Agnel et de Corny : *Manuel des assur.*, nº 396; Ruben de Couder : *op. cit.*, vº *Assurance sur la vie*, nº 46; Pie : *Ann. de dr. commerc.*, 92, 231.

L'art. 41 de la loi belge du 11 juin 1874 décide que l'assureur ne répond pas de la mort de celui qui a fait assurer sa propre vie lorsque cette mort est le résultat d'un suicide, sauf la preuve que celui-ci n'a pas été volontaire. Il n'est pas sans intérêt de noter ce qui s'est passé à ce propos.

Le projet primitif était fort concis : il se bornait à dire que l'assureur n'était dans aucun cas responsable de la mort qui serait le résultat d'un fait illicite de l'assuré. La Chambre vota un amendement faisant dire que l'assureur ne répond dans aucun cas de la mort de l'assuré, lorsque cette mort est le résultat d'un suicide volontaire. C'était imposer à l'assuré le fardeau de la preuve. Au Sénat, M. d'Anethan fit valoir dans son rapport qu'il fallait se borner à mentionner le suicide comme dégageant l'assureur, sauf au preneur ou au bénéficiaire de l'assurance à prouver que le suicide n'avait pas été volontaire (Nyssen et de Baets : *Comment. du Code de Commerce belge*, nº 633. M. le Ministre de la Justice, M. de Lantsheere, fit valoir que si la mort de l'individu crée pour la Compagnie l'obligation de payer l'indemnité, lorsque cette dernière prétend être dispensée elle doit fournir une justification, que c'est non le fait du suicide, mais le suicide volontaire qui constitue l'exception et que demandeur sur l'exception l'assureur doit en établir le fondement; le Sénat décida que l'assurance demeurerait sans effets, dans les cas où le décès résulterait de suicide Nyssen et de Baets : *op. cit.*, nº 661. La Chambre repoussa cet amendement et vota la disposition qui est devenue l'art. 41 en ajoutant simplement l'amendement de M. d'Anethan « sauf la preuve que le suicide n'a pas été volontaire. »

Il appartient donc bien à l'assureur de prouver le suicide, à celui qui veut maintenir à son profit le bénéfice de l'assurance à prouver que le suicide a été volontaire. Furquim d'Almeida : *op. cit.*, p. 87 à 89.

Il a été jugé sous l'empire de la loi de 1874 que la Compagnie, qui excipe du suicide pour refuser de verser le capital assuré, doit établir le suicide qu'elle invoque et faire la preuve de ce fait même par des présomptions. Trib. comm. Bruxelles, 14 janv. 1886. *Pas.*, 86, 150.

ne se produise pas de sitôt, mais il interviendra certainement,
car la solution préconisée par les tribunaux ne se justifie ni en fait
ni en droit.

En présence du maintien de cette jurisprudence les Compagnies
ont le droit de prendre les mesures pour sauvegarder leurs intérêts; elles ont la latitude d'indiquer dans la police à qui incom-
bera la preuve de la folie en cas de suicide, de dire, par exemple, que
si la déchéance n'est pas applicable en cas de suicide inconscient, il
est expressément convenu que, dans ce cas, la preuve de la folie serait
à la charge du bénéficiaire; elles feront bien de rédiger une clause
édictant la déchéance en cas de suicide, jusqu'à ce que le bénéficiaire
ait établi que la mort n'était pas le résultat d'une volonté libre[1].

Tous les modes de preuve pour le suicide sont admissibles. On
ne saurait exiger que la conviction du juge résulte, comme on l'a
parfois décidé[2], d'une preuve matérielle. Ce serait rendre illusoire
l'application de la clause qui prononce l'annulation en cas de suicide, car la preuve directe du suicide n'est la plupart du temps pas
possible. Il est peu de personnes qui laissent un écrit annonçant
l'exécution de leur projet de se donner la mort[3]. On ne peut imaginer
des cas dans lesquels se rencontre avec une certitude absolue cette
conviction qu'il y a eu suicide, et suicide conscient. Donc la preuve
matérielle n'est pas indispensable : les présomptions graves, précises et concordantes peuvent être accueillies[4], par exemple un
écrit manifestant des intentions de suicide, une situation d'affaires
fort embarrassées et des poursuites criminelles, une tentative de
suicide non suivie d'effet[5].

De ce que le juge du fait a le droit (et le droit absolu) de former
sa conviction avec tous les éléments que l'assureur est tenu de
placer sous ses yeux[6], il suit que la Compagnie s'acquitte suffisamment de la tâche qui lui incombe, en démontrant que dans la vie

---

1. Cf. l'article de M. Signorino : *La preuve du suicide dans le contrat d'assur. sur
la vie (La Loi, 13 mai 1897).*

2. Trib. civ., Seine, 12 mai 1876, Bonnes, de Mars. : III, 218 ; Trib. civ. Seine,
1er avril 1889, *Rec. périod. des assur.*, 89, 10.

3. Trib. comm. Bruxelles, 14 janv. 1886, *Rec. périod. des assur.*, 86, 580 ; *Journ.
des assur.*, 86, 110 ; Trib. Seine, 22 mai 1890, *Journ. des assur.*, 90, 411 ; Paris,
13 nov. 1890, *ibid.*, 91, 20 ; *Rec. périod. des assur.*, 90, 228 ; Lyon, 17 févr. 1891,
S. 91, 2, 116 ; D. P. 92, 2, 46 ; Paris, 16 juill. 1892, D. P. 93, 2, 233 ; Paris,
21 oct. 1892, D. P. 93, 2, 16 ; *Pand. fr. pér.*, 93, 2, 257, et nos remarques à ce
propos.

4. Comme dans l'espèce résolue par la Cour de Paris, le 21 octobre 1892, *Pand.
fr. pér.*, 93, 2, 257 ; D. P. 93, 2, 16. V. aussi Lyon, 17 févr. 1891, D. P. 92, 2,
16 ; S. 91, 2, 116.

5. Cf. notamm. Lyon, 17 févr. 1891, arrêt précité, et Paris, 13 nov. 1890, arrêt
précité.

6. V. nos observations en note des arrêts de la Cour de Paris du 12 nov. 1890,
(*Rec. périod. des assur.*, 90, 231) et des 16 juillet et 21 oct. 1892 (*Pand. fr. pér.*,
93, 2, 257).

de l'assuré rien ne dénotait l'altération des facultés mentales, qu'il n'était relevé, dans les antécédents de sa famille, aucun indice de prédisposition héréditaire à la démence et que dans l'existence même du suicidé, ainsi que dans les circonstances qui ont immédiatement précédé sa mort, tout concourt à attester que cette dernière a été l'œuvre d'une volonté consciente et libre [1].

Mais s'il y a un doute sérieux, si l'acte par lequel l'assuré s'est donné la mort peut être considéré comme involontaire ou comme inconscient, les tribunaux n'hésitent pas à dire que la preuve de suicide n'est pas faite et que le capital assuré doit être payé [2].

B. — Duel.

Il tombe sous le sens que la mort survenue dans un duel ne saurait être considérée comme un décès normal [3]. La Compagnie entend assurer contre la mort arrivant d'une façon fortuite. Son obligation ne doit point être étendue à la mort se produisant d'une manière volontaire, en quelque sorte, car, en se battant en duel, l'assuré s'expose à la mort de son plein gré. Tous les auteurs proclament que l'assureur est dégagé de son obligation quand l'assuré est tué en duel [4]. Toutes les polices ont bien soin d'exclure le cas de duel

1. Trib. civ. Seine, 13 mars 1884, *Rec. périod. des assur.*, 86, 220; Paris, 16 juill. 1892, D. P. 93, 2, 233.

2. Trib. civ., Seine, 13 mars 1884, *Rec. périod. des assur.*, 86, 220. Les Compagnies ont le droit de prendre toutes les mesures propres à faire la lumière sur les circonstances au milieu desquelles l'assuré a trouvé la mort. Il nous semble qu'elles pourraient, en présence d'un doute sur le genre de mort, demander aux personnes appelées à bénéficier de l'assurance, aux représentants de l'assuré, l'autorisation de faire procéder à l'autopsie par une commission de trois médecins (le médecin ordinaire, le médecin de la Compagnie et l'un des médecins experts près les tribunaux), et en cas de refus des intéressés les Compagnies devraient solliciter du président du tribunal une ordonnance de référé mettant fin à la contestation sur ce point. C'est l'opinion que formulait M. Legrand du Saulle dans son *Traité de médecine légale et de jurisprudence médicale* (ch. XIII). Nul ne saurait contester un pareil droit aux assureurs. Exposés trop souvent aux fraudes d'individus qui s'assurent avec le désir formel de mettre sous peu fin à leurs jours ou en présence d'une situation pécuniaire difficile, les Compagnies doivent incontestablement chercher des armes pour se défendre; dans l'état actuel des choses, la preuve du suicide est extrêmement difficile, pour ne pas dire impossible, pourquoi hésiter à requérir une expertise qui n'offrirait aucun inconvénient et qui serait à l'avantage de toutes les parties ? — V. cependant *Journ. des assur.*, 1892, p. 458.

3. Sur le duel V. le travail de M. Gelli (*Journ. de la Soc. de statistique de Paris*, 1890), analysé dans la *Revue scientifique*, n° du 20 septembre 1890; c'est une bonne statistique du duel, importante à consulter, non seulement pour l'Italie mais même pour la France. Cf. Teissier : *Le duel au point de vue médico-légal* (*Annales d'hyg. publ. et de méd. lég.*, juillet 1890).

4. Grün et Joliat : *op. cit.*, n° 385; Alauzet : *Assur.*, n° 563; Pardessus : *op. cit.*, T. II. n° 590; Merger : *op. cit.*, p. 139; Montluc : *op. cit.*, p. 206; Herbault : *op. cit.*, p. 454; Couteau : *op. cit.*, T. II. p. 228; Borthac de Borne : *De la déclarat.*

et elles déclarent expressément que l'assureur ne répond pas des risques du duel [1].

des risques dans les assurances sur la vie (L'Opinion, 15 août 1891 ; Typaldo Bassia : op. cit., p. 108 ; Furquim d'Almeida : op. cit., p. 87.

M. Vibert (op. cit., p. 119) prétend que l'on ne peut assimiler le duel au suicide ; le duel, malgré sa folie et son immoralité, devient parfois une cruelle nécessité ; les lois ne sont pas toujours assez puissantes pour punir certaines insultes et le silence du dédain ne suffit pas toujours non plus pour lutter contre les attaques de la calomnie. Il serait inique de rendre toute une famille responsable d'un acte qu'elle n'a pu empêcher. En outre, il n'est pas exact de dire que le duelliste se donne volontairement la mort ; il court un danger et rien de plus. Jusqu'à ces derniers temps, cette opinion (sans importance, eu égard à la disposition formelle des polices à ce sujet) paraissait isolée ; elle n'avait guère été reprise que par M. Patinot (loc. cit., p. 557) qui, à vrai dire, se bornait à une affirmation.

Mais elle a été récemment reprise.

En premier lieu il a été soutenu que l'on pouvait supprimer, en tant que prohibition absolue, la clause relative au duel, car il n'existe aucune similitude entre le duel et le suicide ; dans le duel, l'assuré ne cherche pas la mort et se défend ; aussi a-t-on proposé de faire assurer ce risque soit moyennant une surprime, soit même peut-être sans surprime. Ce qui semble déterminer, c'est qu'il est des cas où un homme ne peut se dispenser de se battre (*Étude crit. des condit. générales des polices d'assur. sur la vie* : Monit. des assur., 1889, p. 279).

D'un autre côté, il a été enseigné qu'il n'existe pas de motifs pour imposer aux assureurs les risques du duel et prohiber d'une manière absolue toute clause excluant le duel de l'assurance, les Compagnies consentant bien souvent à agir en cas de mort survenu en duel comme s'il y avait eu suicide (Rehfous : op. cit., p. 26).

Nous pensons que la prohibition doit être maintenue en fait et en droit. En fait, parce que s'il est des cas où un homme d'honneur ne peut refuser de se battre, il est certainement des cas où un homme, soucieux de l'honneur de sa famille et de son nom, doit se suicider pour éviter des poursuites. D'autre part, il faut noter d'abord que le duel est une infraction à la loi pénale sinon à la loi morale et qu'une pareille circonstance doit pouvoir dégager l'assureur : la participation à un méfait ne peut conférer un droit. En outre, c'est méconnaître ce principe fondamental en matière d'assurance que l'assureur n'est pas tenu des risques de mortalité provenant du fait personnel de l'assuré parce qu'il n'a dû compter que sur les chances ordinaires de la vie et sur les dangers qui pourraient assaillir un individu malgré le soin qu'il prendrait de les éviter.

Il a été aussi répondu (Dorthac de Borne : loc. cit.) que l'assurance du duel constituerait un contrat absolument illégal et contraire à l'article 1174 C. Civ. proclamant la nullité de toute obligation contractée sous une condition potestative de la part de celui qui s'oblige ; l'assurance sur la vie est une obligation conditionnelle sous la condition de décès ; si donc le décès, au lieu d'être casuel, dépend de la volonté seule de l'assuré, ce qui est le cas du duel, il y a condition purement potestative et le contrat est nul.

1. La déchéance pour le cas de duel est édictée à l'étranger : en Belgique, par l'article 41 de la loi du 11 juin 1874 ; en Italie, par l'article 450 du Code de Commerce ; en Portugal, par l'article 458 du Code de Commerce ; en Espagne, par l'article 424 du Code de Commerce ; il n'est pas jusqu'aux Codes de Commerce argentin (art. 698) et Chilien (art. 575) qui ne prononcent la nullité du contrat lorsque l'assuré est tué en duel. En Allemagne, le contrat peut perdre ses effets si l'assuré a à s'imputer sa mort prématurée en duel. Le Code de Commerce hongrois (art. 504) déclare que l'assureur n'est pas tenu lorsqu'il y a eu mort en duel, mais il admet une convention contraire. C'est la même disposition que l'on retrouve dans l'article 41 de la loi du 16 mai 1891 sur les assurances dans le Grand-Duché de Luxembourg.

Le Code de Commerce néerlandais (art. 307) vise le suicide et non pas le duel. Lors de l'élaboration du Code, une assimilation entre les deux cas fut réclamée ; le gouvernement refusa, prétendant que « les duels, quoique capables de causer

Il faut même aller plus loin et dire que, comme pour le suicide, la Compagnie serait dégagée au cas où le contrat serait muet, mais encore que la Compagnie ne pourrait accepter valablement un semblable risque[1].

C. — Condamnation judiciaire.

Ce qui vient d'être dit au sujet du suicide et du duel est applicable à la mort survenue à la suite d'une condamnation judiciaire : ce risque n'est pas garanti par la police[2]. En commettant un crime

la mort, ne manifestent pas l'intention de se priver de la vie ». Il a été justement répondu que le suicide peut accaparer l'assurance en provoquant un duel où il sera infailliblement tué, qu'alors que toutes les législations s'efforcent de combattre le duel la loi néerlandaise semble le gratifier d'une prime et qu'enfin, en matière d'assurance sur la vie, la loi doit empêcher que la partie *ne ex dolo suo lucretur*. Bohl : *Code de Commerce du royaume d'Italie*, traduit et commenté, Paris, 1884, p. 299, sous l'article 450.

1. Une Compagnie étrangère opérant en France ne pourrait accepter ce risque, car il s'agirait de déclarer valable de par des Statuts étrangers un fait réputé délictueux en France.

2. Merger : *op. cit.*, p. 61 ; Grün et Joliat : *op. cit.*, n° 386; Alauzet : *op. cit.*; Montluc *op. cit.*, p. 200; Herbault : *op. cit.*, p. 155 ; Couteau : *op. cit.*, T. II. p. 228; Rehtons : *Le contrat d'assurance en cas de décès*, p. 70 ; Borthac de Borne : *loc. cit.*; Typaldo Bassia : *op. cit.*, p. 120; Forquim d'Almeida : *op. cit.*, p. 86. — V. Vivante : *op. cit.*, T. III. p. 215.

M. Villeot *op. cit.*, p. 120 refuse cette fois encore d'assimiler la condamnation au suicide : il se base sur cette considération que ce n'est pas le sort du coupable qui doit être pris en considération, mais plutôt celui de sa famille, celui du bénéficiaire, innocent du crime.

A l'étranger on retrouve la clause pareille à celle qui figure dans nos polices.

Le Code de Commerce espagnol (art. 423) écarte le décès de mort par suite d'une condamnation capitale mais « pour délit de droit commun ». Le Code de Commerce Italien (450) dispense l'assureur de payer lorsque la mort est due à une condamnation judiciaire ou si elle a pour cause immédiate un crime ou un délit commis par l'assuré et dont il pouvait prévoir la conséquence qui s'est produite. L'article 698 du Code de Commerce argentin prononce la nullité au cas où celui dont la vie est assurée est condamné à la peine capitale ou s'il perd la vie dans une entreprise délictueuse. L'article 575 du Code de Commerce italien édicte la même déchéance lorsque l'assuré meurt à la suite d'une condamnation capitale ou en commettant un crime. Le Code de Commerce portugais (art. 458) vise la mort résultant d'une condamnation judiciaire. L'article 307 du Code de Commerce néerlandais se borne à dire que l'assurance est nulle si l'assuré est condamné à la peine de mort. En Allemagne, le cas d'exécution capitale entraîne déchéance. D'après l'article 504 du Code de Commerce hongrois, sauf convention contraire, l'assureur n'est pas tenu au paiement de la somme assurée si l'assuré perd la vie par suite de condamnation judiciaire. Selon l'article 41 de la loi belge de 1874, l'assureur ne répond pas de la mort de celui qui a fait assurer sa propre vie lorsque cette mort est le résultat d'une condamnation judiciaire ou lorsqu'elle a eu pour cause immédiate et directe un crime ou un délit commis par l'assuré et dont celui-ci a pu prévoir les conséquences. L'article 41 de la loi luxembourgeoise, si elle permet de déroger en cas de duel et de suicide, prononce la déchéance absolue en cas de mort résultant d'une condamnation judiciaire et décharge également l'assureur de toute responsabilité quand la mort de l'assuré

entraînant la peine de mort, l'assuré a par lui-même compromis son existence. L'assureur ne peut être engagé à cet égard puisqu'il ne répond que d'un événement fortuit et incertain. D'autre part, on doit noter qu'il n'a pu envisager, lors de la rédaction du contrat, que l'assuré se mettrait dans le cas de perdre la vie par son propre fait. Enfin la morale s'oppose à ce que la mort due à un acte condamné, à ce qu'une flétrissure puisse devenir la cause d'un bénéfice. En réalité, ce n'est qu'une sanction civile qui s'ajoute contre le criminel aux sanctions pénales.

L'application de cette cause de déchéance n'est pas de nature à se produire fréquemment [1].

A défaut d'une stipulation expresse pour exclure ce risque la disposition devrait être suppléée.

a eu pour cause immédiate un crime ou un délit commis par l'assuré et dont celui-ci a pu prévoir les conséquences.

On a prétendu que la clause relative à la mort survenue à la suite d'une condamnation judiciaire pourrait être supprimée, car le cas est fort rare ; pour les individus condamnés aux travaux forcés et qui peuvent périr dans les bagnes, il suffirait d'appliquer la clause relative au voyage hors d'Europe. V. *Étude crit. des condit. génér. des polices d'assur. sur la vie* (*Monit. des assur.*, 1889, p. 278).

Dans son rapport présenté en 1891 à la Société des juristes suisses sur *Les principes à édicter à la base d'une loi fédérale sur le contrat d'assurance sur la vie* (p. 27), M. Rehtons a demandé aux assureurs de renoncer à l'exclusion du décès par suite de condamnation judiciaire et au législateur fédéral de ne pas s'en occuper. Peu de cantons suisses, dit-il, ont rétabli la peine capitale, dans ces cantons il n'y a jamais exécution et il est à peu près sans exemple que celui qui a contracté une assurance sur sa propre vie commette un crime de nature à motiver l'application de la peine de mort.

1. Il n'est pas sans intérêt d'insister sur un événement qui s'est passé dans ces derniers temps.

Un individu, accusé d'un crime capital à une date ultérieure et condamné à mort comme tel quelque temps après avait contracté une assurance sur la vie avec une Compagnie anglaise ; la police prévoyait bien le cas de suicide ou de duel, mais n'édictait aucune clause quant au cas de décès survenu à la suite d'une condamnation. Les primes avaient été régulièrement acquittées jusqu'en 1890. A cette époque le versement ne fut pas effectué. D'après la police le défaut de paiement pour une année annulait la police, à moins de paiement des deux termes l'année suivante. La femme de l'assuré ayant offert de payer les deux primes annuelles, la Compagnie refusa en invoquant la police qui décidait que l'assureur était libéré en cas de suicide et qu'en venant de commettre le crime dont il était accusé l'assuré s'était condamné à mort. A ce moment, si l'assuré était justement accusé du crime, il n'était pas encore condamné. Aussi la femme de l'assuré objecta que le méfait imputé au souscripteur n'entraînait pas nécessairement une condamnation à mort d'autant que, même s'il y avait une condamnation capitale, la certitude d'une exécution n'était pas certaine, vu la possibilité d'une commutation de peine ou d'une grâce et vu, d'ailleurs, la possibilité d'une mort naturelle entre la condamnation et l'exécution. La solution pouvait être contraire à la Compagnie d'autant que, d'après la loi anglaise, l'exécution par le bourreau n'entraîne nullement la déchéance. Les tribunaux anglais n'avaient qu'à se préoccuper d'une question de fait : l'existence actuelle de l'assuré. Des médecins furent désignés pour visiter le condamné dans sa prison et constatèrent qu'il était vivant. Le résultat du procès n'était donc pas douteux. Mais la femme du coupable a préféré transiger avec la Compagnie. Comp. *Pand. fr.* v° *Assur. sur la vie*, n° 339, *Journ. des assur.*, 1891, p. 173 et *L'Opinion*, 13 sept. 1891, p. 129.

En cas de mort violente, s'inspirant de l'art. 351 C. Comm., les polices disposent parfois que si les trois premières primes n'ont pas été payées les primes perçues demeurent à la Compagnie; mais que si les trois premières primes au moins ont été acquittées, la Compagnie tient compte aux ayants droit de la valeur qu'elle aurait payée si elle avait racheté le contrat la veille du décès [1].

C'est la convention qui fixe le montant du rachat : ordinairement il est déterminé d'après les bases adoptées par le Conseil d'administration de la Compagnie et en vigueur au jour de la demande de rachat, ce prêt ne pouvant être moindre de 25 0/0 de la totalité des primes payées sans addition d'intérêts.

La disposition de la police refusant la restitution intégrale des primes à l'assuré et qui fait la loi des parties est non seulement licite et comme telle rigoureusement obligatoire; elle est, en outre, fort rationnelle [2].

L'assuré ne peut réclamer la partie de la prime destinée à payer l'assurance annuelle, à servir de contre-partie au risque accepté par la Compagnie; cette fraction a été versée au compte de la mutualité du groupe et a servi à payer les capitaux assurés dus à l'occasion des décès qui se sont produits; les comptes particuliers à chaque assuré en ont été débités. Au contraire, l'autre fraction de la prime, la réserve, demandée dans les premières années pour permettre d'avoir une prime uniforme et que la Compagnie, en gérant l'opération commune, doit mettre de côté pour parfaire les primes des premières années, cette fraction appartient à l'assuré; elle forme, au

---

1. A qui l'assureur doit-il payer le montant du contrat ?

Il a été jugé (Trib. civ. Seine, 18 nov. 1892, *Journ. des assur.*, 93, 95; *Rev. périod. des assur.* 93, 79) que c'est aux héritiers du souscripteur et non pas au bénéficiaire, par la raison que la somme à verser comme valeur de rachat représente le remboursement partiel des primes payées par le souscripteur et dès lors appartient au patrimoine du défunt.

Cette solution ne doit être acceptée qu'avec réserve. La valeur de rachat, dans le cas dont il s'agit, calculée à la veille du décès, constitue *exclusivement*, d'après les termes de la police, la somme que la Compagnie doit au décès du souscripteur. Elle est en quelque sorte le reliquat disponible du contrat et on ne voit pas pour quelles raisons cette somme représentant le montant de l'engagement de la Compagnie, dans les cas spéciaux, et suivant la convention intervenue entre les parties contractantes, ne serait pas payée au bénéficiaire désigné par la police, au lieu et place du capital assuré qui lui échappe. Dans la pratique on a considéré comme équitable de verser cette valeur de rachat au bénéficiaire du contrat; on a pensé, par interprétation de la volonté du souscripteur, que le seul ayant droit pouvant recevoir toute somme due par la Compagnie, à raison du décès du souscripteur, était le bénéficiaire désigné. Le système suivi par les Compagnies en pareille matière n'a jamais soulevé aucune difficulté. — V. *Journ. des Assur.*, 1893, p. 97.

2. D'après l'art. 450 du Code de Commerce Italien de 1886, en cas de décès dû à une condamnation judiciaire, à un duel, à un suicide volontaire, à un crime ou à un délit commis par l'assuré et dont il pouvait prévoir la conséquence qui s'est produite, non seulement l'assureur n'est pas tenu, mais, sauf convention contraire, il a le droit de conserver la prime.

compte de ce dernier, le solde créditeur qui lui est restitué sous le nom impropre de rachat, s'il abandonne son contrat. Ce solde n'est pas la propriété de la Compagnie. Elle ne peut y avoir droit que si cela a été convenu à titre de dommages-intérêts [1].

Il faut noter d'un autre autre côté que rien n'interdit d'insérer dans la police une clause déclarant acquises d'une façon complète à la Compagnie les primes perçues lorsqu'il y a mort violente. Si une semblable disposition soulève des difficultés, c'est plus au point de vue de l'appréciation; en droit, la validité est certaine.

D.   Séjour et voyage à l'étranger.

A moins d'une convention expresse qui alors donne lieu à des conditions particulières, notamment à la perception d'une prime plus élevée variant naturellement avec la nature du climat et les dangers du voyage [2], l'assureur ne garantit en principe que les

---

1. Couteau : *op. cit.*, T. II, p. 248.

M. Patinot *Rev. prat. du dr. fr.*, T. XXVI, 1888, p. 561, a protesté contre la clause qui attribue aux Compagnies un droit sur les primes; pour lui, c'est un retour à la confiscation abolie par nos lois criminelles. Mais cet auteur oublie les nombreuses dispositions légales qui prononcent en certains cas de véritables amendes aux dépens ou au profit réciproques soit de l'assureur, soit de l'assuré.

2. Il n'est pas sans intérêt de connaître le règlement du Comité des Compagnies d'assurances sur la vie au sujet des surprimes de voyage et de séjour, de la surprime professionnelle des marins :

Article premier. — La convention expresse et spéciale prévue par les articles 7 et 8 des conditions générales, pour les risques de voyage et de séjour, donne lieu à la perception d'une surprime, excepté dans les cas d'exemption spécifiés au tarif ci-annexé.

Ce tarif fixe le minimum des surprimes.

Les Compagnies peuvent majorer ce taux à leur gré; elles peuvent même refuser, si elles le jugent opportun, de conclure la convention expresse et spéciale de voyage et de séjour.

Art. 2. — Les surprimes sont calculées comme suit :

Lorsque la police n'a pas de valeur de rachat, la surprime porte sur le capital assuré, à moins qu'il ne s'agisse d'une assurance à terme fixe, auquel cas la surprime est calculée sur l'escompte de ce capital.

Lorsque la police a une valeur de rachat, la surprime porte sur le capital assuré diminué de la valeur du rachat, à moins qu'il ne s'agisse d'une assurance à terme fixe, auquel cas la surprime est calculée sur la différence entre l'escompte du capital assuré et la valeur de rachat.

Quand il s'agit d'une assurance de rente de survie, la surprime est calculée sur le capital qui serait nécessaire à la constitution immédiate de la rente à l'âge du bénéficiaire au moment de l'exigibilité de la surprime.

Art. 3. — La surprime de voyage et de séjour est due pour une année entière, d'année en année, à partir du jour fixé par la police ou l'avenant qui la stipule.

Toutefois, elle pourra être fractionnée par semestre ou par trimestre, les deuxième année et suivantes, lorsque l'assuré aura séjourné pendant un an dans le pays sujet à surprime.

Art. 4. — Le taux normal des surprimes est fixé par le tarif ci-annexé, savoir :

Pour les assurés âgés de moins de 45 ans, colonne 1;

Et pour les assurés âgés de 45 ans ou plus, colonne 2;

Dans le cas où un assuré, à raison du lieu de sa naissance, de sa race, de séjours

risques auxquels l'existence est soumise dans des conditions nor-

intérieurs dans des contrées réputées malsaines, ou pour toute autre cause analogue, pourra être considéré comme acclimaté, la Compagnie aura la faculté d'abaisser le taux de la surprime jusqu'au minimum indiqué dans la colonne 2, si l'assuré est âgé de 45 ans, ou dans la colonne 4, si l'assuré est âgé de 45 ans ou plus.

Art. 5. — Dans le cas de voyages ou séjours faits au cours d'une même année, dans plusieurs pays sujets à des surprimes différentes, la surprime la plus élevée doit être appliquée.

Art. 6. — Toute demande d'assurance du risque de voyage ou séjour faite par un assuré soit ancien, soit nouveau, dont la police a donné ou doit donner lieu à réassurance, sera soumise à l'acceptation des réassureurs.

Art. 7. — Les marins naviguant à bord des vaisseaux de guerre ou de commerce sont soumis à une surprime professionnelle :

De 1/2 0/0 pour les mers d'Europe et la Méditerranée ;

De 1 1/2 0/0 pour les autres mers du globe.

La surprime professionnelle couvre les risques de voyage et de séjour, mais non le risque de guerre.

Art. 8. — Sont affranchis de la surprime professionnelle :

1° Les officiers à bord des paquebots de la Compagnie Transatlantique et des Messageries Maritimes faisant le service entre pays non sujets à surprimes ;

2° Les personnes employées sur les dits paquebots à d'autres services que des services de marine (médecins, pharmaciens, maîtres d'hôtel, femmes de chambre, etc.) ;

3° Les marins faisant le service dans les estuaires des fleuves d'Europe.

TARIF MINIMUM DES SURPRIMES DE VOYAGE ET DE SÉJOUR

I

Contrées exemptées de toute surprime.

1° Tous les pays ou régions situés au nord du 35° degré de latitude Nord excepté : en Asie à l'est du 50° degré de longitude.

2° Tous les pays ou régions situés au sud du 30° degré de latitude Sud ;

a. L'Algérie et la Tunisie, tout le littoral du Maroc et Fez, la Régence de Tripoli, Alexandrie, Le Caire, Suez, Port Saïd.

b. L'intérieur de l'Égypte jusqu'à la deuxième cataracte, du 1er octobre au 1er avril.

c. Les îles Canaries et l'île de Madère.

d. Le littoral de la Syrie (Jaffa, Beyrouth, Tripoli), Jérusalem, l'île de Chypre.

3°

e. L'intérieur de la Syrie et la Palestine, du 1er octobre au 1er mai.

f. La République Argentine (ou La Plata) en entier.

g. Le Paraguay.

h. La Caroline du Nord en entier.

II

Contrées soumises à une surprime.

	ASSURÉS âgés de moins de 45 ans.		ASSURÉS âgés de 45 ans au plus.	
	Tarif normal.	Taux minimum en cas d'acclimatation.	Tarif normal.	Taux minimum en cas d'acclimatation.
	Colonne 1	Colonne 2	Colonne 3	Colonne 4
AMÉRIQUE Les États-Unis situés au sud du 35° degré de latitude Nord et au nord du 32° — du 1er juin au 30 novembre	1 50 %	1 » %	2 » %	1 50 %
— du 30 novembre au 1er juin	0 75 —	0 50 —	1 » —	0 75 —
Les États-Unis situés au Sud du 32° de latitude Nord — du 1er juin au 30 novembre	3 »	2 »	4 »	3 »
— du 30 novembre au 1er juin	1 50 —	2 »	1 » —	1 50 —

males, ordinaires. Aussi, pour lever toute hésitation, et bien qu'une

	ASSURÉS âgés de moins de 45 ans.		ASSURÉS âgés de 45 ans au plus.	
	Tarif normal.	Taux réduit en cas d'acclimatation.	Tarif normal.	Taux réduit en cas d'acclimatation.
	Colonne 1	Colonne 2	Colonne 3	Colonne 4
AMÉRIQUE — Amérique Centrale				
Mexique, Guatemala, Salvador, Honduras, Nicaragua / Costa Rica, Colombie, Venezuela, Équateur, Guyanes française, anglaise, hollandaise	3 » °/0	2 » °/0	4 » °/0	3 » °/0
Grandes et Petites Antilles — du 1er juin au 30 novembre	3 »	2 »	4 »	3 »
Grandes et Petites Antilles — du 30 novembre au 1er juin	1 50	1 »	2 »	1 50
Amérique du Sud				
Pérou	» 75	» 50	1 »	» 75
Bolivie	» 75	» 50	1 »	» 75
Brésil	1 »	» 75	1 50	1 »
Chili, au nord du 30e de latitude Sud	» 75	» 50	1 »	» 75
AFRIQUE				
Intérieur du Maroc	» 75	» 50	1 »	» 75
Intérieur de l'Égypte jusqu'à la 2e cataracte du 1er avril au 1er octobre (Exempt du 1er octobre au 1er avril)	» 75	» 50	1 »	» 75
Sénégal, Congo, Guinée, autres points de la Côte occidentale, Égypte au-delà de la 2e cataracte, Abyssinie et Zanzibar	3 »	2 »	4 »	3 »
Natal	» 75	» 50	1 »	» 75
Transvaal	1 50	1 »	2 »	1 50
Îles africaines — Îles du Cap Vert	» 25	» 25	» 50	» 25
Îles africaines — Madagascar, Comores, Mayotte, Nossi-Bé	3 »	2 »	4 »	3 »
Îles africaines — La Réunion, Île Maurice	1 »	» 75	1 50	1 »
ASIE				
Empire russe à l'est du 50e degré de longitude, Perse au sud du 35e de latitude et à l'Est du 50e degré de longitude	1 50	1 »	2 »	1 50
L'intérieur de la Syrie et La Palestine du 1er mai au 1er octobre (Exempt du 1er octobre au 1er mai)	1 50	1 »	2 »	1 50
Arabie	3 »	2 »	4 »	3 »
Indes anglaises et françaises	2 »	1 50	3 »	2 »
Birmanie, Siam, Cambodge, Annam, Tonkin, Cochinchine	3 »	2 »	4 »	3 »
Chine	1 »	» 75	1 50	1 »
Japon	» 75	» 50	1 »	» 75

pareille clause doive être suppléée en cas d'absence [1], les Compagnies ont soin d'exclure les risques de voyages ou de séjour hors de certaines limites, les risques de voyage par mer autres que ceux d'un port déterminé à un autre port fixé. Cette disposition, dont la validité est absolue [2] et qui semble avoir principalement pour but d'indiquer exactement les voyages susceptibles d'être considérés comme constituant une aggravation des risques, se comprend si l'on songe que les voyages au-delà des mers, le séjour à l'étranger dans des localités parfois peu salubres, au milieu de populations à demi barbares, modifient les conditions en vue desquelles le contrat a été fait : il y a plus de probabilités pour un décès. Il tombe sous le sens qu'une personne assurée en France [3] et en Europe, par exemple, accroît l'intensité du risque dont elle est l'objet en se rendant en Amérique, en Afrique, en Asie où le climat est malsain pour elle ; la prime n'est plus en rapport avec elles puisqu'elle a été calculée au moyen d'expériences fournies par des têtes placées dans des conditions d'existence normale [4]. Le maintien du contrat dans ses conditions premières ne se concevrait pas [5]. Aussi la Compagnie a-t-elle

	ASSURÉS âgés de moins de 4 ans.		ASSURÉS âgés de 4 ans au plus.	
	Tarif normal.	Taux d'augmentation en cas d'acclimatation.	Tarif normal.	Taux d'augmentation en cas d'acclimatation.
	Colonne 1	Colonne 2	Colonne 3	Colonne 4
Indes hollandaises Java, Sumatra, etc.	2 "%	1 50%	3 "%	2 "%
Iles Philippines....................	3 "	2 "	4 "	3 "
Iles Sandwich, Iles Marquises, Nouvelle Calédonie....................	» 75 ..	» 50 ..	1 "	» 75
Australie, au nord du 30ᵉ degré de latitude Sud,....................	» 75 ..	» 50 ..	1 "	» 75 ..

(À gauche du tableau, en vertical : OCÉANIE.)

1. Couteau : *op. cit.*, T. II, p. 219.

2. V. Trib. civ. Seine, 22 décemb. 1893, *Jour. des assur.*, 93, 63.

3. Aux colonies françaises la mortalité est six à sept fois plus élevée pour les troupes qui y séjournent que pour l'armée de la métropole.

(3.) *La mortalité de l'armée française : Revue scientifique*, 6 août 1892, p. 188, etc. .

4. Vermot : *Catéchisme de l'assurance sur la vie*, p. 141. Comp. Vivante : *op. cit.*, p. 201 et 202.

À cause de la raison topographique de leurs pays, fait observer M. Merger (*op. cit.*, p. 141), les assureurs anglais sont forcés de n'être pas tout à fait aussi rigoureux que les assureurs français.

On ne trouve aucune clause dans le droit hollandais. Le Code de Commerce espagnol (art. 424) exonère l'assureur en cas de décès survenu dans un voyage hors d'Europe, mais sauf convention contraire et paiement d'une surprime.

En Allemagne, d'après certaines législations locales, l'assureur a le droit de se départir du contrat si l'assuré entreprend certains voyages particulièrement périlleux.

5. Dans le projet de loi qui termine son rapport sur *les principes à édicter à la base d'une loi fédérale sur le contrat d'assurance sur la vie*, M. Roblous pro-

le droit de dire que l'assuré qui ne s'entend pas à ce sujet avec elle se rend coupable d'aggravation des risques et encourt à titre de pénalité la résiliation que le seul fait du départ ou de l'embarquement suffit pour faire prononcer [1].

L'assuré a le droit de substituer au contrat primitif évaluant les risques de voyage et de séjour hors d'Europe un autre contrat, ou même il peut se borner à signer un avenant, de concert avec le représentant de la Compagnie. Cet avenant fixe le montant d'une surprime sans l'encaissement de laquelle le risque n'est pas couvert; la surprime est payable chaque année et d'avance, elle ne peut être fractionnée et doit être payée durant tout le temps de l'extra risque [2].

E. — *Profession de marin.*

Les risques de mer sont également exclus par les polices [3]. Lorsque l'assuré est ou devient marin de profession, militaire ou non, ou fait partie, à un titre quelconque, du personnel de la flotte, la police est résiliée de plein droit [4], à moins d'une convention expresse et spéciale. Le risque est, en effet, trop considérable pour que l'assureur qui a traité en vue d'une situation déterminée, offrant moins de dangers, puisse accepter le changement.

La résiliation est subordonnée à une double condition. En premier lieu, il faut que l'assuré soit un marin de profession, c'est-à-dire soit exposé habituellement aux risques de la mer à raison de son

---

pose de décider qu'il peut être stipulé que l'assurance sera suspendue ou résiliée si l'assuré s'établit ou entreprend des voyages au-delà des limites à déterminer par convention.

1. En présence d'une clause imposant à l'assuré l'obligation d'obtenir une autorisation de la Compagnie avant le départ il a été jugé (Trib. civ. Seine, 22 décemb. 1893 *Journ. des assur.*, 94, 63) que la déchéance est acquise par le fait de la présence dans un des pays interdits et qu'une déclaration faite postérieurement à l'arrivée dans la nouvelle résidence ne relève pas de la déchéance encourue.

Pour les primes, il faut appliquer les dispositions édictées par la police et dire, par exemple, que si les trois premières primes annuelles n'ont pas été payées, la police est de droit sans effet et que les primes demeurent acquises à la Compagnie, mais qu'au contraire la Compagnie doit la valeur de rachat si les trois premières primes annuelles au moins ont été versées.

2. V. dans le *Monit. des assur.* (août 1888, p. 179) un article sur *les surprimes de voyage et de séjour à l'étranger*.

3. Cf. dans le *Moniteur des assurances* (août 1888, p. 179) l'article précité sur *les surprimes de voyage et de séjour à l'étranger*.

4. *Si les trois premières primes annuelles n'ont pas été payées*, disent les polices, *le contrat est de plein droit sans effet et les primes perçues demeurent acquises à la Compagnie. Mais si les trois premières primes annuelles au moins ont été acquittées, la Compagnie tient compte aux ayants droit de la valeur qu'elle aurait payée si elle avait racheté le contrat la veille du jour de l'embarquement.*

état; c'est ce risque qui est pris en considération. La disposition concerne donc toute personne employée à bord des navires soit de l'État, soit de commerce, non seulement les officiers, les matelots, les mécaniciens, mais encore les ingénieurs, commissionnaires, comptables, gens de service, agents du service postal maritime [1], les tribunaux ayant naturellement un pouvoir souverain pour dire si telle personne doit être considérée comme se trouvant dans la situation de marin; c'est, en effet, une question de fait [2].

En second lieu il faut qu'il y ait voyage en mer. On ne fait pas plus entrer en ligne de compte l'éloignement d'Europe que la durée du voyage : il suffit que l'assuré ait embrassé la profession de marin et se trouve exposé aux risques de la navigation.

Il faut reconnaître toutefois que les polices peuvent, sans augmentation de prime comme aussi sans que l'assuré soit exposé à la résiliation, autoriser à passer d'un port d'Europe dans un autre mais uniquement pour des voyages accidentels d'affaire ou d'agrément [3].

F.   Risque de guerre.

L'assurance ne couvre pas et ne peut pas couvrir, en principe, les risques de guerre [4]. Bien certainement, comme le contrat a soin

1. Couteau : *op. cit.*, T. II, p. 221; Fey : *op. cit.*, p. 115; Farquin d'Almeida : *op. cit.*, p. 96, V. Trib. civ. Seine, 2 mai 1876, Dennes. de Mars. : III, 242.

2. Aussi a-t-on l'habitude de ne pas se contenter du mot *marin de profession* et d'y joindre ceux-ci : *ou qui fait partie à un titre quelconque de la flotte.*
En fait, la surprime n'est plus réclamée aux officiers des principales Compagnies de navigation et aux officiers de la marine de l'État, sauf application, s'il y a lieu, des surprimes relatives au séjour dans des conditions insalubres. *Monit. des assur.*, 1889, p. 365.

3. Cf. Jugement précité du 2 mai 1876.

4. V. Vivante : *op. cit.*, T. III, p. 203; Œltzen : *L'assur. sur la vie en cas de guerre Monit. des assur.*, 15 sept., 15 oct. 1879, p. 371 et 407); Adan : *ibid. (Monit. des assur.*, 8 févr. 1872, p. 50, etc...
V. ce que nous avons dit T. I, p. 117.
On se demande comment une Société aurait pu résister au début de ce siècle, alors que les guerres enlevaient, d'après le directeur de la circonscription sous Napoléon 1er, 1,750,000 conscrits français en dix années (Fréd. Passy : *Le prix de la gloire, Journ. des Économistes*, sept. 1893, p. 301; *Séances et Travaux de l'Académie des sciences morales et politiques*, T. CXL, 1893, p. 610). A notre époque, les guerres ne sont pas moins meurtrières. D'après une statistique publiée par la *Gazette de Trève* (citée *Journ. des assur.*, 1890, p. 71, les guerres de 1854 à 1868 ont enlevé à l'Europe et au Nouveau-Monde 1,735,500 soldats tués.
Le Code de Commerce espagnol (art. 423) exonère l'assureur en cas de décès survenu pendant le service militaire de terre ou de mer. Le Code de Commerce hongrois (art. 504) contient la même disposition pour le cas où l'assuré meurt sur le champ de bataille ou par suite des blessures qu'il y aurait reçues, sauf convention contraire.
En Allemagne, on avait d'abord décidé que l'homme qui meurt sous les drapeaux où il est appelé par la mobilisation ne change pas de profession et que

de le dire, si l'assuré est ou devient militaire, même par engagement volontaire, la police garantit le risque de tous services militaires en temps de paix en France, en Algérie et en Tunisie, ainsi que les risques de mort reçue dans la répression d'un attroupement, d'une émeute, d'une sédition ou d'une insurrection. Mais il est expressément déclaré que, sauf convention expresse et spéciale, soumise à des conditions particulières, si l'assuré militaire est appelé à un service de guerre contre une puissance étrangère, soit comme combattant, soit dans un des services auxiliaires de l'armée, l'assurance est de plein droit suspendue au jour de l'entrée en campagne, pendant toute la durée de la campagne et dans une période (généralement de huit mois) après la cessation définitive des hostilités.

Il est nécessaire de bien préciser ce qui, aux yeux de l'assureur, peut être considéré comme une aggravation de risque et ce qui doit motiver l'annulation du contrat.

D'abord, il est certain que la Compagnie ne peut arguer de ce que l'assuré a péri dans la répression d'une émeute ou d'une insurrection. Tout décès qui se produit dans ces circonstances est garanti par la police, sans qu'il y ait à distinguer si l'assuré appartient ou non à l'armée. Sans doute il y a une dérogation au principe que nul ne doit hâter sa mort, mais cette dérogation se justifie par l'intérêt général; l'ordre public exige que tout trouble soit châtié, toute insurrection comprimée.

Seulement, de ce que la Compagnie accepte au total un fait anormal il s'ensuit que la charge qui lui incombe ne saurait être étendue. Par exemple, la Compagnie est en droit d'opposer la circonstance que l'assuré a péri dans les rangs des insurgés [1]. La personne qui se fait tuer les armes à la main s'est exposée volontairement à un risque qui n'avait pas été et ne pouvait être prévu lors de la rédaction du contrat; sa situation n'est pas sans offrir quelque analogie avec celle de l'individu qui se suicide ; rien ne le forçait à prendre part à la sédition ; en résistant il a augmenté les chances de décès. D'autre part, le motif d'ordre public qui a fait maintenir la garantie

par suite l'assureur est tenu (Stadtgericht de Breslau, 2 nov. 1867; Wallmann : *Preussische Versicherungs Zeitschrift*, II, p. 247 ; mais on a paru disposé ensuite à reconnaître que l'entrée au service militaire suspend l'assurance (Kammergericht, Berlin, 7 mai 1868 et K. Obertribunal, 11 mars 1869; Wallmann : *Preussische Versicherungs Zeitschrift*, IV, p. 381; Adan : *Les assurances sur la vie et le risque de guerre* (Monit. des assur., 15 févr. 1872, p. 30 etc.)

Dans son projet de loi, M. Rehtous demande d'insérer une disposition déclarant que *sauf convention contraire l'assurance sera résiliée de plein droit par l'entrée de l'assuré au service de guerre, à charge par l'assureur de lui tenir compte de la réserve des primes.*

1. Paris, 27 juill. 1858, D. P. 80, 1, 126; S. 58, 2, 212; Cass., 11 août 1879, D. P. 80, 1, 126; S. 79, 1, 358; Couteau : *op. cit.*, T. II, p. 224, etc.; Fey : *op. cit.*, p. 418 L'interprétation des juges du fait sur les circonstances au milieu desquelles l'assuré a péri est absolument souveraine.

des Compagnies en faveur de ceux qui sont morts en réprimant les troubles ne peut pas être invoqué au profit de ceux qui ont participé à ces troubles, qui les ont fomentés ou perpétrés [1].

Il importe de remarquer que par lui-même l'état militaire ne constitue pas une aggravation de risque. La rupture du contrat n'est pas due à la circonstance que l'assuré a été incorporé dans l'armée, soit comme engagé volontaire, soit comme appelé au service en vertu de la loi sur le recrutement; c'est le service à la guerre parce que forcément il crée un risque extraordinaire. Combien de jeunes gens disparaissent avant l'âge prévu par les statistiques soit sur les champs de bataille, soit dans les ambulances, soit dans les prisons du vainqueur! Par conséquent, au moment d'entrer au service le jeune conscrit peut valablement souscrire une assurance dans les conditions, sans être exposé à se voir imposer des obligations nouvelles; dès lors la police signée avant l'engagement conserve toute sa force: il n'est pas exposé à se voir accuser d'aggravation de risques.

Mais il n'en est ainsi qu'autant que l'assuré restera sur le territoire continental ou en Corse et aussi qu'il n'y aura pas état de guerre. S'il se rend dans une de nos colonies, le contrat cesse d'avoir effet à dater du jour de l'embarquement. La solution ne pouvait être différente puisque les risques de voyage par mer et le séjour hors d'Europe sont considérés comme une aggravation de risques. Si le militaire veut conserver le bénéfice de l'assurance il doit faire modifier son contrat primitif et payer une surprime. D'autre part, si l'assuré est appelé comme militaire de profession ou même, en vertu de la loi militaire, à servir dans une guerre contre l'étranger, dès le jour où il entre en campagne il voit disparaître le contrat primitif à raison des risques plus considérables que court son existence.

Il n'y a pas lieu de distinguer si l'assuré appartient ou non à l'armée régulière et active; il suffit qu'il y ait enrôlement et guerre. Par conséquent, la Compagnie serait fondée à exciper de l'aggravation de risques contre les personnes qui feraient partie non seulement de ce que l'on nomme l'armée régulière, mais encore de compagnies franches et même autrefois de gardes nationales, soit mobiles, soit mobilisées, requises par le gouvernement [2].

1. Frey : loc. cit..

2. Paris, 20 avril 1877, D. P. 77, 2, 181; et Cass., 26 novemb. 1877, Bonnet, de de Mars. : 1, 205. Ces deux arrêts refusaient d'appliquer au garde national tué devant l'ennemi la clause relative à la personne requise de faire un service d'ordre public dans le département. Ils ne sont pas en opposition avec l'arrêt de Douai du 21 février 1852 Dalloz : Supplem. v° Assur. terr., n° 315 qui a contesté l'application aux gardes nationaux soit sédentaires, soit mobilisés ou même mobiles de la clause d'une police d'après laquelle l'assurance ne pouvait être tuée que en cas de décès survenu à la guerre. Dans l'espèce à laquelle se réfère ce

En principe donc le décès survenu à la guerre ne donne lieu à aucune indemnité : la police qui promettait cette dernière n'a plus d'effet parce que les risques ne sont plus ceux que le contrat visait et parce que les chances de mort sont plus considérables. Cette solution est rigoureuse, mais elle est logique.

Dans la pratique, toutefois, on a cherché à parer à ses inconvénients. Aucun principe d'ordre public ne s'oppose, en effet, à ce que le risque de guerre puisse être garanti par une assurance. Bien des combinaisons ont été imaginées [1].

Au début, c'est-à-dire après la guerre franco-allemande de 1870, car auparavant les Compagnies refusaient absolument d'assurer le risque de guerre, plusieurs assureurs pensèrent à une surprime variant de 3 à 10 0/0, selon la catégorie militaire à laquelle appartenait l'assuré et le genre de service qu'il devait : en cas de non paiement la police était résiliée et elle ne pouvait être remise en vigueur, une fois la guerre finie, qu'après un nouvel examen médical de l'assuré [2]. Ce système avait de graves défauts pour l'assureur et pour l'assuré [2]. Aussi a-t-il été abandonné.

Le système qui paraît avoir eu la préférence consiste dans l'organisation d'une sorte de mutualité spéciale pour le risque de guerre.

En cas de guerre de la France contre une puissance européenne, un fonds spécial d'assurance se constitue au moyen de cotisations versées par les adhérents ou mieux de surprimes. Le taux de ces dernières n'est pas uniforme à raison des risques plus ou moins grands que doit courir l'assuré : il est de 5 0/0 du capital assuré pour les personnes qui font partie de l'armée active, de la réserve et de l'armée territoriale; de 3 0/0 pour ceux qui appartiennent à la réserve de l'armée territoriale et pour les personnes qui suivent les opérations comme aumôniers, médecins civils ou

dernier arrêt, la disposition concernant les risques de guerre pouvait être interprétée en ce sens qu'elle concernait spécialement les militaires de profession à l'exclusion des gardes nationaux. Dalloz : loc. cit.

1. Comp. Lux : *Le risque de guerre* (*Mont. des assur.*, 1884, p. 355, etc.; 446, etc.; et d'autre part, *Journal des assurances*, 1887, p. 330 et 364.

2. Au point de vue de l'assureur il a été remarqué que, d'après les statistiques de la guerre de 1870-1871, la mortalité des combattants a été telle dans l'armée française que la surprime de 10 0/0 aurait été insuffisante à couvrir les engagements, d'autre part que les Compagnies auraient eu à effectuer des paiements dans les moments difficiles où les fonds publics éprouvent des dépréciations notables, qu'elles auraient dû parfois réaliser dans des conditions désastreuses leurs fonds placés. Les assurés n'auraient pas été mieux traités : d'abord, la surprime exigée pouvait être élevée; en second lieu, il fallait trouver immédiatement lors de la mobilisation une somme assez forte pour acquitter la première prime, sinon laisser résilier son contrat; enfin, en cas de résiliation, il était difficile de faire revivre la police, attendu qu'il fallait passer un nouvel examen médical et que le médecin était peu en mesure de distinguer les maladies résultant des fatigues de la guerre des maladies provenant de l'état général de l'assuré.

Cf. *L'assurance sur la vie en cas de guerre* (*L'Assurance moderne*, 10 août 1887).

militaires), ambulanciers ; de 2 0 0 pour les fonctionnaires de l'intendance, les officiers d'administration, les payeurs et employés civils des postes, des télégraphes et des chemins de fer. L'assuré fixe la somme pour laquelle il s'assure : elle ne peut être ni supérieure à 100,000 fr., ni inférieure à 10,000. Lorsque la guerre a pris fin, cette caisse nommée « fonds spécial d'assurance en cas de guerre », répartit les sommes qu'elle possède entre les représentants des assurés tués pendant les hostilités en proportion du chiffre de l'assurance. Les Conditions générales des polices règlent la situation.

Si l'accusé est vivant à l'expiration d'un délai conventionnel (huit mois) après la cessation définitive des hostilités, l'assurance rentre en vigueur de plein droit sans examen médical, mais sous la condition expresse du paiement préalable de toutes les primes qui auraient pu échoir pendant la suspension de l'assurance, ainsi que des intérêts de retard à 4 0 0 pour les primes qui n'auraient pas été payées à l'échéance. A défaut de paiement des primes dans ce délai et après mise en demeure la police est résiliée ou réduite suivant que les trois premières primes annuelles n'ont pas été intégralement acquittées ou ont été versées, au contraire. L'assuré qui, rentré dans ses foyers, a fait constater le bon état de sa santé par un médecin désigné par la Compagnie, peut, en versant, s'il y a lieu, les primes échues avec intérêts de retard, obtenir la remise en vigueur de sa police sans attendre l'expiration du délai conventionnel (habituellement de huit mois) qui doit s'écouler après la cessation définitive des hostilités.

Si l'assuré décède soit dans le cours de la guerre, soit dans un délai conventionnel (huit mois d'ordinaire) suivant la cessation complète des hostilités et pendant lesquels l'effet de l'assurance est suspendu, sans qu'il y ait à distinguer si le décès est la conséquence de la guerre ou s'il est dû à des causes indépendantes de la guerre, l'assureur, quel que soit le nombre des primes payées, verse aux bénéficiaires du contrat le montant intégral de la réserve établie conformément aux procédés de calcul adoptés par l'assureur. Chaque prime payée comprend, en effet, deux parts : une part qui correspond au risque couru et une réserve. Chaque année qui s'écoule fait courir à l'assureur un plus grand risque, car à mesure que l'assuré avance en âge le risque prévu, c'est-à-dire la mort, devient de plus en plus probable ; si donc la prime devait être la représentation exacte du risque couru, elle devrait croître, chaque année, en proportion des probabilités : faible au début, elle deviendrait énorme si l'assuré parvenait à un âge avancé. Pour parer à cet inconvénient et pour parvenir à l'unification des primes, on divise chaque prestation annuelle en deux parts : l'une qui est la représentation du risque réellement couru par l'assureur ; l'autre, appelée *la réserve*, qui est destinée à compenser ce que les dernières primes pourront avoir de trop faible, eu égard aux chances supportées par les Compagnies. Les premières primes sont augmentées de cette réserve et les dernières diminuées d'autant, dans une proportion donnée. C'est cette réserve qui est restituée à l'assuré. La Compagnie conserve donc la partie de la prime qui correspond au risque réellement couru; elle restitue la partie de cette prime qui avait été perçue à l'avance en déduction des primes applicables à des risques futurs qu'elle ne supporte plus. Un pareil système est des plus équitables [1].

§ 2. — Paiement de la prime annuelle.

En outre, l'assuré doit payer la prime annuelle s'il désire voir maintenir le contrat [2].

À l'exception de la première prime dont le versement est obligatoire, le paiement de la prime est purement facultatif en matière d'assurances sur la vie : la règle a été posée et démontrée plus haut [3].

[1]. Ces questions sont expliquées très clairement dans le *Répert. de dr. fr.* de M. Fuzier Herman, v° *Assurance sur la vie* n°s 228 et suiv.

[2]. *La prime est acquittée soit pour l'année entière, soit pour une partie de l'année, suivant le mode de paiement déterminé aux conditions manuscrites de la police.*

Les droits de timbre et toutes les taxes existant actuellement ou établies postérieurement à la souscription de la police, ainsi que les frais de perception de ces différents impôts sont à la charge de l'assuré, et sont acquittés en même temps que les primes.

Le paiement des primes et des droits de timbre et autres doit être effectué soit au siège de la Compagnie, soit entre les mains des personnes chargées d'en recevoir le montant, contre quittances signées par le Directeur de la Compagnie.

La police n'a d'existence et d'effet qu'après le paiement de la prime de la première année, ou, si la prime a été fractionnée, de la fraction convenue de cette prime.

Le paiement des primes (autres que la première annuité ou fraction d'annuité) étant toujours facultatif, la police ne continue à avoir d'effet que si la prime ou la fraction de la prime a été acquittée à l'échéance, ou, au plus tard, avant l'expiration des délais fixés au paragraphe suivant, qui sont laissés à l'assuré pour manifester sa volonté d'acquitter ou non la dite prime ou fraction de prime.

À défaut de paiement dans les trente jours qui suivent l'échéance et huit jours après l'envoi par la Compagnie d'une lettre recommandée détachée d'un livre à souche et contenant rappel de l'échéance, l'assurance est de plein droit résiliée, sans qu'il soit besoin d'aucune sommation ni autre formalité quelconque, la lettre recommandée dont il vient d'être parlé, constituant, de convention expresse entre les parties, une mise en demeure suffisante.

Il est également de convention expresse entre les parties qu'il sera suffisamment justifié de l'envoi de la lettre recommandée au moyen du récépissé de la poste, et du contenu de cette lettre au moyen de la production du livre à souche mentionné ci-dessus.

L'assurance résiliée est de nul effet ou réduite d'après la distinction établie.

Les polices ajoutent aussi cette disposition : Lorsque la prime est payable par fractions semestrielles ou trimestrielles, la Compagnie déduit de la somme à payer par elle les fractions semestrielles ou trimestrielles restant à payer sur l'année en cours au moment du décès.

[3]. V. notre *Traité* T. Ier, p. 155.

L'assuré peut donc toujours abandonner le contrat, renoncer à l'assurance. Seulement, quand il veut continuer à avoir la garantie de la Compagnie pour le risque qu'il redoute, il doit verser la somme portée au contrat et d'avance. C'est qu'en effet la prime n'est, en dernière analyse, qu'une cotisation destinée, par sa réunion avec d'autres, à former le capital qui devra être versé à l'occasion des sinistres arrivés pendant la période d'assurance. Les Compagnies ont pris comme unité de temps la période annuelle; il est de la dernière nécessité que dès le premier jour la prime de l'année courante soit encaissée. Les polices ont bien soin de le dire.

Elles ajoutent d'autres indications pour le mode de règlement. Ainsi elles déclarent que le contrat n'est maintenu que si la prime est acquittée au domicile de la Compagnie au jour fixé pour l'échéance ou dans un très court laps de temps donné comme délai de grâce, et pour permettre à l'assuré de manifester sa volonté de payer ou non; elles édictent semblablement une sanction consistant dans la résiliation de la police à l'expiration du délai.

Le paiement de la prime doit être fait par le preneur d'assurance. Néanmoins, il peut être effectué par une tierce personne agissant pour le compte de celui qui a fait le contrat et au moins avec le consentement tacite du preneur de l'assurance. Pareillement, la prime peut être payée par le mandataire légal de l'assuré, par exemple, par son tuteur, au cas d'interdiction, etc. De même le syndic, en qualité de représentant légal du failli, peut payer le montant de la prime due par le failli [1]. Mais le syndic ne peut payer que dans l'intérêt de ce dernier.

Lorsque l'assurance était déjà contractée antérieurement à la faillite, le syndic n'a pas le droit de se substituer au failli pour payer les primes et continuer de la sorte, au profit de la masse, l'opération commencée par le débiteur. Deux raisons justifient l'opposition du failli à de pareils agissements. D'abord, il est de principe que l'assurance ne peut être valablement signée par une personne au profit d'un tiers qu'autant que ce tiers y consent. En second lieu, si le syndic a la faculté de contracter au nom du failli, spécialement poursuivre l'exécution d'une obligation née antérieurement à la faillite, c'est seulement lorsqu'il s'agit des biens ou des droits qui constituent le gage des créanciers. Tant que la condition imposée pour le versement du capital assuré ne s'est pas réalisée, tant que le décès ne s'est point produit, les créanciers sont dépourvus de toute action, car le droit est attaché à la personne du failli [2].

---

1. Paris, 5 mars 1873. D. P. 74, 2. 104.

2. J. Lefort : *Nouvelles Études sur les assurances sur la vie*, p. 56.

Il est permis à l'assureur, tout en stipulant des paiements de primes annuelles, d'exiger du contractant, moyennant une remise ou escompte, le paiement par

Le bénéficiaire peut même payer les primes à l'effet d'obtenir le maintien du contrat. Mais il est indispensable que le stipulant ait donné son adhésion, car le contrat d'assurance sur la vie est absolument personnel. Un tiers, notamment un cessionnaire, un créancier, peut s'engager à payer les primes [1]. Seulement, comme la Compagnie contracte exclusivement l'assuré avec qui elle a traité et que toute autre personne lui est étrangère, la mise en demeure d'avoir à payer la prime doit être envoyée à l'assuré seul [2], s'il n'y a pas eu notification à la Compagnie de la cession et acceptation de cette dernière [3].

Le bénéficiaire ne saurait donc résister à la déchéance résultant du non paiement des primes en opposant cette circonstance qu'il n'aurait pas été averti par la Compagnie du non paiement des primes et qu'il n'avait pas été mis en demeure de les payer [4].

La prime doit être acquittée en espèces ayant cours légal ou en billets de la Banque de France [5]. Aucun fractionnement ne saurait être imposé par l'assuré et la Compagnie a le droit d'exiger dans son

avance de toutes les annuités à venir. — Merger : *op. cit.*, p. 127; Pardessus : *op. cit.*, T. II, n° 591.

1. V. Angers, 28 décembre 1881, D. P. 83, 2, 105; Cass, 19 janv. 1880, D. P. 80, 1, 168.

2. Ainsi la signification seule ne suffirait point, elle aurait pour unique effet de rendre le cessionnaire créancier éventuel de la Compagnie, mais elle ne le constituerait pas débiteur au lieu et place de l'assuré, la novation par substitution de débiteur ne pouvant s'effectuer qu'avec le consentement du créancier, d'après les art. 1273 et 1275 C. Civ.

Rien ne s'oppose toutefois à ce que les parties insèrent dans la police une clause disant que la notification seule suffira et que l'acceptation du nouveau débiteur par la Compagnie ne sera point exigée. En fait, on n'aperçoit pas l'intérêt que pourrait avoir l'assureur à refuser l'insertion d'une semblable clause.

3. Paris, 20 janv. 1888, D. P. 89, 1, 70; S. 89, 2, 97. — V. Trib. civ. Seine, 22 nov. 1892. *Journ. des assur.*, 93, 127; *Rec. périod. des assur.*, 93, 119.

La Cour de cassation a consacré cette doctrine Cass., 5 août 1889, S. 91, 1, 325 en jugeant que si la transmission d'une police d'assurance à un tiers rend ce tiers créancier irrévocable de la Compagnie pour le capital de l'assurance, elle ne le constitue pas débiteur des primes, alors, d'une part, que, d'après la police, elles devaient être acquittées par l'assuré et, d'autre part, que le transfert avait été soumis à certaines conditions qui n'ont même pas été remplies; que par conséquent la réduction ou la résiliation opérée par la Compagnie, après mise en demeure adressée à l'assuré, conformément à la police, pour défaut de paiement des primes, est opposable au tiers-bénéficiaire ou cessionnaire sans que celui-ci soit fondé à prétendre qu'une mise en demeure aurait dû lui être adressée.

A la vérité, il peut intervenir une convention soit expresse soit tacite pour rendre le tiers débiteur personnel des primes. Mais il faut que cette reconnaissance soit constante pour le juge. En tout cas, on ne saurait en relever grief devant la Cour de cassation (arrêt précité du 5 août 1889), le juge du fait appréciant souverainement les circonstances d'où résulte l'intention d'une partie de faire une reconnaissance tacite. — Cass, 10 avril 1889, S. 90, 1, 211; 6 août 1889, S. 90, 1, 400; 5 février 1890, S. 91, 1, 105.

4. V. Trib. comm. Seine, 1er mai 1890, *Rec. périod. des assur.*, 90, 333. — Cf. Trib. civ. Seine, 1er juillet 1879, *Gaz. des trib.*, 5 sept. 1879. — Trib. civ. Seine, 22 nov. 1892. *Journ. des assur.*, 93, 127; *Rec. périod. des assur.*, 93, 119.

5. La prime ne saurait donc être acquittée en monnaie de dividende. — Trib. comm. Seine, 25 mars 1892, *Rec. périod. des assur.*, 92, 50; *Journ. des assur.*, 92, 226.

intégralité le montant de la prime annuelle [1]. Toutefois, l'assureur peut, pour faciliter la libération, diviser en deux ou quatre termes le paiement de la prime annuelle qui s'acquitte alors par semestre ou par trimestre. Mais, en pareil cas, des intérêts peuvent être imposés et, pour la facilité des calculs, ils sont répartis également sur la somme totale payable dans l'année [2]. Ces paiements partiels ne constituent que le paiement d'une seule et même dette renaissant tout entière à chaque période. Il ne s'agit ici que d'une facilité de paiement accordée par l'assureur à l'assuré. La dette n'en reste pas moins une et due tout entière à l'assureur pour la période commencée [3].

Ainsi, si l'assuré venait à mourir au début d'une période, après avoir acquitté un paiement partiel, les autres paiements resteraient dus à l'assureur, sauf compensation [4].

Le paiement de la prime peut se faire par compensation, si l'on se trouve dans les termes de l'article 1289 et suiv. C. Civ., si la dette qu'il s'agit de compenser est liquide et exigible [5].

La prime doit être versée à l'assureur ou bien à un agent ayant caractère pour la recevoir et pour donner quittance. Il est évident que le paiement fait à une personne dépourvue de l'autorisation de recevoir ne libérerait point l'assuré [6]. Ce dernier ne pourrait se prévaloir du paiement que s'il avait versé la somme à la suite d'une

1. Quand, par hasard, la prime consiste en une somme fixe qui doit être versée en une seule fois, elle se paye ordinairement en totalité, au moment de la rédaction de la police. Cependant, il peut être convenu que le paiement en sera fractionné par termes. — Brun et Joliat : *op. cit.*, n° 104 ; Merger : *op. cit.*, p. 126.

2. Merger : *op. cit.*, p. 125.

En tout cas, la division en fraction doit être expressément indiquée dans la police ; sinon, le risque survenant, l'assureur ne pourrait pas se refuser à payer le capital stipulé, sous prétexte que la prime n'a pas encore été payée. — Forquim d'Almeida : *op. cit.*, p. 77.

3. Trib. Lyon, 5 janv. 1850, D. P. 70, 3, 60.

4. Cette compensation n'est possible que si le bénéficiaire est l'assuré ou son ayant droit. Sauf convention contraire, il n'en serait plus de même si les qualités d'assuré ou d'ayant cause de l'assuré et de bénéficiaire n'étaient pas réunies sur la même tête, les primes n'étant pas à la charge du bénéficiaire, mais à la charge des continuateurs de la personne de l'assuré. Herbault : *op. cit.*, p. 170.

D'après Merger (*op. cit.*, p. 126), s'il est vrai que la prime est due au cas où l'assuré vient à périr d'une des manières pour lesquelles l'assureur a été exempté des risques, il faut distinguer : si la prime consiste en une somme unique et déterminée, l'assureur la conserve ou peut l'exiger, sauf toutefois les stipulations particulières que la police peut contenir à cet égard. Mais si la prime consiste en annuités, il n'a droit qu'aux annuités échues jusqu'au décès de l'assuré. — Pardessus : *op. cit.*, T. II, n° 596.

5. Couteau : *op. cit.*, T. II, p. 161.

6. L'assuré ne serait pas libéré dans cet unique cas : la Compagnie pourrait encore lui opposer l'irrégularité, s'il se libérait d'une façon autre que celle convenue.

Aux États-Unis, la Cour de New-York a décidé que la Compagnie a le droit de ne pas considérer un assuré comme libéré lorsqu'il a remis à un agent des objets mobiliers au lieu de la somme convenue ; l'agent, en pareille circonstance, outrepasse, en effet, ses pouvoirs en acceptant cette substitution. — *Journ. du dr. intern. priv.*, 77, 257.

erreur imputable à la Compagnie. C'est ce qui se passerait si la direction n'informait pas les clients du retrait des pouvoirs conférés à l'agent, ou si elle tolérait la réception des primes par un agent ayant cessé de représenter la Compagnie[1].

La prime doit être acquittée entre les mains du caissier de la Compagnie ou d'un agent de cette dernière. Ordinairement elle est payable au bureau de l'agence où le contrat a été passé. La Compagnie d'assurance a le droit de refuser l'offre qui lui serait faite d'effectuer le versement ailleurs qu'à l'endroit indiqué par la police, même au siège social[2].

Il a été décidé, mais à tort, que lorsque la police fixe le bureau de perception l'assuré ne peut se prévaloir de ce que, depuis la signature de la police, la Compagnie a changé la résidence de son agent receveur[3].

Les quittances doivent être signées par le directeur de la Compagnie à Paris et en province par l'agent fondé de pouvoirs. Celles qui émaneraient d'une autre personne, même d'un courtier d'assurance, ne seraient pas valables[4].

Lorsque cette quittance est entre les mains de l'assuré, elle fait preuve du paiement effectué. La Compagnie, dans ce cas, ne serait plus fondée qu'à demander compte à son agent[5].

Du principe que le paiement est facultatif et que l'assuré seul a le droit de maintenir ou de rompre le contrat, il suit que c'est à lui uniquement qu'incombe le soin de verser la prime à la caisse de la Compagnie[6]. Les polices déclarent expressément que le paiement doit être opéré au domicile de la Société[7].

En théorie donc l'assureur doit attendre que l'assuré vienne de lui-même verser à la caisse le montant de la prime et manifester ainsi son intention de continuer le contrat. La prime est portable[8] puisque

---

1. Vibert : *op. cit.*, p. 80; Herbault : *op. cit.*, p. 170; Couteau : *op. cit.*, p. 164; Trib. corr. Troyes, 7 mai 1849; Le Hir : p. 61 ; Lyon, 22 mars 1854, *Journ. des assur.*, 54, 309 ; Cass. 3 mai 1852, D. P. 52, 1, 122; S. 52, 1, 558.

2. Trib. Seine, 2 décemb. 1876, *Journ. des assur.*, 77, 52.

3. Paris, 5 novemb. 1860, Dalloz : *Rép. v° Assur. terr.*, n° 184.

4. Trib. comm. Seine, 19 janv. 1836, *Gaz. des trib.*, 20 janv. 1836.

Décide que l'assuré qui, contrairement aux énonciations de la police portant que les paiements ne seront valables qu'autant qu'ils seront faits en *mandats payables à Paris, à l'ordre du directeur*, a versé le montant de la prime entre les mains de l'agent contre un reçu provisoire de celui-ci, reçu sur la nullité duquel il ne pouvait se faire illusion, parce qu'il portait les mots à *échanger*, a commis une faute lourde rendant son paiement non opposable à la Compagnie. — Trib. civ. Seine, 9 février 1892, *Rec. périod. des assur.*, 92, 211.

5. Merpey : *op. cit.*, p. 130.

6. Il est à peine besoin de faire remarquer qu'une clause qui consacrerait cette situation serait parfaitement régulière, comme aussi qu'à défaut d'une stipulation expresse l'assuré devrait remettre lui-même le montant de la prime au caissier.

7. Les parties peuvent expressément déroger à cette règle qui n'a rien d'absolu.

8. Le caractère de portabilité a été reconnu par plusieurs décisions (Trib. comm. Seine, 22 novemb. 1853, *Journ. des assur.*, 54, 253; Paris, 13 juill. 1854, D. P.

le contrat n'existe que par le paiement de la prime. Mais dans la pratique il en est autrement. Le débiteur n'est jamais pressé de se libérer. D'autre part, il est parfaitement possible qu'il oublie le jour où le versement doit se faire. Voyant que beaucoup de personnes (surtout dans les premières années) négligeaient d'apporter les primes qu'elles devaient, obligées par conséquent de faire des réclamations, les Compagnies qui ont, non moins que les assurés, intérêt à ce que le contrat soit continué, ont imaginé de faire toucher au domicile le montant des primes par des agents munis des quittances. La présentation des reçus n'est qu'un mode de rappel de l'échéance des primes; ce n'est point la réclamation d'une dette; il n'y a pas, en effet, une créance pour l'assureur, puisque le paiement de la prime est purement facultatif[1]. Mais, par suite de ces agissements, par suite du recouvrement fait au domicile de l'assuré par le représentant de l'assureur, bien qu'il y ait une clause de la police attribuant expressément à la prime le caractère de portabilité, la prime devient quérable. Aucun doute n'est possible à cet égard. La jurisprudence est fixée en ce sens que la prime devient quérable, de portable qu'elle était, lorsque la Compagnie a dérogé à la stipulation de la police et a pris l'habitude[2] de faire toucher les primes

55, 1, 239 ; Cass., 15 mai 1855, *ibid.* ; Paris, 27 mars 1852, *Journ. des assur.*, 52, 124 ; Cass., 12 janv. 1853, *ibid.* 53, 63.; Au contraire, le caractère de quérabilité a été proclamé par d'autres décisions Trib. civ. Seine, 5 décemb. 1853, *Journ. des assur.*, 54, 115 ; Cass, 28 mai 1852, D. P. 52, 1, 399; S. 52, 1, 224; 18 mars 1873, D. P. 74, 1, 124; 22 avril 1879, S. 80, 1, 101; D. P. 80, 1, 125. Cette dernière solution ne peut être basée que sur l'art. 1247 C. Civ. Mais il faut noter que ce texte est sans application. On se trouve, en effet, en présence d'une convention *sui generis*, d'un contrat tel qu'il a été créé par la nature des choses, suivant les paroles d'Émérigon; l'assuré a toujours le droit de cesser les versements; il est libre d'arrêter le cours du contrat et, s'il veut le continuer, c'est à lui de manifester son intention en allant porter sa prime à la Compagnie d'assurances; il y a donc dérogation au principe de l'art. 1247, parce qu'il y a dérogation au principe de l'art. 1184. En un mot, l'on ne peut refuser de considérer la prime comme portable qu'à la condition de dire qu'il existe une obligation ferme et réciproque, par suite de la police, entre l'assureur et l'assuré. Or, il est certain que l'assuré a toujours le droit de refuser le paiement de la prime.

V. Vibert : *op. cit.*, p. 81; Montluc : *op. cit.*, p. 216; Mondet : *op. cit.*, p. 112; Herbault : *op. cit.*, p. 173; Béchade : *op. cit.*, p. 92.

La conséquence c'est que la prime serait quérable si l'art. 1184 reprenait son empire. C'est ce qui a été décidé par la Cour de Paris le 29 décembre 1864, dans une hypothèse spéciale où le paiement de la prime avait été garanti par des cautions. L'assuré ne pouvait rompre son contrat par sa seule volonté, puisque, s'il refusait de payer, la Compagnie avait le droit de s'adresser aux cautions; mais il fallait pour cela que le refus de l'assuré fût constaté; aussi la Cour a-t-elle jugé qu'à l'égard de l'assuré la prime était quérable, mais à l'égard des cautions il en était autrement; ce n'était pas à la Compagnie à aller les trouver et puisqu'elles ne s'étaient pas présentées, celle-ci avait eu le droit de considérer la convention comme rompue. — Mondet : *loc. cit.*; Montluc : *loc. cit.*

1. Couteau : *op. cit.*, T. II, p. 156.

2. Par conséquent la dérogation n'existerait pas si le juge du fait avait reconnu (et souverainement) que l'encaissement de quelques primes s'était fait par exception au domicile de l'assuré et que ce dernier, presque toujours en retard, avait

à domicile [1]. C'est, du reste, ce qui a lieu pour les autres assurances terrestres [2].

Les conséquences de la modification apportée à la disposition de la police qui proclame la prime portable sont importantes. Elles seront exposées plus loin. Mais ce qu'il importe de noter dès à présent c'est que cette dérogation ne saurait être reconnue avec les effets qui y sont attachés qu'autant que la pratique de la Compagnie est constante [3], en second lieu que la preuve de la dérogation à la police incombe à l'assuré et que le juge du fait a toute qualité pour déterminer et caractériser les agissements de l'assureur à cet égard [4].

Sauf lorsque la police contient une disposition expresse, la prime peut être perçue le jour même où recommence une nouvelle période annuelle. Rigoureusement le versement devrait avoir lieu ce jour là et aucun délai ne devrait être accordé. En fait, par une condescendance qui n'a rien d'illicite [5], soucieuses de procurer toutes les facilités et aussi de contribuer dans la mesure de leurs moyens à épargner à l'assuré les conséquences graves du non paiement [6], les Compagnies accordent toujours un délai de trente jours, lequel doit se compter non pas du jour où la quittance était payable, mais bien du jour où elle a été présentée à l'assuré [7]. C'est le délai accordé par l'usage [8]. Mais il n'est pas interdit à l'assuré d'en solliciter et à

été fréquemment invité à se rendre au domicile de l'assureur pour y verser le montant de ses primes. Cass., 9 juin 1874, D. P. 75, 1, 9; S. 74, 1, 315.

1. Cass., 15 juin 1852, D. P. 52, 1, 558; S. 52, 1, 558; 28 mai 1872, D. P. 72, 1, 399; S. 72, 1, 224; Paris, 5 mars 1873, S. 73, 2, 109; D. P. 74, 2, 104; Cass., 8 juin 1875, S. 75, 1, 424; D. P. 75, 1, 420; et son renvoi Amiens, 24 mars 1876, Journ. des assur., 77, 189; Cass., 26 avril 1876, D. P. 76, 1, 152; S. 77, 1, 30; 22 avril 1879, D. P. 80, 1, 254; S. 80, 1, 404; Paris, 24 juill. 1879, D. P. 80, 2, 180; S. 80, 2, 235; Cass., 30 août 1880, D. P. 80, 1, 464; S. 81, 1, 425; Poitiers, 3 février 1886, S. 88, 1, 354.

2. Cf. ce que nous avons dit dans notre article sur les *Assurances terrestres*, nº 500 et suiv. (*Répert. de dr. fr.* de M. Fuzier Herman).

3. V. l'arrêté précité du 9 juin 1874. — V. aussi *Répert. de dr. fr., loc. cit.*, nº 697, *Addit.* Nancy, 23 mars 1873, S. 74, 2, 109; D. P. 75, 1, 9.

4. Trib., Seine, 10 févr. 1882, *Journ. des assur.*, 82, 133; Genève, 15 décemb. 1873, *Journ. des assur.*, 74, 15. — V. Cass., 27 décemb. 1885, S. 90, 1, 425.

5. Grun et Joliat : *op. cit.*, nº 404; Alauzet : *op. cit.*, nº 580; Merper : *op. cit.*, p. 127.

6. Faisant remarquer que les Compagnies étrangères n'accordent pas vingt-quatre heures de délai, M. Couteau *op. cit.*, T. II, p. 162, prétend que les Compagnies françaises ont tort de ne pas s'en tenir à leur droit strict. Nous ne pouvons partager cette manière de voir ; nous pensons que, en égard à l'état des esprits et à l'habitude invétérée de faire présenter la quittance pour ce qui est payable à une époque fixe, les Compagnies agissent prudemment.

7. Rouen, 12 mars 1872, D. P. 74, 2, 60; S. 73, 1, 8; Cass., 21 novemb. 1874, D. P. 75, 1, 64; S. 75, 1, 8.

8. Des polices passées par des Compagnies étrangères opérant en France prononcent l'annulation de plein droit du contrat par la seule échéance du terme, sans avis préalable et sans aucun délai. Mais il faut une disposition formelle de la police pour permettre de prononcer cette déchéance. — Trib. civ. Seine, 22 décembre 1892, *Journ. des assur.*, 93, 58; *Rev. périod. des assur.*, 93, 42.

l'assureur d'en accorder un plus long [1]. Rien n'empêche de proroger le délai, d'abord à raison de faits de force majeure, par exemple lorsqu'il y a investissement de la ville où doit se faire le paiement [2], ou interruption des communications, notamment par les inondations; d'autre part, à raison de certaines circonstances particulières comme la nécessité de l'établissement d'un compte avec la Compagnie [3].

Si la prime n'a pas été payée dans le délai fixé et après un avertissement donné dans la forme convenue, le contrat est résilié de plein droit, sans autre mise en demeure que celle résultant du contrat lui-même.

Telles sont les dispositions qui, en termes plus ou moins identiques, sont édictées par les polices et qui s'imposent aux parties [4]. Seulement, il faut bien se garder de donner à ces règles un sens absolu [5]. Cette déchéance n'est pas applicable dans ces conditions dans tous les cas [6].

Assurément elle peut être prononcée lorsque la prime n'a pas cessé d'être portable; en pareille circonstance, le contrat n'existe plus par le fait du non paiement. Au contraire, la nullité n'est pas

---

1. Limoges, 1er décembre 1836, Dalloz : Rép. v° Assur. terr., n° 318 ; S. 37, 2, 182.

2. Trib. civ. Seine, 24 janv. 1873, Journ. des assur., 24, 104 ; Rouen, 12 mars 1873, D. P. 74, 2, 60 ; Cass., 24 novembre 1874, D. P. 75, 1, 64 ; S. 75, 1, 8.

3. Cass., 15 mai 1855, D. P. 55, 1, 238 ; S. 55, 1, 211.

4. En Allemagne on tend à admettre que le seul fait du défaut de paiement d'une prime n'entraîne pas la déchéance (Trib. impér. 5 janv. 1881 ; Falk. Grand setze, n° 446, p. 115). Mais c'est méconnaître la nature véritable du contrat d'assurance. Bien certainement le paiement des primes est facultatif et lorsque l'assuré les verse la Compagnie ne peut se dispenser, en principe, de continuer le contrat, ou mieux de renouveler l'assurance d'année en année; mais cette obligation n'existe et ne peut exister à sa charge que si l'assuré acquitte la prime à l'époque fixée; l'obligation de l'assureur est subordonnée à une condition; si cette condition fait défaut l'assureur ne saurait être tenu.V. Couteau : op. cit. T. II. p. 208, etc.; Rehtous : op. cit., p. 65.

En Belgique il ne faut pas de mise en demeure pour que l'assurance soit résiliée lorsque le preneur d'assurance n'a pas payé la prime à l'époque convenue. — Furquim d'Almeida : op. cit., p. 82.

En Angleterre l'échéance du délai de trente jours accordé pour le versement de la prime fait encourir la déchéance (Bunyon : op. cit., p. 65, etc.). On doit ajouter avec M. Rehtous qu'en général les Compagnies anglaises accordent au preneur d'assurance qui n'a pas payé sa prime dans le délai fixé le droit de renouveler le contrat en prouvant qu'il est en bonne santé et en versant une certaine somme à titre d'amende pour sa négligence (1/2 0/0 de la somme assurée, par exemple).

Aux États-Unis on paraît reconnaître que la Compagnie peut accorder un délai de grâce de façon à faire éviter la déchéance (C. New-York, 13 févr. 1877, Journ. du dr. intern. privé, 77, 238).

5. M. Couteau (op. cit., T. II. p. 166 etc. a tracé les étapes successives de la jurisprudence à cet égard.

6. Il faut évidemment écarter le cas où la perception n'aurait pas eu lieu par suite d'une faute de l'agent de la Compagnie. Aux États-Unis, par exemple, il a été décidé par la Cour de New-York que l'assureur qui, tenu d'aviser l'assuré de l'époque où il devait toucher la prime, oublie le changement d'adresse qui lui a été indiqué et transmet l'avertissement à l'ancien domicile, ne peut se prévaloir du défaut de payement (Journ. du dr. internat. privé, 77, 237).

encourue de plein droit quand la prime est stipulée quérable, ou
bien si la police ne dit rien ou encore lorsque, par ses agissements,
en prenant l'habitude de faire toucher à domicile, la Compagnie a
rendu la prime quérable, de portable qu'elle était. En telle occurrence l'assureur ne peut exciper du refus de l'assuré qu'en établissant qu'un employé de la Compagnie s'est présenté au domicile
de l'assuré pour toucher le montant de la prime [1].

Mais il ne suffit pas, pour qu'il y ait résolution, que l'assureur
justifie avoir fait des démarches auprès de l'assuré à l'effet
d'obtenir le paiement de la prime. Il faut, de toute nécessité,
qu'il y ait eu une mise en demeure régulière, dans les termes de
l'art. 1139 C. Civ. [2]. C'est qu'en effet, a-t-on dit, en dérogeant
à la clause relative au versement de la prime l'assuré est censé
avoir abandonné la clause en vertu de laquelle la résiliation a
lieu de plein droit, sans aucune mise en demeure, en cas de
non paiement. Il paraît difficile d'admettre que la Compagnie conserve le droit de demander la résiliation de plein droit et par la
seule échéance du terme après avoir perdu le droit d'exiger le paiement à son domicile; une fois que la prime est rendue quérable, on
ne peut guère concevoir que l'assureur prétende le contrat résolu
sans justifier de la mise en demeure du débiteur, c'est-à-dire sans
prouver l'exécution d'une obligation que lui-même a prise : si l'assureur est obligé de mettre le stipulant en demeure pour pouvoir
invoquer la clause résolutoire, il semble logique de s'en référer à
l'art. 1139 pour déterminer la forme de cette mise en demeure [3].
Des critiques très sérieuses ont été formulées contre cette solution.
On a fait observer, en premier lieu, que le lien de dépendance que

---

1. Rouen, 12 mars 1853, D. P. 74, 2, 60.

2. Sur ce point la jurisprudence a subi une véritable transformation. Pendant
longtemps, par application des clauses du contrat, il a été décidé qu'une mise en
demeure préalable n'était pas nécessaire et que la présentation de la quittance
suffisait (Paris, 27 mars 1852, *Journ. des assur.*, 52, 121; Cass., 12 janvier 1853,
ibid., 53, 63; Trib. civ. Seine, 8 février 1873, *Monit. des assur.*, 1873, p. 60;
Trib. civ. Seine, 5 décembre 1873, *Journ. des assur.*, 73, 115; Nancy, 23 mars
1873, S. 73, 2, 109 et D. P. 75, 1, 9; Paris, 2 décembre 1874, *Journ. des assur.*,
75, 64). Mais en même temps que se rendaient ces décisions, d'autres étaient
prononcées dans un sens contraire (Paris, 13 décembre 1851, D. P. 55, 5, 34; Paris,
13 juill. 1854, D. P. 55, 1, 249; Cass., 15 mai 1855, *ibid.*). Lorsqu'en matière d'assurance contre l'incendie cette dernière tendance eut prévalu (Cass., 31 janvier
1872, S. 72, 1, 113, D. P. 73, 1, 86; Lyon, 4 juill. 1872, *Journ. des assur.*, 73,
72), les tribunaux en firent l'application aux assurances sur la vie. Malgré une
certaine résistance, quand la Cour de Cassation eut consacré la solution qui
exigeait une mise en demeure (Cass., 28 mai 1872, D. P. 72, 1, 399; S. 72, 1, 224),
la jurisprudence parut se fixer dans ce sens (Paris, 5 mars 1874, D. P. 74, 2,
101; Cass., 8 juin 1875, S. 75, 1, 423; D. P. 75, 1, 420; Amiens, 24 mars 1876, S.
77, 2, 43).
V. sur ce revirement de jurisprudence, Couteau : *op. cit.*, T. II, p. 169, etc.; et
Moniteur des assurances, 1876, p. 178.

3. Patinel : *loc. cit.*, p. 557.

l'on cherche à établir entre la clause sur le caractère portable de la prime et celle qui prononce la résolution de plein droit est purement arbitraire, que les deux dispositions sont indépendantes, et que la modification tacite d'un des articles n'entraîne pas la modification de l'autre[1]. On a fait valoir aussi que le paiement de la prime étant toujours facultatif et l'assuré pouvant parfaitement renoncer au contrat, l'assureur, qui n'a aucune action pour le forcer à maintenir le contrat, ne peut pas être tenu d'adresser une mise en demeure, car l'on ne saurait concevoir un exploit, une assignation en justice, un procès engagé contre une personne qui peut répondre qu'elle a le droit de ne point payer[2]. Comme l'on avait objecté qu'il faut éviter des surprises, que, par suite de l'habitude de la Compagnie de faire toucher à domicile, l'assuré n'a pas à intervenir et qu'il ne peut être forcé de venir lui-même payer la prime pour éviter la déchéance on a répondu qu'il n'y a nul péril car l'assuré ne peut oublier la date de l'échéance que lui rappelle suffisamment la visite du garçon de caisse de la Compagnie et qu'il n'y a point à redouter que la décision le surprenne[3].

Mais la solution contraire s'impose en pratique[4]. Il serait témé-

1. Couteau : op. cit., T. II, p. 191. — V. aussi Herbault : op. cit., p. 170.

2. Couteau : op. cit., T. II. p. 200, etc.

3. Michaux Bellaire : *Affaire de la Compagnie du Phénix contre Delaunne*, consultation pour la Cour de Rouen, 3 février 1882. p. 14.

M. Taulière (*Des assurances sur la vie dans le mariage* p. 105, note; ne se prononce pas moins énergiquement contre les prétentions de la jurisprudence exigeant des Compagnies, pour les libérer en cas de non paiement des primes, une mise en demeure régulière adressée à l'assuré. Même si les primes, de portables qu'elles étaient, sont devenues quérables du fait de l'assureur, dit-il, il y a là dérogation seulement à l'article de la police concernant le lieu du paiement et nullement à celui qui règle les conséquences du non paiement.

En Belgique on reconnaît qu'il n'y a pas à induire une dérogation à la clause de portabilité de la prime, de l'habitude qu'ont les Compagnies de faire recevoir la prime au domicile du preneur (Bruxelles, 6 fév. 1884, *Jurisp, Port d'Anvers*, 1884, p. 176, etc.).

Les raisons présentées ont une réelle valeur. C'est dans l'intérêt même des preneurs d'assurance que les Compagnies agissent de la sorte; elles veulent leur donner toutes les facilités de maintenir l'assurance; en faisant toucher chez eux, elles leur rappellent que c'est le moment de payer la prime, s'ils veulent continuer le contrat; car, il ne faut pas l'oublier, le paiement des primes est facultatif; les preneurs d'assurance pourraient, par négligence ou par oubli, ne pas se rendre au siège social pour payer la prime, et ainsi perdre le bénéfice de l'assurance; il serait injuste de faire tourner au détriment de l'assureur une démarche qui n'a pour mobile que l'intérêt du preneur d'assurance; la clause prononçant la résiliation de l'assurance pour défaut de paiement à l'époque fixée doit rester debout, malgré l'abandon volontaire que fait l'assureur de la stipulation de portabilité de la prime; les deux clauses sont parfaitement distinctes, — Turquàn d'Almeida : op. cit., p. 83 et 84.

4. On a quelquefois prétendu, écrit M. Patinot (loc. cit., p. 557), que dans le cas d'une assurance sur la vie il est impossible à l'assureur de mettre en demeure le stipulant qui ne peut être contraint au paiement des primes, et c'est là le motif d'une sentence arbitrale rendue par MM. Delangle et Duvergier et confirmée par un arrêt de la Cour de Paris du 27 mars 1852; mais bien que la Compagnie n'ait

raire de songer à une contestation dans l'état actuel de la jurisprudence affirmant que si la personne qui a souscrit une assurance sur la vie a le droit de ne pas payer la prime, le contrat n'en conserve pas moins son caractère synallagmatique, de telle sorte que les règles du droit commun imposées par le Code Civil pour la mise en demeure sont seules applicables[1]. Une foule de décisions émanées de différentes juridictions ont mis à l'abri de toute controverse cette manière de voir : la prime d'assurance, quoique stipulée payable au domicile de l'assureur et dans un délai déterminé, à peine de déchéance, peut être considérée comme devenue quérable, de portable qu'elle était, lorsque l'assureur a lui-même dérogé à la convention en faisant habituellement toucher les primes successives au domicile de l'assuré, sans se préoccuper des échéances fixées par la police; et, dans ce cas la Compagnie cesse d'être en droit d'exciper de la déchéance stipulée pour le défaut de paiement de la prime au lieu et à l'époque fixés par la police : la Compagnie doit mettre l'assuré en demeure de payer la prime[2].

Il n'y a pas à tenir compte de la circonstance que la prime était stipulée payable dans un délai déterminé, à peine de déchéance; en

pas le droit de poursuivre le paiement des primes, elle peut toujours mettre le stipulant en demeure de payer sous peine de déchéance.

1. L'assuré, a-t-il été jugé, doit la prime jusqu'au moment où il manifeste la volonté de résilier le contrat, et le défaut de paiement ne manifeste pas suffisamment une pareille volonté. — V. Cass., 22 avril 1879, S. 80, 1, 101.

2. En ce sens Cass., 28 mai 1872, S. 72, 1, 224; Paris, 5 mars 1873, S. 73, 2, 109; Cass., 8 juin 1875, S. 75, 1, 424; Amiens, 23 mars 1876, S. 77, 2, 13; Cass., 26 avril 1876, S. 77, 1, 30; Paris, 26 févr. 1878, S. 81, 1, 341; Cass., 21 janv. 1879, S. 81, 1, 341; Cass., 22 avril 1879, S. 80, 1, 101; Paris, 24 juill. 1879, S. 79, 2, 225; D. P. 80, 2, 180; Cass., 30 août 1880, S. 81, 1, 125; D. P. 80, 1, 464; Poitiers, 3 févr. 1886, S. 88, 2, 354.

V. en ce sens Cass., 24 août 1854, S. 54, 1, 539; D. P. 54, 1, 366; 10 juin 1861, S. 61, 1, 375; D. P. 61, 1, 107; 5 mai 1868, S. 68, 1, 344; D. P. 68, 1, 333; 31 janv. 1872, S. 72, 1, 113; D. P. 73, 1, 80; 29 juill. 1878, S. 79, 1, 29; 20 déc. 1887, S. 88, 1, 56; Paris, 10 mai 1849, S. 49, 3, 304; D. P. 49, 2, 86; Bordeaux, 27 mars 1852, S. 52, 2, 408; D. P. 53, 2, 112; Paris, 29 nov. 1852; P. 52, 2, 515; D. 55, 2, 166; Colmar, 26 janv. 1855, S. 55, 2, 524; Rouen, 23 juill. 1857, S. 58, 2, 340; Orléans, 23 mars 1861, P. 64, 554; D. 61, 2, 78; Bordeaux, 16 juin 1861, S. 64, 2, 232; Paris, 18 juin 1868, S. 69, 2, 407; D. P. 68, 2, 184; Lyon, 1 juill. 1872, Journ. des assur., 73, 72; Paris, 5 mars 1873, S. 73, 2, 109; D. P. 73, 2, 104; Nancy, 24 mars 1873, S. 73, 2, 109; Paris, 14 juin 1879, Journ. des assur., 79, 302; Rouen, 25 févr. 1880, S. 80, 2, 243; D. P. 81, 2, 27; Rouen, 25 févr. 1880, S. 80, 2, 223; D. P. 81, 1, 27; Agen, 5 déc. 1882, S. 83, 2, 222; Besançon, 28 mars 1887, Journ. des assur., 87, 187; Trib. Seine, 24 janv. 1873, Journ. des assur., 73, 104.

Contra, Pau, 15 mars 1860, S. 60, 2, 175; Poitiers, 3 févr. 1886, S. 88, 1, 354; Sic, Agnel : op. cit., n. 100; Herpin : op. cit., p. 162; Pouget : note, D. P. 92, 1, 314; — V. toutefois Pouget : Dict. des assur. terr., v° Prime non payée, T. II, p. 658; Alauzet : Tr. des assur., T. II, n° 436.

Si le souscripteur de la police a disparu, pour que la Compagnie puisse réclamer en justice la déchéance, il faut qu'elle ait fait constater l'absence, qu'elle prouve que ses démarches ont été impuissantes pour se procurer la nouvelle adresse du souscripteur et qu'elle justifie de l'impossibilité de régulariser la mise en demeure prévue par la loi. — Trib. civ. Seine, 20 juillet 1889, Journ. des assur., 89, 484.

pareil cas la déchéance de l'assurance, pour défaut de paiement de la prime dans les délais, ne peut être opposée par la Compagnie, alors surtout que l'assureur a fait habituellement toucher les primes successives au domicile de l'assuré, sans se préoccuper des échéances fixées par la police [1].

Pour se soustraire aux effets de cette jurisprudence les Compagnies d'assurances stipulent généralement aujourd'hui qu'à défaut de paiement de la prime dans le délai fixé, l'assuré encourra la déchéance, sans qu'il puisse se prévaloir de l'usage où est la Compagnie de faire réclamer officieusement les primes par ses agents, ni du défaut de mise en demeure pour le paiement de la prime [2]. Cette stipulation est licite; elle n'a rien de contraire à la loi ou à l'ordre public [3].

Plusieurs décisions judiciaires avaient d'abord proclamé que cette stipulation, loin d'avoir un sens absolu, n'a qu'une portée relative et restreinte; qu'elle s'entend uniquement de démarches accidentellement faites par la Compagnie auprès des assurés qui, par mauvaise volonté ou impuissance, s'acquittent difficilement. C'est, disait-on, seulement des démarches de cette nature que l'assuré ne peut se prévaloir à l'encontre de la Compagnie, pour prétendre que la prime est devenue quérable, de portable qu'elle était, et que la Compagnie doit le mettre en demeure de payer la prime. Mais on ajoutait que la stipulation dont s'agit ne concerne pas l'usage constant où serait la Compagnie de faire toucher les primes au domicile de l'assuré. Dans cette opinion l'assuré pourrait se prévaloir d'un pareil usage contre la Compagnie pour soutenir que la prime de portable était devenue quérable, et qu'il devait être mis par la Compagnie en demeure de la payer [4].

Mais, par la suite, une autre interprétation a été donnée.

1. Arrêt précité de Paris, 18 juin 1868.

Plus récemment il a été jugé (Paris, 9 mars 1894, D. P. 95, 2, 246) que la prime portable devient quérable si la Compagnie a pris l'habitude de faire toucher les primes au domicile postérieurement aux échéances. V. aussi Cass., 4 nov. 1892, D. P. 92, 1, 316.

2. V. note sous Cass., 31 janvier précité.

3. Paris, 2 août 1883, S. 85, 2, 10; Cass., 4 nov. 1891, D. P. 92, 1, 316.

4. Jugé que l'assuré ne saurait prétendre qu'il a été dérogé à la clause qui l'obligeait à porter la prime lorsqu'il a renoncé expressément dans la police à se prévaloir de l'usage où est la Compagnie de faire réclamer la prime au domicile et que, d'ailleurs, il ne peut invoquer aucun fait qui lui soit personnel et d'où l'on puisse induire une dérogation tacite à la clause de renonciation et aux autres clauses qui s'y rattachent. Cass. 4 nov. 1891, D. P. 92, 1, 313 et la note de M. Poncet. V. aussi, *Ann. de Dr. commerc.*, 92, 224.

V. le rapport de M. le conseiller Mazeau, S. 85, 1, 122, et aussi Cass., 31 janv. 1853, précité; Paris, 18 juin 1868, précité; Rouen, 25 févr. 1880, précité; Cont. Cass., 10 juin 1863, précité; 5 mai 1868, précité; Bordeaux, 16 juin 1864, précité; Nancy, 26 mars 1873, précité; Nîmes, 16 mars 1881, *Journ. des assur.*, 81, 204.

Il a été décidé [1] que la stipulation a une portée générale et absolue, qu'elle s'entend non seulement des démarches accidentellement faites par la Compagnie auprès des assurés pour obtenir le paiement des primes, mais même de l'usage où serait la Compagnie de faire toucher les primes au domicile de l'assuré. Une pareille pratique de la part de la Compagnie n'a pas pour effet de rendre les primes quérables et d'obliger la Compagnie à une mise en demeure. Les primes restent portables; et la Compagnie n'est tenue d'adresser aucune mise en demeure à l'assuré. La stipulation, en maintenant dans tous les cas à la prime son caractère de portabilité, avec dispense pour la Compagnie de mettre en demeure l'assuré, a eu précisément pour objet « d'empêcher que l'on ne puisse entreprendre de faire tourner au préjudice de la Compagnie les facilités qu'il peut lui convenir d'accorder aux assurés pour le paiement de leur prime ». Peu importe donc l'usage constant et la pratique habituelle de la Compagnie de faire toucher les primes au domicile de l'assuré. Il n'en résulte aucune dérogation au contrat primitif, c'est-à-dire que les primes restent portables, et l'assuré qui ne paie pas la prime à l'époque fixée encourt la déchéance, sans qu'il soit besoin d'une mise en demeure préalable.

L'interprétation donnée à ce sujet à la police par le juge du fait est absolument souveraine [2].

Ainsi, lorsque l'assureur a rendu la prime quérable, de portable qu'elle était, il ne peut se prévaloir de la déchéance de plein droit. Il faut qu'il ait recours à une mise en demeure proprement dite qui, seule, permettra à l'assureur d'invoquer la déchéance si le sinistre a lieu avant le paiement de la prime.

En quoi consistera cette mise en demeure?

L'acte signifié à l'assuré doit, pour être efficace, renfermer les éléments constitutifs d'une mise en demeure régulière, c'est-à-dire l'injonction de payer avec déclaration qu'à défaut de se libérer, l'assuré sera déchu ou suspendu de ses droits [3]; par exemple, il faudra une sommation ou un commandement [4].

Mais l'assureur ne pourrait exciper de simples démarches à fins de paiement faites auprès de l'assuré, surtout si ce dernier, reconnaissant ces démarches, avait fait remarquer qu'il avait obtenu la concession d'un délai [5].

Il ne pourrait aussi invoquer cette circonstance qu'il aurait envoyé

1. V. notamment, Paris, 2 août 1883, S. 84. 2. 10.
2. Cass., 10 juin 1863 et 31 janvier 1872, précitées; Cass. 4 févr. 1884, S. 85, 1, 129; D. P. 85, 1, 422.
3. Rouen, 25 févr. 1880, précité; Cass., 30 août 1880, S. 81, 1, 125.
4. Paris, 6 févr. 1844, S. 44, 2, 115; Orléans, 23 mars 1861, précité.
5. Paris, 15 févr. 1870, D. P. 70, 2, 163.

un de ses agents toucher la prime, s'il n'est pas établi que l'assuré ait refusé le paiement [1].

La présentation par les agents de la Compagnie de la quittance de la prime échue ne constitue pas non plus une mise en demeure régulière [2], surtout lorsqu'après avoir fait demander le montant de l'assurance et après avoir reçu de l'assuré la réponse qu'il pensait avoir payé l'assureur n'a pas renouvelé sa réclamation [3].

La promesse écrite par l'assuré sur la quittance de payer bientôt ne saurait davantage équivaloir à la sommation [4].

L'assureur ne pourrait se prévaloir de réclamations verbales et des lettres missives adressées par lui à l'assuré [5], même si ces lettres étaient chargées et si elles déclaraient qu'au cas où l'assuré ne s'acquitterait pas, la Compagnie se verrait à regret contrainte d'exercer contre lui des poursuites [6], ou si la lettre missive chargée avertissait l'assuré que la prime n'ayant pas été payée dans les quinze jours de son échéance, l'assurance était suspendue ou si l'assureur réclamait à l'assuré le paiement de la prime [7].

Au contraire, lorsqu'il résulte de la police que la prime est indifféremment portable ou quérable, la mise en demeure peut résulter d'une lettre chargée ou recommandée [8].

1. Cass., 31 janv. 1872, S. 72, 1, 113; D. P. 73, 1, 87; Paris, 18 juin 1868, S. 69, 2, 107; D. P. 68, 2, 181; Rouen, 25 février 1880, précité. — V. anal. Cass., 8 juin 1875, S. 75, 1, 423; D. P. 75, 1, 420; Amiens, 21 mars 1876, S. 77, 2, 13.

2. Cass., 20 juill. 1878 (3 arrêts), S. 79, 1, 20; D. P. 78, 1, 316; Besançon, 18 mars 1887, *Journ. des assur.*, 87 187. — Conf. Cass., 26 avr. 1876, S. 77, 1, 30; D. P. 76, 1, 452; 30 août 1880, D. P. 80, 1, 464; Amiens, 23 mars 1876, S. 77, 2, 13; Trib. civ. Seine, 14 décemb. 1878, *Journ. des assur.*, 79, 250; Paris, 24 juill. 1879, S. 79, 2, 255; D. P. 80, 2, 80.

3. Cass., 5 mai 1868, S. 68, 1, 211; D. P. 68, 1, 333.

4. Paris, 24 juill. 1879, précité.

5. Cass., 5 mai 1868, précité; 24 nov. 1879, S. 76, 1, 1180; Paris, 6 févr. 1845, *Rev. des assur.*, 1845, 43.

6. Rouen, 25 févr. 1880, précité. — Conf. Trib. Seine, 14 décemb. 1878, *Journ. des assur.*, 79, 250; 4 juin 1880, *ibid.*, 80, 250. — *Contrà*, Paris, 22 avr. 1874, *ibid.*, 74, 217; 24 févr. 1883, *ibid.*, 84, 24; Trib. Seine, 24 janv. 1875, *ibid.*, 75, 89.

Il est prudent de ne pas se contenter de dire dans la lettre chargée que la déchéance est encourue pour défaut de la prime, lorsque la police stipule expressément que la Compagnie est tenue, en cas de non paiement des primes, de mettre l'assuré en demeure en lui envoyant, trente jours après l'échéance, une lettre recommandée, détachée d'un livre à souche et contenant rappel du paiement à faire de la prime en retard, et que ce n'est que huit jours après l'accomplissement de ces formalités que la puissance est résiliée de plein droit. La simple mention du fait accompli de la déchéance ne saurait suffire en présence d'une disposition formelle arrêtée entre les parties. — Paris, 5 janv. 1884, S. 84, 2, 113.

7. Cass., 29 juill. 1878 précité; 30 août 1880, S. 84, 1, 125; D. P. 80, 1, 464. — Cf. Herbault : *op. cit.*, p. 172; Rome : *op. cit.*, 63.

8. Paris, 22 avr. 1874, précité; Trib. comm. Rouen, 19 nov. 1887, *Journ. des assur.*, 88, 32.

Après avoir reconnu qu'il n'y avait pas eu dans l'espèce dérogation à la clause du contrat relative au mode de paiement, la Cour de Paris, par arrêt du 7 janvier 1890 (*Rec. périod. des assur.*, 94, 295), a décidé que du moment qu'une lettre chargée suffisait, sans aucune sommation, la Compagnie n'était pas obligée de

Au surplus, des décisions récentes approuvées par la doctrine [1] ont reconnu que les parties pouvaient parfaitement insérer dans la police une clause validant la mise en demeure par lettre chargée en présence de la stipulation formelle de la quérabilité des primes [2].

Une pareille disposition doit être observée dès qu'elle figure dans la police. Son application n'a pas un caractère facultatif [3].

Pareillement l'envoi d'avertissements imprimés ou de circulaires ne constitue pas une mise en demeure suffisante [4].

A la différence de l'assignation motivée devant un tribunal, qui peut être considérée comme l'équivalent d'une sommation [5], un billet d'avertissement adressé par le greffier de la justice de paix à l'assuré et l'invitant à comparaître devant le juge pour être entendu contradictoirement avec la Compagnie sur le différend qui les divise, ne constitue même pas une sommation pouvant opérer la mise en demeure de l'assuré [6]; sauf, cependant, comme cela a été jugé récemment, lorsqu'il y a dans la police une clause déclarant expressément qu'un pareil acte équivaudra à une mise en demeure régulière en présence de la stipulation relative à la quérabilité des primes [7].

Il est incontestable que les livres de copies de lettres de la Compagnie ne peuvent lui servir de preuve de la mise en demeure : ces documents n'ont pas de date certaine et ne sont pas capables de créer un titre à leur auteur [8].

L'obligation de la mise en demeure est formelle. L'assureur doit la remplir. Il ne saurait invoquer aucune excuse, même celle résultant de la faillite déclarée de l'assuré [9]. Si, en effet, l'on a objecté que la faillite attestait l'impossibilité d'un paiement, il a été répondu que les créanciers de la faillite peuvent avoir intérêt à conserver le

rappeler dans cette lettre que la résiliation serait forcément encourue à défaut de paiement de la prime et qu'il était suffisant que l'assuré eût été averti qu'il était en retard et prévenu des conséquences du retard.

Lorsque la lettre chargée suffit, il y a lieu d'appliquer l'art. 1033 C. P. C.; en conséquence, ni le jour de la remise de la lettre, ni le jour de l'échéance ne doivent compter pour le délai fixé pour la libération. — Trib. civ. Seine, 20 mars 1891, *Rec. périod. des assur.*, 91, 307.

1. V. *Journ. des assur.*, 1886, p. 160.

2. Cass., 26 avril 1876, S. 77, 1. 30; Paris, 21 févr. 1883, *Journ. des assur.*, 84, 21; Trib. civ. Seine, 25 janv. 1884, *ibid.*, 84, 311; 5 juill. 1886, *ibid.*, 86, 314; Lyon, 3 décembre 1886, *ibid.*, 87, 81.

3. Paris, 5 janv. 1884, S. 84, 2, 115.

4. Cass., 29 juillet 1878, précité; Paris, 24 juill. 1879, S. 79, 2, 255; D. P. 80, 2, 180; Trib. civ. Seine, 8 février 1873, *Journ. des assur.*, 74, 68. — Conf. Paris, 29 mars, 1873, *Journ. des assur.*, 70, 349.

5. Cass., 2 juill. 1883, *Journal des assur.*, 84, 1.

6. Rouen, 25 février 1880, précité. — *Contrà*, Dijon, 23 juin 1873, S. 77, 2. 67; Paris, 29 mars 1876, précité.

7. Lyon, 3 décembre 1886, *Journ. des assur.*, 87, 81.

8. Trib. Seine, 4 juin 1880; Bonnev. de Mars. : III, 251.

9. Cass., 22 avril 1879, S. 80, 1, 101; D. P. 80, 1, 25.

bénéfice de l'assurance avec l'assentiment de l'assuré, en payant les primes ; les créanciers ou le syndic étant seuls juges de cet intérêt, le syndic doit être mis en demeure d'acquitter les termes échus.

Mais le devoir de la Compagnie ne cesse que lorsque l'assuré manifeste formellement une intention de résilier l'assurance [1], ce qu'il peut faire en écrivant sur la quittance qu'il entend cesser le paiement de ses primes [2]. Le contraire cependant a été décidé par le motif que le refus doit intervenir dans les conditions de solennité exigées par la loi, c'est-à-dire à la suite d'une mise en demeure régulière de payer, demeurée infructueuse [3].

Le paiement de la prime, on le sait, n'est que facultatif en ce sens que l'assuré peut toujours à son gré renoncer au bénéfice de son contrat pour l'avenir, en abandonnant, pour le passé, les primes versées. C'est la conséquence de ce principe qui tend à prédominer aujourd'hui et qui fait considérer l'assurance, quelle que soit la durée indiquée par la police, comme n'étant au total qu'une succession d'assurances temporaires d'un an.

Bien qu'en cas de déchéance pour non paiement des primes, l'assureur, après une mise en demeure régulière, se soit déclaré dégagé éventuellement de ses obligations en cas de sinistre, l'assuré n'est pas délié de ses engagements ; il ne peut notamment se soustraire au paiement des primes échues [4].

Il est bien évident que la mise en demeure doit être adressée à la personne qui est tenue de payer la prime ou à son représentant légal ; en cas de faillite, l'obligation existe pour le syndic dans les circonstances où il peut agir ; la mise en demeure adressée au failli ne saurait avoir aucun effet juridique [5].

En terminant, il convient d'envisager la situation que crée le non paiement des primes lorsqu'au contrat d'assurance sur la vie est joint un contrat d'assurance contre les accidents. Il est des Compagnies, en effet, qui ont imaginé de joindre au contrat d'assurance sur la vie, pour lequel une prime a été stipulée, une police d'assurance contre les accidents délivrée gratuitement [6].

Il faut supposer le cas d'un assuré éprouvant un accident donnant alors ouverture à la créance contre la Compagnie d'assurance pour

1. Trib. civ. Seine, 11 décembre 1878, *Journ. des assur.*, 79, 251 ; Trib. comm. Seine, 3 nov. 1880, *ibid.*, 81, 30.
2. Paris, 24 février 1883, *Journ. des assur.*, 81, 24. Trib. comm. du Puy, 5 décembre 1890, *Journ. des assur.*, 91, 196.
3. Paris, 12 août 1884, *Journ. des assur.*, 84, 595.
4. Trib. Seine, 6 mars 1888, *Journ. des assur.*, 88, 192.
5. Paris, 5 mars 1873, D. P. 74, 2, 105.
Contra, Trib. Genève, 19 mai 1885, *Semaine judic.*, 1885, p. 522, et Rehfous : *op. cit.*, p. 63.
V. plus haut ce qui a été dit au sujet de la prime payable par le cessionnaire.
6. V. *Les combinaisons spéciales* (*Monit. des assur.*, mars 1864, p. 77).

les accidents, mais alors que, ne payant pas régulièrement ses primes, il n'avait pas été mis en demeure, puis mourant, et ses héritiers se trouvant alors exposés à la déchéance prononcée par la police d'assurance sur la vie.

On a soutenu qu'en pareille circonstance il n'y avait qu'une seule déchéance encourue, celle concernant l'assurance sur la vie, puisque c'était la seule assurance, la police concernant les accidents n'étant, en réalité qu'une annexe délivrée gratuitement, et l'on en a conclu que la déchéance édictée du chef de l'assurance sur la vie devait entraîner la déchéance de l'assurance en cas d'accidents.

Cette argumentation n'a pas prévalu : il a été décidé que l'accident qui s'était produit avant la date de la mise en demeure ayant été le fait générateur du droit de l'assuré qui avait ainsi un droit acquis antérieur à cette mise en demeure concernant l'assurance sur la vie, la déchéance de l'assurance contre les accidents n'était pas encourue [1]. Pour justifier cette solution on a fait valoir que s'il y avait deux assurances, l'une contre le décès, l'autre contre les accidents, contractées en même temps, moyennant une seule et même prime, cette prime unique se référait à l'une et à l'autre des deux assurances et que le changement dans le mode de perception avait son influence sur la validité des deux polices. Dans l'assurance contre les accidents le moment où commence à exister la créance contre la Compagnie est celui de l'accident. Il importe peu que le montant de la somme due par la Compagnie reste encore pendant un certain temps incertaine. Une obligation peut naître sans avoir, dès sa naissance, un objet déterminé, pourvu que l'objet en soit déterminable (art. 1129 C. Civ.). Il faut et il suffit qu'à ce moment l'assurance ne soit pas caduque; elle ne l'est pas lorsque la prime étant devenue quérable, l'assuré n'a pas été mis en demeure de la payer au jour de l'accident [2]. Les événements ultérieurs ne peuvent effacer un droit qui a pris naissance. La Compagnie, devenue débitrice d'un capital, n'a plus à s'inquiéter du paiement des primes, puisqu'elle pourra les retenir sur la somme qu'elle devra verser aux mains de l'assuré. L'assurance contre les accidents, quoique adjointe à une assurance en cas de décès, a sa vie propre ; elle a ses conditions spéciales d'existence et de validité [3].

---

1. Poitiers, 3 févr. 1886, S. 88, 1, 354; Cass., 25 janv. 1888, S. 88, 1 354.
2. Cass., 30 août 1880, S. 81, 1, 125; Cass., 20 décemb. 1887, S. 88, 1, 56.
3. Labbé : note, S. 88, 1, 333.
Plus loin, lorsqu'il s'agira d'étudier les modes d'extinction du contrat, la situation que crée le non paiement de la prime échue sera envisagée ; pour le moment, il y a simplement lieu de dire que lorsque l'assurance est réduite conformément à la police, il se forme un nouveau contrat et que par suite la Compagnie a le droit d'apprécier à nouveau les circonstances dans lesquelles se présente le souscripteur. — Trib. civ. Seine, 4 novembre 1891, *Journ. des assur.*, 92, 194 ; *Rec. périod. des assur.*, 92, 122.

CHAPITRE TROISIÈME

OBLIGATIONS DU TIERS ASSURÉ.

Lorsque l'assurance est contractée par une personne sur la tête
d'un tiers, ce tiers assuré est tenu de certaines obligations. La
raison veut qu'il soit traité comme la personne qui passe une assurance sur sa tête, bien qu'il ne participe que d'une façon indirecte
au contrat. Sans doute celui qui laisse souscrire une police sur son
existence est exonéré du paiement de la prime, sauf convention
contraire [1], mais il est astreint aux obligations qui incombent a tout
assuré.

En d'autres termes, il doit subir la visite médicale, ne se rendre
coupable ni d'une réticence, ni d'une fausse déclaration de nature
à influer sur l'opinion du risque [2], comme aussi il est tenu de faire
connaître les assurances contractées avec d'autres Compagnies [3].

1. Décidé que si l'assurance est faite en garantie du paiement d'une dette, il peut
être reconnu que le tiers assuré entend bénéficier de l'assurance, s'il s'est acquitté
envers son créancier, et, par conséquent, qu'il doit prendre a sa charge le paiement de la prime. Caen., 9 juillet 1876, S. 79, 2. 38.

2. Parfois il a paru que le dol étant personnel les réticences et les fausses
déclarations ne devraient pas être de nature a vicier le contrat à l'égard de celui
qui n'a pas été complice du dol (V. Labbé - note, S. 80, 2, 225). On a répondu avec
raison : le dol est personnel, mais dans un contrat semblable, il est impossible
de séparer le tiers assuré du preneur d'assurance ; le tiers agit au nom et pour
le compte du preneur ; il fait les déclarations pour lui : le preneur en est respon-
ble aussi complétement que s'il les avait faites lui même. La nullité résulte à son
égard des principes généraux du droit autant que des conventions. Behdons : op.
cit., p. 153. — Sic, Paris, 30 janvier 1880 (ad. implic.), S. 80, 2. 242.

3. L'obligation de révéler les propositions antérieurement soumises a été consacrée comme il était juste V. Trib. civ. Seine, 26 août 1884, Journ. des assur.,
85, 75.

Certains auteurs (Roms , op. cit., p. 71 ; Thaler : op. cit., p. 162; Herbault :
p. 177) distinguent le cas où le tiers a donné son consentement à l'assurance et a
signé la police et le cas où il est resté totalement étranger au contrat. Ils décident
alors que si le contrat a eu lieu à l'insu du tiers assuré, le contrat étant à son
son égard res inter alia acta, ce dernier n'a aucune obligation à remplir, mais que

Au cours du contrat, il lui est interdit d'aggraver les risques, de se suicider, de se battre en duel, d'encourir une condamnation capitale [1].

Assurément cette solution a été contestée [2]. L'on a fait valoir qu'en pareille circonstance l'assureur doit nécessairement être tenu à l'encontre du stipulant. Mais c'est oublier que le propre de l'assurance sur la vie est de garantir uniquement la mort fortuite : c'est méconnaître cette règle fondamentale que tout assuré doit, pendant le contrat, observer les conditions de bonne foi qui sont de l'essence du contrat, et qu'il ne saurait par son fait volontaire changer les risques [3].

L'assureur est tenu si le décès a eu lieu par le fait d'une personne autre que l'assuré, lorsque la mort a été causée par un accident [4], ou bien si le décès s'est produit à un moment où le tiers assuré n'avait pas conscience de ses actes. Mais à l'inverse l'assureur est dégagé si c'est par le fait de l'assuré que le tiers est mort, par exemple s'il y a eu complicité de suicide ou de duel.

Le bénéficiaire ne saurait, bien entendu, se prévaloir de la mort donnée par lui au tiers assuré [5].

Les obligations qui incombent au tiers assuré n'empêchent pas celles du contractant. La personne qui a contracté sur la tête d'autrui, celle qui mérite non moins le nom d'assuré, n'est pas libérée. Pour elle tout ne se borne pas au paiement de la prime. Elle est tenue de révéler le véritable état de santé de la personne sur la tête de laquelle reposera l'assurance ; car les mêmes conditions de santé sont requises aussi bien du tiers sur la tête duquel repose

---

si le tiers assuré a consenti, il est réputé s'être engagé vis à vis de l'assuré, du bénéficiaire, à ne rien faire qui puisse aggraver les risques de l'assureur. Mais il est inutile d'établir une pareille distinction puisque le tiers assuré doit nécessairement donner son consentement.

1. Si la personne sur la tête de laquelle repose l'assurance se rendait coupable d'aggravation des risques, par exemple décidait d'entreprendre un long voyage maritime ou embrassait la carrière des armes, en présence de la déchéance encourue le bénéficiaire pourrait sans nul doute arguer du préjudice que lui cause cette rupture du contrat et intenter une action en dommages intérêts basée sur l'art. 1382 C. Civ., sauf si le contrat est à titre gratuit. — Rome : op. cit., p. 71.

2. Grun et Joliat : op. cit., n° 380 ; Quénault : op. cit., p. 46 ; Pardessus : op. cit., T. II, n° 591 ; Montluc : op. cit., p. 311 ; Vibert : op. cit., p. 121.

3. Herbault : op. cit., p. 139 ; Couteau : op. cit., T. II, p. 255 ; Furquim d'Almeida : op. cit., p. 98.

Il est à remarquer que d'après l'art. 515 du Code de Commerce chilien de 1867 la nullité de l'assurance en cas de suicide, condamnation capitale, duel, etc., n'est pas encourue quand l'assurance est contractée par un tiers. On rencontre la même disposition dans l'art. 454 du Code de Commerce portugais de 1888.

4. Pardessus : op. cit., T. II, n° 589 ; Quénault : op. cit., p. 61 ; Montluc : op. cit., p. 311.

5. Les polices s'expriment parfois ainsi :
Si la personne sur la tête de laquelle repose l'assurance perd la vie par le fait du bénéficiaire du contrat... l'assurance est de nul effet et les primes restent acquises à la Compagnie.

l'assurance que de celui qui contracte une assurance sur sa propre
vie. Elle encourt la déchéance si elle dissimule la maladie dont le
tiers assuré se trouve atteint [1].

D'autre part, il est manifeste que c'est l'assuré qui doit faire connaître à la Compagnie le décès du tiers assuré avec les circonstances dans lesquelles la mort a eu lieu.

Pareillement, et comme il est en réalité le bénéficiaire, il lui
appartient de fournir toutes les pièces justificatives nécessaires [2]
établissant que le décès s'est produit dans des conditions normales,
en l'absence de toute fraude et de toute dérogation aux clauses de
la police et que par conséquent la Compagnie doit se conformer à
l'obligation qui lui incombe, lors de l'arrivée de la condition prévue,
c'est-à-dire verser le capital mentionné dans la police.

---

1. Bruxelles, 9 novembre 1859, cité par Couteau, op. cit. T. II, p. 141 ; Paris,
30 janvier 1880 (motif. implicit.), S. 80, 2, 232.

2. Les pièces à fournir en pareil cas sont indiquées par la police ; nous les
faisons connaître lorsque nous exposons les obligations qui incombent au bénéficiaire, quand s'ouvre par le décès de l'assuré son droit à la somme fixée par
la police.

CHAPITRE QUATRIÈME

OBLIGATIONS DU BÉNÉFICIAIRE.

De même que pour l'assureur, il convient, dans l'analyse des obligations qui appartiennent au bénéficiaire, de distinguer celles qui lui incombent au cours du contrat et celles qui sont à sa charge lors de la réalisation de la condition indiquée dans la police, c'est-à-dire à la suite du décès de l'assuré.

SECTION I

Obligations au cours du contrat.

§ 1. Non aggravation des risques.

Le bénéficiaire ne doit rien faire pour modifier les combinaisons de la Compagnie; il doit laisser l'événement prévu dans la police, le décès, se produire dans les conditions normales. Tout acte de sa part qui tendrait à aggraver le risque ou à avancer l'époque de la mort pourrait être opposé par la Compagnie.

Il y aurait une déchéance susceptible d'être réclamée par l'assureur si le bénéficiaire se rendait complice du suicide de la personne assurée ou se battait en duel avec elle [1].

1. Au cas où les excès seraient considérés comme constituant des causes d'aggravation, le bénéficiaire qui les encouragerait chez l'assuré verrait prononcer la déchéance. Tardieu a cité le cas d'un bénéficiaire qui, pour amener la mort d'un assuré, excitait ce dernier à faire une énorme consommation d'alcool sans absorption d'aucune nourriture. — V. aussi Legrand du Saulle : *Traité de méd. lég. et de jurisprud. médic.*, p. 976.

Après avoir fait assurer un individu à son profit personnel, une personne avait fait souscrire à l'assuré une convention aux termes de laquelle ce dernier s'engageait à consommer complètement les liqueurs alcooliques que le souscripteur s'obligeait à lui fournir. Le décès survint, mais dû à une autre cause. La Compa

Il en doit être de même lorsque la personne assurée a été tuée[1] par le bénéficiaire du contrat[2].

Quand un individu doit recueillir le profit d'une police au décès d'un tiers, c'est uniquement si cette mort survient d'une manière accidentelle. Le bénéficiaire ne saurait, par son propre fait, hâter le moment de la disparition de l'assuré et, suivant une judicieuse remarque[3], se substituer au hasard pour fixer l'échéance du contrat. Contrat aléatoire, l'assurance impose par son essence, à chaque partie, l'obligation de laisser le hasard, *alea*, seul maître de ses destinées ; toute atteinte portée à cette règle rompt l'égalité des risques qui est et doit demeurer invariablement la loi des contractants. Cette égalité rompue, le contrat ne peut demeurer debout[4].

L'assureur ne peut être obligé de remplir son obligation envers le bénéficiaire, en cas de mort violente donnée à l'assuré, qu'autant que le gratifié n'y est pour rien. Ce principe est constant[5]. Un moment il s'est produit à ce propos, dans le monde judiciaire, sinon des controverses, au moins des hésitations[6]. Mais à l'heure actuelle la solution est unanimement acceptée[7].

gnie refusa de payer le capital assuré, invoquant la disposition de la police aux termes de laquelle l'assurance est résiliée toutes les fois que l'individu assuré s'est suicidé ou est mort par le fait du bénéficiaire. Le Tribunal civil de la Seine, par jugement du 25 novembre 1859 *(Gaz. des trib.*, 27 novembre 1859), se rangea à cette manière de voir, déclarant que le signataire de la police avait spéculé sur la brièveté probable de l'existence de l'assuré, à laquelle un pareil régime devait nécessairement mettre un terme.

1. Sans distinguer le meurtre de l'assassinat et sans rechercher si le bénéficiaire est auteur principal ou complice. Mais la déchéance ne doit pas être encourue, sauf convention contraire, lorsque la mort a été le résultat d'un homicide par imprudence.

2. Nous avons abordé cette question dans notre travail sur *L'assassinat et le meurtre de l'assuré par le bénéficiaire d'une assurance sur la vie (Nouvelles Études sur les assurances sur la vie*, p. 26 à 29).   Comp. Furquim d'Almeida : *op. cit.*, p. 98 ; Couteau : *op. cit.* T. II, p. 245, etc.

3. Reboul : note, *Revue prat. de dr. fr.*, T. XXII (1866), p. 180.

4. Conclusions de M. Aubépin devant le Tribunal civil de la Seine. *Bonnev. de Mars.* : III, 116.

5. L'art. 458 du Code de Commerce portugais dispose expressément que l'assureur n'est pas tenu de payer la somme assurée, si celui qui réclame l'indemnité est l'auteur ou le complice du meurtre de la personne dont la vie était assurée. L'art. 575 du Code de Commerce chilien est plus précis : il dégage l'assureur à la fois lorsque la personne qui s'est fait assurer est tuée par ses héritiers et lorsque celui qui réclame le capital est l'auteur ou le complice du meurtre de l'assuré. Pareillement, l'art. 600 du Code de Commerce argentin proclame la nullité de l'assurance dans le cas où la personne qui stipule la somme assurée est l'auteur de la mort de l'assuré. Le Code de Commerce hongrois, dans son art. 504, déclare que l'assureur n'est point tenu au paiement de la somme assurée si l'événement qui donne ouverture à l'indemnité est dû à la faute de l'assuré *ou du bénéficiaire* ; l'art. 505 prononce la résiliation du contrat quand le bénéficiaire a commis intentionnellement un acte portant atteinte à la vie ou à la santé de l'assuré.

6. Cf. Gadrat : *Assurance sur la vie (Rev. prat. de dr. fr.*, T. XXII, 1866, p. 177.

7. Trib. civ. Seine, 14 juin 1865, *Bonnev. de Mars.* : III, 115 ; 7 mars 1887, *Journ. des assur.*, 87, 177 et *Rec. périod. des assur.*, 87, 430.

Dans le même sens on peut citer, d'après M. de Monthue *(op. cit.*, p. 207), un

Un motif décisif, indépendamment de toute considération tirée de la police aussi bien que de la nature même du contrat, justifie en droit cette jurisprudence qui malheureusement a sa raison d'être, car il n'est pas rare de voir des individus tuer un assuré pour s'approprier le capital promis par la Compagnie [1].

L'art. 727 C. Civ. répute indigne de succéder et, comme tel, écarte de la succession celui qui a été condamné pour avoir donné la mort au *de cujus*. Par des motifs qui n'ont nul besoin d'une justification, le législateur ne veut pas que la succession d'une personne devienne la récompense du crime qui l'a ouverte : le meurtrier ne saurait être admis à recueillir les dépouilles de sa victime [2]. Cette disposition doit servir de guide pour la question qui nous occupe. Si l'on écarte comme indigne, au point de vue successoral, celui qui est coupable de la mort du *de cujus*, on ne voit pas les raisons pour lesquelles, en cas d'assurance sur la vie, le bénéficiaire pourrait tirer profit de la mort qo'il n'a pas craint de donner à l'assuré.

L'assureur a le soin de prononcer par avance la résiliation du contrat pour le cas où le décès est dû à un fait volontaire de la personne gratifiée [3]. Une pareille clause n'a rien que de fort licite ; elle doit être observée. Il convient d'aller plus loin : une police ne saurait valablement autoriser une dérogation à une pareille règle, car il n'est pas permis de restreindre par une convention l'application des mesures intéressant l'ordre public et les bonnes mœurs. La clause édictant la déchéance devrait même être suppléée en cas de silence de la police. La nature du contrat répugne à ce que l'on puisse reconnaître à l'une des parties engagées la possibilité de modifier l'élément aléatoire qui sert de base.

Aucune exception, tirée de la nature ou du caractère de l'acte qui a mis fin aux jours de l'assuré, ne peut être admise. La solution est la même, par exemple lorsque le meurtre a été commis en flagrant délit d'adultère par un mari bénéficiaire sur sa femme signataire

---

arrêt « Swenson » pour la Suède et l'arrêt des « Rugby Murders » en Angleterre (2, Beaven, 605).

1. Des cas assez nombreux ont été rapportés par Taylor et Tardieu dans leur *Étude médico légale sur les assurances sur la vie* (*Annales d'hyg. publ. et de méd. lég.* T. XXVI, 1866, p. 401 et suiv.)

2. Demolombe : *Successions*, T. I, n° 220.

3. *Si la personne sur la tête de laquelle repose l'assurance, disent les polices, perd la vie par le fait du bénéficiaire du contrat, l'assurance est de nul effet et toutes les primes payées restent acquises à la Compagnie.*

Cette disposition relative aux primes n'a nullement besoin d'être justifiée. Seulement, il est à noter que les Compagnies ajoutent toujours que si les trois premières primes annuelles au moins ont été acquittées, la Compagnie tient compte aux ayants droit de la valeur qu'elle aurait payée si elle avait racheté le contrat la veille du décès.

Il faut noter que parfois des polices ont disposé que la déchéance ne serait encourue qu'en cas de condamnation.

d'une police ou sur son complice assuré au profit du premier[1]. Bien que le mari n'ait pas, en semblable circonstance, volonté de faire ouvrir le droit à l'assurance, il supprime *l'aléa*, il écarte l'élément hasard; il avance par lui-même la date de l'échéance du contrat à son avantage. L'outrage dont l'époux est le témoin ne peut pas être assimilé aux circonstances qui enlèvent à un individu toute sa liberté d'esprit; de plus, si violent que soit un pareil outrage, il ne saurait, en droit, suffire pour conférer une impunité absolue, surtout lorsque des apparences trompeuses risquent de se produire et quand il y a à redouter la perfidie et d'odieux calculs. Il n'y a pas à invoquer davantage l'art. 324 C. P. déclarant excusable le meurtre commis par le mari sur sa femme et sur le complice à l'instant où il les surprend en flagrant délit dans le domicile conjugal. La loi ne reconnaît pas le droit de donner la mort; elle considère uniquement cet outrage comme une des provocations violentes qui appellent l'indulgence du juge.

A la vérité, les jurés vont plus loin; ils prononcent presque constamment, sinon toujours, l'acquittement pur et simple du mari qui a cru pouvoir venger l'injure la plus grave dans le sang de l'adultère et de son complice[2]. L'acte délictueux n'en existe pas moins; de par la décision du jury, il peut ne plus être un crime, il est toujours un délit[3].

Enfin, une raison paraît absolument déterminante. L'art. 727 C. Civ., qui écarte de la succession comme indigne la personne qui a été condamnée pour avoir donné la mort au défunt, est applicable, d'après la grande majorité des auteurs, même au meurtrier considéré comme excusable et frappé d'une peine moins forte que celle édictée par la loi, par exemple, d'une peine correctionnelle au lieu d'une peine afflictive ou infamante[4]. C'est qu'en effet, bien qu'excusable, un crime reste toujours un crime; un meurtre, même quand il peut être excusé par une provocation, pour avoir un caractère moins grave, est toujours un meurtre. Les motifs qui justifient l'ar-

---

1. Cette espèce se serait, paraît-il, présentée devant le Tribunal d'Amiens à une époque qui n'a pu être précisée. Si l'on en croit l'ouvrage de Herbault (op. cit., p. 165, note) des recherches en vue de trouver la décision relative à ce procès n'auraient amené aucun résultat.

2. Faustin Hélie et Chauveau : *Théorie du Code pénal*, T. IV, n° 1465.

3. Le flagrant délit d'adultère constitue non pas une cause *absolutoire* dispensant de tout châtiment, mais uniquement une excuse *atténuante* ayant pour simple effet de diminuer la peine. V. sur cette distinction ce que nous avons dit dans notre *Cours de droit criminel*, 2e édit., Paris, 1879, p. 226 et suivantes. Comp. cependant Conteau : op. cit., T. II, p. 257.

3. Lebrun : *Successions*, liv. III, ch. IX, n° 2; Merlin : *Répert.*, v° *Indignité*, n° 2; Favard : *Répert.*, v° *Indignité*; Demante : *Cours de Code civil*, III, 35 bis, IV; Zacharie, Massé et Vergé : *Droit civ. franç.*, T. II, § 335, note 1; Aubry et Rau : *Cours de dr. civ.*, T. VI, p. 382; Demolombe : *op. cit.*, n° 232; Laurent : *Principes de dr. civ.*, T. IX, p. 10; Malpel : *Traité des successions ab intestat*, n° 42; Vazeille : *Success.*, sur l'art. 727, n° 3.

ticle 727 au point de vue général conservent toute leur force lorsqu'il s'agit du meurtre commis sur l'assuré par le bénéficiaire du contrat. Rien ne vient donc porter atteinte à ce principe : le bénéficiaire d'une assurance sur la vie passée à son profit par un tiers perd tout droit au capital, lorsqu'il tue le stipulant. Le juge doit prononcer la déchéance, sans avoir à rechercher si les circonstances et les faits de la cause, sous les distinctions indiquées tout à l'heure, ne permettent pas de maintenir le contrat [1].

Il se peut que l'assurance soit souscrite au profit de plusieurs bénéficiaires. Si l'un des bénéficiaires vient à donner la mort à l'assuré, la police n'est pas nulle pour le tout. La clause prononçant la déchéance n'a pour but que de punir le coupable, ou plutôt d'éviter un crime, en supprimant d'avance le profit que son auteur pourrait en espérer; mais, par rapport aux autres bénéficiaires, le meurtre de l'assuré n'est plus qu'un meurtre ordinaire et la Compagnie doit en accepter les conséquences comme elle assume les conséquences du meurtre par un étranger [2].

Si le souscripteur d'une assurance au profit de ses enfants est tué par l'un d'eux, il ne suffit pas que le meurtrier renonce au bénéfice de l'assurance pour que ses frères et sœurs innocents du meurtre soient fondés à réclamer la totalité du capital assuré; la nullité partielle de l'assurance et la libération qui en découle sont et doivent rester acquises à la Compagnie [3].

Il en doit être sans doute autrement si l'assurance est passée au profit de la succession de l'assuré. Dans ce cas, le meurtrier renonçant à la succession de son auteur doit perdre absolument la qualité d'héritier et la Compagnie ne peut se dispenser de verser la totalité du capital assuré à laquelle le meurtrier est désormais étranger [4].

Est-il bien nécessaire de dire que de toutes les façons la déchéance n'est pas encourue si le meurtre a été commis par une personne privée de raison, par un aliéné, par un mari devenu subitement fou à la vue de sa femme coupable? La perte de la raison enlève à l'acte tout caractère de criminalité.

Pareillement, le droit au capital devrait persister si l'homicide avait été perpétré au milieu de certains états qui ont pour conséquence indirecte de supprimer la liberté morale, par exemple le délire produit par la fièvre et l'alcoolisme, les vertiges de l'épilepsie et de la rage, le somnambulisme, l'ivresse, à la condition

---

1. Demolombe : op. cit., n° 232. — *Contrà* Delvincourt : *Cours de Code civil*, T. II, p. 25, note 3.
 Il est bien entendu toutefois qu'une autre solution devrait être donnée au cas où la police prononcerait la déchéance seulement en cas de condamnation.
2. A. B. : *Étude critique des conditions générales des polices d'assurances sur la vie* (*Monit. des assur.*, 1883, p. 208).
3. *Ibid.*, p. 208.
4. *Ibid.*, p. 209.

d'être complète. Il faut en dire autant pour le meurtre commis par un individu hypnotisé, qui a reçu la suggestion de tuer quelqu'un[1]. Seulement, il est évident que l'hypnotiseur ou magnétiseur qui, bénéficiaire d'une assurance sur la vie, suggérerait à un patient de mettre à mort le signataire de la police, verrait se primer son droit de créance contre la Compagnie. Si le bénéficiaire qui s'entend avec un individu disposant de toute sa raison pour tuer un stipulant encourt une peine comme complice, le châtiment doit être plus sévère encore pour celui qui n'a pas craint d'abuser de son pouvoir sur un être faible et désarmé, sur un véritable automate exécutant ce qui lui est prescrit.

Il importe peu que la mort donnée au souscripteur de la police soit le résultat de coups et blessures portés sans intention de donner la mort. Le seul fait à prendre en considération, c'est la perte de la vie occasionnée par un acte imputable au bénéficiaire.

De ce qu'il y a lieu de s'attacher seulement à un acte volontaire il faut conclure que la déchéance édictée pour le cas d'assassinat ou de meurtre ne serait pas encourue s'il y avait eu homicide volontaire, homicide par imprudence. L'assurance sur la vie concerne les morts accidentelles aussi bien que les morts dues à la maladie. On a écarté et justement écarté les risques imprévus, ceux qui viendraient du fait de l'assuré, comme le duel, le suicide, l'exécution d'une condamnation judiciaire, ou encore ceux qui viendraient d'un crime, alors que le crime est commis par le bénéficiaire, car il est à remarquer que si l'assuré est tué par une personne étrangère au contrat, il n'y a nulle cause d'annulation. On proscrit la mauvaise foi. Il y a donc à laisser de côté un fait totalement involontaire de la part du bénéficiaire[2].

Mais la déchéance peut-elle être prononcée quand la personne gratifiée accusée d'avoir donné la mort au signataire de la police, a vu modifier la prévention et n'a été condamnée que pour coups et blessures involontaires? Assurément on peut dire que, par suite de la décision intervenue, il est établi judiciairement qu'entre les coups portés à la victime et la mort de celle-ci, il n'y a aucune relation de cause à effet, et qu'ainsi se trouve exclue la preuve que cette mort serait le résultat de coups et blessures volontaires. Néanmoins le juge civil a le droit de rechercher si, en dehors des faits qualifiés

1. La possibilité de crimes commis par un hypnotisé est scientifiquement démontrée, V. Binet et Féré : *Magnétisme animal*; Delacroix : *Les suggestions hypnotiques*, Paris, 1887, p. 36 et suiv. Cf. J. Lelort : *L'Hypnotisme au point de vue juridique (Revue générale du droit*, T. XII, 1888, p. 201 etc. et *Annales d'hyg. publ. et de méd. lég.*, avril 1888, p. 152 et suiv.); Loys : *Questions médico légales afférentes à l'hypnotisme (Annales de psychiatrie et d'hypnologie*, juill. 1891; Laborde : *Cours de droit criminel*, Paris, 1891, p. 99.

2. Couteau : *op. cit.*, T. II, p. 246; Furquim d'Almeida : *op. cit.*, p. 99.

par le juge de répression, on ne pourrait pas en imputer au bénéficiaire d'autres non écartés par le juge criminel, et qui, ayant causé la mort de l'assuré, engageraient la responsabilité civile. S'il est démontré que la mort de l'assuré a été la conséquence des coups portés par le bénéficiaire, le contrat d'assurance doit être annulé[1].

Il est bien certain toutefois que la Compagnie qui a dû, par suite d'un crime ou d'un meurtre, verser le capital assuré, a le droit de diriger en vertu de l'art. 1382 C. Civ. une action en responsabilité contre l'auteur du méfait qui, en privant l'assuré de la vie, a avancé le moment de la libération de la Compagnie, fait mettre à la charge de cette dernière le montant du capital assuré, alors que peut-être le contrat n'aurait pas été maintenu, ou au moins que le décès ne se serait produit qu'après un long service des primes[2].

§ 2.   Maintien du contrat.

Il se peut que le bénéficiaire se soit chargé du paiement des primes ; c'est ce qui arrive lorsqu'une personne, pour libérer un tiers envers elle-même, contracte à son profit exclusif une assurance sur la tête de ce tiers, de façon que si ce dernier vient à mourir le versement du capital éteint la dette, ou encore lorsqu'un assuré transmet à titre onéreux à une personne déterminée la police en se déchargeant du service des primes. En outre le bénéficiaire peut parfaitement, avec le consentement de l'assuré (notamment si ce dernier est peu solvable ou même gêné) payer les primes à l'effet d'obtenir le maintien du contrat et de permettre à la police de conserver sa force jusqu'au décès du signataire[3]. En pareille circonstance, le bénéficiaire qui entend voir maintenir le contrat à son profit doit s'acquitter comme s'il était le souscripteur de la police.

§ 3.   Acceptation.

Enfin le bénéficiaire qui entend profiter de l'assurance à son profit doit accepter la stipulation intervenue en sa faveur.

Cette acceptation est absolument nécessaire pour consolider en faveur du bénéficiaire le droit au capital que la police créait en sa faveur[4]. Tant qu'il n'a pas accepté, le droit à la somme que tend

1. Trib. civ. Seine, 7 mars 1887 précité.
2. C. d'assises du Jura, 28 juin 1884, S. 85, 2, 249. V. plus loin ce que nous disons à ce sujet.
3. V. Trib. civ. Seine, 22 novembre 1892, *Journ. des assur.*, 93, 127; *Rev. périod. des assur.*, 93, 149.
4. V. notamm. Cass., 8 févr. 1888, S. 88, 1, 129; D. P. 88, 1, 201 ; 7 août 1888, S. 89, 1, 97 ; D. P. 89, 1, 118 : 23 janv. 1889, S. 89, 1, 353 ; D. P. 90, 1, 173 ; -

à procurer la police se trouve en suspens, en quelque sorte ; il n'y a, pour ainsi dire, qu'une simple offre ; le souscripteur de la police peut révoquer la stipulation, la laisser dans son patrimoine ou attribuer la créance contre la Compagnie à la personne qui lui plaira [1]. En cas de refus formel ou bien à défaut d'acceptation [2], le bénéfice reste dans les biens du stipulant et sera recueilli soit par ses héritiers *jure hæreditario*, soit par ses créanciers [3]. Mais lorsque l'acceptation se produit d'une façon régulière [4], sauf réserves pour le droit commun [5], elle fait entrer le droit au

V. aussi Rapp. de M. le conseiller George Lemaire à la Cour de cassation, S. 89, 1, 353.

Comp. sur le rôle de l'acceptation Tartufari : *Dei contratti a favore di terzi*, Vérone, 1887.

Il faut noter qu'en fait la nécessité de l'acceptation a bien souvent disparu en faveur du bénéficiaire en même temps que la formalité.

« Attendu, dit un arrêt de la Cour de cassation (8 févr. 1888, D. P. 88, 1, 201 ; S. 88, 1, 120), que la stipulation pour autrui, lorsqu'elle est pure et simple, *confère immédiatement un droit au tiers au profit duquel elle a eu lieu... qu'il n'y a lieu d'appliquer ni l'art. 932 aux termes duquel les donations doivent être acceptées du vivant du donateur, ni les principes généraux qui régissent la formation des contrats par l'acceptation d'une offre...* » Cf. Lambert : *Du contrat en faveur de tiers*, p. 108.

L'acceptation n'est pas nécessaire sous l'empire des législations qui, comme la loi belge, ont une disposition attribuant directement le montant de l'assurance au bénéficiaire désigné et faisant acquérir le bénéfice par l'effet même du contrat.

1. Cf. Cass., 16 janv. 1888, S. 88, 1, 127 ; D. P. 88, 1, 77 ; Cass., 8 févr. 1888, S. 88, 1, 120 ; D. P. 88, 1, 201 ; 22 juin 1891, S. 92, 1, 177. — V. aussi Rennes, 23 juin 1879 et les conclusions de M. l'avocat général Saulnier de la Pinelais, D. P. 79, 2, 156.

2. Bien entendu, il en doit être de même lorsque le bénéficiaire prédécède sans avoir accepté.

3. Le bénéficiaire peut incontestablement et de toute façon, d'ailleurs, se dessaisir du droit que lui attribue la police ; en pareille circonstance, la créance revient au patrimoine de l'assuré, aux créanciers de ce dernier ; il appartient au juge du fait de dire si la personne gratifiée a entendu réellement et irrévocablement se dessaisir du bénéfice. Cass., 16 juin 1890, D. P. 90, 1, 291 ; Lyon, 27 décembre 1887, *ibid.*, et S. 88, 211.

Ce cas paraît peu vraisemblable ; cependant il s'est présenté comme le montrent ces décisions.

4. Nous avons indiqué précédemment (T. 1, p. 277) les règles générales pour la capacité exigée du bénéficiaire. Nous nous bornerons à faire observer qu'il s'agit de l'application des règles du droit commun. Par conséquent, l'enfant mineur devra être autorisé par son père ; la femme mariée devra être autorisée par son mari (Cass., 29 janv. 1879, D. P. 79, 1, 76 ; S. 76, 1, 157 ; Paris, 19 avril 1876, *Journ. des assur.*, 76, 376).

Quant à l'enfant naturel, sa situation se trouve régie par les dispositions du Code civil ; si la libéralité est réductible au cas où les prescriptions de la loi civile ne seraient pas observées, en admettant que le calcul de la qualité disponible puisse se faire sinon sur le capital au moins sur les primes et la valeur de rachat la capacité est entière. V. Couteau : *op. cit.*, T. II, p. 383. Dernièrement il a été spécialement jugé qu'un père avait pu valablement s'engager à l'encontre de son enfant naturel représenté par sa mère à contracter une police d'assurance sur la vie payable à sa majorité et que la mère avait parfaitement pu réclamer, au nom de son enfant mineur, l'exécution de cette promesse. Trib. civ. Dreux, 22 mars 1892 et Paris, 30 juin 1893, *Journ. des assur.*, 92, 465 et la note.

5. C'est ainsi que l'assurance sur la vie contractée au cours du mariage à titre de libéralité par un mari au profit de sa femme est essentiellement révocable

capital promis dans le patrimoine du bénéficiaire [1] en dépouillant par conséquent le signataire de la police de la possibilité de substituer un bénéficiaire à un autre [2].

Si ce n'est lorsqu'il s'agit d'une donation postérieure au contrat d'assurance, par acte solennel, auquel cas l'acceptation doit nécessairement intervenir dans les formes prescrites par l'art. 932 C. Civ., l'acceptation qui rend irrévocable le droit de la personne gratifiée n'est point subordonnée à une forme spéciale.

L'attribution du bénéfice de l'assurance à une personne déterminée constitue une stipulation pour autrui dans les termes de l'art. 1121 C. Civ. Aucun doute ne saurait s'élever actuellement dans l'état de la doctrine et dans la jurisprudence. Or, il est incontestable que les stipulations pour autrui ne sont pas soumises aux règles de forme édictées pour la donation entre vifs, même dans le cas où elles constituent de pures libéralités [3]. D'ailleurs, en matière de rente viagère les formes requises pour les donations ne sont pas nécessaires d'après l'art. 1973 C. Civ. [4]; on ne voit pas la raison d'une règle différente pour l'assurance sur la vie [5].

L'acceptation peut être expresse ou tacite. Elle peut résulter des faits et des circonstances de la cause [6], notamment d'un abandon du droit au capital par la personne gratifiée en faveur d'un créancier du stipulant [7] ou pour un créancier du bénéficiaire; le fait par le bénéficiaire de réclamer le capital assuré constitue une acceptation suffisante [8].

Mais si l'acceptation peut être tacite, il faut tout au moins qu'elle résulte d'un acte ou d'un fait ne laissant aucun doute sur la mani-

---

d'après l'art. 1096 C. Civ. ainsi que la Cour de cassation l'a décidé. Mais cette question sera examinée plus loin avec les détails qu'elle comporte.

1. Sauf certaines exceptions dont il sera parlé ultérieurement.

2. V. notamm. Lyon, 14 avril 1892, *Pand. fr. périod.*, 93, 2, 97.

3. Lyon, 2 juin 1863, S. 63, 2, 205 ; D. P. 63, 2, 119 ; Amiens, 8 mai 1888, S. 88, 2, 177 ; Aubry et Rau : *op. cit.*, T. IV, § 343 *ter.*, p. 318.

4. Pont : *Petits contrats*, sur l'art. 1973, n° 694.

5. C'est ce que la Cour de cassation a nettement mis en lumière dans son arrêt du 8 février 1888 (S. 88, 1, 129 ; D. P. 88, 1, 201) en disant que *l'art. 1121 C. civ. n'impose aucune autre condition que la déclaration par le gratifié qu'il entend profiter de la stipulation intervenue en sa faveur et que la déclaration dont parle cet article 1121 n'impose aucune condition de validité.*

6. Trib. Seine, 16 févr. 1882, *Journ. des assur.*, 82, 458 ; Montpellier, 15 mars 1886, *Rec. périod. des assur.*, 86, 235 ; Paris, 11 décembre 1886, *ibid.*, 87, 656 et *Journ. des assur.*, 87, 535 ; Nancy, 17 janv. 1888, *ibid.*, 88, 443 et *Rec. périod. des assur.*, 88, 20 ; D. P. 89, 2, 153.

V. Tissier : *op. cit.*, p. 198 ; Herbault : *op. cit.*, p. 217 ; Fey : *op. cit.*, p. 143 ; Couteau : *op. cit.*, T. II, p. 386, etc. ; Agnel et de Corny : *op. cit.*, n° 437.

7. Nancy, 17 janv. 1888 précité.

8. Labbé : note, S. 77, 1, 303 ; Couteau : *op. cit.*, T. II, p. 387 ; Fey : *op. cit.*, p. 143 ; Trib. Seine, 10 févr. 1882, *Journ. des assur.*, 82, 520 ; *Rec. périod. des assur.*, 84, 249.

festation de la volonté du bénéficiaire d'accepter la stipulation faite à son profit [1].

Ainsi, par exemple, l'on ne saurait invoquer comme impliquant acceptation tacite la circonstance que la femme bénéficiaire d'une police souscrite par son mari aurait, de concert avec ce dernier, cédé le bénéfice à un tiers si l'acte de cession a été déclaré frauduleux [2].

Pareillement, il convient de ne point tenir compte de ce que la personne gratifiée avait concouru à un acte par lequel le souscripteur avait promis de donner en gage la police à un banquier si le bénéficiaire était intervenu à la promesse de nantissement non point pour donner son consentement, mais seulement pour s'engager solidairement avec l'assuré au paiement des primes [3].

De ce que l'acceptation n'est soumise à aucune forme, de ce qu'elle peut être tacite et résulter des faits et circonstances de la cause (que le juge du fond apprécie souverainement), l'on a conclu que l'acceptation pouvait être présumée en cas d'assurance établie au profit d'un mineur dont le stipulant est le représentant légal et au nom duquel il a qualité pour donner une acceptation valable. Malgré des décisions proclamant que l'acceptation doit être présumée lorsqu'il s'agit d'une assurance passée par un père en faveur de ses enfants [4], il n'est pas possible d'admettre la validité d'une acceptation se produisant dans ces conditions. On ne voit pas bien comment le représentant légal du mineur gratifié pourrait accepter pour ce dernier la libéralité faite par lui-même à cette personne placée sous son autorité. Un même individu ne saurait dans un acte remplir à la fois deux rôles essentiellement différents, celui d'auteur d'une libéralité et celui de bénéficiaire acceptant; deux volontés, nécessairement distinctes parce qu'elles sont destinées à concourir, se réduiraient à deux mouvements de volonté successifs

1. Trib. Bar-sur-Aube, 18 mars 1886, *Journ. des assur.*, 86, 266; *Rec. périod. des assur.*, 86, 535; Paris, 14 décembre 1886, *ibid.*, 87, 535 et *ibid.*, 86, 556; Trib. civ. Morlaix, 20 févr. 1890, *Journ. des assur.*, 90, 224.

2. Cass., 23 janv. 1889, S. 80, 1, 358.

3. Rouen, 21 mars 1893, S. 93, 2, 250.

Il est certain, au contraire, qu'il y aurait une acceptation tacite si la personne gratifiée avait déclaré concourir au nantissement en tant que bénéficiant de la police; quoiqu'elle cédât à un tiers une partie des droits que lui conférait l'assurance elle en acceptait le bénéfice au moins implicitement.

4. Caen, 11 janv. 1863, *Journ. des assur.*, 63, 234; Bruxelles, 2 août 1866, *ibid.*, 67, 15; Orléans, 26 mars 1887, S. 89, 1, 289; D. P. 88, 2, 240; Lyon, 14 avril 1892, *Pand. fr. périod.*, 93, 1, 97; Herbault : *op. cit.*, p. 218.

On a fait valoir, au sujet de l'arrêt précité du 14 avril 1892, qu'il ne s'agit que d'une solution d'espèce, les juges du fond ayant motivé leur décision sur l'interprétation du contrat, la volonté du père *qui avait eu pour but d'assurer à son fils des moyens d'existence*, et les circonstances particulières de la cause, pour déclarer que le souscripteur n'a pas pu valablement transférer à un tiers l'assurance qu'il avait contractée au profit de son fils. *Journ. des assur.*, 93, 22.

se produisant dans une même personne ; la deuxième volonté, la prétendue acceptation n'offrirait rien de réel et de sérieux [1].

L'acceptation peut se produire à tout instant, non pas seulement quand le bénéficiaire intervient dans le contrat pour dire qu'il accepte [2], mais à un moment quelconque.

Il suffit que l'assuré n'ait pas encore exercé le droit de révocation que lui confère l'art. 1121 C. Civ. [3] d'une façon absolue [4] et qui peut

[1]. Labbé : note, S. 89, 2, 190.

Dans ce sens : Labbé : note, S. 89, 2, 190 ; Lefort : note, *Pand. fr. périod.*, 93, 2, 97 ; Trib. civ. Orléans, 28 décembre 1886, S. 89, 1, 289 ; D. P. 88, 2, 130 ; Bordeaux, 12 août 1889, *Ann. de Droit commerc.*, 90, 37 ; Lambert : *Du contrat en faveur de tiers*, p. 100 ; Clos : *Des assur. sur la vie, de leur caractère et de leurs effets au point de vue des tiers bénéficiaires*, p. 76.

D'autre part, il est à noter qu'il résulte, sinon expressément d'un arrêt de la Cour de cassation du 22 octobre 1888 (S. 89, 1, 289 ; D. P. 89, 1, 161), au moins du rapport présenté à la Chambre des Requêtes par M. le conseiller Delise sur le pourvoi qui a motivé cet arrêt, que la Cour de cassation a entendu décider que le père qui, dans un contrat d'assurance sur la vie, stipule un avantage pour son fils mineur, ne saurait être réputé avoir en même temps accepté cet avantage au nom de son fils en vertu de l'art. 935 C. Civ..

Au reste, la question traitée ici n'est pas neuve. Sous l'empire de l'ancien droit Furgole enseignait que le donateur ne pouvait, comme tuteur ou père, accepter la donation pour le mineur qu'il entendait précisément gratifier, et la raison semblait décisive : il est impossible que la même personne figure dans le même acte comme donateur et comme représentant du donataire. (Sur l'art. 7 de l'Ordonn. de 1731 ; Comp. Ricard : *Donat.*, 1re partie, n° 859 et suiv.). Conformément à cette opinion, reprise par Merlin (*Répert.*, v° *Mineur*, § 7, n° 4 et 5, et par la grande majorité des auteurs (Duranton : *Dr. civ.*, T. VIII, n° 443 ; Grenier : *Don.*, T. I, p. 65 ; Fréminville : *Minorité*, T. II, n° 600 ; Troplong : *Donat.*, T. III, n° 1133 ; Demolombe : *ibid.*, T. III, n° 197 ; Aubry et Rau : *op. cit.*, T. VII, § 652, p. 59 ; Laurent : *op. cit.*, T. X, n° 249), il a été jugé que le mineur qui reçoit une donation de son père ne peut valablement l'accepter avec l'autorisation de celui-ci, parce que cela équivaudrait à une acceptation faite par le donateur, d'où résulterait qu'il n'y aurait qu'une seule personne dans le contrat (Riom, 14 août 1829, S. 30, 2, 300 ; Grenoble, 14 juillet 1836, S. 39, 2, 259 ; Rouen, 27 févr. 1852, D. P. 53, 2, 26).

Dans le cas qui nous occupe il faudrait donc appliquer le droit commun d'après lequel, lorsqu'un tuteur ou un curateur fait une donation à un mineur soumis à sa tutelle ou à sa curatelle, la donation doit, selon les circonstances, être acceptée soit par un ascendant du donataire, ou par le subrogé tuteur (s'il n'y en a pas), soit par le mineur émancipé lui-même avec l'assistance d'un curateur *ad hoc* nommé par le conseil de famille, Clos : *op. cit.*, p. 76.

[2]. M. Clos, dans sa thèse, fort intéressante d'ailleurs (*Des assur. sur la vie, de leur caractère et de leurs effets au point de vue des bénéficiaires*, p. 85, etc.), a le tort de soutenir que l'acceptation doit, pour conférer un droit propre au bénéficiaire, se produire nécessairement au moment où la police se signe. La réfutation de cette idée est donnée plus loin lorsque nous indiquons l'état de la doctrine et quand nous établissons l'effet de l'art. 1179 C. Civ..

[3]. Cet article permet, en effet, au stipulant de révoquer la stipulation tant qu'elle n'a pas été acceptée par la personne gratifiée. — V. Cass., 8 févr. 1888, S. 88, 1, 121 ; D. P. 88, 1, 199.

[4]. Quelle que soit la personne du bénéficiaire la révocation peut intervenir à la condition de se produire avant l'acceptation. Il n'y a pas à tenir compte de la qualité du bénéficiaire ; il importe peu qu'il s'agisse de la femme ou des enfants nommément désignés ou enfin des héritiers. Trib. Seine, 20 janv. 1885 ; Trib. Troyes, 13 juill. 1887, *Journ. des assur.*, 87, 30 ; Douai, 14 févr. 1887, S. 88, 2, 49.

V. J. Lefort : *Rev. périod. des assur.*, 1888, p. 337.

être pratiqué soit directement, par exemple, en attribuant le bénéfice à une autre personne par un avenant [1], soit indirectement, notamment par le non paiement des primes.

Le bénéficiaire peut accepter même après la déclaration de faillite de l'assuré.

Bien que l'acceptation rende le contrat parfait à l'égard du bénéficiaire et qu'elle donne un caractère absolument définitif au droit de ce dernier, le syndic ne peut la contester. Si les bénéficiaires sont saisis, dès le jour de la stipulation, d'une créance sur la Compagnie d'assurances, si cette stipulation confère immédiatement au tiers un droit qu'il peut rendre irrévocable en déclarant vouloir en profiter, et si la faillite du stipulant survenue avant son décès ne peut faire disparaître ce droit et autoriser le syndic à prétendre, au nom de la masse créancière, que la police d'assurance constitue une valeur mobilière demeurée dans le patrimoine du failli et devant servir de gage à ses créanciers, on ne conçoit pas comment la faillite aurait pour conséquence d'interdire au tiers bénéficiaire une acceptation utile [2].

Il est loisible à la personne gratifiée d'accepter après le décès du stipulant [3].

---

1. Cass., 16 janv. 1888, D. P. 88, 1, 77; S. 88, 1, 121.

2. C'est ce qui ressort de l'arrêt de la Cour de cassation du 27 mars 1888 (S. 88, 1, 130; D. P. 88, 1, 193), dans l'espèce duquel l'assurance elle-même avait été contractée par le failli pendant la période suspecte. V. l'arrêt attaqué, Bordeaux, 21 mai 1885, S. 86, 2, 38.

V. aussi Cass., 23 janvier 1889, S. 89, 1, 353; D. P. 90, 1, 73; ainsi que les observations de M. Crépon : note, S. 88, 1, 124.

3. De ce que la personne gratifiée d'une assurance sur la vie peut accepter la libéralité qui lui est faite à toute époque, même après le décès de l'assuré, a-t-on dit (Patinot : *De l'assur. sur la vie : Rev. prat. de dr. fr.* T. XXVII, 1869, p. 113. V. les décisions judiciaires citées), il suit que le droit d'accepter doit être reconnu même aux héritiers du bénéficiaire, sauf lorsqu'il résulte des termes employés dans le contrat que la stipulation a été faite directement et exclusivement au profit de la personne gratifiée.

Mais il a été jugé expressément (Douai, 14 août 1890, S. 92, 1, 179; D. P. 92, 1, 205; Cass., 22 juin 1891, S. 92, 1, 181; D. P. 92, 1, 205) que le décès d'un des bénéficiaires avant toute acceptation ne fait point passer ses droits à ses héritiers et profite seulement par voie d'accroissement aux bénéficiaires survivants.

Il faut dire que si le bénéficiaire est mort avant d'avoir accepté, l'attribution doit être considérée comme restant sans effet à l'égard des héritiers (sauf, bien évidemment, le cas où le contractant les aurait également indiqués dans la police ; aucun droit n'a pu être transmis puisqu'aucun droit n'a pu prendre naissance; le bénéficiaire qui meurt sans avoir accepté doit être considéré comme ayant refusé l'offre, ses héritiers ne sauraient le remplacer. — Comp. Vibert : *op. cit.*, p. 133; Herbault : *op. cit.*, p. 220.

Nous ajouterons que pour nous le caractère de l'assurance a un tel caractère de personnalité qu'il n'est pas admissible que la personne en vue de laquelle le stipulant avait traité puisse être remplacée par une personne dont l'assuré se souciait peu, qu'il entendait peut être écarter.

Pourtant on a proclamé la possibilité d'une transmission au cas où le bénéficiaire, après avoir accepté, vient à mourir avant le souscripteur de l'assureur; en pareille circonstance, a-t-on dit, de par l'acceptation il y a dans le patrimoine

Il est généralement admis [1] que, conformément à une doctrine ancienne [2], l'art. 1121 C. Civ. permet à toute personne gratifiée du moyen d'une disposition résultant d'une stipulation pour autrui d'accepter *post mortem stipulatoris*. C'est qu'en effet, au cas de stipulation pour autrui, il ne s'agit pas d'une convention dans laquelle le tiers peut être considéré comme une partie ; le contrat est formé simplement entre le stipulant et le promettant ; le tiers n'intervient que pour la détermination de la condition, du mode dont elle est simplement l'objet [3].

du bénéficiaire une créance, cette créance peut être recueillie par les héritiers. — V. Vibert : *op. cit.*, p. 133.

Nous traiterons plus loin cette question. Nous remarquerons simplement ici qu'une exception doit être apportée de toute façon pour le cas où, d'après une disposition expresse de la police, le bénéficiaire ne serait appelé à recueillir le montant de l'assurance que sous condition de survie.

1. Delvincourt : *Cours de Code Civil*, T. II, p. 264 ; Duranton : *op. cit.*, T. X, n° 248 ; Dalloz : *Rep.*, v^is *Disposit. entre vifs*, n° 1391, et *Oblig.*, n° 307 ; Rolland de Villargues : *Rep. du notariat*, v° *Stipulat. pour autrui*, n° 53 ; Zacharie : *Cours de droit civil franç.* édit. Massé et Vergé, T. III, § 617, p. 505, note 16 ; Aubry et Rau ; *op. cit.*, T. IV, § 343, p. 311, note ; Troplong : *Donat. et testam.*, T. III, n° 1107 ; Larombière : *Obligat.*, T. I, sur l'art. 1121, n° 8 ; Demolombe : *Donat. et Testam.*, T. III, p. 85.

2. C'est ce que nous pensons avoir établi dans une dissertation sur *l'acceptation du bénéfice d'une assurance sur la vie après le décès du stipulant* (dans nos *Etudes sur les assurances sur la vie*, p. 27 à 35).

Dans le très ancien droit romain, toutes les stipulations *post mortem stipulatoris* étaient déclarées radicalement nulles. Cette rigueur parut bientôt excessive ; d'abord, la question de la légalité de pareilles conventions fut controversée, le jurisconsulte Scœvola l'apprend (L. 122, § 2, Dig. *de verb. oblig.*) ; puis elle fut résolue dans un sens absolument opposé à la tradition, et la validité de l'acceptation *post mortem stipulatoris* fut reconnue, sauf, bien entendu, lorsque, durant sa vie, le donateur avait révoqué la libéralité (*Ibid.*). Cette solution fut confirmée par le droit classique, dans des constitutions de l'empereur Justinien de 528 et 531 (L. 11 C. J. *de contract. et committ. stipul.* ; L. 1 C. J. *ut act. et ab hæred. et contra hæred. incip.* V. L. 3, C. J. *de donationib. quæ sub modo*). La pensée des jurisconsultes romains peut se résumer de la manière suivante : la stipulation au profit d'un tiers constitue un avantage pour ce tiers, et ce dernier peut accepter tant que le stipulant n'est pas revenu sur sa détermination, n'a pas révoqué sa libéralité ; en d'autres termes, à ce moment, le gratifié avait la liberté d'accepter quand il lui plaisait (V. Merlin : *Questions de droit*, v° *Stipulat. pour autrui* § 1 ; Furgole : *Quest. remarq. sur la matière des donat.*, quest. V, n° 32 ; Voet : *ad Pand.*, tit. *de donat.* n° 13).

Telle était la doctrine romaine ; elle a passé dans le droit français.

Dans l'ancienne jurisprudence on discutait sur la révocabilité de la charge imposée par une personne à une autre en faveur d'autrui, mais c'était le seul point en litige. On admettait généralement qu'il n'y avait pas besoin du concours de la volonté du donateur et de celle du tiers gratifié, par suite que la mort du stipulant, avant l'acceptation par celui en vue de qui il avait été traité, n'anéantissait pas la donation. L'affirmation de Pothier à cet égard (*Traité des obligations*, n° 73, est décisive.

Ce principe de la possibilité d'une acceptation intervenant *post mortem stipulatoris*, admis par le droit romain et par l'ancien droit français, n'a pas été répudié par notre droit moderne ; il a été consacré par l'art 1121 C. Civ. Cette disposition n'a fait que maintenir ce qui n'était pas contesté auparavant.

3. Accepté par la jurisprudence (Bordeaux, 21 juill. 1825, D. P. 28, 2, 8 ; Toulouse, 19 nov. 1832, S. 33, 2, 11 ; Amiens, 16 nov. 1852, S. 54, 2, 60 ; Montpellier, 19 mai

La solution doit être la même pour l'assurance sur la vie. Il n'existe aucune raison plausible pour établir une dérogation au droit com-

1858, D. P. 59, 1, 386; Cass., 22 juin 1859, D. P. 59, 1, 386; S. 61, 1, 151. — V. aussi Cass., 27 déc. 1853, D. P. 54, 1, 350; Cass., 27 févr. 1854, S. 86, 1, 422; D. P. 84, 1, 389), ce système a pourtant été combattu.

Une école (Coin Delisle : *Comment. du titre des donat. et des testam.* nouv., édit., sur l'art. 932 n° 15; Saintespès Lescot : *Des donat. et des testam.*, n° 613; Demante et Colmet de Santerre : *Cours de Code Civil*, T. V, art. 1121, 33 *bis* ; Laurent : *op. cit.*, T. XV, n° 571; V. aussi Couturier : *op. cit.*, p. 110 et suiv.) enseigne que l'acceptation doit se produire du vivant du stipulant.

Ce système oppose l'argumentation suivante : le concours des volontés du donateur et du donataire est une condition essentielle; il faut s'y conformer même lorsque les formes solennelles ne sont pas imposées, car la donation est un contrat; or, ce concours étant devenu impossible par suite du décès du stipulant survenu avant l'acceptation par le tiers gratifié, il s'en suit que la donation n'a pas pu se former.

Mais c'est à tort que l'on veut assimiler la libéralité intervenue dans les termes de l'art. 1121 du Code civil et la donation faite conformément à l'art. 932 du même Code. On conçoit qu'une donation ordinaire, réglé par cette dernière disposition, n'ayant aucune existence, n'étant qu'un simple projet tant que l'acceptation expresse n'a pas eu lieu, le consentement donné par le donataire après le décès du donateur ne puisse produire aucun effet; au contraire, dans l'hypothèse de l'art. 1121, l'acte existe, il est parfait; jusqu'à ce que les parties l'aient résilié par leur commune volonté, le tiers peut intervenir et rendre obligatoire à son égard, par son acceptation, la stipulation faite en sa faveur. — Dalloz : *Rép.*, v° *Disposit. entre vifs*, n° 1391.

D'autre part, la stipulation pour autrui ne constitue pas un contrat proprement dit; c'est simplement une condition accessoire, une charge, un mode d'un autre contrat formé par la volonté des deux parties qui y figurent. Le texte de l'art. 1121 suppose bien que l'attribution faite à un tiers est l'accessoire d'une autre faite au profit direct du stipulant. Or, s'il ne s'agit pas d'un contrat dans le sens réel et juridique du mot, il est impossible d'exiger, pour l'accomplissement de cette charge, le concours des volontés qui est indispensable pour les contrats ordinaires.

On parle d'une pollicitation, et l'on prétend que lorsqu'elle n'est pas suivie d'acceptation, elle n'est qu'un acte imparfait. C'est oublier que la stipulation dont il s'agit est, non pas une offre faite en vue d'un contrat à conclure, mais une simple clause, une charge, un mode de la convention déjà formée, à laquelle elle se rattache et qui la rend obligatoire pour le promettant. — Aubry et Rau : *op. cit.*, T. IV, § 343, p. 311.

C'est en vain que l'on alléguerait qu'il est impossible de tenir une libéralité en suspens. L'article 1179 C. civ. réfute par avance cette objection; l'acceptation du gratifié, même lorsqu'elle se produit après le décès du stipulant, par l'effet que la loi attribue à la condition suspensive, rétroagit au jour même de la formation du contrat; au moment où la personne désignée manifeste son intention de profiter de la libéralité convenue en sa faveur, la condition à laquelle est subordonnée la perception se réalise et le tiers voit remonter son acceptation au premier jour; il est réputé avoir toujours été propriétaire de l'objet de la donation.

Enfin l'opinion qui combat la validité d'une acceptation *post mortem stipulatoris* en se retranchant derrière la nécessité du concours des volontés est en opposition avec la tradition historique et avec les précédents qui ont été consacrés par les rédacteurs du Code civil. Dans l'ancien droit la controverse pouvait exister sur le point de savoir si la stipulation pour un tiers créait au profit de ce tiers un droit irrévocable avant toute acceptation de sa part; mais il était généralement admis que la stipulation pour autrui n'était nullement subordonnée au concours des volontés du stipulant et du tiers donataire. L'art. 1121 ne contenant aucune règle contraire, il est naturel de croire que l'on s'est inspiré, pour sa rédaction, des principes suivis antérieurement.

mun. La doctrine [1] et la jurisprudence [2] semblent bien fixées en ce sens. C'est qu'en effet, au cas de police souscrite au profit d'un tiers, on peut dire que la libéralité n'étant que l'accessoire d'un contrat principal, il n'y a pas lieu d'exiger pour elle le concours de deux volontés comme si elle faisait l'objet unique du contrat d'assurance lui-même.

L'acceptation donnée quelque temps après la signature de la police, après le décès du stipulant ne produit pas son effet du jour

1. Couteau : *op. cit.*, T. II, p. 362 ; Fey : *op. cit.*, p. 111. — Conf. Vibert : *Assur. sur la vie*, p. 126, etc. ; de Loynes : *Les Assurances sur la vie considérées au point de vue fiscal* (*Revue critique de législat. et de jurisprud.*, 1871-72, p. 224) ; Pallinot, *De l'Assurance sur la vie* (*Revue pratique de dr. fr.*, T. XXVII, 1869, p. 43) ; V. Labbé, note dans *Sirey*, 1877, 1, 393, etc. ; Ruben de Couder : *op. cit.*, v° *Assur. sur la vie*, n° 85 ; Crépon : note, S. 88, 1, 123 ; Greffier : note, D. P. 88, 1, 195 ; Duhaut : *La justification de la jurisprud. de la Cour de cassation en matière d'assurance sur la vie*, Paris, 1891, p. 33 ; Bailly : *Observat. sur la transmission du bénéfice de l'assur. sur la vie et sur les clauses relatives à cette transmission* (*Rec. périod. des assur.*, 1889, p. 420, note) ; Lefort : *Études sur les assurances sur la vie*, p. 27 et suiv. ; Furquin d'Almeida : *op. cit.*, p. 124 et 125 ; Boistel : note, D. P. 89, 2, 131 ; Marchal : *op. cit.*, p. 145. « On s'est demandé, dit M. de Montluc (*op. cit.*, p. 175), si la libéralité qui pourrait résulter d'une assurance sur la vie faite au profit d'un tiers devrait être acceptée du vivant du donateur pour être valable : le Tribunal civil (28 août 1857) et la Cour de Douai (21 décembre 1859) ont décidé dans le sens de la négative ; pourtant, on peut répondre qu'il faut voir là un don manuel. Or, depuis longtemps, la jurisprudence, appliquant le principe de l'art. 2279, valide les dons manuels pour les donations ordinaires comme le faisait déjà l'Ordonnance de 1731 ; pourquoi n'en serait-il pas de même des donations résultant d'un contrat d'assurance sur la vie ? »

Cependant, il faut le reconnaître, il n'y a point unanimité à cet égard ; il a été soutenu que le décès du stipulant révoque de plein droit la stipulation au profit du tiers et que, par conséquent, le bénéficiaire doit, pour pouvoir recueillir le profit de l'assurance passée à son avantage, avoir accepté du vivant du donateur (Herbault : *op. cit.* ; Dujarier : *De l'assur. en cas de décès justifié dans sa nature et dans ses effets par les principes du Code civil*, p. 54. Ce système se fonde sur les arguments déjà exposés ; il invoque la nécessité du concours des volontés du stipulant et du gratifié comme pour tous les contrats. Les observations présentées plus haut dispensent d'un examen spécial. Il est inutile d'insister.

2. Sans doute, il avait été jugé en matière d'assurance tontinière qu'un individu qui a vu constituer sur sa tête une pareille assurance accepte tardivement lorsqu'il accepte après le décès du donateur (Trib. civ., Douai, 11 mars 1859 ; Douai, 21 décemb. 1859, Bonnev. de Mars. : (I, 222) ; mais depuis la question a été résolue de la manière la plus formelle en faveur de la validité de l'acceptation tant par les Cours d'appel (Rouen, 22 mars 1881, S. 82, 2, 10 ; Nancy, 25 févr. 1882, S. 85, 1, 6 ; D. P. 85, 1, 150 ; Paris, 5 mars 1886, *Rec. périod. des assur.*, 86, 239 ; Bordeaux, 21 mai 1885, S. 86, 2, 36 ; Douai, 12 juin 1886, S. 88, 1, 129 ; Douai, 11 févr. 1887, S. 88, 2, 19 ; Nancy, 18 févr. 1888, D. P. 89, 2, 198 ; S. 90, 2, 27 ; Besançon, 2 mars 1887, D. P. 88, 2, 1 ; Amiens, 31 janvier 1889, S. 90, 2, 5 ; D. P. 91, 2, 9 ; Trib. civ. Saint-Omer, 12 juill. 1889, *Rec. périod. des assur.*, 90, 99 ; Douai, 14 avril 1891, D. P. 92, 1, 205 ; Trib. civ. Bourges, 17 juill. 1890 et Bourges, 3 juin 1891, D. P. 93, 1, 102) que par la Cour de cassation d'abord implicitement (Cass., 2 juill. 1884, S. 85, 1, 11 ; D. P. 85, 1, 150), puis expressément (8 févr. 1888, S. 88, 1, 129 ; D. P. 88, 1, 201 ; 7 août 1888, S. 89, 1, 97 ; D. P. 89, 1, 118 ; 22 juin 1891, D. P. 91, 1, 205 ; S. 92, 1, 181).

On a peine à concevoir comment en présence d'une jurisprudence si fermement établie la validité de l'acceptation *post mortem* a pu être contestée par la Cour de Besançon dans son arrêt du 27 octobre 1892, D. P. 94, 2, 60.

de sa date. Elle doit être considérée comme donnée au moment où le contrat a été passé. Par application de l'art. 1179, a-t-il été décidé, elle rétroagit [1]. L'attribution du bénéfice dépendant du consentement de la personne gratifiée son acceptation est sinon la condition, au moins la modalité essentielle [2]. Or, lorsque la condition s'accomplit, d'après l'art. 1179 C. civ., elle a un effet rétroactif au jour auquel l'engagement a été pris. Cette acceptation a beau intervenir plus tard, comme elle n'est qu'une prise de possession d'un droit antérieurement acquis [3], elle est censée avoir été donnée dès le début [4].

A la vérité, subsidiairement au système qui prétend nulle l'acceptation donnée postérieurement au décès du stipulant, il a été soutenu qu'il n'y a pas, au cas d'assurance passée en faveur d'un tiers, une condition dont l'événement permette de rétroagir au jour de la stipulation, que ce qui est incertain c'est la durée du paiement des primes, le jour de l'exigibilité, la personne qui en recueillera le profit, mais que l'engagement en lui-même est ferme et irrévocable, qu'il n'y a point de condition entre la Compagnie et l'assuré pas plus qu'entre celui-ci et un tiers, mais simplement une offre de libéralité, un projet de donation en suspens jusqu'à l'acceptation, un embryon de convention qui peut être deviendra parfaite, mais sans être, dès le début, une convention conditionnelle. Cette théorie a été nettement condamnée par la jurisprudence [5]. Ce n'est pas au jour du décès de l'assuré qu'il faut se reporter pour apprécier la capa-

1. V. Lyon, 2 juin 1863, D. P. 63, 2, 119 ; S. 63, 2, 20 ; Paris, 3 avril 1867, D. P. 67, 2, 222 ; S. 67, 2, 219 ; Colmar, 17 févr. 1865, D. P. 65, 2, 337 ; Besançon, 13 décembre 1869, S. 70, 2, 201 ; Caen, 14 mars 1876, *Gaz. des clercs de notaire*, 76, 431 ; Rouen, 27 juill. 1875, D. P. 76, 2, 182 ; Bordeaux, 21 mai 1885, S. 86, 2, 38 ; Agen, 22 novemb. 1880, D. P. 82, 2, 221. — Cf. Nancy, 18 févr. 1888, D. P. 89, 2, 198 ; S. 90, 2, 27 ; Besançon, 2 mars 1887, S. 87, 2, 243.

Par son arrêt du 22 juin 1891, S. 92, 1, 181 ; D. P. 91, 1, 265, la Chambre des Requêtes de la Cour de cassation a reconnu que « *l'acceptation valable même après le décès de l'assuré avait un effet rétroactif au jour du contrat primitif* ». — V. d'autre part, le rapport de M. le conseiller George Lemaire à la Chambre des Requêtes, S. 89, 1, 353.

2. On a prétendu, en effet, que l'art. 1179 ne vise que les modalités ; dans son rapport à la Chambre Civile qui a précédé l'arrêt du 2 juillet 1884, S. 85, 1, 5, M. le conseiller Crépon a fait observer que « *l'acceptation rétroagit au jour du contrat à la manière des conditions* ».

3. Lambert : *op. cit.*, p. 98. Cf. Marchal : *op. cit.*, p. 133.

4. On ne peut, pour soutenir que l'acceptation n'a point d'effet rétroactif et qu'elle est impuissante à modifier les situations acquises, invoquer un arrêt de la Cour de cassation du 15 décembre 1873 (D. P. 74, 1, 113). Cet arrêt est relatif à la situation respective de l'assureur et de l'assuré, et il laisse absolument de côté la position du bénéficiaire ; il décide bien que la Compagnie d'assurances est liée dès le jour du contrat, et que dès ce moment l'assuré a droit au capital, ce qui est incontestable ; mais il ne tient nul compte de la condition ; et pourtant l'élément conditionnel est certain.

5. V. d'abord Cass., 2 juill. 1884, S. 85, 1, 5 ; D. P. 85, 1, 150 ; en second lieu, Cass., 6 févr. 1888, S. 88, 1, 128 ; D. P. 88, 1, 108 ; 8 févr. 1888, S. 88, 1, 129 ; D. P. 88, 1, 201.

cité des bénéficiaires, mais uniquement au jour de la stipulation. Dès ce moment, les bénéficiaires ont été saisis d'une créance sur la Compagnie d'assurances ; si le droit qui leur est conféré peut être révoqué par l'assuré, il n'en existe pas moins tant que cette révocation n'a pas eu lieu ; le terme stipulé pour le paiement fixé au décès de l'assuré ne constitue pas une condition de survie et ne suspend pas l'existence de l'obligation. Par l'acceptation du tiers déclarant qu'il entend profiter du droit au bénéfice de la police stipulé en sa faveur ce droit devient irrévocable et le tiers doit être réputé bénéficiaire *ab initio* des effets de la stipulation [1].

Mais que l'on fasse intervenir le principe de l'art. 1179 C. Civ. sur la rétroactivité de la condition accomplie, ou, au contraire, que l'on admette cette rétroactivité comme une conséquence de la doctrine qui voit dans l'assurance faite au profit d'autrui une application de l'art. 1121 C. Civ., la conséquence n'en est pas moins la même : l'acceptation rétroagit au jour de la formation du contrat, elle remonte à la stipulation dont elle prend nécessairement la date puisqu'elle vient en quelque sorte faire corps avec elle [2]. Si l'on conteste cette solution il faut répudier un principe aujourd'hui indéniable : la seule signature du contrat au profit d'un tiers déterminé attribue à ce dernier, dès la conclusion du contrat, un droit propre et exclusif.

SECTION II

Obligations après décès de l'assuré.

Lorsque la condition prévue au contrat, c'est-à-dire la mort de la personne assurée, s'est produite, le bénéficiaire doit mettre l'assureur en état de verser le capital promis et, par conséquent, de fournir toutes les justifications établissant bien que la somme est payable [3].

1. Crépon : note, S. 88, 1, 123.
2. Comp. toutefois Labbé : note, S. 85, 1, 5 ; S. 88, 2, 97 ; Dujarier : *op. cit.*, p. 53 ; Lambert : *op. cit.*, p. 26 et 27.
3. D'après les polices, *les sommes dues par la Compagnie sont payables au siège social dans les trente jours de la remise de la police et des pièces justificatives dûment légalisées, lesquelles comprennent notamment l'acte de naissance, l'acte de décès de la personne dont la vie est assurée et le certificat du médecin constatant le genre de maladie ou d'accident auquel elle a succombé.*

D'autre part, les contrats ont bien soin de spécifier que le décès de l'assuré doit être notifié à la Compagnie par les ayants droit au bénéfice de l'assurance dans un délai (habituellement de trois mois) à compter de la date du décès ; ce délai est augmenté (il est porté communément à six mois) pour l'assuré mourant dans un voyage hors de certaines limites.

La nécessité de pareilles justifications n'a point besoin d'être établie. Il suffira de constater que débitrice au seul cas où le sinistre intervient dans les conditions prévues par le contrat, la Compagnie est en droit d'exiger qu'on lui prouve que le décès s'est produit dans les termes de la convention [1].

En premier lieu, la personne que la mort de l'assuré rend créancière définitive du capital promis par l'assureur est tenue de faire connaître le décès à ce dernier.

Dans le délai fixé la Compagnie doit être avisée de l'arrivée de la condition, c'est-à-dire de la mort et du genre de mort, puisque la police ne couvre pas tous les sinistres. L'obligation de l'annonce du décès à l'assureur dans le laps prévu par le contrat [2] est absolue [3], mais elle manque de sanction [4]. Il est pourtant d'une absolue né-

---

1. Les fraudes ne sont que trop fréquentes et par trop ingénieuses aussi.

Tantôt l'on voit des individus, de concert avec des médecins, faire assurer des personnes à la veille de leur mort (*Journ. des assur.*, 1887, p. 241 et 497). Tantôt l'on constate que des assurés, après avoir mis tout en œuvre, disparaissent pour faire croire à leur mort et pour permettre à un complice de toucher le capital (V. *L'Assurance moderne*, 10-15 août 1892; *Journ. des assur.*, 1876, p. 282).

D'autres fois, il s'est trouvé des bénéficiaires qui n'ont pas craint d'adresser à la Compagnie des pièces fausses avec une fausse lettre de faire part, annonçant la mort du souscripteur de la police (*Journ. des assur.*, 1876, p. 155).

Un chimiste, après s'être assuré, n'a pas hésité à tuer un individu, puis à produire une explosion de manière à laisser penser qu'il avait trouvé la mort dans cet accident, et que par conséquent l'assureur devait remettre le capital promis à la femme qui servait de complice (*Journ. des assur.*, 1873, p. 107, 434 et *Le Droit*, 27 juin 1873).

A côté de bénéficiaires ayant recours au poison contre les personnes qui avaient cru pouvoir signer une police d'assurance en leur faveur, il y a lieu de citer les agissements d'individus qui, après avoir souscrit à l'étranger des polices, recueillaient un malade sur le point de mourir et, au décès de ce dernier, se faisaient passer pour lui et mettaient la Compagnie dans l'obligation de se libérer envers un cessionnaire complice. — V. Tourdes : *Dict. encyclopéd. des sciences méd.*, v° *Identité*, p. 457; Cour d'assises de Seine-et-Oise, 24, 25, 26 avril 1888 (*Gaz. des Trib.*, 25, 26, 27 avril 1888).

2. Les polices fixent un délai de trois mois; ce délai, a-t-il été dit, est trop long et il suffirait de donner un mois, comme en matière d'assurances contre l'incendie; les bénéficiaires sont d'ordinaire les proches de l'assuré ou des personnes en relations avec lui, le décès ne peut donc leur rester inconnu. — Cf. *Étude critique des conditions générales des polices d'assurance sur la vie* (*Monit. des assur.*, 1890, p. 196.)

3. Trib. comm. Seine, 31 octobre 1879, *Journ. des assur.*, 80, 26. — Conf. Grun et Joliat : *op. cit.*, n° 406; Merger : *op. cit.*, p. 434.

Il est certain que la notification peut être faite non pas uniquement par les ayants droit au bénéfice de l'assurance, mais aussi bien par toute autre personne : l'important pour la Compagnie, en effet, c'est d'être renseignée.

4. Il s'en suit que pendant trente ans la Compagnie est exposée à une demande. On a protesté contre cette situation et soutenu que la négligence en pareil cas est coupable et, comme telle, punissable; il faudrait une sanction pour l'oubli de la déclaration du décès dans un délai et aussi une sanction pour la non production des pièces justificatives dans un autre délai, nécessairement plus long. En matière d'assurance contre l'incendie l'indemnité pour les dommages résultant de l'incendie doit être réclamée dans les six mois du sinistre, à peine de libération de l'assureur. Une pareille règle devrait être appliquée, avec cette atténuation cepen-

cessité pour la Compagnie de connaître le plus tôt possible les circonstances et principalement la cause du décès afin de faire faire sans retard une enquête, si elle a des doutes, en tout cas à l'effet de contrôler les déclarations intéressées de l'ayant droit avant la disparition complète des preuves de nature à éclairer.

On doit produire les pièces nécessaires sans lesquelles le paiement serait refusé d'après les polices.

Ces documents varient avec le genre d'assurances. S'il s'agit d'une assurance en cas de décès, temporaire ou pour la vie entière, il faut adresser à la Compagnie : 1° l'acte de naissance de l'assuré ou du tiers assuré ; 2° l'acte de décès ; 3° le certificat du médecin qui a donné les derniers soins ; 4° la police [1] et, si cela est nécessaire, tous les documents propres à établir le droit à toucher le capital assuré, tels que actes de notoriété, extraits de liquidation, etc.

La nécessité de l'acte de naissance apparaît immédiatement. Cette pièce établit l'identité de la personne assurée et fournit la preuve que la prime a été bien appliquée, en permettant de contrôler la déclaration d'âge faite par l'assuré lors de la signature [2].

Il en est de même à plus forte raison de l'acte du décès [3] ; il est évidemment la pièce la plus importante : c'est la justification de l'exigibilité du capital assuré [4].

L'utilité de la police n'est pas contestable : c'est le titre de l'assuré, c'est la preuve du contrat [5]. La non production de la police

dant, que dans tous les cas la Compagnie devrait payer la valeur de rachat. *Monit. des assur.*, 1890, p. 197.

1. Et une police régulière. Ainsi, par exemple, le bénéficiaire ne pourrait se prévaloir d'une police qui n'aurait pas été signée par l'assuré. — Trib. civ. Seine, 12 nov. 1891, *Journ. des assur.*, 92, 124 ; *Rev. périod. des assur.*, 92, 143. Conf. Trib. civ. Lyon, 11 juin 1885, *Rev. périod. des assur.*, 85, 344 ; Douai, 9 août 1856, D. P. 57, 2, 71. — L'arrêt de la Cour de cassation du 13 juin 1857 (S. 57, 1, 132 ; D. P. 57, 1, 305) s'explique par des circonstances particulières.

2. D'après la nouvelle rédaction des polices, *toute différence constatée entre la date de naissance déclarée lors de la souscription du contrat et celle portée en l'acte de naissance donnera lieu soit à une réduction proportionnelle du capital assuré, soit au remboursement, sans intérêts, des sommes perçues en trop sur les primes.*

3. La mort s'établit soit par l'acte de décès, soit par les autres moyens de preuve autorisés par la loi.

Il a été décidé aux États-Unis que la preuve du décès ne résulte pas nécessairement de l'acte (même officiel, délivré par la Cour chargée de la vérification des testaments) par lequel la femme a été chargée de l'administration de la fortune de l'assuré. — C. supr. des États-Unis, *Mutual Benefit Life Ins. C°, C. Tisdale, Albany Law Journ.*, XIII, 82, et *Journ. du dr. intern. priv.*, 76, 199.

4. Comme conséquence la Compagnie qui payerait sur le vu d'un acte de décès faux serait fondée à réclamer la restitution de la somme indûment acquittée. Trib. civ. Seine, 13 décembre 1888, *Journ. des assur.*, 89, 77.

5. V. Paris, 13 décembre 1876, *Journal des assur.*, 77, 119.

On comprend aisément qu'avec une police transmissible par endossement la Compagnie serait exposée à de grands dangers si elle payait sans la représentation du titre.

empêche de toucher le montant de l'assurance [1]. Seulement la Compagnie ne peut pas retenir cette somme. Comme les dispositions du Code de Commerce concernant la perte des lettres de change ou des billets à ordre ne sont pas applicables en pareille matière [2], la Compagnie doit déposer les fonds à la Caisse des dépôts et consignations [3] et le retrait ne pourra être effectué qu'en échange du titre s'il est retrouvé ou après un délai de trente années commençant à courir du jour de l'exigibilité déterminé, par le décès de l'assuré [4]. Cette solution n'est pas sans inconvénients. Il est fâcheux qu'en présence du dépôt à la Caisse des dépôts et consignations, dépôt que les tribunaux ne peuvent se dispenser d'ordonner, le bénéficiaire d'une assurance sur la vie ne puisse toucher le capital qu'après l'accomplissement de la prescription de trente années et que son unique satisfaction consiste dans la perception d'un intérêt de 3 0 0. Mais il n'est pas possible de faire autrement, sauf à désirer une modification qui consisterait sinon dans l'emploi de la forme notariée [5], soit dans l'insertion dans toutes les polices d'une clause édictant la prescription quinquennale [6], soit (mais uniquement pour les contrats qui ne seraient pas transmissibles par voie d'endossement) dans la production d'une déclaration faite devant le maire de la commune où l'assuré réside, conformément à ce que décide l'art. 19 du décret du 10 août 1808 portant règlement d'administration publique pour l'exécution de la loi du 11 juillet 1808 [7].

Il a été décidé que la Compagnie ne pourrait se prévaloir de la

1. Trib. Seine, 17 juin 1873, *Journ. des assur.*, 73, 413; 11 avril 1876, *ibid.*, 76, 218; 19 juin 1880, *ibid.*, 80, 308; C. Genève, 7 septembre 1885, *Sem. jud.*, 1885, p. 279; Couteau : *op. cit.*, T. II, p. 260; Rehlous : *op. cit.*, p. 53.

2. Jugé toutefois que l'assureur peut être contraint de payer l'indemnité moyennant une caution libérée trois ans après l'époque où la police est venue à échéance. Trib. Marseille, 18 octobre 1876, *Journ. des assur.*, 77, 189.

3. Apnel et de Corny : *op. cit.*, p. 259; Patinot ; *loc. cit.*, p. 57; Paris, 13 décembre 1851, D. P. 55, 5, 34; Trib. comm. Seine, 2 décembre 1850; Trib. Seine, 17 juin 1873, *Journ. des assur.*, 73, 413; Trib. Seine, 11 août 1876, *Journ. des assur.*, 78, 103; Trib. civ. Seine, 19 juin 1880, *ibid.*, 80, 308; Trib. comm. Bruxelles, 17 janvier 1878, Cloes et Bonjean : *Jurisprud. des trib. de Belgique*, T. XXVII, p. 184.

Rien ne s'oppose à ce que la Caisse des dépôts et consignations fasse emploi de ce capital en une rente sur l'État 3 0/0 et à ce que le bénéficiaire touche les arrérages de cette rente en donnant à la Caisse un cautionnement suffisant pour répondre de cinq années d'arrérages. Trib. civ. Seine, 11 août 1876, *Journ. des assur.*, 78, 103; Trib. civ. Seine, 26 mars 1876, *ibid.*, 79, p. 218. — *Sic* Apnel et de Corny : *op. cit.*, p. 260.

En cas de faillite de la Compagnie les dividendes distribués doivent être déposés à la Caisse des dépôts et consignations et dans les mêmes conditions. Trib. comm. Seine, 23 novembre 1887, *Journ. des assur.*, 88, 30.

4. Trib. Seine, 17 juin 1873, *Journ. des assur.*, 73, 413.

5. V. dans ce sens les observations de M. Ch. Perrin : *Le Correspondant des officiers ministériels*, juillet 1880.

6. *Sic* Vauzanges : *Monit. des assur.*, septembre 1889.

L'auteur d'observations insérées dans *Le Droit* n° du 24 juin 1880, proposait d'appliquer par analogie la loi du 15 juin 1872 pour les titres au porteur perdus.

7. Couteau : *op. cit.*, T. II, p. 272 et 273.

non représentation de la police si, ayant été informée de la perte de
cette pièce, elle a contrairement à ce qui se passe d'ordinaire [1]
remis à l'assuré un duplicata sans aucune réserve et sans aucun
avertissement [2], parce que l'on a considéré que dans ces circonstances l'assureur manifestait sa volonté de ne rien modifier et de
remplir ses obligations. Seulement, il importe de le dire, c'est un cas
tout à fait exceptionnel ; cette décision est isolée précisément parce
que les Compagnies ne sont pas dans l'usage, surtout pour les contrats transmissibles par endossement, de donner du vivant de l'assuré un duplicata de la police.

En outre, la personne appelée à recueillir le capital assuré doit
fournir le certificat du médecin qui a donné les derniers soins à l'assuré et qui constate la nature de la maladie cause du décès. Au
moyen de cette pièce, la Compagnie n'est pas uniquement renseignée
sur la cause du sinistre ; elle est encore en mesure de vérifier si
l'assuré ne s'est pas rendu coupable, soit de réticence ou de fausse
déclaration lors du contrat, soit d'aggravation de risque durant le
cours du contrat.

L'exigence de la Compagnie à cet égard n'a rien d'excessif, car
il faut bien que le bénéficiaire justifie la cause qui donne ouverture à son droit [4]. Mais, dans la pratique, il faut l'avouer, des difficultés très sérieuses peuvent s'élever à ce sujet [4]. Le bénéficiaire
est exposé à voir le médecin qui a traité l'assuré durant la dernière
maladie refuser de faire connaître par écrit les circonstances dans
lesquelles son client a péri, la maladie ou l'accident cause de la
mort. L'idée qui semble prévaloir aujourd'hui [5] est que le secret
professionnel s'oppose à la délivrance d'un pareil certificat.

Le devoir qui incomberait aux médecins à cet égard, et dans
cette opinion a été tracé tout d'abord à titre de recommandation [6].

1. L'assureur a en principe le droit de refuser de délivrer un duplicata surtout lorsqu'il s'agit d'un titre transmissible par voie d'endossement. Son refus a
été approuvé par la justice dans un cas où il avait été convenu que la police
serait annexée au contrat de mariage du signataire qui se prévalait ainsi du droit
d'en disposer ; il a paru qu'avec un double une négociation pouvait avoir lieu en
violation des dispositions du contrat de mariage. — Trib. civ. Seine, 22 janvier
1876, *Journ. des assur.*, 76, 114. — *Contrà*, Trib. civ. Seine, 17 juin 1873, *Journ.
des assur.*, 73, 113.
2. Paris, 22 mars 1882, *Journ. des assur.*, 82, 130.
3. Merger : *op. cit.*, p. 133 ; Alauzet : *op. cit.*, n° 539 ; Grun et Joliat : *op. cit.*, n° 406.
4. Nous avons traité spécialement cette question dans la notice insérée dans
nos *Nouvelles Études sur les assurances sur la vie*, sous ce titre : *Les certificats
post mortem et le secret médical.*
5. V. Grottigneau : *Du secret médical à propos des certificats demandés par les
Compagnies d'assurances* (Journal de méd. de Paris, 12 avril 1891).
6. Il y a longtemps, les Sociétés médicales avaient invité les médecins à s'abstenir
en semblable circonstance. Nous avons rapporté précédemment ces décisions
(V. notre *Traité*, T. I, p. 305, note 4). La question a été reprise dans ces dernières
années.
En 1881, à la suite d'un important rapport de M. G. Rocher (*Les médecins*

Les médecins en très grande majorité pourtant refusaient de s'y conformer. Des décisions judiciaires ont supprimé le doute chez

doivent-ils délivrer des certificats post mortem *à produire aux Compagnies d'assurances sur la vie? Bulletin de la Société de médecine légale. T. VIII, p. 337 et suiv.),* la Société de médecine légale de France, consultée sur le rôle des médecins, a voté la proposition suivante : « *Les médecins feront bien de refuser toujours et absolument de délivrer des certificats indiquant la nature de la maladie à laquelle a succombé un de leurs clients et les circonstances dans lesquelles il est mort.* »

D'après ce rapport qui mérite d'être résumé parce qu'il condense l'argumentation des partisans du secret, même lorsqu'il s'agit de demandes formulées, non point par la Compagnie d'assurance ou par un tiers étranger, bénéficiaire à un titre quelconque de l'assurance contractée par le défunt, mais bien par la famille du décédé, le médecin, sous peine de violer le secret professionnel, doit refuser un certificat *post mortem* à la famille ou aux ayants droit ; il ne doit être fait exception que lorsque l'assuré, avant de mourir, a formellement invité le médecin à signer la pièce en question ; et encore, il faut le noter, bien qu'autorisé à révéler tout ce qu'il pourra savoir, le médecin conserve sa liberté complète d'appréciation. A la vérité, le silence du médecin risque d'être préjudiciable au *de cujus* ou du moins à ses représentants ; mais si le médecin délivre ce certificat seulement lorsqu'il est favorable, toutes les fois qu'il n'en délivrera pas son silence sera significatif et équivaudra au plus défavorable de tous les certificats ; ou bien il le délivre toujours, même quand il devra être préjudiciable aux intérêts de celui qui l'a demandé, et alors il atteindra un but diamétralement opposé à celui que se proposait le client : or, dans ce cas, la personne qui aura demandé le certificat se sera trompée sur la portée de la pièce qu'elle réclamait : c'est qu'elle n'aura pas su exactement la nature du secret qu'avait dévoilé l'exercice de la profession, c'est que peut-être au cours de la maladie le médecin, par des considérations de toute nature, n'avait révélé au malade ou à ses parents qu'une partie de la vérité, qu'il s'en était tenu *à la vérité relative.* Que ferait alors le médecin? Déclarerait-il à la personne qui sollicite le certificat que celui qu'il délivre ne pourrait qu'être favorable? Mais alors il se trouverait en contradiction avec lui-même. Le certificat qui serait rédigé dans un intérêt pécuniaire propre au bénéficiaire de l'assurance ne pourrait-il pas quelquefois préjudicier aux intérêts plus respectables d'autres individus, des enfants du défunt dans certains cas, par exemple? Et puis que ferait le médecin lorsqu'il aurait des doutes? Il ne faut pas méconnaître que le médecin, quelque savant qu'il soit, ne peut prétendre à l'infaillibilité : comment libellerait-il son certificat? Et s'il s'est trompé? C'est là un motif déterminant pour s'abstenir de délivrer des certificats *post mortem :* il y a des raisons pour ne pas en délivrer : c'est la possibilité d'une erreur de diagnostic dont les suites seraient d'autant plus fâcheuses pour les médecins qu'ils ne sont pas juges de ces sortes d'affaires. Peut-être a-t-on vu l'assuré seulement après la mort : peut-être l'a-t-on vu mourant, sans pouvoir recueillir aucune indication sur la cause du décès et, même en supposant qu'on l'ait visité en plusieurs fois, il n'est pas toujours facile ou possible de distinguer certaines affections de telles autres, d'une hémorrhagie cérébrale les effets de certaines lésions syphilitiques du cerveau, une fièvre typhoïde d'une phthisie galopante, etc.

En outre, d'autres motifs ont été allégués au point de vue de la dignité professionnelle (Boillot : *Des certificats* post mortem *en matière d'assurances sur la vie : Revue internat. des sciences médicales,* 1887, n° 5, p. 181) : le médecin n'a qu'une mission, celle de donner ses soins à ceux qui font appel à son dévouement ; l'exercice de son art est sa seule préoccupation : il n'a point à s'inquiéter des intérêts pécuniaires de son malade ; ce serait déchoir que se constituer, même dans la meilleure des intentions, l'homme d'affaires de son client ; les certificats de toute nature délivrés parfois avec trop de facilité et de complaisance sont nécessairement discutés avec ardeur, avec âpreté toujours, avec malignité parfois : la considération professionnelle en subirait une sérieuse atteinte.

Nous l'avouons très nettement cette argumentation n'a rien de décisif. En particulier, nous ne voyons pas ce que le médecin pourrait perdre à voir ses con-

plusieurs et bien des fois des bénéficiaires ont été mis hors d'état de produire le certificat dont parle la police.

Le 18 novembre 1885, la Cour de cassation a rendu une décision fixant l'étendue des dispositions légales en matière de secret professionnel [1]. Par cet arrêt la Cour suprême a déclaré, en effet, que la disposition de l'art. 378 C. Pén. étant générale et absolue, punit toute révélation du secret professionnel, sans qu'il soit nécessaire d'établir à la charge du révélateur l'intention de nuire, la malveillance, mais aussi que le législateur vise la révélation de faits secrets par leur nature et dont le médecin n'a eu connaissance qu'à raison de l'exercice de sa profession. Appliquant la doctrine de cet arrêt aux certificats réclamés en matière d'assurance sur la vie, d'autres décisions judiciaires ont écarté les réclamations dirigées contre des médecins qui avaient refusé de délivrer des certificats *post mortem*; elles ont reconnu, d'une part, que le médecin est en droit de refuser le certificat [2] et, ce qui ne pouvait faire doute, que l'absence de cette pièce n'empêche pas la Compagnie de verser le capital assuré [3].

Sans doute ces décisions contiennent des dispositions qui ne concordent guère avec l'arrêt de la Cour suprême [4], mais le principe de l'obligation du secret n'en est pas moins affirmé.

On a loué [5] les tendances de cette jurisprudence qui autorise le

clusions soumises à la discussion; si le certificat est sincère ses arguments ne donneront lieu à aucune critique; s'il en est autrement nous ne comprenons pas que le silence se fasse au détriment d'intérêts fort respectables.

1. S. 86, 1, 86 et D. P. 86, 1, 247.

2. Trib. civ. Havre, 30 juillet 1886, S. 87, 2, 69 Trib. civ. Besançon, 17 février 1887, S. 87, 2, 94.

3. Trib. comm. Seine, 4 juillet 1889, *Rec. périod. des assur.*, 90, 220. — V. nos observations, *ibid.*; Paris, 4 février 1891, *Journ. des assur.*, 91, 136 et *Rec. périod. des assur.*, 91, 86; D. P. 91, 2, 317. — V. anal. Trib. civ. Seine, 1er avril 1890, *Journ. des assur.*, 90, 185; *Rec. périod. des assur.*, 90, 224.

Mais il est bien certain que le bénéficiaire doit au moins prouver qu'il a fait le nécessaire pour se procurer le certificat. Il ne lui suffirait donc pas de dire qu'il n'a point cru devoir réclamer cette pièce, étant convaincu que le médecin la lui refuserait.

4. C'est ainsi que le Tribunal du Havre, dans son jugement précité du 30 juillet 1886, semble admettre que le client d'un médecin peut relever celui-ci du secret professionnel, oubliant que, d'après la théorie formulée par la Chambre criminelle, le secret professionnel n'est pas institué dans l'intérêt spécial du malade, pas plus qu'il ne constitue un privilège ou une prérogative pour le corps médical, que s'il est une garantie pour le malade et pour le médecin une obligation, il est établi principalement en vue de l'intérêt général, comme sauvegarde pour la société tout entière, à tel point qu'on lui attribue le caractère d'ordre public. — V. Boillot : *loc. cit.*, p. 179-180.

5. Bruno Lacrotale : *Le secret professionnel en médecine*, discours de rentrée à la Cour de Bordeaux le 16 nov. 1885, p. 24 ; Barat-Dulaurier : *Journ. de médecine de Bordeaux*, 8 et 15 août 1886; Brouardel : *Le secret médical*, p. 76 et suiv.; Royer: *Du secret professionnel*, p. 163 et suiv.; Boillot: *Des certificats post mortem en matière d'assurances sur la vie (Revue internat. des sciences médic.*, 1887, p. 174 et suiv.); Hallays : *Le secret professionnel*, p. 166; Léchopié et Floquet : *Droit médical*, p. 154 ; Guerrier et Hotureau: *Manuel de jurisp. médic.*, p. 145; Garnier :

médecin à refuser une déclaration, même lorsque l'assuré, avant de mourir, l'aurait formellement invité à délivrer la pièce exigée par la Compagnie, l'obligation de garder le secret professionnel ayant semblé toucher à l'ordre public et le dépositaire ne pouvant être affranchi même par celui qui lui a confié le secret [1]. Néanmoins, elle n'est pas à l'abri des critiques les plus sérieuses [2].

En premier lieu, il est permis de se demander pour quelle raison l'on a fait intervenir ici le secret professionnel. Le médecin ne peut être contraint de délivrer le certificat, abstraction faite de tout secret professionnel, mais uniquement parce que tel est son bon plaisir; il n'est pas de la classe des personnes qui sont tenues de prêter leur ministère à celui qui le requiert; il n'est pas obligé de donner ses soins à un malade, partant il n'a pas le devoir de délivrer un certificat. D'autre part, outre que l'article 378 C. P. a pour but, moins de créer un obstacle de nature à empêcher le médecin de rendre service que d'obvier simplement à des indiscrétions susceptibles de nuire à ceux dont le médecin a reçu ou surpris les secrets, il faut noter que ce texte n'est applicable que là où il y a eu confidence avec recommandation de silence ou aveu de choses secrètes par nature; or, il tombe sous le sens qu'il n'y a pas secret dans tous les cas où l'intervention du médecin est sollicitée et que le silence n'a point de raison d'être lorsque tout le monde, dans l'entourage du malade et même au-delà, connaît le nom de la maladie. On ne voit pas quel intérêt il peut exister à dissimuler la cause de la mort d'une personne décédée à la suite d'une maladie d'estomac, du cœur, etc.; de toutes les affections, deux à peine réclament le silence : la syphilis, l'aliénation mentale.

Enfin, l'on n'aperçoit pas pour quel motif le médecin peut opposer le secret professionnel alors que, dans certains cas, la production d'un certificat est exigée [3].

Le secret médical et les Compagnies d'assurances (Journ. de méd. de Paris, 31 mai et 7 juin 1891).

1. Montpellier, 24 sept. 1827 et Grenoble, 23 août 1828; Dalloz : *Rép, v° Témoins*, n°s 47 et 49; Cass. 11 mai 1844, S. 44, 1, 327, la note et les renvois; Trib. de Grenoble, 24 mai 1882, S. 84, 2, 48.

2. Vavasseur : *Rev. des Sociét.*, avril 1891, p. 194 et 195; Lux : *Le certificat médical post mortem dans les assurances sur la vie* (Moniteur des assurances, mars 1894, p. 69, etc.). V. aussi dans le même sens : Thomereau : *Du rôle des médecins dans les assurances sur la vie* (Monit. des assu., oct. 1874, p. 313); docteur B... : *Les médecins français et les assurances sur la vie* (ibid., janv. 1876, p. 46).

3. L'auteur du travail précité, inséré en 1891 dans le *Moniteur des assurances*, fait observer, avec raison, que la loi de 1838 sur les aliénés exige un certificat médical pour l'admission dans une maison de santé, que l'art. 83 C. I. C. exige la production d'un certificat de médecin pour dispenser un témoin de venir déposer en justice, que l'art. 30 du décret du 9 novembre 1853 exige, pour l'admission à la retraite d'un fonctionnaire atteint d'infirmités, la production d'un certificat *des médecins qui lui ont donné leurs soins*, etc.

On dit que la révélation du secret peut avoir les conséquences les plus graves, notamment lorsqu'il s'agit de maladies réputées héréditaires, et que la divulgation pourrait atteindre les enfants du défunt. Mais c'est prendre pour ligne de conduite des faits exceptionnels ; tous les décès ne se produisent point à la suite d'affections d'héréditaires.

Il est des cas où le médecin qui se tait est coupable. Lorsqu'une personne atteinte d'une maladie contagieuse très grave est à la veille de se marier et qu'elle n'écoute pas les conseils de son médecin qui l'en dissuade par raison de convenance ou d'humanité, est-ce que ce dernier ne sera pas tenté d'informer la famille de l'état de santé du futur pour éviter une monstruosité presque aussi grande qu'un crime? Pourquoi ne pas s'inspirer de cette ligne de conduite lorsqu'il s'agit d'assurance sur la vie? Pourquoi empêcher la divulgation quand il y a en jeu l'intérêt et l'avenir d'une famille, l'exécution d'un contrat conclu et respecté pendant un certain nombre d'années, parfois au prix de grands sacrifices [1]?

D'autre part, il convient de le remarquer, les décisions judiciaires sur lesquelles les partisans du secret absolu insistent avec tant de complaisance n'imposent pas au médecin l'obligation de refuser le certificat ; elles lui permettent simplement de décliner le soin de répondre à une demande de certificat, ce qui est fort différent. Les tribunaux ont compris combien le système du silence absolu se heurte à des difficultés, combien il est anormal d'interdire la délivrance d'un certificat pour l'assurance sur la vie, alors que chaque jour le médecin est appelé à signer des pièces de cette nature, alors que les médecins qui érigent en système le refus pour le certificat *post mortem* réclamé par les Compagnies d'assurances sur la vie reconnaissent [2] que le médecin d'une Compagnie d'assurance contre les accidents peut, dans l'intérêt de l'administration qu'il représente, obtenir du confrère qui traite la personne victime de l'accident tous les renseignements sur « l'état de son client » et « ses antécédents pathologiques », comme si la communication même faite entre médecins ne constituait pas au résumé une violation de secret professionnel. Il n'entrera jamais dans l'esprit d'une personne éclairée que le médecin puisse refuser de signaler les causes d'un décès, alors que ces causes sont connues de tout le monde [3].

---

1. Comp. les articles sur *Les certificats post mortem* dans *L'Assurance moderne*, nᵒˢ des 10 juin et 10 juillet 1887.

2. C'est le système que soutient M. P. Garnier dans son rapport sur *le secret médical et les Compagnies d'assurances*, à la Société du IXᵉ arrondissement de Paris (*Journ. de méd. de Paris*, 7 juin 1891, *in fine*).

3. D'ailleurs la Cour de cassation n'a-t-elle pas elle-même apporté une sorte de tempérament à la rigueur de la jurisprudence inaugurée par l'arrêt du 18 novembre 1885, lorsqu'elle a décidé, le 16 mars 1893 (S. 93, 1, 280 et *Pand. fr. pér.* 93, 1, 515, ainsi que la note développée qui accompagne la décision dans ce dernier

On conçoit le système qui, reconnaissant le médecin seul juge du point de savoir s'il a reçu une confidence ou un secret de son malade, lui attribue le droit de faire connaître à sa volonté et par voie de certificat le fait qui n'est confidentiel ni par intention du malade, ni par nature [1], parce que l'obligation du secret professionnel ne concerne que les faits constituants des secrets et des secrets confiés [2]. Mais l'idée du système absolu n'aurait jamais dû prévaloir, malgré la véritable campagne menée par des auteurs et des associations médicales [3], parce qu'il risque de porter le plus grave préjudice au client, la délivrance du certificat n'étant fort heureusement qu'une simple formalité dans un grand nombre de cas.

Le refus de la part du médecin crée à la Compagnie des devoirs particuliers. Il est incontestable que ce fait ne libère pas la Compagnie [4],

recueil, qu'un dépositaire par état ou par profession des secrets d'autrui « peut être considéré comme tenu d'observer le secret professionnel dans les cas qui concernent la sécurité des malades et l'honneur des familles » ? N'est-il pas permis d'induire que le droit de parler existe dans les cas qui ne concernent pas *la sécurité des malades et l'honneur des familles* et que le médecin peut légitimement faire connaître la cause du décès lorsqu'il n'y a en jeu ni la sécurité des malades ni l'honneur des familles, c'est-à-dire dans la grande majorité des cas. V. J. Lefort : *Le secret médical et les assurances sur la vie* (Rec. périod. des assur., 1894, p. 109 et suiv.).

1. V. Boillot : *loc. cit.*

Il faut noter, d'une part, qu'une Société médicale de Paris (Société du IIIᵉ arrondissement) a adopté une résolution portant « qu'il n'est pas de règle absolue pour la conduite du médecin : que si le plus souvent il doit se taire et garder le secret selon l'art. 378, il est aussi des circonstances dans lesquelles sa conscience parlant plus haut que la loi, c'est d'elle seule qu'il doit s'inspirer » (*L'Assurance mod.*, 15 oct. 1886), et, d'un autre côté, que le syndicat des médecins de Vienne (Autriche) a voté, le 29 mars 1892, une décision d'après laquelle les membres s'engageaient à ne délivrer aux Compagnies d'assurances sur la vie les certificats établissant la mort des assurés qu'avec l'assentiment des familles (*L'Assurance moderne*, 10-15 sept. 1892).

Plus récemment, dans un important travail sur *Les médecins et les Compagnies d'assurances sur la vie* (*L'Union médicale*, 12 et 21 sept. 1893) un médecin, M. J. Rochard, a établi que si le médecin a le droit et le devoir de ne pas délivrer le certificat que demandent les Compagnies lorsqu'il s'agit de maladies dont la divulgation peut compromettre la réputation du décédé ou l'avenir de ses enfants, lorsqu'il n'y a rien à divulguer, lorsque la mort a été causée par une maladie qu'il n'y a aucune raison de cacher, qu'il ne s'agit que d'une simple formalité à remplir et que la famille supplie le médecin de lui venir en aide, il a sans doute encore le droit de refuser ; mais, dit-il, le médecin n'en a plus le devoir et en réalité toujours en dernier délivre le certificat, et cela se conçoit, parce qu'il est fort rare qu'on ait des motifs pour refuser et qu'on ne va pas désobliger un grand nombre de familles pour éviter de se trouver une fois par hasard dans l'embarras.

2. Cette solution, adoptée d'une façon plus ou moins explicite par le tribunal de Besançon, dans le jugement cité plus haut, et que l'arrêt de la Cour de cassation du 18 novembre 1885 ne contredit point, n'est pas admissible, par suite, lorsque le fait à constater a été connu du médecin grâce à une confidence ou lorsque le fait est de sa nature confidentiel ; en pareil cas, le médecin est lié.

3. Cf. les résolutions rapportées, *Journ. de méd. de Paris*, 12 avril 1891.

4. Typaldo Bassia : *op. cit.*, p. 106 ; Furquim d'Almeida : *op. cit.*, p. 101 et 102 ; Trib. comm. Seine, 4 juill. 1889, et sur appel, Paris, 4 févr. 1891, précités. Au sujet de ces deux décisions, une remarque est à présenter : du jugement il

le bénéficiaire n'ayant qu'à prouver que la mort de l'assuré n'est pas
due à l'une des causes qui entraînent la déchéance, suicide, duel [1],
etc. Mais cette dernière a le droit de prendre toutes les mesures propres à faire déterminer les circonstances dans lesquelles le décès s'est
produit. Non seulement elle peut soumettre le proposant à un examen plus sérieux [2], mais il lui est loisible, après le décès, de réclamer
en justice une enquête [3], de faire faire toutes les investigations sur
place par un agent, de recourir à la notoriété, à la preuve testimoniale, à tous les renseignements, sauf à mettre à la charge du bénéficiaire tous ces frais et à retenir le capital assuré jusqu'à l'achè-
vement de l'information [4].

Il se peut que la personne sur la tête de laquelle repose l'assurance

résulte bien que, d'après les termes mêmes du contrat, le certificat médical
devait porter tout à la fois « sur le genre et la durée » de la maladie finale. Or,
suivant l'arrêt qui rapporte incomplètement cette clause, le médecin n'avait
refusé qu'un certificat constatant « le genre de mort ». Mais il importait tout
autant de connaître la durée de la maladie, dans une affaire où le décès avait eu
lieu six mois après l'assurance, et où la Compagnie offrait de prouver que la
maladie existait déjà à ce moment. À supposer que le secret professionnel
empêche le médecin de révéler le genre de la maladie, il ne s'opposait certainement pas à l'indication de sa durée. Le certificat n'ayant pas été demandé, ni
refusé sur ce point, la condition du contrat ne pouvait donc être réputée accomplie.   *Revue des Sociétés*, 1891, p. 212.

1. Trib. civ. Besançon, 17 févr. 1887, S. 87, 2, 91 ; Conf. Paris, 4 févr. 1891,
précité.

2. C'est le correctif que recommandent les partisans du secret absolu, comprenant bien la nécessité pour les Compagnies de se prémunir contre des tromperies
ou des artifices coupables. V. Bruno Lacombe : *op. cit.*, p. 24.

3. Cependant il a été jugé (Paris, 4 févr. 1891, précité) que bien que la Compagnie d'assurances articule que l'assuré était déjà atteint, lors du contrat, de
la maladie dont il est mort, il n'y a pas lieu d'ordonner une enquête sur ce fait
si, d'une part, le médecin de la Compagnie n'a remarqué aucun indice de la
maladie, et, si, d'autre part, le fait est démenti par les témoins entendus à la
demande de la Compagnie, devant l'arbitre rapporteur nommé par le tribunal.

Cet arrêt se base d'abord sur ce que le médecin, commis par la Compagnie
avant le contrat pour vérifier les déclarations faites par le proposant sur son état
de santé, n'a remarqué aucun indice de maladie ; mais il ne peut y avoir là une
fin de non recevoir ; le médecin n'est pas infaillible, il ne fait pas subir au proposant une visite corporelle, qui d'ailleurs ne ferait pas toujours découvrir les
maladies cachées ; il ne reçoit que les déclarations du proposant, et ce n'est
que sur des apparences tout extérieures, nécessairement superficielles, et souvent trompeuses, qu'il peut en apprécier la sincérité. La doctrine et la jurisprudence sont d'accord pour décider que la vérification médicale ne couvre pas
les réticences et fausses déclarations. — Couteau : *op. cit.*, T. II, p. 110 ; Labbé :
note, P. 80, 1, 296 ; Rouen, 21 janvier 1876, D. P. 77, 2, 126 ; Rouen, 7 mai 1877,
P. 80, 1, 296 ; D. P. 81, 2, 231 ; Paris, 12 février 1878, D. P. 78, 2, 58.

En second lieu, l'arrêt se base sur des dépositions faites devant un arbitre
rapporteur, sans mission ni qualité ; il est regrettable que la justice donne sa
sanction à de tels abus. Il importait peu que la Compagnie eût sollicité elle-
même cette enquête extra légale, il s'agit d'une matière d'ordre public ; elle
n'aurait pu valablement et n'avait pas sans doute entendu renoncer à demander
l'enquête.   *Rev. des Sociétés*, 1891, p. 212.

4. Le bénéficiaire perdra les intérêts. De même la Compagnie sera exposée à
recevoir les oppositions des créanciers avertis forcément par cette enquête. —
Cf. *Monit. des assur.*, 1891, p. 72.

soit uniquement en état d'absence ; la police, qui vise exclusivement le cas de décès, peut-elle produire son effet en pareille circonstance, c'est-à-dire lorsqu'il y a état d'absence légalement constatée ?

C'est un point sur lequel des développements ont été déjà fournis.

Ce qu'il convient de noter ici, c'est d'abord que l'assureur doit payer le capital assuré seulement en cas d'envoi en possession définitive, ensuite mais surtout, que le bénéficiaire n'a pas à introduire la demande à fins d'envoi en possession définitive, en tant que bénéficiaire.

CHAPITRE CINQUIÈME

OBLIGATIONS DE L'ASSURÉ AU CAS OÙ IL EST LUI-MÊME BÉNÉFICIAIRE.

En matière d'opérations sur la vie le bénéficiaire n'est pas nécessairement et toujours une personne qui recueillera, au décès du stipulant, le capital promis par la Compagnie. Il se peut aussi que l'assureur soit tenu de verser une somme à la personne même qui contracte avec lui.

C'est ce qui se passe lorsqu'il y a ou soit assurance en cas de vie, soit assurance mixte.

§ 1ᵉʳ. — Assurance en cas de vie.

D'après la définition courante, l'assurance en cas de vie a pour objet d'attribuer une somme à l'assuré qui vit à une époque déterminée. En pareille circonstance, l'assuré n'est pas seulement tenu d'être sincère dans les déclarations relatives à l'âge ou à l'identité sous peine de voir prononcer la nullité du contrat avec attribution des primes à la Compagnie [1], comme aussi de verser, outre les droits réclamés par le fisc, la prime dans les conditions habituelles [2], sous

1. L'âge de l'assuré sert de base au présent contrat. Toute fausse déclaration, dont l'effet est de rendre l'engagement plus onéreux pour la Compagnie, annule l'assurance et dans ce cas les primes payées demeurent acquises à la Compagnie.

2. La prime est acquittée d'avance, soit pour l'année entière, soit pour une partie de l'année, suivant le mode de paiement déterminé aux conditions manuscrites de la police.

Les droits de timbre et toutes les taxes existant actuellement ou établies postérieurement à la souscription de la police, ainsi que les frais de perception de ces différents impôts, sont à la charge de l'assuré et sont acquittés en même temps que les primes.

Le paiement des primes et des droits de timbre et autres doit être effectué soit au siège de la Compagnie, soit entre les mains des personnes chargées d'en recevoir le montant, contre quittances signées par le directeur de la Compagnie.

S'il a été versé savoir : — moins de trois annuités de primes pour les contrats

peine de nullité ou de réduction [1], il doit encore établir son existence parce que le capital n'est dû qu'en cas de vie de l'assuré [2], et remettre à la Compagnie la police et toutes les pièces justificatives [3].

Lorsque le contrat est une assurance de survie, il y a lieu de fournir à la Compagnie, dans le délai habituel, la police et les pièces justificatives, c'est-à-dire l'acte de décès de la personne dont la vie était assurée, le certificat du médecin constatant le genre de maladie ou d'accident auquel elle a succombé, l'acte de naissance et le certificat de vie de la personne dont la condition de survivance a été stipulée dans la police [4].

§ 2. — Assurance mixte.

Le contrat d'assurance mixte confère sur le capital assuré un droit au souscripteur de la police s'il survit à l'époque convenue. Le signataire du contrat devient directement créancier de la Compagnie à l'exclusion des bénéficiaires, dont le droit est subordonné à sa disparition.

Il s'en suit qu'indépendamment de toutes les obligations habituellement imposées, quant aux déclarations et quant au versement des primes, à la non aggravation des risques, etc., l'assuré doit faire con-

d'une durée de onze ans et au dessus; — moins de deux annuités de primes pour les contrats d'une durée de six à dix ans inclus; — moins d'une annuité de prime pour les contrats de un à cinq ans inclus; la police est annulée de plein droit et les versements effectués restent acquis à la Compagnie. S'il a été acquitté, savoir :

au moins trois annuités de primes pour les contrats d'une durée de onze ans et au dessus; — au moins deux annuités de primes pour les contrats d'une durée de six à dix ans inclus; — au moins une annuité de prime pour les contrats d'une durée de un à cinq ans inclus; la somme assurée ou la rente constituée, divisée en autant de fractions égales qu'il y avait d'annuités stipulées dans la police, est réduite au chiffre d'une de ces fractions multiplié par le nombre d'annuités payées.

La somme ou la rente ainsi réduite reste payable à l'époque et dans les conditions prévues par la police.

1. A défaut de versement de l'une des primes ou fractions de prime dans le délai ci-dessus fixé, l'assurance est de nul effet ou réduite, d'après la distinction établie précédemment, sans qu'il soit besoin d'aucune mise en demeure.

2. Si l'assuré meurt avant l'échéance de la présente police, la Compagnie n'aura rien à payer et les sommes versées lui seront acquises.

3. Les sommes dues par la Compagnie sont payées au siège social dans les trente jours de la remise de la police et des pièces justificatives dûment légalisées.

4. Les sommes dues par la Compagnie sont payées au siège social dans les trente jours de la remise de la police et des pièces justificatives, dûment légalisées, lesquelles comprennent notamment l'acte de naissance, l'acte de décès de la personne dont la vie était assurée et le certificat du médecin constatant le genre de maladie ou d'acci dent auquel elle a succombé, ainsi que l'acte de naissance et le certificat de vie légalisés de la personne dont la condition de survivance a été stipulée dans la police.

Lorsque l'assurance a pour objet la constitution d'une rente viagère, la Compagnie délivre le contrat de rente viagère dans les trente jours de la remise de la police et des pièces qui viennent d'être indiquées, le contrat stipulant le mode et les époques de paiement des arrérages.

naître son existence à la date convenue et fournir toutes les justifications nécessaires, s'il entend toucher le profit de l'assurance [1].

Le capital n'est payé par la Compagnie que quand on produit la
police, l'acte de naissance et le certificat de vie si l'assuré est vivant;
dans le cas contraire, la Compagnie ne versera le fonds que si l'ayant
droit présente l'acte de naissance, l'acte de décès, la police et le certificat du médecin.

[1]. *Les sommes dues par la Compagnie à l'échéance du contrat sont payées au
siège social dans les trente jours de la remise de la police, de l'acte de naissance
et du certificat de vie légalisés de l'assuré.*

*Si l'assuré est décédé, les sommes dues par la Compagnie à son décès sont éga-
lement payées au siège social ou dans les trente jours de la remise de la police et
des pièces justificatives, dûment légalisées, lesquelles comprennent notamment l'acte
de naissance, l'acte de décès de la personne dont la vie était assurée et le certificat
du médecin constatant le genre de maladie ou d'accident auquel elle a succombé.*

*Certaines polices ajoutaient cette clause : Lorsque la prime est payable par frac-
tions semestrielles ou trimestrielles, la Compagnie déduit de la somme à payer
par elle les fractions semestrielles ou trimestrielles restant à payer sur l'année
en cours au moment du décès.*

*Une nouvelle rédaction a introduit cette disposition : Toute différence constatée
entre la date de naissance déclarée lors de la souscription du contrat et celle portée sur l'acte de naissance donnera lieu, soit à une réduction proportionnelle du
capital assuré, soit au remboursement sans intérêts des sommes perçues en trop
sur les primes.*

CINQUIÈME PARTIE

CHAPITRE PREMIER

EFFETS DU CONTRAT A L'ÉGARD DE L'ASSUREUR.

A l'égard de l'assureur l'effet du contrat d'assurance sur la vie est de produire à sa charge une obligation en retour des droits qui lui incombent (droit de se prévaloir des réticences ou de l'aggravation des risques, droit de percevoir la prime. La souscription de la police met l'assureur dans la nécessité de payer l'indemnité fixée par les parties lorsque se réalise la condition prévue par le contrat.

De ce que l'assureur est tenu de verser le capital assuré, il suit qu'il a un droit de répétition en cas de paiement mal fait. Par conséquent, il est en mesure d'opposer l'absence de l'une des conditions essentielles à la validité du contrat, le défaut de paiement des primes à l'échéance, les réticences graves qui se seraient produites au moment de la formation du contrat, les aggravations de risques qui auraient été apportées depuis, au mépris des conventions des parties, en un mot toutes les causes possibles de nullité, de résolution, de résiliation du contrat. D'autre part, la restitution doit être ordonnée s'il y a eu erreur ou fraude, ignorance au moment du paiement ; c'est l'application des principes généraux. En outre, la Compagnie qui aurait remis le capital assuré pourrait le réclamer si elle avait traité avec une personne sans droit ou sans qualité.

Lorsque le décès est dû soit à un accident imputable à un tiers, soit à un crime, l'assureur peut actionner l'auteur de cet accident ou de ce crime. Le droit pour la Compagnie d'agir en responsabilité contre l'individu qui a tué l'assuré est aussi certain en la forme qu'au fond.

L'action est recevable parce que le fait reconnu constant porte directement préjudice en forçant la Compagnie à payer le montant de l'assurance à une époque antérieure, sans nul doute, à celle où, suivant les prévisions naturelles, elle aurait dû faire ce versement. L'action est fondée parce qu'il y a un préjudice réel ; en avançant la mort de l'assuré, en se substituant au hasard l'individu qui a causé le décès a forcé l'assureur à payer plus tôt le capital assuré [1]. Il est certain qu'en l'absence d'une assurance, la famille de la victime pourrait obtenir une réparation destinée à l'indemniser des pertes que lui cause cette disposition. Puisque la Compagnie fournit cette indemnité, il est juste que l'auteur du méfait qui a rendu ce paiement exigible tienne compte à l'assureur de la somme que ce dernier doit débourser et à un moment où peut-être il était en droit de compter, au contraire, sur des primes.

Lorsqu'il est admis pour toutes les assurances [2] que l'assureur a un recours contre l'auteur du sinistre, on ne voit point pourquoi il en serait autrement en matière d'assurances sur la vie [3].

Une longue discussion s'est engagée au sujet de la nature et de l'origine de l'action exercée par l'assureur en pareil cas.

En laissant de côté l'idée d'une subrogation de plein droit ou légale, cette dernière ne pouvant résulter que d'un texte qui n'existe point [4], on a soutenu qu'il ne pouvait être question que d'une subrogation conventionnelle dans les termes de l'art. 1250, conformément à ce qui est admis pour les assurances contre l'incen-

---

1. V. notamm. Tissier : *op. cit.*, p. 177 ; Couteau : *op. cit.*, T. II, p. 274 ; Masson : *op. cit.*, p. 130 ; Furquim d'Almeida : *op. cit.*, p. 105 ; C. d'ass. du Jura, 28 juin 1884, S. 85, 2, 219 ; Paris, 10 juill. 1883, *Journ. des assur.*, 94, 19 ; Dalloz : *Rép. Supplém.*, v° *Assur. terr.*, n° 292. V. cependant Vibert : *op. cit.*, p. 60 ; Alauzet : *Assur.*, T. II, n° 486 ; Herbault : *op. cit.*, p. 142. — Comp. Adan : *De la clause de subrogation* (*Monit. des assur.*, janv. 1874).

M. Patinot (*De l'assur. sur la vie : Rev. prat. de dr. fr.*, T. XXVII, 1869, p. 57) refuse tout recours ; si sa démonstration peut être bien comprise, cet auteur se fonde sur ce que l'assurance sur la vie n'est point un contrat d'indemnité et sur ce que l'assureur, engagé aussi bien pour le cas de mort violente que pour celui de mort naturelle, ne doit pas tirer un profit de ce que la mort de l'assuré est imputable à un tiers. C'est oublier que ce tiers cause un préjudice en hâtant le moment du versement de l'indemnité.

2. Cf. Cass., 1er décemb. 1846 ; Bonnev. de Mars. : t. 34 ; Troplong : *Louage*, n° 393 ; Duvergier : *Louage*, n° 448 ; de Lalande : *Traité théor. et prat. du contr. d'assur. contre l'incendie*, Paris, 1883, p. 365.

3. La loi belge est formelle. D'après l'art. 22 (applicable en matière d'assurance sur la vie, de la loi du 11 j. du 187), l'assureur qui a payé le dommage est subrogé à tous les droits de l'assuré contre les tiers du chef de ce dommage et l'assuré est responsable de tout acte qui préjudicierait aux droits de l'assureur contre les tiers.

4. Sans doute, sous l'empire de l'ancienne législation en matière maritime, l'assureur était de plein droit subrogé aux actions des marchands contre les maîtres et armateurs par la faute desquels le sinistre était arrivé (Pothier : *Tr. du contrat d'assur.*, n° 63.) ; mais aujourd'hui une pareille idée ne pourrait être acceptée lorsqu'il s'agit des assurances terrestres. V. notamm. Cass., 22 déc. 1852, D. P. 53, 1, 93 ; S. 53, 1, 100, et les autorités citées. Dalloz : *Rép. Supplém.*, v° *Assur. terr.*, n° 225.

die [1]. D'autre part, on a prétendu qu'il y avait bien subrogation dans les termes de l'art. 1251 C. Civ., l'assureur payant pour d'autres, comme dans toutes les assurances terrestres [2]. Enfin, il a été objecté qu'il ne pouvait être question ni d'une subrogation légale ni même d'une subrogation conventionnelle, l'assureur payant nullement comme garant d'un tiers, en vertu de sa propre convention, mais simplement sur une cession d'un droit futur et éventuel, valable par elle-même, abstraction faite de l'accomplissement des formalités prescrites pour la subrogation [3]. En doctrine l'on peut réellement être amené à penser qu'il y a bien subrogation conventionnelle et non point cession puisque le créancier, c'est-à-dire le bénéficiaire, reçoit le paiement de ce que lui doit l'auteur du méfait par les mains d'un tiers, l'assureur, qu'il subroge alors dans les droits et actions contre le débiteur.

Mais il n'est point nécessaire d'entrer dans un pareil débat. Il suffit de s'en référer aux principes généraux : le texte à appliquer est l'art. 1382 C. Civ. C'est ce texte qui donne à l'assureur le droit d'agir directement contre l'auteur du décès de l'assuré, responsable de ce fait, et qui permet d'obtenir réparation du préjudice occasionné pour la Compagnie, le versement du capital assuré, préjudice déterminé par le fait d'où est résulté le décès. En amenant par son acte la mort prématurée de l'assuré, en avançant l'époque que le hasard seul devait fixer, l'auteur du crime ou de l'accident a causé à la Compagnie un dommage que l'art. 1382 lui impose de réparer [4].

1. V. en matière d'assur. contre l'incendie, Bordeaux, 26 nov. 1816, S. 46, 2, 325; Cass., 22 déc. 1852, D. P. 53, 1, 93; S. 53, 1, 100. — Cf. aussi Adan : *Monit. des assur.*, janv. 1871, p. 26, etc..

2. Couteau : *op. cit.*, T. II, p. 273; Dalloz, *Rép. Supplém.*, v° *Assur. terr.*, n° 725.

Il a été opposé (Tissier : *op. cit.*, p. 176) que si l'assureur est intéressé à payer, il n'est point tenu *pour* d'autres, il est encore moins tenu *avec* d'autres; il n'y a pas de lien de droit entre lui et ceux qui ont causé la mort de l'assuré. Et s'ils doivent chacun un dédommagement, c'est en vertu de causes entièrement différentes.

3. Herbault : *op. cit.*, p. 141, etc..

4. Herbault : *op. cit.*, p. 142; Couteau : *loc. cit.*; Vibert : *op. cit.*, p. 62; Fry : *op. cit.*, p. 124; Dalloz : *loc. cit.* — V. aussi Rome : *op. cit.*, p. 86; Furquim d'Almeida : *op. cit.*, p. 106.

C'est, d'ailleurs, sur l'art. 1382 que se fondent les rares décisions relatives à la question (C. d'ass. du Jura, 28 juin 1884; Paris, 16 juill. 1893, précités).

Il est à noter, au surplus, que souvent l'assureur aura plus d'avantages à réclamer le bénéfice de l'art. 1382 qu'à invoquer la subrogation aux droits du bénéficiaire, ou même la cession des dits droits que certains auteurs veulent lui donner. Évidemment cette subrogation ou cession lui serait avantageuse si le bénéficiaire était un héritier direct ou le conjoint de l'assuré ayant droit à une réparation pécuniaire du dommage causé par la mort de l'assuré; mais le bénéficiaire peut n'être à aucun degré héritier de l'assuré et n'être point au nombre de ceux auxquels la jurisprudence reconnaît le droit à une réparation pécuniaire en raison du décès de l'assuré. Dans ce cas, le droit que l'on voudrait reconnaître à l'assureur, de se faire subroger aux droits du bénéficiaire serait

En tout cas, il faut remarquer que l'action, directe ou indirecte, qui appartient à l'assureur n'est qu'une action en dommages-intérêts et qu'elle ne s'oppose pas à ce que d'autres actions de ce genre soient intentées contre la personne qui a causé le sinistre.

Seulement une distinction doit être introduite à cet égard [1] : si la stipulation a été faite au profit d'une personne déterminée, l'action de la famille reste entière, car la disparition de son chef lui cause un préjudice qui peut être non seulement d'ordre pécuniaire, mais encore d'ordre moral; si, au contraire, la stipulation a eu lieu en faveur de la succession et si l'assureur, en payant, s'est fait subroger aux droits des héritiers, ceux-ci ne peuvent plus réclamer des dommages-intérêts; mais rien n'empêchera la femme du défunt, par exemple, d'exercer un recours en prouvant le préjudice que lui cause cette mort. Même au cas où il n'y aurait pas eu subrogation, le droit de la femme serait toujours le même et les héritiers pourraient également réclamer eux aussi des dommages intérêts. La mort de l'assuré aura causé une perte à l'assureur en le forçant à payer plus tôt le capital fixé, et aux enfants, aux héritiers du défunt en leur enlevant celui qui peut-être les faisait vivre. Deux parties sont lésées, toutes deux ont droit de demander réparation [2].

D'autre part, de ce que l'action qui appartient à l'assureur est une simple action en dommages-intérêts, il ne suit pas qu'il ne peut réclamer que ce qu'il a déboursé : il est dû toute la somme versée au bénéficiaire. Une réduction ne saurait, en effet, comme on l'a enseigné à tort [3], être apportée par le motif que dans l'assurance sur la vie l'événement qui donne droit au paiement du capital doit fatalement arriver [4].

---

absolument sans effet. Tout au contraire, s'il invoquait l'art. 1382, comme il aurait eu, en raison de l'espèce même, un intérêt à la vie de l'assuré, il serait incontestablement lésé par la mort prématurée et l'auteur de cette mort lui devrait réparation du préjudice qu'il lui a causé. Fey : *op. cit.*, p. 124 et 125 : *Pandectes franç.*, v° *Assur. sur la vie*, n° 377.

1. V. Rome : *op. cit.*, p. 86, etc.; Tissier : *op. cit.*, p. 177, etc..

2. M. Rome (*loc cit.*) enseignait que les tribunaux ont à examiner souverainement s'il y a pour les héritiers du défunt une perte pécuniaire réelle, qu'ils ont à tenir compte de ce fait que si ces héritiers ne peuvent plus profiter du travail de leur auteur, d'un autre côté ils n'ont plus à payer de primes et recouvrent un capital.

3. Tissier : *op. cit.*, p. 176.

4. Il a été jugé et avec raison que l'on ne saurait se fonder sur le caractère aléatoire du contrat pour réduire le chiffre de la réparation due à la Compagnie, mais qu'il faut tenir compte, pour faire une juste et exacte application de la réparation légale, du préjudice certain que l'assureur a subi et doit il justifie. — Paris, 10 juillet 1893, *Journ. des assur.*, 94. 19.

CHAPITRE DEUXIÈME

EFFETS DU CONTRAT A L'ÉGARD DE L'ASSURÉ.

SECTION I

Droit d'attribution du bénéfice.

A l'égard de l'assuré, le contrat d'assurance engendre non seulement des devoirs (obligation d'être sincère et véridique dans ses déclarations, de s'abstenir de toute réticence comme de toute cause d'aggravation des risques et aussi de payer la prime) mais encore un droit, un droit de créance contre la Compagnie en ce sens que cette dernière est tenue de verser le capital assuré lorsque se réalise la condition prévue au contrat.

Cette créance peut appartenir à l'assuré. Ainsi, par exemple, s'il a été souscrit une assurance en cas de vie, la survivance de l'assuré à une époque fixée mettra la Compagnie en demeure de lui servir le capital assuré. De même, lorsqu'il intervient une assurance mixte, c'est-à-dire une combinaison de l'assurance en cas de vie et de l'assurance en cas de décès, le souscripteur qui vit à la date indiquée pourra toucher lui-même la somme promise par l'assureur [1].

Mais tel n'est pas le cas le plus fréquent. L'assurance sur la vie est contractée presque toujours [2] pour fournir des ressources à des tiers

---

1. Le souscripteur d'une assurance mixte a donc le droit de céder à un tiers les droits stipulés en sa faveur en cas de décès. Cass., 22 oct. 1888, S. 89, 1, 289 ; D. P. 89, 1, 161. Il se peut qu'un doute existe au sujet de l'acte de cession et qu'il n'apparaisse pas exactement quels sont les droits qui ont été cédés en pareille circonstance, sans porter atteinte aux droits des bénéficiaires. C'est là une question que l'intention des parties et les circonstances de la cause permettent seules de trancher. Aussi le juge du fait est-il souverain. Cass., 22 oct. 1888, précité.

2. La proportion des polices souscrites en faveur des membres de la famille de l'assuré peut être fixée à 90 0/0 au moins. — V. la statistique donnée au Tome Ier de notre *Traité*, p. 3, note 2.

quand se produira le décès de l'assuré. En pareille occurrence, le premier effet du contrat est de conférer à l'assuré le droit de donner à qui lui plaît la créance contre la Compagnie.

Cette attribution peut se faire dans la police même : le signataire, en passant le contrat avec la Compagnie, indique que la somme assurée exigible par suite de son décès sera payée à une ou plusieurs personnes. C'est ce qui a lieu le plus souvent. Il intervient alors une stipulation pour autrui régie par les art. 1121 et 1122 C. Civ., suivant que les personnes sont ou non déterminées. Si la personne gratifiée concourt à l'acte lui-même, dès ce même moment elle est créancière directe et exclusive de l'assureur.

Mais l'attribution peut encore se faire au cours du contrat. Il faut prévoir, en effet, le cas où la personne gratifiée viendrait à mourir et aussi le cas où des raisons détermineraient l'assuré à substituer pour la perception du capital une personne à une autre ; l'assuré qui, sauf convention contraire, reste libre de renoncer au contrat en cessant d'acquitter la prime annuelle signe alors un avenant qui a la même force que la police [1] et qui donne à la personne mentionnée dans l'avenant des droits aussi absolus que si la désignation résultait de la police elle-même [2].

L'assuré peut agir à sa guise. Il suffit pour ce changement dans l'indication que la personne gratifiée la première n'ait pas déclaré accepter la stipulation intervenue à son profit ; tant que le premier bénéficiaire n'a point manifesté son intention, le souscripteur peut la dépouiller de la créance et rendre une autre personne créancière de la Compagnie. Mais l'acceptation une fois donnée, l'assuré est dépouillé du droit de substituer un bénéficiaire à un autre, le bénéficiaire qui a accepté ayant acquis un droit irrévocable [3]. Enfin, la désignation de la personne gratifiée peut intervenir après la conclusion de l'assurance ; il est parfaitement loisible à l'assuré de se réserver le droit de n'indiquer que par la suite la personne qui touchera l'indemnité.

Sous réserve des règles concernant la capacité du bénéficiaire [4], l'assuré peut traiter au profit de qui bon lui semble.

---

1. C'est ce qui a été reconnu par la Cour de cassation le 16 janvier 1888 (S, 88, 1, 127 ; D. P. 88, 1, 77), par un arrêt qui a paru être la décision la plus importante de toutes celles qui ont été rendues cette même année. — V. les observat. *Jurisprud. du notar.*, 1888, p. 207.

2. Il est à remarquer que la mention mise par le souscripteur seul sur la police pour modifier l'attribution bénéficiaire, sans l'intervention de la Compagnie et sans notification à celle-ci n'a pas pour effet de rendre le bénéficiaire ainsi désigné créancier de la Compagnie. — Trib. civ. Seine, 10 juillet 1891, *Journ. des assur.*, 92, 58 ; *Rec. périod. des assur.*, 91, 305.

3. Ce droit est naturellement subordonné à la condition que les primes seront toujours payées soit par l'assuré, soit par le bénéficiaire en cas de refus de la part du premier.

4. V. notre *Traité*, T. Iᵉʳ, p. 277.

La stipulation peut être passée soit en faveur de personnes sinon individuellement désignées au moins suffisamment déterminées, soit en faveur de personnes indéterminées, incertaines.

Au point de vue de l'attribution du capital assuré l'indication du bénéficiaire a une importance décisive [1]. Dans le premier cas la stipulation est faite dans les termes de l'art. 1121 C. Civ. ; la créance contre la Compagnie est acquise par la personne gratifiée directement, dès le jour même du contrat, en vertu d'un droit propre primant tout autre droit, même celui des créanciers de l'assuré. Dans l'autre cas, la stipulation est passée dans les termes de l'art. 1122 ; le bénéfice reste alors dans les biens du stipulant, car ce dernier est réputé avoir traité pour son patrimoine ; le droit au capital n'est recueilli que *jure hæreditario*, et par suite il peut être revendiqué par les créanciers du stipulant, comme toute fraction de ce patrimoine.

Ultérieurement des développements étendus seront présentés à ce propos. Ce qu'il importe pour le moment de retenir c'est qu'il dépend du stipulant de faire tomber dans sa fortune ou, au contraire, d'écarter de sa succession la créance contre l'assureur [2]. Ici nous n'avons qu'à rechercher dans quels cas il y a transmission au profit de personnes déterminées ou indéterminées.

Pendant un certain temps, jusqu'en 1872, s'inspirant de cette idée que l'intention présumée du stipulant (intention qui s'impose) est dans la grande majorité des cas de créer un capital en dehors de sa succession, que le souscripteur d'une police a cherché avant tout à enrichir non pas sa succession mais bien le bénéficiaire [3], la jurisprudence a entendu dans le sens le plus large l'application de l'art. 1121 C. Civ..

Tenant compte de la situation que crée la stipulation au profit de personnes indéterminées elle a cherché à restreindre le plus possible la classe des personnes susceptibles d'être considérées comme des bénéficiaires incertains ou indéterminées. C'est ainsi que les tribunaux traitaient comme bénéficiaires expressément désignés non

---

1. Sur l'intérêt comp. ce qu'a dit M. Deslandres : *op. cit.*, p. 152 et 153, et les développements que fournissons plus loin.

2. La volonté du stipulant est prépondérante et doit être absolument respectée. V. Adan : *Étude sur la nature du contrat d'assur. sur la vie.* 2e édit. p. 51 ; Jonllon : *Théor. et prat. des donat. par contr. d'assur. en cas de décès*, p. 6 ; Konig : *Zeitschr. des Bernisch. Juristenvereins*, T. XI, p. 277, etc.

Tout se ramène à une question de recherche de l'intention du stipulant, d'interprétation. Il appartient au juge du fait de se prononcer à cet égard et, par appréciation des éléments de la cause, de la volonté de l'assuré, de dire si ce dernier a entendu stipuler dans les termes de l'art. 1121 ou, au contraire, dans les termes de l'art. 1122. Sa décision est souveraine. En ce sens, Cass., 2 juill. 1884, S. 85, 1. 5 ; D. P. 85, 1, 150 ; 8 févr. 1888, S. 88, 1. 129 ; D. P. 88, 1, 201. V. aussi Cass., 15 juill. 1875, D. P. 76, 1. 232 ; S. 77, 1, 26 ; Dijon, 4 août 1875, S. 77, 2, 14 ; Cass., 21 juin 1876, D. P. 78, 1, 129 ; 10 nov. 1879, S. 80, 1, 347 ; D. P. 80, 1, 175.

3. C'est la théorie soutenue par MM. Couteau : *op. cit.*, T. II, p. 393 ; Mornard : *op. cit.*, p. 208, et avec des nuances par M. Deslandres : *op. cit.*, p. 155.

seulement les personnes indiquées par leur nom ou par des mentions qui ne laissaient aucun doute sur leur individualité, mais encore les personnes qui figuraient avec ces seules expressions « *mes enfants* », « *mes héritiers* », « *mes ayants droit* [1] ».

En 1872, une réaction se produisit. On vit prédominer la tendance contraire. Par la raison que le défaut de mots précis, l'emploi de formules vagues et de termes généraux attestaient chez le stipulant la volonté non pas de gratifier une personne déterminée (il y aurait eu une mention explicite), mais bien d'accroître son propre patrimoine [2], la jurisprudence parut disposée à restreindre l'application de l'art. 1121 aux cas où il y aurait une désignation formelle et, par suite, à réputer stipulation au profit de personnes indéterminées toutes celles faites au profit de personnes désignées en bloc, d'une façon générale.

La Cour d'Aix avait décidé le 16 mai 1871 [3] que le capital d'une assurance stipulé payable aux héritiers ou ayants droit faisait partie de la succession ; elle avait considéré les héritiers ou ayants droit comme des personnes indéterminées ; en affirmant que l'emploi du mot *enfants* aurait dissipé tous les doutes, le juge semblait croire qu'il suffisait de prendre cette expression pour qu'on puisse considérer les personnes visées comme des personnes déterminées. C'était un abandon de la jurisprudence antérieure affirmant que l'on devait considérer comme faite au profit de personnes déterminées la stipulation intervenue en faveur des héritiers ou ayants droit. Moins d'une année après la Cour de cassation eut à statuer ; par un pourvoi formé en matière fiscale (il s'agissait de savoir si les droits de mutation étaient dus dans tous les cas pour le capital assuré, qu'il y eut ou non un bénéficiaire désigné) elle fut amenée à dire si le capital stipulé payable aux ayants droit de l'assuré faisait partie de son patrimoine, c'est-à-dire si l'expression d'*ayants droit* désignait des bénéficiaires indéterminés. La Cour de cassation se rangea du côté de l'affirmative [4] par des circonstances de fait qui n'ont peut être pas été étrangères à la solution [5]. Cet arrêt du 7 février 1872, qui assimilait à des personnes indéterminées les personnes comprises dans cette formule d'*ayants droit*, était, suivant une juste remarque [6], l'anéantissement de la

---

1. Caen, 11 janv. 1863, Bonnev. de Mars. : II. 262 ; Lyon, 2 juin 1863, S. 63, 2, 202 ; D. P. 63, 2, 119 ; Colmar, 27 févr. 1865, S. 65, 2, 337 : D. P. 65, 2, 93 ; Paris, 5 avril 1867, S. 67, 2, 219 ; D. P. 67, 2, 221 : Besançon, 23 juill. 1872, S. 72, 2, 122 : D. P. 72, 2, 240. — V. aussi Bruxelles, 2 août 1866, *Journ. des assur.*, 67, 15.

2. C'est l'opinion enseignée par MM. Herbault : *op. cit.*, p. 307 ; Bujarier : *op. cit.*, p. 59 et 60.

3. S. 72, 2, 68 ; D. P. 72, 2, 218.

4. Cass., 7 févr. 1872, D. P. 72, 1, 209 : S. 72, 1, 86.

5. V. Couteau : *op. cit.*, T. II, p. 135.

6. Couteau : *loc. cit.*.

jurisprudence antérieure si fermement établie par les Cours d'appel. Il devait servir de base à une théorie nouvelle. Il eut, en effet, pour résultat d'attirer l'attention des tribunaux et il les amena à conformer leurs décisions à la doctrine de la Cour d'Aix.

A la suite de cette décision, rendue pourtant en matière fiscale (ce qui aurait dû en restreindre la portée), sauf dans des cas assez rares, la jurisprudence ne considéra plus comme bénéficiaires déterminés ayant sur le capital assuré un droit propre né du contrat lui-même que les personnes désignées nominativement, d'une façon claire, précise, les personnes existantes et certaines, et seulement en l'absence de toute clause de la police modifiant ou annulant l'attribution faite dans la police elle-même. Formulée d'abord par des décisions émanant de tribunaux [1], cette théorie fut consacrée en 1873 par la Cour de cassation [2], dans un arrêt qui, visant la distinction résultant des art. 1121 et 1122 C. Civ., déclara que ce premier article « ne peut recevoir d'application que lorsque la disposition est faite au profit d'une personne déterminée », mais que le second article régit le cas où, « au lieu d'attribuer le capital assuré à une personne déterminée, le stipulant se borne à convenir que ce capital sera payé, lors de son décès, à ses *héritiers* (encore incertains), à *son ordre* ou *aux personnes qu'il se réserve de désigner* ». Depuis cet arrêt la jurisprudence devint constante.

Le contrat est considéré comme fait pour un bénéficiaire déterminé quand la désignation est non pas nécessairement individuelle, mais suffisamment claire et précise, de façon que la personnalité de celui que le stipulant a entendu gratifier ne fasse l'objet d'aucun doute. On considérera donc comme stipulation conclue au profit de personnes déterminées, la clause pour laquelle l'assuré emploie les expressions suivantes : « M........ un tel » (désigné individuellement) [3], « *mes enfants* » (avec leurs prénoms) [4], « *mes enfants actuellement existants* », « *mes petits-enfants* » (avec leurs prénoms), « *ma femme* » (sans que le prénom soit nécessaire) [5], « *ma fiancée* » (mais avec l'indication des noms et prénoms) [6], « *mon mari* », « *mon père* »,

1. Trib. civ. Arras, 27 mars 1872, Bonnev. de Mars. : 161 ; Trib. Avignon, 29 août 1872, D. P. 74, 3, 205.

2. Cass., 15 décemb. 1873, D. P. 74, 1, 113 ; S. 74, 1, 199.

3. Paris, 4 juin 1878, D. P. 79, 2, 25 ; Trib. civ. Épernay, 17 août 1882, D. P. 83, 3, 71 ; Orléans, 27 mars 1887, *Journ. des assur.*, 87, 173 ; Cass., 2 juill. 1884, D. P. 85, 1, 150 ; S. 85, 1, 5.

4. Douai, 12 juin 1886, sous Cass., 8 févr. 1888, D. P. 88, 1, 199 ; S. 88, 1, 121.

5. Nancy, 25 févr. 1880, D. P. 80, 2, 181 ; Nancy, 21 janv. 1882, D. P. 82, 2, 171.

6. Cass., 10 novemb. 1879, D. P. 80, 1, 175.

On a vu une stipulation dans les termes de l'art. 1121, dans la clause par laquelle un assuré traitait au profit de « *sa femme et ses enfants* » (Trib. Pontarlier, 29 juill. 1886, *Rec. périod. des assur.*, 1886, 302) ainsi que dans une clause passée en faveur *de la femme, des enfants et ascendants* (Trib. Seine, 2 juin 1886, *Journ. des assur.*, 87, 86 et *Rec. périod. des assur.*, 86, 302).

Rien n'empêche de considérer comme stipulation passée dans les termes de

« *ma mère* », sans autre indication, car ces seuls mots suffisent,
« *mon frère* » ou « *ma sœur* », s'il y a mention des prénoms ou
d'une indication fort précise, enfin, au profit d'autres *parents* s'ils
sont bien désignés[1].

Au contraire, il y a lieu de réputer stipulations faites en faveur
de personnes indéterminées celles qui interviennent pour des personnes incertaines, futures. Dans cette classe doivent être rangées
les attributions faites en ces termes : « *mes enfants*[2] », « *mes enfants
nés ou à naître*[3] » « *mes héritiers ou ayants droit* »[4], « *mes petits*

---

l'art. 1121 celle faite à une personne déterminée à défaut d'une autre personne
également déterminée, ou celle qui attribue la nue propriété ou une partie à un
bénéficiaire désigné, et l'usufruit ou l'autre fraction à un deuxième bénéficiaire.

1. Sur les formules à employer comp. Dubois : *Du bénéfice de l'assurance
sur la vie*, p. 14 et suiv.

2. V. à titre d'exemple Trib. Mâcon, 24 janv. 1883, *Journ. des assur.*, 84, 302 ;
Trib. Trévoux, 20 mars 1884, *ibid.*, 84, 318 ; Trib. civ. Saint Dié, 14 avril 1893,
Rev. périod. des assur., 93, 540.

Nous exposons la solution de la jurisprudence sur ce point. En doctrine nous
sommes d'un sentiment totalement contraire. Si, dans l'état actuel de la jurisprudence, le contrat passé par un père au profit de ses *enfants nés ou à naître* est
considéré comme fait en faveur de personnes indéterminées, il n'en saurait être
de même pour le contrat intervenu au profit des *enfants*, parce que cette expression indique bien que le signataire a entendu traiter au profit des enfants qui
existent à ce moment. Du reste, cette opinion n'a rien de contraire à la loi, puisqu'il a été décidé (Nancy, 23 févr. 1882, S. 83, 1, 6 ; D. P. 83, 1, 150, que la désignation pour les *enfants*, lorsque le stipulant n'a pas ajouté les mots *nés ou à
naître*, entraîne l'idée de personnes existant lors du contrat. — V. nos observations, *Rev. périod. des assur.*, 1893, p. 512.

Si l'on a considéré comme stipulation intervenue en faveur de personnes déterminées la police conclue au profit de la *veuve des enfants et ascendants dont l'assuré est le soutien*, c'est parce que l'intention du stipulant, telle quelle résultait
de ces mots « *dont il est le soutien* », était de ne pas traiter au profit de ses héritiers ou ayants droit (Trib. civ. Seine, 2 juin 1886, *Rev. périod. des assur.*, 86, 503 ;
Journ. des assur., 87, 86). Pareillement, cette solution a été donnée à l'égard
d'une stipulation intervenue en faveur de la *femme et des enfants* à raison de la
ferme volonté de l'assuré de traiter pour ses enfants existant- Trib. civ. Pontarlier, 29 juill. 1886, *Rev. périod. des assur.*, 86, 504.

Enfin il a été décidé que, malgré l'emploi de la formule « *ma femme et mes enfants* », ces derniers devaient être considérés comme des bénéficiaires déterminés
parce que l'assuré avait eu l'intention de gratifier seulement les enfants existants
Trib. civ. Seine, 4 août 1891, *Journ. des assur.*, 91, 492).

3. Notamment Trib. Périgueux, 31 déc. 1885, *Journ. des assur.*, 88, 139 ; Chambéry, 10 juill. 1889, *Rev. périod. des assur.*, 89, 124 ; Lyon, 9 avril 1878, D. P. 79,
2. 158 ; S. 78, 2, 320 ; Rennes (sol. implic.), 23 juin 1879, D. P. 79, 2, 155 ; Cass
6 mars 1893, D. P. 94, 1, 77.

Assurément on a parfois refusé de considérer comme intervenue au profit de
personnes indéterminées la police souscrite par un père dans l'intérêt de ses enfants nés et à naître, mais parce que l'assuré avait manifesté son intention de
ne pas restreindre la libéralité à l'enfant qui existait à ce moment et qu'il voulait
l'étendre aux enfants qui pourraient naître par la suite (Chambéry, 10 juill. 1889,
Rev. périod. des assur., 89, 124), ou bien parce que le stipulant entendait traiter en
vue de ses enfants, abstraction faite de leur qualité d'héritier, c'est-à-dire même
au cas où ils renonceraient à la succession (Trib. civ. Seine, 4 nov. 1889, *Rev.
périod. des assur.*, 89, 398 ; *Journ. des assur.*, 90, 40.

4. V. Cass., 7 févr. 1877, S. 77, 1, 393.

Les héritiers, dit M. Dujarier (op. cit., p. 62), n'ont un droit propre qu'à une

enfants », « mes neveux et nièces », « mes cousins », « mes parents »[1].

Pendant longtemps il avait été admis que l'inscription de la clause à ordre qui rendait la police endossable empêchait, malgré une désignation formelle, de considérer les bénéficiaires comme des bénéficiaires déterminés[2]. On se basait principalement sur ce que l'assuré conservait jusqu'à son décès l'absolue disposition de la créance et que cette dernière ne pouvait aller à des personnes incertaines ou inconnues. Mais dans ces derniers temps un revirement s'est produit dans la jurisprudence[3]. Il a été reconnu que malgré l'insertion de la clause à ordre, les bénéficiaires suffisamment désignés devaient être considérés comme des bénéficiaires déterminés[4].

En résumé, la jurisprudence française[5] paraît fixée en ce sens que

double condition : il faut d'abord que l'intention du stipulant soit certaine; il faut de plus que le bénéficiaire soit au moins conçu au jour du contrat.

La solution serait identique quant à la stipulation conclue pour les *héritiers, donataires* ou *légataires*. — V. Trib. Seine, 15 déc. 1888, *Journ. des assur.*, 89, 77; Paris, 11 févr. 1890, *Journ. des assur.*, 90, 140; ou quant à la stipulation passée simplement pour les *héritiers*, — Trib. civ. Pontarlier, 3 juin 1890, *Journ. des assur.*, 91, 94.

1. V. Dubois : *op. cit.*: S. 77. 1. 393.

2. Aix, 16 mai 1871. D. P. 72. 2. 218; Dijon, 3 avril 1871. S. 76, 2, 319; D. P. 78, 2, 18; Cass., 10 févr. 1880, S. 80, 1, 152; D. P. 80, 1, 169; Douai, 6 déc. 1888, S. 88, 2, 97; D. P. 88, 2, 140.

3. V. notre dissertation. *Pand. fr. périod.*, 92, 1, 449.

4. Cass., 22 juin 1891. D. P. 92, 1, 205; S. 92. 1. 177.

Ainsi malgré la clause à ordre il y a lieu d'appliquer l'art. 1121 C. Civ. lorsque la police attribue le bénéfice à des personnes déterminées. Mais à l'inverse l'art. 1122 C. Civ. reçoit son application si la police est à la fois endossable et passée en faveur de tiers indéterminés.

Nous reviendrons plus loin sur les conséquences de la clause à ordre au point de vue de l'attribution du bénéfice.

5. La loi belge du 11 juin 1874 (art. 43) ne dit rien sur le point dont il s'agit, car elle dispose seulement que le capital assuré appartient à la personne désignée au contrat. Mais la jurisprudence semble vouloir consacrer une solution contraire à celle admise par les tribunaux français; on est disposé à voir dans la stipulation faite à « des *héritiers* ou *ayants cause* », une stipulation faite à des personnes déterminées. Bruxelles, 12 juill. 1882, D. P. 83, 2, 107.

En Allemagne, les auteurs admettent que la stipulation faite en termes vagues au profit des enfants, des héritiers constitue une stipulation pour des personnes certaines et déterminées. — V. Konig, dans *Zeitschr. d. bernisch. Juristenvee*, XI, p. 349, et Malss : *Zeitschr. f. Versicherungsrecht*, II, p. 425; Cologne, 20 mai 1879, *Journ. du dr. intern. priv.* 80, 484. — V. cependant Stobbe : *Handb. d. deutsch. Privatrechts*, II, § 198, p. 370.

En Autriche, de nombreuses décisions judiciaires ont assimilé la stipulation aux *héritiers* ou *ayants cause* à ce que l'on nomme en France stipulation au profit de personnes déterminées; une désignation plus explicite ne semble pas nécessaire. — C. supr. de Vienne, 15 sept. 1874, 31 août 1875, *Journ. du dr. intern. priv.*, 79, 494 et 495.

En Italie il a été décidé que la stipulation faite au profit des *héritiers légitimes* confère un droit propre (Venise, 1er avril 1890, *Ann. de Dr. commerc.*, 91, 138 a la différence de celle qui a lieu au profit des *héritiers, de l'assuré et de ses héritiers*: — Vivante : *Contr. d'Assicurazione*, T. III, n° 185; *Monitore*, 1890, p. 364, etc..

la stipulation est faite au profit de personnes indéterminées lorsque l'assuré n'a pas désigné formellement et personnellement le bénéficiaire, lorsqu'il a employé des expressions vagues laissant des doutes sur son intention, telles que « *enfants nés ou à naître* », « *parents* », « *héritiers* », « *ayants droit* » ou « *ayants cause* », mais au contraire que la stipulation intervient en faveur de personnes déterminées quand elle est passée en faveur de personnes indiquées sinon nommément, au moins d'une façon éloignant toute possibilité de confusion [1].

Cette jurisprudence s'appuie sur ce que si l'assurance sur la vie offre le caractère d'une stipulation pour autrui, c'est seulement lorsque le tiers est nettement désigné de façon à bien montrer que la volonté du signataire de la police a été de gratifier le bénéficiaire et non point d'attribuer à d'autres la créance contre la Compagnie. Elle se base principalement sur ce que la stipulation de l'art. 1121 ne peut créer immédiatement un droit propre naissant du contrat lui-même pour aller aussitôt se fixer dans le patrimoine de la personne gratifiée qu'autant que ce patrimoine est certain, ou du moins qu'autant que le propriétaire de ce patrimoine existe et se trouve déterminé.

Ce motif a été considéré comme absolument décisif.

Comment, a-t-on soutenu, est-il possible de dire que la stipulation est faite dans les termes de l'art. 1121 lorsqu'elle est conçue de cette façon : *au profit de mes héritiers, au profit de mes enfants?* Au jour du décès les héritiers peuvent n'être point ceux qui vivaient lors de la signature et qui, à ce moment, ont attiré l'attention du stipulant. Pareillement, le nombre des enfants peut différer entre le jour de la signature de la police et celui où le capital sera exigible : à la première date, il pouvait n'exister qu'un seul enfant, lors de la

---

1. La doctrine en France est loin de présenter l'exemple de l'unanimité.

Des auteurs restreignent l'application de l'art. 1121, c'est-à-dire ne réputent personnes déterminées que celles qui ont été indiquées nominativement dans la police par le stipulant comme devant recueillir le capital assuré. Herbault : *op. cit.*, p. 263 et suiv.; Paulmier : *loc. cit.*; Dufarier : *op. cit.*, p. 59-60; Jouault : *Donat. par contrat d'assur. en cas de décès*; Rome ; *op. cit.*, p. 129 et 130; Tissier : *op. cit.* — Cl. Blondel : *op. cit.*, p. 283 et suiv..

D'autres (V. Ruben de Couder : *Dict. de dr. comm.*, v° *Assur. sur la vie*, n° 90) font une distinction et trouvent que si l'expression « *ayants droit* » est trop peu précise pour que la stipulation faite en ces termes puisse être considérée comme intervenue au profit de personnes déterminées la solution doit être autre quand la clause attribue le bénéfice aux « *enfants* » et même aux « *héritiers* » de l'assuré.

Enfin, la majorité des auteurs admet qu'il y a stipulation au profit de personnes déterminées toutes les fois que l'assuré a manifesté son intention de gratifier un tiers, même sans le désigner d'une façon expresse. — Sic, De Loynes : *Des assur. sur la vie considérées au point de vue fiscal* (Rev. crit. de législat. et de jurisprud.*, 1871-72, p. 90 etc. ; Vibert : *op. cit.*, p. 151, etc.; Mornard : *op. cit.*, p. 208; Couteau : *op. cit.*, T. II. p. 389 etc.

mort il pouvait y en avoir plusieurs[1], ou bien celui qui vivait quand l'assuré a traité avec la Compagnie a pu décéder au cours du contrat.

Il est très exact, ajoutent les partisans de cette doctrine, que l'individu qui s'assure agit la plupart du temps dans l'intention de réparer le préjudice que sa mort est de nature à causer aux siens ; il est vrai qu'il cherche à donner une garantie contre les conséquences funestes que sa disparition va amener dans la gestion de sa fortune, et que son devoir est d'attribuer au bénéficiaire le moyen de les en préserver, en lui conférant un droit indépendant de la fortune personnelle, gage des créanciers. Mais pourquoi l'assuré n'a-t-il pas eu recours à la facilité que lui procure la loi? L'art. 1121 C. Civ. lui permettait d'attribuer le bénéfice d'une manière exclusive ; il n'a pas pris ce texte pour point de départ ; c'est évidemment qu'il a voulu recourir au droit commun, c'est-à-dire à l'art. 1122 C. Civ., aux termes duquel « on est censé avoir stipulé pour soi et pour ses héritiers et ayants cause » ; il doit être considéré comme ayant stipulé au profit de ses héritiers ; or, stipuler pour ses héritiers, c'est stipuler pour son héritage.

Néanmoins, on a élevé des critiques fort graves contre les tendances de cette jurisprudence.

On a fait remarquer qu'il est absolument contraire à l'esprit de notre droit de donner, comme l'ont fait bien des décisions judiciaires[2], une importance capitale aux expressions employées par le signataire de la police, que si les termes dont il s'est servi sont un élément sérieux d'appréciation, ils ne peuvent par eux seuls trancher la question d'intention, que bien souvent, dans la pensée de l'assuré, le mot « *héritiers* », usité pour qualifier les bénéficiaires, aura été pris comme synonyme du mot « *enfants* », pour désigner ceux qui survivront au jour de son décès, qui seront habiles à se dire et porter ses héritiers, pour prendre l'expression technique, sans se préoccuper s'ils seront ou non ses héritiers, dans le sens légal du mot, c'est-à-dire s'ils accepteront sa succession[3].

On ne voit pas, a-t-il été observé également, pour quelle raison le stipulant ajouterait une clause spéciale en faveur de ses héritiers, au profit de personnes qui pour être indéterminées individuellement n'en sont pas moins désignées. On n'aperçoit pas les motifs

---

1. Le stipulant (qui traite au profit de ses enfants nés et à naître), écrit M. Dujarier *op. cit.*, p. 61, a voulu conférer à tous ses enfants une vocation identique, puisqu'il a stipulé pour eux tous dans les mêmes termes ; il ne peut pas leur attribuer à tous la qualité de donataires puisqu'aux termes de l'art. 906 C. Civ, pour être capable de recevoir entre vifs, il faut être conçu au moment de la donation ; comme, d'autre part, il les a compris sous une même formule, ils ne pourront réclamer la somme assurée que *jure hæreditario*.

2. V. notamment Trib. Arras, 27 mars 1872, D. P. 73. 3. 38 ; Aix, 16 mai 1871, D. P. 72. 2. 219 ; Cass. 15 décembre 1873, S. 74. 1. 199 ; D. P. 74. 1. 113.

3. Blondel : *op. cit.*, p. 219.

d'une disposition particulière si le stipulant n'a pas voulu donner à ces personnes un droit particulier; à quoi bon parler comme bénéficiaires des « *héritiers* » des « *enfants* » si l'indemnité doit tomber dans la succession dans tous les cas? Si l'assuré a entendu que son patrimoine personnel s'enrichisse du montant de cette créance, pourquoi une disposition expresse?

Contester aux héritiers un droit propre, c'est aller contre l'intention du souscripteur de la police. Lorsqu'un père de famille s'assure au profit de ses « *héritiers* », ce n'est certainement pas sa succession qu'il entend enrichir afin d'augmenter le gage de ses créanciers, ce qu'il désire c'est constituer un fonds de garantie indépendant de sa succession à ses héritiers, qui la plupart du temps sont ses enfants. C'est une indemnité distincte du patrimoine héréditaire qu'il tend à procurer pour parer au préjudice que son décès peut amener. Il est vrai que lors du contrat les bénéficiaires sont incertains, inconnus même, et que, d'après de bons esprits, c'est un obstacle à l'application de l'art. 1121 [1], mais un événement ultérieur, la mort du stipulant, les déterminera; au moment où le capital sera exigible, ils seront connus, leur individualité sera certaine. C'est le cas d'appliquer la doctrine qui répute en matière de testament la personne du légataire suffisamment désignée lorsque à la suite d'un événement ultérieur, sa qualité doit être déterminée d'une manière certaine et inévitable [2].

D'autre part, il y a une raison qui s'impose. Que l'on suppose une personne qui s'assure jeune encore; pour le moment son travail fait vivre ses parents, mais elle devra bientôt se consacrer aussi aux enfants qui pourront venir et dont les noms et le nombre sont indéterminés; cette personne veut conférer un droit propre par son assurance à ces êtres chers, à tous ceux qu'elle laissera, et leur constituer un patrimoine personnel à l'abri des vicissitudes du sien propre. Comment fera-t-elle? Dans quels termes stipulera-t-elle l'indemnité, pour la faire passer en propre à ses héritiers? Qu'elle ne nomme pas ses parents, qui sont ses seuls héritiers peut être encore, ni ses enfants déjà nés, elle exclurait par là même tous ceux qui peuvent survenir et dont elle peut ignorer l'existence latente au moment même de sa mort; sans cela, conférant à ceux qu'elle nomme tout le droit à l'indemnité en propre, elle se trouverait exclure les autres contre son gré. Cette personne ne peut donc se servir que de la formule la plus compréhensive, de celle qui pourra

---

1. Herbault : *op. cit.*, p. 209; Pauluier : *op. cit.* (*Rev. prat. de dr. fr.*, T. LII. 1882, p. 93. etc. : Jouault : *op. cit.*

2. De Loynes : *loc. cit.*

Nous nous réservons d'établir plus loin que la stipulation pour autrui n'est pas nécessairement nulle sous l'empire du Code Civil, comme on l'affirme, quand elle intervient en faveur de personnes soit indéterminées, soit futures.

s'étendre aux nouveaux venus et suivre les changements susceptibles de se produire avant son décès, de la clause « *l'indemnité
sera payable à mes héritiers* »[1].

Pourtant, quelque désir que l'on puisse avoir de faire observer la
volonté du stipulant, de lui permettre de conférer un droit propre au
moyen d'une attribution indéterminée, quelque intérêt qu'il y ait à
reconnaître un droit exclusif aux bénéficiaires indéterminés[2], il
semble difficile, presque impossible, de lutter contre le courant de la
jurisprudence.

D'abord, elle est fermement établie par la Cour régulatrice (dont
la doctrine a fini par vaincre toutes les résistances) tant dans les
arrêts anciens qui ont distingué l'hypothèse d'une assurance contractée au profit de personnes indéterminées et celle de la police
signée en vue d'un tiers expressément désigné[3] que dans les décisions plus récentes qui ont posé les principes en matière d'attribution de bénéfice[4]. En outre, a-t-on ajouté, elle est en concordance
avec la règle d'après laquelle la stipulation pour autrui crée aussitôt, au moment même où elle survient, un droit propre et exclusif;
ce principe de l'acquisition immédiate ne peut se concevoir que
si la personne appelée à profiter existe et est déterminée.

Il y a fort à dire à ce sujet. Nous nous réservons de revenir sur
cette doctrine. Ce que nous devons simplement retenir pour le moment c'est qu'elle a paru à nombre de Cours et de tribunaux être
la seule rationnelle et la seule admissible en pareil cas.

Assurément des tentatives ont été faites par des auteurs pour
réagir contre le courant de la jurisprudence. L'on a cherché à amener la reconnaissance du droit propre des bénéficiaires indéterminés
au moyen d'une analyse nouvelle de l'opération juridique[5]. Mais
elles ne semblent pas devoir amener un changement.

Ce n'est pas à dire toutefois qu'il n'y ait rien à faire. Il importe

---

1. Deslandres : *op. cit.* p. 156.

2. Il faut noter, d'ailleurs, que la stipulation au profit de personnes indéterminées ne saurait être condamnée d'une façon absolue. Si le capital assuré dans
ces conditions tombe dans la succession du souscripteur et s'il est exposé à être
le gage des créanciers de ce dernier, c'est une conséquence que bien des personnes acceptent sans répugnance : il est des gens qui tiennent avant tout à ne pas
mourir insolvables. — V. Dubois : *op. cit.*, p. 11.

3. Cass, 15 déc. 1873, S. 74, 1, 199; D. P. 74, 1, 113; 7 fév. 1877, S. 77, 1, 393;
D. P. 77, 1, 337; 27 janv. 1879, S. 79, 1, 218; D. P. 79, 1, 230; Cass., 10 févr. 1880,
S. 80, 1, 152; D. P. 80, 1, 169; Cass., 1881, S. 85, 1, 11; D. P. 85, 1, 150.

4. Cass., 16 janvier 1888, S. 88, 1, 127; D. P. 88, 1, 77; 6 févr. 1888 S. 88, 1, 127;
D. P. 88, 1, 198.

5. V. Thaller : note, D. P. 88, 2, 1; Boistel : Note, D. P. 88, 2, 129; Deslandres :
*Du contrat d'assurance sur la vie au profit de bénéficiaires indéterminés,
(Revue critique de législat. et de jurisprud., 1891, p. 175 , etc.). Le système de ce
dernier auteur consiste à considérer l'assurance comme une convention destinée
à ne devenir une stipulation pour les bénéficiaires futurs qu'au jour de leur
apparition. — V. aussi Lambert : Du contrat en faveur de tiers, son fonctionnement, ses applications actuelles, p. 153 et suiv..*

d'arriver à obtenir que l'on considère comme stipulation faite au profit de personnes déterminées l'assurance souscrite, en l'absence de toute indication, par un père au profit de ses enfants[1].

Il n'est pas téméraire de compter sur un revirement de la jurisprudence.

Jusqu'à ces derniers temps, presque tous les auteurs, même ceux qui avaient présenté les solutions les plus libérales en matière d'assurance sur la vie, reconnaissaient que pour rendre efficace l'assurance au profit des enfants « *à naître* » une loi nouvelle était indispensable. La jurisprudence s'était montrée plus sévère encore ; en présence d'une assurance souscrite au profit d'enfants « *nés ou à naître* », se refusant à distinguer, dans cette attribution, les enfants nés des enfants à naître, mais les englobant, au contraire, dans une commune décision, les tribunaux avaient déclaré à plusieurs reprises que la clause attributive était nulle pour le tout, et faisait tomber le capital assuré dans la succession du souscripteur[2]. Il s'est produit par la suite une réaction ; elle fut d'abord timide ; au début il fut proclamé que l'individu qui souscrit une assurance au profit de « *ses enfants* » a en vue des personnes bien existantes et bien certaines quand il se trouve qu'à la date de la souscription de l'assurance le signataire avait plusieurs enfants[3]. Cette solution intervenue en présence d'une police visant non pas les enfants « *nés ou à naître* » de l'assuré, mais simplement les « *enfants de l'assuré* » a été étendue au cas où la stipulation était faite en faveur d'enfants « *nés ou à naître* »: par une distinction fort judicieuse[4] il a été admis que si la stipulation au profit des enfants « *à naître* » est sans valeur, celle au profit des « *enfants* » est parfaitement valable quand bien même les uns et les autres auraient été réunis dans une attribution bénéficiaire unique[5]. Et cette théorie, on peut le croire, finira à la longue par s'imposer

1. D'autant que cette jurisprudence a été parfois poussée jusqu'à des conséquences extrêmes. Ainsi le tribunal de Lunéville, par un jugement du 30 mars 1881 (D. P. 85, 1. 150), supprimant le pouvoir d'interprétation du juge et subordonnant la solution du litige, non pas à la volonté des parties, mais exclusivement aux termes employés dans la police, en arrivait à décider qu'à défaut d'indication nette, précise et pour mieux dire *nominative* des bénéficiaires la somme assurée devait être considérée comme ayant fait partie du patrimoine de l'assuré.

2. V. notamment Lyon. 9 avril 1878, D. P. 79, 2. 158.

3. Nancy 23 févr., 1882, S. 85, 1, 6.

4. Trib. civ. Seine, 4 novembre 1889, *Journ. des assur.*, 90, 11 ; *Rec. périod. des assur.*, 89, 399.

A une date déjà éloignée on proposait de distinguer entre la stipulation au profit des *enfants ou héritiers* et celle faite en faveur des *héritiers ou ayants droit*: dans le premier cas, disait-on, il y avait bien stipulation pour des personnes déterminées ; dans l'autre il y avait stipulation faite *impersonaliter*, sans désignation de personne, l'indication des ayants droit prouvant que l'assuré n'avait entendu rien mettre dans le patrimoine de ses héritiers indépendamment de cette qualité. — Rome : *op. cit.*, p. 130.

5. V. les observat., *Journ. des assur.*, 90, 13.

tant elle est rationnelle et, il faut dire le mot, parfaitement régulière [1]. Assurément la Cour de cassation avec une rare inflexibilité a refusé de reconnaître un droit propre aux bénéficiaires non expressément désignés, cassant les arrêts qui cherchaient à protester contre sa doctrine [2]; elle a proclamé « que les bénéficiaires indéterminés n'ont pas de droit propre même si le juge du fait décide par interprétation de la volonté de l'assuré que celui-ci, en stipulant au profit de ses héritiers, a entendu stipuler au profit de ses enfants déjà nés au moment du contrat et existant encore au moment du décès; qu'il ne s'agit pas d'une interprétation du contrat, mais de l'effet légal de la clause au profit de personnes futures et encore incertaines [3]. » Mais la Cour suprême a paru disposée à revenir sur une solution aussi rigoureuse et plus récemment [4] elle a reconnu au juge du fait le droit absolu de dire que malgré la formule non nominative l'assuré avait voulu contracter au profit de personnes déterminées. Une pareille attribution rentre bien dans les pouvoirs du juge du fait car il ne s'agit que de l'interprétation de l'intention des parties, des termes du contrat [5].

SECTION II

Droit de révocation.

Si l'assuré a le pouvoir d'attribuer la créance contre la Compagnie, il a nécessairement aussi le droit de révoquer la stipulation qui donnait à une personne la faculté de réclamer le capital à l'assureur.

Ce droit de révocation lui appartient jusqu'au jour de l'acceptation, conformément à l'art. 1121 C. Civ. qui dénie au stipulant le pouvoir de révoquer la stipulation « si le tiers a déclaré vouloir en profiter » [6]. L'acceptation est le seul obstacle à la révocation [7]. La

1. V. nos observat. *Pand. fr. périod.*, 93, 1, 257.
2. V. notamment S. 77, 1, 393.
3. Cass. 10 févr. 1880, S. 80, 1, 152; D. P. 80, 1, 169.
4. Cass. 2 juill. 1884, D. P. 85, 1, 150; S. 85, 1, 11 — V. aussi la Note (nos 18-19), S. 88, 1, 126.
5. Comp. Deslandres : *op. cit.*, p. 171.
6. Le bénéficiaire jusqu'à son acceptation n'a donc pas un droit acquis. Cour des plaids communs, New-York, 25 juin 1885, *Journ. du dr. intern. priv.*, 86, 487.
7. V. Rouen, 12 mai 1871, D. P. 72, 2, 205 ; S. 71, 2, 279 ; Cass., 16 janv. 1888, S. 88, 1, 127; D. P. 88, 1, 77 ; Cass., 8 févr. 1888, S. 88, 1, 129; D. P. 88, 1, 201. Orléans, 26 mars 1887, S. 89, 1, 191 ; D. P. 88, 2, 140. Cass., 22 juin 1891, S. 92, 1, 177; D. P. 92, 1, 205; Rouen, 21 mars 1893, S. 93, 2, 250.
On lit spécialement dans l'arrêt précité du 8 février 1888 : « *Attendu que la*

qualité du bénéficiaire appelé ne saurait arrêter le stipulant, car un père, un mari, après avoir traité avec une Compagnie en vue de ses enfants, de sa femme, peut incontestablement revenir sur sa détermination et rendre nul l'effet de la stipulation [1].

De ce que la révocation ne peut avoir lieu que si le droit du gratifié ne s'est pas fixé définitivement dans son patrimoine par son acceptation il suit que l'assuré est désarmé non seulement quand le bénéficiaire a concouru à l'acte lui-même, mais aussi lorsque, soit d'une façon expresse, soit d'une façon tacite, il a manifesté son intention de profiter de la stipulation intervenue en sa faveur.

L'exercice de ce droit de révocation ne passe pas aux héritiers de l'assuré [2]. C'est du moins ce que les tendances de la jurisprudence

stipulation pour autrui.... confère immédiatement un droit au tiers au profit duquel elle a lieu ; qu'à la vérité ce droit peut être révoqué par le stipulant, mais qu'il devient irrévocable du jour où le tiers a déclaré vouloir en profiter. »

D'autre part, l'arrêt précité du 22 juin 1891 dit : « *Attendu en droit que le contrat d'assurance sur la vie.... comporte essentiellement l'application de l'art. 1121..... qu'une jurisprudence constante en a déduit la conséquence que jusqu'à l'acceptation par le bénéficiaire désigné le stipulant pourrait, sans doute, révoquer sa promesse et disposer autrement au profit d'autrui..... »*

1. V. Trib. Seine, 20 janv. 1885, *Journ. des assur.*, 85, 269. Trib. Troyes, 13 juill. 1887, *Journ. des assur.*, 87, 51 ; *Rev. périod. des assur.*, 87, 515 ; Douai, 11 févr. 1887, S, 88, 2, 49.

2. Pendant longtemps il a semblé acquis en doctrine que les héritiers du stipulant avaient la faculté de revenir sur la stipulation tant qu'elle n'avait pas été acceptée. Des auteurs remarquaient que l'on comprendrait difficilement que la stipulation continuant de subsister avec tous ses effets, malgré le décès du stipulant, pût acquérir, contre ses héritiers et le tiers ou ses héritiers, un caractère d'irrévocabilité qu'elle n'avait pas à l'égard du stipulant lui-même (Aubry et Rau : *Droit civ. franç.*, T. IV, p. 311, § 343 *ter*, note 27. — Conf. Duranton : *Cours de dr. franç.*, T. X, n° 248).

Il a été ajouté (Larombière : *Obligat.*, nouv. édit., T. Ier, sur l'art. 1121, n° 3, p. 121) que comme le contrat principal est indépendant des accidents de mort et que la stipulation accessoire qui s'y rattache participe à cette solidité, elle n'est pas, de même qu'une simple proposition non encore acceptée, susceptible de s'évanouir par le décès du stipulant ; or, si les droits du tiers ne sont pas retirés dans leur germe par la mort du stipulant, s'il peut encore accepter, les héritiers de celui-là doivent avoir le droit de révoquer tant que le tiers n'a pas accepté. De part et d'autre les choses demeurent dans le même état, parce que la convention principale est là qui les y maintient.

Enfin, a-t-on dit (Heck : *L'Assurance sur la vie au profit d'un tiers et la donation à la cause de mort*, édit. Brissaud et Lelart, p. 20), on ne peut refuser aux héritiers de l'assuré le droit de révoquer l'offre faite par leur auteur.

La Cour de cassation avait plus ou moins clairement semblé consacrer cette manière de voir : l'arrêt du 22 juin 1859 (D. P. 59, 1, 386 ; S. 61, 1, 151), qui a proclamé la validité de l'acceptation d'une libéralité *post mortem stipulatoris*, paraît, en effet, reconnaître aux héritiers du stipulant le droit de révoquer la libéralité : « *Attendu, dit-il.... qu'il est vrai que ce dernier (l'auteur des libéralités) pouvait jusqu'au moment de l'acceptation revenir contre son acte, que le même droit de révocation pourrait être exercé soit par son héritier, soit par son légataire universel comme représentant sa personne et exerçant ses droits.* »

Un seul auteur enseignait le système contraire. M. Demolombe (*Donations*, T. III, p. 91, n° 93. — V. aussi *Contrats*, T. Ier, n°s 262 et 253) réputait véritablement inadmissible l'opinion qui autorise les héritiers du stipulant à révoquer la donation faite par leur auteur : la thèse de la révocation de plein droit, dit-il,

permettent d'affirmer. Si en effet, comme la Cour de cassation l'a
nettement reconnu, la personne gratifiée a acquis dès le début un
droit personnel, un droit propre, un droit qui, par la rétroactivité de
l'acceptation intervenue ultérieurement, est réputé avoir eu un caractère irrévocable à ce moment, l'on ne saurait autoriser les héritiers
du stipulant à revenir sur ce qu'avait fait leur auteur, à modifier
l'attribution.

Enlever au droit de révocation son caractère de personnalité que la
nature même des choses lui attribue, ce serait introduire une dérogation que rien ne justifie. Il a même été fait à ce propos une remarque qui a sa place ici. Le droit de révocation, a-t-il été judicieusement dit [1], serait vraiment en contradiction avec l'esprit du contrat
d'assurance sur la vie, auquel toutes les tendances de la jurisprudence paraissent vouloir faire produire les effets qu'il comporte et
qui rentrent dans l'intention manifeste des parties : il est bien évident que celui qui a stipulé le bénéfice d'une assurance sur la vie
en faveur d'une personne déterminée et qui est mort sans avoir
révoqué cette attribution, a manifesté d'une façon certaine la volonté
de voir passer le bénéfice de la police aux mains du tiers qu'il a
désigné : donner à ses héritiers le droit de révoquer, c'est-à-dire de
s'attribuer à eux-mêmes ce qui était destiné à d'autres, ce serait

peut certainement se soutenir, mais il est difficile de concevoir qu'une donation
faite par une personne puisse être révoquée par ses héritiers ; cette idée ne
paraît pas s'être produite parmi nos anciens auteurs ; c'est qu'en effet le droit de
révocation est personnel au stipulant donateur.

Comme nous l'avons fait remarquer dans une note sur *le droit de révocation
d'une assurance sur la vie par les héritiers du stipulant*, insérée dans le *Recueil
périodique des assurances* (1888, p. 339) et reproduite dans nos *Nouvelles Études
sur les assurances sur la vie* (p. 30 à 33), la première opinion, acceptée d'une façon
si générale, ne peut plus se concevoir en présence des derniers arrêts de principe
rendus par la Cour de cassation, arrêts qui ont décidé que le bénéficiaire,
abstraction faite de toute acceptation, a acquis dès le jour du contrat un droit
de créance contre la Compagnie (Cass., 2 juillet 1884, S. 85, 1. 11 et D. P., 85, 1,
150, droit irrévocable (Cass., 16 janv. 1888, S. 88, 1, 127; D. P. 88, 1, 77) sans
qu'il y ait à tenir compte de ce fait que l'acceptation n'a été donnée que plus
tard (Cass., 22 févr. 1888; S. 88, 1, 130; D. P. 88, 1, 198; Cass., 27 mars 1888,
S. 88, 1, 130; D. P. 88, 1, 198.

1. Crépon : Note, S. 88, 1, 121.

M. Bailly *Observat. sur la transmission du bénéfice de l'assur. sur la vie et
sur les clauses relatives à cette transmission* : *Rec. périod. des assur.*, 1889, p. 423,
note a relevé que les motifs invoqués par les auteurs en faveur du droit de
révocation des héritiers sont inapplicables au contrat d'assurance sur la vie.
Les partisans de cette doctrine (V. notamm. Larombière : *loc. cit.*) disent que
les héritiers du stipulant peuvent révoquer *parce que le contrat principal et la
stipulation accessoire sont indépendants des accidents de mort* ; c'est décider a
contrario que les héritiers de l'assuré ne peuvent révoquer ni le contrat d'assurance, ni la stipulation accessoire au profit du bénéficiaire, lesquels dépendent
essentiellement des accidents de mort. En prenant ainsi le contre-pied du raisonnement sur lequel se fonde l'opinion favorable aux héritiers on est amené à
conclure qu'après le décès de l'assuré le bénéficiaire ne peut pas plus accepter
que les héritiers ne peuvent révoquer la stipulation, conclusion absolument
inadmissible.

fausser le caractère et les conditions du contrat, lui faire produire des effets contraires à ceux en vue desquels il a été souscrit [1].

La révocation peut être expresse et formelle [2]. Le plus fréquemment elle résulte d'un avenant [3] par lequel le stipulant substitue un bénéficiaire à celui qui avait été primitivement indiqué, c'est-à-dire rend nulle la première stipulation au profit d'une autre personne [4].

D'autre part l'assuré qui a stipulé dans la police au profit d'un tiers peut, si la police est à ordre, l'endosser au profit d'une autre personne, par exemple d'un créancier et même à titre de garantie. L'endossement pignoratif d'un contrat à ordre est un procédé parfaitement valable qui a pour effet d'autoriser le tiers porteur de la police endossée à se faire payer par la Compagnie le montant de l'assurance (art. 91 C. Comm.) et qui aboutit au total à dépouiller le bénéficiaire primitif [5].

---

1. La solution doit être la même pour les créanciers de l'assuré. Lors du décès de l'assuré qui a stipulé en sa faveur une assurance dans les termes de l'art. 1121 C. Civ., et en l'absence de toute acceptation le bénéficiaire n'a qu'à se présenter à la Compagnie à l'effet de toucher le capital assuré pour que son droit de créance devienne définitif et ne puisse être contredit en rien par les créanciers de l'assuré.

2. Cette révocation peut, en particulier, résulter du testament par lequel l'assuré affecte les fonds à provenir de l'assurance à l'acquittement de ses dettes. Rouen, 12 mai 1851. D. P. 52, 2, 203; S. 51, 2, 279.

3. La validité de cette substitution n'est pas douteuse. Elle a été reconnue par la Cour de cassation notamment dans son arrêt du 16 janvier 1888 (S. 88, 1, 121; D. P. 88, 1, 77, proclamant qu'une police peut, tant que le tiers ne s'est pas par une acceptation approprié les effets de la stipulation, être modifiée par un avenant substituant un autre nom à celui qui avait été primitivement inscrit. V. aussi Cass., 7 août 1888, S. 89, 1, 97 ; D. P. 87, 1, 118. Cf. Demolombe : *Contrats*, T. 1, n° 249 ; Bailly : *op. cit.* (*Rev. périod. des assur.*, 90, 126, etc.).

A la vérité, les partisans de l'opinion qui voient dans l'assurance sur la vie contractée au profit d'un tiers une *negotiorum gestio* opposent l'impossibilité d'un changement; c'est une conséquence forcée du système : le gérant d'affaires ne saurait révoquer la proposition par lui faite au tiers de profiter de l'assurance; il a parlé au nom d'autrui; il ne peut pas, par un changement de volonté, mettre obstacle à la ratification (Labbé : Note, S. 77, 1, 393). Mais ce système paraît absolument condamné (V. notre *Traité*, T. 1er, p. 213). D'ailleurs cette conséquence, assurément fort grave, suffirait à elle seule pour faire écarter cette opinion qui méconnaît l'intention des parties dans la presqu'universalité des cas, car il n'y a pas un assuré qui n'entende rester maître de la somme stipulée (V. notes, S. 69, 1, 97; S. 69, 1, 289; S. 90, 1, 5).

4. La substitution qui intervient ne modifie en rien le caractère du contrat. — — V. l'arrêt précité du 16 janvier 1888.

Il est certain que la substitution d'un bénéficiaire par un avenant au bénéficiaire indiqué dans la police n'est valablement effectuée à l'égard de la Compagnie que s'il y a eu intervention de cette dernière; une simple mention écrite par l'assuré seul sur la police ne rendrait pas l'assureur débiteur du capital envers la personne ainsi désignée. Trib. civ. Seine, 10 juill. 1891, *Journ. des assur.*, 92, 58; *Rev. périod. des assur.*, 91, 305.

5. V. Dijon, 3 avril 1851. D. P. 56, 2, 18. Couteau : *op. cit.*, T. II, p. 355. Mais la révocation ne résulterait pas, bien que le contraire ait été jugé (Besançon, 26 octob. 1892, D. P. 94, 2, 60) de la remise matérielle de la police entre les mains d'un tiers, bien entendu avant toute acceptation. Pour qu'il y ait révocation il faut une substitution, dit la Cour de cassation dans son arrêt du 22 juin 1891

L'assuré peut pour la seconde fois traiter en faveur de qui bon lui semble, notamment après avoir attribué le bénéfice à des personnes indéterminées, ses héritiers ou ayants cause, c'est-à-dire à son patrimoine, donner la créance à un tiers dénommé et réciproquement [1].

La révocation peut aussi être tacite, par exemple lorsque l'assuré refuse de payer la prime ; c'est le procédé le plus habituellement pratiqué. Ce refus anéantit le droit à l'indemnité, car sans la prime il n'y a pas d'assurance et, d'autre part, le bénéficiaire n'a aucune action pour contraindre le stipulant à continuer l'exécution du contrat [2]. Seulement il convient de remarquer que pour maintenir sa créance contre la Compagnie il est loisible au bénéficiaire de continuer le service des primes en payant sur ses propres deniers la somme exigible chaque année ; le stipulant n'est plus alors au total qu'un tiers assuré [3].

Si l'on considère l'assurance sur la vie comme une donation ordinaire il y a lieu de réputer applicables les causes de révocation édictées par les art. 1096, 953, 955, 960 C. Civ. [4] : la libéralité serait donc essentiellement révocable quand elle aura été contenue dans une police souscrite au cours du mariage par un époux au profit de l'autre [5] ; pareillement elle pourrait être révoquée pour inexécution des conditions, ingratitude, survenance d'enfants. Mais il semble bien, et ceci sera démontré plus loin, que l'assurance passée à titre gratuit au profit d'un tiers n'est pas une véritable donation, c'est une donation compliquée d'une stipulation pour autrui, c'est une libéralité d'une nature particulière [6].

(D. P. 92, 1, 205 ; S. 92, 1, 177). En pareille circonstance, lorsque l'assuré remet la police, il ne remplace pas un bénéficiaire par un autre ; l'absence d'endossement empêche que celui qui a reçu le contrat ait acquis un droit ; cette personne a beau être nantie de la police elle n'en est pas propriétaire car la propriété des valeurs à ordre ne se transmet que par l'endossement. *Sic*, Dupuich ; Note, D. P. 94, 2, 58.

1. C'est qu'en effet, comme l'a proclamé sur notre plaidoirie le 7 août 1888 (S. 89, 1, 97 ; D. P. 89, 1, 118) la Cour de cassation saisie de la question de savoir si une personne, après avoir stipulé en faveur de ses héritiers ou ayants droit, avait pu par un avenant transférer le bénéfice à sa femme, *en stipulant par le contrat originaire au profit de ses héritiers ou ayants droit, l'assuré se réserve implicitement mais nécessairement la faculté de désigner ultérieurement la personne à laquelle il entend attribuer le bénéfice de l'assurance.*

2. V. Cass., 29 mai 1876, D. P. 77, 1, 341.

La résiliation de l'assurance pour non paiement des primes serait donc opposable au bénéficiaire qui alléguerait vainement n'avoir pas été mis personnellement en mesure. Paris, 24 févr. 1883, *Rev. périod. des assur.*, 84, 33 ; Paris, 20 janv. 1888, S. 89, 2, 97 ; D. P. 89, 1, 70. Puisque la Compagnie n'a pas été mise par une signification régulière en mesure de connaître le cessionnaire il n'existe de rapports légaux qu'entre l'assuré et elle.

3. Couteau : *op. cit.*, T. II, p. 323.

4. La ce sens Cass., 22 févr. 1893, S. 94, 1, 65 ; D. P. 93, 1, 301 ; Trib. civ. Morlaix, 20 févr. 1890, *Journ. des assur.*, 90, 224.

5. Baron : *op. cit.*, p. 115 et suiv. ; Couturier : *op. cit.*, p. 177 et suiv.

6. Si l'on doit écarter les dispositions précitées pour ce motif la solution doit être différente en cas de divorce ou de séparation de corps : l'époux qui a

SECTION III

Droits personnels à l'assuré.

Des jurisconsultes ont enseigné que la situation de l'assuré est aussi simple que facile à régler : d'après eux, le contrat d'assurance sur la vie engendrerait pour l'assuré un droit de créance contre la Compagnie, mais rien qu'un droit de créance obligeant cette dernière à verser le capital assuré lors de la réalisation de la condition prévue au contrat. Selon ces auteurs [1] il importe peu que le stipulant dispose du bénéfice de l'assurance quand se forme le contrat ou qu'il en dispose postérieurement ; c'est toujours envers lui que la Compagnie s'oblige : s'il dispose immédiatement, lors du contrat, du droit de créance que fait naître à son profit l'obligation de la Compagnie, en fait il ne l'aura eu qu'un moment de raison, mais il n'en est pas moins vrai qu'il l'a eu. La meilleure preuve c'est qu'il en a disposé et que si, par hasard, cette donation était résolue, révoquée, elle rentrerait dans son patrimoine [2].

Cette solution est beaucoup trop absolue.

---

encourra le divorce ou la séparation de corps verra s'évanouir le droit que lui conférait la police souscrite par son conjoint. C'est qu'en effet les termes de l'art. 299 C. civ. sont beaucoup plus larges que ceux des art. 1096, 953, 955 et 960. Ces dispositions emploient le mot *donation* et juridiquement parlant l'assurance contractée en faveur d'un tiers n'est point une donation : l'art. 299 parle d'*avantages*, il se sert d'une expression générique embrassant tout acte de libéralité. Aussi doit-on considérer le divorce et la séparation de corps comme des causes légales de révocation pour l'époux coupable.

L'époux qui a obtenu gain de cause pourra continuer de ses propres deniers et au profit de son patrimoine le contrat passé primitivement en faveur de l'époux coupable. Couturier : *op. cit.*, p. 181.

Il est à peine nécessaire de dire que la révocation ne concerne que l'attribution faite par l'époux : les libéralités faites par les tiers sont maintenues. Cf. Vraye et Gode : *Le divorce et la séparation de corps*, T. II, p. 172.

1. Herbault : *op. cit.*, p. 181 et 182 ; Fey : *op. cit.* p. 129 ; Tissier : *op. cit.* p. 187.

2. M. de Courcy a écrit que le droit à l'indemnité ne prend naissance qu'après la mort de l'assuré : il faut, dit-il, un sinistre pour qu'une indemnité puisse être due ; c'est le sinistre qui fait naître la créance d'indemnité, dans l'assurance sur la vie, c'est la mort de l'assuré (*L'assurance sur la vie et les droits de mutation : Moniteur des assurances*, 15 avril 1875).

Les partisans du système qui attribue un droit de créance au stipulant ont aussitôt objecté que l'assurance peut être passée au profit d'un tiers ou des héritiers et que tant que la libéralité ainsi constituée n'a pas été acceptée, l'assuré peut la révoquer (Herbault : *op. cit.* p. 181, note ; Fey : p. 128).

Avec plus de raison on a fait valoir (Deslandres : *op. cit.*, p. 34) que le sinistre, le décès, n'étant pas le fait de la Compagnie, ne peut être la source juridique de l'obligation d'indemniser.

Assurément, la Cour de cassation avait proclamé le 2 juillet 1884 (S. 85, 1, 11 ; D. P. 85, 1, 156), que le droit à l'indemnité ne naît qu'après le sinistre, après la mort de l'assuré. Mais il convient de noter qu'aucun des nombreux arrêts inter-

Sans doute il y a bien, en cas de contrat régulièrement formé, une double obligation à la charge de l'assureur : celle d'accepter le renouvellement de l'assurance chaque année, au gré de l'assuré, et surtout celle de payer la somme assurée, car quoique soumis à un terme, à une condition, ce dernier engagement est ferme [1]. D'autre part, il est exact que, dans certaines circonstances, l'assuré peut agir contre la Compagnie, par exemple pour la participation aux bénéfices, pour la perception de la valeur de rachat. Enfin il est non moins vrai que l'assuré a la faculté de transmettre le contrat. Mais le stipulant ne devient pas, dans tous les cas, créancier de la Compagnie. Il ne l'est pas, notamment quand le contrat est fait au profit d'un tiers déterminé. C'est ce dernier qui seul peut agir pour obtenir le paiement du capital assuré ; c'est lui seul puisque le droit à la somme acceptée par l'assureur ne fait point partie du patrimoine du stipulant : en fait parce que cette somme n'est payable par un tiers qu'au décès du stipulant, en droit parce que la créance naît du contrat lui-même, est acquise par le bénéficiaire non seulement dès le jour même du contrat, mais aussi par le fait même du contrat. On ne pourrait, en pareil cas, reconnaître un droit de créance à l'assuré qu'à la condition de contester le principe fondamental posé par la jurisprudence : le bénéficiaire a un droit propre, remontant au jour même du contrat. Il est à peine besoin de dire que le défaut d'acceptation importe peu : en cette matière l'acceptation peut se produire à tout moment et, par l'effet de la condition, elle rétroagit au jour même de la formation de la convention.

§ 1. — Droit de renouvellement du contrat.

Le contrat d'assurance sur la vie ou en cas de décès engendre pour le signataire de la police des droits de différentes sortes.

En premier lieu, ce souscripteur a la faculté de renouveler chaque année le contrat qui, on le sait, est annuel. Moyennant le paiement de la prime, la Compagnie est tenue de céder. Son refus serait inadmissible, il serait la négation de l'engagement pris lors des premiers pourparlers, engagement d'assurer chaque année. De ce principe qu'il y a une promesse faite par la Compagnie de réaliser le contrat, il s'en suit que le preneur d'assurance qui a accepté l'engagement assumé

venus postérieurement ne fait valoir cette considération mal fondée, et même que par son arrêt du 8 février 1888 (S. 88, 1, 129 ; D. P. 88, 1, 201) la Cour a formellement reconnu que le droit à l'indemnité existe au profit du bénéficiaire dès le moment où le contrat se forme. Comp. de Courcy : *Précis de l'assur. sur la vie*, p. 166.

1. C'est dans ce sens que doivent être interprétés les arrêts de la Cour de cassation cités par M. Fro *op. cit.*, p. 129, à l'appui de son système.

par la Compagnie peut seul former le contrat, car son seul consentement peut rencontrer celui donné d'avance par la Compagnie et s'unir
à lui pour former le lien contractuel définitif, le consentement de la
Compagnie n'ayant été donné qu'en vue du sien [1]. Le droit de renouveler le contrat annuel, c'est-à-dire de maintenir l'opération, est un
droit essentiellement personnel. Il n'appartient qu'à l'assuré de prendre une détermination ; lui seul peut donc demander à la Compagnie
de continuer l'assurance du risque ; les créanciers sont sans droit et
sans qualité à cet égard. D'ailleurs, il n'est pas possible d'admettre
que ces créanciers puissent, de leur plein gré, abstraction faite de
la volonté du souscripteur de la police, continuer le contrat : il y
aurait alors assurance sur la tête d'un tiers ; or, une pareille assurance ne peut intervenir qu'avec l'assentiment de la personne sur la
tête de laquelle porte le contrat.

§ 2. — Droit de rachat.

Tandis que dans l'assurance en cas de vie ou dans l'assurance
mixte combinant l'assurance en cas de décès et l'assurance en cas de
vie le souscripteur touche la somme prévue au contrat s'il existe au
terme convenu, lorsqu'il s'agit d'une assurance en cas de décès le
capital assuré va au bénéficiaire, déterminé ou non. Il ne faut pas
croire cependant que le signataire de la police, l'assuré lui-même,
ne puisse jamais toucher une partie du capital.

Lorsqu'à l'expiration d'un certain laps de temps, généralement
après trois ans [2] et à la condition de ne rien devoir à l'assureur, il
trouve préférable d'abandonner le contrat en refusant la prime, ce
qui lui est parfaitement loisible de faire, le contrat étant annuel, la
portion de la prime acquittée par lui au début à un chiffre supérieur
et qui a été placée en réserve doit lui être restituée. Il n'y a plus
lieu de la conserver, en effet, parce que l'opération cesse. Moyennant
une déduction qui se justifie par cette considération que l'assuré
par son fait prive la Compagnie des bénéfices sur lesquels elle était
en droit de compter et aussi par cette circonstance que chaque
contrat, au moment de sa souscription, entraîne des frais de toute
sorte qui constituent les frais généraux de la Compagnie et sont

1. Deslandres : op. cit., p. 36.
2. Les polices contiennent une clause ordinairement ainsi conçue :

*La Compagnie rachète, à la demande des intéressés, les polices sur lesquelles les
trois premières primes annuelles au moins ont été acquittées. Le prix de rachat
est déterminé d'après les bases adoptées par décision du Conseil d'administration
et en vigueur au jour de la demande de rachat.*

*Parfois l'on ajoute ces mots : Ce prix n'est pas moindre de 85 0/0 de la totalité
des primes payées, sans addition d'intérêts.*

escomptés en prévision d'une durée normale du contrat [1], après avoir liquidé le compte de l'assuré [2], la Compagnie lui rend le solde, la valeur de rachat.

L'assuré a le droit de recevoir la somme représentant la valeur de rachat. Il lui suffit de remettre à la Compagnie sa police, c'est-à-dire le titre qu'il avait et un récépissé de l'argent versé [3].

De même que les créanciers ne peuvent continuer le contrat d'assurance conclu précédemment par le failli à moins de faire une assu-

1. Vermot : *Catéchisme de l'assur. sur la vie*, II° part., p. 128.

2. Il a été jugé que l'assuré doit subir les règles générales de l'escompte, c'est-à-dire la déduction des intérêts que la somme escomptée eût pu produire par la Compagnie si elle l'eût conservée dans sa caisse pendant le temps restant à courir (Rennes, 26 mars 1876, *Journ. des assur.*, 78, 176) et que l'escompte à déduire doit se calculer en tenant compte de l'intérêt composé (Paris, 17 mai 1879, *Le Droit*, 29 août 1879).

Mais si ces arrêts respectent dans leurs décisions ce qui se passe dans la pratique pour le calcul de la valeur de rachat, ils reposent sur des motifs inexacts. Ils partent, en effet, de cette idée que le capital assuré est formé à l'aide des primes accumulées et grossies des intérêts composés, que l'assurance sur la vie constitue un placement de fonds et que le rachat du contrat n'est que le paiement anticipé d'une *créance due à terme*, paiement qui doit se faire sous la déduction de l'escompte.

Il y a là une erreur que M. Couteau a judicieusement tenu à mettre en lumière (*V. op. cit.*, T. II, p. 301, etc.).

Au moment où l'assuré abandonne l'opération il demande la liquidation de son compte. Il ne peut réclamer le paiement anticipé d'une créance qui n'existe pas. Le capital assuré n'est pas dû *à terme*, mais sous *une condition*, à savoir que le contrat sera continué et lorsqu'il va être procédé au rachat, il est sûr que cette condition ne sera pas remplie, puisque le contrat est abandonné volontairement. Les primes antérieures qui ont été versées par l'assuré qui veut se retirer n'existent plus ni pour lui ni pour la Compagnie. Elles ont été consommées et ont servi à chaque exercice à faire face aux sinistres survenus. En principe il ne devrait rien rester au bout de chaque année et c'est ce qui a lieu dans l'assurance temporaire d'un an. Mais dans la pratique, afin d'arriver à l'uniformité de la prime dans l'assurance pour la vie entière, l'assureur s'est décidé à mettre une petite fraction en réserve et à ouvrir un compte à chaque assuré. Ce compte comprend à son crédit cette réserve et il est augmenté par la répartition de la réserve des contrats sinistrés. Le solde créditeur de ce compte est uniquement destiné à faire face à l'insuffisance de la prime uniforme dans la dernière période de l'assurance, mais jamais il ne sera possible de soutenir qu'il soit destiné à former le capital assuré à l'aide d'accumulations successives et de capitalisation des intérêts.

Deux faits le prouvent. D'abord si le décès a lieu dans les premières années de l'assurance le solde créditeur des comptes est bien inférieur au capital stipulé et cependant ce capital est payé. En second lieu, si l'assurance est continuée longtemps, ce solde créditeur commence par s'accroître sans pouvoir atteindre jamais le chiffre du capital assuré et diminue ensuite lorsqu'on arrive à la période où il est absorbé peu à peu pour faire face à l'insuffisance de la prime annuelle.

3. Il convient de noter que la valeur de rachat, c'est-à-dire la valeur que la police aurait la veille du jour où l'incident se produit est, d'après les polices, payée par la Compagnie, lorsque les trois premières primes annuelles au moins ont été acquittées : 1° au cas où la personne sur la tête de laquelle repose l'assurance perd la vie par le fait du bénéficiaire ; 2° en cas de duel, suicide ou condamnation judiciaire ; 3° en cas de voyage et de séjour hors de certaines limites fixées par le contrat, en cas de certains voyages par mer ; 4° d'exercice de la profession de marin.

rance dans leur propre intérêt sur la tête d'un tiers), ils ne sauraient demander le rachat de la police. La question sera étudiée plus loin avec tous les développements qu'elle comporte. Ici il suffira de dire que le contrat d'assurance est un contrat personnel de sa nature, qu'il confère des droits essentiellement personnels et que, par conséquent, il appartient à l'assuré seul d'apprécier s'il doit interrompre le contrat [1].

§ 3. — Droit de réduction.

Au lieu de toucher la valeur de rachat l'assuré peut laisser le montant de sa réserve entre les mains de la Compagnie; cette réserve forme la prime unique d'une nouvelle assurance en cas de décès, garantissant le paiement d'un capital qui est inférieur au capital primitivement assuré et que pour ce motif on a appelé capital réduit. On dit alors qu'il y a réduction [2].

Le droit de faire réduire son assurance par la Compagnie appartient à tout assuré, sauf si la police contient une défense formelle, ce qui n'est pas vraisemblable [3].

Les conditions sont fixées par les procédés de calcul usités par la Compagnie, mais ce qui est essentiel, c'est que les primes des trois premières années au moins aient été intégralement payées.

La somme réduite est payable au décès de l'assuré. Seulement ce qu'il convient de noter, c'est que ce dernier peut parfaitement, au cours de l'existence du contrat réduit, rendre à la police primitive son premier effet. L'assureur n'est pas tenu de faire revivre cette police; en réalité, elle n'existe plus, elle a fait place à un contrat nouveau souscrit, moyennant une prime unique, pour le capital nommé capital réduit [4]. Néanmoins rien n'empêche l'assu-

1. Il va de soi que le rachat ne peut être demandé par l'assuré qu'autant que ce dernier jouit à ce moment de la plénitude de ses facultés; le rachat peut donc être annulé lorsqu'il est constant en fait que lors de la résiliation du contrat l'assuré se trouvait dans un état de démence notoire. Chambéry, 1er févr. 1892, D. P. 93. 2, 357.

2. Vermot : *op. cit.*, p. 131.

3. Les polices disposent habituellement de cette manière :

L'assurance est réduite conformément aux tarifs établis (ou conformément aux tarifs imprimés au dos du présent contrat; si les trois premières primes annuelles au moins ont été intégralement payées. — La somme réduite reste payable au décès de l'assuré.

D'après une rédaction il est dit que, *dans le cas de réduction du capital assuré, la participation sera décomptée sur la prime viagère qui eut été appliquée à ce capital réduit à la date de la souscription et suivant l'âge de l'assuré à cette date.*

Une autre rédaction s'exprime ainsi : *Les polices réduites continuent à participer aux bénéfices, mais seulement au prorata du montant de la prime unique correspondant au capital réduit, à la date de la réduction.*

4. Ce nouveau contrat ne s'opère pas de plein droit : il ne peut exister que par l'accord des volontés de l'assureur. Trib. civ. Seine, 2 juill. 1889, *Journ. des assur.*, 89. 510; *Rec. périod. des assur.*, 89. 133.

reur d'accueillir la demande qui lui est faite, mais il s'agit alors d'un contrat absolument distinct et l'assuré devra se soumettre à toutes les formalités ordinaires [1].

De même que l'assuré est seul en mesure de réclamer le rachat à l'exclusion de ses créanciers, de même il est seul en état de faire réduire l'assurance. Le droit de réduction a beaucoup trop le caractère de droit attaché à la personne pour pouvoir être exercé par les créanciers ou par leur représentant, au moins sans le consentement du signataire de la police.

§ 4. — Droit de participation aux bénéfices.

De par l'effet du contrat la Compagnie doit tenir compte à la police de l'assuré de la part lui revenant dans la participation des bénéfices [2].

Il est inutile de revenir sur ce qui a été dit touchant la participation aux bénéfices. Il suffira de dire que c'est au fond le remboursement d'une partie de la somme exigée par la police.

D'après les Statuts la partie des bénéfices nets produits par les assurances vie entière est répartie entre toutes les polices vie entière

1. Vermot : op. cit., p. 135.
2. Voici quelles sont les dispositions qui figurent à ce sujet dans les polices :

La moitié des bénéfices produits par les assurances pour la vie entière, conformément aux inventaires dressés par la Compagnie, est répartie entre toutes les polices, au prorata du montant des primes payées, sans addition d'intérêts et en tenant compte de la date d'échéance des primes.

Pour les polices dont le capital aura été réduit par suite de cessation du payement des primes, les parts de bénéfices ne seront plus calculées que sur la prime unique correspondant à ce capital réduit.

Le Conseil d'administration a seul le droit de déterminer les bases et le mode de calcul qui servent à établir le chiffre des bénéfices réalisés, la durée de la période des inventaires et l'époque des répartitions. Il fixe également le montant des frais de toute nature à mettre à la charge des assurances pour la vie entière.

Les comptes dressés, comme il vient d'être dit, et approuvés ensuite par l'assemblée générale des actionnaires font loi à l'égard de tous les assurés, et nul n'est admis à les critiquer.

Ne sont admises à prendre part à la répartition que les polices qui ont au moins un an de date au dernier jour de la période pour laquelle l'inventaire a été établi et qui se trouvent en cours au dit jour.

La quote-part des bénéfices attribuée à chaque police est, au choix de l'ayant droit, payée en argent comptant ou convertie soit en une augmentation du capital assuré, soit en une réduction de la prime annuelle suivant les procédés de calcul déterminés par la Compagnie.

A défaut de déclaration faite à la Compagnie dans les quatre (ou six mois), mais à partir du jour de l'approbation des comptes par l'assemblée générale, l'ayant droit est considéré comme ayant opté pour le payement en argent comptant, et sa part est tenue à sa disposition, sans intérêts.

Si la personne dont la vie est assurée vient à décéder avant que le droit d'option ait été exercé, la quote-part de bénéfices attribuée à la présente police est payée en argent comptant.

dans la proportion du montant des primes payées [1]. C'est le conseil d'administration qui a pour mission de prendre toutes les mesures propres à amener la répartition d'une façon équitable pour tous.

L'exercice du droit de participation est soumis à certaines conditions.

D'abord, il faut noter que l'assuré ne peut arriver à partager les bénéfices qu'autant que la police le lui permet [2]. En d'autres termes, la participation n'est pas de l'essence du contrat d'assurance sur la vie. Il arrive même parfois que des Compagnies remplacent cet avantage par une réduction du montant de la prime.

D'autre part, l'assuré ne peut être admis qu'autant que sa police a une certaine durée, d'ordinaire un an de date.

Enfin l'assuré ou mieux le participant ne saurait, sauf lorsque les Statuts contiennent une disposition précise à ce sujet [3], être admis à contrôler la gestion de la Compagnie, les procédés employés pour le calcul comme pour la répartion des bénéfices, et s'immiscer dans les opérations de la Compagnie [4]. Le droit de contrôle ne peut, en effet,

---

1. *Quid* lorsqu'il y a réduction? Faut-il dire qu'en pareil cas un nouveau contrat ayant été formé, les bénéfices doivent être calculés d'après la nouvelle assurance?

Le contraire a été jugé et il a été décidé que la clause additionnelle qui, au cours de l'assurance, avait réduit le capital assuré n'opérait pas novation dans les conventions des parties (Cass., 19 juillet 1881; D. P. 83, 1, 39; S. 83, 1, 405), que par suite la part de l'assuré dans les bénéfices annuels doit être calculée sur la somme des primes réellement versées et non sur une prime unique correspondant au capital réduit (Paris, 12 janvier 1881, D. P. 83, 1, 39; S. 83, 1, 405).

Mais il est à remarquer (V. Agnel : *op. cit.*, n° 414; Dalloz, *Rép.*, Supplém. v° *Assur. terr.*, n° 395) que cette solution n'est plus applicable aujourd'hui en présence des modifications apportées aux polices. Il est de convention expresse que si l'assuré qui, après avoir payé trois primes, cesse de payer les primes, voit réduire la somme assurée et que si l'assuré continue à jouir des avantages de la participation aux bénéfices, c'est avec une réduction proportionnelle.

2. Aussi des auteurs (Notamment Farquim d'Almeida : *op. cit.*, p. 119) ne considèrent pas la participation aux bénéfices comme un droit, à proprement parler, mais bien comme une simple faculté que certaines Compagnies laissent au choix des preneurs d'assurance.

3. Il a été décidé que lorsque l'assuré peut exercer son contrôle, c'est au siège social qu'il doit se rendre, à l'étranger par suite, s'il s'agit d'une Société étrangère opérant en France. — Trib. civ. Seine, 2 décembre 1892, *Journ. des assur.*, 93, 29; *Rev. périod. des assur.*, 93, 111.

4. Herbault conteste cette solution *op. cit.*, p. 146, par le motif que la Compagnie étant débitrice, le contractant est un créancier ayant par conséquent le droit d'établir qu'il n'a pas reçu ce qui lui était dû. D'après cet auteur, cette manière de voir aurait été consacrée par la Cour de cassation; un arrêt du 6 avril 1869 (D. P. 71, 2, 115; S. 70, 2, 82) aurait jugé que lors de la notification du chiffre à toucher l'assuré a le droit d'exiger qu'on lui fasse connaître, au moins par un état sommaire, les bases du règlement et que l'on doit réputer insuffisante l'offre faite par la Compagnie de communiquer à l'assuré, au siège de la Société, les livres, comptes et procès-verbaux de répartition.

Cette décision n'a peut-être pas l'importance qu'on lui prête. Elle paraît avoir été motivée par des circonstances particulières de fait : il s'agirait d'une assurance temporaire ; de plus, l'arrêt constate que la Compagnie en cause, Compa

être accordé qu'aux associés : or, l'assuré n'est pas un associé, puisqu'il participe aux gains sans contribuer aux pertes [1].

Mais le droit de critique reste ouvert s'il s'agit de fixer la quote-part de chaque assuré d'après une base prise dans les conventions particulières passées par l'assuré avec la Compagnie, parce qu'alors il ne s'agit pas d'un compte et de sa vérification, mais bien d'une convention dont l'interprétation appartient aux tribunaux et non au conseil d'administration [2].

La clause additionnelle qui réduit le capital assuré par suite d'une déclaration de l'assuré qui, usant d'un droit que lui confère la police, annonce l'intention de cesser le paiement des primes annuelles n'opère pas novation dans les conventions des parties [3]. La part de l'assuré dans les bénéfices annuels doit donc être calculée sur la somme des primes réellement versées et non sur une prime unique correspondant au capital réduit [4].

La clause d'une police d'assurance mixte portant que l'assuré qui résilie et demande le versement comptant de la fraction du capital garanti doit supporter sur cette fraction l'escompte de 4 0/0 du jour où le paiement a lieu jusqu'à l'époque de l'échéance normale du contrat doit, a-t-il semblé [5], s'entendre en ce sens que l'escompte se calcule non pas simplement comme pour les effets de commerce, mais eu égard au nombre d'années restant à courir d'après la police, et en tenant compte, au profit de l'assuré, de l'intérêt composé, à raison des échéances successivement échelonnées des annuités. Cette idée repose sur cette règle que le capital assuré est formé à l'aide des primes accumulées et grossies des intérêts composés, que l'assurance sur la vie constitue un placement de fonds et que le rachat du contrat n'est que le paiement anticipé d'une créance à

gnie étrangère, avait fait certaines promesses qui ont pu sembler aux juges constituer des engagements. Couteau : *op. cit.*, T. II, p. 287.

Mais sur le principe, la controverse semble difficile à l'heure actuelle en présence de la jurisprudence rapportée plus bas.

1. Couteau : *op. cit.*, T. II, p. 284 et suiv.; Fey : *op. cit.*, p. 152.

Bordeaux, 6 août 1853, D. P. 54, 2, 11; Paris, 27 juill. 1878, D. P. 80, 1, 126; S. 78, 2, 212; Cass. (solut. implicit.), 19 juill. 1881, D. P. 83, 1, 39; S. 83, 1, 405.

Il faut naturellement excepter les cas de dol ou de fraude. Trib. comm. Seine, 9 oct. 1883, *Journ. des assur.*, 85, 173.

Non obstat l'art. 5 du décret du 22 janvier 1868 permettant aux assurés de prendre à toute époque communication du dernier inventaire. Outre que cette faculté n'est concédée que par un décret il faut noter que cette disposition se relie à l'art. 35 de la loi de 1867 sur les sociétés qui vise seulement *l'actionnaire*, c'est-à-dire une personne dont le caractère ne ressemble en rien à celui d'un assuré.

2. Cass., 19 juill. 1881, D. P. 83, 1, 39; S. 83, 1, 405; Paris, 12 janvier 1881, D. P. 83, 1, 39.

3. Cass., 19 juill. 1881, S. 83, 1, 405; D. P. 83, 1, 39.

4. Paris, 12 janv. 1881, S. 83, 1, 405; D. P. 83, 1, 39.

5. Paris, 17 mai 1879, *Journ. des assur.*, 79, 444.

terme, paiement qui doit se faire sous déduction de l'escompte [1]. Mais ne peut-on pas faire remarquer avec raison que l'assuré, au moment où il abandonne l'opération ne saurait réclamer le paiement anticipé d'une créance qui n'existe point? De plus, le capital assuré n'est pas dû à terme mais sous une condition, celle de la continuation du contrat, et précisément dans ce cas là il est sûr que cette condition ne sera pas remplie puisque le contrat est abandonné volontairement. La valeur de rachat ne consiste-t-elle pas simplement dans le solde créditeur formé par l'excédent de primes qu'a perçues l'assureur pendant la période antérieure au rachat et qui était mis en réserve pour parfaire les primes afférentes à la dernière période de la vie de l'assuré [2]?

§ 5. — Droit d'emprunt.

L'assuré a la facilité d'emprunter à la Compagnie, sur son contrat, la somme dont il peut avoir besoin [3].

Il ne faut pas croire, comme on y est trop facilement porté, que l'on peut bien emprunter sur la totalité des primes versées, pour l'admettre il faudrait soutenir cette idée radicalement fausse que le capital assuré est le produit de la capitalisation des primes. La Compagnie ne prête et ne peut prêter que sur la valeur de rachat de la police.

Pareillement il importe de ne pas s'imaginer que l'emprunt peut avoir lieu sur le capital assuré : le paiement de la prime étant facultatif, ce capital assuré n'est qu'une valeur fictive qui ne sera peut-être jamais réalisée et même en supposant le cas fort rare où la police est libérée par le versement d'une prime unique, et où par conséquent rien ne peut plus arrêter, au moment du décès, le paiement ultérieur

---

1. V. *Pandectes franç.*, v° *Assur. sur la vie*, n° 355.
2. Couteau : *op. cit.*, T. II, p. 301.
3. Très fréquemment les conditions générales sont muettes à cet égard et il faut rechercher dans les prospectus des Compagnies les offres à cet égard.

Voici pourtant comment s'expriment des polices :

La Compagnie rachète, à la demande des intéressés, les polices sur lesquelles il a été acquitté trois primes annuelles au moins. Ce rachat a lieu d'après les tarifs arrêtés par le conseil d'administration.

Elle peut aussi, sur leur demande, consentir à leur compter à titre de prêt, sur la valeur de leur contrat, la somme à laquelle ce même rachat se fût élevé.

Dans ce cas, le capital assuré demeure, jusqu'après remboursement, réduit du montant de la somme prêtée.

Il convient de noter que la clause d'emprunt, pas plus que celle de rachat et même que la clause permettant la transmission par endossement, c'est-à-dire la réserve d'un droit personnel à l'assuré ne dépouille le contrat de son caractère de stipulation pour autrui et n'altère cet effet d'engendrer en faveur du tiers gratifié un droit exclusif au capital assuré. — Cass., 22 juin 1891, S. 92, 1. 177; D. P. 92. 1, 205. Nous reviendrons ultérieurement sur cette question.

du montant de l'assurance, la police n'a jamais d'autre valeur au comptant que la réserve du contrat. On ne peut prêter que sur cette valeur au comptant et non sur un capital qui n'existe pas actuellement, qui sera formé on ne sait à quelle date, par l'agglomération d'un certain nombre de primes afférentes à d'autres contrats, et appartenant à l'exercice annuel pendant lequel le décès sera survenu. On ne saurait prêter sur des sommes qui ne sont pas encore encaissées [1].

Cet emprunt ne peut être exercé qu'autant que la Compagnie y consent formellement, car par lui-même le contrat ne confère aucun droit à l'assuré. Il est soumis aux conditions que l'assureur est le maître d'imposer; par exemple il peut être convenu que la somme prêtée sera égale à la valeur de rachat du contrat au jour du prêt et qu'en ce cas le capital assuré demeurera, jusqu'après remboursement, réduit du montant de la somme prêtée.

SECTION IV

Droit de transmission.

L'assuré [2] a le droit de céder à des tiers le bénéfice de l'assurance [3].

[1]. Vermot : *op. cit.*, p. 138 et 139.

[2]. Il faut dire l'assuré *seul* parce que le contrat d'assurance sur la vie est un contrat d'un caractère absolument personnel.

Par conséquent, le représentant des créanciers d'un assuré ne peut, sans le consentement de cet assuré, céder la police. Comme l'a décidé le Tribunal de commerce de Genève le 9 janvier 1890 (S, 90, 4, 24), il est de principe supérieur qu'on ne peut admettre qu'il soit stipulé sur la vie d'une personne sans le consentement de cette personne.

Pareillement l'assuré a le droit de s'opposer à ce que ses créanciers fassent vendre la police aux enchères. Il serait contraire à l'ordre public, a dit le Tribunal civil de la Seine, dans un jugement du 1er décembre 1876 (*Journ. des assur.*, 77, 18), qu'au moyen de la mise aux enchères de polices, le premier venu pût s'en rendre acquéreur, sans le consentement de celui sur la tête duquel elles reposent, et que l'assureur a intérêt à combattre une adjudication susceptible de changer la nature du contrat, d'altérer sa moralité et d'éloigner les assurés. Sic, Couteau : *op. cit.*, T. II, p. 116; Fossé : *Le syndic de faillite*, Paris, 1888, p. 76; Lefort : *Nouvelles Études sur les assur. sur la vie*, p. 50.

[3]. C'est là une différence essentielle avec le régime des assurances organisé par la loi du 11 juillet 1868.

Aux termes de l'art. 4, § 2 de cette loi, les sommes assurées par la Caisse des assurances sont insaisissables et incessibles jusqu'à concurrence de moitié, sans toutefois que la part incessible ou insaisissable puisse descendre au-dessous de 500 fr.

Cette disposition a été vivement combattue. On a soutenu qu'il n'était ni juste ni raisonnable de priver de la libre disposition d'un capital formé par ses économies un homme qui s'était montré prévoyant et qui n'avait peut-être contracté l'assurance qu'en vue de personnes mortes depuis. Il a été

Loin de s'y opposer, les Statuts des Compagnies contiennent à cet égard une disposition permettant de rendre l'assurance transmissible. On ne voit pas du reste pour quel motif la cession ne pourrait pas être opérée : au total, il ne s'agit que d'une créance contre un tiers, l'assureur ; d'une façon générale, toutes les créances sont susceptibles d'être cédées [1].

Par la cession intervenue à son profit, le cessionnaire n'acquiert pas le droit à la perception de la somme éventuellement exigible de la Compagnie. Il ne reçoit pas une créance égale au capital prévu par la police [2]. Le droit au bénéfice n'est pas encore définitif pour le signataire de la police, le contrat, en effet, pouvant être rompu par son fait, soit pour non paiement des primes, soit pour aggravation des risques ou pour une cause de nullité telles que le suicide. Le ces-

répondu (Duvergier : *Collect. des lois*, 1868, 263, note 1; *Monit. offic.*, 30 mai 1868, p. 749, 6° col.) que l'assurance constituait une véritable caisse d'épargne dont le produit destiné à la famille, l'assurance prévue par la loi de 1868 ne comportant pas autre chose et ne pouvant être faite sur la tête d'un tiers, ne devait pas être à la merci d'un moment d'imprévoyance; que rien ne forçait d'ailleurs l'assuré à continuer ses versements (art. 5) et le principe d'incessibilité a été consacré. — V. Tissier : *op. cit.*, p. 194. Mais on a pu dire aussi que la restriction édictée par cet article, dérogation flagrante au droit commun, n'était motivée que par le but tout spécial de la loi de 1888. Cf. Rougier : *Comment. de la loi du 11 juill. 1868*, p. 58 ; Herbault : *op. cit.*, p. 194.

1. *Le contractant peut*, disent d'ordinaire les polices, *s'il a été expressément stipulé dans les conditions manuscrites que la police est faite à son ordre, en transférer la propriété par un endossement régulier, conformément aux art. 137 et 138 du Code de commerce.*

Parfois l'on ajoute cette disposition additionnelle : *Tous les cessionnaires successifs ont la même faculté.*

Cette clause ne semble pas suffisante. Il conviendrait de la compléter. Certaines dispositions des législations étrangères pourraient à cet égard être prises pour modèles.

D'après la législation américaine, une police cessible peut, suivant sa nature, être cédée totalement ou partiellement selon le consentement des parties, avec la connaissance et l'autorisation de la Société, conformément à ses conditions et aux conditions de la loi : les conditions et stipulations de la cession doivent être clairement énoncées (Couteau : *op. cit.*, T. II, p. 368).

La loi belge de 1874 dispose (art. 42) que la transmission des droits résultant de l'assurance s'opère par le transfert de la police signé par le cédant, le cessionnaire et l'assureur. On a loué avec raison cette disposition reproduite parfois par certaines Compagnies qui insèrent dans leurs Statuts une clause portant que « le transfert doit être constaté sur le titre même; il doit énoncer le nom de celui à qui la propriété est transmise; il doit être daté et signé par le titulaire ».

M. Couteau a demandé (*op. cit.*, T. II, p. 369) au législateur de dire que la police d'assurances n'est qu'un titre semblable aux autres valeurs mobilières, que ce titre peut être au porteur ou nominatif au choix des parties, que s'il est au porteur il peut se transmettre de main en main sans l'observation d'aucune formalité même à l'égard des tiers, que s'il est nominatif il se transmettra seulement par un transfert sur le registre de la Compagnie, dans les termes indiqués par la loi belge.

2. Cependant M. Deslandres (*op. cit.*, p. 182 et suiv.) établit une distinction pour la clause à ordre ainsi que l'endossement, et les autres modes de cession et dans le premier cas il estime que le cessionnaire a droit au bénéfice même de l'indemnité.

sionnaire ne peut pas se trouver dans une situation meilleure. Il tombe sous le sens que la Compagnie ne saurait être considérée comme liée vis-à-vis d'un cessionnaire alors que le cédant a manifesté sa volonté de renoncer au contrat [1].

Tout ce que le cessionnaire peut exiger c'est d'être traité comme son auteur.

L'assuré a de par le contrat : 1° un droit à la perception du capital assuré, droit éventuel, incertain, puisqu'il dépend de l'accomplissement de certaines conditions : maintien du contrat par l'acquittement de la prime annuelle, maintien qui, à la vérité, constitue un droit pour lui car le renouvellement du contrat chaque année est une obligation pour l'assureur; survenance du décès dans les conditions prévues par la police; 2° indépendamment du droit de toucher une part dans les bénéfices, un droit à la valeur de rachat qui, cette fois, est créé, actuel, car il correspond à la portion des primes versées avec affectation à la réserve. Le cessionnaire reçoit donc simplement le droit de toucher le capital si l'assurance est renouvelée dans les conditions voulues et si le sinistre se produit pendant la période couverte par la police, le droit de participation aux bénéfices et le droit de toucher la valeur de rachat [2].

De ce que les droits attribués par l'assurance à l'assuré cédant passent tels quels au cessionnaire, il suit que ce dernier est exposé à voir soulever contre lui les exceptions qui seraient ou qui pourraient devenir opposables au signataire de la police. Si celui-ci, par exemple, a négligé d'avertir l'assureur d'un voyage qu'il allait entreprendre en dehors des limites permises par les polices, il encourt la déchéance prononcée par les clauses relatives aux voyages lointains; cette déchéance est opposable au cessionnaire. Il en est de même de toutes les autres clauses imposant au preneur d'assurance l'observation loyale du contrat. C'est ainsi qu'il a été décidé que la résiliation de l'assurance pour non paiement des primes est opposable au cessionnaire qui alléguerait en vain n'avoir pas été mis personnellement en demeure [3].

En principe, c'est le cédant qui est tenu de payer la prime an-

---

1. Paris, 24 février 1883, *Rec. périod. des assur.*, 84, 33.

2. En effet, l'assuré peut toujours transférer à autrui la créance attribuée contre la Compagnie.

3. Trib. civ. Seine, 1er juill. 1879, *Journ. des assur.*, 79, 400; Trib. comm. Seine, 3 nov. 1880, *ibid.* 81, 20; Paris, 24 févr. 1883, *ibid.*, 84, 23; *Rec. périod. des assur.*, 84, 33; Trib. civ. Seine, 9 juin 1883, *ibid.*, 84, 24; *Rec. périod. des assur.*, 83, 127; Paris, 20 janv. 1888, S. 89, 2, 98; D. P. 89, 2, 70; Trib. civ. Seine, 7 juill. 1886; *Rec. périod. des assur.*, 86, 517; Trib. comm. Seine, 1er mai 1890, *Rec. périod. des assur.*, 90, 335; Trib. civ. Seine, 22 nov. 1892, *Rec. périod. des assur.*, 93, 149; *Journ. des assur.*, 93, 127. — *Contrà*, Trib. civ. Seine, 17 mai 1889, *Rec. périod. des assur.*, 89, 478; *Journ. des assur.*, 89, 504. Mais cette décision s'explique par des circonstances particulières. — V. les observat. *Journ. des assur.*, loc. cit. — Cf. Furquim d'Almeida : op. cit., p. 137.

nuelle; il est débiteur unique; seul il est lié vis-à-vis de la Compagnie qui ne connaît que lui. Dès lors, c'est à l'assuré seul que la prime doit être réclamée; par suite c'est à lui seul que doit être adressée la mise en demeure. C'est en vain que l'on invoquerait la circonstance que l'assuré n'a plus d'intérêt au maintien du contrat à raison de la cession ou, d'autre part, de son état d'insolvabilité. La situation ne peut être changée; il est impossible que le cessionnaire soit *ipso facto* substitué pour le versement de la prime; la Compagnie ne peut être de la sorte mise dans l'obligation de le sommer d'avoir à payer [1].

Le cessionnaire ne saurait, en règle générale, imposer au cédant l'obligation de payer la prime à l'effet d'obtenir le maintien de la police; il ne pourrait même obtenir aucune réparation de ce chef en invoquant soit un fait volontaire, soit une négligence imputable au stipulant [2].

1. Il semble bien certain que l'assureur n'est pas tenu de prévenir d'une façon particulière le cessionnaire que la prime doit être payée au cas où la mise en demeure est exigée, parce que, en droit, il ne connaît pas le cessionnaire. Cf. sur cette question, Labbé; Note, S. 89, 2, 97. — En ce sens, Trib. comm. Seine 1er mai 1890, *Rev. périod. des assur.*, 90, 336 et Trib. civ. Seine, 1er juill., 1879, *Gaz. des Trib.*, 5 sept. 1879; *Journ. des assur.*, 79, 100; Paris, 24 févr. 1883, *Rev. périod. des assur.*, 83, 33; *Journ. des assur.*, 83, 23; Trib. civ. Seine, 22 nov. 1892, *Rev. périod. des assur.*, 93, 149; *Journ. des assur.*, 93, 127.

Il a été décidé que lorsqu'un débiteur, pour garantir à son créancier le remboursement de sommes dues, a souscrit au profit de cette personne une assurance sur sa vie sous la forme d'une police à ordre endossée ensuite à l'ordre du tiers bénéficiaire, la stipulation faite au profit de ce tiers, pas plus que l'endossement de la police à son ordre, n'ont pour effet de rendre le bénéficiaire débiteur direct des primes envers la Compagnie d'assurances s'il n'a pas signifié l'endossement à la Compagnie ni même demandé que l'attribution de propriété résultant de l'endossement fut établie par un transfert constaté sur le titre resté dans les mains de la Compagnie (Trib. comm. Seine, 28 avril 1886, S. 89, 2, 98; D. P. 89, 2, 70; Cass., 5 août 1889, S. 91, 1, 335); — qu'il en est ainsi alors qu'il résulte des faits de la cause que la Compagnie n'a jamais accepté le tiers bénéficiaire comme débiteur direct des primes (Paris, 20 janvier 1888, S. 89, 2, 98; D. P. 89, 2, 70.; — qu'en conséquence la réduction ou la résiliation du contrat que la Compagnie a opérée après mise en demeure adressée à l'assuré, conformément aux prescriptions de la police, pour défaut de payement des primes est opposable au tiers bénéficiaire ou cessionnaire, sans que celui-ci soit fondé à prétendre qu'une mise en demeure aurait dû lui être adressée (Paris, 20 janv. 1888 précité; Cass., 5 août 1889 précité; Paris, 24 févr. 1883, *Rev. périod. des assur.*, 84, 33).

Il est à peine nécessaire de faire observer qu'en cas d'assurance contractée au profit d'un tiers la Compagnie peut annuler directement avec l'assuré le contrat lorsque le bénéficiaire prévenu du non paiement des primes échues et de l'annulation de la police n'a pas offert de verser les primes ou bien n'a fait aucune réclamation. — Trib. comm. Seine, 11 avril 1888, *Rev. périod. des assur.*, 88, 325.

2. Cass., 29 mai, 1876; D. P. 77, 1, 341; S. 77, 1, 164.

L'arrêtiste qui a recueilli cette décision fait remarquer que cette solution se justifiait d'autant plus que, d'après les constatations de fait relevées, les deux parties, le cédant et le cessionnaire, étaient également en faute et que la solution aurait sans doute été différente, malgré l'absence d'une stipulation formelle en faveur du cessionnaire, si celui-ci avait inutilement fait les diligences nécessaires pour l'acquittement des primes.

Le créancier ne peut pas être tenu de payer les primes en vertu de l'art. 2080

Mais au moyen d'une convention expresse il est permis de déroger à cette rigueur. Afin d'assurer le maintien du contrat le cessionnaire peut, au regard de la Compagnie, se constituer débiteur des primes. Il lui est loisible de convenir qu'il versera la somme due chaque année s'il est titulaire du contrat, si le contrat a été passé en son nom, en obtenant l'assentiment du stipulant dans le cas contraire. En pareille circonstance il serait trop rigoureux de dispenser la Compagnie de l'obligation de prévenir le cessionnaire des conséquences du non paiement [1].

De même, rien n'empêche de s'entendre avec l'assureur pour empêcher la résiliation d'être prononcée du fait de l'assuré et d'arrêter non seulement que la mise en demeure adressée au stipulant lui sera communiquée, mais encore que la déchéance interviendra uniquement après expiration d'un délai suffisant pour permettre d'exécuter au lieu et place de l'assuré l'obligation incombant à ce dernier.

Le cessionnaire peut, d'autre part, prendre toutes les mesures conservatoires exigées par ses intérêts [2]. Ainsi, alors même que la transmission aurait eu lieu en la forme commerciale, malgré l'inutilité d'une signification, il a le droit de faire cette signification à l'assureur. Il lui est loisible de former entre les mains de ce dernier une saisie-arrêt ; si des oppositions régulières frappent les sommes dues par la Compagnie à l'assuré, ces oppositions justifient de la part de la Compagnie tout refus de versement jusqu'à leur main levée [3].

Mais le cessionnaire doit nécessairement remplir toutes les formalités de nature à lui permettre de toucher le montant du capital assuré.

C. civ., mettant à la charge du créancier l'obligation de répondre de la perte ou de la détérioration du gage survenue par sa négligence. Il faut, en effet, distinguer entre ce qui conserve une chose et ce qui concourt à sa formation essentielle ; on ne peut pas dire que le bénéfice résultant d'une police d'assurance *se conserve* par le paiement des primes ; le bénéfice *n'existe* qu'à la condition expresse du paiement des primes ; il y a là un contrat essentiellement commutatif et l'on pourrait presque dire que ce contrat a une existence successive ; le paiement des primes n'est pas un mode de conservation, c'est un élément constitutif et successif de l'entité du contrat. Paulmier : *Étude sur les assur. sur la vie au point de vue fiscal et au point de vue civil* (Rev. prat. de dr. fr., T. LII, 1882, p. 114-115.) ; Deslandres : *op. cit.*, p. 240.

1. Il a été décidé (Paris, 14 avril 1892, *Rec. périod. des assur.*, 92, 524 ; *Journ. des assur.*, 92, 113), qu'en présence d'une clause inscrite dans la police et ainsi conçue : *La propriété des polices est transmissible, mais à la condition que la Compagnie sera avertie de la cession ; la Compagnie accusera réception de l'avis de transfert, sans contracter pour cela une obligation spéciale,* le cessionnaire qui se voit opposer la déchéance résultant du non paiement des primes n'est pas fondé à soutenir que la Compagnie qui l'avait accepté comme cessionnaire devait le mettre en demeure d'acquitter la prime. C'est qu'en effet, il n'était pas intervenu une convention tacite à cet égard.

2. Couteau : *op. cit.*, T. II, p. 481.

3. Paris, 24 déc. 1872 ; D. P. 74, 5, 440.

L'assuré qui a cédé le contrat d'assurance peut faire une seconde cession, c'est-à-dire attribuer à une autre personne la créance contre la Compagnie. Il ne faut pas, en effet, ainsi qu'on l'a fait parfois[1], soutenir que le bénéfice du contrat appartient au premier bénéficiaire et que ses droits remontent d'une façon absolue au jour même du contrat. Cette opinion est beaucoup trop générale. Il y a lieu de distinguer si la première personne gratifiée avait ou non accepté lors de la seconde cession : en cas de non acceptation le premier bénéficiaire n'a aucun droit à faire valoir et le signataire de la police a toute latitude de lui enlever la créance contre la Compagnie; si, au contraire, antérieurement à la cession le cessionnaire avait accepté, la nouvelle cession est nulle, le stipulant ne pouvant disposer en faveur d'une autre personne d'un droit qu'il n'a plus puisque le premier cessionnaire a acquis un droit définitif de par son acceptation.

La solution ne serait point différente même si l'assuré était resté en possession de la police et s'il l'avait remise au second cessionnaire : sous l'empire de la législation actuelle les droits incorporels se transfèrent, comme les droits réels, *solo consensu*, indépendamment de toute tradition, de toute délivrance ou remise de titre, au moins dans les rapports des parties entre elles[2].

Enfin, le cessionnaire peut, à son tour, et s'il n'existe aucune défense de la part de l'assuré, céder à un tiers le droit de créance qu'il a acquis contre la Compagnie[3] sans qu'il y ait à distinguer le mode suivant lequel le cessionnaire a été saisi[4]. Le cédant prend le lieu et place du stipulant. Du moment que ce dernier a pu valablement effectuer une cession, on ne voit pas pourquoi la personne qui en est l'objet ne pourrait point agir de même. D'autre part, rien dans la nature même du contrat d'assurance sur la vie ne s'oppose à une pareille transmission. Seulement le concours personnel du souscripteur de la police semble absolument indispensable[5], par applica-

---

1. Couteau : *op. cit.*, T. II, p. 324 et 325.

2. Bailly : *Observat. sur la transmission du bénéfice de l'assurance sur la vie et sur les clauses relatives à cette transmission* (*Rec. périod. des assur.*, 1890, p. 129 et 130, note).

3. Couteau : *op. cit.*, T. II, p. 326; Agnel : *op. cit.*, n° 422.

4. M. Deslandres (*op. cit.*, p. 185 et suiv.) estime que le cessionnaire peut céder l'assurance uniquement quand il a été lui-même saisi par un endossement. Avec raison il a été objecté (Fuzier Herman : *Rép. de dr. fr.*, v° *Assur. sur la vie*, n° 350) que l'on ne saurait s'attacher aussi exclusivement à la forme de la transmission pour en caractériser les effets. S'il en était ainsi, il faudrait aller jusqu'à dire qu'il suffirait qu'un cessionnaire eut été saisi par simple avenant et transférât la police par endossement pour rendre le titre indéfiniment négociable, ce qui semble inadmissible.

5. Trib. civ. Seine, 1er décemb. 1876, *Journ. des assur.*, 77, 18.

Décidé que la clause des polices d'assurance et l'article des Statuts de la Compagnie qui portent : « *Si le titulaire de la police n'est pas en même temps celui sur la vie duquel repose l'assurance, le consentement de ce dernier doit être renou-*

tion de ce principe qu'il est interdit de souscrire une assurance sur la tête d'une personne sans son consentement. Il faut ajouter que pour supprimer toute difficulté, les polices contiennent d'ordinaire une clause qui, en même temps qu'elle impose, indépendamment de la notification à la Compagnie, le consentement de celui sur la tête duquel repose l'assurance pour chaque transfert, reconnaît à l'assuré qui a donné son consentement à un premier transfert le droit de consentir expressément à tous transferts à venir.

Il est certain que lorsque le tiers bénéficiaire de l'assurance dispose du contrat la transmission n'est point régie par les règles concernant la stipulation pour autrui. Aussi ne semble-t-il pas que l'on puisse refuser de considérer la créance contre la Compagnie comme ayant appartenu au patrimoine du bénéficiaire cessionnaire [1].

Il paraît à peine besoin de dire qu'en cas de doute sur l'étendue de la cession en admettant qu'il puisse en exister, les juges du fond ont le pouvoir souverain de fixer l'interprétation sans que la Cour de cassation puisse la reviser [2], à moins qu'ils n'aient dénaturé l'acte de cession [3]. Ainsi, en présence d'un contrat par lequel l'assuré avait stipulé que le montant de l'assurance serait payé à une date déterminée à lui-même en cas d'existence ou à une tierce personne (son fils, par exemple) dans le cas contraire, si en l'absence de toute acceptation de cette dernière il y a eu une cession effectuée par le signataire, la Cour de cassation n'a pas eu à se prononcer sur l'étendue de la cession et elle a reconnu qu'elle ne saurait être admise à rechercher si la cession ne comprenait que les droits stipulés en faveur de l'assuré, notamment pour le cas où il vivrait à l'époque fixée, et non les droits stipulés en faveur de la personne gratifiée au cas de décès antérieur du stipulant, l'interprétation du juge du fait à cet égard étant souveraine puisqu'elle est fondée sur l'intention des parties et sur les circonstances de la cause [4].

cté à chaque transfert » ne sont pas applicables aux polices souscrites sur la tête du souscripteur lui-même, qu'en conséquence ces polices peuvent être transmises successivement par endossement sans que l'approbation dudit souscripteur soit nécessaire, et que l'endosseur est garant, envers le cessionnaire, du paiement du capital assuré, de telle sorte que si l'assurance se trouve sans effet, il doit payer le cessionnaire au lieu et place de la Compagnie. Trib. comm. Seine, 5 juin 1888. *Rec. périod. des assur.*, 88, 191, *Journ. des assur.*, 88, 182. — V. *Contra* les observations dans ce dernier recueil.

1. Cl. Bailly : *op. cit. (Rec. périod. des assur.*, 1890, p. 145).

2. V. notamm. Cass. 23 févr. 1885, S. 86, 1, 414.

3. Cass., 24 et 26 décemb. 1888, S. 89, 1, 119; D. P. 89, 1, 415; 22 oct. 1888, S. 89, 1, 289; D. P. 89, 1, 163. — V. le rapport de M. le conseiller Delise à la Chambre des Requêtes, D. P. 89, 1, 161; S. 89, 1, 291.

4. Cass., 22 oct. 1888, S. 89, 1, 289; D. P. 89, 1, 163. — Et aussi Cass., 16 juin 1890, D. P. 90, 1, 202.

§ 1.   Modes de transmission.

La transmission peut avoir lieu :

Soit par le contrat lui-même, soit par une convention postérieure ;

Soit à titre onéreux, soit à titre gratuit ;

Soit en faveur d'une personne nommément, nettement désignée et déterminée, soit au profit de personnes indéterminées.

Mais, dans tous les cas, la cession n'a lieu qu'autant que les conditions prescrites par les art. 1108 et suiv. C. Civ. sont remplies.

Il faut donc : 1° que le cédant et le cessionnaire soient capables, de telle sorte que la transmission effectuée par une personne dépourvue de capacité légale [1] est sans valeur ; — 2° qu'il y ait consentement [2] ; — 3° qu'il existe un objet certain, le prix convenu si la transmission est à titre onéreux, ou la libéralité si elle existe à titre gratuit ; — 4° une cause licite [3].

A. — *Transmission par le contrat.*

Le bénéfice de l'assurance peut, en premier lieu, être transmis par le contrat lui-même. La créance contre la Compagnie est appliquée directement à la personne gratifiée, c'est-à-dire au bénéficiaire, si la stipulation est faite en faveur d'une personne déterminée, au patrimoine de l'assuré dans le cas contraire [4], mais sous réserve,

---

1. Comme le droit du cessionnaire existe du jour de la stipulation, il s'ensuit que c'est à ce moment qu'il faut se placer pour apprécier sa capacité. V. Cass., 8 févr. 1888, D. P, 88, 1, 199 ; S. 88, 1, 121.

2. Il a été reconnu qu'au cas où le titulaire de la police n'est pas en même temps celui sur la tête duquel repose l'assurance, le consentement doit être exigé à chaque transfert et notifié à la Compagnie, mais que cependant en donnant son consentement à un premier transfert l'assuré peut en même temps et d'une manière expresse, consentir à tous transferts à venir. — Couteau : *op. cit.,* T. II, p. 326.

3. Couteau : *op. cit.,* T. II, p. 326 et 327.

Il n'est pas besoin d'insister sur une autre condition : la transmission au profit d'une personne individuellement déterminée et par conséquent certaine (Cass., 15 décembre 1873, D. P. 74, 1, 113 ; S. 74, 1, 199 ; 7 févr. 1877 ; S. 77, 1, 303 ; 2 juill. 1884, D. P. 85, 1, 150 ; S. 85, 1, 11 ; 8 févr. 1888, S. 88, 1, 121 ; D. P. 88, 1, 199).

Sa nécessité apparaît à sa seule indication.

4. Dans son intéressant travail (*Observations sur la transmission du bénéfice de l'assurance sur la vie et sur les clauses relatives à cette transmission*) M. Bailly a prétendu qu'en pareille circonstance, si l'opération est faite au profit de l'assuré lui-même, de ses héritiers ou ayants cause, il n'y a qu'une seule opération entre l'assureur et l'assuré, mais que si l'opération est faite au profit d'un tiers déterminé, il intervient une double opération : une première entre l'assuré et l'assureur, une seconde entre l'assuré et le bénéficiaire ; cette dernière serait une

bien entendu, du droit pour le stipulant de revenir sur l'attribution [1].

La transmission participe des formes auxquelles le contrat est soumis dans son ensemble. De ce que le représentant de la Compagnie d'assurances a signé la police, il s'ensuit que l'assureur est réputé connaître la personne envers laquelle il se trouve engagé ; il n'est pas besoin d'une autre notification.

Cette notification serait encore moins nécessaire si le bénéficiaire avait déclaré accepter dans la police elle-même.

B.   *Transmission par un acte postérieur suivant le droit civil.*

Tous les modes de transmission autorisés par la loi sont propres à être mis en pratique pour le bénéfice de l'assurance sur la vie. Le droit au capital assuré peut donc être cédé soit conformément aux prescriptions du droit civil, [2] ou bien par un avenant, ou encore par

stipulation pour autrui régie par l'art. 1121 (*Rev. périod. des assur.*, 1890, p. 416).
   Une pareille manière de voir est complétement inadmissible. Il n'y a point lieu de distinguer. Dans tous les cas il n'y a qu'une seule opération consistant en ce que l'assuré se fait promettre par l'assureur qu'une somme sera versée à telle personne.   V. ce que nous avons dit précédemment, T. 1er, p. 220 à 224.
   1. En stipulant, en effet, dès le début l'assuré se réserve implicitement, mais nécessairement, la faculté de désigner ultérieurement la personne à laquelle il entend définitivement attribuer le bénéfice de l'assurance.   Cass., 7 août 1888, S. 89, 1, 27; D. P. 89, 1, 118.
   2. Généralement on est d'accord pour réclamer la restriction des formalités imaginées par le législateur pour la cession. On a fait valoir que si l'endossement pur et simple de la police présente l'inconvénient grave de mettre l'assureur dans l'impossibilité matérielle de contrôler la justification des motifs de l'assurance ou du transfert, en le laissant sans armes contre la perpétration des assurances *sans cause* ou contre leur falsification, la nécessité d'observer les formalités prescrites par l'art. 1690 du Code Civil, afin de pouvoir lier le débiteur et les tiers vis-à-vis du cessionnaire, présente de graves inconvénients, tant au point de vue des frais qu'entraîne la notification du transport de l'assurance, qu'à celui du secret que cette opération réclame au même titre que les dispositions testamentaires. On a réclamé l'imitation des dispositions admises pour le transfert des actions de la Banque de France (Décret du 15 janvier 1808, art. 4, ou des rentes sur l'État (Loi du 28 floréal an VII, décret du 13 thermidor an XII, art. 6), c'est-à-dire la validité de la cession par un transfert à signer sur chaque double du contrat par le cédant, le cessionnaire et l'assureur, ainsi que par l'assuré, pour consentement, lorsque celui-ci serait un tiers autre que le cédant.   Adan: *Coup d'œil sur le projet de révision du Code de commerce au point de vue des assurances sur la vie,* Bruxelles, 1870.
   Le législateur belge paraît s'être inspiré de cette doctrine. D'après l'art. 42 de la loi du 11 juin 1874, la transmission des droits résultant de l'assurance s'opère par le transfert de la police, signé par le cédant, le cessionnaire et l'assureur, indépendamment, bien certainement et quoique la loi ne le déclare pas, du droit qu'a la partie intéressée de se conformer aux prescriptions du Code Civil relatives à la cession des créances. Il a été dit aux Chambres, fait remarquer M. Furquim d'Almeida (*op. cit.*, p. 138), à l'occasion de la discussion de cet article, que le but du législateur était de faire passer dans la loi les solutions données par la pratique à des points controversés. Le débat s'était, en effet, engagé sur

voie de nantissement, par tradition, soit suivant les règles du droit commercial, par voie d'endossement.

Au cas de transmission effectuée dans les termes du droit civil, entre les parties il n'est pas besoin de formalités spéciales. Il suffit qu'il y ait consentement des contractants et remise de la police au cessionnaire; il ne s'agit, en effet, que de la cession d'un titre incorporel.

Vis-à-vis des tiers, par application des prescriptions du droit commun, une créance n'est valablement cédée qu'autant qu'elle a été signifiée au débiteur cédé (la Compagnie d'assurances), ou acceptée par lui dans un acte authentique.

Il en doit être de même en matière d'assurance sur la vie, lorsque les parties ont recours au mode de cession réglementée par le droit civil. Les prescriptions de l'art. 1690 et suiv. du Code Civil sont donc applicables [1]. Pour justifier l'intervention de ces textes, l'on fait communément valoir que cette signification procure à l'assureur la certitude qu'il n'aura point à payer le capital à d'autres personnes. Mais il est à noter que dans la pratique rien de pareil ne risque de se présenter, le versement n'étant effectué que sur le vu du titre et ce dernier ne pouvant nécessairement se trouver en la possession de deux personnes différentes.

Les conséquences se devinent. La Compagnie est valablement libérée si le paiement a lieu avant la signification. Au contraire, la simple tradition du titre investira le porteur du titre à l'indemnité, mais seulement dans les rapports de l'assuré et du bénéficiaire.

Relativement aux droits que confère la cession, il y a lieu de noter que le cessionnaire n'a pas acquis la faculté de poursuivre lui-même le contrat d'assurance avec la Compagnie, en payant les primes que l'assuré refuserait de payer, car ce droit ne cesse pas d'être personnel à l'assuré, et il ne peut appartenir au cessionnaire que si la police contient une clause à ordre. La cession signifiée a pu transférer au cessionnaire le droit à l'indemnité acquis définitivement pour l'année en cours lors de la cession, ce droit étant parfaitement cessible. Mais la cession ne s'arrête pas là. On ne saurait dire qu'elle ne

le point de savoir si le transfert d'une police par simple endossement ou comme simple titre au porteur était valable vis-à-vis des tiers; on se demandait s'il ne fallait pas observer les formalités prescrites par l'art. 1690 C. Civ. pour toute cession de créance.

Nous devons reconnaître, d'autre part, que M. Vivante (*Il contratto di assicurazione*, T. III, p. 69 etc.) insiste énergiquement pour le maintien des formes lentes et solennelles de la cession, afin de procurer une sauvegarde aux intérêts de tous, spécialement à ceux des créanciers.

1. Rome : *op. cit.*, p. 181 ; Tissier : *op. cit.*, p. 190 ; Couteau : *op. cit.*, T. II, p. 380 etc.. — V. notam. Trib. civ. Seine, 31 août 1877, *Journ. des assur.*, 77, 434 ; Rennes, 23 juin 1879, D. P. 79, 2, 155 ; Trib. comm. Seine, 20 mars 1888, *Rev. périod. des assur.*, 88, 124.

On a reconnu la nécessité d'une dérogation lorsque la cession paraît avoir un caractère commercial. Dijon, 3 avril 1874. D. P. 76. 2. 18; S. 76. 2. 319.

peut avoir pour objet les créances éventuelles capables de naître
des primes payées par l'assuré, des contrats, pour mieux dire, formés
aux paiements de ces primes. Admettre le contraire serait donner
à la cession un effet par trop minime. Il n'est pas pratique de supposer que deux personnes ont pris la peine de rédiger un acte, de le
signifier pour voir les effets de cet acte cesser au bout d'une année
ou d'une fraction d'année. L'assurance n'a de valeur que si l'on envisage toute la durée de la vie de l'assuré, et l'on doit présumer que
ceux qui traitent relativement à une assurance se sont placés à ce
point de vue, le seul où leur acte ait une signification [1].

Indépendamment de la faculté qui est offerte de constituer une
assurance sur la tête d'un tiers, ce qui peut avoir une utilité très
grande à la fois pour le débiteur qui trouve ainsi un moyen de se
libérer en tout état de cause et pour le créancier qui, de la sorte, est
certain de recevoir le montant de son avance, mais ce qui oblige
le débiteur sur la tête duquel une assurance a été contractée
à surveiller le paiement de la prime, sauf convention contraire [2],
il est loisible d'attribuer le bénéfice de l'assurance à un tiers au
moyen d'un avenant. Ce mode de transmission offre les avantages les
plus sérieux : outre qu'il procure un titre nouveau corrigeant le contrat primitif et précisant les engagements réciproques [3], il supprime
toute idée de fraude, parce qu'il est fait d'accord avec un tiers absolument désintéressé, l'assureur [4].

L'avenant n'est pas autre chose qu'une modification apportée au
contrat primitif, conçue dans les formes mêmes de cette convention
primordiale et à laquelle dès lors concourent toutes les parties intéressées, l'assureur aussi bien que l'assuré. Par conséquent, les formalités prescrites par la loi civile, et dont il a été question plus haut,
n'ont plus leur raison d'être.

Pendant longtemps on a considéré l'avenant qui substitue un

1. Deslandres : op. cit., p. 180 et 181.

2. C'est en ce sens qu'il a été jugé que le débiteur n'est pas fondé à rendre son
créancier responsable de la perte du bénéfice de l'assurance par un fait personnel,
en cessant de payer les primes. Cass., 19 mai 1876, D. P. 77, 1, 311 : S. 77, 1, 164.

3. Il faudrait donc réputer sans valeur à l'égard de la Compagnie et comme
n'obligeant pas cette dernière à verser le capital à une personne autre que celle
mentionnée dans la police, la mention que le souscripteur inscrivait seul sur le
contrat pour modifier l'attribution bénéficiaire sans l'intervention de la Compagnie et sans notification à celle-ci. — Trib. civ. Seine, 10 juill. 1891, Journ. des
assur., 92, 58 ; Rec. périod. des assur., 91, 305.

4. Il n'est pas sans intérêt de remarquer que si la Compagnie n'est pas tenue de
souscrire l'avenant et que si elle peut s'y refuser à raison des modifications proposées, la personne qui a signé seule la police peut solliciter et signer seule l'avenant ;
mais que, dans le cas contraire, si le bénéficiaire est intervenu à la police et a
accepté, comme dans le cas d'une assurance de garantie, son consentement est
rigoureusement nécessaire pour la délivrance de l'avenant.

Non seulement l'avenant peut substituer un bénéficiaire gratuit à un autre ou
un bénéficiaire onéreux à un autre, mais il peut encore remplacer un bénéficiaire
gratuit par un bénéficiaire à titre onéreux et réciproquement.

bénéficiaire à un autre comme une cession de créance régie par les art. 1690 et 2075 C. Civ.[1] dont la portée, d'après les commentateurs du Code civil, semble être générale[2]. Mais une pareille opinion ne saurait être admise juridiquement parlant.

Lorsqu'un assuré, après avoir signé une police sur la vie et avoir attribué à un tiers le capital exigible à son décès, par un avenant qu'ont accepté toutes les parties, notamment la Compagnie d'assurances, donne le bénéfice à un autre, le contrat primitif est modifié. L'assuré reste le même; l'objet du contrat est identique; le débiteur, la Compagnie d'assurances, est toujours tenu; mais le créancier, le bénéficiaire, est changé. Il y a là une modification qui, en droit, se rapproche de la novation par mutation de créancier et qu'il faut assimiler à cette novation, malgré des particularités qui tiennent au contrat d'assurance[3]. Les art. 1690 et 2075 C. Civ. ne

1. Tissier : op. cit., p. 190; Couteau : op. cit., T. II, p. 331; Dalloz : Rép., Supplém. v° Assur. terr., n° 802. V. aussi Bailly : op. cit. Rec. périod. des assur., 1890, p. 134, etc.). Ce dernier auteur se base sur cette idée, manifestement inadmissible aujourd'hui, qu'il existe deux contrats distincts : le premier conclu entre l'assureur et l'assuré et le second constituant une cession par l'assuré au bénéficiaire de la créance acquise par la première opération.

Trib. comm. Lille, 17 mars 1885 et Douai, 4 juin 1885, Rec. périod. des assur., 86, 324; Trib. civ. Cambrai, 20 mai 1887, Rec. périod. des assur., 87, 334. — V. aussi Besançon, 23 mars 1876, S. 77, 2, 134.

2. Cass., 23 novemb. 1813, Dalloz, Rép. v° Vente, n° 1802; Rennes, 29 juill. 1864, S. 62, 2, 225; Cass. (sol. impl. 9 mars 1864, S. 64, 1, 185; D. P., 64, 1, 190; 27 novemb. 1865, S. 66, 1, 60; D. P. 66, 1, 56; Rouen, 3 janv. 1871, S. 71, 2, 278. Conf. Troplong, : Vente, n° 908; Aubry et Rau : op. cit., T. IV, § 359 bis p. 431; Duranton : op. cit. T. XVI, n° 305; Laurent : op. cit., T. XXIV, n° 497; Dalloz : Rép., v° Vente, n° 1796 etc.

3. La novation par changement de créancier, dans les termes du § 3 de l'art. 1271 C. Civ., avons nous dit dans une notice particulièrement consacrée à déterminer *la nature juridique du contrat substituant une personne a une autre pour la perception du bénéfice d'une assurance sur la vie* (*Études sur les assurances sur la vie*, p. 36 et suiv.), existe lorsqu'il y a substitution d'un engagement à un autre, ou d'un créancier nouveau à un créancier primitif (Larombière : *Traité des obligat.*, nouv. édit. T. V, p. 22, n° 14 et 15; en cas d'avenant disposant qu'un bénéficiaire recueillera le profit de l'assurance au lieu et place des personnes portées au contrat primitif, il y a bien remplacement d'un engagement par un autre, d'un créancier par un autre. La circonstance à laquelle s'attache la loi, c'est l'inconciliabilité des obligations (Demolombe : *Contrats*, T. V, p. 192. — V. aussi conf. Cass., 8 novemb. 1873, D. P. 76, 1, 439). Or, une police et un avenant désignant des bénéficiaires différents ne peuvent se concilier; ils s'excluent manifestement : le capital promis ne peut pas être donné a la fois n plusieurs personnes, et la Compagnie d'assurances ne peut être contrainte, après avoir payé le porteur de l'avenant, par exemple, à verser la même somme à celui qui est désigné dans la première police.

Il faut noter, d'ailleurs, que la novation n'a pas besoin d'être indiquée en termes formels dans l'acte. Il suffit que les caractères légaux se rencontrent et aussi que l'intention de nover soit manifeste (Marcadé, sur l'art. 1273 n° 1; Aubry et Rau : op. cit., T. IV, § 324, p. 220; Larombière : op. cit., sur l'art. 1273, n° 1; Massé : Dr. roman., T. IV, n° 2194; Cass., 11 mars 1834, S. 34, 1, 251; Rouen, 10 juin 1835, S. 35, 2, 364. — V. aussi Cass., 20 novemb. 1850, S. 78, 1, 71; 12 décemb. 1866, S. 68, 1, 70; D. P. 67, 1, 433 et 20 juil. 1868, S. 69, 1, 36). L'avenant passé dans les conditions indiquées plus haut ne peut laisser aucun

sauraient être appliqués en pareil cas parce qu'ils se rapportent à la cession de créance[1]. Aussi a-t-il pu être décidé par la Cour de Cassation[2] que l'avenant substituant un autre nom à celui qui avait été primitivement inscrit dans la police laisse au contrat son caractère spécial de contrat d'assurance sur la vie qui comporte, pour sa régularité, l'intervention du stipulant et du promettant, autrement dit de la Compagnie d'assurances, et qui ne saurait être confondu avec un contrat de transport, dont la validité et les effets

doute sur ce que les parties ont voulu faire, sur leur désir de donner à la convention un effet novatoire.

Lorsque, à propos de l'affaire qui a donné lieu à l'arrêt du 16 janvier 1886 (S. 88, 1, 127; D. P. 88, 1, 77), nous avons eu à faire fixer par la Cour de cassation le caractère juridique de l'avenant substituant un assuré à un autre pour la perception du capital assuré, nous avions soutenu qu'un pareil acte ne constituait qu'une novation (V. note, D. P. 88, 1, 77); la Cour de cassation n'a pas explicitement tranché cette question. L'arrêt se cantonne sur le terrain de la cession de créance. Il refuse de faire intervenir les art. 1690 et 2075 par le motif que l'avenant ne saurait être considéré comme le transport d'une créance.

1. Le transport d'une créance se distingue de la novation en deux points.

La novation de créance exige : 1° un engagement nouveau destiné à remplacer un autre plus ancien; 2° le consentement du débiteur (Demolombe ; *loc. cit.*, p. 190 ; Laurent : *op. cit.*, T. XVIII, n° 295), car le débiteur ne peut être engagé sans sa volonté dans une dette différente de celle dont il s'était chargé. Au contraire, lorsqu'une créance est cédée, l'obligation ne subit aucune modification : elle reste la même; d'autre part, l'assentiment n'est pas imposé; comme c'est l'ancienne créance qui survit, le débiteur n'a pas besoin d'être consulté; la convention intervenue lui est étrangère. Le cas d'avenant passé pour donner à une personne le bénéfice dont une autre avait été jadis gratifiée, avenant ratifié par la Compagnie chargée de l'exécution du contrat, c'est à dire du versement de la somme stipulée, on retrouve les éléments exigés pour l'existence de la novation et servant à distinguer cette dernière de la cession de créance : l'arrivée d'une obligation nouvelle, le remplacement d'un premier engagement par un autre, puisqu'il y a inconciliabilité, enfin le consentement du débiteur.

A un autre point de vue il semble impossible de considérer l'acte dont il s'agit ici comme un simple transport de créance. Le capital étant payable au décès de l'assuré il faut, en effet, écarter le cas où le capital est payable du vivant de l'assuré, hypothèse qui laisse place au doute et permet de se demander s'il n'y a pas là cession de créance, ce dernier n'est que le créancier éventuel de la Compagnie ; il n'est admis à toucher le bénéfice que si certaines conditions se réalisent, si la personne en vue de laquelle la stipulation a été faite ne peut recueillir. Ce que l'avenant attribue au gratifié, ce n'est pas cette créance éventuelle, c'est le bénéfice même.

2. Antérieurement, le 18 juillet 1884 *Journ. des assur.*, 85, 466; *Rec. périod. des assur.*, 86, 444, la Cour de Paris avait proclamé que l'avenant par lequel le souscripteur d'un contrat d'assurance transféré à une tierce personne l'avantage dont il avait précédemment gratifié un autre individu constitue, non pas une cession de créance assujettie aux formalités édictées par l'art. 1690 C. civ., mais bien une novation par changement de créancier, c'est-à-dire de bénéficiaire. – V. dans le même sens Trib. civ. Périgueux, 31 décembre 1887, *Journ. des assur.*, 88, 139.

Le caractère de cession avait, d'autre part, été nié par la Cour de Douai, dans son arrêt du 14 février 1887 (S. 88, 2, 59) affirmant que la police rectifiée au point de vue de l'attribution du bénéfice et l'avenant rectificatif formant un tout indivisible, leur portée juridique est la même que si, dès l'origine, la stipulation avait été faite au profit de la personne visée par l'avenant.

seraient subordonnés aux signification prescrites par les art. 1690
et 2075 C. Civ.[1].

La solution doit être la même, soit qu'il y ait substitution de bénéficiaires déterminés à des bénéficiaires indéterminés, soit qu'au contraire l'assuré reporte à des bénéficiaires indéterminés la créance
qu'il avait voulu attribuer à un tiers, soit que le contrat ait réservé
à l'assuré le droit de désigner ultérieurement le bénéficiaire.

Le plus fréquemment l'avenant est rédigé sur une feuille distincte
de la police, laquelle reste aux mains de l'assuré. Cependant, dans
certains cas, il pourrait y avoir de graves inconvénients à laisser à
l'assuré la police et l'avenant en même temps. Ainsi lorsqu'un avenant attribue le bénéfice de l'assurance, à titre de garantie, à un tiers
créancier, la Compagnie ne peut pas, en même temps, laisser aux
mains de l'assuré la police primitive souscrite au profit de ses héritiers. Si elle agissait ainsi elle serait exposée à payer deux fois, dans
le cas où un assuré peu scrupuleux ferait un transport de la police
à un tiers sans mentionner l'avenant. Il convient donc, en pareil cas,
d'exiger la remise préalable de la police à la Compagnie. L'avenant
la remplace tant qu'il est en cours[2].

De ce que la mention contenue dans l'avenant est une véritable
clause d'attribution du bénéfice, il suit que le cessionnaire se trouve
dans la situation d'un bénéficiaire ordinaire, qu'il en aura alors tous
les droits et toutes les obligations.

Il est à peine besoin de dire que la souscription d'un avenant pour
attribuer à un tiers le bénéfice de l'assurance est absolument distincte du transport fait directement à un tiers, lequel est alors soumis aux art. 1690 et 2075 C. Civ. qui ne concernent point la cession
par avenant.

---

1. Cass., 16 janv. 1888, S. 88, 1, 123; D. P. 88, 1, 77. — Amiens, 26 avril 1888,
S. 88, 2, 220, *Journ. des assur.*, 88, 249. Cet arrêt rendu par la Cour de renvoi
saisie à la suite de la cassation prononcée le 16 janvier 1888, met parfaitement
en lumière les différences essentielles qui existent entre l'avenant et le transport
de créances prévu et réglementé par les art. 1690 et 2075 C. Civ.

Nous ajouterons que la Cour de cassation a, le 7 août 1888 (S. 89, 1, 97; D. P. 89,
113), confirmé sa doctrine et précisé la solution en décidant qu'il y a lieu d'assimiler totalement à une stipulation pour autrui saisissant dès le jour même du
contrat la personne gratifiée d'un droit propre et exclusif l'opération par laquelle
un assuré, après avoir traité en faveur de certaines personnes, modifie l'attribution par un avenant; la raison donnée par la Cour est que la stipulation originaire
faite dans la police même confère implicitement, mais nécessairement au stipulant la faculté de désigner ultérieurement un bénéficiaire.

L'opinion émise par nous (*Études sur les assurances sur la vie*, p. 36 et suiv.),
avant l'arrêt précité du 16 janvier 1888, a été adoptée par M. le conseiller Crépon
(Note, S. 88, 1, 123) et par M. Deslandres (*op. cit.*, p. 182. V. aussi p. 280, etc.).

2. Dubois : *Du bénéfice de l'assurance sur la vie*, p. 55.

C. *Transmission par un acte postérieur suivant le droit commercial.*

Dans un grand nombre de cas la police est *à ordre* [1].

Lorsque les conditions générales ou les conditions manuscrites du contrat le permettent, il est loisible de transmettre la police par voie d'endossement dans les termes des art. 137 et 138 du Code de Commerce [2].

Sous prétexte qu'il n'existe aucune analogie entre l'assurance sur la vie et les contrats susceptibles de revêtir la forme d'un effet à ordre, on a contesté que la police puisse être stipulée à ordre, tout en reconnaissant que la validité de la clause à ordre est attestée par de nombreuses décisions judiciaires [3]. L'opinion contraire est acceptée d'une façon trop générale [4] pour qu'il soit nécessaire d'insister longuement à cet égard.

1. La matière a fait l'objet de remarquables études insérées par M. Bailly dans le *Recueil périodique des assurances* (1893, p. 312 et suiv.) sous ce titre : *Observations sur la transmission du bénéfice de l'assurance sur la vie et sur les clauses relatives à cette transmission.* Nous nous faisons un devoir de reconnaître tout ce que nous devons à ce travail.

2. La faculté d'endosser un titre est la conséquence naturelle et nécessaire de la clause *à ordre*. Tout titre qui renferme la clause *à ordre* est cessible par endossement; cette cessibilité en est inséparable, en forme un des attributs essentiels, s'identifie avec le titre comme avec la clause à ordre d'où elle découle. Bravard Veyrières et Demangeat : *Traité de dr. commerc.*, T. III, p. 155 et 156. Un titre ne contenant pas la clause *à ordre* ne peut donc se transmettre qu'en observant les formalités de l'art. 1690 C. Civ. et l'individu porteur d'un semblable titre en vertu de l'endossement ne peut former une saisie arrêt. (Trib. civ. Seine, 27 juin 1892 (*Le Droit*, 3 août 1892). — V. aussi Cass., 12 janv. 1847, D. P. 47, 1, 60.

Les mots *à ordre* ne sont point sacramentels. Les parties peuvent exprimer autrement leur intention, il suffit que cette dernière ne soit pas douteuse. Il faut seulement noter que la loi est très formaliste : la clause *à ordre* ne peut être sous-entendue, même dans les titres auxquels on a étendu le régime de l'ordre, comme les polices d'assurance sur la vie. (Lyon-Caen et Renault : *Traité de droit commerc.*, T. IV, n°s 70, 73 et 157). Aussi il est préférable de substituer à cette mention : *Payez à M... ou à tout porteur légataire, à M... ou à sa disposition*, cette formule : « *Payez à M... ou à son ordre* ». — (2) Bailly : *Observat. sur la transmission du bénéfice de l'assur. sur la vie et sur les clauses relatives à cette transmission* (*Rec. périod. des assur.*, 1893, p. 315).

3. Monthue : *op. cit.*, p. 244, etc. — V. de Courcy : *op. cit.*, p. 155 et suiv.; Trib. Seine, 17 décembre 1855 (infirmé par Paris, 12 février 1857, D. P. 57, 2, 134; S. 57, 2, 186); Besançon, 27 mars 1856, S. 57, 2, 132.

4. Paris, 12 févr. 1857, D. P. 57, 2, 134; S. 57, 2, 186; Bruxelles, 2 août 1866, *Journ. de l'assur. et de l'assuré*, 67; Paris, 18 mai 1867, *Le Droit*, 5 juin 1867; Dijon, 3 avril 1874, D. P. 78, 2, 18; S. 76, 2, 319; Paris, 24 novembre 1874, *Rev. du notar. et de l'enreg.*, 77, 279; Paris, 13 décembre 1876, D. P. 78, 2, 18; Paris, 2 avril 1879, D. P. 79, 2, 130; Trib. civ. Seine, 16 décembre 1880, *Journ. des assur.*, 81, 67; 12 janv. 1884; *ibid.*, 84, 274; *Rec. périod. des assur.*, 85, 286; Lyon, 16 juillet 1885, *ibid.*, 86, 14.

Gron et Jolliat : *op. cit.*, n° 331; Merger : *op. cit.*, n° 112; Vibert : *op. cit.*, p. 137; Herbault : *op. cit.*, p. 129 et 185; Couteau : *op. cit.*, T. II, p. 434 et suiv.; Fey :

Il suffira de faire remarquer que les tiers ne sont point démunis de protection, ainsi que le prétendent les jurisconsultes qui considèrent l'art. 1690 comme étant de nature à fournir l'unique sauvegarde, puisque la clause à ordre a suffisamment averti les tiers du danger qu'il y avait à compter sur une créance aussi facilement transmissible [1]. Ce qu'il est permis d'ajouter c'est que l'art. 136 C. Comm. autorisant la transmission de la lettre de change par l'endossement (application du principe formulé par l'art. 1134 C. Civ.) et qui constitue une dérogation absolument valable aux art. 1690 et suiv. C. Civ. [2], n'est nullement limitatif, qu'au lieu d'être restreint à la lettre de change, il a été étendu aux chèques, aux warrants, aux connaissements, aux lettres de voiture, aux polices d'assurances maritimes, aux actions et aux obligations d'entreprises civiles et qu'il n'existe, dans le silence de la loi, aucune raison pour ne pas appliquer aux contrats d'assurance sur la vie un mode de transmission fort avantageux en ce qu'il facilite les transactions et les rend plus faciles [3]. D'ailleurs, l'assureur faisant un acte de commerce lorsqu'il passe une assurance sur la vie, la créance résultant du contrat n'est-elle pas à son égard commerciale?

Mais il convient de dire que la police doit formellement et nécessairement stipuler que le contrat est transmissible par endossement. L'absence d'une disposition à cet égard rendrait le droit commun applicable. Tout ce que l'on peut aussi réclamer, c'est que la transmission ait lieu à titre onéreux [4].

Il est donc certain que la transmission par la voie de l'endossement est absolument valable [5].

---

op. cit., p. 132; Tissier : op. cit., p. 190; Dujarier : op. cit., p. 67; Lyon Caen et Renault : *Précis de dr. commerc.*, T. I, p. 606; Mahiudeau : Note, *Ann. de Dr. commerc.*, 89, 168; Dutruc : *Dict. du contentieux commerc., V° Assurances sur la vie*, n° 17; Ruben de Couder : op. cit., V° *Assur. sur la vie*, n° 109. — Comp. Pascaud : *Les obligat. civiles à ordre, leur validité, leurs avantages Rev. crit. de législat. et de jurisprud.*, 1878, p. 705, etc. .

1. Dujarier : op. cit., p. 73.

2. Cass., 5 mars 1878, D. P. 78, 1, 248.

3. Comp. la savante dissertation de M. Beudant, D. P. 78, 1, 241 et le substantiel résumé qu'en a donné M. Dujarier : op. cit., p. 50 à 73.

4. Couteau : op. cit., T. II, p. 353. — V. ce qui est dit plus loin à cet égard.

5. Le Code de Commerce allemand (art. 301) réserve aux États de l'Empire la faculté de décider s'il pourra, sur leur territoire, être créé d'autres titres à ordre que ceux qu'il autorise. Les polices à ordre sont d'un fréquent emploi en Allemagne et la transmission peut s'opérer par voie d'endossement. — Rehtous : *Le contrat d'assur. en cas de décès*, p. 92. En Allemagne, plusieurs auteurs semblent n'admettre la validité de la clause au porteur avec ses conséquences qu'avec certaines restrictions (V. Elsner, dans *Deutsche Versicherungs Zeitung*, 1864, p. 387); mais il existe un grand nombre de décisions admettant plus ou moins implicitement l'assimilation à un titre au porteur avec la suite qui en découle (V. C. Berlin, 15 juill. 1865, *Zeitschr. Wallm.*, I, 388; Trib. Kœnigsberg, 27 avril 1865, *Deutsche Versicher. Zeit.*, 1865, p. 524).

En Suisse, aucune disposition du Code fédéral ne s'oppose à ce que la police soit créée à ordre, mais la police à ordre ne constitue pas un véritable titre à

Malgré les inconvénients dont ce mode de transmission n'est pas exempt [1], mais tenant surtout compte de ses avantages [2], les Compagnies ne refusent pas de créer des polices transférables par endos [3].

ordre, au sens de l'art. 843 du Code fédéral et ne peut, dès lors, être transmise par simple endossement. Les conséquences pratiques ne sont point graves, puisque la cession ordinaire s'opère presque sans formalités. — Roelants : *op. cit.*, p. 93 et 94.

Dans son rapport sur *les principes à édicter à la base d'une loi fédérale sur le contrat d'assurance sur la vie* (p. 20), M. Roelants a fait remarquer qu'aucune considération n'exige que le législateur interdise l'emploi des polices à ordre, qu'il suffit que la loi précise la portée de cette clause.

En Belgique, la transmission s'effectue, d'après l'art. 42 de la loi du 11 juin 1874, par le transfert de la police signé par le cédant, le cessionnaire et l'assureur.

En Angleterre, pendant fort longtemps, la cession de l'assurance était interdite; la pratique avait réussi, au moyen de combinaisons ingénieuses, à tourner la défense. Le Statut 30 et 31, Victoria, c. 144 (Lehr : *Élém. de dr. anglais*, p. 640), a autorisé la cession sous une forme spéciale. Le cessionnaire est tenu de notifier la cession à l'assureur, il acquiert le droit d'agir en son propre nom contre l'assureur, il reste passible de toutes les exceptions qui auraient pu être opposées au preneur. Des publicistes distingués comme Bunyon, dans son livre *The law of life assurance* ont protesté contre la possibilité d'une transmission par l'endossement. Il faut ajouter que le *Supreme Court of judicature act* du 5 août 1873 (36 et 37, Victor, c. 66, *Annuaire de législ. étr.*, 1873, p. 9), entré en vigueur à dater du 1er nov. 1875, a admis la cession écrite avec signification par écrit et décidé que le consentement du débiteur sera désormais inutile pour le transfert d'un droit personnel. — Wahl : *Tr. des titres au porteur fr. et étr.*, T. I, Paris, 1891, p. 164.

1. On a reconnu, a-t-il été observé (*L'endossement des polices d'assurances sur la vie*; *Journ. des assur.*, 1893, p. 143), que l'endossement des polices était plein de dangers; il demande, d'ailleurs, pour être fait régulièrement certaines conditions de rédaction qui ne sont pas toujours observées et qui en compromettent la validité; ce n'est pas un mode de transmission aussi rapide qu'on paraît le croire et dans les cas où il y a des endos successifs, il faut à chaque endossement nouveau le consentement par écrit du souscripteur.

2. Si, en effet, en cas de perte du titre, la Compagnie ne peut délivrer un duplicata à l'assuré pendant sa vie et payer le capital assuré après son décès, la faculté d'endossement a le grand avantage de donner au souscripteur le moyen de transférer à une tierce personne le bénéfice de l'assurance sans révélation de la transmission, sans frais, sans perception d'aucun droit fiscal, d'une façon rapide. D'autre part l'endossement affranchit le cessionnaire de toutes les fins de non recevoir opposables au cédant, il soumet de plein droit le cédant non pas seulement à la garantie de l'existence du droit, mais aussi à la garantie de la solvabilité du débiteur, à la garantie du paiement effectif lors de l'échéance.

Cf. sur les différences qui existent entre la cession et l'endossement, Bailly : *op. cit.*, (*Rec. périod. des assur.*, 1893, p. 313, etc., p. 396) et Note (*Rec. périod. des assur.*, 1893, p. 253 et suiv.

3. Voici comment s'expriment habituellement les polices à cet égard :

Le contractant peut, s'il a été expressément stipulé dans les conditions manuscrites que la police est faite à son ordre, en transférer la propriété par un endossement régulier, conformément aux art. 137 et 138 du Code de Commerce.

Le bénéficiaire par endossement a la même faculté; mais tout endossement est nul s'il n'est approuvé par la personne sur la vie de laquelle l'assurance repose.

Comp. au sujet de la formule à employer ce que dit M. Couteau : *op. cit.*, T. II, p. 332 et 333.

Il est à peine nécessaire de faire remarquer que l'insertion de la clause à ordre ne rend en rien le contrat assimilable à une lettre de change ou à un billet à ordre parce que lors de la création d'un titre à ordre, ce qui est emprunté à la lettre de change ce n'est pas sa nature spéciale, ni les particularités inhérentes à son

La clause à *ordre* peut être insérée aussi bien dans les articles imprimés que dans les dispositions manuscrites ; la place où figure cette mention importe peu, les différentes parties de la police ayant toutes, en effet, la même valeur [1].

caractère, mais uniquement sa forme à *ordre* (Paris, 2 avril, 1839; D. P. 39, 2. 130; Paris, 13 déc., 1851; Bonnev. de Mars.: II. 128; Besançon, 27 mars, 1876; Bonnev. de Mars.: II. 520; Trib. civ. Seine, 16 juill., 1886, *Journ. des assur.*, 87, 433; Herbault *op. cit.*, p. 190 et 191) paraît quelque peu enclin à faire une assimilation que rien ne justifie.

Il paraît toutefois que quelques Compagnies, après une longue expérience, ont renoncé aux polices transférables et ne les consentent qu'exceptionnellement.

V. *Journ. des assur.*, 1893, p. 113.

Peut-être est-ce parce que par la police d'assurance sur la vie n'est pas un effet de circulation, qu'elle n'est jamais l'objet de négociations bien nombreuses et qu'elle ne saurait, à ce point de vue, être comparée aux effets circulatoires qui passent de main en main comme du papier-monnaie, ou plutôt comme une sorte de monnaie de papier. — Cf. Bailly : *op. cit.* (*Rec. périod. des assur.*, 1893, p. 431).

1. Si, a écrit M. Dubois (*Du bénéfice de l'assurance sur la vie*, p. 51), le souscripteur désire avoir la faculté de transférer par endossement la propriété de la police d'assurance il convient de se reporter d'abord aux conditions générales en usage dans la Compagnie qui va émettre la police. Si les conditions générales contiennent un article qui autorise sans restriction le transfert par endossement, la police sera endossée, sans qu'il soit besoin d'insérer, dans la partie manuscrite consacrée à la désignation des bénéfices, aucune clause ou mention spéciale. Mais si les conditions générales sont muettes en ce qui concerne l'endossement, ou si elles n'accordent à l'assuré la faculté de l'endossement que dans le cas où l'assurance est faite « à son ordre », il faut, pour que la police soit valablement transmissible par endossement, que la clause attributive du bénéfice de l'assurance soit ainsi conçue : *A mon ordre*. Le souscripteur peut en même temps prévoir le cas où il n'userait pas de la faculté d'endossement et, dans cette hypothèse, régler le sort du capital assuré, en ajoutant la formule suivante : « *A défaut d'ordre, à mes héritiers*, ou bien à *ma femme, à mes enfants*, etc. ».

Dans ces derniers temps l'on a soutenu (Bailly : *op. cit.*, *Rec. périod. des assur.*, 1893, p. 318), qu'il était préférable, dans un intérêt de sûreté, d'insérer la clause à *ordre* dans les conditions manuscrites de la police et de ne pas se contenter de l'article des conditions générales imprimées qui autorise le transfert par endossement. Du moment que c'est de la clause à *ordre* que découlent toutes les particularités, tous les effets spéciaux de l'endossement et puisque, par suite, là où cette clause n'est pas formulée ou est insuffisamment formulée, ces effets ne sauraient se produire, il est sage, pour prévenir toute discussion, d'exprimer en termes formels l'intention des parties.

M. Bailly (*loc. cit.*) établit, d'autre part, que la clause à *ordre* ne doit pas être sous-entendue dans la partie manuscrite d'une police dont les conditions générales imprimées autorisent le transfert par endossement, que l'insertion dans les dispositions manuscrites est une précaution si simple qu'on est inexcusable d'y renoncer, que si une Compagnie qui a délivré une police dont les conditions générales autorisent l'endossement et dans les conditions manuscrites de laquelle ne figure pas la clause à *ordre* serait mal venue à contester la validité de l'endossement en faisant valoir que les conditions manuscrites qui, en fait, ont été rédigées par elle ne contiennent pas la clause à *ordre*, mais que les autres tiers, notamment les créanciers opposants d'un endosseur, en conflit avec le porteur qui, sur le fondement de l'art. 149 C. Comm., contesterait la validité des saisies-arrêts pratiquées par eux, pourraient prétendre à bon droit que la police n'était pas endossable parce qu'elle n'était pas à *ordre*.

Il a été jugé par application de l'art. 149 C. Comm. qu'il y avait lieu de déclarer nulle une saisie-arrêt pratiquée sur une police qui n'était pas à *ordre*, mais dont les conditions générales autorisaient le transfert par endossement. Trib. comm.

L'endossement du contrat est régi par les art. 137 et suiv. C. Comm. [1].

Ainsi il doit être daté, indiquer la valeur fournie [2] et le nom de celui à qui la police est transmise [3]. L'absence d'une de ces mentions rend l'endossement irrégulier et ne le fait valoir que comme procuration [4]. C'est ce qui se présente, notamment au cas d'omission d'indication de la valeur fournie : en pareille circonstance il y aurait tout autre chose qu'un contrat à titre onéreux [5]. La solution peut avoir son intérêt en cas de faillite,

Seine, 9 janv. 1893, *Rec. périod. des assur.*, 93, 240. Mais il convient d'ajouter que dans cette affaire le créancier évincé ne paraît pas avoir contesté devant le tribunal la validité de l'endossement.

1. Dijon, 3 avril 1874, D. P. 78, 2, 18; S. 76, 2, 319; Paris, 13 déc., 1876, D. P. 78, 2, 18.

M. Mahoudeau (Note, *Ann. de Dr. commerce.*, 1889, p. 163, a montré que les formes exigées par l'art. 137 C. Comm. pour la régularité de l'endossement sont surannées, absolument contraires aux habitudes de notre temps, que l'endossement devrait consister en France, comme dans nombre de pays étrangers, seulement dans l'apposition de 'a signature de l'endosseur au dos du titre avec la date de l'endos.

On semble d'accord pour réclamer la suppression de la mention relative à la valeur fournie : Frémery : *Études de Dr. commerce.*, Paris, 1835 p. 124 et 125; Bravard Veyrières et Demangeat : *Traité de dr. commerce.*, T. III, p. 55; Garsonnet : *De l'influence de l'abolit. de la contrainte par corps sur la législat. commerce.*, Paris, 1868, p. 43-44, 67 70; Lyon Caen et Renault : *Traité de dr. commerce.*, Paris, 1893, T. IV, n°s 82 et 124.

2. V. Lyon, 16 juill., 1886, *Rec. périod. des assur.*, 86, 549.

3. La question de savoir si, au cas où l'assurance est contractée sur la vie d'un tiers, le consentement de celui-ci est nécessaire lorsque la cession est consentie au cours de l'assurance est controversée. Un système soutient que le consentement n'est pas exigé pour la validité de la cession et que si ce consentement fait défaut il n'est pas nécessaire que le cessionnaire ait un intérêt légal à la conservation de la vie de l'assuré (Herbault : *op. cit.*, p. 159; Montluc : *op. cit.*, p. 264; Limoges, 1er déc., 1836; Dalloz, *Rép.*, v° *Assur. terr.*, n° 318. — *Contrà* Vibert : *op. cit.*, p. 135). Il semble plus conforme à la pratique de dire que l'endossement est nul s'il n'est pas approuvé par la personne sur la tête de laquelle repose l'assurance.

4. Les conséquences de ce fait que la créance appartient toujours à l'endosseur qui n'a donné que le mandat de toucher pour lui, se produiront au point de vue du droit de révocation dans les termes de l'art. 2003 C. Civ., pour le droit qu'a le débiteur d'opposer au porteur les exceptions propres à la personne de l'endosseur, enfin au point de vue du droit des créanciers de l'endosseur tombé en faillite.

5. En ce sens Trib. comm. Seine, 23 oct. 1875; Rennev. de Mars. : II, 532; Trib. civ. Seine, 12 janvier 1884; *Gaz. Pal.* 84. 1. 330; Lyon, 16 juill. 1886, *Rec. périod. des assur.*, 86, 549. Comme le dit avec raison M. Couteau (*op. cit.*, T. II. p. 353), quand on emprunte une forme aussi spéciale que celle de l'endossement pour l'appliquer à un autre contrat il faut l'emprunter tout entière et il n'est pas permis de la modifier. Dans l'état actuel de la législation il faut donc absolument l'énonciation de la valeur fournie.

Mais la transmission est-elle au moins effectuée à titre gratuit? Nous examinerons la question un peu plus loin.

On a soutenu que si les polices d'assurance sur la vie ne sont pas transmissibles par voie d'endossement, il ne s'en suit nullement que toutes les dispositions concernant l'endossement des effets de commerce s'appliquent sans exception. La raison c'est qu'il n'y a pas un rapport nécessaire, intime entre la faculté

Mais il appartient au cessionnaire de prouver, à l'encontre de son cédant et même à l'égard de la masse de la faillite de celui-ci, que la cession de la police lui a été faite soit à titre de propriété, soit à titre de gage contre une valeur par lui fournie.

L'assureur qui, malgré l'irrégularité de l'endossement, paie de bonne foi, avant la déclaration de faillite du souscripteur, le montant du capital assuré entre les mains du porteur de la police, fait un payement valable et libératoire [1].

L'endossement peut être libellé sur les deux doubles de la police. Toutefois ce n'est point indispensable : il suffit de mentionner le transport sur le double de la police qui a été remis à l'assuré et signé par lui. Par conséquent l'assureur n'est pas fondé à se réputer libéré quant au versement du capital au porteur par ce fait que le transfert n'a pas été indiqué sur le double laissé en la possession de la Compagnie [2].

L'endossement de la police produit, sinon tous, au moins presque tous les effets attachés par la loi à l'endossement des titres *à ordre* en général [3].

Ainsi la cession n'a nullement besoin d'être notifiée à l'assureur; le cessionnaire du titre est *ipso facto*, abstraction faite de toute formalité, investi du bénéfice à l'égard des tiers et à la date de

d'endossement et les effets que le Code de Commerce a cru devoir y attacher.

Ces effets s'expliquent par des motifs tout spéciaux, qui ne se rencontrent plus ici.

La sécurité commerciale exigeait que le paiement des lettres de change et des billets à ordre fût entouré des plus sérieuses garanties, et que la responsabilité des signatures fût promptement dégagée. En matière d'assurance sur la vie les mêmes raisons ne se rencontrent plus. Le caractère exceptionnel des dispositions de la loi commerciale ne permet pas de les étendre par voie d'analogie. (Herbault : *op. cit.*, p. 191 ; Paris, 13 déc. 1851, D. P. 55, 5, 33). Par conséquent, dit-on dans cette opinion qui ne paraît point avoir en grande faveur, il n'y a pas lieu d'appliquer à la police d'assurance sur la vie l'art. 149 C. Comm. admettant l'opposition uniquement en cas de perte du titre ou de faillite du porteur, la disposition attribuant au porteur un recours solidaire contre tous les endosseurs, l'art. 152 C. Comm. accordant ou perdant la faculté de réclamer le paiement immédiat moyennant caution, l'art. 189 C. Comm. fixant le laps de cinq années comme délai de la prescription (Trib. comm. Seine, 31 mai, 1887; *Rev. périod. des assur.*, 87, 303). — *Contrà* Vibert : *op. cit.*, p. 138 ; Tissier : *op. cit.*, p. 193).

1. Paris, 13 déc. 1876, D. P. 78, 2, 18; Dijon, 3 avril, 1874, S. 76, 2, 319; D. P. 78, 2, 18; Trib. civ. Lyon, 8 févr. 1885, *Rev. périod. des assur.*, 85, 606; *Journ. des assur.*, 84, 311. — V. Couteau : *op. cit.*, T. II, p. 498.

2. Paris, 13 déc. 1876, D. P. 78. 2, 18; Angers, 28 déc. 1881; D. P. 83, 2, 105. Conf. Fey : *op. cit.*, p. 133.

3. Il faut dire *presque tous les effets*. C'est ainsi qu'il y a lieu de déclarer inapplicables les règles de la lettre de change qui font exception au droit commun notamment celles concernant la prescription; qui, d'ailleurs, ne découlent pas nécessairement de la clause à ordre. Il doit en être de même pour les règles relatives à la compétence, au protêt et en général pour les droits et devoirs du porteur, pour l'obligation incombant au tireur et à l'endosseur de garantir l'acceptation du tiré, pour le droit exclusif du porteur sur la provision. La nature du contrat résiste à l'application de ces règles. — Sic, Bailly : *op. cit.* (*Rev. périod. des assur.*, 1893, p. 138, etc.).

l'endossement [1]. Il n'eût servi à rien au cessionnaire que le débiteur cédé l'ait accepté par avance pour son débiteur et l'ait ainsi dispensé de lui signifier la cession ; par conséquent la clause *à ordre* n'eût rendu aucun service si le cessionnaire était resté tenu, dans ses rapports avec les tiers autres que le débiteur, de remplir les formalités des art. 1690 et 1691, car il lui importe de rendre son droit opposable à ces tiers (second cessionnaire, créanciers du cédant) tout au moins autant qu'il lui importe de le rendre opposable au débiteur cédé [2].

L'endossement a aussi pour conséquence nécessaire d'empêcher la Compagnie d'opposer au porteur de la police les exceptions qu'elle était en état d'opposer aux endosseurs successifs et tirées des rapports existant entre elle et le dernier porteur [3]. Il y a là une différence caractéristique qui distingue la transmission par voie d'endossement de la transmission par cession de créance. Cette dérogation au droit commun s'explique d'une façon rationnelle : lorsque le souscripteur s'oblige *à ordre*, il est naturel d'interpréter la convention en ce sens qu'il a précisément renoncé envers le porteur au moyen de défense qu'il pourrait avoir contre le preneur [4]. En particulier la Compagnie est hors d'état d'exciper de la déchéance résultant d'une réticence, sauf le cas de connivence entre le cédant et le cessionnaire, dans le but de faire payer une somme dont le versement réclamé par le souscripteur aurait été évité grâce à une exception [5], et aussi sauf le cas où le tiers porteur est en même temps l'ayant cause à titre universel de l'assuré [6]. Mais il semble que de toute façon l'assureur est en droit d'invoquer la déchéance résultant du non paiement de la prime, la condition du versement de cette somme étant de l'essence même du contrat et le porteur

<hr>

1. Cet effet de l'endossement résulte de l'art. 136 C. Comm., disposant que la propriété de la lettre de change se *transmet* par la voie de l'endossement.

Paris, 12 févr. 1857, D. P., 57, 2, 131 ; S. 57, 2, 186 ; Paris, 2 avril 1879, D. P. 79, 2. 130. V. aussi Trib. Seine, 23 oct. 1875, *Journ. des assur.*, 76, 466.

On a pourtant soutenu (Tissier : *op. cit.*, p. 191 ; Mercer : *op. cit.*, p. 89) que l'endossement régulier ne suffit pas pour rendre la cession parfaite à l'égard des tiers. Cette opinion se base sur ce que l'assurance en cas de décès étant un contrat purement civil, le cessionnaire ne peut être valablement saisi que par un transport conforme aux règles de l'art. 1690 C. civ. ou par une opposition régulière et qu'une clause particulière ne saurait avoir pour effet d'assimiler le contrat à un billet à ordre, à une lettre de change, en un mot, aux valeurs déclarées dans l'intérêt du commerce, c'est-à-dire dans un intérêt public, cessibles par voie d'endossement.   Trib. civ. Seine, 17 décembre 1855, D. P. 57, 2. 131 ; S. 57, 2, 186.

2. Bailly : *op. cit. (Rec. périod. des assur.*, 1893, p. 373).

3. C'est ce qui résulte plus ou moins explicitement des art. 136, 137 et 164 C. Comm. V. Lyon Caen et Renault : *Traité de dr. commerc.*, T. IV, n° 130.

4. Bodin : *De la cession de créances (Rev. prat. de dr. fr.*, 1858. T. V, p. 152).

5. Lyon Caen et Renault : *Traité de dr. commerc.*, T. IV, n° 130 *bis*.

6. Nouguier : *Lettres de change*, Paris, 1851, T. I, n° 720.

étant averti, par la nature même du titre, que le paiement de la prime est la cause de l'obligation de la Compagnie.

Il en doit être ainsi même lorsqu'une clause de la police dispose que, malgré la faculté accordée à l'assuré de transmettre le bénéfice du contrat par voie d'endossement, les prescriptions de la loi civile devront, en cas de cession, être observées dans l'intérêt des tiers. Une pareille clause ne saurait être considérée comme une stipulation au profit des tiers, elle ne constitue qu'une simple énonciation sans influence sur les effets de l'endossement; les tiers, dès lors, ne sauraient s'en prévaloir pour soutenir que, par suite de l'inobservation des formalités exigées par l'art. 1690, le porteur n'est pas vis-à-vis d'eux saisi de la propriété des sommes assurées[1].

Le cessionnaire par endossement succède à tous les droits de l'assuré primitif[2]. La propriété absolue du titre lui est cédée aussi bien à l'égard du débiteur cédé qu'entre le cédant et le cessionnaire. L'assureur est obligé de payer au tiers porteur le montant du capital dans le cas et aux époques où il devient exigible[3]. Le cédant est garant non seulement de l'existence du droit à indemnité, mais du paiement effectif à l'échéance[4]. D'autre part, la Compagnie débitrice du capital assuré ne pourra payer valablement qu'au porteur et sur la présentation du titre[5].

1. Paris, 9 avril 1879 précité; Herbault: op. cit., p. 188. — V. toutefois les restrictions formulées au *Supplément du Répertoire* de Dalloz, v° *Assur. terr.*, n° 405.

Il est à noter qu'il avait été déjà décidé précédemment (Paris, 13 févr. 1857 précité) que si dans une police stipulant que le transfert du contrat peut être fait sur le titre même, c'est-à-dire par endossement, il est dit par forme de renvoi rejeté au pied du titre qu'à l'égard des tiers la loi indique d'autres formalités, ce n'est là qu'une recommandation surabondante qui n'a rien d'obligatoire et dont l'inobservation ne saurait infirmer l'effet virtuel d'un transfert conforme aux conditions essentielles du titre.

2. Ce droit s'étend non seulement à l'indemnité proprement dite, mais aussi au droit de participation dans les bénéfices.

3. C'est ce que le tribunal de Commerce de la Seine a mis en lumière dans un jugement très fortement motivé du 9 janvier 1893 (*Journ. des assur.*, 93, 137; *Rev. périod. des assur.*, 93, 239).

4. C'est ce qui résulte de l'art. 164 C. Comm.

Il existe une solidarité entre le créateur du titre et tous les créateurs successifs.

Nous devons constater cependant que si cette obligation de garantie à la charge de l'endosseur découle de la clause à ordre, elle n'en constitue pas une conséquence nécessaire et inévitable. Tous les auteurs admettent, en effet, que cette obligation est seulement de la nature de l'endossement, non de son essence; elle peut donc être écartée par la convention (la clause est connue sous le nom de clause *sans garantie*, clause *à forfait*). En pareille circonstance, l'endosseur déclare qu'il entend n'être pas responsable de la solvabilité des débiteurs, mais il reste garant de l'existence de la lettre (au cas où un faux aurait été commis) et de son fait personnel. — Bailly: op. cit. (*Rev. périod. des assur.*, 1893, p. 383).

5. Lorsque la police n'est pas *à ordre*, en l'absence de toute notification relative à la cession, en l'absence de toute défense, opposition ou saisie-arrêt, la Compagnie est libérée quand elle paie de bonne foi le montant de l'assurance à la personne indiquée dans la police même sans la présentation du titre, sauf à elle à exiger que dans la quittance la personne qui touche l'indemnité reconnaisse qu'elle n'a pu, à raison des circonstances relatées (perte, vol, destruction, etc.),

Mais le principal et le plus important effet de la transmission par voie d'endossement est de rendre impossible toute opposition, toute saisie-arrêt de la part des créanciers, des porteurs antérieurs.

Ou la clause à ordre n'a aucun sens, ou elle signifie que le débiteur, c'est-à-dire en matière d'assurance la Compagnie, s'oblige directement et par avance vis-à-vis de tous les porteurs successifs du titre; que les endosseurs doivent être traités comme s'ils avaient tous été compris nominativement dans l'engagement lui-même; que, par suite, ils ne sont pas des *ayants cause* ou cessionnaires les uns des autres, mais au contraire des créanciers *directs* ayant acquis des droits indépendants les uns des autres. Quand le titre est *à ordre*, la loi purge, pour ainsi dire, la créance à chaque mutation nouvelle de tous les vices cachés qu'elle peut receler; le droit acquis par le cessionnaire n'a plus pour limite et pour mesure que le droit perdu par le cédant; les exceptions qui étaient opposables à ce dernier ne peuvent être opposées à celui qui le remplace; le débiteur sera comme obligé de nouveau envers le preneur. La clause *à ordre* doit donc, en quelque sorte par définition, faire du titre dans lequel elle est insérée une sorte de titre au porteur [1]. D'où cette conséquence que le cessionnaire sera à l'abri de toutes les exceptions qui ne lui sont pas personnelles et qui ne résultent pas de la teneur du titre. C'est, d'un avis général [2], une conséquence qui découle de ce que, par suite de la clause *à ordre*, le débiteur s'est engagé non envers une personne déterminée, mais envers le porteur quel qu'il soit. Aussi a-t-on pu dire [3] que

remettre le contrat et s'engage, si le titre lui revient jamais, à le livrer à la Compagnie. Le paiement effectué dans ces conditions pourrait être opposé aux tiers qui n'ont pas tenu compte des prescriptions des art. 1690, 2075 C. Civ. et 587 C. Comm.

Il en est tout autrement quand la police est *à ordre*. Le droit se confond avec l'écrit qui le constate; la quittance sans la remise du titre serait inefficace (Bédarride: Note, D. P. 78, 1, 241). D'après l'art. 145 C. Comm., celui qui paie une lettre de change sans retirer le titre n'opère point sa libération à l'égard du tiers porteur. Quand le titre n'est pas représenté, le débiteur ne peut pas payer. Mais la Compagnie n'est pas libérée pour cela. La question a été examinée précédemment à l'occasion des conséquences de la perte de la police. — V. *Supra*, p. 116.

1. De Folleville: *Traité de la possession des meubles et des titres au porteur*, 2ᵉ édit., Paris, 1875, nᵒ 836.

2. *Contra* Herbault: *op. cit.*, p. 191. Mais cet auteur conteste l'existence des rapports nécessaires et indéniables pourtant entre la faculté d'endossement et les effets attachés par la loi commerciale.

3. Bravard-Veyrières et Demangeat: *op. cit.*, T. III, p. 345.

Le doute n'est pas possible quand il s'agit d'une saisie-arrêt pratiquée par les créanciers d'un porteur antérieur : la saisie-arrêt est bien nulle. En est-il de même lorsque la saisie-arrêt a été pratiquée à la requête des créanciers du porteur actuel? La négative a été soutenue et l'on a prétendu que le porteur actuel ne pourrait être payé au mépris d'une saisie-arrêt opérée par ses créanciers (Bédarride: *Lettre de change*, Paris, 1862, T. II, nᵒ 408). Mais cette opinion est complètement abandonnée. Il semble acquis que le droit d'opposition est dénié aux créanciers même du propriétaire venant demander son paiement (Alauzet:

toute saisie-arrêt est incompatible avec la clause à ordre.

L'art. 149 C. Comm. qui n'autorise le droit de s'opposer au paiement qu'en cas de perte du titre ou de faillite du porteur est applicable à toute police à ordre passée en matière maritime [1]. On n'aperçoit pas les motifs d'une solution contraire lorsqu'il s'agit d'assurance sur la vie. Si, par suite de l'impossibilité d'une assimilation entre les polices d'assurance sur la vie et les lettres de change ou les billets à ordre on ne saurait songer à appliquer aux polices d'assurances certaines dispositions de la loi spéciales aux lettres de change, par exemple celles sur la prescription ou sur le cas de perte du titre, ici l'analogie entre la lettre de change et la police d'assurance sur la vie n'est pas en cause, il s'agit de savoir si l'endossement des polices d'assurance produit les effets qui sont de l'essence de tout endossement, quel que soit le titre endossé. Or, dès qu'on autorise la clause *à ordre* dans les polices d'assurance, il faut nécessairement et inéluctablement en admettre les conséquences logiques [2].

Il semble donc bien acquis que par analogie avec les titres à ordre, à raison de leur transmission par simple endos, sans avertissement préalable, les polices d'assurance sur la vie transmissibles par voie d'endossement ne sauraient être utilement frappées de saisies-arrêts en dehors de l'exception édictée par l'art. 149 C. Comm [3].

Cependant si la clause d'endossement empêche une saisie-arrêt à la requête des créanciers d'un porteur antérieur ou bien celle éma-

---

Comm. C. Comm., T. IV, n° 1420; Boyer : *Traité de la saisie arrêt*, n° 229, Lyon Caen et Renault : *Traité de dr. commerce*, T. IV, n° 343; Bailly : *op. cit.*, *Rec. périod. des assur.*, 1893, p. 377. Outre qu'une pareille mesure serait dépourvue de toute efficacité, l'endossement n'étant pas connu et ne pouvant pas être connu des créanciers, et, d'autre part, l'effet de la saisie risquant de devenir nul au moyen de l'endossement du tiers à un tiers, il faut noter que la règle de l'art. 149 est générale et formelle, qu'elle ne connaît et ne comporte aucune exception.

Donc, si le bénéficiaire d'un titre *à ordre* se présente en réclamant personnellement le paiement, il n'est point passible des oppositions qui ont été pratiquées sur lui-même. Peu importe qu'il ait usé ou non de la faculté de négocier le titre par voie d'ordre; il est porteur, et ce qu'il faut, c'est non pas payer à telle ou telle personne, mais il faut que le souscripteur dégage sa signature.

1. Cass, 21 juillet 1855, D. P. 55, 1, 243. — Lyon Caen et Renault : *Précis de dr. commerc.*, T. I, n° 1208.

2. Bailly : Note, *Rec. périod. des assur.*, 1893, p. 240.

3. Paris, 12 févr. 1855, Bonnev. de Mars. II, 158; Paris, 2 avril 1879, Bonnev. de Mars. : II, 587; Trib. comm. Seine, 9 janv. 1893, *Journ. des assur.*, 93, 137; *Rec. périod. des assur.*, 93, 239.

Le contraire a cependant été jugé (Trib. comm. Seine, 9 décembre 1850, Bonnev. de Mars. : II, 128; Riom, 24 janv. 1889, D. P. 93, 1, 179; Trib. civ. Seine, 16 juill. 1886, *Recueil périod. des assur.*, 87, 586). Mais il est à noter que ces décisions se rapportent à des polices quelque peu ambiguës, en ce sens qu'elles contenaient tout à la fois la clause à ordre et une stipulation obligeant les cessionnaires à accomplir les formalités des art. 1690 et 1691 C. Civ.

nant des créanciers du porteur actuel il ne faut dire ni que le bénéfice d'une assurance sur la vie est, ainsi qu'on le réclamait [1] d'une
façon générale, insaisissable [2], ou que le créancier du porteur actuel
est dépourvu de tout droit à une saisie, puisque l'art. 149 C. Comm.
autorise cette mesure au cas de faillite du porteur et de perte du titre.
La dérogation édictée par ce texte se conçoit aisément. En cas de
perte, le porteur peut craindre que le titre ne tombe entre les mains
d'un malhonnête homme cherchant à s'en approprier le montant en
se faisant passer pour le porteur, en venant comme tel en réclamer
le paiement ; s'il y a en faillite, le porteur est dessaisi de l'administration de ses biens, il ne peut plus ni payer ni recevoir, ce droit
appartient à la masse créancière représentée par le syndic au cas
où le syndic peut, bien entendu, élever une réclamation. Il s'agit là
en réalité moins d'une saisie-arrêt que d'un acte conservatoire ayant
pour but d'empêcher que le paiement ne soit fait entre les mains
d'une personne qui n'a pas qualité pour recevoir et au détriment de
la personne qui doit recevoir régulièrement [3].

Il est à noter que si la police est transmissible par voie d'endossement, tout autre mode de transmission n'est pas pour cela
impossible. Ainsi, par exemple, la clause portant que le montant de
l'assurance sera payé « aux héritiers de l'assuré ou à son ordre »
n'exclut pas l'abandon d'actif par concordat [4].

Après avoir cédé à un tiers et par voie d'endossement le bénéfice
de l'assurance originairement souscrite et dès le jour du contrat en
faveur d'une autre personne déterminée, l'assuré peut fort bien, au
cas de doute se produisant sur la validité de la transmission ainsi
effectuée, substituer à la police primitivement souscrite un avenant imposant l'obligation de verser le capital assuré au cessionnaire par endossement.

En pareille circonstance il importe de déterminer le caractère
du nouveau contrat et de rechercher s'il annule complètement
le contrat d'assurance antérieurement conclu ou si, au contraire,

---

1. V. Thaller : *L'assurance sur la vie devrait être insaisissable* (*Annales de Droit commerc.*, 88, 100, etc.); Labbé : *De l'insaisissabilité des polices d'assurance sur la vie* (*Annales de Droit commerc.*, 88, 192); Couturier : *De l'assur. sur la vie en général et spécialement de l'assur. sur la vie entre époux*, p. 920. Comp. nos remarques, T. Ier, p. 191, note.

2. La solution donnée ici ne préjuge en rien la question de savoir si en présence d'une police endossable les créanciers de l'assuré peuvent ou non saisir le bénéfice de l'assurance au préjudice des personnes en vue desquelles le contrat a été souscrit. Plus loin nous examinerons avec les détails nécessaires cette grave difficulté.

3. Aussi, selon M. Bailly (*op. cit.: Rev. périod. des assur.*, 1893, p 379), l'opposition en ce cas ne devrait pas nécessairement être faite par un exploit d'huissier ; un avis donné à la Compagnie sous une forme quelconque suffirait pour la rendre responsable du paiement opéré indûment.

4. Paris, 5 mars 1873, D. P. 73, 2, 104 ; S. 73, 2, 199.

il a eu simplement pour but ou pour résultat de maintenir le contrat primitif en consacrant la cession faite du bénéfice de ce contrat au profit du cessionnaire. La question a son intérêt lorsque survient le décès du souscripteur du contrat.

Si, en effet, l'avenant ne comporte pas novation du contrat primitif et s'il n'a fait que maintenir ce contrat en confirmant la cession intervenue en faveur du cessionnaire, le bénéficiaire désigné dès le jour de la formation du contrat est seul en mesure de toucher l'indemnité puisqu'il tient son droit des stipulations de la police et dès le jour où cette police a été signée [1]. Au contraire, si l'avenant a pour effet d'annuler le contrat primitif et de s'y substituer, le droit au capital assuré appartient au tiers bénéficiaire désigné dans l'avenant, c'est-à-dire au cessionnaire [2].

Le caractère ne peut ressortir que de l'intention des parties contractantes. C'est en recherchant la volonté des personnes qui ont concouru aux divers actes, en appréciant les circonstances de la cause que le juge du fait (dont le pouvoir est souverain à cet égard) peut fixer la valeur de l'avenant [3].

D. — Nantissement.

L'assuré peut fournir en nantissement sa police. Rien ne s'y oppose. Il n'y a là rien d'immoral et même rien de contraire à la loi, l'art. 2074 C. Civ. qui donne la définition du nantissement ayant une portée générale. Aucun doute n'est possible à cet égard [4].

L'assuré peut recourir soit à un tranfert direct, soit à la signature

---

1. Trib. civ. Lyon, 8 décembre 1886, confirmé par arrêt de la Cour de Lyon du 27 décembre 1887, S. 88, 2, 242. V. la note, *ibid.*.

Dans cette espèce il y avait eu : 1° assurance contractée par deux époux en faveur du survivant ou à son ordre ; 2° cession par les deux époux conjointement et par voie d'endossement de la police à un créancier vis-à-vis duquel les deux époux s'étaient engagés conjointement ; 3° réduction d'un avenant en vertu duquel la Compagnie s'engageait à payer, au décès du prémourant, le montant de l'assurance au créancier cessionnaire de la première police, lequel avait accepté le bénéfice de cette stipulation. Les deux époux s'étant engagés conjointement, le survivant, quoique bénéficiaire et bien qu'ayant un droit propre excluant le droit des créanciers du conjoint décédé, devait voir passer la créance dans le patrimoine du cessionnaire ; ce dernier recueillait le bénéfice de l'assurance mais comme étant aux droits de l'époux survivant.

2. Trib. civ., Lyon, 8 décembre 1886 (motifs) confirmé par arrêt de la Cour de Lyon du 27 décembre 1887, S. 88, 2, 242.

3. Comp. sur l'interprétation d'un avenant ayant pour objet la rectification de la police d'assurance, Douai, 14 févr. 1887, S. 88, 2, 49 et la note de M. Labbé, *ibid.*; D. P. 87, 2, 136.

4. V. Couteau : *op. cit.*, T. II, p. 342; Fey : *op. cit.*, p. 131 ; Paulmier : *op. cit.*, p. 118; Herbault, p. 194 et suiv. — V. aussi de Folleville : *Traité de la possession des meubles et des titres au porteur*, 3e édit., p. 481 et suiv.

d'un avenant constatant qu'il ne s'agit que d'une garantie [1], soit à la voie de l'endossement, mais à la condition que l'endossement soit régulier et qu'il y ait notamment la mention d'une contre-valeur [2].

Si le contrat a un caractère purement civil, si la police n'est ni au porteur ni négociable par voie d'endossement, il faut nécessairement appliquer les règles édictées par les art. 2074 et 2075 C. Civ.. Il faut donc qu'il y ait rédaction d'un acte ou public, ou sous seing privé enregistré contenant la déclaration de la somme due ainsi que l'espèce et la nature de la chose remise en gage, que l'acte de nantissement soit signifié à la Compagnie d'assurance débitrice, que la police ait été mise et soit restée en la possession du créancier. Ces formalités sont essentielles. Elles ne sauraient être remplacées par un équivalent. Ainsi, à la notification à faire à l'assureur on ne pourrait substituer la rédaction d'un avenant signé par l'assureur ainsi que par l'assuré et stipulant que la somme assurée sera, au moment du décès, payée non pas au bénéficiaire primitif de la police, mais bien au créancier gagiste jusqu'à concurrence de ce qui lui est dû, pas plus qu'il ne serait possible de substituer à la notification une lettre à la Compagnie malgré un accusé de réception [3]. On serait en pareille circonstance hors d'état d'exciper de ce que le créancier gagiste aurait été mis en possession de la police de l'assurance et de l'avenant ; l'absence de notification suffit [4].

Au contraire, lorsqu'il s'agit d'un nantissement commercial et si la police est transmissible par la voie de l'endossement [5], il y a lieu

1. D'après M. Deslandres (*op. cit.*, p. 231 et suiv.), en cas d'avenant rédigé en vue de modifier l'assurance antérieure et d'en faire une garantie pour le créancier, il n'y a pas un droit de gage appartenant au créancier et portant sur une créance du débiteur assuré contre la Compagnie, mais bien un droit propre à l'indemnité, naissant du contrat d'assurance au profit du créancier qui, de ce chef, devient créancier direct de la Compagnie; au contraire, si le gage a été constitué sur une assurance déjà existante et sans rédaction d'un avenant, il y a un véritable droit de gage portant sur la créance d'indemnité que l'assuré possède contre la Compagnie, ce droit de gage s'étendant d'ailleurs à toutes les créances qui doivent naître du contrat.

2. Trib. civ. Lyon, 3 avril 1889, *Ann. de Dr. commerc.*, 89, 169. V. en ce sens la note *ibid.*

3. Trib. comm. Seine, 20 mars 1888, *Journ. des assur.*, 88, 212 ; *Rev. périod. des assur.*, 88, 121.

4. Rennes, 23 juin 1879, D. P. 79, 2, 155.   V. Trib. comm. Seine, 20 mars 1888, *Journ. des assur.*, 88, 212 ; *Rev. périod. des assur.*, 88, 121.

5. Couteau : *op. cit.*, T. II, p. 355, etc. ; Paulmier : *op. cit.*, p. 111 ; Fey : *op. cit.*, p. 13 ; Paris, 12 févr. 1857, D. P. 57, 2, 131 ; S. 57, 2, 166 ; Dijon, 3 avril 1876, D. P. 78, 2, 18 ; S. 76, 2, 319.

L'arrêt de la Cour de Rennes du 28 juin 1879 (D. P. 79, 2, 155, cité parfois comme proclamant une solution contraire a été rendu dans une espèce différente : la police n'était ni au porteur, ni négociable. Comp. les observat. de M. Couteau (*loc. cit.*) au sujet de cet arrêt.

Quid au cas où la police, tout en admettant la transmissibilité par endossement réserverait en faveur des tiers l'observation des formalités légales et notamment l'application de l'art. 1690 C. Civ. ?

Il a été décidé que les tiers en ce cas ne seraient point admis à s'en préva-

d'appliquer la même règle que pour les objets corporels, la constitution du gage se constate, même vis à vis des tiers, par les modes de preuve ordinaires admis en matière commerciale art. 109 C. Comm. [?].

Il est à noter toutefois que, même s'il s'agissait d'un nantissement commercial au cas où des créances civiles auraient été données en gage pour une créance commerciale, les prescriptions de l'art. 2075 du Code Civil devraient être suivies : il faudrait non seulement signifier le transport au débiteur cédé, mais encore faire enregistrer l'acte de nantissement [?].

Si le transfert a lieu par un avenant substituant au bénéficiaire primitif le créancier qui doit être muni d'une garantie il suffit de l'adhésion de la Compagnie; aucune formalité spéciale n'est nécessaire et en particulier les prescriptions des art. 1690 et

loir et à soutenir que si les formalités réservées par la police n'ont pas été remplies, le cessionnaire par endossement n'est pas saisi, vis à vis d'eux, de la propriété des sommes assurées. Paris, 2 avril 1879, *France jud.*, IV, 2, 2[?].

Cette solution est conforme à l'esprit général de la jurisprudence qui tend à appliquer entièrement aux polices d'assurance sur la vie les règles relatives à l'endossement des effets à ordre. Toutefois, il avait été décidé antérieurement (Trib. Seine, 31 août 1877, *France jud.*, IV, 2, 2[?]) que du moment que les polices d'assurance sur la vie ne figurent pas au nombre des actes indiqués par la loi comme devant être essentiellement souscrits à l'ordre du bénéficiaire et comme étant nécessairement transmissibles par endossement, le principe de la liberté des conventions devait faire admettre que les parties qui attribuent facultativement à la police le caractère d'effet à ordre ne peuvent le lui attribuer qu'avec certaines restrictions.

Les partisans de cette dernière opinion font valoir (Hey : *op. cit.*, p. 1[?]) que le contrat d'assurance sur la vie est un contrat dont les règles ne sont déterminées par aucun texte législatif, qu'il est par suite régi uniquement par les conventions des parties, lesquelles n'ont pour limite de leur liberté de décision que la loi et la morale publique et qu'on ne saurait leur refuser le droit d'assujettir au contrat cette disposition qui leur convient pourvu qu'elle n'ait rien de contraire aux lois et aux bonnes mœurs.

1. On a soutenu parfois qu'il y avait lieu de restreindre cette solution au cas où il s'agirait d'un gage commercial, c'est-à-dire où la créance garantie aurait été contractée soit par un commerçant, soit par un individu non commerçant pour un acte de commerce. Des auteurs ont enseigné (Herbault : *op. cit.*, p. 200, etc.) que les règles relatives au nantissement portant sur les titres à ordre ou au porteur sont applicables dans tous les cas, quelle que soit la nature de la créance garantie. Il est cependant préférable de croire (Couteau : *op. cit.*, T. II, p. 3[?] que les modes de constitution autorisés par la loi du 23 mai 1863 ne peuvent être employés que si le nantissement qu'il s'agit d'opérer constitue un acte de commerce.

Invoquant la circonstance que dans l'espèce le nantissement avait le caractère de gage commercial, un arrêt a décidé que la dation en gage d'une police d'assurance peut valablement résulter, à l'égard des héritiers de l'assuré, de la remise de la police aux mains du créancier, accompagnée d'une lettre exprimant sa volonté que la créance soit acquittée sur le montant de l'assurance. Aix, 16 mai 1851, S., 52, 2, 6[?]; V. note, *ibid.*; D. P., 52, 2, 219; Paulmier : *loc. cit.*, Moulton : *op. cit.*, p. 235.

2. Il a été jugé à cet égard que le cessionnaire de la police ne peut se prétendre investi d'un droit exclusif à l'encontre des créanciers de la faillite de l'assuré lorsque la cession, même opérée avant la cessation des paiements, n'a reçu date certaine qu'après le jugement déclaratif de faillite. Dijon, 13 janv. 1888, S., 8[?], 1, [?]; D. P., 90, 1, 51. Comp. les observations D. P., 90, 1, 51, n° 1.

2075 du Code Civil sont sans application [1]. Aussi cette combinaison semble préférable; elle offre les avantages les plus réels en ce qu'elle assure le privilège sans frais et pourtant d'une façon absolument certaine.

Sous quelque forme qu'ait lieu le transfert en garantie, la police doit être remise au cessionnaire.

Il se peut que le souscripteur de la police donne la police en nantissement à un créancier après avoir attribué le bénéfice à un tiers; il est évident qu'il ne peut faire une pareille cession que si le tiers n'a pas accepté.

Une difficulté, à la vérité, peut surgir au cas où l'assuré aurait stipulé que le capital serait versé d'abord à lui-même, en cas de vie à une époque déterminée et, s'il était mort à cette date, à un tiers, par exemple à son enfant. Il convient alors, en supposant le défaut d'acceptation régulière, d'interpréter l'acte de cession, de rechercher si la cession comprenait seulement les droits stipulés en faveur de l'assuré, notamment pour le cas de survivance à l'époque fixée et non les droits stipulés en faveur du bénéficiaire désigné dans la police au cas de décès antérieur du souscripteur. Une pareille interprétation, fondée sur l'intention des parties et sur les circonstances de la cause, rentre dans le domaine exclusif du juge du fait, alors qu'il n'est pas établi que l'acte de cession n'a pas été dénaturé [2]. Mais il est à noter que le doute sur l'étendue de la cession, en admettant qu'il puisse en exister, doit s'interpréter contre le cessionnaire en tant que demandeur dans l'instance et stipulant dans l'acte de cession. C'est l'application de l'art. 1162 C. Civ.; dans un contrat de nantissement c'est le créancier qui, déterminant la garantie sur laquelle repose sa confiance, stipule [3].

E. — *Tradition.*

De ce que tous les titres de valeurs mobilières peuvent se transmettre par la simple tradition, par la remise de la main à la main, il a paru possible de soutenir que ce mode de transmission était de nature à être employé pour les polices d'assurance sur la vie et en particulier qu'un contrat pouvait faire valablement l'objet d'un don manuel, sauf à la personne qui a reçu le titre à justifier qu'elle l'a reçu non point comme mandataire, mais bien à titre de propriété.

---

1. V. Cass., 16 janv. 1888, S. 88, 1, 121; D. P. 88, 1, 77; Amiens, 26 avril 1888, S. 88, 2, 220 et les observations formulées plus haut à ce sujet. — Comp. Deslandres, *op. cit.*, p. 229-230.

2. Cass., 22 oct. 1888, S. 89, 1, 269; D. P. 89, 1, 161.

3. Cass. 22 oct. 1888, S. 89, 1, 269; D. P 89, 1, 161 et le rapport de M. le conseiller Delise à la Chambre des Requêtes, *ibid.*

Cette opinion [1] se base, d'une part, sur ce que, d'après les art. 1607 et 1689 C. Civ., la tradition des droits incorporels se fait par la remise des titres, en second lieu sur ce qu'il est de doctrine et de jurisprudence qu'on peut donner manuellement toute valeur mobilière et aussi sur ce que pour la transmission gratuite de ces valeurs le don manuel est de droit commun. La nature même du contrat, on l'a dit aussi [2], fournirait une raison de plus : la transmission du contrat représente non pas une créance ferme, égale au capital assuré, mais la valeur de la dernière prime payée, avec la valeur de rachat; on aurait manifestement pu donner de la main à la main cette prime, ainsi qu'on peut le faire pour toutes les primes suivantes, nécessaires pour la continuation du contrat; il paraît dès lors impossible de refuser le moyen de faire directement pour la remise de la police ce qu'il est loisible de faire indirectement pour la remise successive des primes [3].

Cependant cette solution a été vivement attaquée en ce qui concerne les polices endossables [4].

On ne saurait affirmer, a-t-on répondu, que les art. 1607 et 1689 admettent la tradition pour les créances; il y a une confusion; l'art. 1689 traite uniquement de la délivrance; or, dans la théorie du Code Civil, la délivrance n'a rien de commun avec la translation de propriété, laquelle se fait par le seul concours des volontés; la délivrance n'est plus que l'exécution du contrat par la mise en possession de l'acheteur [5]. Sans doute, le cédant doit délivrer au cessionnaire la créance qui fait l'objet de la vente et cette délivrance se fait par la remise des titres. Mais cette délivrance suppose qu'il y a une translation de propriété qui la précède. La tradition n'a donc pas pour objet de transférer la propriété de la chose parce que la propriété est déjà transmise, tandis que dans le don manuel la tradition emporte, transport de la propriété [6]. D'autre part, a-t-il été ajouté, le don manuel est inapplicable aux meubles incorporels; il est possible pour les meubles corporels et non point pour les meubles incorporels dont la transmission ne se peut opérer qu'au moyen de l'accomplissement de cer-

1. Paris, 18 mai 1867, D. P. 93, 1, 178, note; Riom, 23 janv. 1889, D. P. 93, 1, 179; Herbault : *op. cit.*, p. 102; Couteau : *op. cit.*, T. II, p. 365 et 366; Paulmier : *loc. cit.* (*Rev. prat. de dr. fr.*, T. LII, 1882, p. 124).

2. Couteau : *loc. cit.*

3. Aux États-Unis, il a été jugé qu'une police d'assurance sur la vie peut être transférée par simple tradition sans qu'aucun acte écrit soit nécessaire (C. d'app. de New-York, St-John, C. Am. L. Ins. C°, *Journ. du dr. intern. priv.*, 77, 256). Il est vrai que cette même décision a reconnu parfaitement valable la cession d'une police faite sans le consentement de la Compagnie, alors que la police exigeait l'approbation écrite, de la Compagnie.

4. Dupuich . Note, D. P. 93, 1, 179.

5. Laurent : *Principes de dr. civ.*, T. XXIV, n° 471.

6. Laurent : *op. cit.*, T. XII, n° 279.

taines formalités déterminées par la loi [1]. Assurément les valeurs mobilières au porteur admettent le don manuel [2]. Mais il s'agit là d'une exception qui doit être interprétée strictement ; par conséquent elle ne saurait être étendue à celles des valeurs mobilières qui ne sont pas susceptibles d'une transmission de ce genre : celles-là et spécialement les valeurs à ordre retombent sous l'empire du droit commun, d'après une doctrine constante [3].

§ 2. — Effets de la transmission.

La transmission du bénéfice de l'assurance sur la vie peut avoir lieu :

Soit à titre gratuit, lorsque c'est par pur sentiment de bienveillance et sans y être en rien contraint que l'assuré attribue à un tiers déterminé ou même à sa succession la créance contre la Compagnie ;

Soit à titre onéreux, quand l'assuré entend se libérer d'une dette ou donner une garantie pour cette même dette, ou bien constituer une indemnité destinée à réparer le préjudice que peut entraîner la mort du souscripteur de la police [4].

A défaut d'indication contraire le contrat est présumé passé à titre gratuit.

De là la nécessité, au cas d'assurance contractée à titre onéreux, d'insérer dans la police des indications ne laissant place à aucun doute, prouvant le but et l'objet du contrat.

En effet, quand le bénéfice de l'assurance est attribué à titre gratuit au bénéficiaire, le souscripteur désire, en général, rester libre de disposer du contrat comme bon lui semble : le bénéficiaire n'intervient pas et le plus souvent ignore même l'existence de la police.

1. Demolombe : *Donat. et testam.*, T. III, nos 68 et 70 ; Aubry et Rau : *op. cit.*, T. VII, § 659, p. 83 ; Laurent : *op. cit.*, T. XII, n° 270 ; de Folleville : *Traité de la possession des meubles et des titres au porteur*, nos 148 et 149 ; Cass., 1er févr. 1848, Dalloz, *Rep.*, v° *Disposit. entre vifs et testam.*, n° 1619 ; Grenoble, 17 juill. 1858, D. P. 69, 2, 102 ; Paris, 19 décembre 1871, D. P. 73, 2, 131. — Comp. Lyon, 21 févr. 1884, D. P. 85, 2, 224.

2. Aubry et Rau : *loc. cit.* ; Buchère : *Traité théor. et prat. des valeurs mobilières*, Paris, 1881, n° 839 ; Nancy, 20 décembre 1873, D. P. 75, 2, 6 ; Lyon, 2 mars 1876, D. P. 78, 2, 142 ; Dijon, 12 mai 1876 ; D. P. 77, 2, 120 ; Cass., 5 août 1878. D. P. 79, 1, 283 ; Cass., 11 août 1880. D. P. 80, 1, 464 ; Cass., 16 août 1881, D. P. 82, 1, 477 ; Cass., 15 nov. 1881, D. P. 82, 1, 67.

3. Laurent : *op. cit.*, T. XII, n° 310 ; Marcadé : sur l'art. 931, n° 630 ; Ruben de Couder : *op. cit.*, v° *Billet à ordre*, n° 29 ; Pau, 19 mars 1840. Dalloz, *Rep.*, v° *Disposit. entre vifs et testam.*, n° 1627 ; Douai, 3 décembre 1845, D. P. 47, 2, 182 ; Pau, 19 mars 1888, D. P. 88, 2, 288. — V. aussi Mahoudeau : Note, *Ann. de Dr. commerc.*, 1889, p. 163.

4. Le contrat est à titre onéreux quand la police est souscrite et quand les primes sont payées par celui-là même qui doit en recueillir l'émolument (assurance sur la tête d'un tiers).

Après la mort du souscripteur le bénéficiaire à titre gratuit, assimilé à un donataire, est exposé à voir revendiquer par les héritiers du souscripteur une partie du capital, si ce capital excède la somme dont la loi permettait à l'assuré de disposer, dans une opinion tout au moins. Enfin le bénéficiaire à titre gratuit doit à l'État les droits de mutation par décès sur la somme qu'il reçoit.

Au contraire, quand l'assurance est souscrite à titre onéreux, en garantie d'une dette, par exemple, le créancier cherche à être saisi irrévocablement du bénéfice de l'assurance. Il veut que le souscripteur n'ait plus le droit de résilier seul la police ni d'en transférer l'émolument à une autre personne. Pour obtenir ces résultats, le créancier bénéficiaire doit intervenir au contrat afin de rendre irrévocable, par son acceptation, la stipulation faite à son profit. Le bénéficiaire à titre onéreux n'a rien à craindre des restrictions légales en matière de donation. Pareillement il n'a pas à payer de droits de mutation [1].

Le caractère de l'opération dépend des circonstances, notamment des relations qui existaient entre les parties, lors de la signature de la police, ou bien de leur intention [2]. Il s'ensuit que le juge du fait a toute liberté à cet égard : il lui appartient de dire si le contrat a été passé dans un but de libéralité ou, au contraire, à titre onéreux [3]. Le juge du fait est souverain quand il n'y a qu'à relever et à apprécier les circonstances de fait, à interpréter leur intention, à rechercher ce que les parties ont entendu faire. Mais le droit du juge du fond est restreint par le contrôle de la Cour de cassation quand il s'agit des conséquences juridiques des faits souverainement constatés, ou encore lorsqu'on semble, au moyen de constatations de fait, vouloir écarter l'application d'un texte légal [4], selon que la transmission a lieu à titre gratuit ou à titre onéreux.

---

1. Dubois : *Du bénéfice de l'assurance sur la vie*, p. 9.

2. Couteau : *op. cit.*, T. Ier, p. 273 et 274 ; Thaller : Note, D. P. 88, 2, 4 ; Lefort : *Études sur les assurances sur la vie*, p. 41.

3. V. notamment Cass., 9 mai 1881, D. P. 82, 1, 97 ; S. 81, 1, 337 ; Cass., 21 juin 1876, D. P. 78, 1, 429 ; S. 76, 1, 400 ; Cass., 12 févr. 1877, S. 77, 1, 393 ; D. P. 77, 1, 342.

4. La Cour de cassation a fait spécialement le 22 février 1893 (D. P. 93, 1, 403 ; S. 94, 1, 65) l'application de ce principe.

La Cour de Bourges, par un arrêt du 3 juin 1891 (D. P. 93, 1, 102 ; S. 94, 1, 66), avait attribué le caractère de contrat à titre onéreux à un contrat d'assurance sur la vie passé par un mari au profit de sa femme, dans le but d'indemniser cette dernière des obligations par elle contractées dans l'intérêt de la communauté ; le juge du fait en tirait cette conclusion que l'attribution faite à la femme était irrévocable et que, par suite, il y avait à écarter l'application de l'art. 1096 C. Civ. proclamant la révocabilité des donations entre époux.

La Cour de cassation a cassé cette décision pour violation de l'art. 1096, et par conséquent a attribué à l'acte intervenu le caractère de libéralité nié par les juges du fait.

La doctrine de cet arrêt a été vivement critiquée (V. Planiol : Note, D. P. 93, 1, 401). Il a été objecté que la Cour de cassation paraît avoir quelque peu dépassé

A. — *Transmission à titre gratuit.*

Le bénéfice peut être transmis à titre gratuit.

En pareille circonstance l'assurance contractée au profit d'un tiers conserve son caractère de stipulation pour autrui ; elle n'est point à proprement parler une donation entre vifs, bien qu'elle constitue une libéralité [1].

Les règles applicables varient nécessairement. Néanmoins, il est plusieurs principes qui sont communs. C'est ainsi, par exemple, qu'il faut dire en premier lieu que le cessionnaire ne saurait avoir plus de droits que le cédant, conformément aux prescriptions du droit commun, puisqu'au total il ne s'agit que de la cession d'une créance ; par conséquent toutes les exceptions qui intéressent le cédant, notamment la déchéance pour non paiement de la prime, l'attribution à la masse créancière, dans les cas où elle a des droits, peuvent être opposées au cessionnaire. D'autre part, on notera cette fois encore que la transmission, quel que soit le mode adopté, donne non point le capital assuré, car il n'y a en réalité contre l'assureur qu'une créance exigible seulement sous condition, mais purement et simplement, indépendamment du droit réel actuel à la valeur de rachat et de la faculté de renouveler l'assurance chaque année, le droit incertain et éventuel au capital assuré, si l'événement se réalise dans la période couverte par l'assurance, dans l'année [2].

sa mission en prêtant d'elle-même aux parties une intention particulière, en transformant en libéralité l'acte que le juge du fait avait traité d'acte onéreux ; la Cour de cassation pouvait annuler l'acte, mais elle ne semblait pas pouvoir modifier le caractère qui avait été attribué à raison de l'intention des parties.

1. Ce n'est pas tout à fait une donation entre vifs, écrivait il y a longtemps Merger (*op. cit.*, p. 101), puisque l'assuré est maître de la laisser tomber en déchéance si, par exemple, il ne paye pas les primes annuelles auxquelles il s'est soumis, ou s'il voit prononcer les déchéances prévues par la police et qu'ainsi le bénéficiaire n'est saisi du résultat de l'assurance qu'autant qu'il sera satisfait aux clauses de la police et qu'après l'accomplissement de la condition casuelle du décès de l'assuré. En outre, il faut noter que l'on ne peut voir une donation dans un acte qui intervient non point entre le donateur et le donataire, mais seulement entre le donateur et un tiers, l'assureur. On doit ajouter aussi avec Merger que ce n'est pas plus une libéralité à cause de mort, puisque le donateur, c'est-à-dire l'assuré, se dessaisit immédiatement par le paiement des primes et crée un droit actuel, irrévocable, bien que soumis à certaines conditions résolutoires en faveur du bénéficiaire.

Il convient de faire observer que l'assuré ne donne même pas une créance certaine, car il peut se faire que la Compagnie ne paie pas, d'abord si la prime annuelle n'est pas acquittée, en outre, si l'assuré se tue ou commet une aggravation de risques. Ce dont le patrimoine du donateur s'appauvrit, c'est simplement du montant des primes. Cette constatation est fort importante pour la solution des difficultés soulevées par l'application des règles concernant la faillite, le rapport et la réduction.

2. Trib. civ. Seine, 1er juill. 1879, *Journ. des assur.*, 79, 400 ; Lyon, 9 avril 1878, D. P. 79, 2, 158.

La donation entre vifs est définie par l'art. 894 C. Civ. l'acte par lequel le donateur se dépouille actuellement et irrévocablement de la chose donnée en faveur du donataire qui l'accepte. En d'autres termes, c'est l'acte par lequel une personne prend une chose dans son patrimoine et en gratifie un tiers. Mais lorsqu'une personne se fait promettre par une Compagnie qu'à son décès la caisse de cette Société versera une somme déterminée, cette personne ne se dépouille pas, elle ne prend rien dans son patrimoine, puisque le capital assuré n'en a jamais fait partie, d'après une doctrine et une jurisprudence constantes. Dira-t-on que l'assuré acquiert une créance contre la Compagnie et la transporte à celui qu'il veut enrichir? Il y a longtemps déjà que l'on est revenu sur cette opinion qui entendait décomposer la stipulation en deux opérations, l'une constituant une acquisition par l'assuré, l'autre constituant une rétrocession par l'assuré au bénéficiaire[1].

Il y a mieux, ainsi qu'on l'a fait remarquer[2], si cette créance existe, elle ne se trouve pas et ne peut pas se trouver dans le patrimoine de l'assuré. Pour qu'une personne puisse être considérée comme créancière d'une autre, il faut qu'elle soit au moins en état de voir la créance, le droit se réaliser à son profit. Or, il est bien certain que si le contrat se poursuit dans les conditions normales, la Compagnie ne versera jamais l'indemnité au signataire de la police. C'est si vrai que l'on a pu dire avec raison que le véritable assuré, c'est non pas le signataire de la police, mais bien le bénéficiaire.

L'assurance contractée à titre gratuit en faveur d'un tiers semble bien être une libéralité d'une nature particulière : l'avantage ne consiste pas dans le capital assuré puisque ce dernier provient d'une caisse étrangère, celle de la Compagnie; il consiste simplement dans le montant des primes.

La transmission à titre gratuit s'effectue de deux manières : ou bien elle résulte de la cession d'une police déjà existante, ou bien elle dérive du contrat lui-même.

Quand un assuré songe à gratifier un tiers du droit au bénéfice, il peut à son choix, soit recourir à un acte solennel de donation passé dans les formes prescrites par le Code Civil, soit désigner dans son testament la personne qu'il entend enrichir du droit au capital exigible par suite de sa mort.

En pareil cas les formalités prescrites pour la validité des libéralités sont applicables. Mais dans la pratique il n'en est guère ainsi[3].

---

1. V. notre *Traité*, T. Ier, p. 220 à 226.
2. Planiol : Note, D. P. 93, 1, 401.
3. Il convient de signaler ici une espèce assez singulière :
Sur une police transmissible par endossement et stipulant un capital payable à qui de droit, une personne avait inscrit des mentions écrites, datées et signées

D'ordinaire l'assuré qui entend gratifier une autre personne du droit de réclamer la somme due à raison de sa mort, se borne, au cas où la police n'a pas été conclue dès le début en faveur d'un tiers, à rédiger, d'accord avec la Compagnie, un avenant attribuant le bénéfice à cette personne.

Ce mode de transmission est beaucoup plus avantageux. Il n'exige aucune formalité; en particulier les prescriptions légales quant aux formes usitées pour la donation sont sans application; il suffit que les conditions intrinsèques exigées par les règles générales sur les dispositions à titre gratuit soient observées et aussi que l'avenant contienne les mentions nécessaires, c'est-à-dire celles de la police. D'autre part, l'avenant laisse au signataire la latitude de revenir sur la libéralité sans difficultés bien sérieuses : le souscripteur n'a qu'à modifier l'attribution bénéficiaire ou même résilier l'assurance.

La transmission à titre gratuit ne peut se faire par endossement.

Un titre n'est cessible de cette façon qu'autant qu'il y a indication de la valeur fournie; c'est là une condition essentielle, rigoureusement exigée. Or, en pareil cas, il n'y a pas de valeur fournie. On ne saurait écrire au-dessus de l'endos « *valeur fournie en bons soins, en affection* »; si respectables que soient l'affection et les sentiments de famille ce ne sont pas des valeurs qui ont cours en matière commerciale; donc on ne peut libeller ainsi l'endos [1]. S'il y a inobserva-

de sa main, par lesquelles elle disposait en cas de mort des dites polices au profit d'une personne déterminée. Les premiers juges (Riom, 23 janv. 1889, D. P. 93, 1, 179), avaient refusé de considérer cette disposition comme équivalant à une disposition testamentaire; ils s'appuyaient uniquement sur ce que l'auteur de la libéralité avait exprimé sa volonté au dos de la police, au lieu d'employer une feuille distincte et séparée. Mais la Cour de cassation a, par arrêt du 6 mai 1891 (D. P. 93, 1, 181), cassé avec juste raison cette décision, par ce motif que les termes formels des mentions visant une disposition en cas de mort, indiquaient bien qu'il s'agissait d'un testament, et aussi par cette considération que l'argument invoqué par les premiers juges, le procédé matériel, était absolument indifférent.

Cette solution est absolument juridique, comme nous l'écrivions peu de temps après le prononcé de l'arrêt (Lefort : *Les assurances sur la vie et la Cour de cassation en 1891* : Lyon, 1892, p. 7). Le testament suppose: 1° un acte de disposition pour le temps où le testateur ne sera plus; 2° un acte écrit en entier, daté et signé par le testateur. Ces conditions se rencontraient dans l'espèce : le souscripteur de la police avait traité en vue de sa mort, il avait écrit, daté et signé de sa main les mentions mises au dos de la police. Il faut ajouter que l'on ne pouvait objecter cette circonstance que l'assuré, au lieu de rédiger un acte particulier, avait manifesté sa volonté par des mentions au dos de la police, puisque le testateur n'est nullement obligé de reproduire l'expression de ses dernières volontés sur une feuille séparée. — V. aussi la note de M. Dupuich, D. P. 93, 1, 177 et les renvois.

La conclusion à tirer de cet arrêt, c'est qu'il est parfaitement loisible à un assuré d'attribuer, pour le moment où il ne sera plus, le bénéfice de l'assurance à une tierce personne en se bornant à énoncer au dos de la police qu'il dispose de cette dernière au profit d'un tiers pour le moment où il ne sera plus. La libéralité vaut comme si elle résultait d'un testament. Il suffit, mais ceci est essentiel, que les conditions exigées à peine de nullité pour la validité du testament soient observées : mention écrite, datée et signée par le disposant.

1. Couteau : *op. cit.*, T. II, p. 353.

tion de toutes les prescriptions imposées par l'art. 137 C. Comm., la transmission de propriété n'est point effectuée, il existe seulement une procuration dans les termes de l'art. 138.

L'endossement irrégulier ne peut permettre de réaliser la donation entre vifs d'une assurance sur la vie, quoique l'on ait pu décider le contraire [1]. La donation suppose le dessaisissement du donateur (art. 894 C. Civ.), c'est-à-dire un transport de propriété; or, l'endossement irrégulier, d'après l'art. 138 C. Comm., n'opère pas ce transport [2].

Le transfert à titre gratuit d'un contrat ne pourrait se faire par endossement qu'au moyen d'une simulation : un transfert à titre onéreux serait simulé grâce à l'indication fausse d'une valeur fournie. Il y aurait alors là une fraude à la loi entraînant des conséquences fort graves, toute personne étant admise à prouver la fausseté de la mention [3].

L'on ne saurait pas plus reconnaître à l'assuré endosseur la faculté de suppléer à l'indication d'une valeur fournie par l'indication de la cause de l'endossement telle, par exemple, que l'intérêt pour le disposant, d'assurer l'avenir du donataire et la charge imposée à celui-ci d'élever les enfants du donateur [4]. Il ne faut pas confondre deux

1. La Cour de Paris a validé une transmission ainsi faite par la considération que l'art. 137 C. Comm. relatif aux négociations à titre onéreux, le plus habituellement en usage dans le commerce, ne saurait s'appliquer à une donation purement gratuite (Paris, 16 mai 1867, D. P. 93, 1, 178, note). C'est supprimer purement et simplement l'art. 137 C. Comm..

V. dans le sens de cet arrêt les remarques de M. Malepeyre (*Ann. de Dr. commerc.*, 89, 161 et suiv.). Il est vrai que cet auteur réclame la suppression des formes exigées par l'art. 137. Ce qui le décide c'est qu'il est impossible d'admettre la possibilité de la simulation de la valeur fournie.

Le système de l'arrêt du 16 mai 1867 a été repris par la Cour de Riom, qui, dans un arrêt du 23 janvier 1889 (D. P. 93, 1, 179), a prétendu qu'il suffit, pour la validité de l'endossement d'une police à titre gratuit, de l'observation *de celles des règles de l'art. 137 C. Comm. qui restent compatibles avec le caractère libéral de l'acte de transmission*. Une pareille solution est totalement inadmissible. Quand on emprunte une forme aussi spéciale que celle de l'endossement pour l'appliquer à un autre contrat il faut l'emprunter tout entière, et il n'est pas permis de la modifier. Il est donc indispensable d'énoncer la valeur fournie; cela est facile si la transmission a lieu à titre onéreux, mais cela n'est pas possible si elle a lieu à titre gratuit. — Couteau : *op. cit.*, T. II, p. 353; Dupuich : note, D. P. 93, 1, 179; Bressolles : *Théorie et pratique des dons manuels*, Paris, 1885, p. 133.

2. Le porteur d'un endossement incomplet ou d'un endossement en blanc peut sans doute être admis à prouver (seulement contre l'endosseur) que la valeur a été fournie. Mais cela exclut nécessairement l'hypothèse d'une transmission parfaite. Le porteur d'un endossement en blanc peut assurément le remplir à son profit, mais c'est encore à la condition que la valeur ait été réellement fournie. Dupuich : *loc. cit.*

3. Dubois : *op. cit.*, p. 57; Couteau : *op. cit.*, T. II, p. 353.

Le transfert par donation ne saurait, en tous cas, on l'a fait justement observer (Dubois : *loc. cit.*), servir entre époux. La loi interdit les ventes entre époux : une véritable vente serait nulle, une vente simulée sous forme d'endossement le serait à plus forte raison.

4. C'est pourtant ce qu'a jugé le 23 janvier 1889 (D. P. 93, 1, 179) la Cour de Riom validant un endos qui ne mentionnait pas qu'il avait été fourni une valeur

choses absolument différentes, la cause juridique de la transmission, c'est-à-dire la contre-partie de la valeur transmise et la cause impulsive, c'est-à-dire le mobile, l'intention [1]; or, ce que l'endosseur doit faire connaître, c'est la cause juridique de l'endossement [2].

Au moment où se passe le contrat, quand la police se signe, l'assuré peut désigner la personne qui recueillera à titre gratuit, par le fait de son décès, le capital promis par la Compagnie.

Mais dans tous les cas, soit que la libéralité ait été faite au début, soit qu'elle ait eu lieu alors que le contrat était en cours, les formes requises pour les donations sont inapplicables. Il est de principe incontestable, en effet, que les stipulations pour autrui (et l'assurance en faveur d'un tiers n'est pas autre chose qu'une stipulation pour autrui) ne sont pas soumises aux règles de forme édictées pour les donations entre vifs, même dans le cas où elles constituent de pures libéralités [3]. D'ailleurs, en matière de rente viagère les formes requises pour les donations ne sont pas nécessaires, d'après l'art. 1973 C. Civ., [4]; on ne saisit pas pourquoi il en serait autrement pour l'assurance sur la vie [5].

Par conséquent, la preuve de la libéralité peut résulter d'un acte sous seing privé, l'acceptation du bénéficiaire n'étant assujettie à aucune condition particulière.

Mais il n'en est ainsi que pour les règles relatives à la *forme*. L'assurance n'en est pas moins soumise quant au *fond* aux dispositions édictées pour les donations en tant toutefois qu'elles sont conformes à la nature du contrat. La transmission n'est valablement

---

ayant cours en matière commerciale; la Cour se basait sur ce qu'il y avait été suppléé « par l'indication de la cause de l'endossement, laquelle gît dans la charge imposée d'élever les enfants des deux lits et encore dans l'intérêt très appréciable, au point de vue tant moral que matériel, qu'avait le disposant d'assurer, après lui, l'avenir de son épouse ».

De ce considérant l'on peut rapprocher le passage dans lequel Marcadé (sur l'art. 931 n° 630 *bis*) disait : cette bizarre idée que le mot *don* fait toujours entendre de l'affection, *laquelle n'est pas sans valeur* ne peut entrer en ligne de compte; il est bien évident, d'abord, que l'affection que l'on a pu rencontrer chez une personne n'est pas une *valeur* qu'elle m'ait *fournie* dans le sens du Code de Commerce; et quand même l'affection pourrait, par un singulier travestissement, être prise pour une *valeur fournie*, comme il est certain qu'un don peut souvent n'être motivé que par *l'affection du donateur pour le donataire*, il s'en suivrait que le propriétaire du billet en transmettrait la propriété en payement d'une valeur *qu'il aurait fournie lui même.*

1. Cf. Note, D. P. 91, 1, 306.

2. Dupuich : *loc. cit.*

3. Lyon, 2 juin 1863, S. 63, 2, 205; D. P. 63, 1, 119; Amiens, 8 mai 1868, S. 68, 2, 177; Cass., 8 févr. 1888, S. 88, 1, 129; D. P. 88, 1, 201; Aubry et Rau : *op. cit.*, T. IV, § 343 *ter*, p. 340.

4. Pont : *Petits contrats*, T. Ier, sur l'art. 1973, n°s 694 et 695.

5. Les formalités nécessaires pour la validité d'une donation, dit-on encore (Merper : *op. cit.*, p. 95; Thaller : *op. cit.*, p. 195), ne sont plus requises lorsque cette donation est faite sous la forme d'un contrat à titre onéreux.

effectuée dans tous les cas que si les conditions qui régissent le fond des donations sont remplies.

Il faut donc qu'il y ait capacité chez les deux parties intéressées, acceptation par le bénéficiaire, non révocation par le stipulant.

En premier lieu, il est essentiel que le stipulant soit capable de donner. Cette proposition se passe de toute démonstration. Pourtant il y a lieu de remarquer que la capacité doit être entière. Ainsi, par exemple, l'assuré ne pourrait transmettre valablement s'il avait déjà disposé du bénéfice de l'assurance au profit d'une autre personne [1]. D'autre part, il est nécessaire non seulement que la transmission soit faite au profit d'une personne individuellement déterminée, et par conséquent certaine [2], mais encore que le bénéficiaire ait le droit de recevoir à titre gratuit, dès l'époque de la donation, c'est-à-dire du contrat [3], puisque c'est dès ce jour que le bénéfice est acquis par la personne gratifiée et non pas au moment où se produira l'acceptation sous le prétexte que le capital ne devient exigible que par le décès [4].

De ce que le bénéficiaire doit être, juridiquement parlant, en état d'acquérir, il s'en suit que l'on doit réputer sans valeur l'attribution faite à une personne décédée, par analogie à ce qui a lieu pour la rente viagère (art. 1974 C. Civ.). En effet, celui qui stipule une donation dans les termes de l'art. 1121 C. Civ. (texte qui régit toute la matière) fait une offre au donataire, offre qu'il peut révoquer jusqu'à

1. V. ce que nous avons dit précédemment, T. Ier p. 268 et suiv..

2. On ajoute dans certains cas une autre condition. Il faut, dit-on, que le contrat de mariage ne s'oppose pas à la libéralité. Jugé que l'époux qui, après avoir par contrat de mariage fait donation universelle à son conjoint de tous les biens qu'il possédera à son décès, souscrit pendant le mariage un contrat d'assurance sur la vie dont le bénéfice doit être payé *à ses héritiers ou à son ordre* ne peut pas disposer ultérieurement à titre gratuit du capital assuré, ce capital étant compris dans la donation universelle. Rouen, 20 juin 1868, D. P. 69, 2, 120. — Comp. Ronne : *op. cit.* p. 197 et 198.

Cet arrêt (qui, à vrai dire, n'est qu'une décision d'espèce) formule une doctrine beaucoup trop absolue. M. Couteau l'a judicieusement fait remarquer (*op. cit.*, T. II, p. 383). Le capital assuré ne pouvait être compris qu'*éventuellement* dans la donation. Le preneur d'assurance avait toujours la faculté de ne pas continuer le contrat, et ce contrat ne donnait par lui-même aucun droit au capital assuré.

3. V. Cass., 15 décemb. 1873, D. P. 74, 1, 113 ; S. 74, 1, 199 ; 7 févr. 1877, S. 77, 1, 393 ; 2 juil. 1884, D. P. 85, 1, 150 ; S. 85, 1, 11 ; 8 févr. 1888, D. P. 88, 1, 201 ; S. 88, 1, 121 ; Crépon : Note, S. 88, 1, 123 ; Herbault : *op. cit.*, p. 216 ; Vibert : *op. cit.*, p. 128 ; Tissier : *op. cit.*, p. 196. — Cf. Demolombe : *Donat.*, T. I n° 579.

Comme il sera démontré plus loin, le bénéficiaire n'acquiert un droit propre en vertu du contrat qu'autant qu'il est désigné expressément ; si la transmission était faite à une personne susceptible d'être rangée dans la classe des personnes indéterminées, le bénéfice de l'assurance ne serait pas acquis par elle ; il irait au patrimoine du stipulant.

4. Couteau : *op. cit.*, T. II, p. 384. V. aussi Demante : *Dr. civ. fr.*, T. IV, n° 26 ; Troplong : *Donat.*, T. II, n° 516 ; Marcadé : sur l'art. 906.

l'acceptation ; il est impossible d'admettre que l'on puisse faire une offre à une personne décédée [1].

Il semble que rien n'empêche de contracter dans des conditions déterminées une assurance sur la vie, non seulement au profit d'une personne simplement conçue, mais encore en faveur d'une personne qui ne serait même pas conçue ; l'art. 906 C. Civ. d'après lequel, pour être capable de recevoir entre vifs, il suffit d'être conçu au moment de la donation, est inapplicable lorsqu'il s'agit soit de donations faites par contrat de mariage aux époux et aux enfants à naître (art. 1082), soit aux substitutions fidéicommissaires (art. 1048 et suiv. C. Civ.) [2] ; conformément à ces dispositions du Code Civil qui permettent aux père et mère de faire directement des donations à leurs enfants à naître on pourrait croire absolument valable et semblable en tous points à la stipulation passée en faveur d'un tiers déterminé l'assurance contractée par une personne en faveur des enfants qu'il aura peut-être un jour. Mais si en pratique, il intervient très fréquemment des stipulations passées au profit d'enfants nés ou à naître, on doit reconnaître que dans l'état actuel de la jurisprudence la personne future, pas encore conçue est privée de tout droit et qu'à son égard la stipulation se trouve inefficace, de sorte que le signataire de l'assurance est considéré comme ayant simplement traité en vue de son propre patrimoine.

Il faut réputer nulle, si l'on considère l'assurance sur la vie contractée au profit d'un tiers comme une simple donation, l'assurance souscrite par un ex mineur au profit de son ex tuteur antérieurement à l'apuration des comptes de tutelle, à moins qu'il ne s'agisse de libéralité s'adressant à un ascendant (art. 907 C. Civ.). On en dira autant de l'assurance conclue par un malade en faveur soit du médecin ou du pharmacien traitant pendant la maladie cause du

---

1. Couteau : *loc. cit.* ; Herbault : *loc. cit.* ; Tissier : *op. cit.*, p. 196 ; Rome : *op. cit.*, p. 125.

On peut néanmoins objecter, dit le dernier de ces auteurs, que le droit d'acceptation n'étant pas personnel, puisqu'il passe aux héritiers dans un cas, rien ne s'oppose à ce qu'il leur appartienne directement, comme une partie de la succession, alors même que leur auteur serait décédé au moment de la donation. Ce raisonnement est sans portée. Autre chose est l'exercice d'un droit acquis, autre chose son existence même. Le donateur fait une offre à *Primus* vivant, le droit pour *Primus* d'accepter est né, il existe, il fait partie de son patrimoine, et on conçoit qu'il *puisse être exercé* par ses héritiers, abstraction faite du caractère personnel de l'assurance. Bien différente est la situation quand *Primus* est mort lors du contrat. Le droit d'acceptation n'a pas pu naître parce que l'offre était faite non aux héritiers de *Primus*, mais à *Primus* lui même et que *Primus* étant décédé, cette offre était impossible.

Contra, Herbault : *op. cit.*, p. 217 ; Tissier : *op. cit.*, p. 196 ; Rome : *op. cit.*, p. 126. Cf. Demolombe: *Donat.*, T. I, n° 559 ; Aubry et Rau : *op. cit.*, T. VII, § 649, p. 23 ; Blin : *op. cit.*, p. 50.

2. Couteau : *op. cit.*, T. II, p. 385. V. aussi Demante: *op. cit.*, T. IV, n° 26 *bis* ; Toullier : *Dr. fr.*, T. X, n° 96 ; Duranton : *Dr. civ.*, T. VIII, n° 234 ; Troplong : *loc. cit.*

décès [1], ainsi que de l'assurance signée pour le confesseur, sauf les exceptions inscrites dans la loi (art. 909 C. Civ.). La même nullité atteindrait l'assurance souscrite au profit d'un incapable et faite sous le nom d'une personne interposée (art. 911 C. Civ.), l'assurance passée pour un tiers condamné à une peine afflictive, infamante et perpétuelle (loi du 31 mai 1854, art. 3) [2], à moins que la disposition ne puisse être considérée comme devant servir à des aliments [3], enfin l'assurance contractée au profit d'un enfant naturel, lorsque la libéralité excède la portion dont il est permis de disposer, quand il y a violation des dispositions légales relatives à la part successorale, auquel cas il y a lieu de prononcer uniquement la réduction et non pas l'annulation, car la stipulation conclue en faveur d'un enfant naturel est aussi bien valable que celle faite dans l'intérêt de tous autres ayants droit [4].

Il va sans dire que lorsque l'attribution est faite en faveur d'une femme mariée l'autorisation du mari est nécessaire pour lui donner la capacité. Mais la libéralité est régulière lorsqu'il est établi qu'elle a eu lieu postérieurement à la dissolution du mariage [5].

Pour les mineurs non émancipés et les interdits l'acceptation sera faite par le tuteur muni de l'autorisation du conseil de famille

1. En fait cette assurance ne semble guère possible. Avant de contracter une assurance sur la vie le proposant doit se soumettre à un examen médical afin de faire constater qu'il est dans un état de santé *tel qu'il n'est pas exposé à une mort immédiate.* Ce n'est que sur le vu d'un certificat médical favorable à l'assuré que les Compagnies acceptent une assurance. Or, comment admettre que le médecin de la Compagnie délivre ce certificat à un malade se trouvant dans les conditions indiquées par l'art. 909 C. Civ., c'est-à-dire atteint d'une maladie à laquelle il doit prochainement succomber. Si une pareille assurance pouvait être contractée, elle ne pourrait l'être qu'au moyen d'une fraude, de réticences ou de fausses déclarations qui permettraient à la Compagnie d'attaquer la validité de cette assurance. Fuzier Herman : *Rep. de dr. fr.,* v° *Assurance sur la vie,* n° 150.

2. Tissier : *op. cit.,* p. 195; Herbault : *op. cit.,* p. 216; Couteau : *op. cit.,* p. 384; Clon : *op. cit.,* p. 83.

3. Cette exception qui est conforme à la tradition (V. art. 25 § 2, C. Civ.) est pratique dans le cas seulement où le condamné, pour une raison quelconque, ne subit pas la peine sans être relevé des incapacités qui en sont la suite, par exemple si la peine est remise par voie de grâce, commuée ou prescrite; autrement et pendant le cours de la peine, les aliments donnés ou légués seraient touchés par le tuteur à l'interdiction légale qui ne pourrait en faire bénéficier le condamné que dans la mesure permise par l'administration pénitentiaire. — J. De peiges : *Étude sur les effets civils des condamnations pénales,* Paris, 1889, p. 103.

4. L'observation a été faite au cours de la discussion de la loi du 11 juillet 1868. Duvergier : *Collect. des lois,* 1868, p. 230, note 2.

V. Tissier : *op. cit.,* p. 197; Herbault : *op. cit.,* p. 217; Couteau : *op. cit.,* T. II, p. 385.

Le Tribunal civil de Dreux, par jugement du 22 mars 1892, et la Cour de Paris, par arrêt du 10 juin 1893 (*Journ. des assur.,* 93, 465), ont validé l'engagement pris par un père de contracter au profit d'un enfant naturel représenté par sa mère une police d'assurance sur la vie payable à sa majorité et en cas de décès de l'enfant, à ses héritiers naturels; comme le tribunal le décide avec raison, cet engagement n'est en réalité que le paiement d'une dette naturelle.

5. Cass., 29 janvier 1879, D. P. 79, 1, 75.

(art. 463, 509 et 935 C. Civ.). Les mineurs émancipés ne peuvent accepter la stipulation qu'avec l'assistance de leur curateur, mais il n'est pas besoin qu'il y ait autorisation du conseil de famille (art. 935 C. Civ.).

L'assurance contractée au profit d'une société, d'une congrégation, d'une œuvre de bienfaisance ou autre n'a de valeur qu'autant que l'établissement ou l'association a la capacité légale de recevoir, c'est-à-dire qu'il y a eu reconnaissance par le Gouvernement, que ce dernier a donné son assentiment à la libéralité, et que les administrateurs spécialement désignés à cet effet ont fourni l'acceptation. C'est l'application du droit commun pour les dons et legs faits aux personnes morales.

Il faut, d'autre part, que le bénéficiaire déclare accepter, puisque c'est cette acceptation qui rend définitive son acquisition du droit[1]. Cette acceptation n'est soumise à aucune forme spéciale à moins qu'il y ait eu donation postérieure au contrat d'assurance par acte solennel, auquel cas l'acceptation doit nécessairement intervenir dans les conditions prescrites par l'art. 932 C. Civ. Par conséquent elle peut être donnée dans une forme quelconque. Elle peut aussi être expresse ou tacite. Elle peut même s'induire des faits et des circonstances de la cause. Elle peut intervenir à tout moment, même après le décès de l'assuré[2].

De ce que l'acceptation rend le bénéficiaire créancier certain de la Compagnie on en a conclu parfois que cette créance fait partie de son patrimoine et que par conséquent il peut en disposer à son gré, à titre onéreux ou à titre gratuit sans que le contractant puisse en aucune façon critiquer ses actes et que s'il vient à décéder avant celui-ci le bénéfice de l'assurance n'en doit pas moins être réservé à ses héritiers[3].

Il n'en saurait être ainsi. En effet, les libéralités telles que celles qui résultent d'une police d'assurance sur la vie sont personnelles : si le bénéficiaire meurt avant le contractant, ses héritiers n'ont aucun droit sur l'assurance parce qu'ils sont étrangers aux causes qui l'ont fait constituer. Il répugne à la pensée qu'un tiers quelconque, fût-ce même un des membres de la famille, puisse se substituer au donateur dans les témoignages d'affection, de sympathie ou de reconnaissance qu'il reçoit et se les attribuer. Si le contractant avait voulu les en faire profiter, il l'aurait dit dans le contrat. Son

---

1. Si le droit reste en quelque sorte en suspens jusqu'à ce que le donataire ait déclaré vouloir profiter de la libéralité (Rennes, sol. impl., 23 juin 1879, D. P. 79, 2, 155), lorsque l'acceptation se produit elle rétroagit au jour même de la formation du contrat et fait considérer la créance comme ayant appartenu dès ce jour-là à la personne du bénéficiaire.

2. V. plus haut, T. II, p. 103 à 113.

3. Tissier : *op. cit.*, p. 198 à 200.

silence doit s'interpréter contre eux. La libéralité contenue dans l'assurance est semblable dans ce cas au legs qui devient caduc si le légataire périt avant le testateur ou avant l'accomplissement de la condition ou de l'événement dont dépendait l'exécution de la disposition testamentaire (art. 1039 et 1040 C. Civ.). Par la mort du bénéficiaire l'assuré donateur rentre dans ses droits, il peut désigner un autre bénéficiaire, et s'il ne le fait pas, c'est sa propre succession qui profitera de la somme assurée[1]. La validité même de la libéralité octroyée est subordonnée à la condition de survie du bénéficiaire[2]. Pour attribuer un droit aux héritiers du bénéficiaire, il faudrait dire que l'assurance contractée au profit d'un tiers constitue une donation entre vifs ordinaire conférant d'une façon certaine, au bénéficiaire un droit de créance immédiat dont la propriété ne peut plus être enlevée et doit passer à ses héritiers. Un pareil argument est inacceptable. L'acte intervenu est une libéralité d'une nature spéciale : ce n'est pas plus une libéralité à cause de mort qu'une donation entre vifs; c'est une stipulation pour autrui, stipulation qui peut se produire aussi bien à titre gratuit qu'à titre onéreux[3].

Lorsque le bénéficiaire n'accepte pas en temps utile, la créance est censée avoir toujours appartenu au stipulant. C'est sinon lui, au moins ses héritiers qui toucheront le montant de l'assurance. Il n'en serait autrement que si l'assureur avait intérêt à se libérer plutôt entre les mains du tiers qu'entre celles du stipulant. Mais cet intérêt n'existe pas en général. La Compagnie est toute prête à verser la somme due pourvu qu'elle puisse faire un paiement libératoire; peu lui importe que ce soit le stipulant ou le bénéficiaire qui touche l'indemnité[4].

Enfin, il est essentiel que le stipulant n'ait pas usé du droit de révocation qui lui appartient jusqu'au jour de l'acceptation. La révocation peut être expresse et formelle et même tacite. Mais ce droit ne peut être exercé que par l'assuré seul[5].

Si l'on voit dans l'assurance sur la vie contractée à titre gratuit en faveur d'un tiers une donation entre vifs pure et simple il faut appliquer les dispositions des art. 953, 955 et 960 C. Civ., en

---

1. Merger : *op. cit.*, p. 101 à 103.
2. V. en ce sens un jugement très fortement motivé du Tribunal civil de Mulhouse du 14 juin 1867 (*Journ. des assur.*, 68, 155) confirmé par la Cour de Colmar le 20 février 1868 (*ibid*, 68, 246).
3. Pour Merger (*op. cit.*, p. 102) c'est une libéralité prévue par l'art. 967 C. Civ. qui permet de disposer soit par testament, soit sous titre d'institution d'héritier, soit sous titre de legs, soit sous *toute autre dénomination propre à manifester sa volonté*.
4. Blin : *op. cit.*, p. 51.
5. Il est inutile de revenir ici sur ce qui a été dit précédemment, T. II, p. 113 et suiv.

d'autres termes dire que le bénéficiaire est exposé à se voir enlever le droit au capital assuré en cas d'inexécution des conditions, pour cause d'ingratitude ou de survenance d'enfants [1].

Au contraire si l'on pense, ainsi que nous croyons l'avoir établi, que l'assurance sur la vie souscrite pour un tiers est non pas une donation ordinaire, mais une libéralité d'une nature particulière, il faut se refuser à admettre l'application de ces textes non seulement parce que la stipulation donne à la personne gratifiée un droit définitif dès le jour même du contrat et parce que l'acceptation, d'après l'art. 1121 C. Civ., enlève tout droit de révocation au stipulant, mais encore et surtout parce qu'il n'y a pas donation dans le sens juridique du mot [2].

A la vérité, l'assuré pourra toujours arriver à la révocation soit par la substitution d'un bénéficiaire en cas de non acceptation par la personne primitivement gratifiée, soit par le non versement des primes [3].

Faut-il aller plus loin et dire que par application de l'art. 1096 C. Civ. la stipulation à titre gratuit passée par un époux au profit de l'autre est toujours révocable malgré l'acceptation de la personne gratifiée ?

On ne peut le soutenir qu'en considérant la stipulation intervenue comme une pure et simple donation [4]. Or, ceci semble

1. En pareil cas, les primes doivent-elles être réclamées au bénéficiaire qui a vu révoquer la libéralité ?

Sans doute on peut prétendre que c'est le paiement des primes qui a maintenu le bénéfice en situation d'être recueilli. Mais outre que nul ne saurait trouver à redire à l'affectation au service des primes de sommes prises sur les revenus, c'est à dire de sommes destinées à être consommées ou dépensées sans contrôle, outre qu'une répétition serait en opposition avec la jurisprudence qui n'admet le remboursement des primes que « *suivant les cas* », c'est-à-dire s'il y a lieu de considérer les prélèvements sur les revenus comme excessifs, il serait souverainement injuste de réclamer les primes à quelqu'un qui au total n'a rien reçu. Tout ce que l'on peut admettre à la très grande rigueur c'est la répétition en cas d'assurance mixte ou d'assurance à terme fixe, lorsque le bénéficiaire a touché soit le montant des primes des mains de l'assuré, soit le bénéfice de l'assurance des mains de l'assureur.

2. On peut se demander comment pourraient s'appliquer les art 954 et 1063 C. Civ. prescrivant le retour au patrimoine du donateur des biens compris dans la donation. Le capital assuré ne peut pas rentrer dans les biens du stipulant puisqu'il n'en est pas sorti. Ce que le patrimoine a fourni c'est le montant des primes ; or, qui peut songer à les faire rentrer ? La Compagnie serait en droit de refuser toute restitution, en soutenant justement que du moment qu'elle a couru le risque elle a droit à la prime. Le bénéficiaire répondrait avec non moins de raison qu'il ne s'est pas enrichi par suite de ce versement parce qu'il n'a point touché le capital, contre-partie du service des primes.

3. Sauf au bénéficiaire, en ce cas, à payer les primes au lieu et place du souscripteur de la police afin d'éviter la déchéance.

4. V. Boune : *op. cit.*, p. 194, etc. ; Tissier : *op. cit.*, p. 201 ; Herbault : *op. cit.*, p. 221 ; Couturier : *op. cit.*, p. 177 ; Trib. civ. Rouen, 30 août 1867, *Journ. des assur.*, 67, 438 ; Trib. civ. Morlaix, 20 févr. 1890, *Journ. des assur.*, 90, 224 ; Cass., 22 févr. 1893, D. P. 93, 1, 403 ; S. 94, 1, 65 ; Rouen, 21 mars 1893, S. 93, 2, 250. *Contrà* Planiol : Note, D. P. 93, 1, 401.

bien difficile à admettre. Ainsi qu'il a été établi plus haut, l'assurance contractée au profit d'un tiers à titre gratuit est une stipulation pour autrui, c'est-à-dire une forme particulière de libéralité, mais ce n'est point une donation entre vifs répondant à la définition de l'art. 894 C. Civ. La libéralité ne porte pas sur le capital assuré puisque ce dernier provient d'un patrimoine étranger, des biens de l'assureur; elle ne consiste que dans les primes, d'après la jurisprudence même de la Cour de cassation [1]. Si l'attribution à titre gratuit du capital assuré ne constitue pas une donation entre vifs dans les termes de l'art. 894 C. Civ., il faut déclarer l'art. 1096 C. Civ. sans application dans la cause [2].

[1]. La Cour de cassation a toujours admis, en effet, que dans l'assurance contractée au profit d'un tiers l'assuré ne dispose que des primes et ne s'appauvrit pas du montant du capital lui-même. A la vérité, il existe une disproportion presque constante et souvent énorme entre l'appauvrissement du donateur qui débourse les primes et l'enrichissement du donataire qui touche le capital. Mais d'abord cette circonstance est sans influence juridique; ensuite il faut noter que cette disproportion est le résultat du caractère aléatoire de l'opération. Il se peut fort bien que le bénéficiaire touche le capital assuré après un service de primes fait durant deux ou trois années, comme il est aussi bien possible que l'assuré soit tenu de payer les primes pendant un très grand nombre d'années.

[2]. Par arrêt du 22 février 1893 (D. P. 93, 1, 403; S. 94, 1, 65) la Cour de cassation a décidé que l'art. 1096 C. Civ. était applicable au cas d'une assurance contractée par un mari commun en biens pour sa femme à l'effet de procurer à cette dernière le remboursement de sommes versées par elle pour obligations contractées dans l'intérêt de la communauté. Malgré les déclarations contraires des juges du fait (Trib. civ. Bourges, 17 juill. 1890, confirmé par la Cour de Bourges le 3 juin 1891, D. P. 93, 1, 403; S. 94, 1, 65) affirmant qu'il s'agissait là d'un contrat à titre onéreux, la Cour suprême a décidé que cette opération constituait une donation entre vifs soumise à l'art. 1096. D'après elle, les récompenses n'étant dues qu'à la dissolution de la communauté, même avec les énonciations formelles qu'elle contenait, la police ne pouvait être considérée comme conclue dans le but de rembourser une dette de communauté; sans méconnaître la constatation des juges du fait, la Cour a refusé d'en tenir compte par le motif que pendant la durée de la communauté il ne peut être constitué aucun propre en dehors des stipulations contenues dans le contrat de mariage.

Mais outre qu'il n'est nullement certain que l'on puisse considérer comme un propre la créance d'une somme assurée (Aubry et Rau : Dr. civ. fr., T. V, p. 283, § 507; Cf. Conclus. de M. l'avocat général Bedarrides, D. P. 77, 1, 244 et Cass., 23 mars 1877, D. P. 77, 1, 244; S. 77, 1, 393), il faut remarquer que le montant de l'assurance n'est pas fourni par le mari avec ses deniers de la communauté ou bien avec ses deniers propres, il provient directement et exclusivement de la caisse de l'assureur. A aucun moment il n'y a eu soit dans la masse commune, soit dans le patrimoine du mari une créance contre la Compagnie. D'autre part, il convient de le noter, c'est seulement au décès du mari et non point durant la communauté que la somme stipulée par la police est remise au bénéficiaire, que le capital assuré passe de la caisse de la Compagnie entre les mains de la femme gratifiée. Il est vrai, c'est pendant l'existence de la communauté que le mari a acquitté les primes. Mais cette circonstance est sans intérêt pour la solution. De plus, comme le paiement des primes s'effectue avec les revenus, le mari est en droit de les prélever sur les revenus des biens communs, de même qu'il peut affecter ces revenus à l'extinction d'une dette quelconque.

Au cours du débat qui s'est engagé devant la Cour de cassation, le demandeur avait prétendu que l'opération intervenue dans l'espèce constituait une sorte de dation en paiement, de reprise ou remploi anticipé, contraire à l'art. 1595 C. Civ.

Par application de l'art. 299 C. Civ. prononçant la déchéance des avantages faits par l'un des époux à l'autre en cas de divorce[1], l'époux contre lequel il a été prononcé le divorce voit révoquer l'assurance passée à son profit par son conjoint. Les motifs qui ont fait admettre la révocation pour les libéralités se retrouvent. Là encore on peut dire que l'époux coupable s'étant placé au rang des ingrats, il y a lieu de le traiter comme eux.

Il est inutile d'insister sur les conditions dans lesquelles la révo-

dont le caractère est rigoureusement prohibitif (Cass., 15 juin 1881, D. P. 82, 1, 493 ; S. 83, 1, 473 ; Cass., 10 juill. 1888, D. P. 89, 1, 60 ; S. 90, 1, 517).

On se demande comment il pourrait être question de reprise, de remploi anticipé, la somme touchée par la femme devant être payée par un tiers, l'assureur, et non point par le mari.

L'on ne saurait exciper avec plus de succès du principe de l'immutabilité des conventions matrimoniales et de la défense édictée par l'art. 1395 C. Civ..

Il y a longtemps que l'on a réfuté cette objection. L'art. 1395 est inapplicable parce que la stipulation ne change en rien les conventions matrimoniales ; le capital assuré appartient au conjoint personnellement comme à tout bénéficiaire désigné, comme s'il lui venait d'un étranger ; il ne tombe pas dans la communauté, il est la propriété personnelle du bénéficiaire et, comme il n'est acquis par lui qu'à la dissolution de la communauté, il n'en a jamais pu faire partie. Couteau : *op. cit.*, T. II, p. 562. V. cependant Bazenet : *De l'assur. sur la vie contractée par l'un des époux au profit de l'autre*, Paris, 1889, p. 76.

Les plus expresses réserves ont été formulées au sujet de l'arrêt du 22 février 1893 (V. *Journ. des assur.*, 93, 165 ; Planiol : Note, D. P. 93, 1, 401 ; Labbé : Note, S. 94, 1, 65). Il semble que cette décision a été inspirée par cette idée que le contrat d'assurance sur la vie ne saurait constituer un contrat d'indemnité, contrairement à une doctrine constante (Cf. les indications données dans notre traduction annotée du travail de M. Heck : *L'assur. sur la vie au profit d'un tiers et la donation à cause de mort*, p. 7, note A). La Cour semble vouloir établir une présomption que toutes les assurances sur la vie au profit de la femme constituent une libéralité. Rien n'est moins exact. Si en fait la plupart du temps le mari qui attribue un capital à sa femme entend lui faire une libéralité, il n'en est pas toujours ainsi et sans aller bien loin l'on pourrait citer l'exemple de l'espèce : tout démontrait qu'en réalité le souscripteur n'avait pas voulu enrichir sa femme, mais qu'il avait simplement entendu procurer à cette dernière le remboursement d'une dépense faite antérieurement par elle dans l'intérêt de la communauté.

Il convient de noter que saisie de l'affaire comme Cour de renvoi la Cour d'Orléans a adhéré, par son arrêt du 17 janvier 1894 (*Journ. des assur.*, 94, 141), à la doctrine de la Cour de cassation. Elle maintient que l'assurance dont un tiers profite constitue une libéralité, ce qui est inexact parce qu'il est des cas où l'assurance a précisément pour but de mettre le bénéficiaire à l'abri des créanciers du souscripteur dans l'intérêt duquel le bénéficiaire a agi. Elle ajoute que pour déterminer le caractère d'un acte il faut se placer au moment même où il intervient et que les faits postérieurs ne peuvent en changer la nature ; mais elle oublie que tous les jours, après avoir accepté un contrat ayant un caractère gratuit, les Compagnies délivrent des avenants attribuant le capital assuré à un tiers en garantie d'une dette, c'est-à-dire assistent au remplacement d'un contrat à titre gratuit par un contrat à titre onéreux. — Cf. *Journ. des assur.*, 94, 145.

1. Il est de doctrine et de jurisprudence que la révocation édictée par l'art. 299 frappe toutes les libéralités, quel que soit leur objet et quelle que soit leur forme, mobilière ou immobilière, par acte authentique ou sous forme de don manuel, directe ou indirecte. — V. Carpentier : *Traité du divorce*, Paris, 1885-1888, p. 276 ; Frémont : *Traité du divorce et de la séparation de corps*, Paris, 1885, p. 449 ; Vraye et Gode : *Le divorce et la séparation de corps*, 2e édit., Paris, 1887, p. 173, etc.

ration doit intervenir ; les principes posés par le droit commun sont applicables. Ce qu'il faut simplement retenir ici c'est que la révocation est admissible tant pour l'attribution faite par un acte de libéralité que pour celle faite par une police ou par un avenant, en outre qu'elle peut avoir lieu soit expressément, par une manifestation formelle de la volonté du conjoint donateur, soit seulement par le refus du versement des primes.

Au cas où la stipulation a été faite au profit, par exemple, de l'époux et, à son défaut, en faveur des enfants, ces derniers conservent le bénéfice éventuel de l'assurance [1]. D'un autre côté, dans le cas où l'assurance a été signée dans l'intérêt du conjoint ou des enfants du souscripteur ou de toute autre personne à l'ordre du stipulant, le conjoint perd également le droit au capital assuré [2].

Malgré une résistance peu fondée à la vérité [3], il semble admis que les dispositions de l'art. 299 C. Civ., quoiqu'édictées pour le divorce, sont à suivre en cas de séparation de corps [4]. L'on peut conclure [5] que la séparation de corps emporte, comme le divorce, à l'égard de l'époux contre lequel elle a été prononcée la révocation des donations à lui faites par l'autre époux et qu'en pareille circonstance toute transmission à titre gratuit du bénéfice d'une assurance sur la vie disparaît [6].

On remarquera, d'autre part, que l'attribution bénéficiaire serait révoquée si la personne gratifiée avait par son fait causé la mort de l'assuré [7].

---

1. V. Trib. civ. Seine, 4 novemb. 1889, *Journ. des assur.*, 90, 11 ; *Rec. périod. des assur.*, 89, 399. Il est à noter que cette décision excluait le bénéfice de l'assurance de la communauté d'entre les époux et l'attribuait directement aux enfants, bien que la stipulation eut été faite au profit d'enfants nés *et à naître du mariage*. V. les observat. *Journ. des assur.*, *ibid.*.

2. En pareil cas, suivant M. Legendre (*Des effets du divorce*, p. 370), la somme stipulée ne doit être attribuée ni à la communauté, ni aux enfants lors de la liquidation qui suivra le divorce. La clause à ordre est de nature à faire considérer le contrat comme une stipulation conclue par l'assuré pour lui même et non comme une stipulation pour autrui ; par conséquent, le montant éventuel doit rester propre à l'assuré. Mais cette opinion était formulée sous l'empire de la jurisprudence qui refusait de faire application de l'art. 1121 C. Civ. au cas d'insertion de la clause à ordre.

3. V. Aubry et Rau, *op. cit.*, T. V, § 494, p. 306, note. Après bien des luttes la Cour de cassation a fini par accepter la solution enseignée par la presque unanimité des auteurs et proclamée par la majorité des Cours d'appel. — Cf. Frémont : *op. cit.*, p. 447, etc.

4. Hémar : *op. cit.*, p. 197 ; Paulmier : *op. cit.*, p. 121.

5. Carpentier : *La loi du 18 avril 1886 et la jurisprudence en matière de divorce*, Paris, 1888, p. 149 ; Caen, 11 févr. 1880, S. 80, 2, 217 ; D. P. 81, 2, 183 ; Douai 14 févr. 1887, *La Loi*, 4 mai 1887.

6. Il est à peine besoin de dire que malgré l'art. 299 C. Civ. les avantages consentis par les tiers subsistent complètement. — Cf. Vraye et Gode : *op. cit.*, T. II, p. 172.

7. V. ce qui a été dit précédemment, T. II, p. 98 et suiv.

B. — *Transmission à titre onéreux.*

La police peut être transmise à titre onéreux moyennant un prix déterminé. C'est alors une vente. Toutefois, ce mode est excessivement rare. Ce qui arrive souvent c'est que la police est donnée en paiement ou en garantie à un créancier pour le désintéresser; ce mode de disposition est parfaitement valable.

Les conditions exposées plus haut pour la transmission à titre gratuit doivent être observées[1]; il faut que les contractants soient capables de s'obliger[2], que l'acceptation intervienne à un moment quelconque et aussi que le stipulant n'ait point usé de son droit de révocation[3].

La transmission à titre onéreux peut s'effectuer de manières différentes:

Soit au moyen d'une cession de créance, c'est-à-dire en vertu d'un acte soit sous seing privé, soit notarié, contenant la mention du transport du bénéfice de l'assurance; en pareil cas, l'acte doit être enregistré et notifié par huissier à la Compagnie, les prescriptions des art. 1690 et suiv. C. Civ. étant applicables[4];

1. Le contrat d'assurance n'étant assujetti à aucune forme particulière, l'opération à titre onéreux qui intervient entre le stipulant et le bénéficiaire soit comme dation en paiement, soit comme nantissement, ne peut pas être soumise à des règles particulières et aux conditions de forme que la loi a pu prescrire pour ces contrats considérés isolément; c'est ce qu'a reconnu la Cour d'Amiens le 26 avril 1888, S. 88, 2, 220.

Cette solution tient uniquement compte de la nature du contrat principal, c'est-à-dire de l'assurance sur la vie; elle est en concordance avec cette règle que pour la transmission à titre gratuit, il y a lieu d'observer non point les conditions de forme mais exclusivement les règles de fond édictées pour les libéralités (V. notre *Traité*, T. II, p. 195). Néanmoins elle n'est pas acceptée d'une façon générale. Spécialement il a été jugé (Trib. civ. Nogent-sur-Seine, 11 août 1892, *Journ. des assur.*, 93. 133; *Rev. périod. des assur.*, 93, 154, que l'acte de nantissement devant, pour être valable, réunir les conditions prescrites par la loi, une police d'assurance contractée en faveur d'un créancier ne constitue pas un acte de nantissement quand elle n'indique pas le montant de la créance garantie.

2. Le même jour et dans le même litige il a été décidé que la garantie donnée par un prodigue à un créancier au moyen d'une assurance sur la vie est nulle et sans valeur si elle se rattache à une obligation nulle par elle-même comme ayant été souscrite par le prodigue sans l'assistance de son conseil judiciaire, et inversement que la souscription d'une assurance sur la vie au profit d'un de ses créanciers est valable, même sans l'assistance du conseil judiciaire, quand elle a pour but de garantir une dette sérieuse antérieure à la nomination du conseil judiciaire et que le prodigue était tenu d'acquitter. — Trib. civ. Seine, 15 févr. 1889, *Journ. des assur.*, 89, 230.

3. Il est bien entendu que si, lorsqu'il s'agit d'une transmission à titre gratuit, le bénéficiaire ne peut empêcher l'assuré de mettre fin au contrat en refusant de payer la prime, au cas d'une transmission à titre onéreux le bénéficiaire a le droit de poursuivre l'assuré et, en vertu des art. 1142 et 1382 C. Civ. de réclamer des dommages-intérêts quand les primes ne sont point acquittées.

4. D'après M. Poulmier (*loc. cit.*, p. 115), les mêmes formalités seraient à observer si la police avait été donnée en paiement (*datio in solutum*).

Soit par la rédaction d'un avenant passé uniquement par l'assureur de concert avec l'assuré et contenant la stipulation que moyennant le paiement des primes opéré par l'assuré ou par le bénéficiaire, suivant les conventions des parties la Compagnie versera le capital assuré à la personne indiquée; en semblable circonstance il n'est exigé aucune formalité; il ne s'agit pas, en effet, d'un contrat de transport dont la validité et les effets sont subordonnés aux significations prescrites par les art. 1690 et 2075 C. Civ.[1];

Soit à la suite d'un endossement lorsque le mode de transmission est admis pour la police[2]; alors les prescriptions de l'art. 137 C. Comm. sont à observer.

La transmission s'opérera ou par la désignation du bénéficiaire dans le contrat lui-même, ou par la cession d'un contrat déjà existant, ou bien par la constitution d'une assurance par un créancier sur la tête du débiteur[3], le créancier pouvant, au lieu de laisser payer les primes par le débiteur, les acquitter lui-même[4], ou enfin par la constitution par un débiteur, sur sa propre tête, d'une assurance au profit du créancier[5].

La nature de la créance importe peu. Aussi doit-on reconnaître la

1. V. Cass. 16 janv. 1888, S. 88, 1, 127; D. P. 88, 1, 77. V. ce qui a été dit plus haut, T. II, p. 169 et suiv.

2. Trib. civ. Lille, 14 août 1890, *Journ. des assur.*, 91, 476; Couteau : *op. cit.*, T. II, p. 355.

3. Le créancier figure seul au contrat; le débiteur n'a qu'à donner son consentement et aussi à subir l'examen médical. Il est bien certain qu'il ne saurait aggraver les risques pendant le cours de l'assurance.

4. Angers, 28 décemb. 1881, D. P. 83, 2, 105.

5. Ces cas ne sont pas rares. Les recueils de jurisprudence en offrent des exemples. Cf. notamment Paris, 20 janvier 1888, S. 89, 1, 96; D. P. 89, 2, 70.

Tout en reconnaissant que la police n'est pas susceptible de vente forcée (Trib. civ. Seine, 1er décemb. 1876, *Journ. des assur.*, 77, 78), on a soutenu qu'il était possible de donner en gage une police d'assurance sur la vie en tant qu'objet matériel et distinctement du droit dont elle est l'instrument. Cette opinion se base sur ce que la fin du gage n'étant pas nécessairement la conversion de la chose en prix, on peut admettre que le droit de rétention suffit pour conférer une valeur légale au gage (Dupuich : Note, D. P. 94, 2, 58 ; Trib. civ. Seine, 13 janv. 1894, *Le Droit*, 15 janv. 1894).

Il est certain que le gage ne serait pas régulièrement attribué par un avenant au cas où il y aurait eu, antérieurement à la constitution du gage, acceptation par le bénéficiaire primitif; il n'y a gage donné valablement que par celui qui est propriétaire de la chose engagée (Aubry et Rau : *op. cit.*, T. IV, p. 700; Pont : *Petits contrats*, T. II, n° 1073; Lyon Caen et Renault : *Traité de droit commerc.*, T. III, n°s 284 et 290).

Cependant le créancier gagiste de bonne foi a un droit de rétention opposable à la revendication du véritable propriétaire (Aubry et Rau : *op. cit.*, T. II, p. 118; Pont : *loc. cit.*; Lyon Caen et Renault : *loc. cit.*; de Folleville : *Traité de la possess. des meubles et des titres au porteur*, n° 36; Cass., 22 juin 1858, D. P. 58, 1, 238; Cass., 23 janv. 1860, D. P. 60, 1, 123; 6 juill. 1691, D. P. 92, 1, 119; 2 mars 1892, D. P. 93, 1, 198) : il agit alors moins en qualité de créancier gagiste que comme possesseur d'une chose mobilière et en vertu de la règle écrite dans l'art. 2279 C. Civ. Le créancier a donc le droit de retenir jusqu'au parfait paiement de sa créance la police reçue par lui de bonne foi. — Dupuich : Note, D. P. 94, 2, 59.

parfaite validité en elle-même d'une stipulation par laquelle le cessionnaire d'un office ministériel transmet à son prédécesseur, en garantie du payement du prix de la charge, la police d'une assurance sur sa propre vie contractée par lui [1].

Pareillement rien ne s'oppose à ce qu'un associé gérant, à l'effet de garantir le capital apporté par un commanditaire, souscrive au profit de ce dernier une assurance sur sa propre tête conformément à une clause de l'acte de société décidant qu'en cas de décès le capital assuré serait acquis au commanditaire. On ne saurait invoquer la nullité d'une semblable convention comme constituant une contravention à l'art. 1855 C. Civ. d'après lequel il est défendu de stipuler dans un acte de société qu'un associé reprendra son apport indemne de toute perte. D'abord cet article, d'après une doctrine constante, doit être restreint au cas qu'il envisage ; il est sans application lorsque c'est, non pas l'associé, mais bien un tiers qui garantit le remboursement de la mise [2]. Si la stipulation est l'accomplissement d'une clause contenue dans l'acte de société le bénéfice de cette stipulation ayant été acquis au commanditaire dès la souscription de la police et n'ayant, par conséquent, jamais fait partie du patrimoine du commandité le capital promis au commanditaire pour le rembourser de son avance de fonds, a été versé non par le co-associé pour la Société, mais directement par un tiers, l'assureur. D'autre part, si la condition prévue par la police, c'est-à-dire le décès du stipulant, permet au commanditaire d'exiger le capital de l'assurance la somme apportée par lui n'en a pas moins été conservée par les représentants de la Société et n'en reste pas moins affectée au paiement des dettes sociales de telle sorte qu'il est impossible de dire que le commanditaire reprend sa mise dans la Société. On ne peut arguer de ce que le commanditaire n'a pas été investi d'une manière irrévocable du bénéfice pour soutenir que la police est simplement

1. Orléans, 21 juillet 1893. S. 93, 2, 237.
Sans doute, d'après une décision du Ministre de la Justice du 12 décembre 1867, il est défendu d'insérer dans un traité de cession d'office l'obligation pour le cessionnaire de contracter une assurance sur la vie dont le bénéfice serait donné en garantie au cédant (Amiaud : *Manuel prat. de la transmission des offices de notaire*, 2ᵉ édit., nº 45). Mais de ce qu'une pareille stipulation est interdite pour le traité soumis à la Chancellerie il ne s'en suit nullement que les parties ne puissent, par une convention distincte, convenir qu'une assurance sur la vie contractée par le cessionnaire sera transférée par lui au cédant en garantie du payement du prix de la cession. Si rien ne s'oppose à ce que le cédant, en dehors du privilège du vendeur que lui attribue la jurisprudence (Bordeaux 10 févr. 1891, S. 92, 2, 121 ; D. P. 92, 2, 17), se fasse donner par le cessionnaire d'autres garanties telles qu'une hypothèque ou un cautionnement (V. Le Poittevin : *Traité pratique des cessions, créations, translations, suppressions d'offices publics et ministériels*, nº 38), il faut également reconnaître le droit de stipuler le transfert à son nom d'une assurance sur la vie.   Note, S. 93, 2, 237 et 238.
2. Pont : *Sociétés* nº 458; Pardessus : *Dr. commerc.*, T. III, nº 998; Lyon Caen et Renault : *Traité de dr. commerc.*, T. II, nº 46.

donnée en nantissement ; une semblable argumentation est en opposition avec toute la jurisprudence de la Cour de cassation. Le propriétaire seul est en mesure de donner un nantissement. Le souscripteur ayant traité au profit d'un tiers déterminé, dans les termes de l'art. 1121 C. Civ., n'est pas propriétaire de la créance contre la Compagnie d'assurances ; c'est le bénéficiaire qui, suivant une opinion aujourd'hui incontestée, a, dès le jour même du contrat, acquis cette créance[1].

En vain l'on invoquerait[2] que le commandité s'étant chargé du paiement des primes, c'est lui qui, par ses soins et à ses frais, a pris les mesures propres à couvrir le commanditaire. Il importe peu que le commandité ait payé les primes. Toute la question est de savoir quel est le bénéficiaire de la police. En outre, il est inexact de prétendre que le gérant s'oblige au paiement des primes puisqu'il est hors de doute que ce versement est absolument facultatif[3].

Malgré certaines résistances[4] la jurisprudence paraît fixée en ce sens[5] qu'il faut tenir compte des intentions du stipulant et affecter à la personne spécialement indiquée dans la police le droit au capital assuré, ce capital provenant non pas des biens du commanditaire mais de la caisse d'une personne étrangère, la Compagnie d'assurance, ce qui suffit pour écarter l'objection tirée de l'art. 1855 C. Civ..

La solution doit être la même soit qu'il s'agisse d'une société en commandite, soit qu'il s'agisse d'une société en nom collectif[6]. Du moment que l'art. 1855 C. Civ. est inapplicable dans un cas il l'est tout autant dans l'autre. Le contrat d'assurance ne modifie en rien la situation des parties qui restent ce qu'elles seraient en l'absence de toute stipulation de ce genre ; quoi qu'il ait pu se produire, les assurés sont toujours tenus vis-à-vis des tiers solidairement pour le tout.

Il y a plus ; on a fait valoir avec juste raison[7] que l'on pour-

---

1. V. notre note sur *L'Assurance sur la vie et les commerçants* (*L'Assurance Moderne*, 25-27 juin 1890).

2. Planiol : Note, D. P. 90, 1, 409.

3. Pourrait-on soutenir également (Note, D. P. 90, 1, 469, que les fonds formant l'indemnité versée au commanditaire n'étaient promis par l'assureur qu'en échange des primes payées par le gérant ? N'est-il pas élémentaire que ce n'est point avec la prime que s'acquitte l'indemnité ?

4. Note, *Ann. de Dr. commerc.*, 1891, 186 ; Thaller : *A l'occasion de la clause exonérant un associé des pertes* (*Ann. de Dr. commerc.*, 1892, 287, etc.) ; Tribun. comm. Nice, 4 mars 1886, S. 88, 2, 73 ; D. P. 90, 1, 140, Cf. Douai, 26 avril 1888, *La Loi*, 29-30 oct. 1888.

5. Aix, 4 novemb. 1886, S. 88, 2, 74 ; D. P. 90, 1, 410 ; Cass. 9 juin, 1890, S. 90, 1, 305 ; D. P. 90, 1, 410. Comp. en sens opposés les dissertations insérées à la suite de l'arrêt de la Cour de cassation dans chacun de ces deux recueils de jurisprudence.

6. Lefort : *Les Assurances sur la vie et la Cour de Cassation en 1890*, Lyon, 1891, p. 9.

7. Crépon : note, S. 90, 1, 305.

rait moins encore invoquer la disposition légale qui prohibe toute clause ayant pour objet d'affranchir un associé de la contribution aux dettes : dans la société en commandite, la mise du commanditaire consiste en une somme fixe qui seule est exposée aux risques que comporte toute société ; lors donc que, par une convention quelconque, cette somme est garantie, on peut dire que le commanditaire est à l'abri des pertes ; il n'en saurait être ainsi en matière de société en nom collectif, où l'obligation solidaire qui atteint chacun des associés a pour conséquence que la somme fixe, pour laquelle une assurance aura été contractée, ne pourra jamais garantir un associé contre toute contribution aux dettes.

L'assurance ne peut servir de garantie à une dette qu'autant que plusieurs conditions sont réalisées.

Il faut, en premier lieu, que lors de la signature du contrat il existe une dette et une dette légale [1]. Par conséquent une police ne couvrirait point légalement des dettes de jeu, dans les cas où la loi se refuse à les reconnaître. Au contraire, elle interviendrait valablement pour assurer soit le paiement d'une dette future (les assurances temporaires d'un capital payable à terme fixé n'ayant point d'autre objet), soit le versement d'une somme qui devra être remboursée à une époque inconnue [2].

---

[1]. Dès lors, il y aurait lieu de refuser tout effet à la garantie donnée par un prodigue à un créancier à l'occasion d'une obligation souscrite par le prodigue sous l'assistance de son conseil judiciaire. Trib. civ. Seine, 15 févr. 1889, *Journ. des assur.*, 89, 270.

La solution serait contraire si l'obligation avait été contractée avant la nomination du conseil judiciaire et si elle engageait réellement le prodigue. Même jugement.

[2]. On a parfois contesté au mari le droit de faire assurer sur la tête de sa femme le montant de la dot qu'il a reçue par le motif qu'il n'y a là qu'un dépôt entre les mains du mari et que le dépositaire ne saurait être admis à faire assurer le montant du dépôt pour le cas où il lui serait réclamé, l'assurance ne pouvant se concevoir que contre une perte réelle, mais non contre un bénéfice manqué ou pour se dispenser de remplir une obligation. (V. Alauzet : *Assur.*, T. II, p. 484).

Mais cette solution ne semble pas fondée (Merger : *op. cit.*, p. 76 ; Couteau : *op. cit.*, T. II, p. 374).

Le mari, loin d'être simplement dépositaire de la dot de sa femme, en est propriétaire puisqu'il peut en disposer, sauf l'hypothèque légale de la femme et l'obligation de rendre compte à la dissolution du mariage. Gardien de la fortune de la femme il a le droit et le devoir de prendre toutes les précautions nécessaires pour que les héritiers de celle-ci recueillent ce que leur auteur a apporté. Or, l'assurance en cas de mort est un moyen de mettre la dot à l'abri de toute éventualité fâcheuse. La dot pouvant être compromise ou engagée dans les combinaisons commerciales et le mari devant, en tout cas, la restituer, on ne voit pas pourquoi il ne pourrait pas parer à toutes les éventualités d'avenir par une assurance sur la tête de sa femme. C'est un capital qu'il a voulu créer pour rembourser une dette éventuelle, et quand même la dot ne serait pas perdue, la restitution à laquelle le mari est soumis rend parfaitement légal le contrat fait sur la tête de la femme.

Il n'y a d'exception à ce qui vient d'être dit que pour le cas où le mari, ayant assuré en sa qualité la dot de sa femme en resterait propriétaire par suite d'un legs ou d'une donation ; il est évident qu'ici l'assurance ne devrait pas pro-

En second lieu il est non moins essentiel que la dette continue d'exister au moment du décès [1].

Il tombe sous le sens que le créancier qui a été désintéressé ne peut rien réclamer et que celui qui n'a été payé que partiellement a uniquement droit à la portion du capital assuré représentant la fraction qui lui est encore due [2].

Il en est ainsi lorsque l'assurance a été contractée aux frais du débiteur et si celui-ci a payé les primes; en pareille circonstance c'est une somme égale au reliquat de la dette que la Compagnie doit fournir et le surplus doit faire retour aux héritiers de l'assuré ou, s'il y a d'autres créanciers, à ces créanciers [3].

Au contraire, lorsque le créancier a supporté toutes les charges de l'assurance il a le droit de toucher intégralement le capital assuré sans qu'il soit exposé à se voir objecter le paiement total ou partiel qui lui aurait été fait [4]. En effet, le débiteur ne saurait réellement exciper d'un contrat auquel il est resté totalement étranger et même qui ne l'intéresse pas directement puisqu'en aucun cas il ne peut recueillir le bénéfice. Il faut donc dire que le bénéfice d'une assurance contractée par un créancier sur la vie de son débiteur avec le consentement de ce dernier, mais sans que celui-ci ait comparu au contrat, appartient au créancier, quand ce dernier a acquitté toutes les primes comme il s'y était engagé, encore bien qu'il en ait réclamé à différentes reprises le remboursement d'abord au débiteur, puis à sa faillite si, d'ailleurs, cette prétention a toujours été repoussée et si le débiteur, loin de réclamer le bénéfice de l'assurance, en a positivement et formellement répudié les avantages et les charges [5].

duire d'effet puisque la garantie cherchée par le mari près d'une Compagnie d'assurances tombe d'elle-même par la non restitution de la dot.

Quant à la femme nul doute qu'avec l'autorisation maritale elle n'ait le droit de faire assurer le montant de sa dot sur la tête de son mari contre le cas d'insolvabilité de la succession de ce dernier, car la dot devant lui être restituée, la femme autorisée par son mari éprouvera un préjudice réel et direct si elle ne peut la reprendre à la mort de son conjoint.

1. V. Rouen, 28 avril 1874, S. 74, 2, 314 et les nombreuses décisions rapportées en note.

2. Couteau : *op. cit.*, T. II, p. 374; Agnel : *op. cit.*, n° 434.

Il a été jugé en Angleterre (Haute Cour, 15 janv. 1875; *Weekly Reporter*, XXIV, 294; et *Journ. du dr. intern. priv.* 76, 279) qu'au cas où une police a été donnée à titre de gage et qu'avis de la cession a été transmis à la Compagnie la personne qui, à la mort de l'assuré, réclame le montant de la police ne peut toucher cette somme qu'en établissant que le créancier gagiste a été désintéressé, que lors même que la cession à titre de gage a eu lieu longtemps avant le décès la Compagnie ne peut être obligée de prouver que la dette garantie n'a pas été l'objet d'un paiement ou d'une remise, mais que la preuve incombe au demandeur.

3. Paris, 16 août 1860, Bonnev. de Mars. : II, 234.

4. Couteau : *op. cit.*, T. II, p. 379; Agnel : *op. cit.*, n° 432.

5. Cass., 19 janv. 1880, S. 80, 1, 441; D. P. 80, 1, 468. — V. Angers, 28 décemb. 1881, D. P. 83, 2, 105.

D'autre part, il est indispensable que le contrat ait été continué par le paiement de la prime annuelle. Il importe peu que la somme réclamée par la Compagnie soit fournie par l'un ou par l'autre des intéressés; ce qui est simplement nécessaire c'est qu'elle soit versée. Le créancier est en mesure de remplacer le débiteur négligent. Mais il ne peut le forcer et, en cas de refus, réclamer des dommages-intérêts à moins que dans la convention intervenue cette obligation ait été formellement prise [1].

Le cessionnaire a le droit incontestable de veiller à la continuation du contrat en payant les primes; il peut encore prendre toutes les mesures conservatoires qu'il répute nécessaires. Ainsi il peut, quand même la transmission aurait eu lieu en la forme commerciale et, malgré l'inutilité d'une signification, faire cette notification à la Compagnie; il peut également former entre ses mains une saisie-arrêt et la Compagnie ne saurait payer au préjudice de cette saisie [2]; enfin, il peut remplir toutes les formalités nécessaires pour toucher le montant du capital assuré qui doit lui être payé [3].

Il va de soi qu'au cas où l'assurance porte sur la tête du débiteur ce dernier ne doit pas aggraver les risques, mettre la Compagnie en mesure de refuser le capital assuré; le suicide en particulier entraînerait naturellement la déchéance [4].

Dans l'assurance de garantie il faut absolument que le créancier bénéficiaire intervienne dans la police et accepte. Cette acceptation peut d'ailleurs être donnée, pour lui, par un mandataire même verbal. A défaut d'acceptation l'assuré serait en droit de résilier la police ou d'en changer l'attribution à l'insu du créancier qui perdrait de la sorte sa garantie.

Il convient d'ajouter que la police doit être remise au créancier et rester en sa possession jusqu'à extinction de la dette.

1. Cass., 29 mai 1876, D. P. 77, 1, 311 ; S. 77, 1, 161.
2. Paris, 23 décembre 1872, D. P. 74, 5, 440.
3. Couteau : op. cit., T. II, p. 381.
4. Dubois : op. cit., p. 43.

SIXIÈME PARTIE

EFFETS DU CONTRAT A L'ÉGARD DU BÉNÉFICIAIRE
ET DES TIERS.

La question de l'attribution du bénéfice de la police, en d'autres termes la question de savoir à qui doit revenir le capital promis par l'assureur est indubitablement la plus importante de toutes celles que soulèvent le contrat d'assurance sur la vie. Il s'agit, en effet, de déterminer si la somme stipulée payable au décès de l'assuré ira directement à la personne gratifiée, en vertu d'un droit propre distinct de toute qualité autre que celle de bénéficiaire, par application du contrat et rien que du contrat, ou si, au contraire, le montant de l'obligation assumée par la Compagnie ne devra pas être considéré comme ayant fait partie du patrimoine du défunt, et par conséquent ne pourra être recueilli par les héritiers que s'ils sont bien héritiers, comme aussi s'il pourra être revendiqué par les créanciers du défunt. Il importe d'établir entre les mains de qui la Compagnie paiera. Il est indispensable de savoir si l'assureur n'est tenu qu'envers la personne désignée par le contrat, laquelle passe alors avant toute autre avec une sorte de droit de préférence et de propriété résultant de la police, à l'exclusion de tout autre individu même héritier, même créancier de l'assuré, ou si, au contraire, la somme versée pouvant être assimilée à une partie du patrimoine de l'assuré elle sera recueillie par les seuls héritiers, si par conséquent elle sera de nature soit à tomber dans la communauté, soit à devenir l'objet des revendications des créanciers du stipulant.

En tous cas, on peut le dire, l'attribution du bénéfice est certainement, à raison du conflit des intérêts engagés, le problème qui a soulevé les contestations les plus sérieuses. La controverse a surgi dans tous les pays où l'assurance sur la vie est pratiquée. En France elle a acquis une importance d'autant plus grande que la matière n'est régie par aucun texte spécial et qu'il faut s'en tenir pour la solution des difficultés aux principes généraux mis en rapport avec l'intention des parties et la nature du contrat. Assurément la jurisprudence, dont l'importance est indéniable, est là. Mais pendant longtemps les décisions étaient loin d'offrir l'exemple de la concordance : il existait des divergences, des contradictions manifestes même. C'est seulement dans ces dernières années que par une analyse plus attentive du contrat, les auteurs et les tribunaux ont réussi à se mettre d'accord et à présenter une théorie qui, envisagée dans ses grandes lignes, est bien à l'abri de la contestation.

Avant de poursuivre cet exposé, il semble utile d'écarter tout d'abord certaines hypothèses dont l'examen ne pourrait que retarder, mais dont la solution doit être indiquée ici, quoique se référant à des espèces fort rares.

En premier lieu, il risque d'arriver que le bénéficiaire indiqué ne puisse ou ne veuille recueillir le bénéfice de l'assurance, que, par exemple, à la date du décès de l'assuré la personne maintenue par ce dernier, en qualité de créancière de la Compagnie, soit prédécédée ou qu'elle refuse de toucher la somme promise. Il est certain, en pareil cas, que ce capital doit entrer dans la fortune laissée par l'assuré.

Une difficulté ne pourrait se présenter qu'en présence d'une stipulation faite en faveur de deux ou plusieurs personnes. C'est ce qui se passerait avec un contrat souscrit par un père au profit des deux enfants. Il faut dire, en cette circonstance, et sous réserve, bien entendu, du droit d'appréciation du juge du fait, que le prédécès de l'un des enfants avant toute acceptation de sa part ouvre au profit de l'enfant survivant un droit d'accroissement [1].

D'autre part, il se peut que l'assuré n'ait point désigné un bénéficiaire dans la police et qu'il ne soit intervenu aucun acte ultérieur transférant le bénéfice à une tierce personne. Il est évident que tous les droits conférés par le contrat, depuis le droit de participer aux bénéfices jusqu'au droit à la valeur de rachat et à la créance contre l'assureur, tombent dans le patrimoine du stipulant et constituent une des fractions du gage des créanciers de ce dernier. Du moment que le droit au bénéfice n'a pas été fixé sur la tête d'une personne gratifiée, il doit manifestement rester dans les biens du souscripteur de la police.

Mais, après avoir signé un contrat ne contenant aucune clause attributive de l'indemnité, l'assuré a pu par la suite, au cours de

1. Douai, 14 avril 1890, S. 92, 1, 179; D. P. 92, 1, 305. — C'est par interprétation de l'intention du père que la Cour a refusé de dire que ce capital assuré ne devait pas faire retour au patrimoine du père et que la partie de la créance devenue ainsi caduque reviendrait à l'autre enfant.

l'assurance maintenue par le paiement des primes annuelles, attribuer à un tiers le droit au capital. Il importe alors de distinguer avec le mode employé pour la transmission[1].

Si le tiers a été investi par une donation entre vifs, son droit sur la somme due par la Compagnie est absolu et exclusif, sauf évidemment le cas de fraude, et les créanciers du stipulant ne peuvent élever aucune revendication à l'égard du capital assuré lorsque l'assureur le paiera ; le donateur, en effet, s'étant dépouillé actuellement et irrévocablement en faveur du donataire, le patrimoine du stipulant n'a jamais compris ce droit à l'indemnité.

Au contraire, si l'attribution a été faite dans un testament, par suite du droit qu'avait l'assuré de revenir sur sa disposition, on ne saurait dire que le bénéfice a toujours appartenu à la personne gratifiée et qu'il n'a pas fait partie des biens du testateur ; dès lors, les créanciers de l'assuré peuvent intervenir et demander que la créance contre la Compagnie d'assurances soit considérée comme une partie de leur gage commun.

Mais ces éventualités ne risquent de se produire que très exceptionnellement. La difficulté ne se pose pas en ces termes. Presque toujours le stipulant, par une mention insérée dans le contrat (mention susceptible d'être changée ultérieurement, à la vérité) attribue à autrui le bénéfice de l'assurance, le droit à la somme payable à son décès par la Compagnie. La validité d'une pareille clause ne soulèverait pas la moindre hésitation : le droit de transmission est l'un de ceux que confère le contrat ; bien mieux, l'attribution à autrui est la raison d'être de l'opération. Mais si l'apparence du doute est impossible au sujet du principe même de l'attribution, il n'en est pas de même quant aux conséquences juridiques.

Dans quel patrimoine se trouve la créance dont l'assureur s'est chargé ? existe-t-elle dans les biens du signataire de la police, ou, au contraire, n'est-elle pas devenue la chose même de la personne gratifiée ? que peuvent faire les créanciers de l'assuré ? Telles sont les vraies questions qui se posent.

L'intérêt d'une solution s'aperçoit aisément. Si on admet que le bénéfice de l'assurance doit rester dans le patrimoine de l'assuré il aura, il est vrai, augmenté ce patrimoine ; mais ce dernier n'aura pas cessé d'être le gage des créanciers, et, en cas de revers de fortune, de faillite, etc., l'actif tout entier pourra être absorbé par le paiement des dettes. La veuve et les enfants de l'assuré ne recueilleront aucun fruit des privations que leur auteur aura endurées pour le paiement des primes annuelles. Admet-on le principe contraire ? L'assuré pourra frustrer ses créanciers en faisant passer directement tout son avoir sur la tête de ses en-

---

1. V. Dalloz, *Rép. Supplém.*, v° *Assur. terr.*, n° 425.

fants, de sa femme ou d'un tiers, et fera ainsi échec au principe *nemo liberalis nisi liberatus* [1]. Suivant une juste expression, il s'agit là d'une question vitale pour le contrat d'assurance sur la vie : si, en effet, le stipulant n'est pas certain de pouvoir assurer à la personne désignée le bénéfice de la police qu'il souscrit, des sacrifices qu'il s'impose, le contrat est, on peut le dire, atteint dans son essence, privé qu'il va être des effets, des avantages en vue desquels il a été créé [2].

A l'heure actuelle il est possible de donner une solution pour les difficultés soulevées par le problème de l'attribution du bénéfice. Les éléments se trouvent dans la distinction, dont il a été parlé précédemment, entre le contrat passé au profit d'un tiers désigné et l'assurance stipulée en faveur de personnes non déterminées.

Cette distinction est généralement admise. Il appartient et il doit appartenir à la volonté du preneur d'assurance de stipuler à son gré, parce que le mode employé pour l'attribution entraîne des effets complètement distincts.

Lorsque l'assurance sur la vie est souscrite en faveur de personnes sinon individuellement désignées au moins suffisamment déterminées, la créance n'a jamais appartenu au stipulant et a toujours été dans les biens du bénéficiaire. Au contraire, quand l'assurance est contractée au profit de personnes indéterminées, incertaines, inexistantes même au moment de la signature de la police, le bénéfice reste dans les biens du stipulant, car ce dernier est réputé avoir traité pour son patrimoine.

Le stipulant a donc la latitude de faire tomber dans ses biens ou, au contraire, d'en écarter la créance contre la Compagnie. C'est de toute justice. Si un assuré a des motifs pour vouloir gratifier une personne bien certaine, existante, sa femme par exemple, un enfant qui vit, tel autre peut avoir des raisons pour ne pas recourir à une détermination aussi précise, soit parce qu'il ne connaît pas ses héritiers, soit parce qu'il n'est pas fixé sur le nom de la personne à munir de cette créance.

Tout se ramène à une question de recherche de l'intention du stipulant, d'interprétation. Il incombe au juge du fait de se prononcer à cet égard et, appréciant les éléments de la cause, la volonté de l'assuré, de dire si le souscripteur a entendu enrichir une personne de par le contrat ou, au contraire, augmenter l'actif de la succession.

La jurisprudence de la Cour de cassation reconnaît formellement au juge du fait un pouvoir souverain à cet égard [3].

---

1. Breul : *Du bénéfice de l'assurance en cas de décès (Revue générale du droit,* T. IV, 1880, p. 152).
2. Crépon : Note, S. 88, 1, 122.
3. Notamment Cass., 2 juill. 1884, S. 85, 1, 11 ; D. P. 85, 1, 150 ; Cass., 8 févr.

Le juge doit se prononcer d'après les circonstances particulières, en tenant surtout compte de la volonté de l'assuré laquelle est prépondérante et doit être absolument respectée; il n'a pas à se laisser trop arrêter par les expressions employées.

L'hésitation ne se présente que pour les clauses par lesquelles une personne traite en vue soit de ses *enfants*, soit de ses *héritiers*[1]. Il semble pourtant qu'une distinction s'impose : au cas où tous

1888, S. 88, 1, 129; D. P. 88, 1, 201. — V. aussi Cass., 10 nov. 1879, S. 80, 1, 337; D. P. 80, 1, 175.

Il convient de mentionner ici quelques exemples d'interprétations :

En présence d'une clause visant la veuve, les enfants et ascendants dont l'assuré était le soutien, il a été décidé qu'il y avait stipulation au profit de personnes déterminées, parce que, en se servant des mots *dont il est le soutien*, le souscripteur avait manifesté son intention de ne pas traiter au profit de ses héritiers ou ayants droit (Trib. civ. Seine, 2 juin 1886; *Rec. périod. des assur.*, 86, 503; *Journ. des assur.*, 87, 86).

Pareillement, le juge du fait a reconnu que les circonstances de la cause permettaient de reconnaître un droit propre avec l'insertion d'une clause en faveur de *la femme et des enfants*, l'assuré n'ayant en vue que ses enfants vivants (Trib. civ. Pontarlier, 29 juill. 1886; *Rec. périod. des assur.*, 86, 504; Trib. civ. Seine, 4 août 1891; *Journ. des assur.*, 91, 492), ou encore lorsque la mention concernait *les enfants nés et à naître*, le stipulant ayant manifesté son intention de traiter pour ses enfants, abstraction faite de leur qualité d'héritiers, c'est-à-dire même au cas où ils renonceraient à la succession (Trib. civ. Seine, 4 nov. 1889, *Journ. des assur.*, 90, 10; *Rec. périod. des assur.*, 89, 398).

Au contraire, il a été décidé que la stipulation concernant *les enfants nés et à naître* était faite dans les termes de l'art. 1122, parce que l'assuré avait manifesté son désir de ne pas restreindre la libéralité à l'enfant unique qui existait à ce moment, et parce qu'il paraissait avoir voulu au contraire l'étendre aux enfants qui pourraient naître par la suite (Chambéry, 10 juill. 1889; *Rec. périod. des assur.*, 89, 124).

Enfin, en présence du prédécès de l'un des deux enfants bénéficiaires de la même police, pour dire que la créance devenue caduque par suite de la mort de l'un des bénéficiaires revenait par droit d'accroissement à l'autre enfant, la Cour de Douai (14 avril 1890, S. 92, 1, 178), a invoqué qu'en stipulant pour ses deux enfants le père avait entendu qu'ils fussent également appelés, qu'ils étaient conjointement désignés dans la police sans désignation de part, qu'il résultait bien de toutes ces circonstances de fait que le père n'avait jamais désiré stipuler à son profit, mais qu'il avait voulu que si l'un des bénéficiaires venait à disparaître sans avoir perçu la part qui lui revenait, cette part s'ajoutât à la portion de l'autre enfant, seul bénéficiaire désormais du contrat tout entier (D. P. 92, 1, 205).

1. Nous pensons devoir écarter le cas où l'assuré agirait dans l'intérêt de personnes qui, tout en étant incertaines et indéterminées, pourraient être désignées par l'indication fournie par un acte à venir; tel serait le cas d'une police passée en faveur du serviteur qui serait au service de l'assuré lors du décès, de la femme que le souscripteur épouserait. Si en matière de dispositions entre vifs la libéralité faite au profit de personnes ainsi déterminées est valable comme s'appliquant à une personne sinon certaine, du moins susceptible de l'être (Dalloz : *Rep.*, v° *Disposit. entre vifs*, n°s 332 et 3465), on se demande pourquoi cette solution ne serait pas admise dans la matière qui nous occupe. C'est qu'en effet il importe de distinguer deux questions : la question de capacité que règle l'art. 906 C. Civ. et la question de détermination individuelle, de précision dans l'indication de la personne appelée à profiter de l'assurance. Comp. Bailly : *Observat. sur la transmission du bénéfice de l'assurance sur la vie et sur les clauses relatives à cette transmission* (*Rec. périod. des assur.*, 1890, p. 134, note); *Rep. périod. de l'enreg.*, T. XXIV, 1877, art. 4528; Labbé : *Note*, S. 77, 1, 393; Mulle : *Note* D. P. 77, 1, 337.

les héritiers, tous les enfants sont au moins conçus au moment de l'assurance, à moins bien entendu de circonstances particulières, le juge doit présumer que l'assuré a entendu stipuler pour ses enfants seuls, pour ses héritiers *personaliter*, afin de leur constituer une indemnité pour le préjudice que leur causera sa disparition [1]; au contraire, en cas de défaut de relations avec les héritiers, surtout en cas de survenance d'enfants après la signature du contrat ou encore après le décès de l'assuré le juge doit penser que l'assuré songeait surtout à augmenter sa succession, qu'il avait en vue des descendants inexistants alors, mais qui pourraient arriver à la vie.

A la vérité, c'est permettre d'attribuer un droit propre et exclusif à des personnes considérées jusqu'ici comme insuffisamment déterminées. Mais ceci importe peu. Ce qu'il faut considérer, c'est la volonté du stipulant, c'est son intention qui peut-être n'est point en rapport complet avec l'expression, mais à laquelle on doit surtout s'attacher d'après les art. 1156 et 1157 C. Civ.. Il n'est pas rare de rencontrer des assurés estimant de la meilleure foi du monde qu'en stipulant le paiement d'un capital à leurs *enfants*, à leurs *héritiers*, ils ont procuré une créance contre la Compagnie à des personnes qui font l'objet de leurs plus chers désirs. Dans la très grande majorité des cas le père de famille qui s'assure ne cherche pas à acquérir une somme pour augmenter sa succession et par suite à étendre le gage de ses créanciers. Ce qu'il veut, c'est procurer, à côté de sa succession qui sera peut-être absorbée par des dettes, un capital qui constituera une réserve pour ceux qu'il laissera après lui [2].

---

1. M. Blin (*De l'assur. sur la vie et spécialement de la donation contenue dans l'assur. au profit d'un tiers*, Paris, 1876, p. 68), qui enseigne le même système, ajoute la condition de l'acceptation du vivant du *de cujus*. Nous ne pensons pas qu'il y ait une obligation à cet égard, le fait de l'acceptation ne paraissant pas avoir dans les circonstances une influence décisive.

2. Mais, a-t-il été dit (Clos ; *op. cit.*, p. 64), les héritiers sont des personnes incertaines: tel peut être héritier aujourd'hui et ne plus l'être demain. Il appartiendrait alors au juge en pareil cas de constater que par suite du changement, la créance doit revenir à la succession de l'assuré.

M. L'hôpital (*De la nature du contrat d'assur. sur la vie*, Paris, 1883, p. 124) a fait une autre remarque qui ne manque pas d'importance : la prohibition de l'art. 906 C. Civ. ne s'applique pas aux assurances sur la vie; les rédacteurs du Code, quand ils l'ont édictée, ne pouvaient avoir l'intention de viser l'assurance sur la vie puisqu'ils ne connaissaient pas ce genre d'opérations. Il vaut bien mieux admettre que dans cette matière aucune limite n'est apportée à la volonté des parties, si ce n'est celle qui résulte de l'obligation de respecter l'ordre public et les bonnes mœurs qui, on en conviendra, n'ont rien à voir ici. D'ailleurs, la défense de faire une libéralité en faveur d'une personne incertaine est une conséquence fort logique et fort raisonnable de l'irrévocabilité des donations : la loi, avec beaucoup de sagesse, n'a pas voulu qu'on pût s'engager envers une personne incertaine qui peut-être se trouverait être indigne de cette générosité; mais ici la même raison ne saurait être donnée, la libéralité qui résulte d'un contrat d'assurance sur la vie étant toujours révocable, puisque le paiement des primes est toujours facultatif.

D'ailleurs à l'étranger, le législateur n'a pas craint de reconnaître que des clauses relatives aux *enfants*, aux *héritiers* pouvaient fort bien être considérées comme propres à conférer un droit propre [1].

Les polices peuvent être conclues :

A. — Soit en faveur d'un tiers expressément désigné ;

B. — Soit en faveur de personnes indéterminées, au profit par exemple des enfants nés ou à naître, des héritiers ou ayants droit [2], indiqués en termes généraux ;

C. — Soit à l'ordre de l'asssuré ;

D. — Soit mixte.

[1] En Belgique, avant la loi du 11 juin 1874, si l'on considérait qu'en cas de stipulation faite en termes vagues (au profit des *enfants*, des *héritiers*) la créance tombait dans le patrimoine de l'assuré, la jurisprudence semblait fixée en ce sens que l'expression générale *enfants, héritiers* n'avait pas pour effet d'attribuer à la succession du *de cujus* le bénéfice de l'assurance et que le contrat lui-même conférait un droit propre même aux héritiers (Trib. Anvers, 28 mars 1866, Bruxelles, 2 août 1866; Claes et Bonjean : *Jurisprud. des trib. de Belgique*, T. XV, p. 464 ; T. XVI, p. 426. L'art. 43 de la loi du 11 juin 1874 décidant que « la somme stipulée payable au décès de l'assuré appartient à la personne désignée dans le contrat, sans préjudice de l'application des règles du droit civil relatives au rapport et à la réduction du chef des primes versées » a consacré cette dernière interprétation ; le Ministre de la Justice l'a formellement déclaré lors du vote de cette disposition. Il s'ensuit qu'en Belgique, même si la police désigne les bénéficiaires en termes généraux, par exemple par l'expression d'*héritiers*, la somme promise doit leur être versée par l'effet même du contrat, abstraction faite de toute qualité d'héritiers. Namur : *Cours de droit commerc.*, Bruxelles, 1876-77, T. II, n° 1566 ; Furquim d'Almeida : *op. cit.*, p. 447; Trib. Nivelles, 13 août 1879, *Pas.* 81, 200; Trib. Bruxelles, 13 avril 1881, *Pas.* 81, 218 ; Trib. Bruxelles, 1er avril 1882, *Pas.* 82, 198 ; Trib. Mons, 11 août 1884, *Pas.* 85, 290

[2] Contrairement à ce que pense avoir établi M. Typaldo Bassia (*op. cit.*, p. 134, mais conformément à la jurisprudence nous ne distinguons pas la situation des héritiers de celle des ayants cause.

CHAPITRE PREMIER

DROITS DU BÉNÉFICIAIRE.

SECTION I

Assurance contractée au profit d'un tiers déterminé.

L'assurance est contractée au profit d'un tiers déterminé lorsque la police [1] déclare que le capital sera versé à un tiers indiqué d'une

1. C'est le cas le plus fréquent. Presque toujours le bénéficiaire est indiqué au moment où le contrat est signé. Mais il importe de noter que la validité de la désignation avec les résultats déduits par la jurisprudence de l'art. 1121 C. Civ. n'est nullement subordonnée à ce mode de fixation. On doit réputer passée dans les termes de l'art. 1121 C. Civ. la stipulation en faveur d'un tiers déterminé non seulement quand elle est contenue dans un avenant (Dubois : *Du bénéfice de l'assur. sur la vie*, p. 54 ; et autre *Traité*, T. Ier, p. 329 ; Trib. Civ. Seine, 4 juill. 1862, *Journ. des assur.*, 82, 520, Paris, 18 juill. 1884, *ibid.*, 85, 167 ; Besançon, 2 mars 1887, S. 87, 2, 213 ; D. P. 88, 2, 1 ; Cass., 16 janvier 1888, S. 88, 1, 127 ; D. P. 88, 1, 77 ; Cass., 22 févr. 1888, S. 88, 1, 130 ; D. P. 88, 1, 198 ; Cass., 7 août 1888, S. 89, 1, 97 ; D. P. 88, 1, 118), mais aussi quand le nom a été inséré ultérieurement dans la police délivrée *au profit de la personne que l'assuré se réserve de désigner sur cette même police* (Dumaine : *Du contrat d'assur. sur la vie en droit civil et en droit fiscal*, 2e édit., Paris, 1892, p. 116. *Contrà*, Cass., 10 nov. 1874, D. P. 75, 1, 248). Pareillement un assuré peut transmettre le droit au capital assuré en inscrivant au dos d'une police à ordre une mention pour dire qu'il dispose en cas de mort de ladite police au profit d'une personne déterminée ; la libéralité vaut comme si elle résultait d'un testament, Cass., 6 mai 1891, D. P. 93, 1, 181. — Cf. à propos de cet arrêt nos remarques : *Les assur. sur la vie et la Cour de cassation en 1891*, Lyon, 1892, p. 6 et 7, et *supra*, p. 192 et 193, note.

Les effets attachés à l'attribution à un tiers déterminé se produiront d'autre part avec une assurance mixte stipulant le versement du capital à l'assuré s'il vit à une époque déterminée, à des bénéficiaires désignés s'il est mort à cette date (Cass., 6 févr. 1888, S. 88, 1, 128 ; D. P. 88, 1, 198), sans distinguer le cas où la police aurait été cessible par endossement (V. Dumaine : *op. cit.*, p. 125).

Il faut en dire autant lorsqu'en présence d'une police souscrite « *au profit d'un tiers ou à l'ordre du souscripteur* », l'assuré qui a désigné un bénéficiaire meurt sans avoir endossé la police (Colmar, 27 févr. 1865, D. P. 65, 2, 63 ; Douai, 14 avril 1890, S. 92, 1, 179 ; D. P. 92, 1, 205 ; Cass., 22 juin 1891, S. 92, 1, 175 ; D. P. 92, 1, 205. — *Contrà*, Douai, 6 décembre 1886, *Gaz. des Trib.*, 2 janv. 1887).

façon absolument certaine, soit individuellement, soit par des mentions qui ne laissent aucun doute sur sa personnalité ainsi que sur l'intention de l'assuré.

Tel est le cas où le contrat [1] décide que la Compagnie paiera le bénéfice de l'assurance à Monsieur un tel, ou bien à la femme [2], au père, à la mère, etc., de l'assuré.

En pareille circonstance le capital indiqué au contrat sera touché par le bénéficiaire seul.

La stipulation pour autrui engendre un droit propre au profit de la personne en vue de laquelle elle intervient, et au même moment où elle se forme. C'est la conséquence forcée de la règle posée par l'art. 1165 C. Civ. : les conventions n'ont d'effet qu'entre les parties, elles ne nuisent point au tiers et elles ne lui profitent que dans le cas prévu par l'art. 1121 C. Civ.. Il tombe sous le sens qu'une convention profite à un tiers, pour répéter les termes dont se sert le législateur, seulement quand elle peut lui créer un avantage à l'instant même où elle a lieu, lorsqu'elle est de nature à lui conférer immédiatement un droit, sans le concours d'aucun autre acte juridique. Il faut que le patrimoine de ce tiers s'enrichisse de ce que la convention tend à lui procurer dès que se produit la convention, et rien que par la convention. S'il en était autrement et si le tiers ne puisait pas son droit uniquement dans la convention, on ne pourrait pas dire qu'il profite de cette dernière [3].

---

1. Les formules qui doivent être considérées comme rentrant dans cas, ont été indiquées précédemment. V. ce *Traité*, T. II, p. 137 et 138.

2. Un cas assez singulier s'est présenté aux États-Unis ; à raison de sa particularité il y a lieu de le signaler ici :

Après s'être marié en Europe, un individu avait émigré en Amérique et malgré l'existence de cette union avait épousé une seconde femme ; il avait contracté une assurance (ou du moins un contrat analogue à une assurance) au profit de sa veuve (*widow*) et, s'il n'existait pas de veuve (*if there was no widow*), à ses enfants ; sa première femme mourut avant l'assuré ; au décès de ce dernier un procès s'engagea entre la seconde femme et les enfants de la première qui soutenaient que l'union célébrée en Amérique était illégale, leur mère vivant encore. Par arrêt du 9 janvier 1885, la Cour supérieure de New-York (*Alb. Law Journ.*, XXXI, p. 151 et *Journ. du dr. intern. priv.*, 85, 564) a décidé que la seconde femme était la *veuve* dans les termes de la police et qu'elle avait droit au capital promis.

Cette solution ne semble guère acceptable, car, au total, le second mariage était nul. Le magistrat qui a rendu la sentence se base sur ce qu'ayant appris par la suite l'existence d'un premier mariage, la seconde femme avait persisté à vivre comme épouse et sur ce que partout elle était traitée comme femme légitime. Ces raisons n'ont rien de décisif.

3. Le droit du bénéficiaire sort du contrat; il naît de l'accord des volontés du promettant et du stipulant ; pendant toute sa durée il conservera la marque et subira l'influence de cette origine ; il ne se détachera jamais complètement du contrat dont il est né ; ce contrat n'en est pas seulement la source ; il en est aussi la mesure. L'avantage conféré au bénéficiaire n'a pour fondement ni la volonté isolée du promettant, ni la volonté isolée du stipulant : la stipulation pour autrui engendre dès lors des rapports entre trois individus au moins ; on ne peut pas isoler les relations qu'elle établit entre le promettant et le tiers de celles qu'elle

Or, l'assurance sur la vie passée pour un tiers déterminé constitue une stipulation pour autrui, dans les termes de l'art. 1121. Ceci paraît bien certain [1].

Il faut donc dire que la police signée en faveur d'un tiers désigné soit individuellement, soit d'une manière suffisamment précise, attribue à ce tiers sur le montant de l'assurance un droit propre, un droit puisant sa source dans la convention. Le contrat intervenu entre la Compagnie et l'assuré profite au bénéficiaire parce qu'il y a eu pour ce dernier une stipulation dans les termes de l'art. 1121 [2].

Le droit propre et exclusif du bénéficiaire résulte tant de ce que l'assurance au profit d'un tiers est une stipulation pour autrui visée par cet article que de la nature même du contrat [3].

On ne voit pas, du reste, comment le droit du bénéficiaire pourrait être contesté.

L'intention du contractant n'est pas douteuse. Qu'a-t-il cherché à faire en stipulant en faveur de telle personne dénommée? La prémunir contre le dommage que son décès risque de causer. Sa volonté a été d'attribuer la somme due par la Compagnie à ce tiers et non point à sa propre succession ou à ses créanciers personnels. S'il a pris la peine de désigner cette personne formellement, c'est qu'il l'a manifestement en en vue, c'est qu'il a affirmé son idée arrêtée de la garantir et de la garantir seule.

En traitant avec la Compagnie, le signataire de la police, sauf naturellement le cas de prédécès du tiers bénéficiaire et le défaut d'un remplaçant pour la perception du capital, n'acquiert rien pour lui-même; on l'a fait remarquer [4], l'assuré n'est qu'un instrument

---

fait naître entre le tiers et le stipulant; et réciproquement. — Lambert : *Du contrat en faveur de tiers*, p. 115.

1. Nous pensons, du moins, l'avoir établi précédemment, T. 1er, p. 214 à 229.

2. En tout temps, fait remarquer M. Lambert (*op. cit.*, p. 122), on a admis que l'effet essentiel de la stipulation pour autrui est de conférer au tiers un droit propre et exclusif. Cette solution a toujours été admise (Angers, 13 mars 1842, S. 42, 2, 475; Lyon, 2 juin 1863, S. 63, 2, 202; D. P. 63, 2, 119; Caen, 11 janv. 1863, Bonnev, de Mars. : II, 262). Cette solution était acceptée alors même que l'on voyait dans la stipulation pour autrui une offre faite par le stipulant au bénéficiaire.

3. Le droit qui appartient au bénéficiaire ne peut être nié, en effet, qu'avec une conception inexacte de la nature du contrat et de l'événement qui donne naissance au droit du bénéficiaire. Pour prétendre avec l'arrêt de la Cour de cassation du 7 février 1872 (D. P. 72, 1, 209; S. 72. 1, 86) que le droit au capital fait partie d'une succession, il faut nécessairement admettre que ce capital est la représentation des primes et aussi que la mort est l'événement qui donne naissance au droit. Or, l'assurance sur la vie n'est point un placement; c'est un contrat bien différent, dont le but est la création d'un capital formé par la mise en commun des primes versées pour l'année par tous les assurés; d'autre part, ce n'est pas par l'effet de la mort que le capital est touché; ce dernier est perçu en vertu du contrat; c'est du contrat même que la personne gratifiée tient son droit. — Cf. L'Hôpital : *op. cit.*, p. 141.

4. Coulazou : *De la stipulation pour autrui dans l'assurance sur la vie*, Montpellier, 1890, p. 62.

contractant pour l'enrichissement exclusif d'une autre personne : la créance engendrée par le contrat n'existe pas à son profit, mais bien au profit du bénéficiaire qui, par l'effet de l'engagement accepté par l'assureur en échange des primes, devient le créancier direct et peut même exercer personnellement l'action résultant de la convention. Dans la pratique, d'ailleurs, les choses se passent ainsi et les Compagnies ont coutume de payer les bénéficiaires sans rien débattre avec les héritiers du signataire.

L'esprit et le but de l'assurance sur la vie exigent cette solution.

Ce contrat tend à protéger le bénéficiaire, sur lequel l'attention de l'assuré s'est portée, contre la perte que lui fera éprouver le décès du souscripteur. Or, à qui ce décès peut-il causer un préjudice appréciable en argent, si ce n'est au bénéficiaire? La volonté manifeste des parties est donc d'attribuer le profit du contrat à ce tiers intéressé. C'est, en réalité, le bénéficiaire qui est assuré; c'est lui qui se trouve garanti par le contrat contre un préjudice d'une certaine nature; c'est, enfin, en son nom qu'a eu lieu la stipulation. Le contrat n'a donc fait naître et n'a pu faire naître un droit qu'au profit de la personne indiquée dans la police.

Ainsi le bénéficiaire de la police est propriétaire de la créance, mais il est propriétaire sous une condition dont la réalisation rétroagit, selon le principe, au jour du contrat. Sans doute, le contrat ne produira pas ses effets sans une manifestation de volonté de la part du bénéficiaire; mais cette manifestation n'est point le titre, elle n'est pas la *causa adquirendi*, elle est simplement la déclaration que le bénéficiaire entend profiter des avantages du titre. La déclaration de volonté agit au même degré que la condition qui en a suspendu les effets : du moment où elle s'est produite, le bénéficiaire devient propriétaire, la créance est fixée sur sa tête. Il en est de même évidemment lorsque la condition venant à s'accomplir par le décès du souscripteur, le bénéficiaire est à même d'exercer contre l'assureur l'action en paiement. Alors il est réputé avoir accepté et son droit est acquis irrévocablement contre la Compagnie.

Le titre véritable du bénéficiaire n'est donc pas l'acceptation, c'est le contrat lui-même [1]. De par ce contrat, et rien que par ce contrat, la personne gratifiée acquiert sur le capital promis par l'assureur un droit propre, de nature à être exercé en l'absence de toute qualité autre que celle de la personne désignée en la police [2].

---

[1] Il importe de le relever, il n'y a pas lieu de s'attacher à la qualité du souscripteur de la police; il suffit qu'il ait la capacité de s'obliger. On a reconnu notamment que le contrat passé même par un prodigue suffit pour conférer un droit exclusif au bénéficiaire indiqué. — Trib. civ. Seine, 11 juill. 1892; *Journ. des assur.*, 93, 23. V. anal. Trib. civ. Seine, 15 févr. 1889, *ibid.*, 89, 270.

[2] Pour contester le droit propre du bénéficiaire expressément désigné qui n'a

Le droit au bénéfice est absolu.

Lorsqu'il est attribué à un membre de la famille du stipulant, il n'est nullement nécessaire que cette personne ait la qualité d'héritier. C'est qu'en effet la créance contre la Compagnie a été fixée dès le début, dès le moment où la police a été signée, sur la tête du bénéficiaire et ne s'est pas trouvée, lors du décès, dans le patrimoine de l'assuré. Il peut donc parfaitement se faire que l'indemnité soit recueillie même après le refus d'acceptation de la succession du stipulant du moment que elle n'a jamais fait partie de cette dernière[1].

Pareillement si le stipulant laisse un conjoint, le bénéficiaire n'a nullement à tenir compte de la présence de ce conjoint même marié sous le régime de la communauté. Le droit au bénéfice n'ayant pas été acquis par la personne décédée, puisque c'est le bénéficiaire qui a toujours été investi de la créance contre l'assureur, l'époux survivant n'a pas à exercer une action quelconque pour l'indemnité qui n'est pas une partie de l'actif commun.

Enfin, le droit découlant du contrat pour le bénéficiaire est tel qu'il prime celui des créanciers du défunt. Ces derniers ne peuvent élever aucune réclamation au sujet d'une somme qui n'a jamais fait partie des biens de leur débiteur[2]. Ils ne peuvent pratiquer une saisie-arrêt. Ils n'ont pas non plus le droit de comprendre le capital dans une demande en séparation des patrimoines[3].

que cet acte n'est qu'une stipulation pour autrui renfermant une offre de libéralité, laquelle, pour produire effet, doit être acceptée par le bénéficiaire, que jusqu'à cette acceptation le capital assuré est resté dans le patrimoine de l'assuré, qu'il suit le sort des biens de ce dernier; en un mot, il faut supprimer tout effet rétroactif à l'acceptation; or, ceci paraît impossible. De plus, les partisans de cette théorie (V. notamm. Clos: *Des assur. sur la vie, de leur caractère et de leurs effets au point de vue des tiers bénéficiaires*, Toulouse, 1891, p. 92, etc.) doivent reconnaître que cette solution qui empêche le capital assuré d'être soustrait à l'action des créanciers, ne donne pas dans tous les cas pleine satisfaction aux intérêts de famille auxquels l'assurance sur la vie est appelée à pourvoir.

1. La circonstance que le bénéficiaire est en même temps l'héritier du stipulant ne change en rien sa situation : vis-à-vis du capital assuré il n'est qu'un tiers ; son titre pour recueillir le montant de l'assurance n'est pas sa qualité d'héritier, mais bien sa qualité de bénéficiaire ; sa vocation est propre et remonte exclusivement à l'acte qui a créé l'assurance.

2. Le droit exclusif est tel qu'il a pu être jugé, et avec raison selon nous, que les créanciers d'un mari ne pourraient se faire rembourser sur la somme assurée par lui au profit de sa femme, même si celle-ci s'était engagée vis-à-vis d'eux solidairement avec son mari, le fait d'avoir soumis au régime total tous ses biens présents et à venir l'ayant empêché de contracter valablement. — Trib. Saint-Quentin, 11 mai 1864; *Rev. notar.*, n° 950; Molineau : *Jurisprud. des assur. sur la vie en France et en Belgique*, Paris, 1877, n° 9.

3. Il peut se faire que l'assurance ait été contractée au profit d'un successible spécialement désigné. En pareille circonstance le capital échappe à l'action des créanciers du souscripteur, mais à la condition que l'héritier gratifié renonce à la succession, ou bien accepte sous bénéfice d'inventaire, ou bien encore qu'il y ait eu séparation des patrimoines; dans le cas contraire, les créanciers de la succession deviendraient les propres créanciers du bénéficiaire et pourraient se faire payer sur le capital promis par l'assureur. — Dujariet : *op. cit.*, p. 56; Lambert : *op. cit.*, p. 122.

Cette doctrine que le tiers bénéficiaire expressément désigné a, sur le capital assuré, un droit propre créé par le contrat et rien que par le contrat, un droit exclusif primant tout autre, est enseignée d'une façon constante en France [1]. Et même, les jurisconsultes qui se refusent à accepter la théorie admise par la jurisprudence et fondée sur l'art. 1121 C. Civ. n'hésitent point à reconnaître au bénéficiaire un droit propre [2].

[1]. Patinot : *De l'assur. sur la vie* (*Revue pratique de dr. fr.*, T. XXIX, 1870, p. 97); Tissier : *Assur. sur la vie*, p. 181; De Loynes : *Des assur. sur la vie considérés au point de vue fiscal* (*Revue critique de législat. et de jurisprud.*, 1871-72); Blondel : *Des assurances sur la vie dans leurs rapports avec le droit civil et spécialement des bénéficiaires du contrat*, p. 188; Herbault : *Traité des assurances sur la vie*, p. 203, etc.; Vibert : *De l'assurance sur la vie*, p. 148, etc.; Jouitou : *Théorie des donations par contrat d'assurance en cas de décès*, 1878; Breul : *Du bénéfice de l'assurance en cas de décès* (*Revue générale du droit*, T. IV, 1880, p. 161); Damaine : *Du contrat d'assurance sur la vie et des droits de mutation par décès auxquels il donne lieu*, p. 26, et 2e édit., p. 95; Guillouard : *Traité du contrat de mariage*, Paris, 1889, T. I. p. 348; Couteau : *Traité des assurances sur la vie*, p. 397; Paulmier : *Étude sur les assurances sur la vie tant au point de vue fiscal qu'au point de vue civil* (*Revue pratique de droit français*, T. LII, 1882, p. 93); Mornard : *Du contrat d'assurance sur la vie, sa nature et ses effets en cas de décès*, p. 184; Dujarier : *De l'assurance en cas de décès justifiée dans sa nature et dans ses effets par les principes du Code civil*, p. 40, etc., p. 54; Fey : *Code des assurances sur la vie*, p. 156; Lefort : *Études sur les assurances sur la vie*, p. 6 et passim; A. Dubois : *Du bénéfice de l'assurance sur la vie*, p. 15; Bazenet : *De l'assurance sur la vie contractée par l'un des époux au profit de l'autre*, p. 17; Deslandres : *De l'assurance sur la vie*, p. 74; Deslandres : *Du contrat d'assur. sur la vie au profit de bénéficiaires indéterminés* (*Rev. crit. de législat. et de jurisprud.*, 1891, p. 175); Bailly : *Observat. sur la transmission du bénéf. de l'assur. sur la vie et sur les clauses relatives à cette transmission* (*Rec. périod. des assur.*, 1891, p. 416 et suiv.); Dalloz : *Répert., Supplém.*, v° *Assurances terrestres*, n° 427; Duhaut : *La justification de la jurisprudence de la Cour de cassation en matière d'assurance sur la vie*, passim; Taudière : *Des assur. sur la vie dans le mariage*, Poitiers, 1884, p. 142; L'Hôpital : *De la nature du contrat d'assur. sur la vie*, Paris, 1883, p. 122; Masson : *Des assur. sur la vie et spécialement de leur bénéfice*, Caen, 1883, p. 142; Marchal : *Du contr. d'assur. sur la vie*, p. 152; Rabatel : *De la nature de l'assur. sur la vie*, p. 308; Coulazou : *De la stipulation pour aut. ai dans l'assurance sur la vie*, p. 27 et 30; Lambert : *op. cit.*, p. 115, etc., p. 273, etc.; Cyprés : *L'assurance sur la vie et les caisses de retraites*, Paris, 1894, p. 106.

Il y a lieu de noter qu'une certaine école ne consent à reconnaître le droit propre qu'autant qu'il y a eu acceptation lors de la signature de la police (Conclus. de M. l'avocat général, Saulnier de la Pinelais, à la Cour de Rennes, D. P. 79. 2, 156; Clos : *op. cit.*, p. 82, etc.). Mais c'est oublier l'effet rétroactif de l'acceptation. D'autre part, c'est vouloir rendre sans effet la police que d'imposer une acceptation dès le début; c'est chercher par tous les moyens possibles à maintenir le capital assuré dans le patrimoine du stipulant, c'est-à-dire dénaturer l'intention de ce dernier.

[2]. Le système de M. Labbé sur la gestion d'affaires arrive, en effet, à la même conclusion. Dans cette opinion qui fait du stipulant un simple gérant d'affaires et du tiers appelé au bénéfice du contrat le véritable assuré, la ratification que donne ce dernier et qui rétroagit au jour du contrat rend le tiers qui a donné cette adhésion créancier direct de l'assureur, comme s'il avait contracté lui-même; il s'en suit que le capital de l'assurance doit être considéré comme n'ayant jamais fait partie du patrimoine du stipulant. Cf. Labbé : Note, S. 77, 1, 393, etc..

Le Tribunal de Morlaix a décidé qu'en cas d'assurance contractée par un mari au profit de sa femme, cette dernière a un droit propre, soit que le contrat soit considéré comme une stipulation pour autrui, soit qu'on l'envisage comme une

Le principe du droit exclusif attribué au bénéficiaire d'une assurance sur la vie a été proclamé en France [1] non seulement

gestion d'affaires. — Trib. civ. Morlaix, 16 décemb. 1891; *Journ. des assur.*, 92, 86; *Rev. périod. des assur.*, 92, 107.

La même remarque peut être faite pour le système de M. Thaller (*Note*, D. P. 88, 2, 1, etc. — V. aussi Parrocel: *Nature jurid. du contr. d'assur. sur la vie*, Aix, 1891, p. 289, etc.) : la Compagnie promettant au stipulant dont elle encaisse les primes qu'à sa mort elle fera offre au tiers désigné de la somme convenue, c'est seulement au moment du décès que s'établira entre l'assureur et le tiers un rapport contractuel sans nulle interposition, une dette et une créance ayant pour objet la somme énoncée dans la police qui n'a jamais figuré dans le patrimoine de l'assuré; jusque là l'offre ne tient pas encore : la créance qu'elle doit engendrer n'existe pas; lorsque l'offre est faite par l'assureur et acceptée par le bénéficiaire le droit à l'indemnité naît, mais il ne naît que par suite de l'offre et de l'acceptation; par conséquent, il ne prend naissance que dans le patrimoine du bénéficiaire.

M. Béchade (*Du contrat d'assur. sur la vie dans ses rapports avec le dr. civ. et l'enregistrem.*, Paris, 1889, p. 115), de son côté, a formulé la proposition suivante : au décès de l'assuré la Compagnie se trouve avoir touché une certaine somme composée de toutes les primes qu'il avait acquittées; c'est de cette somme dont bénéficie réellement le tiers désigné dans la police; tant qu'au montant de l'assurance, il ne fait que remplacer pour lui un capital disparu (le capital dont l'assurance garantit l'anéantissement étant l'homme même); il lui revient donc *jure proprio* puisqu'en droit comme en fait la somme payée à titre d'indemnité n'a jamais été dans son patrimoine, pas plus que dans celui de l'assuré; l'homme sur la tête duquel repose l'assurance a seul qualité pour indiquer ceux à qui appartenait en tout ou en partie le capital qu'il représentait, car il est absolument libre de travailler, de consacrer ses facultés pour telle personne qui lui plaît; sa volonté de faire participer à l'avantage la personne qu'il avait en vue et rien que cette personne doit être maintenue.

La doctrine analogue émise par M. Typaldo Bassia (*Les assur. sur la vie au point de vue théor. et prat.*, Paris, 1892, p. 125 et suiv.) arrive au même résultat : le contrat a pour but une indemnité plutôt qu'une donation; en droit, pas plus qu'en fait, le montant de l'assurance n'a jamais fait partie du patrimoine du bénéficiaire ni de celui du souscripteur; le tiers désigné devient acquéreur de cette indemnité *jure proprio*, par le seul fait de la mort de l'assuré.

Partant de ce principe, que le capital qui sera payé au bénéficiaire après la mort de l'assuré a été formé uniquement au moyen des primes payées par les co-assurés pendant la dernière année de la vie de l'assuré, M. Boistel (*Note*, D. P. 89, 2, 153, etc.) en tire cette conséquence, que la somme remise au bénéficiaire n'est pas prise sur le patrimoine du souscripteur de la police.

1. Si, en France, le bénéficiaire suffisamment désigné, étant cessionnaire du capital assuré dès le jour du contrat, est seul apte à toucher ce capital, il en est ainsi *à fortiori* en Allemagne et en Suisse, où le tiers est créancier direct du promettant à dater du décès du preneur. Gareis : *Verträge zu Gunsten Dritter*, § 69, p. 285; Falk : *Rechtsgrundsätze im Versicherungswesen*, nº 429, p. 111; Rehfous : *Le Contrat d'assur. en cas de décès*, p. 114.

La doctrine des auteurs allemands est presque unanimement favorable au bénéficiaire.

En ce sens : Malss : *Der Streit der Gläubiger mit den Relikten* (*Zeitschr. für Vers.-R.*, II, p. 422 et suiv.) et *Gutachten für den 16. Juristentag*, Berlin, 1882, p. 161; Wolff : *Zeitschr. f. H.-R.*, XII, p. 169; Unger : *Iherings' Jahrbüch.*, X, p. 85, 89, nº 109; Gareis : *Handelsrecht*, Berlin, 1888, p. 556; König : *Zeitschr. d. Bern. Jur.-Ver.*, XI, 1876, p. 297 et suiv.; Endemann : *Handb. d. Handelsr.*, III, p. 776; Predöhl : *Zeitschr. f. H. R.*, XXII, p. 490; Puchelt : *Zeitschr. f. fr. Civilr.*, VIII, p. 124, 9; p. 528 et 12; p. 537; Köbel : *Würtemberg. Archiv.*, XIII, p. 433; A. Bollmann : *Das Recht auf die Versicherungssumme bei der Lebensversicherung zu Gunsten Dritter*, Stuttgard, 1880, p. 60; Keyssner : *Zeitschr. f. H. R.*, XXVI, p. 353; Elster et Leonhardt : *Verhandlungen des 16 deutschen Juristentags*; David : *Puchelt's Zeitschr.*, XII, p. 151, 363; Buff : *Ueber einige Fragen aus dem Gebiete*

par la doctrine, mais encore par les auteurs qui ont envisagé

der Lebensversicherung, Giessen, 1881, p. 24, 25; Scherer : *Ihering's Jahrb.*, XX, p. 140; Steinbach : *Die Stellung des Versicherers im Privatrecht*, Vienne, 1883, p. 27; Bähr : *Urtheile des Reichsgerichts*, 1883, p. 90; Regelsberger : *Archiv. f. d. civ. Praxis*, LXVII, p. 17; Stobbe : *Deutsch. Privatr.*, III, p. 198, n° 6; Förster-Eccius, *Preuss. Privatr.*, II, 1887, p. 421; Hinschius sur Koch : *Allgem. L. — R.*, II, III, VIII, § 1931; Rüdiger : *Die Rechtslehre vom Lebensversicherungsvertrage*, Berlin, 1885, p. 261, 284; Kohler : *Archiv. f. Bürgerl. Recht*, II, p. 246; Lewis : *Lehrbuch des Versicherungsrecht*, p. 322 et suiv.; Dreyer : *Das Recht der Lebensversicherung (Zeitschr. f. franz. Civilr.*, XX, p. 332, 524 et suiv.); Scherer : *Das Versicherungsrecht (Beiträge*, XXXII, p. 459); Rauscher : *Die rechtliche Natur der Vertrags über die Versicherung des eigenen Lebens*, Postdam, 1890, p. 50.

Contrà, seulement : Hinrichs : *Zeitschr. f. H. R.*, XX, p. 415; Dernburg : *Preuss. Privatr.*, II, § 239; Eunccerus, à la seizième réunion des jurisconsultes allemands : F. Hoffmann : *Wien. Jurist. Bl.*, 1882, p. 430 et suiv.; Köhne : *B. Archiv.*, XLVI, p. 62 et *Zeitschr. f. H. R.*, XXXVII, p. 105 et suiv..

La jurisprudence du tribunal d'Empire à Leipzig est fixée en faveur du droit du bénéficiaire. Sic, jugements du 25 février 1880, du 3 mars 1880, du 24 avril 1884, du 20 mai 1884, du 19 novembre 1884, du 17 octobre 1885, du 12 juin 1885, du 4 juin 1886, du 18 mai 1887, du 18 octobre 1889.

Nous empruntons ces citations au travail de M. Heck : *L'assurance sur la vie au profit d'un tiers et la donation à cause de mort*, édit. Brissaud et Lefort, p. 2 et 3. V. aussi *Ann. de Dr. commerc.*, 1888, p. 142 et Trib. d'app. de Cologne, 20 mai 1879 (*Journ. du dr. intern. priv.*, 80, 484).

En Autriche, la jurisprudence paraît invariablement fixée dans le sens de l'exclusion du capital assuré de la succession de l'assuré, même lorsque la police est passée au profit des héritiers, représentants et autres ayants cause. — C. suprême d'Autriche, 31 août 1875; *Jurist. Blatt.*, 1875, p. 423; *ibid.*, 15 sept. 1874; *Sammlung von civilrecht. Entscheidung. des ober. Gerichtshof.*, T. XII, p. 279; *Journ. du dr. intern. priv.*, 77, 69; 79, 494.

L'idée du droit propre et exclusif du bénéficiaire domine dans la jurisprudence hollandaise (Jugem. du Hooge Redd du 29 juin 1888; *Handelingen d. Nederl. Juristenver.*, 1888; *Journ. du dr. intern. priv.*, 88, 539); c'est la suite de ce principe admis par le Code de commerce des Pays-Bas (art. 305), que le montant et les conditions de l'assurance sont entièrement laissés à la volonté des parties.

La loi belge du 4 juin 1874, art. 43, détermine le droit exclusif du bénéficiaire en ces termes : « *La somme stipulée payable au décès de l'assuré appartient à la personne désignée dans le contrat.* » Et la jurisprudence a fait une large application de cette règle, en décidant que le contrat par lequel une personne souscrit une assurance sur sa vie au profit d'un tiers ne forme point partie de son patrimoine et ne peut profiter qu'au bénéficiaire à l'exclusion des créanciers de l'assuré (V. par exemple, Trib. Mons, 14 août 1874; *Pas.*, 75, III, 290; *Belg. jud.*, 75, 188; *Journ. du dr. intern. priv.*, 76, 469; Trib. Charleroi, 9 mai 1874; *Pas.*, III, 219; D. P. 74, 5, 205; Trib. Bruxelles, 13 avril 1881; *Journ. des assur.*, 81, 447; Bruxelles, 12 juill. 1882; D. P. 83, 2, 107, 1881, 447; Trib. civ. Bruxelles, 1er avril 1882; *Journ. du dr. intern. priv.*, 82, 553).

Les principes formulés par la loi belge se retrouvent dans la loi du 16 mai 1891, sur les assurances dans le Grand-Duché de Luxembourg disposant (art. 43) que la somme stipulée payable au décès de l'assuré appartient à la personne désignée dans le contrat, sau préjudice de l'application des règles du droit civil relatives au rapport et à la réduction du chef du versement fait par l'assuré (ce qui empêche d'affirmer, comme précédemment [C. Luxembourg, 21 févr. 1890; *Ann. de Dr. comm.*, 92, 172], que la stipulation conclue en faveur des *héritiers* fait tomber le capital dans la succession du souscripteur.

D'après l'art. 460 du Code de commerce portugais de 1889 : *En cas de mort ou de faillite de celui qui a assuré, sur sa propre vie ou sur celle d'un tiers, une somme à payer à une autre personne appelée à lui succéder, l'assurance subsiste au bénéficiaire exclusif de la personne désignée dans le contrat, sauf cependant, en ce qui concerne les sommes perçues par l'assureur, les dispositions du Code civil*

le problème, le contrat dont il s'agit ici ¹ mais encore par la juris-

relatives aux rapports, à l'inofficiosité en matière de succession et à la rescision des actes accomplis au préjudice des créanciers.

Le Code de commerce espagnol dispose (art. 428) : *Les sommes que l'assurance doit verser, en vertu du contrat, à la personne assurée sont la propriété de celle-ci, nonobstant les réclamations des héritiers légitimes ou des créanciers de celui qui avait fait l'assurance au profit de ladite personne.*

En Angleterre, par application de la loi du 9 août 1870 (*Annuaire de législat. étr.*, 1870-1871, p. 57), il est admis qu'une police d'assurance faite par un homme marié sur sa propre tête et stipulée au bénéfice de sa femme et de ses enfants ou de quelques uns d'entre eux, sera considérée comme une libéralité au bénéfice exclusif de sa femme ou de ses enfants, ou de n'importe lesquels d'entre eux, suivant la stipulation du bénéfice formulée, et cette police, aussi longtemps que l'un des bénéficiaires existera, ne sera pas sujette aux prétentions du mari, ni de ses créanciers, car elle ne fait pas partie du patrimoine du mari.

D'après le Code civil du canton de Zurich (art. 1753), l'assureur, sans avoir à se préoccuper des héritiers de l'assuré, a le droit et le devoir, à sa mort, de payer la somme assurée à la personne régulièrement en possession de la police.

Le Code de commerce italien de 1886 déclare (art. 453) qu'en cas de faillite ou de décès de celui qui a assuré sur sa propre vie et sur celle d'un tiers le paiement d'une somme à une autre personne, fut-elle son successible, les avantages de l'assurance subsistent au profit exclusif de cette personne, sauf en ce qui concerne les versements effectués les dispositions du Code civil relatives au rapport et à la réduction en matière de succession et à la révocation des actes faits en fraude des créanciers.

1. Il a même été question de convertir en disposition légale la doctrine des auteurs, tellement elle est bien acceptée.

Dans le projet de loi sur les assurances sur la vie qui termine son étude, M. Paulmier (*Rev. prat. de dr. fr.*, T. LII, 1882, p. 131) insérait l'article suivant : « *Lorsque l'assurance est faite au profit d'une personne déterminée, le droit au bénéfice de l'assurance appartient, conformément à l'article 1121 du Code civil, à cette personne du jour où elle a déclaré vouloir en profiter ; et, par suite, à l'événement de la condition qui le rend exigible, au décès, le capital passe directement de l'assureur au bénéficiaire, sans jamais être entré dans le patrimoine du stipulant. Par suite, ce capital échappe à l'action des créanciers ; et, en cas de faillite du stipulant, le syndic de la faillite n'est pas fondé à invoquer les dispositions des art. 446 et 447 du Code de commerce. La femme commune bénéficiaire a droit à ce capital même en renonçant à la communauté, sans rien devoir à la communauté à titre de récompense.* »

M. Thaller a proposé, de son côté, de déclarer par une loi insaisissable le bénéfice de l'assurance attribué à un tiers, de façon à écarter l'action des créanciers (V. *Annales de Droit commercial*, 1888, p. 100 et suiv.).

D'autre part, dans la proposition de loi sur les sociétés d'assurances sur la vie déposée par lui, le 19 novembre 1889, sur le bureau de la Chambre des députés (V. *Annexe*, n° 20; Ch. Déput. : *Journal Offic.*, 15 janvier 1890), M. Ed. Lockroy a inséré un article (l'article 14) ainsi conçu : « *La somme stipulée payable par suite du décès appartient à la personne désignée dans le contrat, sans préjudice des règles du droit civil relatives au rapport et à la réduction du chef des versements faits par l'assuré.* » Nous avons examiné cette disposition et sa portée dans notre travail : *La réforme de la législation concernant les assurances sur la vie*, Lyon, 1891, p. 12 et 13.

Enfin, élaborant un projet dans son rapport présenté en 1891 à la Société des juristes suisses sur les *principes à édicter à la base d'une loi fédérale sur le contrat d'assurance sur la vie*, M. L. Rehfous a développé cette idée que « *l'analyse des opérations d'assurance établit en droit que l'assurance au profit d'un bénéficiaire nominativement désigné est une stipulation directe au profit d'autrui, que l'assureur est immédiatement obligé au payement du capital assuré envers le tiers bénéficiaire qui tire son droit directement du contrat même et non du preneur d'assurance par la voie de cession de créance ; en fait que le capital payé au décès*

prudence [1].

Au début, et malgré une certaine résistance [2], les tribunaux jugèrent que le montant d'une assurance sur la vie appartenait au bénéficiaire, qu'il ne faisait pas partie du patrimoine du souscripteur de la police et qu'il était recueilli par la personne gratifiée en vertu d'un droit propre [3]. Toutes ces décisions paraissaient inspirées par le désir de respecter la volonté de l'assuré ; elles partaient de ce point de vue que l'individu qui passe un contrat avec une Compagnie d'assurance agit, non pas pour augmenter les forces de son patrimoine, pour accroître l'émolument qui reviendra soit à ses héritiers, soit à ses créanciers, mais bien pour procurer un avantage à des personnes qu'à des titres divers il entendait favoriser. Les tribunaux allaient si loin dans cette voie qu'ils ne tenaient aucun compte des expressions employées par le stipulant dans la clause attributive et qu'ils reconnaissaient l'existence d'un droit propre non pas uniquement lorsque la personne était réellement désignée, mais même quand le souscripteur déclarait contracter en faveur de ses enfants, pour ses héritiers ou même à son ordre.

Les auteurs appuyaient ces tendances [4]. Néanmoins un revirement se produisit, dicté, on peut le supposer, par des scrupules juridiques excessifs [5]. Généralement on en considère comme le point de départ

---

du preneur n'est pas constitué par l'accumulation n intérêts composés des primes versées par le preneur, que ce capital n'a jamais été une dette de l'assureur vis à vis du preneur, qu'il n'a jamais fait partie du patrimoine de celui-ci. » Et l'auteur a proposé cette disposition : « Le capital assuré appartient exclusivement au bénéficiaire désigné par le preneur. »

Précédemment (1869-1872), M. Munzinger avait rédigé un projet de loi sur les assurances en général qui fut publié à Berne, en 1877. D'après ce projet (reproduit par M. Clos : *op. cit.*, p. 158 et 159), lorsque l'assuré n'aurait pas désigné d'une manière précise la personne destinée à recevoir la somme assurée, cette somme assurée devrait être payée aux héritiers de l'assuré ou aux créanciers de celui-ci, à moins que, de son vivant, ce dernier n'eût disposé du droit à l'assurance en faveur d'une personne déterminée; le projet ajoutait que si l'assuré avait agi dans le but de faire fraude à ses créanciers, ceux-ci pourraient, après le décès, attaquer le contrat et demander l'attribution de la somme assurée au cas de connaissance par le bénéficiaire de l'intention de fraude ou au cas d'acquisition à titre gratuit, le bénéficiaire restant toujours maître de repousser l'action des créanciers en leur remboursant toutes les primes payées par l'assuré à l'assureur avec les intérêts composés.

1. Cf. sur les variations de la jurisprudence, L'Hopital : *op. cit.*, p. 133 et suiv..

2. Trib. Lille, 21 décemb. 1868, D. P. 69, 3, 71 ; Besançon, 15 décemb. 1869, D. P. 70, 2, 95 ; S. 70, 2, 201 ; Aix, 16 mai 1871, D. P. 72, 2, 219; S. 72, 2, 65. V. aussi Solut. Repie. 11 janv. 1868, D. P. 69, 3, 4.

3. Angers, 13 mars 1842, S. 42, 2, 475; Trib. civ. Seine, 23 mars 1850, *Journ. des assur.*, 51, 61 ; Caen, 11 janv. 1863, *ibid.*, 63, p. 234 ; Lyon, 2 juin 1863, D. P. 63, 2, 219; S. 63, 2, 202 ; Colmar, 27 févr. 1865, D. P. 65, 2, 93; S. 65, 2, 237; Besançon, 23 juill. 1872, S. 72, 2, 122; D. P. 72, 2, 220.

4. Blondel : *op. cit.*, p. 203 ; Tissier : *op. cit.*, p. 184 ; Vibert : *op. cit.*, p. 151, etc.; De Laynes : *De l'assur. sur la vie considérée au point de vue fiscal* (Rev. crit. de législat. et de jurisprud., 1871-72, p. 90, etc.; de Courcy : *Précis de l'assur. sur la vie*, p. 59, etc..

5. N'a-t-on pas dit (Baron : *De l'assur. en cas de décès*, Lyon. 1863, p. 122, que

un arrêt rendu le 7 février 1872 [1]. Peut-être a-t-on eu tort de vouloir ériger en décision de principe cet arrêt qui manifestement s'inspirait de cette donnée inexacte que la somme payée au décès est la représentation des primes versées, mais qui, en outre, intervenait dans des circonstances de fait absolument particulières [2]. Toutefois il faut le reconnaître, à dater de cet arrêt la jurisprudence inclina dans la direction inverse de celle qui avait antérieurement prévalu : l'on arriva à décider que le capital assuré faisait partie du patrimoine du souscripteur de la police [3]. Pourtant cette doctrine ne fut point acceptée d'une manière absolue : l'on reconnut qu'il y avait avant tout une question d'intention du souscripteur de la police et d'interprétation du contrat. Quelle était la pensée du souscripteur ? Avait-il voulu faire une libéralité, ou cherchait-il à éteindre une dette ? Voulait-il augmenter l'actif de sa succession, ou bien songeait-il à gratifier un tiers, indépendamment de toute qualité héréditaire ? Les expressions dont il s'était servi rendaient-elles exactement sa pensée ? La double question de l'intention et de l'interprétation se présentait donc immédiatement et l'on pouvait écrire : « Le juge proclame ce principe que la solution de ces questions dépend de l'intention des parties et de la formule employée [4]. »

La jurisprudence entra dans cette voie. Elle paraît y avoir été conviée par un arrêt de la Cour de cassation du 15 décembre 1873 [5] posant le principe d'une distinction, selon les termes de la police ou les agissements du souscripteur.

Cette décision distinguait, en effet, le cas où la police était passée au profit d'un tiers désigné dans les termes de l'art. 1121 C. Civ. et celui où le contrat est fait en faveur de personnes indéterminées, dans les termes de l'art. 1122 ; elle reconnaissait que si, dans le second cas, le droit au capital assuré continue à faire partie du patrimoine du

le système suivi jusqu'en 1872 pouvait reposer sur une équité apparente, mais qu'il violait tous les principes juridiques ?

1. D. P. 72, 1, 209 ; S. 72, 1, 86.

2. En effet, dans cette affaire le souscripteur n'avait désigné dans la police aucun bénéficiaire ; il s'était contenté d'employer cette formule vague « les *ayants droit* ». Plus tard, par testament il avait légué le capital assuré à sa sœur qui renonça au legs et à la succession. Les deux frères de l'assuré, ses seuls héritiers, trouvèrent donc ce capital dans la succession. Il n'est point étonnant que dans une telle situation le droit de mutation (car il ne s'agissait que d'une question fiscale) ait pu être réclamé et accordé. V. sur cet arrêt les observations de M. Dujarier : *op. cit.*, p. 59 ; *le Contrôleur de l'enregistrem.*, 1872, art. 14, 862.

3. Amiens, 30 décembre 1873 et sur pourvoi Cass., 15 juill. 1875, D. P. 76, 1, 232 ; S. 77, 1, 26 ; Dijon, 4 août 1875, *Journ. des assur.*, 76, 146 ; Cass., 20 nov. 1876, *Journ. des assur.*, 77, 179 ; Cass., 20 décemb. 1876, D. P. 77, 1, 504 ; S. 77, 1, 119 ; Cass., 7 févr. 1877, D. P. 77, 1, 337 ; S. 77, 1, 393 ; Amiens, 4 décemb. 1877, *Journ. des assur.*, 78, 142 ; Lyon, 9 avril 1878, D. P. 79, 2, 158 ; S. 78, 2, 320 ; Cass., 27 janv. 1879, D. P. 79, 1, 230 ; S. 79, 1, 218 ; Rennes, 23 juin 1879, D. P. 79, 2, 155 ; Trib. Macon, 24 janv. 1883, *Journ. des assur.*, 83, 503 ; Trib. Trévoux, 20 mars 1884, *ibid.*, 84, 318.

4. Couteau : *op. cit.*, T. II, p. 410.

5. S. 74, 1, 193 ; D. P. 74, 1, 113.

stipulant il doit en être différemment dans l'autre hypothèse, lorsque la disposition était faite au profit d'une personne déterminée.

Mais cette distinction, bien qu'affirmée par plusieurs arrêts [1], semblait plus ou moins vague. D'autres décisions émanées d'une autre Chambre de la Cour de cassation [2], paraissaient montrer la Cour suprême disposée à restreindre le droit des bénéficiaires, sans tenir compte de résistances, isolées à la vérité [3]. La loi purement fiscale de 1875, d'ailleurs, paraissait de nature à confirmer la Cour de cassation dans sa manière de voir. Assurément le législateur, en cherchant à clore les contestations sur les questions de mutation, n'avait pas tranché la question dont il s'agit ici ; mais les défenseurs de l'opinion qui consiste à considérer le capital payable au décès comme faisant partie de la succession de l'assuré pouvaient voir dans la disposition nouvelle au moins une tendance à la consécration de leur opinion et sans tirer argument de cette loi ils étaient à même d'y puiser une certaine force [4].

Une nouvelle phase s'ouvrit pourtant avec un arrêt de la Chambre civile du 2 juillet 1884 [5], qui mit un terme aux appréhensions que la tendance de la jurisprudence faisait concevoir [6].

Appelée à fixer les conséquences juridiques du contrat au regard

1. Cass., 15 juill. 1875, D. P. 76, 1, 232 ; S. 77, 1, 26 ; 7 févr. 1877, D. P. 77, 1, 337 ; S. 77, 1, 393 ; 10 novemb. 1879, S. 80, 1, 337 ; D. P. 80, 1, 175 ; 10 févr. 1880, D. P. 80, 1, 169 ; S. 80, 1, 152.

2. Notamment Req., 2 mars 1881, D. P. 81, 1, 401 ; S. 81, 1, 145.

3. Trib. civ. d'Abbeville, 24 mars 1874, *Journ. des assur.*, 74, 232 ; Rouen, 27 juill. 1875, *ibid.*, 75, 462 ; Dijon, 4 août 1875, *ibid.*, 76, 146 ; Caen, 14 mars 1875, *ibid.*, 76, 233.

4. L'Hôpital : *op. cit.*, p. 130.
Il a bien été opposé (Comp. conclusions de M. l'avocat général Saulnier de la Pinelais à la Cour de Rennes, D. P. 79, 2, 156 ; Marchal : *Du contrat d'assur. sur la vie*, p. 182), que l'art. 6 de la loi du 21 juin 1875 est une disposition purement fiscale, dont le but unique a été d'assurer la perception des droits de mutation par décès dans tous les cas d'assurances sur la vie et qu'elle a laissé dans le domaine de la jurisprudence la solution des questions civiles et notamment de la question de savoir quand l'émolument, fruit de l'assurance sur la vie, fait partie du gage des créanciers de l'assuré (V. Exposé des motifs de la loi du 21 juin 1875, n° 7, D. P. 75, 4, 108 ; Rapport de M. Bertauld, n° 4, *ibid.*). Mais tout démontre qu'en fait cette mesure a eu une influence réelle sur le revirement de la jurisprudence.

5. D. P. 85, 1, 150 ; S. 85, 1, 11.

6. Herbault (*op. cit.*, p. 215) constatait lui-même que les Compagnies d'assurances semblaient redouter ce revirement et regrettaient l'ancienne jurisprudence qui, en déclarant insaisissable par les créanciers du stipulant le capital assuré, leur donnait un puissant moyen de crédit près de leur clientèle. Mais il avouait qu'il ne comprenait pas ces craintes, l'assuré pouvant toujours faire échapper légalement le bénéfice en contractant une police payable à son ordre, puis en transférant par un endossement régulier le bénéfice du contrat à une personne nommément désignée. V. aussi Baron : *De l'assur. en cas de décès*, p. 125.
Tout le monde a reconnu que l'effroi des assureurs était parfaitement justifié (Cf. notamm. de Folleville : note dans le *Traité* de Herbault, p. 215 ; Taudière : *op. cit.*, p. 145, note 1). Au reste, le système de Herbault était-il bien suffisant et, même à ce moment la police à ordre pouvait-elle, d'une façon certaine, être considérée comme maintenant la créance contre la Compagnie hors du patrimoine de l'assuré ?

du bénéficiaire de la police, la Cour n'hésita pas à reconnaître en sa faveur un droit direct et personnel acquis non point *jure haereditario*, mais bien *jure proprio*[1].

Les motifs formulés par cette décision avaient une importance décisive : « que le contrat d'assurance sur la vie, par lequel il est purement et simplement stipulé que, moyennant le paiement de primes annuelles, une somme déterminée sera, à la mort du stipulant, versée à une personne spécialement désignée, a pour effet, au cas où le contrat a été maintenu par le paiement régulier des primes, d'obliger, à la mort du stipulant, le promettant à verser le capital assuré entre les mains du tiers désigné, et, d'autre part, de créer à ce même instant, au profit du tiers bénéficiaire, un droit de créance contre le promettant..., que ce droit est personnel au tiers bénéficiaire, ne repose que sur sa tête..., qu'il est impossible de dire que la somme qui doit être versée par le promettant au tiers bénéficiaire, après la mort du stipulant, ait été la propriété de ce dernier au moment de son décès, et conséquemment, se trouve dans sa succession. » Les jurisconsultes ne tardèrent pas à mettre en lumière l'intérêt de cette solution[2] et les juridictions inférieures n'hésitèrent pas à tirer des principes posés par la Cour suprême les conséquences les plus graves[3]. Cet arrêt ouvrit une voie nou-

---

1. A raison de son importance, il convient de reproduire la partie essentielle de cet arrêt du 2 juillet 1884 :

« *La Cour : — Attendu, en droit, que le contrat d'assurance sur la vie, par lequel il est purement et simplement stipulé que, moyennant le paiement des primes annuelles, une somme déterminée sera, à la mort du stipulant, versée à une personne spécialement désignée, a pour effet, au cas où le contrat a été maintenu par le paiement régulier des primes, d'une part, d'obliger, à la mort du stipulant, le promettant à verser le capital assuré entre les mains du tiers désigné, et, d'autre part, de créer, à ce même instant, au profit du tiers bénéficiaire, un droit de créance contre le promettant :*

Attendu que ce droit est personnel au tiers bénéficiaire, ne repose que sur sa tête, et ainsi ne constitue pas une valeur successorale ; qu'en effet, le capital assuré n'existe pas dans les biens du stipulant durant sa vie, puisque ce capital ne se forme et ne commence d'exister que par le fait même de la mort du stipulant, et que, d'un autre côté, le contrat n'en attribue à celui-ci ni le bénéfice personnel, ni la disposition, et ne lui laisse que la faculté de rendre nuls les effets de la convention par le non-paiement des primes, au cas où ces primes ne seraient pas acquittées par le bénéficiaire ou par tout autre aux lieu et place du stipulant ;

Attendu que, dans ces conditions, il est impossible de dire que la somme qui doit être versée par le promettant au tiers bénéficiaire, après la mort du stipulant, ait été la propriété de ce dernier au moment de son décès, et conséquemment se trouve dans sa succession. »

2. Cf. Labbé : *Rev. crit. de législat. et de jurisprud.*, 1886, p. 453 et suiv. ; Lefort : *Études sur les assur. sur la vie*, passim ; Couturier : *De l'assur. sur la vie en général et spécialement de l'assur. sur la vie entre époux*, p. 120. V. aussi *Journ. des faillites*, 1883, p. 612.

3. Ainsi il a été jugé qu'en cas d'assurance contractée par un mari au profit de sa femme si le stipulant tombe en faillite, ses créanciers n'ont aucun droit sur la créance contre l'assureur, laquelle ayant été acquise par le bénéficiaire n'a jamais fait partie des biens de l'assuré (Aix, 24 mars 1886 ; *Journ. des assur.*, 86, 489 ; *Rec. périod. des assur.*, 86, 447 ; Montpellier, 15 mars 1886, *Journ. des*

velle à la jurisprudence ; de toutes parts ce changement fut accueilli avec la plus grande faveur [1]. On applaudissoit à ce revirement en ce qu'il tendait à consacrer cette règle que les volontés qui ont présidé aux actes juridiques doivent être interprétées dans le sens qui leur donne un effet plutôt que dans celui qui leur enlève toute utilité (art. 1157 C. Civ.) [2].

Bien mieux, cet arrêt devint le point de départ des nombreuses décisions dans lesquelles, avec une fixité remarquable, la Cour suprême a attesté son intention de maintenir au bénéficiaire un droit propre et exclusif.

Après avoir décidé que le contrat d'assurance par lequel il est stipulé que, moyennant le paiement de primes annuelles, une somme déterminée sera, à la mort du stipulant, versée à une personne spécialement désignée constitue une stipulation pour autrui dans les termes de l'art. 1121 C. Civ. dont l'effet est de créer, au profit du tiers bénéficiaire, un droit personnel contre la Compagnie [3], la Cour suprême fut amenée à décider que ce droit de créance ne se trouve pas dans le patrimoine du stipulant, au moment de sa mort, de manière à former une valeur successorale, gage des créanciers de la succession [4]; que s'il ne fait pas partie des biens de l'assuré, lorsque la personne gratifiée est soit la femme [5], soit un créancier désigné [6], les créanciers de l'assuré ultérieurement tombé en faillite sont hors d'état d'élever une prétention sur le capital assuré et que le droit du bénéficiaire existe aussi bien quand la police est pure et simple que lorsqu'elle est mixte [7] ou bien réserve à l'assuré la faculté de transmettre la créance au moyen d'un endossement [8].

---

assur., 86, 208 ; *Rec. périod. des assur.*, 86, 235; Trib. Clermont-Ferrand, 24 mai 1886, *Journ. des assur.*, 86, 547; *Rec. périod. des assur.*, 86, 320; Besançon, 8 mars 1887, D. P. 88, 2, 1 ; S. 87. 2. 213 ; Trib. civ. Reims, 7 avril 1887, *Rec. périod. des assur.*, 87, 207 ; Nancy, 17 janv. 1888, D. P. 89, 2, 153).

Il a été décidé que la solution doit être la même lorsque l'assurance a été contractée au profit particulier d'un créancier (Bordeaux, 21 mai 1885, S. 86, 2, 38 ; D. P. 88, 1, 198).

Enfin, des tribunaux reconnurent que si le capital assuré n'a jamais fait partie du patrimoine de l'assuré, il ne saurait constituer une libéralité réductible pour le cas où elle excéderait la quotité disponible (Nancy, 18 févr. 1888, D. P. 89, 1, 198).

1. V. *Journ. des assur.*, 1884, 361 ; *Rec. périod. des assur.*, 1884, 393 ; Clos : *Des assur. sur la vie, de leur caractère et de leurs effets au point de vue des tiers bénéficiaires*, p. 79, etc..

2. Clos : *loc. cit.*.

3. Cass., 16 janv. 1888, D. P. 88, 1, 77; S. 88, 1, 121. Conf. Cass., 8 févr. 1888, S. 88, 1, 121 ; D. P. 88, 1, 201 ; Cass., 23 janv. 1889, D. P. 90, 1, 73 ; S. 89, 1, 353 ; Cass., 22 juin 1891, S. 92, 1, 117 ; D. P. 92, 1, 205.

4. Cass., 6 févr. 1888, D. P. 88, 1, 198 ; S. 88, 1, 128.

5. Arrêt précité du 8 févr. 1888 ; Cass., 22 févr. 1888, D. P. 88, 1, 198; S. 88, 1, 130 ; 7 août 1888, D. P. 89, 1, 116 ; S. 89, 1, 97 ; 23 juill. 1889, D. P. 90, 1, 393 ; S. 90, 1, 5.

6. Cass., 27 mars 1888, D. P. 68, 1, 199; S. 88, 1, 201.

7. Cass., 6 févr. 1888, S. 88, 1, 128; D. P. 88, 1, 198.

8. Cass., 22 juin 1891, D. P. 92, 1, 205; S. 92, 1, 177.

Cette jurisprudence acceptée d'une façon presque générale [1] semble fixée aujourd'hui [2]. Il est permis dès lors de poser en principe que le bénéficiaire d'une assurance sur la vie, lorsqu'il est nettement déterminé, acquiert *jure proprio*, indépendamment de toute autre qualité et uniquement en vertu du contrat, un droit exclusif sur le montant de l'assurance [3].

Une distinction ne saurait être apportée pour le cas où l'attribution serait faite par un acte postérieur à la police, c'est-à-dire si un avenant avait substitué à un bénéficiaire n'ayant pas accepté ou indiqué en termes vagues un bénéficiaire nettement désigné. Le bénéficiaire mentionné en dernier lieu dans un avenant rectificatif a un droit propre comme s'il avait été gratifié par la police même. Bien qu'il y ait une substitution de bénéficiaire à un autre, une

---

1. Le droit propre de la femme, malgré la faillite du mari assuré, a été proclamé notamment par la Cour de Lyon le 1er mai 1888 (*Journ. des assur.*, 88, 502 ; *Rec. périod. des assur.*, 88, 405), par le Tribunal de Chambéry le 26 mai 1889 (*Journ. des assur.*, 89, 182) et par la Cour de Riom le 8 juillet 1890 (S. 91, 2, 185), par le Tribunal civil de Lyon le 31 janvier 1891 (*Journ. des assur.*, 91, 138) et par la Cour d'Alger, le 17 octobre 1892 (D. P. 93, 2, 137), revenant sur sa propre jurisprudence (Alger, 9 juin 1885, S. 86, 2, 19), ainsi que par la Cour de Paris le 19 mai 1890 (*Rec. périod. des assur.*, 91, 400), le 4 mai 1893 (*Journ. des assur.*, 93, 17).

D'autre part, la Cour de Douai a non seulement adhéré à la doctrine de l'arrêt de cassation du 16 janvier 1888, sur le caractère du contrat et reconnu que la stipulation pour autrui intervenue dans ces conditions engendrait un droit propre (14 août 1890, D. P. 92, 1, 205 ; le pourvoi contre cet arrêt a été rejeté par la Cour de cassation le 22 juin 1891, D. P. 92, 1, 205. — V. dans ce sens Trib. civ. Seine, 4 août 1891, *Journ. des assur.*, 91, 493) et que, même dans le cas où l'assuré laisse une succession obérée, ses créanciers ne sauraient attaquer la libéralité résultant de la police, puisqu'il n'y a pas eu appauvrissement du patrimoine (14 août 1890 précité), mais il a encore été décidé que la police rend les enfants bénéficiaires de l'assurance créancière de la Compagnie, indépendamment de leur qualité d'héritiers et malgré leur renonciation à l'hérédité (12 juin 1886, *Rec. périod. des assur.*, 86, 373).

D'autres tribunaux ont déclaré que le bénéfice de l'assurance n'ayant jamais fait partie du patrimoine de l'assuré, il n'y avait pas lieu d'appliquer les règles édictées pour le rapport et la réduction héréditaire (Nancy, 18 février 1888, S. 90, 2, 27 ; Bourges, 7 mai 1888, S. 89, 2, 16 ; Paris, 30 avril 1891, S. 91, 2, 189 ; D. P. 91, 2, 153).

2. On a semblé croire parfois que la jurisprudence qui base le contrat sur l'art. 1121 C. Civ. et qui tire de ce texte toutes les conséquences qu'il autorise n'est pas définitive (Bailly : *Observat. sur la transmission du bénéfice de l'assur. sur la vie et sur les clauses relatives à cette transmission : Rec. périod. des assur.*, 1890, p. 189 et suiv.). Un revirement paraît pourtant bien difficile, tant la doctrine de la Cour suprême a été facilement acceptée ; on compte les décisions judiciaires qui ont contredit cette manière de voir.

3. Sans que l'on puisse soutenir avec certains auteurs (Notamment Vibert : *op. cit.*, p. 133 ; Herbault : *op. cit.*, p. 220) que le décès du bénéficiaire avant l'assuré fasse, en cas d'acceptation, passer la créance contre la Compagnie dans la succession du bénéficiaire de manière qu'elle puisse être recueillie par les héritiers de la personne gratifiée.

Et le droit personnel du bénéficiaire existe même au cas où le contrat stipule qu'après un certain nombre d'années la personne gratifiée pourra opter pour l'une des combinaisons indiquées à la police. Paris, 19 mai 1890, *Rec. périod. des assur.*, 91, 400 ; *Journ. des assur.*, 90, 406.

novation par changement de créancier (le capital assuré ne pouvant être délivré à l'un qu'à l'exclusion de l'autre) [1], l'acte est toujours le même : il conserve toujours son caractère de stipulation pour autrui. Par conséquent, si le bénéficiaire est suffisamment désigné, il est réputé avoir quand même été propriétaire du droit au capital, lequel n'a jamais fait partie du patrimoine du stipulant et, dès lors, ne peut être revendiqué ni par les héritiers ni par les créanciers de l'assuré [2].

L'attribution d'un droit propre et exclusif au bénéficiaire a soulevé des objections de différente nature [3]. Il convient de les examiner ici.

D'abord on a imaginé d'avancer que de toute façon le droit au capital assuré est entré dans le patrimoine du stipulant puisque l'assuré, en stipulant pour autrui, a dû nécessairement stipuler pour

1. Nous nous permettons de renvoyer à ce que nous avons dit dans nos *Études sur les assurances sur la vie* (p. 36 et suiv.) relativement à la nature juridique du contrat substituant une personne à une autre pour la perception du bénéfice d'une assurance sur la vie.

Le caractère novatoire avait été reconnu en pareil cas par un arrêt de la Cour de Paris du 18 juillet 1884 (*Rec. périod. des assur.*, 86, 114; *Journ. des assur.*, 85, 167). Conf. Trib. civ. Seine, 5 mars, 1894, *ibid.*, 94, 173.

2. C'est ainsi que la Cour de cassation a jugé par son arrêt du 16 janvier 1888 (D. P. 89, 1, 77; S. 88, 1, 127) que le bénéficiaire qui avait été substitué par un avenant à la femme de l'assuré gratifiée du droit au capital par la police même avait acquis un droit propre à la somme exigible en cas de décès.

Pareillement, par son arrêt du 7 août 1888 (S. 89, 1, 97; D. P. 89, 1, 118) la Cour de cassation a décidé qu'après avoir stipulé d'abord au profit de ses *héritiers ou ayants droit* un mari avait pu, au moyen d'un avenant, conférer à sa femme un droit propre sur le capital assuré.

Cet arrêt, rendu sur notre plaidoirie, écartait nettement l'application des art. 559 et 564 C. Comm. et disait que malgré la faillite du mari la masse créancière était sans droit pour revendiquer le capital assuré. La Cour de renvoi, nous devons l'avouer, a admis au contraire que les art. 559 et 564 C. Comm. imposaient à la femme de restituer au syndic la police, mais elle n'en a pas moins proclamé en principe que le bénéfice appartient en propre à la personne gratifiée, même s'il résulte d'un avenant remplaçant un contrat intervenu en faveur d'autres personnes. (Amiens, 31 janv. 1889, D. P. 91, 2, 9).

Il importe de noter un cas susceptible de se produire : une personne contracte une assurance au profit de ses *héritiers, représentants ou ayants droit*, puis au bas de la police insère seule une mention par laquelle elle déclare que l'assurance est souscrite au profit de telle personne dénommée. Il a été décidé (Trib. Civ. Seine, 10 juill. 1891, *Rec. périod. des assur.*, 91, 385; *Journ. des assur.*, 92, 58) que la personne désignée comme bénéficiaire par cette simple mention ne saurait soutenir qu'elle a acquis un droit propre et exclusif sur le capital assuré. Le jugement se base sur ce que la stipulation pour autrui dans les termes de l'art. 1121 C. Civ. n'a d'effet qu'autant que dans l'acte intervenu entre le stipulant et le promettant le tiers au profit duquel la stipulation est consentie soit nommément et clairement désigné ou que, tout au moins, la désignation qui en est faite ultérieurement soit portée à la connaissance du promettant par un avenant, transfert ou tout autre acte équivalent, et qu'à défaut, le montant de la stipulation reste dans le patrimoine du stipulant.

3. Ces objections se trouvent condensées dans l'article de M. Rozy sur *les effets à l'égard des créanciers de l'assuré d'un contrat d'assur. sur la vie fait en faveur de ses héritiers ou ayants droit* (*Revue crit. de législat. et jurid.*, 1872-73, p. 257, etc.).

lui-même, comme l'exige l'art. 1121 C. Civ. ; l'on en a tiré cette conséquence que l'assuré n'est pas complétement dessaisi. C'est à tort. Il n'est pas exact d'imposer d'une façon absolue à la stipulation au profit d'un tiers l'obligation d'être une condition faite pour soi-même. Il est admis d'une façon générale [1] que l'art. 1121 est purement énonciatif, que la stipulation en faveur d'un tiers est valable toutes les fois qu'elle est la condition d'une aliénation que l'on consent ou d'une obligation que l'on contracte : dans l'espèce l'obligation est le paiement de la prime.

En second lieu, on a fait valoir que le profit de l'assurance reviendra à l'assuré si le bénéficiaire désigné refuse d'accepter ou si ce dernier prédécède avant le stipulant. Mais de ce que, dans certaines éventualités le bénéfice du contrat et la propriété qu'il confère risquent de faire retour au souscripteur de la police, ce n'est pas une raison pour décider qu'il l'ait acquise dès le début. C'est bien plutôt le contraire qu'il faudrait reconnaître. Dans cette circonstance particulière le contrat devra être entendu en ce sens que la créance revient au patrimoine, mais alors le droit qui appartenait au bénéficiaire a été révoqué et là est la confusion. Quant à l'objection tirée de ce que l'assuré a droit à une part proportionnelle dans les bénéfices réalisés par la Compagnie, elle est sans portée ; parce que l'assuré peut recueillir une fraction des bénéfices, ce n'est pas à dire pour cela que nécessairement il ait droit à la somme stipulée dans la police et qu'il en soit devenu propriétaire.

D'autre part, pour faire échec à l'idée du droit propre, il a parfois été soutenu (et des décisions judiciaires se sont même approprié cette argumentation [2] que la jurisprudence actuelle condamne, à vrai dire) [3], que l'opération qui consiste à attribuer le bénéfice à un tiers se composait de deux contrats : d'abord une stipulation que l'assuré faisait pour lui-même et qui lui donnait contre la Compagnie une créance certaine ; ensuite une offre faite par cette même personne à un tiers de lui transporter cette créance dans certaines conditions. Et l'on en tirait cette conclusion que l'assuré, en traitant avec la Compagnie, acquérait bien un droit de créance puisqu'il le transmettait à une autre personne et par conséquent que cette créance faisait en réalité partie du patrimoine du stipulant.

Mais la stipulation pour autrui ne suppose en aucune façon un pareil mode de décomposition [4].

<hr>

1. Pothier : *Obligat.*, n° 71 ; Demolombe : *Contrats*, T. 1er, n° 247.

2. V. notamment Besançon, 25 janv. 1876, D. P. 78, 1, 429 ; Trib. Civ. Constantine, 15 décembre 1875, Bonnev. de Mars. : III. 208 ; Cass., 2 mars 1881, D. P. 81, 1, 401 ; S. 81, 1, 145.

3. Cass., 2 juill. 1884, S. 85, 1, 11 ; D. P. 85, 1, 150 et arrêts des 16 janvier 1888, 7 avril 1888, 27 mars 1888, S. 88, 1, 127 ; D. P. 88, 1, 77 ; S. 89, 1, 97 ; D. P. 89, 1, 118 ; S. 88, 1, 130 ; D. P. 88, 1, 199.

4. Nous pensons l'avoir établi précédemment au T. 1er de ce *Traité*, p. 220 à 224.

Par la stipulation pour autrui l'assuré ne peut pas être réputé donner à une tierce personne le profit de l'assurance puisqu'il ne le possédait pas. Ce qu'il donne, en réalité, c'est une valeur égale à la prime payée. Lorsqu'il contracte sur sa tête une assurance dans l'intérêt d'un tiers, il pouvait employer une autre formule; au lieu de figurer lui-même au contrat, il pouvait le faire signer par le tiers qu'il voulait gratifier et remettre à ce tiers, chaque année, le montant de la prime nécessaire pour les assurances successives. On aurait eu ainsi la réalité de l'opération : une assurance sur la tête d'un tiers et une libéralité faite par ce tiers du montant des primes. Lorsque le donateur fait le contrat sous son nom la situation est la même. On dit que le capital assuré peut, malgré la donation, faire partie de son patrimoine, puisqu'il se réserve le droit de révoquer la libéralité ; si l'on réfléchit qu'il y a autant d'assurances successives que d'années et que, le paiement des primes étant facultatif, on peut toujours abandonner le contrat, on sera convaincu qu'il n'y a pas lieu de parler de révocation. Ce qui a été donné, ce n'est pas un contrat d'assurance pour toute la vie (sauf le cas exceptionnel d'une prime unique), mais bien une assurance pour un an, avec la faculté de se servir d'un contrat réglant par avance les conditions des assurances futures [1].

On a fait valoir que l'assuré conservant sa vie durant la faculté de revenir sur la libéralité qu'il a faite, l'existence même du droit du bénéficiaire et non pas seulement son exigibilité a été reculée jusqu'au décès et que, par conséquent, ce droit, n'ayant pris naissance en la personne du tiers qu'au jour de la mort du stipulant, est resté jusqu'à ce moment dans le patrimoine de ce dernier. Mais le droit du bénéficiaire n'est pas seulement à terme, *sub die incerto*, il est en même temps conditionnel, et la condition qui l'affecte, c'est précisément la non révocation par le stipulant de la libéralité. Il n'y a pas, en effet, une simple pollicitation : l'assuré a bien fait une offre, mais l'assureur, en même temps, a pris l'engagement d'exécuter cette offre ; il existe donc, dès l'instant du contrat, un droit éventuel, susceptible d'être affecté par une condition. Quand l'assuré est mort, la libéralité devient irrévocable ; la condition est ainsi accomplie et aux termes de l'art. 1179 C. Civ. elle a un effet rétroactif au jour même de la formation du contrat; le bénéficiaire est réputé avoir été investi, dès cet instant, de la libéralité résultant du contrat [2].

1. Couteau : *op. cit.*, T. II, p. 525.
Le stipulant, fait justement observer M. Dubaut (*La justification de la jurisprudence de la Cour de Cassation en matière d'assurance sur la vie*, p. 28), n'a pas stipulé pour lui-même : n'ayant rien acquis, il ne peut rien offrir, rien transmettre, à moins que la stipulation pour autrui, contrairement à la notion qu'il faut s'en faire, ne s'analyse en une acquisition pour soi-même suivie d'une transmission au profit d'autrui.
2. Blondel : *op. cit.*, p. 189.

D'autre part, il est essentiel de distinguer rigoureusement l'acquisition du droit et sa révocabilité. La révocabilité ou la résolution d'une aliénation n'est pas un obstacle à l'acquisition immédiate de ce droit de la part du gratifié. On en trouve un exemple dans les donations entre époux pendant le mariage : bien que révocables (art. 1096 C. Civ.), ces libéralités saisissent de suite l'époux donataire de la propriété des biens donnés : la révocabilité n'empêche donc pas l'acquisition immédiate.

Il n'y a pas lieu de s'arrêter à cette objection que le stipulant demeure le maître de la situation, en définitive, en refusant de payer les primes, c'est-à-dire en refusant d'accomplir une obligation essentielle. On se rend immédiatement compte que le droit du bénéficiaire n'en est pas moins indépendant de celui de l'assuré, puisque toute autre personne peut intervenir et, en consentant à payer les primes, perpétuer les effets de l'assurance [1].

De ce que l'assurance sur la vie est contractée dans un très grand nombre de cas au profit des enfants, on peut être porté à objecter que par une stipulation au profit d'un enfant, la jurisprudence attribuant un droit propre seulement à l'enfant existant, un père est amené à créer une inégalité choquante pour les enfants venus au monde après le contrat, puisque le capital doit être au décès distribué entre les enfants déjà nés lors de la souscription, à l'exclusion des autres. Il est certain que le but du père de famille n'est pas atteint. Il en sera ainsi tant que la jurisprudence refusera d'étendre les effets de l'art. 1121 à la stipulation faite au profit des enfants et qu'elle écartera la stipulation conclue en faveur des enfants même à naître. Avec la tendance actuelle de la jurisprudence, une autre solution ne semble guère possible [2].

---

1. Labbé : Note, S. 85, 1, 7. — L'arrêt de la Cour de cassation du 2 juillet 1884 (S. 85, 1, 11 ; D. P. 85, 1, 150) mentionne l'argument et la réponse : « ... le *contrat, dit la Cour suprême, ne lui (au stipulant) laisse que la faculté de rendre nuls les effets de la convention par le non payement des primes, un cas où ces primes ne seraient pas acquittées par le bénéficiaire ou par tout autre aux lieu et place du stipulant.* »

2. Le système qu'a proposé M. Thaller (Note, D. P. 88, 2, 1) permettrait, à la vérité, aux enfants non encore conçus lors du contrat, de recueillir le capital assuré : le contrat ne se formant qu'au décès de l'assuré il suffit, dans ce système, que l'offre par la Compagnie puisse être faite aux enfants nés ou même conçus au moment de ce décès. M. Boistel, de son côté, a également prétendu que l'ingénieux système qu'il a édifié suffirait à remédier à cet inconvénient (Note, D. P. 89, 2, 132). Nous avons exposé plus haut (V. T. 1er, p. 226 à 229, note) les raisons décisives qui militent contre ces deux nouvelles théories.

Pour faire cesser l'inégalité entre les enfants à la naissance d'un nouveau descendant, a-t-on dit (Clos : *op. cit.*, p. 79), il suffirait de contracter, au nom du dernier né, une nouvelle assurance pour une somme égale à la part que ses frères recueilleront dans l'assurance primitive, dans celle où lui n'a aucun droit. Mais ce moyen n'est peut être pas toujours de nature à être employé.

Mais c'est surtout au nom des créanciers que le droit du bénéficiaire a été contesté [1].

On a fait valoir que la possibilité d'avantager un tiers lèse les créanciers de l'assuré. On a objecté qu'avant de faire profiter ce tiers de la libéralité souscrite à son profit par le défunt, il convient d'acquitter les dettes laissées par cet assuré, qu'en vertu de la maxime *nemo liberalis nisi liberatus*, la personne gratifiée ne peut obtenir ce qui lui a été promis que s'il y a un actif net.

C'est commettre une véritable confusion. Pour reconnaître aux créanciers le droit d'intervenir au sujet d'une assurance contractée pour un tiers, il faudrait nécessairement pouvoir considérer le capital assuré comme une fraction du patrimoine du stipulant, comme une portion de ses biens soustraite, détournée, le gage des créanciers portant uniquement sur ce qui a fait partie de la fortune de leur débiteur [2]. C'est impossible. Il est certain que la créance contre la Compagnie n'a jamais appartenu en principe au stipulant, que le montant de l'assurance n'est jamais entré dans son patrimoine. Non seulement la somme exigible en cas de décès n'est pas constituée uniquement par l'accumulation à intérêts composés des primes versées par l'assuré ; mais, d'un autre côté, ce capital sera payable au moment de la disparition de l'assuré, lorsque son patrimoine n'existera plus. Il y a mieux, l'indication qui est faite du bénéficiaire dans la police a pour effet de dépouiller actuellement et irrévocablement de tous les avantages résultant du contrat. Enfin, et ceci a toujours paru décisif, le droit au capital, loin de naître par l'effet même du décès, loin de devoir sa cause à un fait propre au stipulant, tire son origine du contrat lui-même, contrat soumis à une double condition : la mort de l'assuré et le maintien de la convention par le paiement des primes successives. Or, d'après l'art. 1179 C. Civ., la condition accomplie a un effet rétroactif au jour où l'engagement a été contracté. Si (et aucun doute n'est possible à cet égard [3]), le droit du bénéficiaire se forme dès le jour même du contrat, si c'est à ce moment que la personne gratifiée acquiert un droit propre, un droit exclusif, l'exigibilité du montant de l'assurance étant seulement reculée, lorsque la Compagnie verse

1. Le Supplément du *Répertoire* de Dalloz, v° *Assur. terr.*, n° 427, semble croire que la réfutation de cet argument a été présentée pour la première fois par Herbault (*op. cit.*, p. 222); bien avant cet auteur, M. Blondel (*op. cit.*, p. 210) avait fourni à cet égard une démonstration décisive. — Comp. les remarquables conclusions de M. l'avocat général Onofrio devant la Cour de Lyon dans l'affaire terminée par l'arrêt du 2 juin 1863 (D. P. 63, 2, 120; S. 63, 2, 203).

2. C'est ce que, dans un arrêt fortement motivé du 14 avril 1890 (S. 92, 1, 179; D. P. 92, 1, 205), a proclamé la Cour de Douai, confirmant sur ce point un jugement du Tribunal civil de Saint-Omer, du 12 juillet 1889.

3. Une démonstration péremptoire a été fournie à cet égard devant la Cour de Paris par M. l'avocat général Descoutures, au sujet de l'affaire terminée par l'arrêt du 5 août 1867; D. P. 67, 2, 222; S. 67, 2, 250.

le capital à la suite du décès la personne gratifiée prend sa chose, touche ce qui lui appartient en vertu du contrat qui constitue son titre ; si cette chose, l'indemnité acquittée par l'assureur, est réputée avoir toujours appartenu au bénéficiaire elle n'a jamais été dans le patrimoine de l'assuré, partant elle ne peut être considérée comme ayant fait partie du gage des créanciers du stipulant.

Il faut ajouter que la possibilité d'une acceptation intervenant *post mortem stipulatoris*, possibilité qui ne saurait actuellement être mise en doute, concourt à fortifier cette théorie.

Une autre objection a été faite : elle s'appuie sur l'anomalie qui pourrait résulter de la perception du bénéfice, par les héritiers d'un assuré, malgré leur abandon de la succession.

Mais il n'est pas exact de dire qu'il serait contraire à l'équité d'attribuer aux héritiers qui renoncent à la succession le bénéfice de l'assurance à l'exclusion des créanciers. On ne perd point le droit de diminuer son patrimoine par des actes entre vifs, des donations même parce que l'on a des créanciers. Et, en effet, de deux choses l'une : ou leur créance est postérieure à la libéralité, et alors ils n'ont pas pu considérer, comme leur gage, le bien qui en faisait l'objet ; ou elle est antérieure, et dans ce cas, si elle leur cause bien un préjudice, ils ont dû prévoir que leur débiteur, resté capable de s'obliger ou d'aliéner, pourrait devenir insolvable soit en contractant de nouvelles dettes, soit en disposant de ses biens à titre gratuit : c'était à eux de se mettre en mesure, en exigeant des garanties, en se faisant donner une caution, une hypothèque. S'ils ne l'ont pas fait, s'ils ont été négligents, pourquoi se plaignent-ils ? Puisque cette décision est vraie pour une libéralité faite à un donataire étranger, elle doit l'être également quand le donataire est un successible. Du reste, est-ce que la loi elle-même ne décide pas (art. 857 C. Civ.), que le rapport n'est point dû aux créanciers, d'où il résulte que ces derniers, même au cas d'une acceptation sous bénéfice d'inventaire, ne peuvent pas être payés sur les biens que l'héritier bénéficiaire a reçus du défunt par donation entre vifs, ou qu'il a obtenus au moyen d'un rapport effectué par ses cohéritiers [1] ?

Sans méconnaître le caractère de stipulation pour autrui attribué au contrat passé en faveur d'un tiers, des jurisconsultes [2] ont nié le droit propre que la jurisprudence reconnaît unanimement au bénéfi-

---

1. Blondel : *op. cit.*, p. 211.
2. Brissaud : *L'assurance sur la vie au profit d'un tiers* (*Recueil de l'Acad. de législat. de Toulouse*, T. XXXIX, 1890-91, p. 295, etc.). — V. aussi Flurer : *Rev. crit. de législat. et de jurisprud.*, 1889, p. 320, etc. Bien auparavant, à la vérité, des critiques avaient été adressées contre les tendances de la jurisprudence. Cf. Paultre : *Revue du notariat*, juin 1867, n° 169. Mais la réfutation n'avait point tardé à se produire. Cf. notamment, Paulmier : *op. cit.* (*Rev. prat. de dr. fr.*, T. LII, 1882, p. 75 et suiv.).

ciaire, en prétendant que cette stipulation n'est que le moyen employé par l'assuré pour faire passer une valeur au tiers gratifié, qu'il y a transmission indirecte, appauvrissement de l'assuré et enrichissement consécutif du tiers.

Les partisans de cette opinion oublient que le patrimoine de l'assuré ne s'appauvrit pas quand le bénéfice de l'assurance est attribué à un tiers. C'est l'assureur qui paie le capital assuré ; cette somme ne provient donc pas des biens du stipulant. Lorsqu'une Compagnie d'assurance verse une somme de 50,000 fr. à un bénéficiaire, le patrimoine de la personne assurée n'est pas diminué d'une valeur de 50,000 fr. ; ce n'est pas lui qui fournit cette somme ; il n'a pas été amoindri d'autant ; s'il a subi une réduction, c'est uniquement pour le montant des primes. D'autre part, c'est refuser de tenir compte des conditions dans lesquelles se constitue l'indemnité payable lors du décès : c'est perdre de vue que cette indemnité se forme non point par le versement du stipulant, mais bien par l'accumulation des primes versées durant la même année par les assurés de la même catégorie.

Les créanciers, d'ailleurs, sont d'autant moins fondés à se plaindre qu'ils ont le droit, en vertu de l'art. 1166 C. Civ., d'attaquer dans certains cas le contrat comme fait en fraude de leurs droits, et en second lieu, que le juge du fait a un pouvoir souverain pour dire si la stipulation a été conclue au profit d'un bénéficiaire désigné, par conséquent à l'exclusion des créanciers, mais aussi pour décider si l'assuré, par la formule employée dans la police, aussi bien que par ses intentions, a voulu, en traitant pour des personnes indéterminées, laisser dans son patrimoine le droit au capital assuré.

Mais le bénéficiaire qui, armé du contrat passé en sa faveur, a recueilli le capital, de préférence aux héritiers ou aux créanciers du stipulant, doit-il tout au moins tenir compte à ces personnes du montant des primes ?

La validité d'une réclamation à ce sujet a été affirmée[1].

En laissant de côté la circonstance de primes acquittées au moyen d'un prélèvement sur le capital, auquel cas les créanciers pourraient réclamer le rapport à la masse de la somme dont leur gage a été diminué, il faut réputer par trop absolue l'opinion qui tend à imposer d'une façon générale et radicale le rapport des primes.

Tout d'abord, on doit écarter cette idée que le capital assuré est

---

1. Ruben de Couder : *Dict. dr. comm.*, v° *Assurance sur la vie*, n° 105; Brissaud : *loc. cit.*, p. 309, etc. : Dalloz : *Rép., Supplém.*, v° *Faillites*, n° 405.
V. par exemple, Trib. civ. Meaux, 8 mars 1877: Bonnev. de Mars. ; III, 220; Trib. Civ. Charleroi, 9 mai 1874, D. P. 74, 5, 205; Nancy, 24 janv. 1882: D. P. 82. 2. 174: Trib. Bar-le-Duc, 18 mars, 1886: *Journ. des assur.*, 86, 266; Trib. Civ. Clermont-Ferrand. 24 mai 1886: *Rec. périod. des assur.*, 86, 321 ; *Journ. des assur.*, 86, 347.

formé par la prime de l'assuré, que c'est la petite somme payée chaque année par le souscripteur qui a constitué la grosse somme due par la Compagnie. L'indemnité n'est pas le résultat de l'accumulation et de la capitalisation de la prime annuelle de l'assuré ; c'est le produit des primes versées l'année même du décès par les autres assurés appartenant à la même série et qui constituent le fonds commun destiné au service des indemnités [1]. Il est si vrai que le capital touché au décès d'un assuré ne représente pas le produit du paiement annuel fait par cette même personne qu'il peut fort bien se faire qu'après le paiement d'une seule prime la Compagnie doive payer, la même année, une somme vingt ou trente fois plus considérable. L'assureur ne peut se décharger de cette obligation : la personne qui a remis une seule prime a autant de droits que celle qui en a acquitté dix ou vingt.

D'après les habitudes ordinaires et normales la prime se prélève sur le produit soit du travail, soit des capitaux ; dans la grande majorité des cas la personne qui tient à attribuer le profit d'une assurance à un tiers prend sur ses gains quotidiens ou sur ses revenus la somme nécessaire pour faire face à la dette annuelle. Or, il est de la nature des revenus d'être consommés. Aucun grief ne peut être élevé au sujet de leur affectation à une opération fort sage. Il n'existe en droit aucune obligation d'épargne et de capitalisation pour les revenus. L'assuré était en mesure de les dissiper ; pour quelle raison blâmer l'emploi si raisonnable qu'il en a fait ? Il était en état de consacrer une portion des fruits produits soit par les biens, soit par son travail à des dépenses d'une nature plus ou moins morale ; pourquoi contrarier un acte de prévoyance ? Les revenus pouvaient être dépensés dans le ménage, employés à satisfaire les besoins de chaque jour ; le stipulant n'était-il pas libre de s'imposer des privations, de restreindre ses plaisirs [2] ?

A la vérité, il a été objecté que les créanciers voient de la sorte

1. Cette idée, que l'on pouvait croire abandonnée, a été reprise dernièrement par M. Franchi (*La teoria generale dei contratti d'assicurazione* [extr. du *Filangieri*, XVII vol.]. Milan. 1892), soutenant que l'assureur grossit périodiquement, grâce à l'intérêt composé, les placements que l'assuré fait chez lui et les restitue à son décès, quitte à compléter la somme s'il y a lieu. C'est méconnaître notamment cette idée élémentaire que l'assurance prend fin et se renouvelle chaque année.

2. On peut citer à ce propos un arrêt fort intéressant de la Cour de cassation de Turin du 7 septembre 1882 (*Monitore dei Tribunali.* 1882. p. 104 ; *Journ. du dr. intern. priv.*, 83, 121) distinguant le contrat en vertu duquel l'assuré paierait en une seule fois un capital donné qui serait restitué après une période déterminée avec les intérêts, ce qui constituerait une diminution du patrimoine, et une donation du capital lui-même, et le contrat d'assurance moyennant le paiement d'une prime annuelle ne représentant que les économies sur les revenus : l'arrêt ajoute qu'il est aussi bien permis d'employer uniquement cette partie de ces revenus au profit de sa femme que de dépenser immédiatement ses revenus au profit de celle-ci ou de lui faire un don manuel.

Contrà Huc : *Comm. théor. et prat. du Code Civil.* T. VI, p. 249.

diminuer l'importance de leur gage par les prélèvements nécessaires pour le service des primes [1]. On ne doit pas oublier que le droit des créanciers porte non point sur les fruits qui sont destinés à être consommés ou dépensés, mais seulement sur le capital, sur le bien lui-même. Nul n'étant tenu de faire des économies sur ses revenus dans l'intérêt des personnes dont il est débiteur, l'individu qui jouit librement de sa fortune a incontestablement la faculté d'employer à sa guise les ressources produites par ses biens; on se demande, dès lors, pour quels motifs on viendrait contester un acte de sage disposition de sa part? Il pouvait, *lautius vivendo*, gaspiller follement les sommes provenant des fonds placés ou de son travail, sans être exposé à aucune plainte, si le capital n'est pas entamé; la logique exige qu'on lui reconnaisse le pouvoir de procurer, sans dédommagement pour les créanciers, une indemnité aux personnes que sa disparition risque d'atteindre et de laisser dans la gêne.

Mais l'on a insisté; on a été jusqu'à dire qu'il y avait iniquité à laisser le bénéficiaire cumuler, avec le bénéfice de l'opération, le gain des primes [2].

C'est déplacer la question. Il ne s'agit point de savoir si la mesure qui attribue le profit d'une assurance à une personne est avantageuse ou non pour autrui; il n'y a pas à examiner si les intérêts ont été lésés, il faut uniquement rechercher si les droits, et les droits seuls, ont été méconnus. Or, en présence d'un bénéfice d'assurance stipulé au profit d'un tiers déterminé par une personne moyennant le paiement de primes prélevées sur les biens appartenant à cette dernière, les créanciers ne peuvent invoquer un droit. Ils n'ont aucune réclamation juridique à former, puisque ce n'est pas leur gage qui a été diminué : le capital est acquitté non point par le patrimoine du failli, mais par l'assureur; les primes ont été fournies par des ressources sur lesquelles ils n'avaient pas à compter, puisque ces revenus appartenaient en propre à un individu qui en avait la libre disposition.

Aucune règle de principe ne doit donc être tracée en pareil cas. La solution dépend des faits et circonstances. Si les prélèvements destinés à acquitter les primes étaient excessifs et hors de proportion avec les ressources du stipulant, le bénéficiaire en tiendra compte soit aux héritiers, soit aux créanciers du stipulant. Mais il en sera autrement lorsque les sommes déboursées étaient modiques, n'avaient rien d'exagéré et semblaient rentrer dans les dépenses courantes que toute personne soucieuse de ses intérêts peut se permettre de faire. Les tribunaux ont toute qualité pour apprécier si, en raison du chiffre de la prime, de l'importance des

---

1. V. à ce sujet Bordeaux, 21 mai 1885, D. P. 88, 1, 198 ; S. 80, 2, 38.
2. Cf. Note, S. 93, 2, 23, et Champeau : *Stipulat. pour autrui.* p. 186.

revenus, de la situation de l'assuré et du bénéficiaire, une restitution doit être imposée. En un mot, ce n'est pas une question de droit, c'est une question d'espèce. Les arrêts de la Cour de cassation ne laissent aucun doute à cet égard [1].

Le bon sens s'oppose à ce qu'il y ait assimilation complète pour le remboursement de la même prime entre la personne possédant un revenu modeste ou ne disposant que de son gain journalier et le riche capitaliste ou le grand propriétaire très fortuné [2].

Il s'agit d'une pure question d'interprétation pour laquelle le juge du fait est souverain appréciateur [3].

[1]. La Cour de Cassation a jugé, en effet (Cass. 22 févr. 1888; S. 88, 1, 430; D. P. 88, 1, 198; 7 août 1888; S. 89, 1, 97; D. P. 89, 1, 118; 23 juillet 1889; S. 91, 1, 7; D. P. 90, 1, 393), que le bénéficiaire déterminé appelé à toucher le capital assuré ne doit être tenu de restituer les primes que « *suivant les circonstances* ». Ces mots *suivant les circonstances* sont significatifs, écrivions-nous (*Les assurances sur la vie et la Cour de cassation en 1888*, Lyon, 1889, p. 12 ; à la suite des arrêts précités qui confirmaient la théorie présentée par nous deux ans auparavant (*Études sur les assurances sur la vie*, p. 52 et suiv.); la Cour a voulu ainsi réserver aux juges du fait le soin de rechercher si la prime constitue, en réalité, une partie du capital de l'assuré ou si, au contraire, le contractant a pu, sans encourir aucun reproche de mauvaise administration, affecter à cette dépense une partie des revenus destinés à être dépensés d'une façon ou d'une autre. — Conf. Crépon : Note, S. 88, 1, 125.

Il faut ajouter que la Cour de cassation n'a jamais eu jusqu'ici l'occasion de préciser dans quelles circonstances cette somme est due ou ne l'est pas. On peut citer toutefois un arrêt de la Cour de Besançon du 2 mars 1881 (D. P. 88, 2, 1; S. 87, 2, 213) décidant que si les primes sont payées sur les revenus, elles ne peuvent jamais être réclamées par les créanciers, et que tout au plus la libéralité pourrait résulter de ce que les primes avaient une importance qui ne peut laisser supposer un prélèvement sur les revenus. D'autre part, il y a à signaler un arrêt de la Cour de Nancy du 17 janvier 1888 (D. P. 88, 2, 158) qui proclame que la répétition ne peut pas être ordonnée pour les primes relativement modiques prélevées sur les revenus ordinaires et rentrant dans la catégorie des dépenses de maison. — V. sur cette question la dissertation de M. Boistel : D. P. 88, 2, 157 et 158.

[2]. Dans ce sens. Aix, 24 mars 1886, S. 87, 2, 214; Douai, 14 févr. 1887; S. 88, 2, 40; D. P. 87, 2, 136; Caqueray : *Assurances sur la vie* (*Rev. prat. de dr. franç.*, T. XVI, 1863, p. 203; Couteau : *op. cit.*, T. II, p. 522; Lefort : *Études sur les assur. sur la vie*, p. 52, et Note, *Pand. fr. périod.*, 92, 2, 242.

Contrà : Trib. civ. Charleroi, 9 mai 1871; D. P. 74, 5, 206; Trib. civ. Meaux, 8 mars 1877; Bonnev. de Mars. ; III, 220; Nancy, 21 janv. 1882 ; S. 83, 2, 35; D. P. 82, 2, 174; Bordeaux, 21 mai 1885 ; S. 86, 2, 38; Trib. civ. Bar-le-Duc, 18 mars 1886; *Journ. des assur.*, 86, 266; Trib. civ. Clermont-Ferrand, 24 mai 1886 ; *Rev. périod. des assur.*, 86, 321 ; *Journ. des assur.*, 86, 517; Bourges, 7 mai 1888 ; S. 89, 2, 16; Paris, 30 avril 1891 ; S. 91, 2, 189; *Pand. fr. périod.* 92, 2, 242.

Moulhie : *op. cit.*, p. 176; Mornard : *op. cit.*, p. 238 et 239; Typaldo Bassia : *op. cit.*, p. 160.

Il a été jugé à l'étranger (Trib. d'Utrecht, 31 mars 1886 ; *Journ. du dr. intern. priv.*, 88, 559 et 560) qu'en cas d'assurance stipulée au profit d'un tiers les primes ne sont pas données, qu'étant payées par l'assuré à la Compagnie elles ne sont jamais entrées dans le patrimoine du bénéficiaire et que, par suite, les créanciers ne peuvent songer à les en faire sortir.

D'autre part, en Belgique, il a été décidé que les créanciers ne sont admis à critiquer le payement fait par un assuré, véritable libéralité opérée à leur détriment, qu'autant qu'ils peuvent établir l'insolvabilité, lors du paiement des primes (Trib. civ. Bruxelles, 1er avril 1882; *Journ. du dr. intern. priv.*, 82, 553).

[3]. M. Boistel montre d'une façon très claire (Note, D. P. 88, 2, 157 et 158) que

L'art. 1167 C. civ. ne proscrit pas cette liberté d'appréciation.

Cette disposition permet d'attaquer les actes faits *en fraude* des droits des créanciers : l'un des éléments de la fraude est, traditionnellement et d'un avis général, un *préjudice* causé aux créanciers. Si le juge reconnaît qu'il n'y a pas préjudice, que les revenus employés dans l'intérêt d'un tiers, notamment pour payer une prime d'assurance, n'étaient pas de nature à augmenter le gage des créanciers ; qu'en fait, et, d'après la situation générale du débiteur, ils ne devaient pas être économisés, il peut écarter l'action révocatoire des créanciers. Sans doute, en général, pour que l'art. 1167 soit applicable, il suffit qu'un bien soit sorti, sans compensation adéquate, du patrimoine du débiteur ; mais il ne faut pas faire de cette règle traditionnelle une application aveugle, et en quelque sorte purement matérielle et mécanique ; il convient de se demander si ce bien faisait réellement partie du patrimoine de ce débiteur ; or, les revenus ne font partie intégrante d'un patrimoine qu'autant qu'ils ont été économisés ou au moins qu'ils ont dû l'être. En somme, il n'y a pas dans ce cas *diminution* du patrimoine ; si l'on veut donner, pour le développement de l'art. 1167, une formule parfaitement exacte, c'est une *diminution* du patrimoine qu'il faut exiger pour qu'il y ait préjudice causé par un acte aux créanciers [1].

SECTION II

Assurance souscrite au profit de tiers indéterminés.

L'assurance est considérée comme souscrite au profit d'un tiers indéterminé quand la police, au lieu d'indiquer d'une façon suffisamment précise la personne qui recueillera le capital assuré, désigne les bénéficiaires par une expression vague, générale, excluant toute idée d'individualité.

C'est ce qui arrive lorsque la clause d'attribution du bénéfice vise les parents, les héritiers, les ayants droit, même les enfants nés ou à naître de l'assuré [2].

En présence de cette disposition générale le capital assuré reste

c'est la seule solution : on ne saurait, dit-il, pousser à l'extrême le droit pour un débiteur de disposer à sa guise de ses économies, sous prétexte qu'il aurait pu les consommer *tantôs vivendo*, parce qu'à ce compte il serait loisible à un débiteur de faire une donation au moyen d'économies prolongées et parce que les créanciers doivent toujours espérer que leur débiteur cherchera à améliorer sa situation par des économies : mais, d'autre part, continue le savant professeur, la proposition inverse paraît également excessive.

1. Boistel : Note précitée. V. toutefois Champeau ; *op. cit.*, p. 184.

2. Précédemment (T. II, p. 138), les formules de ce genre ont été indiquées.

dans le patrimoine du stipulant. A raison du vague, de l'incertitude qui règne tant sur les intentions du souscripteur que sur l'existence des personnes pouvant être comprises dans la formule employée, l'assuré est réputé avoir traité en vue de ce patrimoine. La stipulation n'est plus faite dans les termes de l'art. 1121 C. Civ., elle est passée dans les termes de l'art. 1122.

La créance contre la Compagnie tombe donc dans la succession de l'assuré ; le capital assuré fait partie des biens de ce dernier.

Il s'en suit que, sous réserve, naturellement, du droit d'interprétation qu'a le juge du fait pour rechercher et déterminer l'intention du souscripteur de l'assurance lors de la rédaction de la clause d'attribution du bénéfice [1] :

1° Le droit au capital est acquis non point par l'effet du contrat, mais par le fait même du décès en même temps que ce qui constitue l'hérédité et par les héritiers, dans l'ordre légal [2] ;

2° Le capital assuré est le gage commun des créanciers du *de cujus* qui peuvent exercer sur cette somme leurs droits et en particulier pratiquer une saisie-arrêt ;

3° Ce capital tombera dans la masse active de la faillite, si l'assuré est déclaré en faillite ;

4° Il peut faire l'objet d'une séparation des patrimoines ;

5° Il sera recueilli par les héritiers seulement *jure hæreditario*, s'ils ont la qualité d'héritiers, s'ils n'ont pas renoncé à la succession ;

6° Au cas où l'assuré décédé était marié sous le régime de la com-

---

1. V. notamment Cass., 15 juill. 1875, D. P. 76, 1, 232 ; S. 77, 1, 26 ; Dijon, 4 août 1875 ; S. 77, 1, 14 ; Cass., 21 juin 1876 ; D. P. 78, 1, 420 ; 10 nov. 1879 ; S. 80, 1, 337 ; 2 juill. 1884 ; S. 85, 1, 11 ; D. P. 85, 1, 150 ; 8 févr. 1888 ; S. 88, 1, 129 ; D. P. 88, 1, 201.

2. Ainsi, lorsqu'un assuré meurt sans héritiers, l'État est, tout aussi bien qu'une autre personne, en mesure de recueillir le capital assuré. Trib. civ. Seine, 26 décemb. 1888 ; D. P. 91, 2, 273 ; Paris, 14 févr. 1890 ; *ibid.*.

Si le droit du Trésor a été nié par la Cour de Douai, le 11 août 1890 (S. 92, 1, 179 ; D. P. 92, 1, 205), et par la Cour de cassation, le 22 juin 1891 (S. 92, 1, 181 ; D. P. 92, 1, 205), c'est uniquement parce qu'il avait été reconnu que le bénéfice devait être recueilli par une autre personne ; mais le droit de l'État n'en existe pas moins en principe. On ne saurait soutenir que la clause attribuant le bénéfice aux *héritiers* lui est inopposable ; ce mot *héritiers* embrasse tous les successeurs, sans exception. D'autre part, il y a une raison décisive. Quand une personne verse des primes, c'est bien évidemment parce qu'elle espère qu'à son décès la contre partie, la somme stipulée, sera remise par l'assureur ; elle n'entend pas faire un cadeau à ce dernier ; la Compagnie ne saurait vouloir conserver le capital qu'elle avait promis de payer, sans s'enquérir s'il se présenterait ou non une personne pour le recueillir ; tant mieux pour le Trésor s'il ne surgit personne pour toucher l'émolument.

Bien plus, la solution est la même au cas où l'on refuse de comprendre l'État parmi les *héritiers*. La Compagnie devant payer et ne pouvant point garder par devers elle la somme stipulée, la police ne contenant pas l'indication d'un tiers bénéficiaire, la créance contre la Compagnie se trouve dans le patrimoine de l'assuré, lors du décès ; comme cette succession, faute d'héritier, doit revenir à l'État, c'est entre les mains de son représentant que la somme doit être remise. — V. Boistel : Note, D. P. 91, 2, 273.

munauté, la créance contre la Compagnie ou le capital, s'il est payé, tombe dans la communauté, s'il représente un acquêt de communauté ou s'il y a communauté légale ;

7° Le droit au capital étant acquis par le décès en même temps que les autres biens qui constituent le patrimoine du défunt, la personne qui le recueille doit le comprendre dans la masse successorale, en faire la déclaration à l'enregistrement et payer les droits de mutation.

Le système qui, en cas de stipulation conclue pour des personnes indéterminées, refuse d'appliquer les règles édictées pour l'assurance en faveur d'un tiers déterminé et qui fait considérer le contrat comme passé au profit du patrimoine du stipulant, c'est-à-dire des héritiers et des créanciers de ce dernier, ce système prédomine. Il est accepté maintenant par presque tous les auteurs, même par ceux qui cherchent à étendre l'application de l'art. 1121. Il est adopté par la jurisprudence.

On connaît les vicissitudes traversées par cette dernière.

Au début, les tribunaux semblaient faire abstraction de la mention insérée dans la police. Paraissant soucieux avant tout de se conformer à l'intention présumée du stipulant qui est d'écarter de son patrimoine le droit de créance contre l'assureur, ils reconnaissaient que le contrat passé en faveur de personnes qui n'étaient point désignées individuellement ou même en faveur de personnes indiquées d'une manière générale, conférait un droit propre au capital assuré, droit indépendant de l'hérédité, excluant celui des créanciers.

En d'autres termes, la stipulation était, dans tous les cas, réputée faite dans les termes de l'art. 1121 C. Civ.

Ainsi, il avait été jugé que la police signée par un assuré en vue soit de sa veuve et de ses enfants, soit de ses enfants (sans aucune autre indication), soit de ses enfants nés et à naître, soit de ses héritiers ou ayants droit [1] engendrait dès le jour du contrat un droit personnel, exclusif, sur le capital assuré qui était réputé n'avoir jamais été dans les biens du stipulant et qui, par conséquent, échappait à toute réclamation formulée par des personnes autres que celles que l'assuré avait voulu gratifier. Spécialement des arrêts décidaient que les créanciers du défunt ne pouvaient rien, que des bénéficiaires qui avaient en même temps la qualité d'héritiers étaient en mesure de se faire payer par la Compagnie sans avoir besoin de se porter héritiers, même après avoir renoncé à la succession.

1. Caen, 11 janv. 1864; Bonnev. de Mars. : II, 262 ; Lyon, 2 juin 1863 ; S. 63, 2, 262 ; D. P. 63, 3, 119 ; Colmar, 27 févr. 1865 ; S. 65, 2, 337 ; D. P. 65, 2, 93 ; Paris, 5 avril 1867; S. 67, 2, 219 ; D. P. 67, 2, 221 ; Rouen, 12 mai 1871 ; D. P. 72, 2, 203 ; Besançon, 23 juill. 1872; S. 72, 2, 122 ; D. P. 72, 2, 220. — V. aussi Bruxelles, 2 août 1866; *Journ. des assur.*, 67, 15.

Mais en 1872 un revirement se produisit sous l'influence d'un arrêt de la Cour de cassation.

La Cour d'Aix, le 16 mai 1871 [1], avait distingué la stipulation faite dans les termes de l'art. 1122 et celle faite dans les termes de l'art. 1121 et décidé que les conséquences à tirer de l'art. 1121 pouvaient s'appliquer seulement quand « l'individualité était nettement déterminée »; elle avait proclamé qu'en traitant au profit de ses *héritiers ou ayants droit*, l'assuré vise l'hérédité, c'est-à-dire la continuation de la personne, la succession, que sans doute il est possible de stipuler pour ses enfants, mais qu'à défaut de stipulation faite en leur faveur, ces derniers n'ont aucun droit propre spécial, personnel, en dehors de leur qualité d'héritiers et elle tirait cette conclusion que le capital assuré faisant partie de la succession de l'assuré était soumis à l'action de ses créanciers [2]. Appelée à statuer non point sur la question qui venait d'être soumise aux magistrats d'Aix, mais bien sur une difficulté d'ordre fiscal (il s'agissait de savoir si le capital payable aux ayants droit de l'assuré était assujetti aux droits de mutation comme ayant fait partie du patrimoine laissé par le stipulant), la Cour de cassation s'appropria, par son arrêt du 7 février 1872 [3], la doctrine émise l'année précédente par la Cour d'Aix. La Chambre des requêtes jugea que les droits de mutation étaient dus pour une assurance contractée par une personne au profit de ses ayants droit; elle invoquait ce motif que le droit au capital avait fait partie du patrimoine de l'assuré. C'était bien dire que le contrat passé en faveur des ayants droit était considéré comme fait en faveur de personnes indéterminées, dans les termes de l'art. 1122; c'était proclamer que la stipulation ne conférait aucun droit propre et exclusif aux personnes appelées à en profiter, et que le droit de créance n'avait pas cessé de faire partie du patrimoine du défunt, dès lors qu'il pouvait être recueilli par les héritiers seulement en qualité d'héritiers et être revendiqué par les créanciers comme toute autre valeur de la succession.

La doctrine de cet arrêt, bien que rendu en matière fiscale, fut acceptée. Des résistances se produisirent à la vérité [4], mais elles furent isolées. Les juridictions inférieures étendirent même la portée

---

1. D. P. 72, 2, 218; S. 72, 2, 68. Il est à noter que la Cour n'a fait que confirmer par adoption de motifs un jugement du Tribunal de Marseille du 16 juillet 1870.

2. Cet arrêt, qui refusait aux bénéficiaires désignés sous ce titre « mes *héritiers* », un droit propre au capital assuré, n'était, comme on l'a remarqué (Taudière : *op. cit.*, p. 144), qu'un arrêt d'espèce rendant encore hommage à l'ancienne pratique : le mot *enfants*, dit-on, « eut dissipé tous les doutes ».

3. D. P. 72, 1, 200; S. 72, 1, 86.

4. Besançon, 7 et 23 juill. 1872 : *Journ. des assur.*, 72, 461 ; Trib. Beauvais, 6 mai 1873 ; Trib. Nancy, 7 avril 1875 ; *Rev. not.*, n° 1911 ; Trib. Dijon, 5 mai 1875 ; *Journ. des assur.*, 76, 116 ; C. Dijon, 4 août 1875 ; *ibid.*, 146 ; Rouen, 27 juill. 1875 ; D. P. 76, 2, 182 ; Caen, 14 mars 1876 ; D. P. 77, 2, 331.

de l'arrêt de la Cour de cassation et leurs solutions furent ratifiées par la Cour suprême. De très nombreux arrêts jugèrent qu'il y avait lieu de considérer comme faisant partie du patrimoine du stipulant le capital payable aux *enfants nés ou à naître*, aux *héritiers ou ayants droit* [1], par le motif que l'art. 1121 C. Civ. n'est pas applicable quand les bénéficiaires ne sont pas désignés d'une façon bien certaine. Un arrêt admit que le droit propre ne pouvait être reconnu à des bénéficiaires indéterminés même si le juge du fait décidait par interprétation de la volonté de l'assuré que celui-ci, en stipulant au profit de ses héritiers, avait entendu stipuler au profit de ses enfants déjà nés au moment du contrat et existants au moment du décès; la Cour se basait sur ce qu'en pareil cas il ne s'agit pas d'une interprétation du contrat, mais de l'effet légal de la clause au profit des personnes futures et encore certaines [2].

C'était, en réalité, faire dépendre la solution du litige des termes employés. C'était supprimer le contrôle du juge, susceptible pourtant de procurer toutes les garanties, et donner toute force à l'emploi de simples mots.

Malgré l'adhésion de certains tribunaux [3] la Cour de cassation n'hésita pas à corriger ce que sa précédente décision avait d'excessif. Placée en présence d'un arrêt par lequel, usant du pouvoir d'appréciation et d'interprétation que lui attribue la nature même des choses, le juge du fait avait proclamé que, tout en n'employant pas une formule nominative, un père de famille avait entendu attribuer à ses enfants un droit propre sur le capital assuré [4], la Cour de cassation reconnut que le juge du fait avait pu, par une appréciation souveraine des termes du contrat, constater que l'assuré avait entendu attribuer à des personnes déterminées (malgré la généralité des termes employés) tout le bénéfice des polices passées avec la Compagnie et appeler ces personnes à recueillir le capital assuré *jure proprio*, non *jure hæreditario* [5].

1. Cass., 15 décemb. 1873, S. 74, 1, 199; D. P. 74, 1, 113, 15 juill. 1875; S. 77, 1, 26, D. P. 76, 1, 232; 26 juill. 1876 et 7 févr. 1877; S. 77, 1, 393; D. P. 77, 1, 337; 27 janv. 1879; D. P. 79, 1, 230; S. 79, 1, 218; Cass., 10 févr. 1880; D. P. 80, 1, 169.

V. aussi Trib. Avignon, 29 août 1872; D. P. 74, 5, 205; Amiens, 30 décemb. 1873; D. 75, 2, 211; Amiens, 19 décemb. 1877; D. 78, 2, 221; S. 78, 2, 13; Lyon, 9 avril 1878; D. 79, 2, 158; Rennes (*sol. impl.*), 23 juin 1879; D. 79, 2, 155; Nîmes, 25 févr. 1880; D. P. 80, 2, 181; S. 80, 2, 237; Besançon, 14 mars 1883; D. P. 83, 2, 129; S. 86, 2, 17.

2. Cass., 10 févr. 1880; S. 80, 1, 152; D. 80, 1, 169.

3. Trib. Nîmes, 30 juin 1879; C. Nîmes, 25 févr. 1880; *Journ. des assur.*, 80, 186.

4. Nancy, 25 févr. 1882, S. 85, 1, 6; D. P. 85, 1, 150. — La Cour de Nancy réformait un jugement du tribunal de Lunéville du 30 mars 1881 (D. 85, 1, 150), lequel poussait à ses dernières conséquences, mais avec logique, la doctrine de l'arrêt prémentionné du 10 février 1880, que le droit au capital assuré ne cesse pas de faire partie du patrimoine du stipulant « à défaut d'une indication nette et précise et pour mieux dire nominative de bénéficiaires ».

5. Cass., 2 juill. 1884, S. 85, 1, 11; D. 85, 1, 150. — Du reste, il faut le reconnaître,

Cette doctrine a été depuis maintenue.

A l'heure actuelle la jurisprudence semble bien établie : reste dans le patrimoine du stipulant pour être recueilli par les héritiers à titre héréditaire, mais pour être revendiqué par les créanciers du souscripteur de la police, le capital stipulé par l'assuré payable aux « enfants », aux « enfants nés ou à naître », aux « héritiers ou ayants droit », aux « petits enfants », aux « parents », aux « héritiers », « ayants droit » ou « ayants cause ».

Mais il est bien certain aussi que lorsque, malgré une désignation incertaine, l'assuré a manifestement voulu gratifier des personnes existantes et déterminées, ces dernières ont un droit propre, exclusif, résultant du contrat lui-même. En un mot, il convient en pareil cas d'appliquer les règles édictées pour la stipulation pour autrui dans les termes de l'art. 1121 C. Civ. [1].

Telle est la théorie qui, malgré certaines résistances et malgré les objections formulées par des auteurs, parait acceptée en France [2] maintenant.

les arrêts de la Cour de cassation, des 15 juillet 1875 (S. 75, 1, 26; D. P. 76, 1, 252, et 19 novemb. 1879 (S. 80, 1, 337) ne refusaient pas aux juges du fond le droit d'interpréter souverainement la volonté de l'assuré à cet égard.

1. C'est parce que le juge a fait usage de son pouvoir d'appréciation que le droit propre et exclusif des bénéficiaires, malgré la généralité des termes employés dans la clause attributive, a été proclamée au cas d'assurance passée au profit d'« enfants nés et à naître » (Trib. Seine, 4 nov. 1889, *Le Droit*, 5 décembre 1889), ou bien pour « *la femme, les enfants et escendants* » (Trib. Seine, 2 juin 1886; *Journ. des assur.*, 87, 86; *Rev. périod. des assur.*, 86, 502 , « *la femme et les enfants* » (Trib. Pontarlier, 29 juill. 1886; *Rec. périod. des assur.*, 86, 502; Trib. civ. Seine, 4 août 1891 ; *Journ. des assur.*, 91, 492).

2. Revenant sur des solutions antérieures qui proclamaient le capital stipulé payable à la femme, aux enfants ou héritiers, partie du patrimoine de l'assuré (Malss : *Zeitschrift f. Versicherungsrecht*, II, 25 ; Conf. Stobbe : *Handbuch d. deutschen Privatrechts*, II, § 198, p. 370 , la jurisprudence allemande semble admettre que la stipulation faite au profit de la femme et des enfants confère à ces personnes un droit propre et personnel, distinct de toute vocation héréditaire. (Reichsgericht, 25 févr. 1880 ; 3 mars 1880 ; Rehlous : *op. cit.*, p. 131 ; Reichsgericht, 4 juin 1886; *Ann. de Dr. comm.*, 1888, p. 112).

La jurisprudence autrichienne parait fixée dans le sens de l'exclusion du capital assuré de la succession de l'assuré (*Journ. du dr. intern. priv.*, 1877, p. 67).

En Angleterre, comme en Amérique, d'après le droit commun le montant de l'assurance doit être payé aux représentants légaux du preneur, en cas de faillite à l'administrateur de la masse. Mais dans ces deux pays la stipulation au profit d'autrui, directe ou indirecte, n'est pas admise. Il est à noter toutefois pour l'Angleterre qu'une loi du 9 août 1870 (*Annuaire de législat. étr.*, 1870-1871, p. 57, dont l'application a été ultérieurement étendue à l'Ecosse (*Annuaire de législat. étr.*, 1886, p. 12) a attribué exclusivement à la femme le bénéfice de l'assurance contractée à son profit par son mari, aux enfants le bénéfice de l'assurance passée en leur faveur par leur père. — Comp. Rehlous : *op. cit.*, p. 132. En Angleterre, il n'existe aucune des différences que l'on constate en France : rien n'interdit de traiter au profit de ses enfants nés et à naître, même avant tout mariage.

En Belgique, la loi du 11 juin 1874, art. 43, dispose que la somme stipulée payable au décès de l'assuré appartient à la personne désignée dans le contrat. La jurisprudence étend cette règle même dans les cas où, en France, l'attribution pourrait être considérée comme faite à des personnes indéterminées. Ainsi il a

Elle s'appuie sur ce que la stipulation pour autrui dans les termes de l'art. 1121 C. Civ., c'est-à-dire la stipulation capable de créer un droit propre et exclusif pour la personne qui en est l'objet ne peut intervenir que s'il s'agit d'une individualité certaine, déterminée, existante.

Rien n'interdit pourtant de reconnaître toute valeur et tout effet à une stipulation intervenue soit pour une personne indéterminée, soit pour une personne future [1].

D'après la définition classique, il faut considérer comme personnes indéterminées celles « dont l'acte même de disposition ne « détermine pas actuellement l'individualité et n'indique pas non « plus aucun moyen, aucun événement par l'accomplissement des- « quels elles pourraient être plus tard déterminées » [2]. Ces personnes sont assurément capables de recevoir un legs. On se demande dès lors pourquoi elles ne pourraient pas profiter d'une stipulation pour autrui. Ce n'est pas la nature de l'acte intervenu qui est capable de créer une incapacité, c'est l'indéterminabilité seule. Or, le juge n'a-t-il pas un pouvoir suffisant pour rechercher ce qu'a voulu faire le signataire d'un acte et aussi pour dire si telle ou telle personne est ou non déterminable ?

La circonstance que l'auteur de la stipulation a traité en vue de ses *héritiers* pris non individuellement mais collectivement ne signifie rien. Le droit propre ne peut être refusé à ces personnes que s'il y a défaut et non point impuissance de la volonté du stipulant. Il importe peu que le nombre des bénéficiaires puisse, par suite d'évènements postérieurs, s'accroître ou diminuer ; les parties ont eu en vue cette éventualité dès le jour du contrat. Une pareille solution est difficilement admissible et même compréhensible aujourd'hui que la jurisprudence a reconnu à l'assuré la faculté de désigner le bénéficiaire de l'assurance postérieurement à la signature de

été décidé que les héritiers ne doivent pas considérer comme ayant fait partie du patrimoine du défunt, le droit au capital, même en présence d'une clause du contrat réservant à l'assuré la faculté de disposer de son vivant du bénéfice de l'assurance s'il est mort sans avoir fait un acte de disposition (Trib. de Nivelles, 13 août 1879 : *Pas.*, 81, 229). D'autre part, il a été jugé que la police signée au profit des héritiers ou ayants droit de l'assuré donne à ces derniers un droit propre et exclusif (Trib. civ. Bruxelles, 13 avril 1881, *Belg. jud.*, XXXIX, 812 ; Trib. civ. Bruxelles, 1er avril 1882 ; *Journ. du dr. intern. priv.*, 82, 353. C. Bruxelles, 12 juill. 1882, D. P. 83, 2, 107). Les créanciers ne peuvent qu'attaquer le payement fait par le défunt de primes annuelles, véritable libéralité à leur détriment, pourvu qu'il soit établi qu'au moment où il payait les primes, le défunt était déjà insolvable, (Trib. civ. Bruxelles, 1er avril 1882, précité).

1. Cf. sur cette question, Lambert : *Du contrat en faveur du tiers*, p. 137 et suiv., et notre article rédigé à l'occasion de cet ouvrage, sur *L'assurance sur la vie contractée au profit des personnes incertaines ou indéterminées* (Revue générale du droit, T. XVIII, 1894, p. 56 à 61 et *Rec. périod. des assur.*, 1894, p. 162 ; V. Champeau : *La stipulation pour autrui et ses princip. applicat.* Paris, 1893, p. 118, etc..

2. Demolombe : *Donations et testaments*, nos 606 et 607.

la police. La possibilité de variations dans la composition de la collectivité visée ne saurait être une cause d'inefficacité de la stipulation pour autrui, si tous ceux qui, finalement, profiteront de cette désignation, sont déjà existants et capables d'acquérir dès le jour du contrat.

Ce qui prouve bien, du reste, que la simple indétermination ne peut pas être une cause de nullité de la stipulation pour autrui si les bénéficiaires sont à la fois déterminables et actuellement existants c'est que *l'assurance pour le compte de qui il appartiendra*, fort usitée non seulement en matière d'assurances maritimes, mais aussi en matière d'assurances terrestres, produit ses effets même si les tiers ne sont pas désignés nommément dans le contrat [1], et établit un lien de droit entre l'assureur et tous les propriétaires présents ou futurs de la chose assurée [2].

La stipulation au profit d'autrui doit donc conférer un droit propre et exclusif de par le seul effet du contrat à la personne même indéterminée [3].

En est-il de même quand la stipulation intervient au profit de personnes futures ?

A consulter la jurisprudence la négative n'est pas douteuse [4].

D'après les arrêts la personne future est privée de tout droit parce que l'art. 906 C. Civ. exige que pour recevoir entre vifs on soit conçu au moment de la donation.

La jurisprudence qui donne le droit propre aux tiers indéterminés s'imagine y être contrainte par les règles générales du droit français [5].

Les principes et les règles du droit sont-ils réellement en jeu ? En particulier, les articles 725 et 906 C. Civ. supposent-ils nécessairement qu'une personne ne peut être désignée comme titulaire d'une obligation qu'à dater du jour où elle existe ?

Si l'on se reporte à l'ancien droit on voit que tous les romanistes, si ce n'est Nicolas Duval dont l'opinion était considérée comme

---

1. V. par exemple Amiens, 10 juin 1887, D. P. 89, 2, 181 et la note de M. Levillain, *ibid.*.

2. Cass., 5 mars 1888, D. P. 88, 1, 365 ; S. 88, 1, 313.

3. Pour établir que la stipulation conclue en faveur des héritiers peut leur conférer un droit propre, M. Rabatel *De la nature de l'assur. sur la vie*, p. 238, etc.) a montré que ces personnes ne sont pas incertaines, car les héritiers seront déterminés par la mort, c'est-à-dire par un événement certain; il fait valoir qu'en matière de testaments l'on admet que la personne du légataire est suffisamment déterminée quand elle doit être ultérieurement connue grâce à un événement certain.

4. Notamment Paris, 1er août 1879, S. 80, 2, 249; Nîmes, 25 février 1880, S. 80, 2, 327 ; D. P. 80, 2, 181; Amiens, 29 décembre 1886; D. P. 88, 2, 169 ; Cass., 2 juillet 1884, S. 85, 1, 11 ; D. P. 85, 1, 150; Crépon : Note, S. 88, 1, 128.

5. Aussi a-t-on fortement insisté pour que le législateur se hâte de modifier la législation « si peu hospitalière pour l'assurance contractée par une personne avec une abnégation généreuse au profit des enfants nés et à naître ». Labbé : Note, S. 85, 1, 5; V. aussi Note, S. 88, 2, 97; Champeau : op. cit., p. 107.

une exception bien rare, avaient admis la capacité des non conçus [1]. Dans les pays coutumiers, sauf dans certaines localités notamment en Normandie [2], et non sans une certaine résistance [3], les enfants non conçus étaient exclus des successions *ab intestat*, mais comme conséquence de la règle *le mort saisit le vif* [4]; pour pouvoir être saisi, disait-on, il faut nécessairement être un sujet *existant* au moment du décès [5]. Mais on semblait bien reconnaître que ce principe ne recevait application que pour les successions [6].

En disposant que pour succéder il faut nécessairement exister à l'instant de l'ouverture de la succession et en réputant par là même incapable de succéder celui qui n'est pas encore conçu, l'art. 725 C. Civ. a consacré cette tendance de la doctrine confirmée notamment par la jurisprudence du Parlement de Paris.

La règle qui édicte ce texte pour la succession doit être restreinte à la matière des successions. Elle ne peut pas s'appliquer au cas de stipulation pour autrui. Une distinction s'impose. Pour qu'une transmission directe puisse s'effectuer entre le *de cujus* et son héritier il faut que ces deux personnes aient co-existé, il n'est pas possible, en effet, qu'il y ait une lacune, un intervalle vide dans la propriété. Il n'en est plus de même lorsqu'il intervient entre le stipulant et le non conçu un tiers qui, déjà né à l'époque où le disposant meurt, existe encore au moment de la conception du bénéficiaire et a pu servir aussi d'intermédiaire entre eux. La règle posée pour les successions n'a donc plus de raison d'être dans l'hypothèse où il existe une personne sur la tête de qui la propriété a pu se fixer, depuis l'instant où le stipulant a cessé d'être propriétaire, jusqu'à celui où le bénéficiaire l'est devenu.

Mais en outre de l'art. 725, il existe l'art. 906 qui exige que la personne appelée à recevoir par une donation entre vifs, ou par un testament soit au moins conçue lors de la donation, ou au moment du décès du testateur.

Les deux dispositions par lesquelles débute ce texte doivent être examinées séparément.

Le paragraphe 2 relatif à la capacité pour la personne gratifiée par un testament constitue une innovation introduite par les rédacteurs du Code Civil. Mais cette prescription ne concerne que les legs. Elle ne s'applique qu'au cas où l'on reçoit par testament, c'est-à-dire d'une façon directe. Elle a été inspirée par cette idée

---

1. V. par exemple Louet : *Recueil d'aucuns notables arrests*, lett. D. somm. 51.
2. Bérault : sur la coutume de Normandie, art. 40; Basnage : *ibid.* sur l'art. 225.
3. Jacquet : sur la coutume de Touraine, *Titre des successions*, T. II, p. 3.
4. Auroux des Pommiers : sur la coutume du Bourbonnais, art. 299.
5. Valin : sur la coutume de La Rochelle, art. 56, n° 21.
6. Brodeau : sur Louet, lettre R. somm. 38; Buridan : sur la coutume de Reims, art. 194; Authomne : sur la coutume de Bordeaux, art. 11; Maillart : sur la coutume d'Artois, art. 90, v° *Le cif*, n° 59.

que la dévolution du patrimoine ne doit pas rester en suspens, qu'il importe que la propriété ait un titulaire, qu'il convient de ne pas laisser indéfiniment instables les droits confiés à autrui par le *de cujus*. Aucun de ces motifs ne peut s'appliquer avec une stipulation pour autrui puisqu'il existe un intermédiaire, celui avec qui le stipulant a traité en faveur d'une autre personne.

Le paragraphe concernant la qualité indispensable pour recevoir une donation entre vifs ne vise que les dispositions directes. L'article 133 de l'Ordonnance de 1539 dont s'est inspiré le rédacteur de l'article 906 était appliqué aux donations et rien qu'aux donations; jamais il n'a été question de lui faire régir les stipulations pour autrui. Enfin, rien dans les travaux préparatoires n'autorise à croire que le législateur de la France nouvelle ait entendu déroger à la règle de la validité des stipulations au profit des non-conçus admise par le législateur (Ordonnance de 1731, art. XI; Ordonnance de 1735, article 49), consacrée par la jurisprudence, enseignée par les auteurs.

Ni l'art. 725, ni l'art. 906 ne consacre donc la règle déniant capacité aux personnes futures pour recueillir le montant d'une stipulation conclue en leur faveur.

Le véritable motif qui a inspiré la jurisprudence est peut-être celui-ci : il n'est pas possible qu'un individu devienne titulaire d'un droit avant d'exister. Mais on a pu faire une réponse décisive [1]. Assurément la stipulation ne peut pas conférer au tiers avant sa conception un droit définitivement acquis; mais ce tiers trouve, le jour où il vient au monde, un droit éventuel qui n'attendait que sa naissance pour prendre corps et qui pouvait tenir debout sans son intervention puisqu'il sortait d'un contrat valablement formé entre deux autres personnes. Si l'on peut stipuler une chose future on doit pouvoir stipuler au profit d'une personne future, comme le notait un ancien jurisconsulte [2]. La stipulation ne produira pas immédiatement ses effets, c'est vrai [3], mais du jour où la naissance du tiers gratifié aura donné au sujet du droit la détermination qui lui manquait le promettant se trouvera, en vertu de la stipulation primitive, obligé envers le bénéficiaire [4].

Mais il ne faut point se le dissimuler, la jurisprudence ne semble guère à la veille de céder. La solution fournie par les décisions antérieures quant à la nullité de la stipulation passée au profit de personnes réputées incertaines ou indéterminées est admise d'une façon

1. Lambert : *op. cit.* p. 211.
2. Ranchin : *Sur la question* 267, de Guy Pape.
3. C'est en vain qu'il serait objecté qu'un contrat doit produire immédiatement ses effets; il existe, en effet, entre le stipulant et le promettant une relation juridique capable d'engendrer un droit, en l'absence de la personne gratifiée.
4. Cf. Furgole : *Comment. de l'Ordonn. de 1731*, art. 12.

générale par les tribunaux [1]. Bien mieux, elle est acceptée par des auteurs. A côté de ceux qui enseignent que l'emploi de ces formules : « *enfants nés et à naître* » », « *héritiers et ayants cause* », attestent

[1]. La résistance directe est si peu possible que des efforts ont été tentés pour arriver à un autre résultat en plaçant la question sur un autre terrain.

Ainsi M. Thaller (Note, D. P. 88, 2, 1) a cherché la solution du problème dans une nouvelle explication de l'art. 1121 : le contrat ne créerait pas actuellement de créance au profit du tiers bénéficiaire, l'assureur s'obligerait seulement envers le stipulant à offrir au tiers bénéficiaire la somme convenue, à conclure après le décès du stipulant, avec le bénéficiaire, un contrat ayant pour objet la prestation du capital assuré; la créance de ce capital ne naîtrait donc qu'après le décès du stipulant et elle se formerait directement dans la personne et le patrimoine du bénéficiaire qui l'acquerrait sans aucune rétroactivité; cette créance n'aurait jamais existé dans le patrimoine de l'assuré; ce que l'on trouverait dans ce patrimoine de l'assuré ou dans sa succession, ce serait le droit de contraindre la Compagnie à faire offre au tiers bénéficiaire de la somme fixée.

D'autre part, M. Boistel (Note, D. P. 89, 2, 129, etc.) a présenté une analyse nouvelle de l'assurance sur la vie envisagée comme stipulation pour autrui. Cet acte juridique, d'après le savant professeur, donnerait naissance à deux droits : l'un au profit du bénéficiaire désigné qui recueillerait l'indemnité en cas de survie, d'acceptation s'il n'y avait pas une révocation intervenue antérieurement; l'autre au profit de l'assuré lui-même dont la succession se saisirait de l'indemnité, s'il révoquait la stipulation au profit du bénéficiaire, si celui-ci ne l'acceptait pas ou s'il ne prédécédait pas. De ces deux droits celui de l'assuré serait plus fort que celui du bénéficiaire susceptible de révocation; l'un serait principal, l'autre ne serait qu'accessoire. Cette analyse du contrat permettrait de valider la clause attributive de l'indemnité au profit de bénéficiaires indéterminés. Sans doute ces bénéficiaires, n'existant pas encore, n'acquéreraient pas du jour du contrat le droit que la clause attributive doit faire naître à leur profit, mais parce que l'effet principal, la création du droit au profit du stipulant, de l'assuré, peut se produire de suite; il soutient tout le contrat jusqu'à l'accession des autres créanciers indiqués comme possibles.

M. Deslandres (*Du contrat d'assurance sur la vie au profit de bénéficiaires indéterminés; Revue crit. de législat. et de jurisprud.*, 1891, p. 175, etc.) propose de considérer l'assurance comme une convention destinée à ne devenir une stipulation pour les bénéficiaires qu'au jour de leur apparition; ainsi présenté le contrat investirait ces derniers d'un droit exclusif.

Antérieurement, constatant que la théorie de la gestion d'affaires impose, pour accorder un droit propre au tiers gratifié, que la désignation a été faite à un tiers désigné, on a cherché à combler la lacune et l'on s'est efforcé d'étendre la même règle au cas où il y aurait eu assurance intervenue en faveur de personnes indéterminées.

D'après M. Mornard, qui a voulu compléter le système de M. Labbé (*op. cit.*), le contrat d'assurance sur la vie étant un contrat essentiellement annal, à l'expiration de chaque année le signataire de la police a le pouvoir de résilier la police à tout moment, de désigner un bénéficiaire nouveau; si l'assuré maintient le contrat et la vocation du tiers, il continue jusqu'au moment de sa mort la gestion d'affaires et alors il se trouve que celui au profit duquel elle a eu lieu est déterminé par la mort du stipulant; à l'instant de sa mort la gestion d'affaires a été continuée au profit d'une personne déterminée qui se trouve en état de la ratifier et d'en recueillir les bénéfices.

Plus récemment M. Imbert Cyprès (*L'assurance sur la vie et les caisses de retraites*, Paris, 1894, p. 118 à 120) a soutenu, malgré une doctrine et une jurisprudence constantes, non seulement que l'on fait à tort intervenir en pareille circonstance l'art. 1122 C. Civ., ce texte ne mettant pas obstacle à ce qu'une personne stipule pour ses héritiers, mais aussi que l'idée de la gestion d'affaires supprime toute difficulté, le contrat étant passé d'abord au profit de l'assuré lui-même et l'assurance souscrite pour le tiers n'étant que subsidiaire.

Enfin un auteur (M. Goulazou : *De la stipulation pour autrui dans l'assur. sur*

toujours et dans tous les cas la volonté du stipulant d'augmenter son patrimoine d'un nouvel élément d'actif, la créance contre la Compagnie et que dès lors on doit refuser d'admettre dans ces circonstances l'intention de conférer un droit propre, indépendant de sa succession, nombre de jurisconsultes estiment, sans aller aussi loin, que la stipulation pour autrui ne peut conférer un droit qu'à une personne déterminée, à une personne existante, capable d'acquérir.

Mais il convient, dans l'intérêt même du développement de l'assurance sur la vie, de lutter avec énergie pour limiter les cas où l'attribution devra être considérée faite en faveur de tiers indéterminés. Il importe d'obtenir que l'on augmente les cas où le droit propre pourra être reconnu, afin de permettre pour la famille la constitution d'une réserve à l'abri des vicissitudes causées par la mort de son chef.

Il serait certainement quelque peu téméraire de demander que l'assurance souscrite au profit des « *héritiers ou ayants droit* », puisse être placée sous l'empire de l'art. 1121 et qu'elle reçoive la possibilité légale de conférer un droit propre et exclusif sur la somme promise par l'assureur. Le terme d'*héritier* correspond à la pensée d'hérédité, de continuateur de la personne [1]. Quand l'assuré a sti-

la vie, p. 106, etc.) a prétendu que l'impossibilité de contracter au profit d'un tiers indéterminé pouvait se concevoir lorsque la jurisprudence exigeant le concours de volontés supposait que le tiers gratifié intervenait au contrat par lequel l'assuré lui transférait la créance que lui avait fait acquérir un premier contrat passé avec la Compagnie, mais que la solution doit être différente si l'on admet que le tiers au profit duquel une assurance est conclue reçoit son droit au capital assuré non pas du stipulant par voie de cession, mais tout au contraire, directement du contrat unique, pour la perfection duquel son intervention est inutile.

Malgré tous les éclaircissements donnés à l'appui de cette théorie et bien qu'elle paraisse séduisante en ce sens qu'elle semble capable d'assurer de toute façon la volonté de l'assuré qui a pensé conférer un droit propre au gratifié, on peut contester cette manière de voir en faisant valoir qu'elle ne tient pas compte de ce fait qu'un contrat ne peut engendrer une créance qu'autant que le créancier existe, que si un créancier est indéterminé lors de la conclusion du contrat il n'a pu acquérir et que pour devenir titulaire d'un droit il faut exister.

1. Cependant on l'a prétendu ces temps derniers. M. Imbert Cyprés (*L'assurance sur la vie et les caisses de retraites*, p. 120) a fait valoir que l'emploi de la formule en faveur de personnes considérées maintenant comme indéterminées aurait le grand avantage de permettre au père de famille désireux de se lancer dans des spéculations hasardeuses d'assurer l'avenir de sa famille, qu'il y aurait là en quelque sorte une constitution analogue à *l'homestead* qui fonctionne si bien en Amérique ; à l'objection tirée de ce qu'il y aurait un encouragement à la fraude, que les créanciers seraient frustrés, ruinés peut être, alors que la fortune de leur débiteur serait dans l'opulence, et cela au moyen de primes payées avec leurs deniers. M. Imbert Cyprés fait cette réponse : les primes auraient été le plus souvent englouties dans les spéculations où a sombré la fortune de l'assuré, souvent elles représentent une économie forcée, sans l'assurance elles seraient consommées en dépenses improductives et les créanciers n'en seraient pas moins frustrés ; c'est le résultat qu'on obtiendra en soutenant la théorie de la jurisprudence ; le débiteur ne pouvant assurer l'avenir de sa famille s'inquiétera peu de ménager les intérêts de ses créanciers ; il dissipera, comme il dissipe le

polé au profit de ses « *héritiers* », il y a de sa pensée deux interprétations possibles : ou bien il a voulu contracter au profit de ceux qui étaient à cette époque ses héritiers présomptifs et qui seront les seuls et les mêmes à appréhender la succession au jour de son décès ; ou bien le stipulant a eu l'intention de faire payer la somme convenue aux personnes, encore inconnues de lui à cette date, qui, au décès, seront ses héritiers. Mais le résultat sera toujours le même, car c'est précisément sur cette qualité d'*héritiers* que les bénéficiaires devront se fonder pour réclamer le capital : d'où il suit logiquement qu'ils touchent la somme *jure hæreditario*, mais non *jure suo* et que s'ils la touchent *jure hæreditario*, cette somme fait bien partie de l'hérédité [1].

Mais il en est autrement en ce qui concerne l'assurance passée par une personne au profit de ses *enfants* non spécialement dénommés [2]. Il est à désirer que dans tous les cas il soit reconnu à ces derniers un droit propre. Il est contraire à toute réalité de réputer désireux d'amener une augmentation de ses biens, gage de ses créanciers, le père de famille qui s'impose le service des primes après avoir signé une police visant ses enfants. Le soin que ce père prend de constituer des ressources particulières, spéciales, en dehors de son patrimoine, démontre certainement sa ferme intention que les personnes auxquelles il pense ne s'en tiennent pas à ce qui se trouvera

reste, les sommes qu'il aurait pu consacrer à payer les primes, et ainsi tout le monde sera sacrifié sans profit pour personne.

1. Paulmier : *op. cit.*, p. 95.

2. Un partisan déclaré de la jurisprudence de la Cour de cassation, M. Duhaut (*La justification de la jurisprud. de la C. de cass. en mat. d'assur. sur la vie*, p. 40) regrettant que la théorie de la Cour suprême ne puisse pas autoriser le père de famille à gratifier à la fois ses *enfants nés et à naître*, a cherché à introduire un correctif. Son système peut se résumer ainsi : l'effet de la stipulation pour autrui se réduit à l'obligation qui existe de la part du promettant vis-à-vis du stipulant d'accomplir la prestation promise; cette obligation n'a d'autre sanction que le droit qui appartient au stipulant de demander, en cas d'inexécution, la résolution du contrat principal dont la stipulation pour autrui n'est que l'accessoire. Or, cette obligation n'est pas nécessairement nulle, si la personne entre les mains de qui elle doit être exécutée n'existe pas au moment où la naissance du lien de droit est provoquée. La convention réunit, en effet, les éléments nécessaires à son existence : concours de volontés, objet, cause licite, sanction. La prestation ne serait impossible que si le débiteur devait payer immédiatement, mais elle ne l'est pas s'il n'est tenu qu'à terme; l'impossibilité n'est donc pas perpétuelle, mais actuelle et temporaire; elle n'est pas absolue, mais relative; elle n'est pas certaine, mais éventuelle. Il importe peu qu'elle existe au moment du contrat si elle a disparu au moment de son exécution. Si le bénéficiaire n'est pas conçu au moment du décès du stipulant, l'obligation du promettant aura été nulle; dans le cas contraire, elle aura été valable *ab initio* et rien ne s'oppose même à ce que l'on admette que dès l'instant de sa conception l'enfant aura été investi de l'action que la faveur de la loi accorde à tout bénéficiaire d'une stipulation pour autrui.

Cette théorie est assurément fort ingénieuse et fort séduisante, notamment par les conséquences auxquelles elle aboutit. Nous inclinons à croire que la jurisprudence refusera pourtant de s'y rallier, tant il semble certain que pour être gratifié d'un droit, il faut avoir au moins une existence juridique.

dans ses biens, à ce qu'il a recueilli par son travail ou par ses placements.

Il y a antagonisme complet entre les prescriptions qui s'imposent et la volonté du père de famille qui mérite, elle aussi, qu'on la respecte [1].

Des tribunaux paraissent l'avoir compris. Après avoir décidé que l'individu qui souscrit une assurance au profit de « *ses enfants* » a en vue des personnes bien existantes et bien certaines, surtout quand il se trouve que lors de la souscription de l'assurance le signataire avait déjà plusieurs enfants [2], ils ont proclamé que cette solution intervenue à l'occasion d'une police dans laquelle l'assuré visait « *ses enfants* », sans aucune mention, devait être étendue au cas où la stipulation serait faite pour les enfants *nés ou à naître* [3].

Tout le monde désire que l'on arrive à réputer passée dans les termes de l'art. 1121 C. Civ. la stipulation faite par un père au profit de ses *enfants*. Si le souscripteur n'ajoute pas *à naître*, l'on doit considérer qu'il a entendu traiter au profit des enfants qui existent lors de la signature de la police. L'attribution du droit propre résultant de l'art. 1121 C. Civ. est, dit-on, subordonnée à l'existence du bénéficiaire, un droit de créance ne pouvant être conféré à un individu qui n'existe pas. Or, peut-on prétendre qu'il n'y a pas stipulation au profit de personnes certaines quand le père, signataire du contrat conclu pour des enfants, a précisément des enfants à ce moment [4].

D'autre part, en présence d'une stipulation rédigée au profit des *enfants nés et à naître*, si l'on ne peut obtenir la reconnaissance d'un droit propre aux enfants qui n'existent pas encore [5], il faut arriver à obtenir une division de la stipulation : il serait juste de distinguer dans l'attribution les enfants *nés* des enfants *à naître* et de ne pas les englober dans une commune solution en décidant que la

---

1. Couturier : *De l'assur. sur la vie en général et spécialem. de l'assur. sur la vie entre époux*, p. 136.

2. Nancy, 25 févr. 1882, S. 85, 1, 6; D. P. 85, 1, 150.

3. Trib. Civ. Seine, 4 novemb. 1889; *Journ. des assur.*, 90, 14; *Rec. périod. des assur.*, 89, 399.

4. On ne saurait opposer la clause subsidiaire en faveur des héritiers pour le cas où les enfants seraient hors d'état de recueillir le capital assuré (Trib. civ. Saint-Dié, 24 avril 1894; *Journ. des assur.*, 94, 29). En doctrine cette indication de personnes appelées à recueillir, à défaut des personnes visées dans le contrat, est sans importance. Il est certain, en effet, que si l'assuré traite au profit de sa femme et, *à défaut de sa femme*, pour *ses héritiers et ayants cause*, la stipulation est réputée faite dans les termes de l'art. 1121, parce que la stipulation qui intervient au profit de la femme, personne déterminée, est la stipulation principale (Cass., 23 janv. 1880, S. 80, 1, 353; D. P. 90, 1, 73). En outre, il y a stipulation dans les termes de l'art. 1121 lorsqu'un père stipule pour ses *enfants et à leur défaut* pour *leurs enfants ou leurs héritiers* (Cass. 8 févr. 1888, S. 88, 1, 129; D. P. 88, 1, 201). — Cf. notre Note, *Rec. périod. des assur.*, 1893, p. 612.

5. Lambert : *op. cit.*, p. 282.

clause attributive est sans portée pour le tout, en tant que stipulation pour autrui [1].

De ce que la jurisprudence avait fini par donner une interprétation libérale à la clause des enfants *nés et à naître* en décidant que l'assurance souscrite par un père au profit de ses enfants était faite à des personnes certaines et déterminées, indépendamment de leur qualité héréditaire [2], on a cru pendant un certain temps qu'une distinction serait établie entre les enfants nés à la date du contrat et les enfants à naître pour déclarer valable l'attribution faite au profit des enfants nés et nulle celle au profit des enfants à naître [3]. Mais de récentes décisions ont refusé de prononcer dans ce sens; elles ont affirmé la nullité de la stipulation même pour les enfants *nés*, par le motif que la stipulation n'est pas certaine, ces enfants n'étant appelés à recueillir le bénéfice de la disposition qu'en cas de survivance; il a été ajouté que si l'on admettait la possibilité d'une différence entre les enfants *nés lors de la stipulation* et ceux qui ne sont *nés que postérieurement*, on arriverait à un résultat manifestement contraire en équité à la volonté du stipulant en créant une inégalité choquante entre ceux au profit desquels il a entendu conférer des droits égaux [4].

1. V. sur cette question : *Enfants nés ou à naître, de l'attribution du bénéfice à leur profit (Journ. des assur.*, 1893, p. 208 à 213) et notre dissertation, *Pand. fr. périod.*, 93, 1, 257, etc..

2. Nancy, 25 févr. 1882 ; S. 85, 1, 11 ; D. P. 85, 1, 150; et sur pourvoi Cass. 2 juill. 1884, S. 85, 1, 11 ; D. P. 85, 1, 150.

3. Trib. civ. Seine, 21 juill. 1887; *Journ. des assur.*, 87, 494 : *Rec. périod. des assur.*, 87, 520 ; Trib. civ. Seine, 4 nov. 1889 ; *ibid.*, 90, 10; *Rec. des assur.*, 89, 309. Ces décisions pouvaient à bon droit être considérées comme impliquant un abandon de la jurisprudence antérieure à l'arrêt de 1884, laquelle prononçait la nullité pour le tout (Rennes, 23 juin 1879 *sol. impl.*); D. P. 79, 2, 155 ; Lyon, 9 avril 1878; D. P. 79, 2, 155 ; Chambéry, 10 juill. 1889 ; *Rec. périod. des assur.*, 89, 124).

4. Trib. civ. Montbéliard, 26 juin 1891 et C. Besançon, 23 décembre 1891 ; D. P. 92, 1, 111 et 112.

Le pourvoi formé contre cet arrêt a été rejeté par la Chambre des requêtes, le 6 mars 1893, D. P. 94, 1, 77.

Il ne faut pas exagérer pourtant l'importance de cet arrêt de rejet.

La Cour de cassation ne se prononce point en principe sur la question. Si elle refuse de dire, comme l'y conviait le pourvoi, que la Cour de Besançon aurait dû ne pas faire tomber tout le capital assuré dans la succession du souscripteur de la police, c'est uniquement en se retranchant derrière les constatations souveraines des juges du fait, c'est seulement parce que, dans la décision attaquée, la Cour de Besançon, usant de son pouvoir d'interprétation, avait affirmé que la stipulation, même considérée comme faite au profit des enfants déjà *nés*, ne s'appliquait pas à des personnes déterminées, ces enfants n'étant pas individuellement désignés et, en second lieu, ces enfants n'étant appelés à recueillir le bénéfice de la stipulation qu'en cas de survivance, par conséquent, à titre d'héritiers, comme les enfants à *naître* eux-mêmes. Le jugement du tribunal de Montbéliard, du 26 juin 1891, confirmé par la Cour de Besançon dans son arrêt du 23 décembre 1891, déclare, en effet, que les enfants en vue desquels le père avait souscrit la police étaient en réalité et dans la pensée même de ce dernier les personnes appelées à recueillir sa succession, c'est-à-dire ses héritiers et la décision cite différentes circonstances établissant bien la volonté du père de ne pas soustraire au paiement de ses dettes le bénéfice du contrat.

Cette opinion ne semble pourtant nullement fondée.

Lorsqu'un père contracte au profit de ses « *enfants nés ou à naître* », on peut assurément soutenir que l'assurance ne saurait avoir pour effet de conférer dès le jour même où la convention intervient un droit propre aux enfants *à naître*, car ils n'existent pas à cette date, et il se peut même qu'ils n'existent jamais. Mais on est en droit de se demander pour quelles raisons la police serait privée de l'effet d'attribuer, au moment même où elle est signée, un droit exclusif aux enfants *nés* : ces personnes existent, elles sont certaines, déterminées.

C'est en vain que l'on invoquerait cette circonstance que la stipulation est indivisible et que l'on soutiendrait que cette indivisibilité rend nulle pour le tout l'attribution, même quand cette dernière concerne non moins des personnes réellement et juridiquement capables d'acquérir un droit. Le caractère d'indivisibilité ne résulte pour la stipulation ni de l'art. 1121 C. Civ., ni d'aucun texte, ni d'aucun principe. Rien dans la loi, rien dans la nature même des choses ne s'oppose à ce que, par une stipulation faite en faveur de plusieurs personnes, si l'une d'elles ne veut ou ne peut acquérir le bénéfice de la stipulation, les autres personnes gratifiées en recueillent le profit. Pour prendre la matière des assurances sur la vie, en présence d'une police souscrite au profit des « *enfants nés ou à naître* » de l'assuré, rien n'interdit de reconnaître un droit propre au capital assuré pour les enfants déjà existants. Si le contrat avait été conclu directement pour eux, par exemple, si le père avait traité pour « *ses enfants* », le capital assuré leur aurait incontestablement appartenu. On ne voit point les motifs qui militent en faveur d'une autre solution lorsque le père, voulant tout prévoir, même l'avenir, à l'attribution relative aux enfants qui existent en joint une pour les enfants qui pourraient survenir.

A la vérité, il a été allégué que le père qui contracte pour ses enfants *à naître* aussi bien que pour ceux qui sont *nés* songe à traiter également tous ses enfants. Mais il est permis de se demander si la décision qui écarte tous les enfants du droit au capital assuré et qui fait tomber la créance contre la Compagnie dans le patrimoine du stipulant, gage des créanciers de ce dernier, répond mieux à l'intention du père. N'est-ce pas rendre totalement inutile la mesure de prévoyance du père qui, par un prélèvement effectué sur ses revenus, a cherché à constituer pour ses enfants des ressources propres, indépendantes ? Lorsqu'un père souscrit une assurance au profit de ses « *enfants nés ou à naître* », il n'a évidemment pas en vue les personnes qui recueilleront sa succession en qualité d'héritiers, personnes manifestement incertaines ; ce qu'il entend, c'est gratifier ses enfants, non pas ses enfants pris comme héritiers, mais bien ses enfants considérés à ce seul titre. Si dans l'état actuel de la jurisprudence le désir du souscripteur ne peut se réaliser en ce qui concerne les enfants *à naître*, il vaut mieux lui donner effet partiellement plutôt que de le rendre complètement inutile en laissant dans la succession de l'assuré, gage de ses créanciers, la totalité du capital assuré[1].

Il faut amener un changement dans les tendances de la jurisprudence[2] en ce qui concerne la stipulation pour les enfants *nés et à naître*[3].

Assurément ce résultat risque de n'être atteint que dans un avenir plus ou moins éloigné. Mais les tribunaux peuvent y arriver en se servant du droit qu'ils ont d'interpréter les polices et d'apprécier l'intention du signataire des contrats. Ce droit de rechercher la volonté de l'assuré d'après les circonstances de la cause est rationnel; tout le monde le reconnaît[4] et la Cour de cassation l'admet bien[5].

Il doit être exercé dans ce cas et, on doit l'ajouter, dans ce sens. Il importe que le juge prenne pour point de départ l'idée que l'assuré a voulu procurer un avantage indépendant de sa succession aux personnes qu'il laissera après lui, en un mot qu'il présume chez le souscripteur de la police l'intention non pas d'augmenter son

[1]. Cf. nos observations : *Pand. fr. périod.*, 93, 1, 257 et suiv.; et *Rec. périod. des assur.*, 93, 327; Clos : *op. cit.*, p. 77.
Il convient d'ajouter qu'il a été reconnu, au cas de stipulation visant d'abord les héritiers de l'assuré et à leur défaut la veuve de ce dernier, que l'inefficacité de la première disposition n'entraînait pas la nullité de la seconde qui, concernant une personne déterminée, rentrait bien dans les termes de l'art. 1121 C. Civ. (Nîmes, 25 févr. 1880, D. P. 80, 2, 184; S. 80, 2, 327), et à l'inverse, en présence d'une police attribuant le capital à la femme et en cas de prédécès de celle-ci à ses propres héritiers, qu'il y avait non pas une clause indivisible, nulle à raison de la désignation insuffisante d'une partie des bénéficiaires indiqués, mais bien deux clauses distinctes, la première principale et prédominante dans l'intérêt exclusif de la personne nommément désignée, l'autre accessoire et éventuelle, subordonnée au prédécès de celle-ci et reportant, dans ce cas seulement, le bénéfice de l'assurance aux héritiers (Rouen, 22 mars 1881 ; Dalloz: *Rép.*, Supplém., v° *Assur. terr.*, n° 437).
[2]. En attendant une loi.
M. Labbé (*De l'assurance sur la vie par un père au profit de ses enfants: La France judiciaire*, 2e année, p. 408, etc.) a bien montré que le législateur pourrait sans inconvénients déclarer valable et efficace la stipulation au profit des *enfants nés et à naître*. Il ne serait pas contraire à l'essence du droit d'investir d'un droit des personnes non conçues : la plupart des contrats sont destinés à satisfaire aux intérêts présents de l'existence humaine; le contrat d'assurance en cas de décès est destiné à parer aux éventualités de l'avenir. Du reste, il y a un exemple, celui de l'Angleterre; d'après la loi du 9 août 1870 (*Annuaire de législat. etc.*, 1870-1871, p. 57), une police d'assurance faite par un homme marié sur sa vie avec la stipulation qu'elle est faite au profit de ses enfants à l'effet de garantir le bénéfice aux enfants. En ce sens, Champeau : *op. cit.*, p. 197.
[3]. V. *Journ. des assur.*, 1890, p. 13.
[4]. En se plaçant à des points de vue différents M. Deslandres, (*Rev. crit. de législat. et de jurispr.*, 1891, p. 178) et M. Rehlous (*Des principes à édicter à la base d'une loi fédérale sur le contrat d'assur. sur la vie* p. 49), antérieurement M. Blondel (*op. cit.*, p. 220), par exemple, arrivent à cette solution.
[5]. Cf. notamm., Cass., 2 juill. 1884, D. P. 85, 1, 150; S. 85, 1, 41; Cass., 8 févr. 1888, S. 88, 1, 129; D. P. 88, 1, 201.

patrimoine au profit de ses héritiers et de ses créanciers mais bien de fournir un émolument distinct et particulier à telle ou telle personne ou à tel groupe de personnes, sous la réserve naturellement d'écarter cette présomption lorsque les faits, les circonstances de la cause attesteraient des sentiments contraires [1]. C'est aller contre la réalité des choses, contre toute vraisemblance que de supposer chez la personne qui prend la peine de rédiger une proposition et de se soumettre à une visite, qui consent à acquitter une prime le désir de chercher à augmenter sa succession; pour arriver à une pareille fin il n'était nullement nécessaire de viser spécialement ses enfants; l'assurance pouvait être conclue d'une autre façon et le résultat, la mise dans les biens d'une créance contre la Compagnie, était le même.

On a bien objecté que le souscripteur avait la facilité de désigner les bénéficiaires d'une façon sinon expresse au moins suffisante et qu'une clause moins incertaine aurait levé toute difficulté [2]. Mais l'assuré peut-il prévoir l'avenir; et sauf dans quelques cas peut-il savoir quels seront les enfants qui lui survivront ou bien s'il ne mettra point des enfants après la confection de la police? Quelle serait la situation d'un père qui, après avoir contracté une police pour les enfants qui existent à ce moment, verrait sa famille s'augmenter?

Il ne faut point parler des intérêts des créanciers; en perdant la créance que la mort de l'assuré donne contre la Compagnie, ils ne sont pas frustrés d'une valeur dont jouissait leur débiteur. On l'a dit [3], cette créance d'indemnité change singulièrement de prix suivant les époques, avant ou après la mort de l'assuré. Avant, incertaine, subordonnée à la plus aléatoire des conditions, le décès de l'assuré, et la continuation de l'assurance jusqu'à cet événement, elle n'a, pour ainsi dire, aucune valeur vénale. Après le décès la créance a une valeur absolue, le débiteur est une Compagnie dont la solvabilité est assurée, sinon par une entière prospérité, du moins par des réserves statutaires considérables. Cette créance vaut cent aujourd'hui, elle ne valait pas dix avant la mort de l'assuré. Ce sont là des faits. Au point de vue de l'équité les créanciers auxquels le droit à l'indemnité d'assurance est enlevé (et qui en auraient été d'ailleurs privés s'il y avait eu stipulation au profit de personnes nettement déterminées) ne peuvent pas se dire privés d'une valeur qui était dans le patrimoine de leur débiteur.

---

1. Couteau : op. cit., T. II, p. 300; Morbard : op. cit. p. 208 ; — V. aussi Deslandres : *De l'assur. sur la vie*, p. 153 et suiv.

2. C'est l'argumentation qui se retrouve dans les arrêts précités de la Cour de cassation des 15 décembre 1873 (S. 74, 1, 199; D. P. 74, 1, 113) et 7 février 1877 (S. 77, 1, 393; D. P. 77, 1, 337).

3. Deslandres : *Du contrat d'assur. sur la vie au profit de bénéficiaires indéterminés* (*Revue crit. de législat. et de jurisprud.*, 1891, p. 104).

A priori le juge doit donc s'en tenir à cette idée qu'en souscrivant une assurance pour ses enfants l'assuré a voulu leur permettre de recueillir une valeur indépendante de sa succession, à l'abri des réclamations des créanciers qu'il pourrait laisser. Si les faits ne s'y opposent, il doit interpréter le contrat comme intervenu dans le but d'attribuer, malgré les termes employés, un droit propre aux enfants. Mais ce n'est qu'une présomption ordinaire susceptible d'être détruite par la preuve contraire; quand les circonstances n'établiront pas que l'assuré a eu en vue ses enfants et rien que ses enfants le juge devra considérer la stipulation comme faite en faveur du patrimoine de l'assuré.

SECTION III

Assurance à ordre.

Tout en attribuant la créance contre la Compagnie à un tiers l'assuré peut se réserver le droit de disposer de l'assurance. Dans beaucoup de polices figure la clause *à ordre* permettant la transmission par endossement. Dans d'autres il existe un article autorisant la transmission par transfert écrit sur le titre [1]. Toutes les polices, d'autre part, déclarent que la Compagnie peut racheter le contrat et que l'assuré peut faire un emprunt aux dépens de la somme assurée.

Relativement au sort du capital assuré aucun doute ne saurait se présenter [2] pour le cas où les bénéficiaires mis en première ligne ne sont pas déterminés. En pareille circonstance les principes posés plus haut en ce qui concerne le contrat passé au profit de personnes indéterminées sont applicables. Il suffit que la stipulation ait lieu au profit de personnes incertaines pour que le droit au capital soit réputé avoir fait partie du patrimoine du stipulant, sans qu'il y ait à tenir compte de l'existence d'une clause *à ordre*. C'est du moins la raison qui a été donnée par plusieurs arrêts [3]. Toutefois, d'autres

1. Cette clause a la même valeur que la clause à ordre.
2. Si bien entendu quand l'assuré a disposé du contrat de son vivant. Il est indubitable que le bénéfice n'existe pas dans le patrimoine du signataire et qu'il se trouve exclusivement appartenir à la personne qui a acquis par cette rétrocession la créance contre l'assureur. V. Couteau : *op. cit.*, T. II. p. 397; Mornard : *op. cit.*, p. 225.
3. V. notamment, Paris, 5 mars 1873, S. 73, 2, 109; D. P. 74, 2, 104; Cass., 15 décemb. 1873, S. 74, 1, 199; D. P. 74, 1, 113; 15 juill. 1875, S. 77, 1, 26; D. P. 76, 1, 232; 10 décemb. 1876; S. 77, 1, 119; D. P. 77, 1, 504; Lyon, 9 avril 1878, S. 78, 2, 320; D. P. 79, 2, 158; Cass., 27 janv. 1879, S. 79, 2, 218; D. P. 79, 1, 230; Besançon, 14 mars 1883, S. 86, 2, 17; D. P. 83, 3, 129; Cass., 23 janv. 1889, S. 89, 1, 353; D. P. 90, 1, 73.

décisions paraissent avoir trouvé un motif différent; d'après elles l'addition d'une clause pour rendre le titre payable *à l'ordre* du souscripteur et transmissible par endossement aurait pour effet de faire tomber la police dans les biens de l'assuré à raison de la réserve contenue dans le contrat [1], cette réserve impliquant le droit de propriété [2].

La difficulté ne risque de se présenter que pour la stipulation passée au profit d'un bénéficiaire déterminé avec réserve du droit de disposition pour le stipulant: en effet l'insertion de la clause *à ordre* dans une police rédigée pour des personnes indéterminées ne peut empêcher le bénéfice de rester par application de l'art. 1122 C. Civ. dans les biens du stipulant [3].

Tout d'abord on a enseigné que l'assurance dans laquelle l'assuré, après en avoir offert le bénéfice à des personnes déterminées, conserve jusqu'à sa mort le droit de révocation de l'offre et le droit de disposition de la valeur que représente ou en laquelle peut se convertir la promesse de la Compagnie, doit grossir les biens de l'assuré. Pour justifier cette opinion l'on a fait valoir que si l'assuré qui manifeste l'intention d'attribuer l'émolument du contrat à des tiers semble se dépouiller au profit des personnes qu'il désigne, il ne saurait être considéré comme étant véritablement dessaisi lorsqu'il conserve en ses mains le titre de la créance, titre *à ordre*, lorsqu'il peut céder ce titre à qui bon lui semble [4]; l'on a remarqué que la clause qui maintient au stipulant le moyen de disposer de la créance contre la Compagnie par voie d'endossement fait obstacle à ce que le capital assuré puisse être réclamé par les tiers désignés comme bénéficiaires éventuels du contrat par la raison que ces tiers ne sont pas en mesure d'acquérir un droit du vivant de l'assuré, celui-ci conservant jusqu'à son décès l'entière disposition de la créance [5].

---

1. Aix, 16 mai 1871, D. P. 72, 2, 218; Dijon, 3 avril 1874, D. P. 78. 2, 18; S. 76, 2, 319.

2. C. Just. Genève, 10 janv. 1887, S. 87, 4, 13.

3. M. Béchade (*op. cit.*, p. 127), reconnaît dans *tous les cas* un droit propre lorsque l'assurance est payable *à l'ordre* de l'assuré. Il paraît impossible d'aller aussi loin pourtant.

Il ne semble pas nécessaire de s'arrêter, d'autre part, à cette proposition de M. Rabatel (*De la nature de l'assurance sur la vie*, p. 307 et 308); l'assurance contractée *à ordre* fait partie du patrimoine de l'assuré; mais si par la suite ce dernier l'attribue à un tiers le capital échappe aux créanciers, à moins que l'assuré n'en ait disposé par testament, car alors la créance contre la Compagnie se trouvant à son décès dans la succession serait soumise à la maxime: *nemo liberalis nisi liberatus*.

4. Labbé: Note, S. 88, 2, 97 et suiv.. — V. aussi Mornard: *op. cit.*, p. 224.

5. Cass., 10 févr. 1880, S. 80, 1, 152; D. P. 80, 1, 169.

Il est à noter que la Cour de renvoi, saisie par la cassation que prononçait cet arrêt du 10 février 1880, n'a point reproduit cet argument et qu'elle a tranché le débat par d'autres motifs. Besançon, 14 mars 1883, D. P. 83, 2, 129; S. 86, 2, 17. — V. aussi Caen, 3 janv. 1888, D. P. 89, 2, 120; S. 88, 2, 97; Douai, 6 décemb. 1886, D. P. 88, 2, 140; S. 88, 2, 97.

Cette solution offre les inconvénients les plus sérieux[1]. Si l'on veut que les assurances sur la vie puissent remplir le but pour lequel elles sont créées, il faut que le tiers bénéficiaire soit en mesure de recueillir *proprio nomine* le bénéfice de l'assurance au cas où l'assuré qui s'est réservé d'en disposer pendant sa vie, même par voie d'endossement, n'a pas usé de cette faculté[2]. D'autre part, les clauses de transmissibilité, de rachat et d'emprunt sont d'une absolue nécessité dans la pratique; elles se rattachent à cette règle essentielle que le paiement des primes est facultatif; si l'assuré ne peut ou ne veut plus continuer l'assurance et si le contrat se trouve résilié faute de versement de la prime il faut que l'assureur restitue la partie de la somme destinée à empêcher l'accroissement de la prime avec les années; le droit au rachat, c'est-à-dire le droit pour l'assuré de toucher cette somme qui n'a plus de raison d'être, paraît bien être une forme de la faculté qui appartient à l'assuré de résilier à tout moment le contrat en cessant de payer; c'est une forme éminemment avantageuse pour l'assuré et pour tous ses ayants cause; on ne pourrait la supprimer sans faire le plus grand tort à ceux-ci. Or, la faculté de cesser le payement des primes doit être considérée comme une condition vitale de l'institution des assurances sur la vie parce qu'il faut tenir compte de ce que les besoins auxquels l'assureur doit parer comme les ressources au moyen desquels elle doit être alimentée sont infiniment variables et dépendent de mille circonstances imprévues[3].

Mais il y a mieux, l'adjonction de la clause *à ordre* ne saurait dans tous les cas, comme on l'a prétendu, entraîner l'attribution du bénéfice au patrimoine du stipulant[4].

Il est incontestable qu'on ne peut à la fois donner et retenir, transporter une créance et se réserver la faculté d'en disposer. Mais il n'est pas moins certain qu'on a le droit de donner sous condition, et que donner sous condition c'est nécessairement retenir sous la condition contraire. On peut donc stipuler pour un tiers déterminé, et en même temps pour soi-même ou son ayant cause, pour le cas où le tiers refuserait ou serait hors d'état d'accepter. Cette stipulation

---

1. Aussi, comme le fait remarquer M. Lambert (*op. cit.*, p. 280), a-t-on cherché à résoudre la difficulté. C'est le désir d'y mettre un terme qui a contribué à inspirer à M. Boistel sa théorie de l'obligation alternative (Note, D. P. 89, 2, 120), et à M. Thaller son système si ingénieux (Note, D. P. 88, 2, 1); M. Labbé a proposé d'adopter le procédé imaginé par les jurisconsultes romains pour tourner la prohibition des stipulations pour autrui : l'insertion d'un fidéicommis dans un acte entre vifs (Note, S. 77, 1, 393). M. Herck a demandé la résurrection de la donation *mortis causa* des Romains (*L'assur. sur la vie au profit d'un tiers et la donation à cause de mort*, traduct. Brissaud et Lefort).

2. Delisle : Rapport à la Chambre des Requêtes de la Cour de Cassation, S. 89, 1, 202; D. P. 89, 1, 162.

3. Boistel : Note, D. P. 89, 2, 120.

4. V. notre dissertation, *Pand. fr. per.*, 92, 1, 449 et 450.

secondaire est même, par la force des choses, sous entendue toutes les fois qu'on stipule pour autrui. Donc la mention « ou à l'ordre de l'assuré » ajoutée au contrat ne saurait avoir pour effet d'en changer le caractère ou les effets juridiques ; elle se rapporte à la forme, non au fond du droit ; elle signifie uniquement que, dans les cas où l'assuré peut disposer du bénéfice de l'assurance, il a la faculté d'en disposer par la voie facile de l'endossement. Or, avec ou sans cette faculté, il en peut disposer jusqu'à l'acceptation des bénéficiaires et s'il n'en a pas disposé, l'acceptation de ceux-ci peut avoir lieu même après son décès [1].

A ces remarques, présentées depuis longtemps, il convient d'en ajouter une autre qui semble décisive.

On ne saurait prétendre que la clause *à ordre* a pour effet de laisser le stipulant absolument maître, parce que la faculté qui lui est accordée de disposer de la police à son gré est une nécessité juridique. Si, en effet, l'assurance signée en faveur d'un tiers est une stipulation pour autrui, il faut, d'après l'art. 1121 C. Civ., que l'assuré ait un intérêt dans le contrat, intérêt qui peut être soit moral [2], soit matériel, puisque le droit au capital assuré peut revenir au patrimoine assuré lorsque le bénéficiaire ne veut ou ne peut recueillir la somme promise par l'assureur [3]. La clause *à ordre* n'est pas autre chose que le mode d'exercice de la faculté que la loi reconnaît au souscripteur de révoquer l'offre qu'il a faite, mais qui jusque-là produisait tous ses effets et qui notamment avait opéré transmission. D'un autre côté, il est à noter que, même en l'absence d'une réserve de cette nature, l'assuré a incontestablement le pouvoir d'agir à sa guise. Par application de l'art. 1121 C. Civ., il a le droit de révoquer l'offre de libéralité tant que le tiers indiqué au contrat comme bénéficiaire n'a pas fourni son acceptation ; il lui est loisible de substituer un bénéficiaire à un autre, l'assuré se réservant toujours implicitement, mais nécessairement, le droit de changement malgré la désignation faite.

Il est certain que l'assuré peut toujours, même en l'absence d'une clause *à ordre*, changer le nom du bénéficiaire, par un avenant conclu avec la Compagnie, soit pour s'en appliquer le bénéfice, soit pour le transmettre à un tiers [4].

Mais il y a mieux : on serait d'autant moins fondé à arguer de ce que l'assuré pouvant jusqu'à son décès disposer de l'assurance, cette dernière reste dans son patrimoine, que la faculté de révocabilité

---

1. V. la dissertation de M. Malle, D. P. 77, 1, 339, et les observations complémentaires de M. Boistel, D. P. 89, 2, 130, etc.,

2. Cass., 30 avril 1888, D. P. 88, 1, 201.

3. Cass., 16 janv. 1888, S. 88, 1, 121 ; D. P. 88, 1, 77. Cf. la dissertation de M. Boistel : D. P. 89, 1, 130.

4. Arrêt précité du 16 janvier 1888.

affectant le droit du bénéficiaire ne fait pas obstacle à ce que le droit, une fois devenu définitif par l'acceptation du titulaire, remonte rétroactivement au jour même de la signature de la police [1], et en second lieu qu'il est admis [2] que le bénéficiaire acquiert un droit propre en cas d'assurance mixte, c'est-à-dire avec un contrat stipulant le payement du capital à l'assuré lui-même s'il vit à une époque déterminée, et, à son défaut, à la personne mentionnée dans la police [3].

Malgré quelques décisions, antérieures, il est vrai, à la transformation qui s'est produite dans la jurisprudence [4], n'hésitant pas à répudier la doctrine de l'un de ses arrêts, dont la gravité n'avait échappé à personne [5], la Cour de cassation a consacré cette solution [6].

[1]. Cf. Cass., 8 févr. 1888, S. 88, 1, 121; D. P. 88, 1, 193, et les observations de M. Boistel : D. P. 89, 2, 130.

[2]. Cass., 6 févr. 1888, S. 88, 1, 127; D. P. 88, 1, 198.

[3]. Certains auteurs (en particulier M. Coulazou : *op. cit.*, p. 101 et 102) invoquent précisément cette circonstance que l'assurance mixte contient une alternative pour soutenir que la réserve du droit de disposition n'empêche pas le tiers d'acquérir un droit propre. Cette solution s'appuie sur le système de M. Boistel, qui fait jouer une importance essentielle à l'alternative dans le contrat d'assurance sur la vie : ou bien le stipulant n'aura pas usé de son droit de disposition et le bénéficiaire, s'il lui survit, sera considéré comme seul appelé, dès le moment du contrat, à recueillir le capital assuré; ou bien il sera mort avant l'assuré, ou celui-ci aura disposé de la police et toute trace de sa vocation sera effacée; le stipulant aura été dès le début seul titulaire de l'assurance. A la vérité, on pourrait être tenté d'objecter que dans l'assurance mixte, l'événement qui doit décider du sort de l'assurance est indépendant de la volonté des parties, tandis que pour la police qui contient une réserve de disposition, tout dépend de la volonté de l'assuré. Une condition même potestative de la part d'une personne autre que le débiteur peut être apposée à une obligation, sans entacher sa validité, et ici la condition dépend d'une personne portée au contrat, mais étrangère à l'obligation.

[4]. V. en particulier Douai, 6 décemb. 1886 (S. 88, 2, 97; D. P. 88, 110); cet arrêt proclamait le droit exclusif des créanciers, malgré une attribution faite à des personnes déterminées par l'unique raison que la police était endossable. Cf. la note de M. Labbé, *ibid.*, ainsi que les observations de ce savant maître, S. 29, 1, 289, et dans le même sens que cette décision de la Cour de Douai, Caen, 3 janv. 1888, D. P. 89, 2, 129; S. 88, 2, 97.

[5]. Comp. par exemple les critiques formulées à l'occasion de l'arrêt du 10 février 1880 (D. P. 80, 1, 169; S. 80, 1, 112) et celles de M. Fey (*op. cit.*, p. 183). Cet auteur a fait valoir que la doctrine de l'arrêt du 10 février 1880 semble devoir conduire à cette conséquence que le capital assuré n'appartient au bénéficiaire, même lorsqu'il est déterminé d'une manière claire et précise, qu'autant que l'assuré, en contractant une assurance en cas de décès, n'y a point fait insérer la clause *à ordre* et que l'acceptation par le bénéficiaire a été immédiate.

L'arrêt du 10 février 1880 ne peut se justifier que par la tendance qu'avait à ce moment la Cour de cassation à restreindre le plus possible les droits des bénéficiaires pour sauvegarder les intérêts des créanciers de l'assuré. Il est certain qu'à une époque où le mécanisme du contrat est mieux apprécié, au moment où l'on a reconnu que le droit des créanciers ne pourrait être admis que par une extension injustifiable à tous les points de vue, une réaction devait forcément se produire.

[6]. A l'occasion d'un pourvoi formé contre l'arrêt de la Cour de Douai, du 14 août 1890 (D. P. 92, 1, 205; S. 92, 1, 179) qui, en présence d'une police passée au profit d'un tiers déterminé, avait refusé de s'arrêter à l'objection tirée

Conformément à ce que les auteurs enseignaient [1], en écartant le cas où la faculté de cession a été exercée, elle a formellement décidé que le bénéficiaire déterminé a un droit propre et exclusif malgré la réserve de la faculté d'endossement, de rachat et d'emprunt [2]. Et le motif c'est qu'une pareille réserve qui figure dans la plupart des contrats d'assurance sur la vie n'a rien d'incompatible avec la stipulation bien distincte au profit d'un bénéficiaire puisque, même en son absence, le stipulant peut, tant que l'acceptation n'a pas rendu sa promesse irrévocable, anéantir ou restreindre sa libéralité et substituer un tiers au bénéficiaire primitif, « de même que dans un contrat passé à son profit exclusif l'assuré se réserve implicitement, mais nécessairement, la faculté de désigner intérieurement un bénéficiaire aux termes de l'art. 1121 ».

Sous l'empire de cette jurisprudence [3], il faut donc dire, d'une façon générale [4], qu'en cas d'assurance sur la vie contractée au profit d'un tiers déterminé, malgré la réserve par le souscripteur de la faculté de transmission par endossement, du droit de rachat et d'emprunt, le bénéfice est acquis par un droit propre et exclusif au bénéficiaire ; si l'offre du capital assuré n'a pas été révoquée par le souscripteur, s'il n'a pas été substitué un autre bénéficiaire, la cir-

de ce que l'assuré avait conservé le droit de disposer du contrat. La Cour de Douai distinguait les clauses concernant la transmission qui ne regardent que la Compagnie et les clauses relatives à l'attribution du bénéfice qui ne touchent que le bénéficiaire et elle décidait qu'il y avait lieu seulement pour régler le sort du capital assuré de tenir compte de ce qu'il s'agissait purement et simplement d'une stipulation pour autrui dans les termes de l'art. 1121.

1. V. notamment, Mulle : Note, D. P. 77, 1, 337 ; Boistel : Note, D. P. 89, 2, 129.

De son côté, pour réfuter l'opinion qui soutient que la clause réservant à l'assuré le droit de racheter son contrat consacre une maîtrise du souscripteur exclusive d'un droit parallèle pour le bénéficiaire, M. Thaller *(Ann. de Dr. commerce.,* 1889, p. 239) avait établi que le rachat est inhérent à la police et que le fait de l'exprimer ou de le taire est hors d'état de modifier les conditions du contrat.

2. Cass., 22 juin 1891, S. 92, 1, 177 ; D. P. 92, 1, 206.

La question avait paru se poser antérieurement, en 1888, devant la Cour de cassation : l'arrêt du 6 février 1888 (D. P. 88, 1, 103 ; S. 88, 1, 128) a écarté en fait l'objection qui aurait pu être tirée de la transmissibilité de la police en vertu de la clause *à ordre* ; la Cour fait observer que la décision attaquée (Amiens, 29 décembre 1886, D. P. 88, 1, 197 ; S. 88, 1, 128) n'avait pas constaté l'existence de cette clause et que le texte de la police n'était pas produit devant la Cour suprême.

3. Le revirement de jurisprudence attesté par cet arrêt du 22 juin 1891 a été accueilli avec faveur. V. notamm. Lambert : *op. cit.,* p. 281 ; Champeau : *op. cit.,* p. 182. Nous avons signalé l'intérêt de la solution émanée de la Chambre des Requêtes. V. notre travail : *Les assur. sur la vie et la Cour de cassation en 1891,* Lyon, 1892, p. 4, etc., ainsi que nos observations : *Pand. fr. pér.,* 92, 1, 449, etc.

Cependant il est à noter que l'ancienne doctrine a été proclamée depuis la décision de la Cour de cassation par un arrêt de la Cour de Besançon, du 26 octobre 1892 (D. P. 94, 2, 60). — V. *Contrà,* les remarques de M. Dupuich, *ibid.*

4. Nous ne distinguons même pas le cas où la clause *à ordre* ne serait pas subsidiaire : M. Mornard *(op. cit.,* p. 225) a écrit : en pareille circonstance, il n'est point contesté que le droit à l'assurance ne tombe dans la succession.

constance que la police est *à ordre* ou rachetable est sans aucun effet sur la question de l'attribution du bénéfice [1].

SECTION IV

Assurance mixte.

L'assurance mixte est celle qui est contractée alternativement au profit du signataire de la police s'il vit à une époque déterminée, s'il dépasse un certain âge, et en faveur d'autres personnes s'il vient à décéder avant cette date.

Au cas où l'assuré subsiste à la date fixée la situation est facile à régler. Par cela seul qu'il existe à ce moment, de par l'effet même du contrat le souscripteur de la police devient le créancier direct de la Compagnie; c'est à lui seul que la Compagnie doit verser la somme indiquée par la police. Toutefois ce droit au capital assuré entre dans ses biens, il sera recueilli à sa mort par ses héritiers *jure hæreditario*, mais aussi il pourra être revendiqué par ses créanciers personnels, le patrimoine étant, dans ses divers éléments, le gage de ces derniers.

En doit-il être de même dans tous les cas, lorsque l'assuré meurt avant l'époque arrêtée dans le contrat, quand les personnes appelées à recueillir le bénéfice à son défaut peuvent se présenter?

Il faut distinguer suivant les conditions dans lesquelles la stipulation a eu lieu et les règles indiquées plus haut doivent recevoir leur application.

Si la clause d'attribution est conçue en termes généraux, si elle vise « *les enfants* », « *les héritiers ou ayants droit* », autrement dit si les bénéficiaires éventuels sont indéterminés, le droit au capital assuré reste dans le patrimoine du stipulant pour être recueilli par les héritiers à titre héréditaire comme aussi pour servir à désintéresser les créanciers de l'assuré.

Au contraire, si l'assurance est passée en faveur tant de l'assuré que de personnes déterminées, si les bénéficiaires sont désignés, ils acquièrent de par le contrat lui-même un droit propre, personnel et exclusif.

---

1. La faillite ne pourrait donc revendiquer le bénéfice de l'assurance qu'au cas où le tiers aurait déclaré renoncer au bénéfice de la stipulation faite en sa faveur et aussi au cas où avant toute acceptation du tiers désigné le stipulant aurait révoqué l'attribution et s'était appliqué le bénéfice de l'assurance, par exemple en stipulant d'une manière générale pour ses *héritiers et ayants droit*. — Dalloz : Rép., Supplém., v° *Faillite*, n° 408.

Prenant pour point de départ cette circonstance que l'assurance mixte est contractée principalement au profit de l'assuré stipulant et à titre subsidiaire seulement pour un tiers, des décisions judiciaires avaient affirmé que le capital assuré devait être considéré comme ayant fait partie du patrimoine du stipulant dans tous les cas non seulement quand le contrat concernait des personnes indéterminées [1], mais même quand la police était relative à un bénéficiaire expressément désigné [2]. Cette opinion pouvait s'appuyer plus ou moins sur l'autorité de la Cour de cassation qui, d'une façon indirecte, il est vrai, avait paru admettre que le capital d'une assurance mixte faisait partie du patrimoine de l'assuré par le motif que le souscripteur, tout en disposant en faveur d'une personne spécialement désignée pour le cas où le capital deviendrait exigible à la suite de son décès, s'était réservé de le recueillir lui-même en cas de vie à une époque déterminée [3].

Mais le système contraire avait été expressément formulé [4]. Décomposant en quelque sorte l'assurance mixte en deux assurances sous des conditions inverses dont l'une, au cas de survie de l'assuré à l'époque prévue au contrat, peut être revendiquée par ses créanciers en tant que fraction du patrimoine de leur débiteur et dont l'autre, passée en vue du prédécès du stipulant, doit appartenir en propre au bénéficiaire désigné, comme si la clause insérée en leur faveur était unique [5], il avait été décidé que le contrat d'assurance mixte attribuant, à défaut de l'assuré vivant à une certaine époque, le bénéfice à des tiers déterminés devait s'exécuter comme une pure assurance en cas de décès [6].

Cette dernière théorie paraît seule exacte. De bonne heure elle a

1. Cass., 7 févr. 1877, D. P. 77, 1, 311 ; S. 77, 1, 393. Cet arrêt cassait un arrêt de la Cour de Rouen du 27 juillet 1876 (D. P. 76, 1, 182), proclamant le droit propre d'enfants indiqués comme bénéficiaires en cas de prédécès du père ; Amiens, 19 décemb. 1877, D. P. 78, 2, 224 ; S. 78, 2, 13 ; Lyon, 9 avril 1878, Journ. des assur., 79, 68 ; Paris, 26 nov. 1878, S. 79, 2, 44 ; D. P. 79, 2, 152 ; Cass., 27 janv. 1879, D. P. 79, 1, 230 ; S. 79, 1, 218 ; C. sup. de Just. de Genève, 10 janv. 1887, S. 87, 4, 13.

2. Alger, 20 janv. 1885, S. 86, 2, 17 ; Dalloz : Rép., Supplém., v° Assur. terr., n° 439.

3. Cass., 10 févr. 1880, S. 80, 1, 152 ; D. P. 80, 1, 169. La doctrine du fameux arrêt Boulard du 2 mars 1881 (D. P. 81, 1, 403 ; S. 81, 1, 145) semblait d'autre part justifier également cette solution.

V. dans le même sens, Blin : op. cit., p. 63, etc. ; Vibert : op. cit., p. 151 ; Ruben de Couder : op. cit., v° Assur. sur la vie, n°s 82, etc., 88, etc..

4. Cf. sur l'opposition des deux systèmes ce que dit M. Labbé : Note, S. 86, 2, 17.

5. Nancy, 31 janv. 1882, S. 83, 2, 95 ; D. P. 82, 2, 174 ; Besançon, 14 mars 1883, S. 86, 2, 17 ; D. P. 83, 2, 120.

6. Douai, 14 févr. 1887, S. 88, 2, 49 et 50 ; le pourvoi contre cet arrêt a été rejeté par la Chambre des Requêtes le 22 oct. 1888 (S. 89, 1, 293 ; D. P. 89, 1, 161), et avec raison, selon nous, quoique l'on ait pu dire contre cette solution (Bailly : Rev. périod. des assur., 1890, p. 129, note). — V. aussi Trib. civ. Reims, 7 avril 1887, Journ. des assur., 87, 456 ; Rev. périod. des assur., 87, 207 ; Trib. civ. Seine, 21 juill. 1887, Journ. des assur., 87, 494 ; Rev. périod. des assur., 87, 520.

paru prévaloir, tant l'opinion contraire semblait la condamnation de l'assurance sur la vie.

L'assurance contractée pour attribuer la créance à un tiers dès le jour même de la signature de la police, sans aucune réserve en faveur du souscripteur, confère à la personne gratifiée un droit propre et exclusif. On ne voit point les raisons d'une autre solution lorsque la police est mixte, au lieu d'être pure et simple. Il n'existe qu'une seule différence entre les deux combinaisons : dans la première, le tiers a un droit pur et simple ; dans l'autre, le tiers dispose seulement d'un droit conditionnel. Le contrat d'assurance mixte est, en effet, un contrat alternatif. Le titulaire du droit au capital se détermine au plus tard le jour de l'échéance. Si le souscripteur vit encore à ce moment, c'est lui qui a droit au capital assuré : sa mort avant l'époque fixée donne ouverture à la deuxième alternative prévue par le contrat et fixe rétroactivement le droit des tiers éventuellement appelés à son défaut (art. 1179 C. Civ.)[1].

Pour contester le droit propre du bénéficiaire suffisamment désigné dans une police d'assurance mixte lorsque la condition du prédécès du stipulant vient à se réaliser, il faudrait méconnaître le principe incontestable de l'effet rétroactif attribué par l'art. 1179 C. Civ. à l'accomplissement de la condition prévue. En réalité, au cas d'une assurance mixte avec indication de bénéficiaire déterminé il y a, au profit de cette personne gratifiée éventuellement appelée à recueillir le capital assuré, un droit immédiat et actuel soumis seulement à une condition suspensive, la mort du stipulant avant le moment où celui-ci devait recueillir lui-même le montant de l'assurance. Quand le décès se produit, cette condition se réalise et alors de par l'effet de l'accomplissement le droit du bénéficiaire éventuel rétroagit au jour même du contrat de telle sorte qu'il doit être considéré comme ayant toujours existé[2]. Il n'y a pas plus à tirer parti de cette circonstance que l'assuré pouvant disposer de l'assurance jusqu'à son décès, le droit au capital assuré est resté dans son patrimoine ; cette faculté existe, même en présence d'une assurance ordinaire, c'est-à-dire lorsqu'il s'agit d'un cas pour lequel la controverse n'existe point. De toutes façons, en effet, le stipulant peut, tant qu'il

1. Chausse : Note à l'occasion de l'arrêt précité d'Alger du 25 janv. 1885 (*Revue alger. et tunis. de législat. et de jurisprud.*, 1885, p. 190, etc.).

2. V. Rehlous : *op. cit.*, p. 148 et 149.

Peut-on soutenir avec l'arrêt précité de la Cour de cassation du 10 février 1880 que l'assuré stipule pour lui-même d'abord et à titre accessoire seulement pour des tiers ? Il a déjà été répondu qu'il n'y a véritablement qu'une condition alternative (Note de M. Mulle, D. P. 77, 1, 339). Il convient d'ajouter que le décès qui se produit fait considérer la deuxième stipulation, celle faite pour des tiers à défaut de l'assuré lui-même, comme ayant toujours existé, comme ayant toujours été seule et fait réputer la première stipulation, celle passée au profit direct du souscripteur de la police, comme n'ayant jamais eu lieu. Cf. le rapport de M. le conseiller Dareste à la Chambre Civile de la Cour de Cassation. D. P. 88, 1, 197.

n'y a pas eu acceptation, revenir sur l'attribution du bénéfice en rédigeant un avenant substituant une personne à une autre pour la perception de la somme due par la Compagnie, ou bien même en rendant le contrat nul par le refus du paiement des primes.

Il importe peu que par la police mixte l'assuré fasse moins preuve d'abnégation que lorsqu'il intervient une assurance pure et simple. S'il s'expose à ce que le capital promis serve à payer ses dettes au cas où sa vie se prolongerait au-delà de la période fixée et si, en pareil cas, les êtres qui lui sont chers et qu'il a en vue n'ont alors aucun profit à retirer de l'assurance, il n'en est pas moins vrai que prévoyant sa mort avant l'expiration de la période convenue, par une stipulation restreinte, à vrai dire, mais encore très réelle, il a voulu pourvoir à l'intérêt de certaines personnes ; il l'a voulu et il avait le droit de le vouloir, au détriment de ses créanciers. Sa libéralité ainsi limitée est aussi valable que si elle avait été plus large, c'est-à-dire embrassait toute éventualité de son décès à une époque quelconque.

D'ailleurs, et quelque opinion que l'on ait sur la nature juridique du contrat [1], il faut le reconnaître, si les créanciers de l'assuré contractant profitent de l'assurance dans l'une des deux hypothèses prévues par le contrat, en cas de survivance de l'assurance au jour fixé, c'est par voie de conséquence et non par une volonté du contractant. Celui qui souscrit une assurance mixte songe à son intérêt d'abord, à celui de tierces personnes ensuite ; il pense que dans un âge avancé il sera peut-être incapable de travailler ; il se fait promettre le capital de l'assurance comme un moyen d'existence dont il aura besoin ; il espère n'avoir pas de dettes à cette époque et percevoir le bénéfice de la somme promise. Il ne stipule en ce cas dans l'intérêt de ses créanciers, s'il en existe, que parce qu'il ne peut pas faire autrement, ne pouvant pas rendre insaisissable le capital qu'il se fait promettre. On comprend dès lors que pour le cas où il décéderait avant la période déterminée, sans se contredire aucunement il pense à l'intérêt de sa femme, de ses enfants, de personnes dont le souci le hante, il veuille rendre la Compagnie débitrice et débitrice exclusive de ces personnes, il écarte absolument ses créanciers ; il en a le droit, sauf le rétablissement des primes dans son patrimoine, mais *suivant les cas*, d'après une distinction indiquée plus haut.

La doctrine qui, au cas d'assurance mixte, refuserait de reconnaître le droit propre du bénéficiaire déterminé aurait le grand inconvénient de mettre le stipulant dans l'obligation de choisir entre ces deux partis : ou bien stipuler pour lui-même, auquel cas le bénéfice de l'assurance ferait partie de son patrimoine et

<hr>

1. Labbé : Note, S. 88, 2, 49.

deviendrait à son décès le gage de ses créanciers ; ou bien stipuler au profit d'un tiers qui, dans ce cas, serait le seul bénéficiaire du contrat et aurait, en conséquence, un droit personnel et exclusif à toucher le montant de l'assurance [1]. Elle aboutirait, en outre, à cette conclusion que jamais le bénéficiaire désigné d'une façon formelle et expresse, nominativement, ne pourrait recueillir le montant du capital exigible. En effet, l'assuré, même dans ce cas, peut toujours retirer un certain profit du contrat ; il a le droit de rachat, d'emprunt sur la police, le droit de prendre sa part dans les bénéfices. En appliquant la théorie qui n'admet le droit propre du bénéficiaire que si le stipulant ne retire ou n'est en mesure de retirer aucun profit, il faudrait décider que la possibilité de ces avantages s'opposerait à la reconnaissance du droit propre et exclusif du bénéficiaire.

La Cour de cassation l'a compris ; lorsque, mise à même d'édifier une nouvelle jurisprudence en matière d'assurance sur la vie elle a eu à statuer sur la question, elle n'a pas hésité à assimiler l'assurance mixte à une assurance ordinaire. Par un arrêt qui, suivant une observation très fondée, constitue une date importante dans l'évolution de la jurisprudence, notamment en ce qu'il a bien fixé la pratique [2], elle a décidé [3] que l'assurance contractée par un individu sur sa propre vie pour un capital payable à une date fixe à lui-même, en cas d'existence à cette époque, et à une autre personne (sa femme) aussitôt après le décès du stipulant s'il avait lieu pendant la durée de l'assurance, est à assimiler à une assurance ordinaire. La Cour déclare que la stipulation faite au profit de la personne déterminée indiquée en la police l'était sous la condition suspensive du prédécès du signataire, que cette dernière condition s'étant réalisée, la personne gratifiée à défaut du contractant doit être réputée bénéficiaire *ab initio* de la stipulation faite à son profit et que, dès lors, les créanciers de l'assuré ne sont pas fondés à prétendre que le capital assuré doit former leur gage et être versé entre leurs mains [4].

[1]. Note, S. 86, 2, 17.

[2]. Lambert : *op. cit.*, p. 277.

[3]. Cass., 6 févr. 1888, S. 88, 1, 127; D. P. 88, 1, 198. — Cf. le rapport de M. le conseiller Dareste sur cette affaire, D. P. 88, 1, 197.

[4]. Dans l'espèce réglée par cet arrêt du 6 février 1888, l'on prétendait que l'assurance devait faire partie du patrimoine du stipulant et être ainsi le gage des créanciers de l'assuré d'autant que le stipulant s'était réservé le droit de transmettre la police par endossement. Ce dernier point de fait n'était pas prouvé. Mais la réserve aurait été sans aucun effet, comme nous l'avons montré ici même et comme la Cour de Cassation l'a jugé le 22 juin 1891 (S. 92, 1, 177; D. P. 92, 1, 206).

Bien avant l'arrêt du 22 juin 1891, M. le conseiller Delise, dans le rapport qui a précédé l'arrêt du 22 février 1888 (S. 89, 1, 162; D. P. 89, 1, 162), n'hésitait pas à dire que l'adjonction de cette clause ne devait pas faire obstacle à la doctrine de l'arrêt du 6 février 1888.

Consacrant une solution proposée bien avant [1], confirmant en droit ce qu'exige l'intérêt du développement de l'assurance sur la vie [2], cet arrêt n'a point rencontré d'opposition. Peu de temps après il servait de point de départ à une autre décision [3]. Aussi est-il permis d'affirmer que le bénéficiaire acquiert un droit propre et exclusif, comme s'il avait été désigné seul, quand l'assurance est mixte, c'est-à-dire quand l'assuré stipule pour lui-même au cas où il survivrait à une époque déterminée et, à son défaut, pour des personnes déterminées [4].

Par conséquent, la personne gratifiée recueille le droit au capital non *jure hæreditario*, mais *jure proprio*, de par le contrat, indépendamment de toute autre qualité [5] et à l'exclusion des créanciers de l'assuré.

1. V. par exemple le jugement du Tribunal civil de la Seine du 24 février 1877 ; *Journ. des assur.* 77, 183 ; Nancy, 31 janv. 1882, S. 83, 2, 35 ; D. P. 82, 2, 134 ; Besançon, 14 mars 1883, S. 86, 2, 17 ; D. P. 83 2, 30 ; Douai, 14 févr. 1887, S. 88, 2, 49. Cf. Fey : *op. cit.*, p. 184 et 185 ; Rehfous : *op. cit.*, p. 118 et 119.

2. Pour que les assurances sur la vie puissent rendre les services d'intérêt social qu'on est en droit d'en attendre, disait M. le conseiller Delise à la Cour de Cassation le 22 février 1888 (S. 89, 1, 292 ; D. P. 89, 1, 162), il ne suffisait pas d'avoir décidé, *au cas d'assurance simple*, que le tiers individuellement désigné recueillerait, par effet rétroactif, *proprio nomine*, le bénéfice des assurances contractées à son profit. En refusant au bénéficiaire le même avantage *au cas d'assurance mixte* on arriverait à paralyser la bonne volonté de ceux qui, désirant assurer l'avenir des personnes les plus chères, voulaient cependant ne pas être dépouillés complètement pendant leur vie. On rendrait impossible la combinaison la plus naturelle et la plus légitime.

3. La Cour d'Aix a jugé, le 20 mars 1888 (S. 89, 2, 16), que le contrat d'assurance mixte doit s'exécuter comme une pure assurance en cas de décès lorsque la survie de l'assuré à la période fixée ne s'est pas réalisée. — V. les observations de M. le procureur général Naquet, *ibid.*.

D'autre part, il a été reconnu par le Tribunal civil d'Orléans le 28 décembre 1886 et par la Cour d'Orléans le 26 mars 1887 (S. 89, 1, 290 et 291 ; D. P. 88, 2, 110) que le contrat passé par un père à son profit s'il vit à une certaine date et dans le cas contraire en faveur de son fils, confère à ce dernier un droit propre et personnel. Un pourvoi formé contre cet arrêt a été repoussé le 22 oct. 1888 (S. 89, 1, 293 ; D. P. 89, 1, 163), mais la résistance ne paraît pas avoir été dirigée de ce côté, comme l'établit le rapport présenté à ce sujet à la Chambre des Requêtes. (*ibid.*).

4. Il est à noter que l'application de ce principe doit être étendue au cas où après la police visant, à défaut de survie de l'assuré, les *héritiers ou ayants cause*, un avenant aurait désigné un tiers bénéficiaire expressément. V. Cass., 7 août 1888, S. 89, 1, 97 ; D. P. 89, 1, 118. Comp. nos remarques dans la brochure : *Les assurances sur la vie et la Cour de cassation en 1888*, p. 7.

Rappelons qu'il a été jugé en cas d'assurance mixte que l'assuré primitif étant seul demeuré débiteur des primes, la transmission du bénéfice de l'assurance opérée par endossement n'a point pour effet de mettre le paiement des primes à la charge du cessionnaire, que l'assuré en reste seul chargé et que c'est à lui seul que, à défaut de paiement, la Compagnie est tenue d'adresser la mise en demeure par lettre chargée prescrite par la police. — Cass., 5 août 1889, S. 91, 1, 335 ; V. aussi Paris, 20 janv. 1888, S. 89, 2, 97 ; D. P. 89, 1, 50.

5. Dès lors, même après avoir renoncé à la communauté, la femme gratifiée pourrait toucher le montant du capital assuré. — Douai, 31 janv. 1876 et Cass., 28 mars 1877, S. 77, 1, 393 ; D. P. 77, 1, 241 ; Trib. civ. Charleroi 7 mai 1874, cité par Couteau : *op. cit.*, T. II, p. 565.

De cet exposé il résulte que l'assurance sur la vie contractée au profit d'une tierce personne doit être considérée comme destinée surtout à procurer à cette personne le capital que le stipulant s'est fait promettre pour elle. La tendance actuelle de la jurisprudence est de faire prédominer les intentions du stipulant et de faire reconnaître pour les personnes gratifiées un droit propre et exclusif par application de cette idée que l'individu qui souscrit une assurance en faveur d'un tiers, au lieu de chercher à enrichir son patrimoine et à augmenter le gage de ses créanciers, veut avant tout conférer à un tiers la faculté de toucher, en vertu du contrat, abstraction faite d'un autre titre, une somme convenue qui se trouve dans la caisse de l'assureur.

SECTION V

Assurance sur la tête d'un tiers.

Il arrive parfois qu'une personne contracte à son profit personnel une assurance sur la tête d'un tiers : tel est le cas d'une femme stipulant avec une Compagnie qu'au décès de son mari il lui sera versé une somme déterminée, contre-partie des primes qu'elle s'oblige à acquitter.

En pareille circonstance le contractant traite dans son propre intérêt ; il reste exposé aux bonnes ou mauvaises chances de l'assurance, aux charges de cette dernière, l'individu sur la tête duquel repose le contrat ne jouant qu'un rôle passif en quelque sorte.

Dès lors le capital assuré doit être recueilli par le signataire de la police et rien que par le signataire ; les héritiers aussi bien que les créanciers de l'assuré n'ont aucune réclamation à formuler de ce chef en principe [1]. Le capital assuré reste la propriété exclusive du signataire parce que ce dernier profite non point d'une libéralité, mais bien d'un acte à titre onéreux, le versement des primes.

---

1. Riom, 8 juill. 1890, *Journ. des assur.*, 90, 410 ; *Réc. périod. des assur.*, 92, 74 ; Trib. civ. Seine, 14 janv. 1893, *Journ. des assur.*, 93, 216.

Il faut excepter le cas où le défunt aurait payé une partie des primes pour le compte ou l'acquit du souscripteur, ainsi que le cas où il y aurait eu concert frauduleux et simulation entre le contractant et celui sur la tête duquel repose le contrat.

CHAPITRE DEUXIÈME

DROITS DES CRÉANCIERS.

SECTION I

Notions générales.

Par application de l'art. 2092 C. Civ. les créanciers ont un droit sur tous les biens formant le patrimoine de leur débiteur, mais uniquement sur ce qui fait partie de ce patrimoine. Les créanciers de l'assuré ne peuvent élever une prétention au sujet de la somme due par la Compagnie qu'autant que la créance, origine de cette somme, peut être considérée comme ayant été dans les biens du stipulant [1].

Pour connaître l'étendue des droits qui appartiennent aux créanciers d'un assuré sur la vie, il faut donc s'en tenir aux principes qui dominent la matière de l'attribution du bénéfice [2]. Dans l'état actuel

---

[1]. La Cour de cassation a jugé le 21 décemb. 1887 (*Journ. des assur.*, 88, 49) que l'art. 557 C. P. C. qui autorise le créancier à saisir-arrêter les biens de son débiteur est sans application s'il est constaté en fait que les biens saisis-arrêtés n'appartenaient pas au débiteur.

[2]. La difficulté ne risque pas de se produire dans les pays où le législateur décide que la somme stipulée payable au décès appartient à la personne désignée dans le contrat; en pareille circonstance le capital étant la propriété des bénéficiaires mentionnés dans la police, propriété personnelle et exclusive, les créanciers ne peuvent élever des prétentions sur le montant de l'assurance.

Il en est ainsi spécialement en Belgique, sous l'empire de l'art. 43 de la loi du 11 juin 1874; les créanciers ne peuvent réclamer que le remboursement des primes et encore il faut que ces primes aient été versées en fraude de leurs droits, — Trib. Bruxelles, 1er avril 1882, *Pas.*, 82, 198; Turquin d'Almeida : *op. cit.*, 151 et 152.

Pareillement en Italie : de ce que l'art. 553 du Code de Commerce dispose que, même s'il s'agit d'un successible, le bénéfice de l'assurance reste exclusivement à la personne désignée au contrat, sauf application des dispositions du Code Civil relatives au rapport de la réduction et à la révocation des actes faits en fraude des créanciers, il suit que les créanciers de l'assuré ne peuvent en aucune façon prétendre à la somme assurée.

de la jurisprudence, en s'en tenant aux solutions consacrées et en faisant abstraction de toute idée doctrinale, ces règles sont faciles à déterminer.

Tout d'abord, la police peut être contractée au profit de l'assuré personnellement. Aucune difficulté ne sera à redouter : la somme due par la Compagnie à l'assuré lui-même, par exemple s'il vit à une époque déterminée, en l'absence de toute autre désignation, peut être revendiquée par les créanciers de l'assuré [1].

Si l'assurance est faite au profit d'un tiers désigné, comme la créance contre la Compagnie a été acquise par cette personne directement, dès le jour même du contrat, *jure proprio* et à titre exclusif, comme l'avantage stipulé en faveur de ce tiers ne provient pas du patrimoine du stipulant, les primes seules étant sorties de ces biens, les créanciers de l'assuré sont hors d'état de formuler aucune réclamation du chef du capital stipulé au contrat : la somme promise qui n'a jamais été dans les biens du stipulant appartient à la personne gratifiée [2]. Les créanciers n'ont pas plus de droit à l'égard de la créance de rachat ; leur accorder le pouvoir de pratiquer une saisie serait aller contre l'intention évidente du stipulant qui a entendu attribuer au bénéficiaire, en cas de non paiement des primes, le droit à l'assurance réduite qui se substitue naturellement à l'assurance primitive [3]. Et la désignation du tiers peut résulter tant d'une mention de la police même que d'un avenant postérieur, sans que les créanciers puissent invoquer ce fait qu'il n'y a pas eu accomplissement des

La solution doit être la même avec le Code de Commerce portugais (art. 460) qui déclare l'assurance subsister au bénéfice de la personne indiquée dans le contrat, sauf en ce qui concerne les sommes perçues par l'assureur les dispositions du Code Civil relatives à l'inofficiosité en matière de succession et la révision des actes accomplis au préjudice des créanciers.

1. Si l'assureur verse la valeur de rachat à l'assuré, il n'est pas douteux que faisant partie des biens de ce dernier, elle forme le gage de ses créanciers.

La part dans les bénéfices ne sera revendiquée par ces créanciers qu'autant qu'elle est payable en argent comptant au souscripteur. Il se peut, en effet, que l'assuré demande à la Compagnie, conformément à la clause habituellement insérée dans les polices, que la quote-part des bénéfices revenant à son contrat soit convertie en augmentation du capital assuré ou encore en une réduction de la prime annuelle ; son choix est absolument libre. Il ne faut donc pas dire d'une façon générale, ainsi qu'on l'a écrit (Dodu : *Théorie et pratique de la saisie arrêt*, Paris, 1889, p. 93 ; Taudière : *op. cit.*, p. 197), que le droit de participation est une créance ordinaire de sommes d'argent parfaitement susceptibles de saisie-arrêt entre les mains de l'assureur.

2. Cette règle est constante. Il semble inutile de citer ici toutes les décisions judiciaires qui l'ont établie, car elles seront relevées plus loin. Il suffira de mentionner un jugement ancien (Trib. Saint-Quentin, 11 mai 1861, *Rev. notar.*, n° 58 ; Molineau : *Jurisprud. des assur. sur la vie*, n° 9) qui montre bien les conséquences auxquelles cette doctrine permet d'arriver : il a été jugé que les créanciers d'un mari ne pouvaient se faire rembourser sur la somme assurée par lui au profit de sa femme, même si celle-ci s'était engagée vis à vis d'eux solidairement avec son mari, le fait d'avoir soumis au régime dotal tous ses biens présents et à venir l'ayant empêchée de contracter valablement.

3. Dodu : *op. cit.*, p. 94.

formalités prescrites par l'art. 1690 C. Civ. pour investir une personne d'une créance à la place d'une autre personne [1].

Si, au contraire, l'assurance a été souscrite au profit des héritiers ou ayants cause, d'une façon générale au profit de personnes indéterminées, la créance contre la Compagnie devant être considérée comme ayant appartenu au patrimoine du défunt, les créanciers de ce dernier ont un droit sur le capital promis par l'assureur [2]. La créance est à assimiler aux autres biens qui servent de gage aux créanciers et dont le montant doit leur être distribué au marc le franc [3]. Il faut formuler la même solution quand la personne désignée pour recueillir le capital assuré a manifesté son intention de ne point profiter de la stipulation intervenue en sa faveur [4], ou encore lorsque le tiers bénéficiaire n'a accepté ni expressément ni tacitement [5].

1. V. notamm. Cass., 16 janv. 1888, S. 88, 1, 127; D. P. 88, 1, 77 et les observations, *Ann. de Dr. commerc.*, 88, 1, 79.

Il est à noter que si la faculté d'endossement rend impossible toute saisie-arrêt, l'assuré n'ayant qu'à céder, avant comme après l'échéance, la police à un tiers muni des mêmes droits que si la police avait été souscrite originairement à son profit que si elle avait été créée à son nom et *à son ordre* (art. 149 C. Comm.), la rédaction d'un avenant suffit pour procurer tout autant le bénéfice de l'insaisissabilité. L'avenant n'est pas autre chose qu'un acte modificatif de la police dont il devient partie intégrante : tout doit se passer comme si le bénéficiaire nommé dans l'avenant avait été désigné dans la police même, c'est-à-dire que ce bénéficiaire doit être considéré, lorsqu'il a accepté, comme saisi *ab initio* du droit au capital assuré. Il en résulte que les saisies-arrêts pratiquées par les créanciers de l'assuré tombent de plein droit le jour où il dispose par avenant du bénéfice de l'assurance. C'est la conséquence logique des principes affirmés par la jurisprudence : le cessionnaire par avenant a une saisine qui remonte au jour de la souscription de la police, tout comme s'il avait été désigné dans cette police; le droit du bénéficiaire désigné dans la police, quoique sorti d'un contrat passé par l'assuré, est né directement dans la personne de ce bénéficiaire.

On a même pu soutenir que le transfert par avenant constitue une protection plus sûre contre les revendications des créanciers que le transfert par endossement, notamment en ce qu'il ne soulève aucune des difficultés indiquées précédemment (v. T. II, p. 193) au cas d'endossement d'un cessionnaire à titre gratuit.

Cf. Bailly : *Observat. sur la transmission du bénéfice de l'assur. sur la vie et sur les clauses relatives à cette transmission* (*Rec. périod. des assur.*, 1894, p. 213 et suiv.).

2. Il n'est pas douteux que les créanciers de l'assuré pourraient s'adresser directement au bénéficiaire même nommément désigné, si ce dernier, héritier du souscripteur, acceptait purement et simplement sa succession; seulement il serait tenu non point comme bénéficiaire, mais uniquement en tant que continuateur de la personne du défunt, obligé dès lors de supporter toutes les dettes de son auteur.

Il se peut que la police soit une police *à ordre* ou une police mixte; dans ces deux cas il faut appliquer les principes qui découlent de la stipulation au profit d'un tiers déterminé ou, au contraire, de la stipulation en faveur de personnes indéterminées. Les règles à suivre à cet égard ont été exposées précédemment.

3. Le droit des créanciers porte aussi bien sur le produit de la créance d'indemnité, c'est-à-dire sur le capital stipulé par la police, que sur la créance de rachat.

4. V. notamment Cass., 16 juin 1890, D. P. 90, 1, 291. Il appartient naturellement au juge du fond de décider si le bénéficiaire a entendu réellement et irrévocablement se dessaisir du bénéfice de l'assurance. La Cour de cassation le proclame dans le même arrêt.

5. Dijon, 13 janv. 1888, D. P. 90, 1, 73; S. 89, 1, 353 et Cass., 23 janv. 1889, D. P. 90, 1, 74; S. 89, 1, 353.

Quoique l'on ait pu dire dans l'intérêt des créanciers et malgré tous les arguments mis en avant pour faire reconnaître que ces derniers doivent recueillir la somme promise par la Compagnie dans tous les cas, au mépris de l'intention formelle du stipulant de gratifier une personne bien déterminée, arguments qui ont été examinés déjà[1], cette distinction s'impose. Elle ressort du texte de l'art. 1121 C. Civ. et des principes sur la stipulation pour autrui. Aucune difficulté ne saurait s'élever maintenant en présence des tendances de la jurisprudence[2].

[1]. *Suprà*, T. II, p. 239 et suiv..
V. aussi, Mornard : *op. cit.*, p. 305, et Taudière : *op. cit.*, p. 190 et suiv..

[2]. L'art. 1167 C. Civ. qui confère aux créanciers le droit d'attaquer en leur nom personnel les actes faits par leur débiteur en fraude de leurs droits est-il applicable en matière d'assurance sur la vie?

Il y a plusieurs années, un auteur, M. Patinot (*De l'assur. sur la vie* [*Revue prat. de dr. fr.*, 1869, T. XXVII, 471), a proposé une distinction. D'après lui, lorsque l'assuré a désigné un bénéficiaire dans la police, les créanciers de l'assuré peuvent attaquer le contrat d'assurance comme fait en fraude de leurs droits, mais outre qu'ils ont à prouver la connaissance que la Compagnie avait de la position de leur débiteur ils ne peuvent se plaindre que du paiement de la dernière prime fait à l'avance car le contrat d'assurance n'a pas lié l'assuré qui n'est point obligé à payer de nouvelles primes; si, au contraire, l'assuré qui avait stipulé de manière à faire tomber dans son patrimoine la créance de la somme assurée l'avait transférée ensuite à un tiers, les créanciers de l'assuré seraient en mesure de contester cette libéralité comme faite en fraude de leurs droits et ils attaqueraient le tiers bénéficiaire qui *certat de lucro captando*, de telle sorte qu'il n'y aurait pas à prouver qu'il a été *conscius fraudis*.

De nombreuses décisions ont, dans ce dernier cas, confirmé cette manière de voir (Besançon, 15 décembre 1869, S. 70, 2, 204 ; D. P. 70, 2, 95 ; Montpellier, 15 décembre 1873, S. 74, 2, 81 ; D. P. 74, 2, 104 ; Cass., 10 nov. 1874, S. 75, 1, 107 ; D. P. 75, 1, 248 ; Besançon, 24 janv. 1876, S. 76, 1, 400 ; D. P. 76, 1, 420; Rouen, 6 févr. 1878, S. 78, 2, 272; D. P. 78, 2, 182; Paris, 29 nov. 1878, S. 78, 2, 44 ; D. P. 79, 2, 152; Rennes, 23 juin 1879, D. P. 79, 2, 155 ; Paris, 24 décembre 1880, D. P. 81, 2, 203; Cass., 2 mai 1881, D. P. 81, 1, 401 ; Lyon, 12 août 1885, *Monit. jud. de Lyon*, 1er mai 1888. — V. aussi Rehfous : *op. cit.*, p. 112; Baton : *op. cit.*, p. 117; Roume : *op. cit.*, p. 170 et suiv. ; Couturier : *op. cit.*, p. 203).

Sous l'empire de la jurisprudence actuelle la question n'est pas aussi simple : elle ne paraît pas devoir être résolue en ces termes.

D'abord on peut se demander comment le contrat qui est bien passé à titre onéreux avec la Compagnie pourrait être attaqué à l'égard de cette dernière; elle ne peut pas arriver à se rendre compte des motifs qui ont poussé le stipulant à signer la police; une fraude à elle imputable ne peut ni se prouver, ni exister. Aussi semble-t-on bien reconnaître que la Compagnie étant toujours de bonne foi et en tout cas la mauvaise foi de ce chef étant très difficile à prouver, l'application de l'art. 1167 ne se conçoit guère en ce cas (V. par exemple, Taudière : *op. cit.*, p. 195; Béchade : *op. cit.*, p. 162; Typaldo Bastia : *op. cit.*, p. 188). Si la doctrine d'après laquelle l'assuré contracte *ex causa lucrativa* avec la Compagnie et qui se contente, par suite, d'exiger, pour l'exercice de l'action Paulienne, la fraude *ex parte debitoris* serait de nature à sauvegarder peut-être mieux les intérêts des créanciers, elle serait moins juridique que la solution de la jurisprudence affirmant avec raison que le débiteur, c'est-à-dire l'assuré, contracte à titre onéreux avec la Compagnie.

D'un autre côté il arrivera très souvent que ceux qui sont les créanciers du stipulant au moment de son décès ne l'étaient pas encore au jour où le contrat d'assurance a été signé; or, on ne saurait prétendre qu'il y ait fraude de leur

SECTION II

L'assurance sur la vie et la faillite.

Mais ces principes généraux ne suffisent pas. Il importe de les compléter par l'examen des difficultés susceptibles de se produire quand l'assuré est mis en faillite.

Il faut distinguer le cas où l'assurance est en cours lorsque la fail-

droit puisque leurs droits n'existaient pas encore. (Paulmier : *op. cit. Rev. prat. de dr. fr.,* T. LII, 82, 102].

Mais il y a mieux : en présence de la jurisprudence, il est permis d'affirmer pour le cas où le contrat a été signé au profit d'un tiers déterminé que les créanciers sont sans droit ; la raison c'est que la créance résultant du contrat n'a jamais été dans le patrimoine puisqu'elle a été acquise *jure proprio,* au jour même de la signature de la police, par la personne gratifiée ; la somme que cette dernière touche ne provient pas des biens du stipulant, elle est fournie par la caisse de l'assureur ; son attribution ne diminue pas d'autant la fortune de l'assuré.

D'après une doctrine constante l'art 1167 C. Civ. doit être entendu en ce sens que le débiteur est autorisé à arguer de la fraude seulement quand le débiteur se rend volontairement insolvable, ou augmente son insolvabilité. En pareille circonstance, les créanciers ne peuvent que réclamer la somme qui a été soustraite du patrimoine, celle qui a causé une diminution des ressources sur lesquelles ils étaient en droit de compter. La somme qui est sortie des biens du stipulant, ce n'est pas le capital assuré, puisqu'il est fourni par l'assureur à la suite de l'emploi de certains procédés particuliers, c'est uniquement, et en admettant la possibilité d'une critique à ce sujet, le montant des primes.

Aussi conçoit-on fort bien que les tribunaux belges, placés, à la vérité, en présence d'un texte proclamant le droit propre du bénéficiaire (disposition que la jurisprudence française remplace totalement) aient refusé d'admettre le droit des créanciers à réclamer en vertu de l'action Paulienne le capital assuré (Bruxelles, 12 juill. 1882, D. P. 83, 2, 205) et que l'on ait reconnu le droit des créanciers uniquement pour les primes (Trib. Bruxelles, 1er sept. 1882, *Journ. des assur.,* 83, 63 ; Mornard : *op. cit.,* p. 313).

Nous nous bornerons néanmoins à faire remarquer que même la restitution des primes ne saurait être imposée dans tous les cas. Comme nous l'avons dit, les primes sont d'ordinaire prélevées sur les revenus : or, il est de la nature des revenus d'être dépensés : les créanciers ne peuvent reprocher à leur débiteur de n'avoir point fait d'économies : si donc les primes sont modiques, en rapport avec les ressources de celui qui les doit, les créanciers doivent voir repousser leur action. On ne saurait, en effet, considérer un pareil acte comme frauduleux. Il en doit être surtout ainsi s'il apparaît qu'en contractant avec une Compagnie le signataire de la police traitait en vue de personnes dont il entendait assurer le sort après sa disparition et si les prélèvements n'avaient eu ni pour but, ni pour résultat soit d'amener, soit d'augmenter son insolvabilité (V. en ce sens l'arrêt précité de Bruxelles, du 12 juill. 1882.

Même les auteurs des systèmes divergents sur la nature du contrat passé au profit d'un tiers semblent écarter ici l'application de l'art. 1167. Comp. Mornard : *op. cit.,* 312 et suiv. ; Béchade : *op. cit.,* p. 162, ainsi que Couteau : *op. cit.,* T. II, p. 113 ; Deslandres : *op. cit.* p. 104 et suiv., 109, etc..

lite intervient [1] et le cas où l'assuré décède durant la faillite [2], quand le contrat produit effet et le capital assuré devient exigible [3].

Mais avant d'envisager les difficultés soulevées à ce propos, il y a lieu de poser deux principes fondamentaux. D'abord l'art. 1166 C. Civ. qui donne aux créanciers la latitude d'exercer les droits du débiteur n'a pas une portée absolue; ce pouvoir se restreint aux droits qui ne sont pas exclusivement attachés à la personne du débiteur. Le syndic, représentant des créanciers, ne peut agir pour l'exercice des droits et des actions qui, tout en ayant un caractère pécuniaire, dépendent d'une appréciation individuelle [4], quand la volonté du débiteur a à intervenir d'une façon prépondérante. Ce principe est universellement accepté, une démonstration semble inutile; il suffira de dire que les questions d'intention sont toutes personnelles au contractant, que ses créanciers ne peuvent exercer en son nom et à sa place un droit subordonné à l'expression d'une volonté qu'il n'appartient qu'à lui de faire connaître.

En second lieu, l'assurance sur la vie est un contrat essentiellement personnel; même en laissant de côté l'idée que le capital assuré représente la valeur de l'homme lui-même [5], il faut l'affirmer, les droits qu'elle confère sont des droits personnels, parce que l'assurance sur la vie nécessite toujours le libre consentement de l'assuré; l'assuré seul peut y porter atteinte, et rien ne peut être fait sans son assentiment. Dès lors, les créanciers ne peuvent agir du chef de l'assuré leur débiteur qu'autant que ce dernier n'émet pas une intention contraire.

Les conséquences de cette règle seront déduites ultérieurement [6].

1. Il a été jugé que « le concordat par abandon d'actif, homologué et exécuté emportant pour le failli libération totale, les créanciers signataires du concordat sont sans droit ni qualité pour saisir-arrêter le montant d'une assurance sur la vie souscrite par leur ancien débiteur, qu'ils peuvent même être condamnés à des dommages-intérêts pour le préjudice causé par une saisie-arrêt faite sans droit. Trib. Lyon, 19 mars 1887, *Journ. des assur.*, 88, 115.

2. Est-il bien nécessaire de dire que la mise en liquidation judiciaire par application de la loi du 4 mars 1889 a les mêmes effets que la mise en faillite? Cf. Goirand et Périer : *Comm. théor. et prat. de la loi du 4 mars 1889 sur la liquidation judiciaire*, Paris, 1889, p. 153 et suiv..

3. Dans nos *Nouvelles Études sur les assurances sur la vie* (p. 49 à 56) nous avons examiné les problèmes que soulève la question de *l'action du syndic en cas de faillite de l'assuré*.

4. V. Aubry et Rau : *op. cit.*, T. IV, p. 126; Larombière : *Obligat.*, nouv. édit. Paris, 1885, T. II, sur l'art. 1166, nos 9 et 19.

5. Taudière : *op. cit.*, p. 194.

6. Il se peut que la police ait été donnée en nantissement. Une pareille opération est absolument régulière. La démonstration a été fournie plus haut (T. II. p. 184. Comme le contrat ne produit effet que par le paiement des primes, le créancier gagiste a-t-il le droit de substituer à l'assuré à cet égard et de payer les primes pour lui? La question a déjà été examinée (T. II, p. 211).

Mais précisément à raison du caractère personnel du contrat le créancier gagiste ne peut obliger l'assuré qui a donné la police en nantissement à acquitter les primes: il est hors d'état de contraindre son débiteur à maintenir l'assurance

§ 1. — Effets de la faillite déclarée du vivant de l'assuré.

Lorsque l'assuré est mis en faillite de son vivant, c'est-à-dire avant que le capital promis par l'assureur soit payable, ses créanciers n'ont que fort peu de droits à faire valoir.

Il est certain que la Compagnie ne saurait, sous prétexte que son co-contractant a fait de mauvaises affaires, être actionnée en paiement de la somme indiquée dans la police : la condition qui rend exigible le capital assuré, la mort du stipulant (et la mort arrivée dans des conditions normales, à la suite du versement de la prime), ne s'est point réalisée. La disposition de l'art. 444 C. Comm. est sans application ici puisque l'assuré n'est pas le débiteur de l'assureur, le paiement de la prime étant purement facultatif.

Mais les créanciers peuvent-ils réclamer la révocation du contrat fait dans la période suspecte au profit d'un tiers déterminé [1] ?

On l'a soutenu en s'appuyant sur ce qu'il y a là une libéralité tombant sous le coup de l'art. 446 C. Comm. [2]. Rien n'est moins fondé. La stipulation pour autrui faite dans les termes de l'art. 1121 C. Civ. confère à la personne qui en est l'objet un droit propre, elle attribue une créance qui a toujours appartenu au bénéficiaire et qui, par conséquent, n'a jamais été dans le patrimoine du stipulant ; si ce droit au capital n'a jamais appartenu à ce débiteur les créanciers ne peuvent le revendiquer. On se demande comment la faillite aurait pour effet de faire rentrer dans l'actif un droit qui n'y a jamais été incorporé [3].

contre son gré. Le droit du créancier consiste simplement à obtenir une autre sûreté ou une condamnation à raison de l'emprunt. L'action sera dirigée contre le débiteur non pas en tant qu'assuré, pour avoir refusé de maintenir la police, mais bien en tant que débiteur pour fournir une garantie en vue du remboursement.

1. Les créanciers n'ont pas à songer à l'exercice de cette action révocatoire lorsque le contrat est passé au profit de personnes incertaines, indéterminées, par exemple pour les *héritiers ou ayants cause* du stipulant. En pareil cas, le bénéfice reste dans le patrimoine du stipulant ; il fait donc partie de ce qui constitue le gage des créanciers ; dès lors, ces derniers sont sûrs de toucher de la Compagnie la somme due par suite du décès.

Il est bien entendu que, à ces créanciers, l'assureur est en mesure d'opposer toutes les exceptions légales ainsi que toutes les déchéances justifiées, notamment d'arguer du suicide, du non paiement de la prime, etc..

2. Lyon Caen et Renault : *Précis de dr. comm.*, T. I, n° 704, note ; Couturier : *op. cit.*, p. 203 ; Besançon, 27 mars 1876 ; Dalloz : *Rép.*, *Supplém.*, *loc. cit.*, n° 498 ; Alger, 15 juin 1876, S. 79, 2, 292 ; D. 78, 2, 116 ; Lyon, 21 juin 1850, D. P. 51, 1, 403 ; S. 52, 1, 31 ; Grenoble, 2 févr. 1882, S. 82, 2, 106 ; D. P. 82, 2, 242.

3. La Cour de cassation a maintenu le droit propre du bénéficiaire dans une espèce où la cessation des payements remontait à une date antérieure à celle du contrat d'assurance. Cass. 27 mars 1888, S. 88, 1, 130 ; D. P. 88, 1, 193.

En pareille circonstance les primes ne pourraient être restituées que « *suivant les cas* ».

Antérieurement à cet arrêt, la Cour de Caen (15 mars 1876, S. 77, 2, 332) avait

Du reste, on n'aperçoit pas plus quel intérêt la masse créancière aurait à la révocation d'un contrat d'assurance. Si la stipulation était faite uniquement en faveur du tiers désigné avec échéance au décès du stipulant, la révocation changeant les conditions du contrat, l'annulation de la police qui en résulterait serait sans profit possible pour la faillite. A la vérité, la stipulation peut être mixte de telle sorte que le stipulant lui-même profite de la police s'il vit jusqu'à une date déterminée; pour s'assurer les chances contenues dans l'*alea* de survie il faudrait que la faillite maintienne les primes jusqu'à la date indiquée, qu'elle sorte de l'actif, destiné à la distribution des dividendes, un capital suffisant pour assurer ce paiement, ce qui est d'une réalisation, pour ainsi dire impossible [1].

Tout ce que la faillite peut obtenir c'est, suivant les circonstances, le rapport des primes.

En fait, la plupart du temps la faillite met fin au contrat : il n'est guère possible à un commerçant placé dans cette situation de trouver les ressources propres à lui permettre de verser chaque année la somme qui assure le maintien de l'assurance.

En droit cependant rien n'empêche l'assuré non seulement de souscrire une police, mais même de continuer le contrat conclu à une époque antérieure à la faillite. La solution doit être la même soit qu'il y ait eu concordat, soit qu'il y ait eu union. Dans le premier cas le commerçant est replacé à la tête de ses affaires. Dans le second, bien que dessaisi de l'administration de ses biens, il a incontestablement le droit d'assumer des engagements nouveaux, d'employer à ses dépenses personnelles le produit de son travail ; par conséquent il est en mesure d'affecter au contrat les prélèvements opérés sur ses gains personnels [2].

écarté l'application de cet article 446, pour une assurance contractée pendant la période suspecte précédant la faillite, par le motif que le bénéfice n'ayant jamais pu faire partie du patrimoine du stipulant n'avait pu, dès lors, en être distrait, mais aussi que les art. 446 et 447 C. Comm. ne statuent que pour le cas où le failli a pris et donné *de suo*. — V. aussi dans ce sens, Nancy, 17 janv. 1888. D. P. 89, 2, 153.

1. Crépon : Note, S. 88, 1, 124. Aussi ce savant magistrat écrit-il qu'en définitive les syndics, à moins de contrats d'assurance sur la vie manifestement souscrits par le failli en fraude des droits des créanciers, n'auront, la plupart du temps, qu'à se désintéresser de ces contrats : il leur suffira de ne pas payer les primes mises à la charge du stipulant.

2. Comp. Herbault : *op. cit.*, p. 88; Coutteau : *op. cit.*, T. II, p. 114 et 490; Mornard : *op. cit.*, p. 320.

La solution devrait être la même à plus forte raison si le failli disposait de ressources propres échappant à l'action des créanciers, par exemple s'il avait une pension alimentaire, incessible et insaisissable. — Agen, 22 nov. 1880. D. P. 82, 2, 221.

Mais, a-t-on dit (Béchade : *op. cit.*, p. 163), en aliénant la prime le débiteur paye pour un autre, et, dès lors, il ne fait pas un paiement valable, l'art. 446 C. Comm. déclarant nuls tous actes gratuits émanés du failli et par conséquent les créanciers pourront faire résoudre le contrat. Ce système va à l'encontre du

Bien certainement les créanciers ont le droit de surveiller les agissements de leur débiteur, de rechercher notamment si le contrat n'a pas été fait en fraude de leurs droits, s'il n'a pas pour but de léser leurs intérêts; mais hors ce cas, que le juge a seul qualité pour apprécier, le syndic ne peut réputer nul le contrat et réclamer l'attribution à la masse du droit au capital; il est même incapable d'attaquer la stipulation.

Si le failli peut continuer le contrat, il peut aussi, lorsqu'il ne s'est pas produit une acceptation de la part du bénéficiaire désigné dans la police, substituer une autre personne pour la perception du capital assuré [1]. Toute personne *in bonis* a incontestablement le droit de revenir sur sa détermination et, après avoir voulu attribuer le droit au capital à une personne, elle a la faculté de désigner un tiers comme créancier de la Compagnie; il suffit que le bénéficiaire primitif n'ait point accepté. Cette règle est certaine. Elle doit recevoir son application au cas de faillite parce que l'état de faillite n'apporte aucune modification aux règles sur l'attribution du bénéfice [2]. C'est en vain que l'on allèguerait [3] qu'en réalité l'assuré s'est réservé de la sorte et a exercé le droit de disposer du bénéfice; dans tous les cas, même sans aucune réserve, l'assuré peut toujours non seulement racheter le contrat, par conséquent faire entrer dans ses biens le capital réduit payé par l'assureur, mais encore substituer un bénéfice à un autre; il a toujours la disposition de la police [4]. C'est même une nécessité pratique. Les besoins auxquels l'assurance doit parer, comme les ressources propres à l'alimenter sont infiniment variables et dépendent de mille circonstances imprévues. La

droit absolu qui, d'un avis unanime, appartient au failli pour la disposition du produit de son travail. Mais il y a mieux, en l'admettant par impossible tcar le droit de disposition semble absolu, il ne confère aucun avantage aux créanciers. Ce qui pourrait être réclamé par les créanciers ce serait uniquement le montant des primes; le contrat n'en serait pas moins valable, et le capital assuré n'en devrait pas moins revenir au bénéficiaire désigné, sauf à ce dernier à tenir compte à la masse créancière du montant des primes.

1. Par exemple, après avoir stipulé en faveur de ses *héritiers ou ayants cause*, ou de ses *enfants* signer un avenant au profit d'un tiers déterminé.

2. V. en ce sens, Cass., 16 janv. 1888, S. 88, 1, 127; D. P. 88, 1, 77. Le *Supplément* du *Répertoire* de Dalloz, v° *Faillites*, n° 408, fait remarquer que la faillite ne pourrait plus, dès lors, revendiquer le bénéfice de l'assurance que dans deux cas: 1° si le tiers a déclaré renoncer au bénéfice de la stipulation faite en sa faveur; 2° si, avant toute acceptation du tiers désigné, le stipulant avait, en vertu du droit que lui conférait expressément la police, ou de la faculté générale que la loi confère à tous les stipulants pour autrui, révoqué l'offre de libéralité contenue dans la police et s'était appliqué le bénéfice de l'assurance comme s'il eut stipulé d'une manière générale pour ses *héritiers ou ayants droit*, formule vague et insuffisante pour faire sortir le capital assuré du patrimoine propre de l'assuré.

3. Douai, 3 juin 1885, D. P. 88, 1, 77 (décision cassée par l'arrêt précité du 16 janv. 1888); Douai, 6 décembre 1886, S. 88, 2, 97, D. P. 88, 2, 140; Caen, 3 janv. 1888, S. 88, 2, 97, D. 89, 2, 429.

4. C'est ce que la Cour de cassation a expressément mis hors de contestation par son arrêt du 22 juin 1891, S. 92, 1, 177; D. P. 92.1, 286. — V. *supra*, T. II, p. 268.

situation de fortune de l'assuré risque de changer soit en bien, soit en mal; s'il perd sa position ou la faculté de travailler, il peut lui devenir très onéreux et même absolument impossible de payer ses primes; s'il atteint, au contraire, l'opulence il n'a plus à se préoccuper des moyens d'assurer après lui l'existence de ceux qu'il aime. Ceux-ci, d'autre part, peuvent mourir avant lui ou se trouver pour toujours à l'abri du besoin; l'assurance devient sans objet[1]. Mais il y a plus; le système qui ne reconnaît un droit propre au bénéficiaire qu'autant que l'assuré ne s'est réservé aucun droit aboutit à des conséquences inadmissibles. Si le bénéficiaire étranger au stipulant accepte dès que l'offre de libéralité contenue dans la police lui est faite, il en est autrement de la femme et des enfants du souscripteur du contrat ; ils ne se trouvent pas en situation d'accepter du vivant du chef de la famille ; cette circonstance de la non acceptation par les personnes gratifiées du vivant du *de cujus* ferait nécessairement tomber la créance contre l'assureur dans le patrimoine du stipulant ; il est incontestable que l'acceptation intervenue même *post mortem stipulatoris* suffit pour donner au bénéficiaire un droit propre et pour écarter toute possibilité de réclamation de la part des créanciers de l'assuré.

Non seulement le syndic est hors d'état de passer une assurance sur la vie au nom du failli parce qu'il lui est interdit d'exercer les droits exclusivement attachés à la personne (1166 C. Civ.) ou, du moins, d'après une expression qui paraît plus juste[2], pour l'exercice des droits qui, tout en ayant un caractère pécuniaire, exigent une appréciation morale et personnelle de la part du failli, non seulement il n'a pas le droit de faire révoquer même avant toute acceptation la stipulation réalisée dans la police, parce que seul l'assuré peut agir pour un acte aussi essentiellement personnel la suppression d'un avantage consenti à quelqu'un[3], mais il n'a pas le droit, en tant que représentant des créanciers, de se substituer au failli pour le paiement des primes et pour continuer de la sorte au profit de la masse l'opération commencée par le débiteur[4].

Deux motifs s'y opposent : d'abord, il est de principe que l'assurance ne peut être valablement signée par une personne sur la tête d'un tiers qu'autant que cette personne y consent; en second lieu, si le syndic a le droit de contracter au nom du failli, spécialement de poursuivre l'exécution d'une obligation née antérieurement à la faillite,

---

1. Cf. Boistel , Note, D. P. 89, 2, 129.

2. Fossé : *Le syndic de faillite*, Paris, 1888, p. 64. — V. Couteau : *op. cit.*, T. II, p. 116.

3. En ce sens, Deslandres : *op. cit.*, p. 192 et 194, 206 et s..

4. Taudière : *op. cit.*, p. 197; Béchade : *op. cit.*, p. 164; Rabatel : *op. cit.*, p. 309. *Contrà*, Paris, 5 mars 1873, S. 73, 2, 109; D. P. 72, 2. 106. Mais il paraît certain que cet arrêt est plutôt un arrêt d'espèce, basé sur des considérations spéciales de fait, qu'un arrêt de doctrine. Il ne faut pas lui donner une importance à laquelle il ne prétend pas. — Rehfous : *op. cit.*, p. 108.

c'est seulement lorsqu'il s'agit des biens ou des droits qui constituent le gage des créanciers. Tant que la condition imposée pour le versement du capital assuré ne s'est pas réalisée, tant que le décès ne s'est pas produit les créanciers sont dépourvus de toute action, car le droit est attaché à la personne du failli. Mais le failli peut autoriser le représentant des créanciers à continuer au profit de ces derniers le contrat déjà commencé. En fait il donne et il donnera toujours son consentement : il sera de son intérêt de ne pas s'aliéner la bienveillance du syndic et de ses créanciers, surtout s'il espère un concordat; d'un autre côté, il conservera, pour les déterminer, la valeur éventuelle que doit produire l'assurance [1]; les primes sont alors payées par le syndic agissant au nom des créanciers et dans le but de leur faire obtenir la créance contre la Compagnie pour le cas où s'ouvrirait le droit au capital assuré.

Il va de soi que cette solution n'est admissible que s'il s'agit d'une assurance contractée au profit du patrimoine. Si la police a été souscrite en faveur d'un tiers déterminé le syndic n'a point de raison pour intervenir et pour verser les primes; ce soin incombe à la personne gratifiée [2].

Le syndic n'a pas plus le droit de céder le contrat, sans le consentement de l'assuré [3], que le pouvoir de faire seul vendre aux enchères la police [4]. La transmission d'une assurance sur la vie est subordonnée nécessairement au consentement de celui sur la tête de qui elle repose; le syndic, qui ne représente pas la personne, est hors d'état de donner cette adhésion : elle doit essentiellement émaner de l'assuré. Il serait contraire à l'ordre public qu'au moyen de la mise aux enchères de polices, le premer venu pût s'en rendre acquéreur, contre le gré de celui sur la tête duquel elles reposent; la nature même des choses répugne à ce que, sans l'intervention du stipulant, l'on puisse faire disparaître la vocation d'un tiers qui a pour cause l'affection de l'assuré. L'assureur, du reste, a intérêt à combattre une adjudication susceptible de changer la nature du contrat, d'altérer sa moralité et d'éloigner les assurés [5].

La faillite amenant la plupart du temps la gêne, l'assuré se trouve le plus souvent dans l'impossibilité de payer les primes. En pareille circonstance s'il veut tirer parti des sacrifices supportés les années

---

1. Couteau : *op. cit.*, T. II, 312. — Comp. Marchal : *Du contr. d'assur. sur la vie,* p. 105.
2. Paris, 7 mars 1870, *Journ. des ass.*, 71, 20.
3. Trib. comm. Gênes, 9 janv. 1890, S. 90, 4, 24; Coulazou : *op. cit.*, p. 112.
4. Trib. civ. Seine, 1er décemb. 1876, *Journ. des ass.*, 77, 18.
5. Couteau : *op. cit.*, p. 116; Mornard : *op. cit.*, p. 321; Rehfous : *op. cit.*, p. 108; Béchade : *op. cit.*, p. 164; Taudière : *op. cit.*, p. 197; Coulazou : *op. cit.*, p. 112; Fossé : *op. cit.*, p. 64; Lefort : *De l'action du syndic en cas de faillite de l'assuré (Rec. périod. des assur.*, 1889, p. 63). — *Contrà* cependant Deslandres : *op. cit.*, p. 241.

précédentes, s'il entend désintéresser ses créanciers sans bourse délier, sauf s'il y a eu un engagement antérieur, spécialement en cas d'acceptation de la part du tiers bénéficiaire [1], il n'a qu'à demander à la Compagnie de lui verser la valeur de rachat de la police. A tous les points de vue cette opération est avantageuse. Elle est de nature à procurer aux créanciers une somme absolument certaine. D'autre part, elle contribue à la libération du débiteur sans qu'il lui en coûte rien, parce que la somme provient de la caisse de la Compagnie.

Mais l'assuré peut seul demander le rachat. Il s'agit, en effet, d'une appréciation individuelle à donner pour un contrat qui a un caractère essentiellement personnel. Assurément il est loisible aux créanciers de s'entendre avec le souscripteur, de solliciter de lui une démarche à l'effet d'obtenir le versement de la valeur de rachat; mais par eux-mêmes les créanciers ne peuvent rien.

L'art. 1166 C. Civ. est sans application ici. Il ne concerne pas les droits qui sont exclusivement attachés à la personne du débiteur, les droits et actions qui, tout en ayant un caractère pécuniaire, dépendent d'une appréciation individuelle ; ce texte n'a point d'effet quand la volonté du débiteur est prépondérante [2]. Il est indéniable que l'opération de rachat a un caractère essentiellement personnel : l'assuré seul est en mesure d'examiner s'il doit continuer le contrat ou, au contraire, y renoncer et abandonner les avantages qui en sont la suite; il n'y a que lui qui puisse apprécier les motifs militant en faveur du rachat ou, au contraire, pour le maintien de l'engagement.

Une raison d'analogie permet, d'ailleurs, d'affirmer que, malgré le caractère pécuniaire du droit au rachat, les créanciers ne sauraient l'exercer.

Il est admis [3] que les créanciers ne peuvent pas plus, sans le consentement du donateur, leur débiteur, solliciter la révocation d'une donation pour cause d'ingratitude qu'ils n'ont le droit de

---

1. Avec une stipulation intervenue au profit d'un tiers déterminé qui a accepté, aucune question ne se soulève. Par l'adhésion du bénéficiaire l'assuré a vu disparaître tous les droits qu'il risquait d'avoir sur l'assurance : à partir du jour même du contrat, la personne gratifiée, conformément à une jurisprudence constante, a acquis un droit propre et exclusif sur le capital assuré ou sur ce qui le représente. Sans doute, comme l'a décidé la Cour de Cassation (Cass., 8 févr. 1888, S. 88, 1, 129 ; D. P. 88, 1, 201, le droit attribué au bénéficiaire pouvait être anéanti par l'assuré, mais il n'en subsistait pas moins tant que cette révocation n'avait pas eu lieu; si le paiement ne pouvait être exigé qu'au décès du stipulant, le terme ne suspendait pas l'existence de l'obligation incombant à la Compagnie.

Le droit au capital assuré étant devenu, dès le moment où la police a été signée, la propriété définitive et irrévocable du bénéficiaire, le stipulant ne peut former une demande de rachat; les créanciers ne sauraient avoir plus de droits que lui.

2. Aubry et Rau : op. cit., T. IV, p. 126 ; Larombière : *Obligat.*, nouv. édit., sur l'art. 1166, n° 19.

3. Aubry et Rau : op. cit., T. IV, p. 126.

révoquer une offre de donation faite par ce même débiteur à une tierce personne. C'est parce qu'il y a en jeu un intérêt à la fois pécuniaire et moral, parce que l'acte de révocation suppose une appréciation purement personnelle, incompatible avec la substitution d'une volonté à une autre. En reconnaissant aux créanciers le droit de demander le rachat sans le consentement, peut-être même contre la volonté de leur débiteur, on arriverait, en somme, à faire admettre pour les créanciers le moyen de déroger à ce qui est unanimement enseigné quant à la révocation de l'offre de donation.

Mais il y a plus : dans un but de prévoyance familiale un père s'est assuré et chaque année il a prélevé sur ses revenus une somme destinée à procurer à sa femme et à ses enfants des ressources pour le moment où il ne sera plus là et ne pourra plus subvenir à leurs besoins ; il est inadmissible que cette combinaison, qui a peut-être exigé des sacrifices relativement considérables, puisse être détruite par l'action des créanciers ; leur intervention n'aboutirait qu'à frapper d'un certain discrédit l'assurance sur la vie et à contrarier son développement.

D'autre part, il ne faut pas oublier que le prix du rachat est nécessairement inférieur au capital assuré, et qu'ainsi le rachat réclamé par les créanciers entraînerait une libération du débiteur inférieure à celle qui résulterait à son décès du paiement fait aux créanciers avec le capital assuré. De quel droit les créanciers, pour toucher immédiatement une certaine somme, diminueraient-ils le profit futur qui pourrait être tiré du contrat d'assurance lors du décès de l'assuré [1]?

Un autre motif confirme la thèse de l'incapacité des créanciers. Si étendue que puisse être l'application de l'article 1166 C. Civ., il est certain que ce texte ne va point jusqu'à accorder aux créanciers le droit de passer de nouveaux contrats pour le débiteur qu'ils représentent. Or, le rachat est un contrat absolument nouveau, totalement distinct du premier, c'est-à-dire de l'assurance même. Par la police le stipulant se faisait promettre que, si cette éventualité se réalisait, la Compagnie verserait à la personne indiquée la somme convenue ; il s'obligeait à verser les primes ; par l'acte de rachat il consacre son désir de rompre l'engagement, il se fait rembourser les sommes dont la conservation dans les caisses de la Compagnie n'a plus sa raison d'être ; suivant une expression qui caractérise bien l'opération, l'assuré fait régler son compte. D'ailleurs, un nouveau contrat est si bien nécessaire pour fixer la situation que, d'après les usages constants, la police qui réserve à l'assuré le droit de réclamer le rachat ne fixe pas à l'avance les conditions dans

[1] Lyon Caen : Note, S. 86, 2, 226.

lesquelles ce dernier doit s'effectuer et qu'un accord est absolument nécessaire.

C'est en vain que pour proclamer le droit des créanciers on soutiendrait que l'assuré qui, après avoir payé un certain nombre de primes, cesse ses paiements, a droit au bénéfice du rachat de l'assurance, c'est-à-dire au versement immédiat et de plein droit d'une certaine somme [1]. Si la Compagnie est tenue de consentir au rachat à toute réquisition, une réquisition est indispensable; le prix du rachat n'est pas, comme on pourrait le croire, mis de plein droit et par le seul fait de la cessation du paiement des primes, à la disposition de l'assuré, il ne devient exigible que du jour où le rachat est demandé par l'assuré [2].

Une considération semble devoir tout dominer. Lorsqu'un contrat arrive à son échéance, quand la condition imposée pour le versement du capital assuré se produit, les créanciers n'ont aucun droit. On ne voit pas pour quel motif ils en auraient un pour le contrat qui se trouve interrompu [3].

En ce qui concerne le rachat le syndic est frappé d'une incapacité absolue. Sans doute il a des pouvoirs très étendus, mais sa capacité ne va point jusqu'à lui permettre de faire des contrats nouveaux pour des biens qui ne sont point tombés dans le patrimoine du failli, qui ne forment point le gage des créanciers; quand le capital assuré n'est pas devenu exigible, les avantages résultant du contrat ne sauraient être frappés d'un droit de gage, car ils sont essentiellement personnels [4].

On reconnaît dans la pratique au syndic le droit d'exercer le rachat. Mais ce n'est que d'une façon détournée, au moyen de l'application de l'art. 487 du Code de commerce qui autorise le syndic à transiger sur toutes les questions intéressant la masse et parce que l'opération du rachat est considérée comme une transaction avec l'assureur.

Bien qu'admise par les Compagnies qui permettent au syndic de

1. C'est l'argument sur lequel la Cour de Paris, dans un arrêt du 14 nov. 1890 (*Journ. des assur.*, 91, 129; *Rec. périod. des assur.*, 90, 246), se fonde principalement pour reconnaître aux créanciers le droit de réclamer le rachat.

2. Cf. la très intéressante note publiée dans le *Moniteur des assurances* (15 février 1891), sous ce titre : *Le droit de rachat dans les polices d'assurances en cas de faillite de l'assuré.*

3. Dans les observations insérées dans le *Journal des faillites* (février 1891, p. 66), le droit des créanciers a été affirmé comme conséquence de la jurisprudence qui, tout en maintenant à la femme du failli décédé le bénéfice de l'assurance, reconnaît à la masse le droit de répéter les primes payées par le mari. Mais c'est faire dire aux arrêts ce qu'ils ne disent pas, la jurisprudence n'a jamais décidé d'une façon absolue que la femme gratifiée doit rembourser les primes; la femme qui recueille le capital assuré à titre de bénéfice n'est tenue que « *suivant les cas* ».

4. Lyon Caen : Note. S. 86, 2. 227.

Contrà : Couturier : *De l'assur. sur la vie en général et spécialement de l'assur. sur la vie entre époux*, p. 212.

l'assuré d'exercer le rachat avec l'autorisation du juge-commissaire, cette solution est inacceptable en droit [1].

D'abord, les droits résultant pour le souscripteur du contrat d'assurance sur la vie sont exclusivement attachés à la personne : il est inadmissible que la révocation de dispositions prises par un stipulant dans un intérêt de famille ou d'affection puisse être exercée par une personne autre et même contre la volonté du principal intéressé.

En second lieu, on ne saurait, sans commettre une confusion manifeste et une erreur absolue, assimiler le rachat à une transaction. La transaction est définie par l'art. 2044 C. Civ., un contrat par lequel « les parties terminent une contestation née, ou préviennent une contestation à naître » ; elle a pour but de mettre fin à un différend soit actuel, soit possible. En cas de rachat, il n'y a pas de contestation ; en pareille circonstance on ne met pas fin à un débat qui existe ou qui va surgir. Lorsqu'il s'agit de racheter une assurance sur la vie, on renonce simplement à un contrat, au bénéfice qu'il pouvait procurer ; l'assuré reprend uniquement le solde créditeur du compte ouvert par la Compagnie.

Bien mieux, cette pratique est une façon déguisée de déroger à la prohibition édictée par l'art. 1166 C. Civ. quant aux droits exclusivement attachés à la personne, relativement aux actions qui supposent chez le débiteur une appréciation morale, et pour lesquels, par conséquent, les créanciers sont sans qualité. Il ne doit pas être permis de faire indirectement ce qui est interdit.

A aucun titre cette opinion ne saurait donc être accueillie [2].

1. Elle a pourtant été consacrée par le Tribunal de commerce de la Seine et plus ou moins clairement par la Cour de Paris, le 14 mars 1873 (*Journ. des assur.*, 73, 288).

2. Le système qui refuse aux créanciers le droit de réclamer le rachat domine dans la doctrine : Couteau : *op. cit.*, T. II, p. 313 et suiv. ; Fey : *op. cit.*, n° 125 ; Mornard : *op. cit.*, p. 342 ; Lyon Caen : Note, S. 86, 2, 225 ; Lefort : *Nouv. Études sur les assur. sur la vie*, p. 42 à 48 ; Coulazou : *De la stipulat. pour autrui dans l'assur. sur la vie*, p. 112 ; Furquim d'Almeida : *op. cit.*, p. 152 ; Dumont : *De l'attribut. de l'indemnité d'assurance sur la vie*, p. 275. — V. aussi les conclusions de M. l'avocat général Falcimaigne à la Cour de Paris : *Le Droit*, 21 janv. 1891 et *Rec. périod. des assur.*, 1891, p. 236, etc..

La jurisprudence paraît divisée.

Le droit des créanciers a été reconnu par le Tribunal civil de Lille, le 15 nov. 1886, et par la Cour de Douai, le 28 mars 1887 (*Rec. périod. des assur.*, 88, 200), ainsi que par la Cour de Paris, le 5 mars 1873 (*Journ. des assur.*, 73, 288; et le 14 nov. 1890 (*Journ. des assur.*, 91, 129 ; *Rec. périod. des assur.*, 90, 246. — V. aussi C. de just. de Genève, 10 janv. 1887, S. 87, 4, 13). Au contraire, il a été nié par la Cour de Rouen, le 18 janv. 1884 (S. 86, 2, 225, etc.), par le Tribunal de commerce de Châlons-sur-Marne, le 21 août 1889 (*Journ. des assur.*, 91, 130 ; *Rec. périod. des assur.*, 90, 234) et par la Cour de Montpellier, le 15 mars 1886 (*Journ. des assur.*, 86, 208).

Il est à noter que dans une matière qui offre une réelle analogie, pour la rente viagère, des arrêts ont jugé que le droit de demander la réduction ou même l'extinction ne semble pas de nature à pouvoir être exercé par les créanciers, par le motif qu'il s'agit là d'un droit exclusivement attaché à la personne. — Paris, 27 décembre 1849 ; D. P. 50, 5, 23 ; Bordeaux, 9 avril 1850 ; D. P. 52, 2, 139.

Si l'assuré consent à laisser ses créanciers user de la faculté de rachat, la valeur actuelle que la police avait à ce moment appartient au patrimoine du souscripteur ; la somme versée de ce chef fait partie de la masse à répartir entre les créanciers.

S'il n'est pas procédé au rachat, il peut y avoir lieu à réduction : le solde créditeur de la police servira à former la prime unique d'une assurance qui subsistera sans que personne ait à s'en occuper.

Les raisons qui ont fait refuser aux créanciers le droit de provoquer le rachat font dénier également le pouvoir de réclamer le montant de la réduction, au cas où l'assuré refuse de continuer le contrat. Pour soutenir le contraire il a été opposé que le montant de l'assurance est ramené à un chiffre proportionnel aux primes acquittées et ne devient exigible qu'à la mort de l'assuré, que l'assurance se trouvant alors abandonnée, la Compagnie liquidera le compte et emploiera le solde créditeur à former la prime unique d'une assurance nouvelle, qui, n'ayant besoin de l'intervention de personne puisqu'il n'y aura plus de primes à payer, subsistera sans que le failli ou le syndic ait à s'en occuper, et dont le bénéfice appartiendra à ceux qui représenteront le failli au jour de son décès, à ses créanciers, s'il est encore en état de faillite [1]. Mais il est facile de répondre que le droit de réduction a beaucoup trop le caractère de droit attaché à la personne pour pouvoir être exercé par le représentant des créanciers, au moins sans le consentement de l'assuré [2].

§ 2. — Effets du décès de l'assuré au cours de la faillite.

Lorsque l'assuré meurt au cours de la faillite soit avant, soit après le jugement déclaratif, la Compagnie n'est pas déliée de l'obligation de remplir la condition qui lui incombe, c'est-à-dire de verser la somme prévue au contrat ; l'état de faillite ne modifie en rien son engagement.

Mais à qui doit être remis ce capital assuré ? Les créanciers du failli décédé peuvent-ils dans tous les cas le réclamer ?

Les biens d'un débiteur sont le gage de ses créanciers, mais ses biens seuls. Il faut donc rechercher si la créance contre la Compagnie fait ou non partie du patrimoine du défunt. Il tombe sous le sens que si cette créance n'a pas été incorporée à ce patrimoine, la faillite ne peut l'y faire rentrer. La distinction fondamentale sur l'attribution du bénéfice de l'assurance doit être appliquée.

En cas d'assurance faite au profit d'un tiers désigné, déterminé,

---

1. Fossé : *Le syndic de faillite*, p. 78.
2. Lyon Caen : Note, S. 86, 2, 227 ; Lefort : *Nouv. Études sur les assur. sur la vie*, p. 53.

dans les termes de l'art. 1121 C. Civ., le bénéfice est acquis au bénéficiaire le jour même de la signature de la police, *jure proprio* ; il va directement dans le patrimoine de la personne gratifiée et il n'entre jamais dans la fortune du stipulant. Les créanciers sont sans droit, malgré l'état de faillite, à l'encontre de la somme qui est réputée avoir toujours appartenu au bénéficiaire et au bénéficiaire seul. L'état de faillite importe peu. Les créanciers ne peuvent avoir aucun droit sur une chose dont le bénéficiaire a été gratifié de longue date et dont le payement seul était différé jusqu'au décès de l'assuré[1].

Quel que soit le parti que l'on prenne sur la nature de l'acte intervenu, qu'on le considère comme une stipulation pour autrui, ou au contraire comme une gestion d'affaires en faveur du bénéficiaire, ou bien comme la formation d'un engagement pris par l'assureur d'offrir l'indemnité à la personne désignée à la suite du décès de l'assuré, la règle doit être la même[2] ; le droit au capital assuré ne se trouve pas dans le patrimoine du défunt, partant ses créanciers ne peuvent former une saisie-arrêt entre les mains de l'assureur, la saisie-arrêt n'étant admissible que si la valeur saisie-arrêtée se trouve dans le patrimoine du débiteur. Aucun doute n'est possible à ce sujet[3].

L'acceptation ne se produit pas au moment de la formation du contrat ; il peut donc se faire qu'elle intervienne après la déclaration de la faillite. Mais cette circonstance importe peu. En matière d'assurance sur la vie, le bénéficiaire a le droit d'accepter à tout moment, même après le décès du stipulant[4]. Par l'effet de la condition accom

---

1. C'est ce que la Cour de cassation a formellement déclaré en ces termes : « *Attendu que la faillite du stipulant survenue avant son décès ne saurait faire disparaître ce droit (le droit personnel résultant du contrat pour le tiers spécialement désigné par la police d'assurance), et autoriser le syndic à prétendre au nom de la masse créancière que la police d'assurance constitue purement et simplement une valeur mobilière demeurée dans le patrimoine du failli et devant servir de gage à ses créanciers* » (Cass., 16 janv. 1888, S. 88, 1, 127 ; D. P. 88, 1, 78). Cette solution avait été proclamée antérieurement. — Trib. Épernay, 17 août 1882, D. P. 82, 3, 71.

2. A la vérité, il a été allégué que la somme à toucher au décès du débiteur, bien que stipulée au profit exclusif du créancier, doit profiter à la masse par la raison que la somme représente la capitalisation des primes avancées par le souscripteur (Trib. comm. Seine, 4 mai 1876 ; Molineau : *Jurisprud. des assur. sur la vie*, n° 76 *bis* ; Alger, 25 juin 1876, D. P. 78, 2, 116). Mais il est indubitable que la somme payée par l'assureur n'est pas le produit des primes payées augmentées des intérêts composés ; c'est le produit de la mise en commun des primes versées pour l'année par tous les assurés. — Comp. ce que dit à ce sujet M. L'Hôpital : *op. cit.*, p. 121.

3. Inversement cette créance d'indemnité pourra être saisie-arrêtée par les créanciers du bénéficiaire.

Il faut refuser tout droit d'intervention aux créanciers du stipulant soit quant au capital assuré lui-même, soit quant à la valeur de rachat. En effet, sauf une disposition expresse, il convient de dire que l'assuré a entendu attribuer au bénéficiaire, en cas de non payement des primes, le droit à l'assurance réduite qui se substitue naturellement à l'assurance primitive.

4. V. ce qui a été dit plus haut (p. 108 à 113) sur l'acceptation après le décès du stipulant.

plie elle rétrongit, en effet, au jour même de la formation du contrat.

Bien que l'acceptation rende le contrat parfait à l'égard du bénéficiaire et qu'elle donne un caractère absolument définitif au droit de ce dernier, le syndic ne peut s'y opposer. Si les bénéficiaires sont saisis, dès le jour de la stipulation, d'une créance sur la Compagnie d'assurances, si cette stipulation confère immédiatement au tiers un droit qu'il peut rendre irrévocable en déclarant vouloir en profiter et si la faillite du stipulant survenue avant son décès ne peut faire disparaître ce droit et autoriser le syndic à prétendre, au nom de la masse créancière, que la police d'assurances constitue une valeur mobilière demeurée dans le patrimoine du failli et devant servir de gage à ses créanciers, on conçoit mal comment la faillite aurait pour conséquence d'interdire au tiers bénéficiaire une acceptation utile [1].

La jurisprudence du reste est constante à cet égard [2].

Quand l'assurance est passée au profit de personnes incertaines, indéterminées, autrement dit dans les termes de l'art. 1122 C. Civ., la créance contre la Compagnie tombe dans les biens du stipulant; à moins d'une attribution ultérieure elle ne cesse pas d'en faire partie. Les créanciers peuvent alors la revendiquer [3] comme toute autre fraction du patrimoine du stipulant [4].

---

1. Sic, Crépon : Note, S. 88, 1, 124.

Dès lors si, bien que désignée dans la police, la personne en vue de laquelle le contrat a été passé n'accepte ni tacitement ni expressément, le bénéfice reste dans le patrimoine du stipulant et les créanciers ont le droit de réclamer la somme due par la Compagnie, Cass., 23 janvier 1889; S. 89, 1, 353; D. P. 90, 1, 73.

2. En effet, les arrêts de la Cour de cassation du 8 février 1888 (S. 88, 1, 129; D. P. 88, 1, 201), 27 mars 1888 (S. 88, 1, 130; D. P. 88, 1, 199), ont été rendus dans des espèces décisives : l'assurance avait été contractée dans la période suspecte; néanmoins la validité de l'acceptation a été affirmée.

3. En pareil cas il leur est loisible de recourir à une saisie arrêt non seulement pour le droit à la participation aux bénéfices, mais encore pour le capital assuré lui-même.

C'est pour éviter cette solution que l'on a imaginé d'autres explications de l'opération.

Pour M. Labbé (Note, S. 77, 1, 393) et les partisans de son système de la gestion d'affaires le bénéficiaire a un droit propre dès qu'il existe et répond à la désignation de la police : à partir de ce moment, la créance existe dans son patrimoine, mais jusque là elle reste dans celui de l'assuré et peut être saisie arrêtée par les créanciers de celui-ci.

Pour M. Thaller (Note, D. P. 88, 2, 1) il n'y a de créance d'indemnité au profit du bénéficiaire qu'autant que ce dernier a accepté l'offre à lui faite par la Compagnie au moment du décès.

On a fait valoir quant au droit de rachat qu'avec la théorie de la Cour de cassation et avec le système de M. Thaller il reste à l'assuré et que ses créanciers peuvent le saisir; mais qu'au contraire, avec la théorie de M. Labbé, avant que le bénéficiaire ait répondu à la désignation, il faut traiter le droit au rachat comme s'il n'y avait pas de stipulation de bénéfice et admettre la saisie des créanciers de l'assuré, mais après la réponse à la désignation, il faut donner la même solution que s'il s'agit d'une attribution de bénéfice à personne déterminée. — Cf. Dudu : op. cit., p. 95.

4. Nous ne faisons aucune distinction pour le cas où la police serait soit à

Tel est le principe qui résulte de la nature même du contrat [1]. Il semble admis maintenant d'une façon générale.

Pendant longtemps la distinction qui vient d'être indiquée, aussi rationnelle qu'équitable, a été adoptée comme ligne de conduite par les auteurs [2] et par les tribunaux. Avec plus ou moins de tempéraments on décidait que le profit de l'assurance contractée par une personne pour un tiers devait, après la déclaration de faillite du stipulant, être affecté aux créanciers seulement si les personnes appelées à recueillir le capital assuré pouvaient être considérées comme incertaines, indéterminées; en d'autres termes, on reconnaissait que le tiers gratifié devait toucher le montant de l'assurance à l'exclusion des créanciers [3].

Mais en 1881 une modification fut apportée. Répudiant ses anciens errements, la jurisprudence parut vouloir se fixer en ce sens que le droit des créanciers devait l'emporter sur celui des bénéficiaires même expressément désignés [4]. Cette tendance toutefois ne s'est

ordre, soit mixte; il a été établi précédemment (V. *supra*, p. 288) qu'en pareille circonstance les règles sur l'attribution du bénéfice conservent toute leur valeur.

Il va de soi que si la police ne mentionne aucun bénéficiaire, le droit au capital doit être considéré comme ayant toujours été dans les biens du stipulant et par conséquent comme pouvant être revendiqué par les créanciers.

1. Le droit propre et exclusif du bénéficiaire existe *a fortiori* en Allemagne et en Suisse où ce tiers est créancier direct du promettant à dater du décès du preneur. Herbault : *op. cit.*, p. 114.

En Belgique, sous l'empire de l'art. 43 de la loi du 11 juin 1874, la masse créancière ne profite du capital assuré qu'autant qu'il n'y a pas de bénéficiaire désigné; si les bénéficiaires sont désignés, même d'une façon générale, par exemple sous l'expression d'*héritiers*, les créanciers sont privés de tout émolument. Trib. Charleroi, 9 mai 1874, *Pas.*, 74, 219; Trib. Nivelles, 13 août 1879, *Pas.*, 81, 2.10; Trib. Bruxelles, 29 nov. 1879, *Pas.*, 81, 219.

2. En 1877, M. Couteau écrivait dans une étude sur *le bénéfice de l'assurance sur la vie* publiée par le *Moniteur des assurances* que jamais le droit des créanciers ne peut s'étendre jusqu'au capital assuré, lequel n'est pas sorti du patrimoine du défunt et n'y est jamais entré.

3. Il est impossible d'indiquer toutes les décisions rendues dans ce sens; le nombre en est grand. Il suffira de citer spécialement un jugement du Tribunal de la Seine en date du 10 juin 1869 et un arrêt de la Cour de Paris du 7 mars 1870 (Rennes, de Mars.: II, 306), un arrêt de la Cour de Caen du 14 mars 1876 (S. 77, 2, 232; D. P. 77, 2, 131), un autre de la Cour de Paris du 4 juin 1878 (D. P. 79, 2, 25), un arrêt de la Cour de cassation du 11 novemb. 1879 (S. 80, 1, 337; D. P. 80, 1, 175).

4. Cette phase de la jurisprudence s'est ouverte avec un arrêt de la Cour de cassation du 2 mars 1881, S. 81, 1, 145; D. P. 81, 1, 401. V. dans le même sens Caen, 6 décembre 1881, Rennes. de Mars.: II, 649; Trib. Seine, 25 avril 1882; Trib. Troyes, 27 décemb. 1882, *La Loi*, 10 janv. 1883; Trib. Macon, 24 janv. 1884, *La Loi*, 31 mai 1884.

Il est à noter toutefois que cette jurisprudence semblait viser uniquement le cas d'une stipulation faite par le mari au profit de sa femme; elle laissait alors tout à fait de côté le contrat passé en faveur de tiers déterminés; le rapporteur à la Cour de cassation de l'affaire Boulard, qui a donné lieu à l'arrêt du 2 mars 1881, prenait soin de déclarer que la solution qu'il proposait ne pouvait s'appliquer aux enfants nommément désignés. V. le rapport de M. le conseiller Demangeat à la Chambre des Requêtes, D. P. 81, 1, 401. Cf. Fey : *op. cit.*, n° 136.

pas confirmée. Un revirement complet a eu lieu sous l'influence d'un arrêt de principe par lequel la Cour de cassation[1], procédant à une analyse nouvelle du contrat, a proclamé cette idée qu'il importe avant tout de faire produire effet à l'intention du souscripteur de la police. Inspirés par cette règle que l'état de faillite ne doit en rien modifier la solution quant à l'attribution du bénéfice[2] de nombreux arrêts ont réagi en faveur du bénéficiaire plusieurs difficultés qu'il convient d'examiner maintenant.

§ 3. Assurance au profit de la femme.

Le cas le plus intéressant et aussi le plus fréquent est celui d'une assurance contractée au profit de sa femme et au cours du mariage[3] par un commerçant déclaré ultérieurement en faillite[4].

De prime abord on peut être tenté de croire que l'état de faillite rend nulle la stipulation faite dans ces conditions et qu'il permet par conséquent à la masse créancière de revendiquer le capital assuré payé par la Compagnie à l'occasion du décès du stipulant. Il semble, en effet, au premier aspect, rationnel de voir dans l'attribution faite à titre purement gratuit une véritable libéralité qui ne saurait porter atteinte aux intérêts des créanciers en vertu de la maxime *nemo liberalis nisi liberatus* et qui, par conséquent, tomberait sous le coup des art. 564 et 559 C. Comm., lesquels, pour assurer aux créanciers d'un commerçant failli l'intégralité de son patrimoine, atteignent toute donation faite à la femme par le mari, même de bonne foi. Un examen plus minutieux conduit pourtant à une solution contraire.

D'une part, peut-on dire que le bénéfice d'une assurance souscrite pour la femme constitue une libéralité, surtout lorsqu'il est

---

1. Cass., 2 juill. 1884, S. 85, 1, 11; D. P. 85, 1, 150.

2. Cass., 16 janv. 1888, S. 88, 1, 127; D. P. 88, 1, 78.

3. Nous disons au cours du mariage; c'est qu'en effet il n'y aurait aucune difficulté au cas où la femme aurait été déclarée bénéficiaire avant la célébration de l'union, les art. 559 et 564 C. Comm. à l'occasion desquels la contestation a pu s'élever visant exclusivement les contrats passés alors que le mariage existe. V. Trib. civ. Reims, 21 nov. 1876 et Paris, 4 juin 1878, D. P. 79, 2, 25; Cass., 10 nov. 1879, D. P. 80, 1, 337. Les futurs époux étaient encore étrangers l'un à l'autre lors de la souscription de la police; le mariage qui a été célébré par la suite ne saurait avoir un effet rétroactif pour le passé et pour un passé exempt de fraude.

Est il nécessaire de dire qu'il en serait de même si, avant de se marier, les époux avaient vécu en commun? Cf. Taullier: op. cit., p. 200.

4. Nous avons traité ce sujet dans nos *Études sur les assurances sur la vie*, p. 5 à 17: *Du droit de la femme bénéficiaire d'une assurance sur la vie en cas de faillite du mari*.

acquis au moyen de primes payées avec les revenus de la communauté ou du ménage [1].

En outre, et à un autre point de vue, il faut reconnaître que si le droit des créanciers doit l'emporter, ce n'est pas quand le bénéfice va directement à la femme, sans passer par le patrimoine du stipulant, parce que la femme acquiert par le fait même du contrat (art. 1170 C. Civ.). En réalité, l'attribution est antérieure à l'époque du décès : dès l'instant de la formation du contrat, le tiers gratifié a obtenu un droit au montant de l'assurance; l'échéance du bénéfice a pu être reculée, mais le droit du bénéficiaire ne se trouve pas moins écrit dans la police [2]. Le contrat passé avec la Compagnie exclut du patrimoine du débiteur le capital dû par l'assureur.

De plus, ce n'est pas le cas d'appliquer la maxime « *nemo liberalis nisi liberatus* », c'est à dire de faire intervenir ce principe qu'avant de payer les libéralités du défunt il faut acquitter ce qu'il doit, car la somme payée par l'assureur n'a jamais fait partie du patrimoine de l'assuré : ce qui en est sorti, c'est le montant des primes plus ou moins élevé, selon qu'elles ont été plus ou moins nombreuses; jamais le capital dû par l'assureur n'a pu provenir des biens du signataire de la police puisqu'il n'y est pas entré [3].

Les art. 564 et 559 C. Comm. ne doivent pas être invoqués dans la cause.

L'art. 564 interdit à la femme d'un mari commerçant d'exercer, en cas de faillite de son époux, aucune action à raison des avantages portés au contrat de mariage et, d'après l'opinion généralement admise [4], à raison de toute libéralité.

Il n'y a pas à s'arrêter à cette circonstance (qui pourtant a été relevée), que ce texte ne saurait viser les assurances sur la vie qui,

---

1. Même les auteurs qui enseignent que l'assurance passée dans ces conditions constitue une libéralité reconnaissent que cette idée est fort contestable. Lyon Caen et Renault : *Précis de dr. commerc.*, T. II, p. 838, note 2. — En tout cas, s'il y a une libéralité elle est mystique car lorsqu'on regarde de près ce qu'est l'assurance sur la vie on voit que cette libéralité qui n'est renouvelée tous les ans au paiement de chaque prime est limitée au paiement de la dernière prime et à la valeur du rachat. Couteau : *op. cit.*, T. II, p. 540.

2. De Laynes : *Les assur. sur la vie considérées au point de vue fiscal* (Rev. crit. de législat. et de jurisprud., T. XXXVIII, 1871-72, p. 96).
On ne peut soutenir le droit des créanciers qu'en supposant l'existence d'un contrat principal à titre onéreux passé avec la Compagnie suivi d'un contrat accessoire de donation (V. en ce sens Thibault : *Des droits des femmes en matière de faillite*, Paris, 1869, p. 191); mais cette théorie du double contrat est condamnée irrévocablement et à juste titre. — V. ce que nous avons dit dans notre *Traité*, T. Ier, p. 920 et suiv.

3. Comp. Vivante : *Il contratto di assicurazione*, T. III, p. 218 et 219.

4. Dalloz : *Rép.*, v° *Faillite*, n° 1115; Bedarride : *Faillites et Banqueroutes*, 4e édit., T. III, n° 1044; Bravard Veyrières et Demangeat : *Traité de droit commercial*, T. V, p. 571. — M. Massé (*Droit commercial*, Paris, 1874, T. II, n° 1353) paraît être le seul auteur qui ait contesté l'application de cet article aux donations faites durant le mariage

lors de la rédaction du Code de commerce, étaient inconnues. Mais ce qu'il importe de remarquer, c'est que l'attribution du bénéfice a un tiers ne constitue pas nécessairement une libéralité dans le sens juridique du mot, et surtout que cette disposition légale vise simplement le fait d'un mort se dépouillant d'un objet pour enrichir le patrimoine de sa femme. Aucune assimilation ne peut être établie entre l'acte d'un homme consentant à prendre une fraction de ses biens propres pour la donner à sa femme et l'acte d'un mari contractant une assurance en faveur de sa femme. Comme on l'a fait observer[1], lorsqu'il intervient une assurance sur la vie, il est impossible de dire que le failli met dans le patrimoine de sa femme une valeur égale à celle dont il enrichit sa femme. Sans doute le mari se dépouille de la somme nécessaire à l'acquittement de la prime, mais outre que cette prime est très minime, elle se verse année par année, c'est à dire par fractions, elle se prend sur les revenus, et on ne saurait élever un reproche à cet égard, du moment que l'individu qui, par la suite, sera déclaré en faillite, est reconnu avoir le droit de disposer de parties peu importantes de ses revenus[2].

L'argument basé sur l'art. 530 n'est pas plus fondé.

Il est certain que l'assurance ne se prête pas aux fraudes que veut

1. Conclusions de M. l'avocat général Chévrier à la Cour de Paris (Revue du notariat, 1880, p. 576, et Couteau, op. cit., T. II, p. 514, note.)

2. V. les observations formulées dans la Note, S. 88, 1, 425.
Pour maintenir le droit des créanciers sans paraître se mettre en contradiction avec l'arrêt rendu précédemment dans la même affaire le 7 août 1888 (S. 89, 1, 97; D. P. 89, 1, 118), après la cassation de l'arrêt de Douai du 9 juin 1886, la Cour d'Amiens jugeant comme Cour de renvoi le 31 janvier 1889 (D. P. 91, 2, 9; S. 90, 2, 5), en écartant l'argument tiré de l'art. 530 C. Comm., a cherché à démontrer que le simple manque à gagner peut donner lieu au rapport à la masse créancière. L'arrêt suppose une personne achetant un immeuble et stipulant que l'acquisition appartiendra au tiers qu'elle veut gratifier; elle n'a jamais été, dit-il, propriétaire de l'immeuble et néanmoins se trouve avoir donné ce bien qu'elle a distrait de son patrimoine en l'empêchant d'y entrer; et c'est l'immeuble lui-même qui devra être rapporté à la faillite.
M. Boistel (Note, D. P. 91, 2, 9. et Note, D. P. 89, 2, 133) a justement répondu que cette solution (qu'il trouve exacte pour le rapport à succession et pour la réduction, ainsi que la Cour d'Amiens pense devoir l'ajouter, bien que la question fût autre) ne saurait être admise pour le rapport à la faillite exigé par l'art. 565 C. Comm., parce que ce rapport est un développement de l'action Paulienne de l'art. 1167 C. Civ. et qu'en matière d'action Paulienne le manque de gagner n'a jamais donné lieu aux poursuites des créanciers. L'attribution du bénéfice de l'assurance à la femme, et elle constitue un manque de gagner pour le mari, n'est pas un appauvrissement de son patrimoine; c'est qu'en effet le capital assuré n'est pas formé par l'accumulation et la capitalisation des primes versées annuellement par l'assuré, mais par les primes versées l'année même du décès par les autres assurés de la même catégorie. Il ne serait donc pas exact de prétendre que ce capital est sorti par petites fractions du patrimoine du mari assuré, comme il est sorti en une fois au moment de l'achat de l'immeuble dans l'hypothèse citée par l'arrêt. Le versement d'une seule prime aurait donné à l'assuré autant de droits que le versement continué pendant vingt ou trente ans

réprimer le législateur [1]. Puis cet article qui établit que les biens acquis par la femme du mari doivent être réunis à la masse de son actif, car ils sont présumés appartenir au mari ou être payés de ses deniers [2], paraît avoir été rédigé en vue d'acquisitions à titre onéreux ; or, il est plus que douteux, comme la Cour de cassation semble l'avoir reconnu elle-même [3], que l'on puisse voir un contrat à titre onéreux dans l'assurance sur la vie passée au profit d'un époux survivant.

D'autre part, il faut noter que l'art. 559 vise le cas de biens acquis avec les deniers du ménage, avec les revenus ; on ne peut pas dire que le montant du bénéfice est procuré au moyen de sommes appartenant en propre au mari.

Il y a plus. L'article en question est destiné à réprimer les détournements de l'actif, c'est-à-dire des biens sur lesquels les créanciers sont en droit de compter. Le montant d'une assurance stipulée payable à la femme lors du décès du mari ne fait pas partie de cet actif, de ce patrimoine, parce que c'est précisément au moment où le mari disparaîtra, où par conséquent sa fortune n'existera plus que le capital de l'assurance pourra être touché. On l'a fait observer avec raison, par l'indication qui est faite qu'un tiers recueillera le montant du contrat, l'assuré se dépouille actuellement, irrévocablement de tous les avantages qui résulteront à un jour donné de la réalisation du contrat. Si cette réalisation ne peut se produire qu'au jour du décès de l'assuré, ces avantages ne lui ont jamais appartenu pendant sa vie ; ensuite ils n'entrent pas dans l'actif de la succession, car le droit des tiers désignés au contrat, s'il ne peut être exercé au moment du décès, a sa date dans la date même de l'assurance ; ce droit était né dès cette époque ; il était seulement suspendu ; la mort de l'assuré est l'événement qui accomplit la condition suspensive. D'après l'art. 1179 C. Civ., la condition accomplie a un effet rétroactif au jour auquel l'engagement a été contracté [4].

---

1. Couturier : *De l'assur. sur la vie et spécialement de l'assur. sur la vie entre époux*, p. 247.

2. Constatons ici que les Cours qui ont voulu résister à la doctrine de la Cour de cassation sur les droits de la femme en pareil cas ont invoqué, non point l'art. 559, mais uniquement l'art. 584 C. Comm. — V. par exemple, Amiens, 31 janv. 1869, S. 90, 2, 6 ; D. P. 91, 2, 9.

3. Cass., 28 mars 1877, S. 77, 1, 363. *Contrà* toutefois Douai, 31 janvier 1876, S. 77, 2, 33.

4. Conclusions de M. l'avocat général Descoutures à la Cour de Paris, D. P. 67, 2, 222 ; S. 67, 2, 250. — M. Rozy (*Des effets à l'égard des créanciers de l'assuré d'un contrat d'assurance sur la vie fait en faveur de ses héritiers ou ayants droit* [Revue critique de législat. et de jurisprud., T. XXXIX, 1872-73]) a prétendu que du moment que l'assurance a été la cause d'un profit, elle doit passer dans les mains des créanciers. Mais ces derniers n'ont jamais dû compter sur ces ressour

Il ne saurait être objecté que l'assuré participe ou figure au contrat car il ne joue qu'un rôle purement passif, stipulant pour une tierce personne. Le droit que lui confère à titre éventuel la police ne peut pas plus être opposé puisque le contrat opère aliénation, et la condition du décès se réalisant, son effet est reporté au jour même où il y a eu attribution.

Sans doute le dessaisissement peut ne pas être irrévocable en ce sens que l'acceptation par le gratifié est nécessaire ; mais le dessaisissement n'en est pas moins intégralement accompli au moment où le contrat se forme.

Pour combattre l'application dans cette matière des art. 559 et 564 C. Comm., il ne convient pas seulement de faire remarquer que cette théorie, qui répute nuls les avantages stipulés par un mari au moment où il est dans une situation prospère et n'a point à songer à ses créanciers tend à contrarier le développement des idées de prévoyance et à porter un coup fâcheux à l'assurance sur la vie ; il faut ajouter que cette jurisprudence est absolument contraire à l'intention du stipulant. Elle arrive en somme à cette solution que, bien que voulant assurer des ressources à celle que la loi lui fait un devoir de protéger pour le cas où la mort le ferait disparaître, le mari passe en réalité une assurance au profit de ses créanciers. Le bon sens s'oppose à ce qu'il en soit ainsi : on ne saurait sérieusement dire qu'un commerçant contractant avec une Compagnie en faveur de sa femme a voulu stipuler pour enrichir ses créanciers[1].

Il est vrai que l'on invoque l'intérêt de ces derniers.

Bien certainement le législateur et le juge doivent en tenir grand compte ; ils doivent veiller à ce que le débiteur ne puisse pas dissiper, au préjudice des gens qui ont traité avec lui, ses biens qui forment leur gage ; mais encore faut-il qu'il y ait un gage, que la prétention des créanciers concerne une fraction quelconque du patrimoine de l'assuré ; or, le montant d'une assurance n'a jamais fait partie de ce patrimoine, puisqu'il n'a jamais appartenu au stipulant, le versement devant se faire lors du décès et le gratifié devant être réputé propriétaire dès le jour de la formation du contrat. Une comparaison vient à l'esprit à ce propos[2]. En cas d'incendie d'un immeuble appar-

ces ; jamais il n'a dû entrer dans leur esprit que le patrimoine, c'est-à-dire leur gage, pourrait comprendre cette valeur.

M. Jean Le Roy, dans un article inséré dans le *Journal des faillites* (T. I, 1882, p. 105, etc.) sous ce titre : *le syndic est-il fondé à réclamer au nom de la masse, par application des art. 559 et 564 C. Comm., le montant d'une assurance sur la vie contractée de bonne foi, et lorsqu'il était in bonis, par un mari commerçant au profit de sa femme*, pour soutenir l'application de l'art. 564, admet que la créance contre la Compagnie fait partie de l'actif ; mais il ne le démontre pas d'une manière suffisante.

1. Comp. les Observat. de M. Labbé : S. 80, 2, 250 ; Mornard : *op. cit.*, p. 328.

2. Dubois : *Journ. des assur.*, 1883, p. 104.

tenant à une femme et assuré par le mari, les créanciers ont-ils le droit, en cas de faillite de l'époux, de se partager le montant de l'indemnité payée par la Compagnie? Évidemment non, et la jurisprudence l'a reconnu depuis fort longtemps [1]; pourquoi en serait-il autrement lorsqu'il s'agit d'une assurance sur la vie? La similitude est complète : dans les deux cas c'est la femme qui a éprouvé un dommage, lors de l'incendie par la destruction de son immeuble, lors de la mort de son mari par la disparition de ce dernier; c'est donc elle et elle seule qui doit toucher l'indemnité. La valeur assurée n'a jamais fait partie du patrimoine du mari; attribuer le profit à ses créanciers, c'est vouloir les enrichir, c'est vouloir leur donner la représentation d'une chose sur laquelle ils n'avaient aucun droit.

C'est en vain et à un autre point de vue que l'intérêt des créanciers serait mis en avant [2]. Sans doute le sort de ces personnes est digne d'attention; tout acte tendant à faire fraude à leurs droits légitimes est condamnable et doit être réprimé; mais leurs prétentions ne peuvent porter que sur ce qui compose la fortune du débiteur, sur ce qui est entré dans son patrimoine. Le bénéfice de l'assurance n'en a jamais fait partie puisqu'il a été attribué, dès le jour du contrat, à la personne gratifiée. Le stipulant n'a jamais enrichi ses biens de cette valeur. Quand le bénéficiaire a recueilli le profit de l'assurance, c'est en vertu d'un droit personnel, résultant du contrat d'assurance, remontant au jour même de la convention conclue entre l'assuré et l'assureur; quand il touche le capital, c'est sa chose propre qu'il reçoit et non pas une valeur se trouvant dans les biens de l'assuré. En pareille circonstance, le patrimoine du failli ne s'est pas appauvri d'une valeur pareille à celle remise au bénéficiaire, puisqu'elle n'a pas été prélevée sur la fortune. D'autre part, en donnant aux créanciers le droit de revendiquer le bénéfice de la police, on arrive à dénaturer la volonté des parties; décider que la stipulation faite dans l'intérêt exclusif de la femme sera assimilée à une stipulation intervenue au profit des créanciers du mari, c'est faire produire au contrat des effets absolument opposés à ceux qui ont été dans l'intention des contractants.

La créance contre la Compagnie doit donc appartenir en propre à la femme gratifiée.

1. Le cas de fraude est à écarter soigneusement. Le juge du fait doit rechercher quelle a été la véritable intention du contractant, lors du contrat; il lui appartient de s'enquérir de la position commerciale du stipulant et de maintenir l'attribution du bénéfice, lorsqu'il est démontré que le stipulant n'a été mû dans ses agissements que par esprit de famille et non pour préjudicier à ses créanciers. C'est ce qu'a proclamé la Cour de Paris dans son arrêt du 24 janvier 1874 (Bonnev. de Mars. : II, 247). — Comp. Herbault : *op. cit.*, p. 223.

2. V. les très judicieuses observations de M. le conseiller Crépon: Note, S. 88, 1, 125.

Mais cette dernière ne doit-elle pas au moins tenir compte du montant des primes?

Ici encore il y a lieu de revenir à la distinction indiquée plus haut.

Certainement la première mise de fonds, la prime qui constitue le point de départ du bénéfice, a été donnée par le stipulant qui en a pris le montant sur ses ressources, sur son revenu; mais le droit des créanciers s'étend-il jusqu'aux revenus et peut-il permettre de critiquer la conduite d'un individu qui, alors solvable, dispose d'une fraction de son revenu? En aucune façon. D'après l'esprit, comme d'après le texte de la loi, le mari ne doit à ses créanciers, au regard de sa femme, que la conservation de son patrimoine; il n'est pas tenu de faire des économies pour eux; ses revenus sont destinés à être dépensés, et il a pu les employer comme bon lui a semblé, en vertu du principe qu'en droit les fruits de biens, même indisponibles, sont toujours disponibles [1].

Il a été objecté que si le contrat est valable, ce ne peut être que s'il n'est ni une précaution calculée contre l'éventualité de la faillite, ni un encouragement aux témérités et aux aventures, ni surtout un détournement d'actif au préjudice des créanciers [2]. Mais cette observation n'est aucunement péremptoire. Il est facile de répondre que la fraude ne se présume pas, qu'elle doit être prouvée, que d'ailleurs, même si le mari prévoyait sa faillite, rien ne lui interdisait de faire profiter sa femme d'un capital sur lequel ses créanciers n'avaient aucun droit. D'un autre côté il est hors de doute que nul ne tient à tomber en faillite et à mettre sa famille dans la misère, au moins jusqu'à sa mort. Enfin, il ne faut pas parler d'un détournement d'actif. Les créanciers n'ont pas droit au capital qui n'étant jamais entré dans le patrimoine de leur débiteur n'en a pas pu sortir.

Tout permet donc de dire que le capital assuré doit revenir à la femme du commerçant, souscripteur de la police, malgré la faillite de ce dernier.

Cette opinion [3] a fini par prévaloir [4] et non sans lutte, à la vé-

---

1. Cf. Rousseau et Defert : *Code annoté des faillites*, Paris, 1889, p. 395.

2. Cf. Ymbert : *Rev. notar.*, août 1880; Taudière : *op. cit.*, p. 204 et 205.
Prévoyant le cas où la restitution des primes pourrait être imposée à la femme, ce dernier auteur fait observer que les créanciers profiteront toujours du contrat : si la femme bénéficiaire trouve la restitution des primes trop onéreuse elle refusera de recevoir le capital qui, en ce cas, tombera dans le patrimoine du souscripteur et dans sa faillite; si elle accepte, les créanciers faisant rentrer un certain nombre de primes jouiront ainsi d'une somme qui eût bien pu être dépensée tout à fait par le débiteur.

3. Nous nous permettrons de faire remarquer que dès 1886 nous soutenions cette doctrine dans le *Recueil périodique des assurances* (1886, p 62) et dès 1887, dans nos *Études sur les assurances sur la vie* (: *Du droit de la femme bénéficiaire d'une assurance sur la vie en cas de faillite du mari*).

4. V. en particulier Crépon : Note, S. 88, 1, 125; Grellier : Note, D. P. 88. 1, 194; Mornard : *op. cit.*, p. 327; Deslandres : *op. cit.*, p. 212. etc; Béchade : *op. cit.*,

rité[1]; elle a été consacrée par la jurisprudence. Actuellement, il est

p. 166; Pâquy : *Revue générale du droit*, T. XIV (1890), p. 185; Tybaldo Bassia : *Assur. sur la vie*, p. 198, etc.; Bressolles : *De la femme du commerçant, examen critique de la jurisprud.*, Paris, 1888, p. 120, etc.; Taudière : *op. cit.*, p. 202, etc.; Lambert : *op. cit.*, p. 125; Champeau : *op. cit.*, p. 186; Masson : *Des assur. sur la vie et spécialem. de leur bénéfice*, p. 130, etc.; Boistel : *Note*, D. P. 80, 2, 153, etc.; Dumaine : *Contr. d'assur. sur la vie en dr. civil et en dr. fiscal*, 2ᵉ édit., p. 149; Bazenet : *De l'assur. sur la vie contractée par l'un des époux au profit de l'autre*, p. 170 (avec des réserves); Dumont : *Attribut. de l'indemnité d'assur. sur la vie*, p. 281 et suiv..

Cf. toutefois la critique de M. Florer : *Rev. crit. de législat. et de jurisprud.*, p. 318. M. Brissaud (*Rec. de l'Acad. de législat. de Toulouse*, T. XXXIX, 1890-91, p. 305) nie formellement le droit de la personne gratifiée par le motif que la stipulation constitue une libéralité indirecte. M. Clos (*op. cit.*, p. 132 à 138) écarte l'argument tiré de l'art. 564, mais estime comme suite de système qu'il propose que l'action des créanciers peut s'exercer par application de l'art. 559.

1. Dans une première période la jurisprudence décidait que le profit de l'assurance contractée par un mari pour sa femme devait, nonobstant la faillite du contractant, être attribué à la personne gratifiée considérée comme déterminée (V. notamm. Trib. Seine, 18 juin 1869 et Paris, 7 mars 1870, Bonnev. de Mars. : II, 386; Caen, 14 mars 1876, D. P. 77, 2, 131; et sur cet arrêt, Paulmier : *Rev. prat. de dr. fr.*, T. LII, 1882, p. 104; Trib. civ. Seine, 24 févr. 1877, *Le Droit*, 7 avril 1877, et Molineau : *op. cit.*, n° 71; Paris, 4 juin 1878, D. P. 79, 2, 225; Cass., 10 nov. 1879, D. P. 80, 1, 175).

Mais à la suite d'un arrêt de la Cour de Paris du 1ᵉʳ août 1879 (S. 80, 2, 245; D. P. 81, 1, 401) jugeant que le montant de l'assurance sur la vie devient, après le décès et la mise en faillite, la propriété des créanciers, sans que la veuve puisse se prévaloir de l'attribution faite à son profit, malgré de très vives critiques (Labbé : *Note*, S. 80, 2, 245; Ruben de Couder : *Dict. de dr. commerc.*, vᵒ *Assur. sur la vie*, nº 95; Vauzanges : *Monit. des assur.*, T. XI, p. 414; Taudière : *op. cit.*, p. 202, etc.; Couteau : *op. cit.*, T. II, p. 513, etc.), la Cour de cassation, en rejetant le 2 mars 1881 (S. 81, 1, 145; D. P. 81, 1, 401) le pourvoi formé contre cet arrêt, jugea que le capital d'une assurance sur la vie contractée avec affectation à la veuve de l'assuré ne pouvait jamais en cas de faillite échapper à l'action des créanciers du stipulant, sans qu'il y eût à distinguer le cas où la vie aurait acquis immédiatement, directement le bénéfice, et celui où l'assuré aurait entendu s'attribuer tout d'abord ce bénéfice et le transmettre aussitôt à sa femme à titre de libéralité (V. le rapp. de M. le conseiller Demangeat, D. P. 81, 1, 104).

Cette solution parut s'imposer, bien que fort combattue par la doctrine (Couteau : *op. cit.*, T. II, p. 513, etc.; Agnel : *op. cit.*, nº 447; Ruben de Couder : *Dict. de dr. commerc.*, vᵒ *Assur. sur la vie*, nº 95; Labbé : *Note*, S. 80, 2, 245; Dubois : *Du bénéfice de l'assur. sur la vie : Faillite du mari* (*Journ. des assur.*, 1884, p. 104]; Masson : *Des assur. sur la vie et spécialem. de leur bénéfice*, p. 130, etc.; Marchal : *Du contrat d'assur. sur la vie*, p. 194; Rabatel : *De la nature de l'assur. sur la vie*, p. 325; Taudière : *Des assur. sur la vie dans le mariage*, p. 202.

Les tribunaux se rallièrent au système de la Cour suprême (Caen, 6 décembre 1882, Bonnev. de Mars. : II, 640; Trib. Seine, 25 avril 1882; Trib. Troyes, 27 décembre 1882, *La Loi*, 10 janv. 1883; Trib. d'Épernay, 17 août 1882, D. P. 83, 3, 71; Trib. Mâcon, 24 janv. 1884, *La Loi*, 31 mai 1884; Conf. Estribault : *Des droits des femmes en matière de faillite*, p. 191). C'était, comme on l'a dit (Marchal : *op. cit.*, p. 194), la ruine des assurances contractées par les négociants au profit de leurs femmes; c'était la mise à néant des principes acceptés par la jurisprudence appliquant aux contrats d'assurance en cas de décès les dispositions de l'art. 1121 C. Civ. en même temps qu'une fausse interprétation de l'art. 559 C. Comm..

En 1884, le 2 juillet, la Cour de cassation (S. 85, 1, 11; D. P. 85, 1, 150) proclama qu'en cas d'attribution directe et spéciale à une personne expressément désignée le bénéfice doit être recueilli par le gratifié, à l'exclusion des créanciers du signataire de la police, que le capital assuré ne sort pas du patrimoine du

admis qu'en cas d'assurance contractée par un commerçant au profit

contractant et qu'il est acquis directement par le bénéficiaire au moment de la conclusion du contrat.

L'importance de cet arrêt n'échappa point; les partisans de l'ancienne jurisprudence reconnurent que cette décision était « de nature à influer sur la jurisprudence qui décide qu'en cas d'assurance contractée par un mari commerçant au profit de sa femme, le capital assuré doit, survenant le décès du mari en état de cessation des paiements, être attribué pour le tout aux créanciers de la faillite »; ils durent avouer qu'en présence de cette idée que le capital assuré n'existe pas dans les biens de l'assuré, il devenait difficile de voir dans la stipulation faite par un mari au profit de sa femme une libéralité ayant pour objet le capital assuré, rendant applicable l'art. 564 C. Comm. (V. *Journ. des faillites*, T. III [1884], p. 612).

Aussi, malgré certains arrêts conformes à l'ancienne jurisprudence (Alger, 9 juin 1885, S. 86, 2, 19; Douai, 9 juin 1886, *Rec. périod. des assur.*, 86, 515; Trib. comm. Caen, 21 mai 1887, *Journ. des assur.*, 88, 523), plusieurs Cours d'appel, s'inspirant de la doctrine formulée par l'arrêt du 2 juillet 1884, accordèrent à la femme un droit propre et exclusif (Aix, 24 mars 1886, S. 87, 2, 214; Montpellier, 15 mars 1886; Dalloz, *Rép., Supplém.*, v° *Assur. terr.*, n° 448; Besançon, 2 mars 1887, S. 87, 2, 213; D. P. 88, 2, 1; Nancy, 17 janv. 1888, D. P. 89, 2, 183; Rennes, 9 févr. 1888, S. 89, 2, 121. Dans le même sens, Trib. Clermont-Ferr., 24 mai 1886, *Journ. des assur.*, 86, 547; *Rec. périod. des assur.*, 86, 324; Trib. Reims, 7 avril 1887, *Journ. des assur.*, 87, 457; *Rec. périod. des assur.*, 87, 207).

La Cour de cassation (qui semblait bien avoir aperçu le conflit existant entre l'art. 1121 C. Civ. et l'art. 564 C. Comm. Cass., 21 décembre 1887, *Journ. des assur.*, 88, 49), se rangea à cette dernière opinion, subissant vraisemblablement l'influence de la théorie qui pousse à tenir compte avant tout de l'intérêt du stipulant (V. Note sous l'arrêt précité de Besançon, *Ann. de Dr. comm.*, 1886-87, 2 144).

Par arrêt du 22 février 1888 (S. 88, 1, 130; D. P. 88, 1, 198), elle déclara que les art. 559 et 564 C. Comm. ayant pour but de conserver aux créanciers les valeurs distraites à leur détriment, il n'y avait pas lieu d'appliquer ces textes à l'assurance contractée directement pour la femme puisque le bénéfice n'a jamais fait partie du patrimoine de l'assuré et que l'avantage créé au profit de la femme n'appartient pas plus aux créanciers du failli qu'au failli lui-même. Cet arrêt du 24 février 1888 qui, quoique l'on ait pu dire (*Ann. de Dr. commerc.*, 1888, 1, 89), constituait bien un arrêt de principe, fut suivi quelques mois après d'une décision affirmant la même doctrine (V. Cass., 23 juill. 1889, S. 90, 1, 7; D. P. 90, 1, 393), et le 7 août 1888 (S. 89, 1, 97; D. P. 89, 1, 118), la Cour de cassation appliqua la même solution dans une espèce quelque peu différente, où il y avait eu d'abord une police signée en faveur des héritiers ou ayants-cause puis, après un laps de plusieurs années, un avenant transférant à la femme du stipulant la créance contre la Compagnie.

Il y eut des résistances (Amiens, 8 mai 1888, S. 88, 2, 177; 31 janv. 1889, S. 90, 2, 5; D. P. 91, 2, 9; cette dernière décision a été rendue contrairement à l'arrêt de cassation que nous avions obtenu le 7 août 1888; V. aussi Houpin: *Assurance sur la vie entre époux* [*Journ. du notariat*, 1890, p. 675]), mais elles furent isolées. Actuellement la doctrine de la Cour de cassation semble acceptée sans conteste (Lyon, 1er mai 1888, *Journ. des assur.*, 88, 592; Amiens, 31 mars 1889, S. 90, 2, 5; Paris, 19 mai 1890, *Journ. des assur.*, 90, 495; *Rec. périod. des assur.*, 91, 400; Riom, 8 juill. 1890, *Journ. des assur.*, 90, 449; *Rec. périod. des assur.*, 92, 74; Trib. civ. Lyon, 31 janv. 1891, *Journ. des assur.*, 91, 439; Alger, 17 oct. 1892, S. 93, 2, 137). Comme nous l'avons fait remarquer (*Rec. périod. des assur.*, 92, 709), ce dernier arrêt constitue un revirement de jurisprudence pour cette Cour qui, par deux arrêts très catégoriques et très soigneusement motivés (Alger, 15 juin 1876, S. 76, 2, 202; 9 juin 1885, S. 86, 2, 19), avait persisté à affirmer que l'assurance contractée par un commerçant déclaré ultérieurement en faillite devenait nécessairement nulle et de nul effet.

Mais il convient d'ajouter que la plupart du temps les difficultés entre le syndic

de sa femme, le bénéfice est recueilli *jure proprio* par cette dernière, malgré la déclaration de faillite du souscripteur de la police; il importe peu que la désignation ait été faite par la police elle-même, ou par un avenant substituant la femme à un autre bénéficiaire ou même à des personnes indéterminées; en effet, en signant une première stipulation, tout assuré se réserve implicitement mais nécessairement la faculté de désigner ultérieurement la personne à laquelle il entend attribuer définitivement le bénéfice de l'assurance [1].

et la femme se termineront par une transaction. En pareille occurrence cette transaction sera opposable aux créanciers personnels de la femme qui ne pourront formuler aucune réclamation de ce chef. — V. Cass., 21 décembre 1887, *Journ. des assur.*, 88, 49.

Il ne faut pas considérer comme l'indice d'un retour à l'ancienne jurisprudence l'arrêt de la Cour de cassation du 16 juin 1890 (D. P. 90, 1, 291) rendu à la suite d'un arrêt de la Cour de Lyon du 22 décembre 1887 (D. P. 90, 1, 291) en présence de la souscription d'une police par deux époux stipulant que lors du décès du prémourant le capital serait payé au survivant ou à son ordre.

Sans doute cet arrêt proclame le droit des créanciers; mais une circonstance de fait rendait inévitable la solution adoptée : la femme avait abandonné à un tiers le bénéfice qui lui appartenait.

Voici, du reste, l'espèce; un mari et une femme avaient souscrit une police aux termes de laquelle la Compagnie promettait de payer lors du décès du prémourant un capital au survivant ou à son ordre; par la suite, une cession de l'assurance avait eu lieu par les deux époux au profit d'un tiers nommément désigné; la transmission s'était effectuée d'abord au moyen d'un endossement, puis, cette forme n'ayant pas paru suffisamment régulière, par une nouvelle police attribuant à celui qui en était l'objet une créance sur la Compagnie, exigible à la mort du premier mourant des époux cédants. Il y avait là une stipulation pour autrui dans les termes de l'art. 1121 C. Civ. Si la femme avait eu un droit propre sur le capital assuré elle avait perdu sa qualité de créancière de l'assureur par la cession faite avec le concours de son mari; par conséquent, à dater de cette cession de la date de la nouvelle police, c'était le cessionnaire qui avait acquis un droit sur le capital assuré. En cas d'annulation, à la requête du représentant des créanciers du mari, du transfert fait par la femme, le droit au capital assuré faisait partie de la masse des créanciers et les créanciers de la femme ne pouvaient agir à l'effet d'obtenir l'attribution de l'assurance abandonnée de par leur débitrice. La raison donnée par les juges de Lyon et acceptée par la Cour de cassation se devine : le capital assuré n'avait pas fait partie du patrimoine de la femme; les créanciers de cette dernière ne pouvaient avoir plus de droits qu'elle. Il convient donc de ne point exagérer l'importance de cette décision; elle ne rompt nullement la jurisprudence établie dans ces dernières années; elle s'explique parfaitement par les faits de la cause (V. nos remarques : *Les assurances sur la vie et la Cour de cassat. en 1890*, p. 11 et 12; Thaller : *Ann. de Dr. commerc.*, 1891, 199).

1. En Angleterre, la loi du 9 août 1870 (*Annuaire de législat. étr.*, 1870-1871, p. 57, étendue à l'Écosse le 26 août 1880, *ibid.*, 1880, p. 12), attribue exclusivement à la femme l'assurance contractée à son profit par son époux, dans tous les cas.

Aux États-Unis, une sentence de la Cour suprême, qui a fait jurisprudence, a reconnu que le droit de la femme primait celui des créanciers du mari. V. *Journ. des assur.*, 1889, p. 488 à 490.

En Suisse, si des décisions ont imposé à la femme au moins la restitution des primes (*Zeitschr. f. Schweiz. Rechtspflege*, 1883, p. 105), d'autres ont dispensé de ce rapport (Trib. civ., Genève, 22 juin 1867, *Sem. jud.*, 1879, p. 711). Mais dans tous les cas, le droit propre et exclusif de la femme a été reconnu.

En Belgique, par application de l'art. 43 de la loi du 11 juin 1874, qui proclame

Mais il est essentiel que la femme, comme tout bénéficiaire du reste, ait manifesté sa volonté de profiter de la stipulation faite en sa faveur. Par conséquent le syndic de la faillite peut exiger le paiement du capital entre ses mains propres lorsque la femme n'a jamais révélé soit expressément, soit même tacitement [1], son intention d'accepter, à plus forte raison lorsqu'elle a signé une déclaration constatant qu'elle n'avait pas droit au capital assuré, lequel devrait être considéré comme dependant de la succession [2].

En ce qui concerne le remboursement des primes la Cour de cassation refuse de tenir compte de l'opinion beaucoup trop absolue qui voudrait obliger la femme à rapporter à la masse de la faillite le montant des primes acquittées par le mari [3]. Elle ne reconnaît aux créanciers le droit d'exercer une action à cet égard que « suivant les cas »; ce qui veut dire que les tribunaux auront à apprécier si les primes payées par le failli constituent en fait une libéralité rapportable à l'actif de la faillite par la femme qui veut conserver le bénéfice de la police. Il en sera ainsi, au cas où, par son chiffre, la prime devra être considérée comme une partie du capital du failli, mais non si le montant de la prime, par son peu d'importance, rentre dans cette espèce de monnaie courante, de revenus destinés à être dépensés d'une façon ou d'une autre, auxquels on peut appliquer l'expression ancienne : *tantius vixisset* [4].

le droit propre de la personne désignée dans le contrat, la femme a droit au capital sans que les créanciers puissent prétexter que l'assurance a été contractée en fraude de leurs droits. (Furquim d'Almeida : *op. cit.*, p. 155). Et la même règle doit évidemment être suivie dans les pays régis par une disposition calquée sur l'art. 43 de la loi belge.

En Hollande, la jurisprudence semble fixée en ce sens que la femme ayant acquis le droit au bénéfice non pas *jure hæreditario* mais bien *jure proprio*, de par le contrat lui-même, les créanciers du mari ne sauraient réclamer un émolument qui n'a pas été dans le patrimoine. Trib. d'Utrecht, 31 mars 1886, C. Amsterdam, 9 décembre 1887 ; Cass., 29 juin 1888, *Journ. du dr. intern. priv.*, 88, 559.

1. Convient-il de réputer acceptation l'acte par lequel la femme aurait, de concert avec son mari, cédé le bénéfice de l'assurance, si le prétendu acte de cession avait été déclaré frauduleux sur la demande du syndic de la faillite du mari? Évidemment non. V. Dijon, 13 janv. 1888, D. P. 90, 1, 73 ; S. 89, 1, 353 ; Cass., 23 janv. 1889, S. 89, 1, 353 ; D. P. 90, 7, 73. Au contraire, un acte de cession dont la validité n'aurait jamais été contestée pourrait équivaloir à une acceptation parce que l'acceptation n'a point besoin d'être expresse.

2. Arrêt précité du 23 janvier 1889.

Il est à remarquer cependant que s'il était démontré après coup que la femme appelée au bénéfice de la stipulation avait émis une pareille déclaration sous l'empire d'une erreur sur les principes du droit ou sur l'état de la jurisprudence, la déclaration serait annulée et la femme recouvrerait sa liberté primitive ; elle ne serait pas déchue du droit d'accepter. V. Cass., 28 mai 1888, S. 89, 1, 248 et la note ; Labbé : Note, S. 89, 1, 351.

3. Sic, Labbé : Notes, S. 77, 1, 393 ; S. 80, 2, 249 ; Béchade : *op. cit.*, p. 168.

4. Crépon : Note, S. 88, 1, 125. V. aussi Boistel : D. P. 89, 2, 157 et 158 ; Domaine : *op. cit.*, p. 159.

Antérieurement la Cour d'Aix avait jugé le 24 mars 1886 (S. 87, 2, 214) qu'en

Le droit exclusif de la femme n'existe pas seulement s'il y a faillite du mari ; il appartient à l'épouse bénéficiaire toutes les fois que le mari a des créanciers personnels, par conséquent en cas de déconfiture, d'insolvabilité[1]. La poursuite des créanciers est sans aucun effet à l'égard du capital assuré qui est la propriété de la femme de par le contrat[2].

De ce que l'assurance passée au profit de la femme doit être assimilée à une assurance ordinaire et de ce que l'état de faillite n'apporte aucun changement aux règles sur l'attribution du bénéfice il suit que l'insertion de la clause *à ordre* et la circonstance que la police serait mixte ne modifieraient en rien la solution. Conformément à ce qui a été dit précédemment, suivant une jurisprudence qui, avec justice, tend à se confirmer, la stipulation étant faite au profit d'un tiers désigné, les créanciers sont sûrement sans pouvoir pour réclamer[3].

Il est bien certain que dans tous les cas le droit de la femme gratifiée est absolument hors de toute contestation : il existe quand l'assurance a été passée par un tiers au profit de la femme[4], mais même si l'assurance avait été conclue par le mari avant le mariage,

pareille circonstance la femme n'est pas tenue au rapport des primes lorsque ces dernières ont été prélevées sur les ressources normales du ménage et que leur payement n'a en aucune façon constitué un appauvrissement pour le mari. Dans le même sens : Montpellier, 15 mars 1886, *Rec. période. des assur.*, 86, 235 et Dalloz : *Rép.*, Supplém., v° *Assur. terr.*, n° 448 ; Nancy, 17 janv. 1888, D. P. 89, 2, 153 ; Paris, 19 mai 1890, *Journ. des assur.*, 90, 405 ; *Rec. période. des assur.*, 92, 74.

A la vérité, plusieurs décisions ont imposé dans tous les cas à la femme l'obligation de rembourser le montant des primes aux créanciers :

Trib. Clermont-Ferr. 24 mai 1886, *Journ. des assur.*, 86, 547 ; *Rec. période. des assur.*, 86, 321 ; Lyon 1er mai 1888, *Journ. des assur.*, 88, 502 ; Bordeaux, 21 mai 1885, S. 86, 2, 38 ; Trib. civ. Lyon, 31 janv. 1891, *Journ. des assur.*, 91, 139 ; Alger, 17 oct. 1892, *Journ. des assur.*, 93, 89 ; *Rec. période. des assur.*, 92, 705.

1. Par arrêt du 4 mai 1893 (*Journ. des assur.*, 94, 17) la Cour de Paris a fait main levée pure et simple, entière et définitive d'une opposition pratiquée aux mains d'un assureur par les créanciers d'un assuré pour les sommes qui pourraient être dues à une femme bénéficiaire d'un contrat souscrit en sa faveur par son mari : le Tribunal civil de la Seine dont le jugement du 19 févr. 1892 était confirmé, invoquait ce motif que *le capital assuré, par la nature même du contrat, n'était jamais entré dans le patrimoine du débiteur, que sa veuve en avait été bénéficiaire dès le début et avait sur lui, comme sur un bien propre, un droit direct et personnel.*

2. Il a même été jugé (Trib. Saint-Quentin, 11 mai 1864, *Rev. notar.*, n° 950 ; Molineau : *Jurisprud. des assur. sur la vie*, n° 9) que les créanciers d'un mari ne peuvent se faire rembourser sur la somme par lui assurée au profit de sa femme, même si celle-ci s'était engagée vis-à-vis d'eux *solidairement* avec son mari, le fait d'avoir soumis au régime dotal tous ses biens présents et à venir l'ayant empêché de contracter valablement.

3. V. *Contrà* : Bressolles : *op. cit.*, p. 120. Mais cet auteur émettait cette opinion avant le revirement de la jurisprudence.

4. Il suffirait donc que la femme établisse que la stipulation a été faite par un tiers étranger. Assurément les créanciers peuvent soutenir que ce tiers est un interposé cachant le mari, mais la preuve de cette allégation leur incombe. Bressolles : *op. cit.*, p. 123.

puisque, la créance contre la Compagnie s'étant fixée dès ce moment sur la tête de la femme, le droit au capital assuré n'a jamais, même un instant de raison, fait partie des biens du mari [1].

Lorsque la femme autorisée par son mari souscrit une police d'assurance au profit de ce dernier, les créanciers du bénéficiaire ne peuvent pas demander le rapport de la créance à la masse s'il était stipulé qu'en cas de prédécès, le capital assuré reviendrait à des personnes nominativement désignées, par exemple aux enfants [2].

Si c'est la femme commerçante qui, après avoir contracté l'assurance pour son mari, tombe en faillite, il y a lieu d'appliquer les règles de droit commun sur le droit propre et exclusif du mari : l'art. 564 C. Comm. régit uniquement la situation où se trouve la femme qui bénéficie d'un avantage à elle attribué par son mari failli.

L'assurance peut encore être faite par l'un des époux au profit du survivant en cas d'adoption de la communauté réduite aux acquêts; il y a là une opération d'un caractère aléatoire et à titre onéreux, car les parties sont toutes les deux intéressées [3]; le capital assuré en pareille circonstance n'ayant jamais été dans le patrimoine de l'époux prédécédé, les créanciers sont sans droit pour le revendiquer, l'art. 564 n'étant pas applicable à raison de la nature de la stipulation [4]. Les primes doivent avoir le même sort que la somme due par la Compagnie.

Enfin, il se peut que la femme du commerçant failli ait souscrit une assurance directement après ou même avant son mariage, sur la vie de son mari ou futur mari : nul motif ne l'empêche de réaliser le capi-

---

1. Paris, 4 juin 1878, D. P. 79, 2, 225; Cass., 10 nov. 1879, D. P. 80, 1, 176.

2. Il a été décidé, au contraire, que la police était un actif de la faillite au cas d'assurance consentie au profit du mari seul et alimentée par des primes payées réellement par le mari. Trib. comm. Caen, 21 mai 1887, *Journ. des assur.*, 88, 523.

3. La doctrine semble, en effet, admettre que le contrat par lequel deux époux s'assurent au profit du survivant d'entre eux est un contrat onéreux au regard des époux ; elle voit là une opération de sacrifice mutuel et de prudence commune. Labbé : Note, S. 77, 1, 393 et S. 89, 2, 121 ; Lyon Caen : Note, S. 77, 2, 33; Mornard : *op. cit.*, p. 277 etc.; Dumaine : *Du Contr. d'assur. sur la vie et des droits de mutation par décès auxquels il donne lieu*, Paris, 1883, p. 120; Rehlous : *op. cit.*, n° 151 *bis*; Bédarrides : Conclusions à la Cour de Cassation, le 28 mars 1877, S. 77, 1, 393; D. P. 77, 1, 244. — Conf. Rennes, 9 févr. 1888, S. 89, 2, 121.

Il est à noter que la Cour de cassation n'accepte pas cette manière de voir : pour elle, en pareil cas, il y a deux libéralités conditionnelles sous l'alternative de deux conditions inverses, libéralité dont une seule, par conséquent, est destinée à se réaliser. Cass., 28 mars 1877, S. 77, 1, 393; D. P. 77, 1, 244.

En ce sens : Couteau : *op. cit.*, T. II, n° 571; Blin : *op. cit.*, p. 130.

4. Rennes, 9 févr. 1888, S. 89, 2, 121. M. Labbé (*loc. cit.*) estime que l'action du syndic aurait été admissible si le mari avait dispensé gratuitement sa femme d'opérer la restitution à la communauté.

Le Tribunal civil de la Seine a jugé le 25 avril 1882 (*Journ. des assur.*, 83, 248) que l'assurance contractée conjointement par deux époux séparés judiciairement de biens au profit du survivant, fait partie de l'actif de la faillite, et doit être considérée comme acquise aux créanciers. V. aussi Trib. Épernay, 17 août 1882, D. P. 83, 3, 71.

tel de l'assurance à l'exclusion des créanciers de son mari[1]; on ne peut vouloir appliquer les dispositions édictées à l'encontre d'actes constituant un détournement de l'actif lorsqu'il s'agit d'une valeur qui ne sort pas du patrimoine[2].

§ 4.   Assurance au profit de tiers.

La police souscrite au profit d'un tiers conserve tous ses effets malgré l'état de faillite du stipulant; le syndic représentant les créanciers de ce dernier est hors d'état de réclamer le bénéfice de l'assurance[3].

Ce principe a été consacré par les décisions qui proclament le droit propre du bénéficiaire.

A la vérité, par une disposition qui aurait un caractère absolu[4], l'art. 446 du Code de commerce répute nuls et sans effet, relativement à la masse, les actes translatifs de propriétés mobilières ou immobilières à titre gratuit, le paiement des dettes non échues, le paiment des dettes même échues mais fait autrement qu'en espèces ou effets de commerce, les hypothèques et les droits d'antichrèse ou de gage constitués sur les biens du débiteur pour dettes contractées antérieurement à la constitution de l'hypothèque, de l'antichrèse ou du gage. Et des auteurs[5] en ont conclu que toute stipulation faite

---

1. Bressolles : *op. cit.*, p. 105.

Les art. 559 et 564 C. Comm. que certaines décisions judiciaires ont pensé devoir faire intervenir (Caen, 6 décemb. 1881, S. 83, 2, 33; Alger, 9 juin 1885, S. 86, 2, 19) sont sans application dans l'espèce. S'ils doivent être écartés en cas d'assurance conclue par le mari, à plus forte raison ils doivent l'être dans cette hypothèse.

On a enseigné cependant que si l'on pouvoit voir dans la créance du capital un acquêt de communauté, il faudrait reconnaître une action aux créanciers du mari en vertu des principes généraux, Caen, 6 décemb. 1881, S. 83, 2, 33; Bressolles : *op. cit.*, p. 117.   *Contrà*, toutefois, Clos : *op. cit.*, p. 138.

2. On l'a si bien compris que les personnes qui contestent le droit du bénéficiaire se bornent à réclamer pour les créanciers le montant des primes; c'est, en effet, la seule valeur qui soit sortie du patrimoine du failli. Néanmoins il est bien certain que si l'assurance avait été contractée antérieurement au mariage le droit des créanciers ne pourrait s'étendre aux primes versées avant.

3. Paris, 7 mars 1870, *Journ. des assur.*, 71, 20; Caen, 15 mars 1876, S. 77, 2, 332; Bordeaux, 24 mai 1885, S. 86, 2, 38; Cass., 27 mars 1888, S. 88, 1, 124; D. P. 88, 1, 196.

4. Cf. Rousseau et Defert : *Code annoté des faillites*, sur l'art. 446, n°s 12 et suiv.; Caen, 7 mars 1870, D. P. 70, 2, 97, avec la note de M. Bertauld; Dalloz : *Rép.*, v° *Faillite et Banqueroutes*, n°s 277 et suiv.; Massé : *Dr. commerc.*, 3° édit., T. II, n° 1217 ainsi que les autorités citées par ce dernier auteur.

5. Ainsi MM. Lyon Caen et Renault (*Précis de dr. commerc.*, T. I, n° 2131, p. 703, note) professent que la libéralité résultant de la stipulation faite au profit du bénéficiaire par l'assuré doit être annulée lorsque la faillite survient. — M. Boistel (*Précis de droit commercial*, 3° édit., Paris, 1884, n° 944; soutient, de son côté, que la règle prohibant les aliénations à titre gratuit concerne toute cession de

par le failli au profit d'un tiers doit être déclarée nulle de plein droit, par application de l'art. 446 [1].

Cette solution s'appuie d'abord sur ce que le jugement déclaratif a pour résultat de produire le dessaisissement du débiteur à l'effet de l'empêcher de diminuer son actif et d'augmenter son passif [2]; elle se fonde aussi sur la maxime *nemo liberalis nisi liberatus*, sur ce que le débiteur qui dispose de ses biens à titre gratuit après sa cessation de paiements restreint sans aucune compensation le gage de ses créanciers, au moment même où ils vont être appelés à exercer leurs droits sur ce gage, qu'il favorise des tiers au préjudice des créanciers et dans la seule intention de nuire à ces derniers [3]; elle invoque enfin cette raison que l'assurance frustre des droits acquis, soustrait un gage à des créanciers légitimes [4].

Cette opinion peut se concevoir lorsque le failli prélève sur son actif une fraction pour en gratifier un tiers; dans ces circonstances, on comprend que l'acte soit réputé nul; il constitue une dilapidation, partielle ou totale, du patrimoine qui constitue la garantie commune des créanciers. Lors donc que le bénéfice peut être considéré comme étant entré dans les biens de l'assuré et comme en ayant fait partie, il est permis d'admettre que l'assuré ne peut en disposer en faveur d'un seul et au détriment des autres créanciers. Les intérêts des créanciers risquent de l'emporter lorsque le bénéfice de

créances à titre gratuit, par exemple une assurance sur la vie.   V. aussi Note, D. P. 81, 1, 403, n° 1.

M. Ruben de Couder (*Dict. de dr. com.*, v° *Assurance sur la vie*, n° 86) reconnaît que le capital stipulé payable à un tiers déterminé ne peut pas être saisi par les créanciers du stipulant; mais il ajoute qu'il en serait autrement si l'assurance avait été faite en fraude des droits de ses créanciers dans la période de la cessation des paiements.

La même idée est affirmée par M. Patinot (*De l'assurance sur la vie* (*Revue pratique de droit français*, T. XXVII, 1869, p. 471) et dans le *Journal des faillites* (T. II, 1883, p. 325). M. Fey (*Code des assurances sur la vie*, p. 204) déclare qu'en cas de police signée postérieurement à la date à laquelle l'ouverture de la faillite a été reportée, le bénéfice réservé à un tiers doit lui échapper et être attribué à la masse, par application de l'art. 446 C. Comm. Herbault (*op. cit.*, p. 89) se prononçait dans le même sens.

M. Couteau (*op. cit.*, T. II, p. 493) admet bien que si l'assurance prend fin au cours de la faillite, le capital assuré va directement au bénéficiaire, à l'exclusion des créanciers; mais il semble distinguer le cas où l'assurance a été faite au profit d'un des créanciers, et il paraît vouloir établir une exception aux règles par lui posées, mais uniquement par le motif que cette assurance viole la loi d'égalité de la faillite.

1. Même dans cette opinion il conviendrait d'établir une exception pour le cas où les primes auraient été payées par une personne autre que le failli. Les partisans des créanciers ne peuvent en bonne conscience soutenir, en pareille occurrence, qu'il y a eu un préjudice causé à ces créanciers, puisque le patrimoine du débiteur n'a rien fourni.

2. Bravard Veyrières et Demangeat : *Traité de droit commercial*, T. V, p. 67.

3. Massé : *op. cit.*, n° 123.   V. aussi Paradan : *Études sur les art. 446 et 447 du Code de Commerce au titre des faillites* (*Revue crit. de législat. et de juris prud.*, 1877, p. 283).

4. Alger, 13 juin 1876, S. 79, 2, 392; D. P. 78, 2, 116.

l'assurance a été déclaré payable à une personne considérée comme indéterminée, en vertu de principes généralement admis et par application de l'art. 1122 du Code Civil, le bénéfice fait partie du patrimoine de l'assuré[1]. Mais il en doit être tout autrement lorsque la stipulation concerne des personnes suffisamment déterminées, indiquées d'une façon précise.

Ce que le législateur veut sauvegarder par l'art. 446 C. Comm., c'est le patrimoine du failli, c'est la fortune de ce dernier telle qu'elle est composée lors de la cessation des paiements; ce qu'il entend, c'est que l'actif, tel qu'il est à ce moment, soit affecté au paiement du passif[2], c'est que la masse créancière ne perde point le gage qui doit lui appartenir[3]. Ce qu'il tient à réprimer, c'est tout acte qui fait sortir une valeur de la masse sans y en faire rentrer aucune[4]. Or, le bénéfice d'une assurance qui, loin de pouvoir être recueilli par l'assuré, est acquis à autrui, peut-il être considéré comme faisant partie de ces biens? En aucune façon. Le profit qui est attribué à une personne déterminée ne passe pas par le patrimoine du stipulant : il va directement et dès le jour même du contrat au tiers gratifié; ce dernier, par application de l'art. 1179 C. Civ., lorsque se réalisent les conditions auxquelles est subordonnée la perception, est réputé avoir toujours été propriétaire; partant, l'assuré ne saurait être traité comme ayant eu dans ses biens ce capital qui, d'ailleurs, peut d'autant moins être considéré comme étant sa chose qu'il ne devient exigible qu'après la disparition du signataire de la police. En d'autres termes, la créance contre la Compagnie d'assurances n'est pas plus valeur de faillite qu'elle n'est valeur successorale. Et c'est ce qui fait qu'on ne saurait parler du nantissement constitué sur les biens du débiteur par la très simple raison que le bénéfice de l'assurance n'est pas un bien du débiteur[5].

1. Le bénéficiaire dépossédé qui a payé les primes est dans ce cas en droit d'en poursuivre le remboursement. V. Couteau : *op. cit.*, T. II, p. 506.

2. Bravard Veyrières et Demangeat : *op. cit.*, p. 68.

3. Bédarride : *Faillites*, T. Ier, n° 106; Ruben de Couder : *op. cit.*, v° *Faillites* n° 295.

4. Bravard Veyrières et Demangeat : *op. cit.*, p. 214.

5. Crépon : Note, S. 88, 1, 125. — Cf. Lambert : *op. cit.*, p. 123 et 124. Corrigeant une jurisprudence antérieure (Besançon, 27 mars 1876; S. 77, 2, 132; Alger, 15 juin 1876; S. 79, 2, 902; D. P. 76, 2, 116; Lyon, 9 avr. 1876; D. P. 79, 2, 158; Lyon, 21 juin 1879, S. 82, 1, 31; D. P. 81, 1, 503; Grenoble, 2 févr. 1882, S. 82, 2, 106; D. P. 82, 2, 242), mais, d'accord avec un arrêt de la Cour de Bordeaux du 21 mai 1885 (S. 86, 2, 38; D. P. 88, 1, 408) inspiré par la doctrine de l'arrêt du 2 juillet 1884, la Cour de cassation postérieurement aux observations que nous formulions dans ce sens (*Rev. périod. des assur.*, 1886, p. 194 à 200 et *Études sur les assurances sur la vie*, p. 18 à 26), a jugé, par son arrêt du 27 mars 1888 (S. 88, 1, 130; D. P. 89, 1, 198) : « *Attendu que les art. 446 et 447 C. Comm. ont pour but d'assurer aux créanciers de la faillite les biens qui forment leur gage et d'empêcher qu'il en soit rien détourné à leur détriment; qu'ainsi ces dispositions ne peuvent s'appliquer qu'aux biens qui sont dans le patrimoine du failli.* » Et la Cour constate que le tiers ayant été saisi immé-

Il est bien certain que les créanciers ont un droit de contrôle, mais, d'autre part, il semble qu'ils ne peuvent prétendre obtenir dans tous les cas le remboursement des primes[1]. Toutes les fois, en effet, qu'un bénéficiaire recueille le capital assuré, il n'est tenu de rapporter les primes que « suivant les cas ». Même si la personne gratifiée[2] est un des propres créanciers de l'assuré, le bénéfice de l'assurance lui est acquis à l'exclusion de la masse créancière; il n'y a pas lieu d'appliquer l'art. 446 C. Comm. qui prévoit le cas d'une opération intervenue en faveur d'un créancier déterminé préféré, de la sorte, aux autres créanciers.

La qualité de la personne appelée à recueillir le montant de l'assurance ne saurait exercer aucune influence sur la solution et faire déroger aux règles sur l'attribution du bénéfice qui sont générales et applicables à tous les cas. Le seul fait à prendre en considération, c'est la transmission et son mode : il faut exclusivement rechercher si le bénéfice a ou n'a pas fait partie du patrimoine de l'assuré, voir, par conséquent, si les biens sur lesquels la masse pouvait et devait compter se sont appauvris de ce capital.

En vain il serait opposé[3] que la reconnaissance du droit, par un créancier, de toucher le bénéfice d'une assurance risque de violer la règle de l'égalité entre les créanciers : cette règle n'est faite que pour la distribution de la masse active; l'invoquer,

diatement et directement de la créance contre la Compagnie, cette créance n'a jamais été à aucun moment dans le patrimoine du stipulant et que le bénéfice n'en peut être réclamé par les créanciers de ce dernier.

Suivant une remarque fort juste (Grellier : Note, D. P. 88, 1, 195), cet arrêt n'est qu'une nouvelle application des principes établis dans l'arrêt du 16 janvier 1888 (D. P. 88, 1, 77; S. 88, 1, 137), qui a considéré comme acquis au créancier d'un failli le bénéfice d'une assurance sur la vie conféré par ce failli à un créancier.

1. *Contra* Bordeaux, 21 mai 1885 ; S. 86, 2, 38; D. P. 88, 1, 196.

2. Il importe peu que l'assuré ait directement souscrit une police en faveur du créancier ou bien ait, par un avenant, donné en nantissement le bénéfice d'une police passée au profit d'autres personnes. La solution doit être la même. A la vérité, le Tribunal de commerce de Marseille a jugé le 12 octobre 1886 (Dalloz : *Rép.*, Supplém., v° *Faillites*, n° 652) qu'il y avait lieu de déclarer nulle de plein droit au regard de la masse comme passée après la cessation des payements, la cession à un créancier, en garantie d'une dette préexistante, du bénéfice d'une police. Mais cette décision repose sur une idée inexacte : considérant qu'il y avait eu une police stipulant une somme payable à échéance fixe ou en cas de décès aux héritiers, le Tribunal prétend qu'à ce moment le patrimoine de l'assuré s'est enrichi de cette créance, que l'avenant qui a transporté à autrui ce bénéfice a diminué le patrimoine. La doctrine de l'arrêt de la Cour de cassation du 7 août 1888 (S. 89, 1, 97; D. P. 89, 1, 110) rendu dans une espèce où il y avait eu d'abord police passée au profit des héritiers, puis avenant intervenu en faveur d'un tiers, aussi bien que la doctrine de l'arrêt du 22 juin 1891 (S. 92, 1, 177; D. P. 92, 1, 206) condamnent formellement la proposition du Tribunal de Marseille.

3. C'est l'objection que fait Herbault (*op. cit.*, p. 90) pour combattre la doctrine que nous soutenons ici et que nous formulions bien avant les derniers arrêts de la Cour de cassation, comme conséquence de l'évolution de la jurisprudence attestée par l'arrêt du 2 juillet 1884 (S. 85, 1, 11; D. P. 85, 1, 150).

c'est faire une pétition de principe, puisqu'il s'agit précisément de savoir si le bénéfice de l'assurance appartient en pareil cas à la masse[1].

D'ailleurs, l'art. 597 C. Comm. a été rédigé pour prévenir toutes les collusions possibles entre les créanciers et le failli à la veille de la faillite ou du vote du concordat, mais cette disposition n'est applicable qu'autant qu'il y a pour le créancier *un avantage grevant directement la masse active* qui forme le gage commun des créanciers[2]. En présence d'une stipulation conclue en faveur d'un tiers il n'y a pas avantage constitué aux dépens de la masse puisque le capital de l'assurance provient non du patrimoine du stipulant, mais de la caisse d'une autre personne, de l'assureur[3].

Il est à peine besoin d'ajouter que le cas de fraude doit être soigneusement réservé et exclu; les principes posés plus haut ne sauraient recevoir leur application lorsque l'attribution a pour cause le désir d'offrir à un créancier de la faillite certains avantages irréguliers, quand, par exemple, elle a pour but de rémunérer l'adhésion au concordat ou de rétribuer certaines concessions inavouables.

Bien que contestée[4], cette idée du droit exclusif appartenant au créancier-bénéficiaire a fini par être acceptée[5] et la jurisprudence est fixée[6].

1. Couteau : *op. cit.*, T. II, p. 506.
2. Cass., 4 juill. 1854; D. P. 54, 1, 403; Rousseau et Deferl : *op. cit.*, 454, n° 13.
3. M. Chavegrin (*L'assur. sur la vie d'après les derniers arrêts de la Cour de cass.* [*Gaz. des Trib.*, 4 nov. 1888]) ne conteste la validité de la stipulation ainsi intervenue que parce qu'il estime que le bénéfice a d'abord appartenu à l'assuré et a été ensuite rétrocédé au bénéficiaire.
4. V. Chavegrin : *Gaz. des Trib.*, 4 nov. 1888; Florer : *loc. citat.*; Brissaud : *loc. citat.*. — M. Couteau (*op. cit.*, T. II, p. 493) semble hésiter à appliquer à cette espèce sa théorie pourtant si ferme sur l'attribution du bénéfice.
5. Deslandres : *op. cit.*, p. 208; Béchade : *op. cit.*, p. 169; Lambert : *op. cit.*, p. 124; Champeau : *op. cit.*, p. 186.
6. La jurisprudence a subi à cet égard une véritable transformation.
Primitivement elle reconnaissait que l'assurance contractée à titre gratuit par un débiteur au profit de son créancier constitue un avantage pour la masse créancière, que la somme à toucher au décès du débiteur, bien que stipulée au profit exclusif du créancier et représentant la capitalisation des primes avancées par lui, profitait à la masse (Trib. comm. Seine, 4 mai 1876, *Journ. des assur.*, 76, Alger, 15 juin 1876; D. P. 78, 2, 116; S. 79, 2, 292; Lyon, 21 juin 1879; S. 82, 1, 31; D. P. 81, 1, 403, et en ce sens la note dans ce dernier recueil; Grenoble, 2 févr. 1882, S. 82, 2, 106; D. P. 82, 2, 242). La même solution était proclamée pour le cas où l'attribution du bénéfice avait eu lieu à titre de garantie d'une dette antérieurement contractée (Angers, 13 novemb. 1884, *Journ. des assur.*, 86, 59), surtout au cas de police à ordre (Trib. civ. Seine, 10 avril 1874; Rennev. de Mark. : III, 186; Besançon, 27 mars 1876; S. 77, 2, 132); et même si les primes avaient été payées non par l'assuré, mais bien par le bénéficiaire (Lyon, 9 avr. 1878; D. P. 79, 2, 138); ce qui en tout état de cause risque de sembler excessif, puisque le patrimoine n'a même pas fourni la somme nécessaire au paiement des primes.
Ces décisions étaient rendues sous l'empire de cette idée (qui n'est, au total, que l'exclusion pure et simple de l'art. 1121 C. Civ.) qu'en cas de stipulation faite en faveur d'un tiers, l'assuré acquiert d'abord par lui le droit au capital, puis

Il est admis aujourd'hui que le capital d'une assurance sur la vie contractée exclusivement en vue d'un créancier doit être recueilli par lui et que, malgré la faillite survenue ultérieurement, la masse créancière ne peut formuler aucune réclamation de ce chef. La raison c'est que le bénéfice de l'assurance n'est pas dans le patrimoine du failli et que la stipulation ne peut être considérée comme un avantage particulier fait aux dépens de la masse. Un autre motif semble également déterminant. Les articles 446 et 447 C. Comm. sur lesquels pourrait se fonder le syndic prononcent la nullité des actes et contrats qui y sont énumérés ; or, le syndic ne réclame pas la nullité, il revendique le bénéfice de l'assurance. Sans doute il peut prétendre que ce n'est pas la nullité de l'assurance qu'il poursuit, mais celle du nantissement de la somme assurée fait au profit d'un seul créancier ; mais il est facile de répondre que le nantissement ne peut être nul que s'il est fait au moyen de l'attribution privilégiée d'une partie du patrimoine du failli à l'un de ses créanciers au préjudice des autres et que s'il est reconnu que la somme assurée n'a jamais fait partie de l'actif et a, au contraire, été *ab initio* la pro-

en fait immédiatement donation au bénéficiaire (En ce sens Mornard : *op. cit.*, p. 325).

Aussi, lorsque par une interprétation plus rationnelle du contrat, il fut reconnu que, dans le cas d'une stipulation au profit d'un tiers déterminé, ce dernier devenait, dès le jour même du contrat et en vertu de la police elle-même, créancier direct et exclusif de l'assureur, les tribunaux n'hésitèrent pas abandonner la solution précédemment adoptée.

Le Tribunal civil de Périgueux par jugement du 27 avril 1884 (S. 86, 2, 38), et la Cour de Bordeaux par arrêt du 21 mai 1885 (S. 86, 2, 39 ; D. P. 88, 1, 198) décidèrent que le syndic ne pouvait réclamer au profit de la masse le bénéfice de l'assurance qui doit revenir exclusivement au bénéficiaire même si ce dernier était un créancier, le profit étant acquis dès le jour même du contrat et la créance contre la Compagnie n'ayant, à aucun moment, fait partie du patrimoine du stipulant. La Cour de cassation, de son côté, par arrêt du 27 mars 1888 (S. 88, 1, 121 ; D. P. 88, 1, 198) maintint cette solution par ce motif que les art. 446 et 447 C. Comm., inspirés par le désir d'assurer aux créanciers de la faillite les objets qui forment leur gage, ne peuvent concerner que les biens qui sont dans le patrimoine du failli et nullement le bénéfice d'une assurance qui n'a jamais appartenu à ce dernier.

Comme on l'a fait remarquer (D. P. 88, 1, 195), cette décision est une nouvelle application des principes établis dans l'arrêt de la Cour de cassation du 16 janvier 1888 (S. 88, 1, 121 ; D. P. 88, 1, 77), lequel a considéré comme acquis au créancier d'un failli le bénéfice d'une assurance sur la vie conféré par ce failli au moyen d'un avenant.

Postérieurement il a été décidé que la garantie d'une police donnée à un créancier de l'assuré sous la forme d'un changement de bénéficiaire est valable et opposable aux tiers, même en cas de faillite de l'assuré. (Amiens, 26 avril 1888, *Journ. des assur.*, 88, 249 et la note).   D'autre part, la Cour de Paris a jugé le 19 mai 1890 (*Rev. des Sociét.*, 90, 457) pour le cas où la police souscrite par un mari réserve le choix entre une somme payable au décès et une rente viagère à toucher immédiatement que la femme qui a opté pour la rente viagère peut donner cette rente en nantissement à un créancier de son mari sans que le syndic de la faillite du mari puisse critiquer cette opération faite sans fraude, ni réclamer au profit de la masse les arrérages de la rente.

priété du bénéficiaire, le principe de l'égalité entre les créanciers n'est en aucune façon méconnu [1].

Quant aux primes, bien qu'en pareil cas la restitution ait été mise à la charge de la personne recueillant le capital assuré [2] il y a lieu de s'en tenir à ce que nous avons dit plus haut : le droit des créanciers ne s'étend pas nécessairement et fatalement sur les revenus qui fournissent les fonds propres à assurer le paiement des primes et dont la disposition doit leur être laissée ainsi que tous les fruits destinés aux dépenses courantes : suivant une formule [3] qui, dans sa concision, semble prévoir toutes les éventualités et parer à toutes les nécessités, la restitution des primes n'en sera imposée par les juges du fait que « *suivant les cas* ».

Il n'en doit être ainsi qu'autant que l'assurance est passée au profit d'un créancier susceptible d'être considéré comme un tiers désigné. Conformément à la distinction qui domine toute la matière de l'attribution du bénéfice la solution devra être absolument contraire lorsque la stipulation sera incontestablement faite au profit de personnes indéterminées ; c'est ce qui se produirait si par exemple la désignation du créancier à gratifier n'était pas suffisante [4].

Il est à peine nécessaire de dire qu'aucune difficulté ne saurait même être soulevée si le créancier d'un tiers avait, avec le consentement de son débiteur, contracté une assurance sur la vie de ce dernier et avait seul payé les primes [5]. En pareil cas, en effet, l'assuré n'a point joué un rôle (le consentement qu'il a donné et qui est indispensable important peu) ; l'opération a été réglée directement entre le créancier qui s'est chargé du maintien du contrat par le paiement des primes et la Compagnie d'assurances [6].

---

1. Grellier : Note, D. P. 88, 1, 195.
Pour échapper aux prescriptions de l'article 446, est-il possible de dire que le représentant de la masse créancière a connu l'existence de la police et la cession du droit au bénéfice ? L'affirmative semble résulter d'un jugement du Tribunal de commerce de la Seine du 23 mai 1883, *Journ. des assur.*, 83, 263.

2. Arrêt précité de Bordeaux du 21 mai 1885. — En ce sens, Deslandres : *op. cit.*, p. 208 ; Béchade : *op. cit.*, p. 168 ; Lambert : *op. cit.*, p. 124.

3. Arrêt précité de la Cour de cassation du 27 mars 1888.

4. C'est ce qui résulte de plusieurs décisions rendues dans la première période de la jurisprudence : Lyon, 9 avril 1875, S. 78, 2, 320 ; D. P. 70, 2, 158 ; Paris, 5 mars 1873, Bennev. de Marx.: II, 460 ; Trib. civ. Seine, 20 juin 1875 ; *ibid.* III, 201 ; Trib. civ. Saint-Étienne, 19 févr. 1879 et C. Lyon, 21 juin 1870, S. 82. 1. 31 ; D. P. 87. 4, 403 ; Grenoble, 2 févr. 1882, S. 82. 2. 106 ; D. P. 82. 2, 242.
Il a été jugé (Bordeaux, 15 juillet 1889, *Ann. de Droit commerc.*, 90, 1, 35) qu'un commerçant qui a souscrit une police à son profit ou *à son ordre* ne saurait, en temps suspect, endosser cette police à titre de cession ou de nantissement à un tiers qui était son créancier. Mais cette solution suppose admis que la police souscrite à son profit ou à son ordre constitue une valeur revenant à la masse des créanciers.

5. Rennes, 9 août 1879, S. 80, 1. 441 ; D. P. 80. 1, 468 ; Cass. 19 janv. 1880, S. 80, 1. 441 ; D. P. 80, 1, 468.

6. *Quid* si le créancier bénéficiaire s'est livré en vain à des réclama-

Un commandité peut, pour garantir le commanditaire, contracter sur sa propre tête une assurance sur sa vie et disposer dans l'acte de société qu'en cas de décès le capital assuré sera acquis au commanditaire. Non seulement une pareille opération est légale [1], mais l'objection tirée de l'article 1855 C. Civ. étant écartée, puisque ce texte ne concerne pas le cas où, au lieu de l'associé, c'est un tiers qui garantit le remboursement de la mise, elle a pour effet de conférer à la personne gratifiée un droit propre, primant celui des créanciers de l'assuré. Les motifs qui ont fait écarter la prétention des créanciers dans les autres cas où ils se trouvent en lutte avec le bénéficiaire se rencontrent ici. Par une décision qui s'impose, malgré toutes les critiques qui lui ont été adressées [2], la Cour de cassation l'a proclamé ; tenant compte non seulement de l'intention du stipulant (lequel bien évidemment n'entend nullement contracter au profit de ses créanciers), mais aussi de cette circonstance que le capital promis au commanditaire ne provient pas du patrimoine de l'associé stipulant et que son attribution à une tierce personne ne constitue aucunement une diminution du gage des créanciers [3], la Cour suprême a reconnu que la Compagnie d'assurances ne pouvait se libérer qu'entre les mains du commanditaire. Admettre les créanciers du commandité à réclamer le bénéfice de l'assurance ce serait accepter qu'en réalité l'assurance a été stipulée au profit des créanciers malgré une désignation formelle et leur accorder, de la sorte, le moyen de profiter de la création d'un capital n'ayant jamais existé dans le fonds social [4].

tions réitérées à l'effet d'obtenir du débiteur le remboursement des primes ?

Il y a là une question d'espèce, d'intention que les juges du fait peuvent seuls résoudre. Il leur appartient de dire si en cas d'échec des prétentions du créancier gratifié au remboursement des primes il n'y a pas lieu d'induire que le créancier était seul intéressé et par conséquent seul en mesure de recueillir le bénéfice du contrat. Le droit exclusif du créancier paraît devoir être maintenu, notamment quand le créancier a toujours refusé d'indemniser la personne qui a versé les primes, n'a jamais réclamé le bénéfice de l'assurance et a toujours répudié les avantages et les charges de l'opération. V. Note, D. P. 80, 1, 468.

1. V. plus haut, T. II, p. 207 et suiv..

2. Planiol : Note, D. P. 90, 1, 409 ; *Ann. de Droit commerc.*, 1891, p. 168 ; Thaller : *A l'occasion de la clause exonérant un associé des pertes (Ann. de Dr. commerc.,* 1892, p. 297 etc.).

3. Il est à noter d'ailleurs que les créanciers peuvent toucher un émolument : en vertu de la distinction admise par la jurisprudence ils ont incontestablement le droit de faire rembourser le montant des primes au cas où ces dernières seraient excessives.

4. Cass., 9 juin 1890, S. 90, 1, 305 ; D. P. 90, 1, 410.

Cet arrêt se base sur deux considérations qui nous semblent déterminantes.

En premier lieu, si la condition prévue par la police, c'est-à-dire le décès de l'associé gérant, a permis au commanditaire d'exiger le capital de l'assurance, la somme apportée par lui n'en a pas moins été conservée par les liquidateurs représentant les créanciers et n'en reste pas moins affectée au paiement des dettes sociales, de telle sorte que l'on ne saurait dire que le commanditaire reprend sa mise dans la société. En second lieu, si la stipulation d'une assurance au pro-

Cette doctrine a trouvé des partisans parmi les auteurs [1]; c'est qu'elle est bien de nature à exercer une véritable influence sur le développement des sociétés en commandite.

Trop souvent on refuse des fonds à ces dernières, même sérieusement organisées, par crainte de la mort prématurée du gérant, c'est-à-dire de l'homme indispensable; on redoute la liquidation; ce n'est pas à tort, car elle peut être désastreuse. L'assurance sur la vie permet de calmer ces peurs; elle fournit au commanditaire le moyen d'éviter le dommage en cas de mort, puisque cet événement procurera un capital. On ne voit dans ce procédé que des avantages. On n'aperçoit pas d'inconvénients; si, en effet, il y a des risques, ils sont pour la Compagnie d'assurances. Quant aux créanciers, ils ne sauraient se plaindre : ce n'est pas le patrimoine du failli qui a fourni la somme en question, leur gage n'a pas été diminué d'autant [2].

La reconnaissance du droit propre en pareille circonstance n'a rien d'excessif. Cette solution est en concordance parfaite avec les principes qui, d'un avis général, doivent dominer aujourd'hui en matière d'assurance sur la vie, et notamment avec la règle acceptée unanimement quant à l'assurance contractée, au profit de sa femme, par un commerçant tombé depuis en faillite. Les deux situations se ressemblent assez pour que les raisons de décider soient les mêmes. De même que la loi, au cas de faillite, déclare nuls les avantages particuliers faits par le commerçant à sa femme parce qu'elle ne veut pas que des prélèvements puissent ainsi avoir lieu au détriment de la masse créancière, de même elle déclare nulle la stipulation faite par un associé en faveur de son coassocié, et qui aurait pour résultat, en affranchissant l'un des intéressés de toute contribution aux dettes, de diminuer d'autant les ressources de la société, c'est-à-dire celles sur lesquelles les tiers ont dû compter [3]. Mais dans

---

lit du commanditaire était l'accomplissement d'une clause contenue dans l'acte de société le bénéfice de cette stipulation ayant été acquis par le commanditaire dès la souscription de la police et n'ayant jamais, par conséquent, fait partie du patrimoine du commandité, le capital promis au commanditaire pour le rembourser de son avance de fonds a été versé non par le coassocié pour la société, mais directement par un tiers, l'assureur.

V. en ce sens, Aix 4 nov. 1886, S. 88, 2, 74; D. P. 90, 1, 410; Lyon Caen: Note, S. 88, 2, 73.

Comp. en sens opposés les dissertations insérées à la suite de l'arrêt de la Cour de cassation, S. 90, 1, 305; D. P. 90, 1, 410.

1. Lyon Caen : Note, S. 88, 2, 73; Lyon Caen et Renault : *Traité de dr. commerc.*, T. II, n° 46; Dumont : *Attribut. du bénéfice d'assur. sur la vie*, p. 298.

2. C'est ce que nous écrivions au sujet de l'arrêt du 9 juin 1890 (*Les assurances sur la vie et la Cour de cassation en 1890*, Lyon, 1891, p. 9; Cf. Lambert : *op. cit.*, p. 132; Champeau : *op. cit.*, p. 186.

3. Comme la Cour de cassation l'a jugé le 23 juillet 1889 (S. 90, 1, 5; D. P. 90, 1, 383, admettre que des liquidateurs puissent réclamer le bénéfice de l'assurance ce serait admettre qu'en réalité l'assurance a été stipulée au profit des créanciers

les deux cas il faut tenir également compte de la volonté exprimée par l'assuré d'attribuer un droit exclusif à la personne gratifiée ; dans les deux cas il convient de faire produire à la stipulation les effets qu'engendre l'article 1121 C. Civ. [1].

La règle formulée ici doit s'appliquer non seulement lorsqu'il s'agit d'une société en commandite, mais même avec une société en nom collectif. Du moment que l'art. 1855 C. Civ. est inapplicable dans un cas, il l'est tout autant dans l'autre. Le contrat d'assurance ne modifie en rien la situation des parties, qui restent ce qu'elles seraient en l'absence de toute stipulation de ce genre : quoi qu'il ait pu se produire, les assurés sont toujours tenus vis-à-vis des tiers solidairement pour le tout. Il y a plus. On a fait valoir, avec juste raison [2], que l'on pourrait moins encore invoquer la disposition légale prohibant toute clause ayant pour objet d'affranchir un associé de la contribution aux dettes : dans la société en commandite, la mise du commanditaire consiste en une somme fixe, qui seule est exposée aux risques que comporte toute société ; lors donc que, par une convention quelconque, cette somme est garantie, on peut dire que le commanditaire est à l'abri des pertes ; il n'en saurait être ainsi en matière de société en nom collectif, où l'obligation solidaire, qui atteint chacun des associés, a pour conséquence que la somme fixe, pour laquelle une assurance aura été contractée, ne pourra jamais garantir un associé contre toute contribution aux dettes [3].

En résumé, au cas d'assurance contractée au profit d'un tiers le bénéfice appartient directement à la personne gratifiée sans que les créanciers du souscripteur puissent songer à élever une réclamation, la créance contre la Compagnie étant née directement dans le patrimoine du tiers gratifié sans passer par celui du stipulant.

Ces créanciers ont seulement droit au remboursement des primes acquittées par leur débiteur mais suivant les cas, c'est-à-dire à la

et leur permettre ainsi de profiter de la création d'un capital n'ayant jamais existé dans le fonds social.

1. Crépon : Note, S, 90, 1, 305.

2. Crépon : *loc. cit...*

3. La loi du 19 février 1889 relative à l'attribution des indemnités dues par suite d'assurances décide, dans l'art. 2, que les indemnités dues par suite d'assurances contre l'incendie, contre la grêle, la mortalité des bestiaux *ou les autres risques* sont attribuées, sans qu'il y ait besoin de délégation expresse aux créanciers privilégiés ou hypothécaires suivant leur rang. Malgré sa portée générale ce texte ne concerne pas l'assurance sur la vie.

Par cette loi de 1889 le législateur a voulu faire substituer les droits réels grevant une chose hypothéquée après la perte de cette chose afin de les reporter sur le montant de l'indemnité d'assurance. Il faut donc qu'il y ait hypothèque ou tout au moins privilège et, par suite, que l'objet assuré soit susceptible d'hypothèque ou de privilège. Rien de tout cela ne se rencontre pour l'assurance sur la vie. La vie humaine n'est pas un objet susceptible d'hypothèque, ni d'aucun droit réel. — Comp. Dumontel : *De l'attribut. des indemnités d'assurances.* Paris, 1892, p. 95 et 96.

condition de prouver nettement que les sommes destinées au service des primes payées à la Compagnie d'assurance ont été prélevées sur le capital [1].

Dans le système qui reconnaît aux créanciers de l'assuré le pouvoir, conformément au droit commun et en invoquant l'art. 1167 C. Civ., d'attaquer la libéralité contenue dans la police comme faite en fraude de leurs droits, leur réclamation ne pourra point concerner le capital que leur débiteur a manqué d'acquérir. Elle porterait uniquement et exclusivement sur le montant des primes qui seules sont effectivement sorties de son patrimoine [2].

[1]. Et à la condition aussi que les primes prélevées sur le capital ne se trouvent pas supérieures à l'indemnité reçue par le tiers.

Ce dernier ne peut en aucun cas être tenu de rendre plus qu'il n'a reçu : il n'est débiteur des primes qu'à titre de bénéficiaire : il ne les doit que dans la mesure où elles lui sont parvenues. Cf. Vivante : *op. cit.*, T. III, nos 199 et 202.

C'est en vain, a fait remarquer M. Champeau (*op. cit.*, p. 186, note 4), que l'on alléguerait que de cette façon le bénéficiaire profite de l'opération, si elle est bonne et échappe aux conséquences fâcheuses, si elle est mauvaise. Ce résultat est la conséquence du caractère complexe du contrat en faveur des tiers ; c'est le stipulant qui contracte et qui fournit la contre-partie de l'engagement du promettant et l'effet de la convention se produit dans la personne du tiers. Celui-ci n'est jamais tenu d'accepter, et s'il le fait, l'acceptation ne met à sa charge aucune obligation ; on ne comprendrait pas qu'elle pût lui porter préjudice. Les créanciers ne pourraient ressaisir le surplus des primes que dans le cas, invraisemblable, où la Compagnie aurait été complice de la fraude et il faudrait alors faire annuler le contrat d'assurance.

[2]. Champeau : *op. cit.*, p. 186 ; Vivante : *op. cit.*, n° 198 ; Tartufari : *Dei contratti a favore di terzi*, Vérone, 1889, § 135, note 22.

CHAPITRE TROISIÈME

DROITS DES HÉRITIERS.

Lorsque l'assurance est contractée au profit de tiers indéterminés ou bien quand il n'y a pas de bénéficiaire désigné soit en la police soit en un avenant, le droit au capital assuré tombe dans la succession du stipulant comme toute autre créance : il est recueilli par les héritiers avec les autres biens; le partage se fait alors conformément au droit commun [1].

La situation est différente quand l'assurance est souscrite en faveur d'une personne déterminée.

Il est certain que le bénéficiaire ayant acquis un droit propre de par le contrat lui-même, le capital assuré lui est remis, abstraction faite de toute autre qualité; il touche la somme due par la Compagnie parce qu'il est bénéficiaire, en vertu de son titre qui est la police. Par conséquent, si la personne gratifiée est un héritier elle reçoit non pas *jure hæreditorio*, mais bien *jure proprio;* alors même qu'elle refuserait la succession, elle aurait droit au capital indiqué par le contrat.

Mais il y a mieux : en présence d'une stipulation faite en faveur d'un tiers déterminé, les héritiers de l'assuré sont sans qualité pour agir. Soit que le contrat ait désigné le bénéficiaire, soit que l'assuré ait disposé de son vivant, ils ne peuvent rien réclamer : le capital assuré n'a point fait partie des biens qu'ils sont appelés à recueillir puisqu'il a été acquis dès le jour même de la signature du contrat par la personne gratifiée.

Telle est la règle générale : incapacité des héritiers pour contester la stipulation en elle-même. Mais peuvent-ils intervenir par application des art. 913, 920 et suiv., 843 et suiv. C. Civ., c'est-à-dire en

---

1. La solution doit être la même quand le capital est donné à quelqu'un par le testament du souscripteur; il a été envisagé par ce dernier comme une somme quelconque; c'est sur lui par conséquent que porteront le rapport et la réduction. Taudière : *op. cit.*, p. 173.

invoquant les dispositions du droit commun pour obtenir la réduction et le rapport ?

Cette question offre un caractère particulier de gravité d'abord à raison de son intérêt considérable dans la pratique, ensuite parce que la jurisprudence ne semble pas présenter l'exemple de l'unité et qu'elle paraît déroger singulièrement aux principes posés par elle-même [1].

Pour la résoudre il importe d'envisager successivement les deux éventualités susceptibles de se présenter :

1° Le cas où l'assurance est passée au profit du conjoint de l'assuré ;

2° Le cas où l'assurance est contractée en faveur des enfants, héritiers ou ayants cause [2].

SECTION I

Assurance contractée au profit de l'un des époux.

§ 1. — Assurance contractée par le mari au profit de sa femme.

Lorsqu'une assurance sur la vie est souscrite par un mari au profit de sa femme, les dispositions du Code Civil sur le rapport et la réduction ne semblent pas applicables. L'exclusion des art. 920 et suiv. pour la réduction, et de l'art. 843 pour le rapport paraît, quoique

---

1. En Belgique la question, douteuse avant 1874 (Gand, 7 mars 1872, *Pas.*, 72, II, 212), ne peut même pas soulever maintenant la moindre difficulté : il y a un texte formel.

L'art. 43 de la loi du 11 juin 1874 dispose, en effet, que « la somme stipulée payable appartient à la personne désignée dans le contrat, *sans préjudice de l'application des règles du droit civil relatives au rapport et à la réduction du chef des versements effectués par l'assuré.* »

La solution doit être la même sous l'empire des législations qui ont reproduit cet article 43 (loi du 16 mai 1891, sur les assurances dans le Grand Duché de Luxembourg, art. 43 ; Code de Commerce Italien, art. 453 ; Code de Commerce portugais, art. 460, Code du canton de Zurich, art. 1755-1759. V. plus loin, p. 336).

2. Il semble inutile d'insister sur les conditions dans lesquelles doivent être exercées les actions en réduction et en rapport. L'on sait, par exemple que tout donataire peut être soumis à la réduction, qu'il soit ou non successible, que les réservataires et leurs ayants cause (et non point les créanciers) peuvent demander la réduction. D'autre part, l'on n'ignore point que tout héritier doit le rapport, que le rapport ne se fait qu'à la succession du donateur et qu'il n'est dû que par le cohéritier à son cohéritier etc. Cf. Rome : *op. cit.*, p. 203 etc., p. 224 et suiv..

l'on ait pu dire[1], être la conséquence forcée[2] d'abord de ce principe que le contrat d'assurance sur la vie est un contrat d'indemnité, qu'en le passant le mari ne fait que s'acquitter d'un devoir moral[3], l'homme devant procurer des ressources à sa femme pour le moment où il ne sera plus[4], mais surtout de cette idée, incontestée aujourd'hui, que le capital assuré n'étant pas entré dans les biens du stipulant on ne

---

1. Nous devons l'avouer, les auteurs en grande majorité reconnaissent en pareil cas l'application de ces textes, sauf à discuter sur les conditions dans lesquelles la réduction et le rapport s'effectueront.

Delrénois : *Assur. sur la vie*, p. 72; Rome : *op. cit.*, p. 203 et suiv.; Herbault : *op. cit.*, p. 232 et suiv.; Monthie : *op. cit.*, p. 176; Couteau : *op. cit.*, T. II, p. 520 etc.; Taudière : *op. cit.*, p. 170 etc.; Ruben de Couder : *loc. cit.*, v° *Assur. sur la vie*, n° 106; Vibert : *op. cit.*, p. 160; Labbé : *Note*, S. 77, 1, 393 et *De l'assur. sur la vie par un père au profit de ses enfants* (La France judic., 1, p. 421); Bazenet, *op. cit.*, p. 154; Rehlous : *Contrat d'assur. en cas de décès*, p. 139 et 140; Béchade : *op. cit.*, p. 134; Clos : *op. cit.*, p. 143 et 144; Patinot : *op. cit.*, (Rev. prat. de dr. fr., T. XXVII, 1869, p. 49 etc.); Agnel : *op. cit.*, n° 451 etc.; Blin : *op. cit.*, p. 191 etc.; Rome : *op. cit.*, 203 et suiv.; Dajarier : *op. cit.*, p. 105; Furquim d'Almeida : *op. cit.*, p. 156 et suiv.; Dupuich : *Note*, D. P. 92, 2, 153; Couturier : *De l'assur. sur la vie et spécialement de l'assur. sur la vie entre époux*, p. 190; Marchal : *Du contrat d'assur. sur la vie*, p. 152; Rabatel : *De la nature de l'assur. sur la vie*, p. 262; Baron : *op. cit.*, p. 135; Dumont : *De l'attribut. de l'indemnité d'assur. sur la vie*, p. 265; Huc : *Comm. théor. et prat. du Code Civil*, T. V, p. 420 et suiv.; Champeau : *op. cit.*, p. 187.

La non application des art. 920 et 843 a été enseignée par MM. de Caqueray : *Assurance sur la vie* (Rev. prat. de dr. fr., T. XVI, 1863, p. 203 à 205); Blondel : *Des assur. sur la vie dans leurs rapports avec le dr. civ. et spécialement des bénéficiaires du contrat*, p. 205 et suiv.; Coulazou : *Stipulation pour autrui dans l'assurance sur la vie*, p. 102 et suiv.; Naquet : *Note*, S. 89, 2, 17; Typaldo Bassia : *op. cit.*, p. 139 etc.; Rehlous : *Des principes à édicter à la base d'une loi fédérale sur le contrat d'assur. sur la vie*, p. 51 et 52; Lambert : *op. cit.*, p. 130. — V. aussi nos *Études sur les assur. sur la vie*, p. 46.

Il convient de noter, d'autre part, que dans la proposition qu'il a déposée en 1880 à la Chambre des députés sur les assurances sur la vie, M. Lockroy a inséré un article (art. 14, ainsi conçu : « La somme stipulée payable par suite du décès appartient à la personne désignée dans le contrat, *sans préjudice des règles du droit civil relatives au rapport et à la réduction du chef des versements faits par l'assuré*. »

2. Non pas de cette idée que le mari en contractant au profit de sa femme a agi au nom de celle ci comme *negotiorum gestor* (Labbé : Note, S. 85, 1, 5), parce que ce système de la gestion d'affaires est absolument condamné comme inexact et aussi parce qu'il se heurte à l'art. 1401 combiné avec l'art. 1395 C. Civ. déclarant que tout capital mobilier acquis pendant le mariage, loin d'être propre à la femme, constitue au contraire un bien commun. V. Bazenet : *De l'assurance sur la vie, contractée par l'un des époux au profit de l'autre*, p. 82 etc..

3. Il a été objecté que l'obligation alimentaire imposée au mari par l'art. 214 C. Civ. ne survit pas à la dissolution du mariage (Bazenet : *op. cit.*); mais n'existe-t-il pas pour le mari, pour le père de famille, une obligation morale de prémunir contre le préjudice qu'occasionne sa disparition ?

4. Cette idée que l'assurance sur la vie, loin de constituer une libéralité, n'est que l'accomplissement d'un devoir de sage prévoyance, a été proclamée par de nombreuses décisions (V. Aix, 24 mars 1886, S. 87, 2. 211; Trib. Clermont-Ferr., 24 mars 1886, *Journ. des assur.*, 86, 547; Trib. Seine, 2 juin 1886, *Journ. des assur.*, 87, 87; *Rec. périod. des assur.*, 86, 324; Trib. Bar-le-Duc, 13 juillet 1886, *Journ. des assur.*, 86, 529; Lyon, 1er mai 1888, *Journ. des assur.*, 88, 502; *Rec. périod. des assur.*, 88, 405; Bourges, 7 mai 1888, S. 89, 2, 16; Trib. Caen, 21 mai 1887, *Journ. des assur.*, 88, 523; Trib. Seine, 7 décemb. 1888, *Journ. des assur.*, 89, 36.

saurait dire que l'attribution de la créance contre la Compagnie a, par le fait, diminué le patrimoine de l'assuré[1].

La réduction n'a pour but que de procurer aux héritiers le recouvrement de ce qu'ils trouveraient dans la succession si les donations excessives n'avaient pas eu lieu[2]; son objet est de maintenir la réserve. Ce que la loi vise par conséquent, c'est l'acte qui entame la réserve. Or, la réserve ne se compose que des biens qui sont la propriété du défunt : la masse sur laquelle les opérations de réduction doivent porter comprend exclusivement les biens qui existent dans le patrimoine du de cujus et qui lui appartiennent[3], les biens qu'il a laissés dans sa succession[4], qui s'y trouveraient s'il n'en avait pas été disposé[5].

Il est impossible de voir toujours dans le capital d'une assurance, stipulé payable à une autre personne, un des biens laissés par le défunt[6].

Sans doute il est des cas où le bénéfice doit être considéré comme une fraction du patrimoine : par exemple, quand l'assuré est le bénéficiaire même de la police, le capital lui appartenant[7]; ou bien lorsque

---

1. C'est sur cette règle que la Cour de Rennes se basait le 9 février 1888 (D. 89, 2, 181) pour décider, en cas d'assurance contractée par deux époux au profit du prémourant, que les héritiers réservataires de l'époux prédécédé ne pouvaient demander la réduction pour atteinte à la réserve; la Cour reconnaît que « le capital composant le bénéfice même de l'assurance n'a jamais été dans le patrimoine de l'assuré ».

2. Demante et Colmet de Santerre : Cours analyt. de Code Civil, T. III, p. 109 n° 58 bis.

3. Laurent : Dr. civ., T. XII, n° 57.

4. Aubry et Rau : Dr. civ. fr., T. VII, § 684, p. 181; Demolombe : Donations, T. II, n°° 565, 566.

Il y a si bien à considérer seulement ce qui se trouve dans le patrimoine que, d'après une opinion généralement admise, on ne doit pas faire entrer en ligne de compte les biens ou droits dont l'acquisition définitive se trouve subordonnée à une condition suspensive non encore accomplie, pas plus que les fruits non encore perçus ou réputés perçus lors de l'ouverture de la succession. Cf. Aubry et Rau : op. cit., T. VII, § 684, p. 181.

5. Demante et Colmet de Santerre : op. cit., n° 58 bis, I.

6. On ne saurait invoquer ce principe que la masse doit comprendre les créances, les droits éventuels ou conditionnels qui, par l'effet de la condition accomplie, seront censés avoir appartenu au défunt dès avant le jour de son décès. (Cass., 30 mars 1835, Dalloz : Rép., v° Disposit. entre vifs, n° 1670). C'est qu'en effet le stipulant n'est pas le créancier du bénéfice, le gratifié devant être réputé propriétaire dès le jour même du contrat en cas d'acceptation ultérieure de sa part.

7. Spécialement il a été décidé (Trib. civ. Besançon, 8 mars 1888; D. P. 79, 2, 98; S. 79, 2, 98) qu'en cas d'assurance stipulée payable au souscripteur lui-même ou en cas de prédécès à ses enfants le bénéfice, si le stipulant vient à mourir le premier, doit être considéré comme n'étant pas sorti de son patrimoine et servir en conséquence à déterminer le montant de la quotité disponible de sa succession, encore bien que les enfants aient accepté du vivant de leur père la stipulation faite à leur profit et d'ailleurs le père s'était réservé le droit de la révoquer. — Comp. au sujet de cette décision, Laurent : op. cit., T. XII, p. 189.

Laurent estime qu'en pareille circonstance c'est le capital même qui doit être compris dans le patrimoine du défunt : si le souscripteur, écrit-il, avait survécu

le signataire de la police indique vaguement les bénéficiaires, puisqu'il y a incertitude sur la personne qui touchera le capital; si le souscripteur stipule pour ses héritiers ou ayants droit, par le motif qu'il est réputé contracter pour son patrimoine.

Mais il en doit être autrement avec une police souscrite au profit d'une personne déterminée, dans les termes de l'art. 1121 C. Civ.. Les règles édictées par le droit commun n'ont plus de raison d'être.

Lorsqu'il se produit une stipulation dans l'intérêt d'un tiers, le signataire n'acquiert rien pour lui-même : aucune somme, aucune valeur ne doivent entrer dans son patrimoine; en d'autres termes il ne s'enrichit pas[1]. La créance engendrée par le contrat n'existe point à son profit, mais au profit du bénéficiaire qui devient le créancier direct de la Compagnie, et qui peut exercer personnellement l'action résultant de la convention. Cette créance est née directement dans la personne du bénéficiaire; elle n'a jamais été la chose du sti-

il aurait touché le capital, ce capital aurait fait partie de son patrimoine sur lequel il fallait calculer le disponible.

1. Pour admettre la réduction il faut, en effet, soutenir (V. Chavegrin : *L'assurance sur la vie d'après les derniers arrêts de la Cour de cassation* [*Le Droit*, 4 nov. 1888]) que le bénéfice d'une assurance appartient d'abord à celui qui la contracte, qu'elle demeure à sa disposition et dans ses biens jusqu'à l'acceptation du tiers, que l'offre adressée à ce tiers constitue non une pollicitation indépendante, mais « le mode d'un contrat déjà formé contre l'assurance et l'assuré ». En d'autres termes il faut affirmer qu'en cas de stipulation pour autrui il y a deux opérations, deux contrats : l'un intervenant entre l'assureur et l'assuré, l'autre entre l'assuré et le bénéficiaire, que, par la deuxième convention, l'assuré transporte ou gratifie la créance du capital acquise au moyen du premier traité.

Mais c'est la négation de tous les principes reçus (V. Couteau, *op. cit.*, T. II, p. 325).

Il est admis que la créance du bénéfice de l'assurance est née directement sur la tête du tiers. Par la stipulation pour autrui, l'assuré ne peut pas être réputé donner à une tierce personne le profit de l'assurance puisqu'il ne le possédait pas; ce qu'il donne, en réalité, c'est une valeur égale à la prime payée; lorsqu'il a fait la libéralité en contractant sur sa tête une assurance, il pouvait employer une autre formule; au lieu de figurer lui-même au contrat, il pouvait le faire signer par le tiers qu'il voulait gratifier et remettre à ce tiers, chaque année, le montant de la prime nécessaire pour les assurances successives. On aurait eu ainsi la réalité de l'opération : une assurance sur la tête d'un tiers et une libéralité faite par ce tiers du montant des primes. Lorsque le donateur fait le contrat sous son nom, la situation est la même. On dit que le capital assuré peut, malgré la donation, faire partie de son patrimoine, puisqu'il se réserve le droit de révoquer la libéralité; si l'on réfléchit qu'il y a autant d'assurances successives que d'années et que, le paiement des primes étant facultatif, on peut toujours abandonner le contrat, on sera convaincu qu'il n'y a pas lieu de parler de révocation. Ce qui a été donné ce n'est pas un contrat d'assurance pour toute la vie (sauf le cas exceptionnel d'une prime unique), mais bien une assurance pour un an, avec la faculté de se servir d'un contrat réglant par avance les conditions des assurances futures. Comp. nos observations sur *la réduction héréditaire dans ses rapports avec la stipulation du bénéfice d'une assurance sur la vie contractée au profit d'un tiers* dans nos *Études sur les assurances sur la vie*, p. 47, etc..

Il est à peine nécessaire de noter qu'avec le système de M. Heck qui voit dans l'opération une donation à cause de mort les règles sur la réserve et le rapport sont applicables (Heck : *L'assur. sur la vie au profit d'un tiers et la donat. à cause de mort*, edit. Brissaud et Lelort, p. 18).

pulant ; le capital appartient dès le jour même du contrat à la personne gratifiée, il est acquis à cette dernière *jure proprio* ; donc il n'a pas fait partie du patrimoine de l'assuré ; par conséquent, les réservataires ne sauraient élever aucune réclamation et soutenir qu'il y a, au profit d'un tiers, diminution du patrimoine auquel la loi les appelle.

Le droit des réservataires ne porte que sur la portion distraite de la fortune du défunt. Dès lors, ils ne peuvent rien réclamer à l'occasion de cette somme qui n'a jamais été dans le patrimoine du *de cujus*. C'est sur l'appauvrissement du donateur que doit se calculer le montant d'une donation et le donateur ne s'appauvrit ici que des primes qu'il verse [1]. Sans doute, le contrat va procurer au bénéficiaire un émolument supérieur à l'appauvrissement du donateur ; mais cette considération ne saurait arrêter : on ne donne que dans la mesure où l'on s'appauvrit ; on ne s'appauvrit pas en faisant acquérir à un tiers une chose qui ne nous a jamais appartenu [2], qui

[1] Il est vrai que l'on a objecté en faveur de l'application des règles concernant la réduction et le rapport qu'il doit être tenu compte de la valeur que représente le capital assuré, ce dernier n'étant au résumé, a-t-il semblé (V. notam. Trib. civ. Seine, 25 juin 1875, *Journ. des assur.*, 75, 438 ; Rouen, 6 fév. 1878 ; Bonnev, de Mars. : II, 564, Boissonade : *Hist. de la réserve héréditaire*, Paris, 1873, p. 695 ; Trézel : *Des restrict. apportées dans l'intérêt de la famille à la liberté de disposer à titre gratuit*, Paris, 1878, p. 475), que le produit des primes provenant du capital.

Sans vouloir examiner ici cet argument au point de vue théorique, on peut affirmer qu'il n'est pas fondé en droit.

Il ne suffit pas que l'origine d'une libéralité se trouve dans le patrimoine pour que les règles de la réduction soient applicables. Un exemple peut être cité : un officier ministériel meurt destitué ; néanmoins ses héritiers sont, pour une cause ou pour une autre, reconnus aptes à toucher le prix versé par le nouveau titulaire ; en acceptant le système indiqué plus haut, on semblerait amené à conclure que cette somme doit entrer dans la masse, puisque l'office a appartenu au défunt. On admet cependant la négative (Demolombe : *Donations*, T. II, n° 258, et les autorités qu'il cite : Aubry et Rau : *op. cit.*, T. VII, § 684, p. 188. Cpr. Cass., 10 août 1853, S. 54, 1, 110 ; 24 janvier 1859, S. 59, 1, 324). Le motif, c'est que si les héritiers reçoivent cette valeur à l'occasion de la succession, ils ne la retrouvent pas dans la succession elle-même où elle n'existait pas. Nous n'attachons pas une très grande importance à cette solution ; nous la relevons uniquement comme exemple, et pour prouver qu'il ne suffit pas qu'une chose soit recueillie à l'occasion de la succession pour que l'on affirme l'applicabilité nécessaire des règles relatives aux successions.

Une observation paraît décisive : il est de doctrine aujourd'hui qu'il n'y a de réductible que la donation qui a enlevé des *capitaux* au patrimoine du *de cujus* ; tous les avantages faits seulement aux dépens des revenus ne sont point soumis aux dispositions édictées par le législateur dans l'art. 922 (Demolombe : *Donations*, T. II, n° 313 ; Comp. Caqueray, *Assurance sur la vie* [*Revue pratique de droit français*, T. XVI, 1863, p. 202] ; Demante et Colmet de Santerre : *op. cit.*, T. IV, sur les art. 919-921, n° 58 *bis*.). C'est qu'en effet la destination des revenus est d'être dépensés : il est loisible à leur propriétaire d'en disposer à sa guise, de les dissiper ; par conséquent, le profit obtenu au moyen des ressources procurées par les revenus ne cause aucun détriment à ceux qui n'ont pas été mis à même d'en retirer un avantage.

[2] Dujarier : *De l'assur. en cas de décès justifiée dans sa nature et dans ses effets par les principes du Code civil*, p. 165.

n'a même jamais été dans le patrimoine [1], comme il est permis de le soutenir depuis la proclamation juridique des effets de l'assurance contractée au profit d'un tiers [2].

Une comparaison semble déterminante : un père de famille a payé une prime annuelle de 1,000 fr. qu'il a servie à l'aide de l'entier revenu d'un immeuble lui appartenant. S'il avait donné cet immeuble au bénéficiaire de l'assurance et que celui-ci eut consacré les revenus au paiement des primes la réduction aurait porté sur l'immeuble et non sur les fruits : les primes n'auraient pu figurer dans la masse constituée pour calculer la réserve. Il n'est pas juste que ces primes y figurent par cela seul que la propriété est restée entre les mains du *de cujus*. Il ne faut pas qu'une simple différence de forme

1. Afin d'écarter l'application des règles sur le rapport la Cour de Rennes, dans son arrêt du 9 février 1888 (S. 89, 2, 121), s'inspirant plus ou moins de l'arrêt de la Cour de cassation du 2 juillet 1884 (S. 85, 1, 11; D. P. 85, 1, 150), a fait valoir qu'il y a d'autant moins lieu de considérer l'acte comme une libéralité que « son *véritable objet, c'est-à-dire le capital composant le bénéfice même de l'assurance, n'a jamais été dans le patrimoine de l'assuré, n'ayant commencé d'exister qu'au jour et par le fait même de son décès* ». — V. sur ce motif ce qui a été dit précédemment, T. Ier, p. 159.

Pour être complet il convient de mentionner ici les objections formulées contre une théorie proposée il y a longtemps déjà pour faire écarter l'application des règles sur la réduction et le rapport.

D'après l'art. 928 C. Civ. le donataire n'étant, écrivait en 1863 M. de Caqueray (*loc. cit.*, p. 196 et s.), obligé de restituer les fonds de ce qui excédera la quotité disponible qu'à compter du jour du décès du donateur si la demande en réduction a été faite dans l'année, sinon du jour de la demande, il résulte *a contrario* qu'il ne devra pas les fruits antérieurement perçus et la réduction ne devra pas avoir lieu si la donation s'est effectuée avec les revenus du donateur.

Il a été répondu (Vibert : *op. cit.*, p. 161) que cet argument tiré *a contrario* de l'art. 928 ne concerne point la question, qu'il ne faut pas confondre les revenus de la chose donnée, non réductibles quand ils sont perçus, et la donation faite avec les revenus, que si le donataire peut ne pas rendre les intérêts des sommes qu'il a reçues, en vertu de l'art. 928, parce qu'il est rationnel de croire à leur emploi, il en doit être autrement pour les sommes prélevées sur les revenus du donateur.

D'autre part, si la théorie de M. de Caqueray tend à généraliser la conséquence à déduire de l'art. 1527 C. Civ. que les simples bénéfices résultant des travaux communs et des économies faites sur les revenus respectifs des deux époux ne doivent pas être considérés comme un avantage consenti au préjudice des enfants d'un premier lit, on a opposé que ce texte vise non point une donation, mais bien un partage et qu'il a sa raison d'être dans les relations toutes spéciales qui existent entre les époux (Vibert : *ibid.* ; — V. aussi Rome : *op cit.*, p. 226 et suiv. ; Blin : *op. cit.* p. 97).

2. Il importe de noter que les partisans de la réduction reconnaissent (M. Patinot : *op. cit.*, *Rev. prat. de dr. fr.*, T. XXVII, 1889, p. 51) que si la donation de la somme assurée est, comme toute autre, sujette à réduction et doit être réunie fictivement aux biens existants lors du décès, la somme assurée ne devrait pas figurer dans la réserve si l'assurance ayant été faite à l'origine au profit d'un tiers, les primes avaient été évidemment prises sur le revenu du souscripteur de la police; tel serait le cas, continue cet auteur, d'un homme qui voudrait pourvoir après sa mort à l'existence d'un ami, d'un vieux serviteur sans grever sa succession; il y parviendrait, en s'imposant chaque année de légers sacrifices.

entraîne des conséquences aussi graves et qu'un donataire puisse rendre d'avantage parce qu'il a reçu moins [1].

Si l'on ne peut considérer l'assurance sur la vie comme soumise aux art. 920 et suiv., c'est-à-dire aux dispositions édictées pour la réduction (et par voie d'analogie l'on doit écarter l'art. 1098 spécial à la libéralité faite par un époux qui a des enfants d'un précédent mariage) [2], il faut pareillement exclure l'application de l'art. 843 et dire que la règle sur le rapport n'est pas à invoquer dans cette matière [3].

Ce que la loi veut par cet art. 843, c'est que le successible tienne compte de ce qui a été pris pour lui par le défunt dans son propre patrimoine, de ce que le *de cujus* en a distrait dans l'intérêt de cet héritier. Or, le capital assuré, encore une fois, n'a pas fait partie du patrimoine du défunt; la somme que touche l'héritier provient d'un patrimoine distinct, de celui de l'assureur; les autres successibles n'ont donc pas été grevés du montant de cette valeur; s'ils ont été privés de quelque chose, c'est uniquement de la prime prélevée chaque année sur les revenus, c'est-à-dire sur des ressources dont nul ne doit compte à ses héritiers [4], car il est de la nature des

---

1. Coulazou : *op. cit.*, 105. — V. Naquet : Note, S. 80, 2, 17, etc..

2. Décidé, au contraire, que l'assurance contractée en faveur d'une femme épousée en secondes noces par un mari qui a des enfants d'un précédent mariage est réductible dans les limites de la quotité disponible, conformément à l'art. 1098 C. Civ. — Douai, 14 févr. 1887, S. 88, 2, 49; D. P. 87, 2, 136.

3. Il y a longtemps M. Versigny enseignait (*Monit. des assur.*, 14 juin 1869, p. 228) qu'en cas d'assurance contractée par un père au profit de l'un de ses enfants, les autres descendants ne peuvent pas demander le rapport.

4. A une date déjà ancienne, M. de Caqueray (*loc. cit.*, p. 203) a soutenu que par application de l'art. 852 C. Civ. dispensant du rapport les frais de nourriture, d'entretien, etc., il y a lieu de présumer la libéralité exempte de rapport, les primes annuelles devant être assimilées aux dépenses visées par l'art. 852, d'autant qu'elles sont prélevées sur les revenus.

On a combattu cette manière de voir comme reposant sur une distinction purement arbitraire : l'art. 852, a-t-on dit, ne distingue pas suivant que les dépenses qu'il prévoit ont été faites avec les revenus ou avec le fonds; en outre, dans le cas où il s'agit de l'art. 852 il n'y a pas de véritable donation, mais une suite de charges inhérentes à l'éducation d'un enfant. Si la loi dispense du rapport les présents d'usage et autres, c'est sans doute parce que ces libéralités modiques n'amènent par une diminution de patrimoine et ne se prennent que sur des revenus qu'on aurait dépensés d'une autre manière; on ne saurait en conclure que tout capital formé avec des revenus n'est pas sujet à réduction (Vibert : *op. cit.*, p. 164; Perrault : *op. cit.*, p. 234; Béchade : *op. cit.*, p. 136; Typaldo Bassia : *op. cit.*, p. 160. Cf. Rome : *op. cit.*, p. 204, etc.).

Cette réfutation n'entame pas le système qui écarte l'application de l'art. 843. Ce texte, en effet, ne vise que les libéralités qui diminuent le capital; il ne peut pas et ne peut pas régir les revenus qui, dans la réalité des choses, ne sont point dans le patrimoine de la famille puisque son chef peut en disposer à sa guise, et même en abuser. — V. Couteau : *op. cit.*, T. II, p. 544; de Folleville : Note dans le *Traité des assurances sur la vie* de Herbault, p. 228.

D'autre part, M. Labbé a objecté (S. 77, 1, 303) que si les primes sont réellement prises sur le revenu, elles ne sont pas données comme revenu et pour être

revenus d'être dépensés [1].

Cette exclusion de l'art. 843, il faut l'avouer, semble absolument contredite par la jurisprudence [2]. Bien que cette analyse du contrat

consommées, elles sont données en vue d'une capitalisation. (Conf. Hue : *op. cit.*, T. V, p. 422).

L'on a répondu qu'il n'y a pas de capitalisation dans l'assurance sur la vie, qu'au contraire la prime est consommée tous les ans, l'opération consistant à former chaque année, au moyen des primes versées par tous les assurés, une masse égale à la totalité des indemnités à payer pour les décès survenus, durant cette période, dans le groupe des assurés (Mornard : *op. cit.*, p. 210 ; V. aussi Bechade : *op. cit.*, p. 137).

1. Comp. ce qu'écrit à ce sujet Demolombe : *Successions*, T. IV, n° 406 ; *Absence*, n° 120, et dans le sens contraire, c'est-à-dire en faveur de la réduction, l'article inséré dans la *Gazette des Tribunaux* du 28 Janvier 1879, sous ce titre : *Du bénéfice de l'assurance sur la vie au point de vue des successions et des rapports*, ainsi que le passage dans lequel M. Hue (*op. cit.*, T. V, p. 422) soutient que le paiement des primes ne constitue pas une dépense *ordinaire*, que les sommes ainsi employées, même prises sur les revenus, ne sont pas livrées en tant que fruits et pour être consommées et qu'elles sont données comme résultat de l'épargne et en vue de la capitalisation.

Tous les avantages faits avec les revenus pendant la vie du donateur, dit M. Beautemps-Beaupré (*De la portion de biens disponibles et de la réduction*, Paris, 1856, T. II, p. 75), sont dispensés de la réduction et par conséquent de la réunion fictive. En effet, l'art. 928 C. Civ., en décidant que les fruits de ce qui excède le disponible sont dus à partir du décès, décide par cela même qu'ils ne le sont pas pour le temps qui précède cette époque ; d'un autre côté, l'art. 1527 § 3 reconnaît la libre disposition des bénéfices faits sur les revenus dans le cas de secondes noces où l'on est beaucoup plus sévère pour ordonner la réduction ; à plus forte raison doit-il en être de même lorsque cette circonstance ne se rencontre pas.

2. Ce système a le grand avantage de supprimer toute difficulté en matière de liquidation. Avec la doctrine de la Cour de Cassation qui oblige au rapport de l'indemnité tout entière, ou avec le système des auteurs et des Cours d'appel qui exige seulement le rapport des primes, on ne voit pas comment on pourrait liquider les droits des parties dans cette espèce qui s'est réellement présentée :

Après la naissance de quatre enfants un père s'assure et stipule à différentes dates, au moyen d'un contrat distinct pour chaque enfant, une somme payable à sa femme ou à l'un des enfants subsidiairement, en cas de prédécès de sa femme. Ainsi pour l'aîné P, stipulation au profit de la mère, avec promesse faite par la Compagnie de payer à la mère une somme de 40,000 fr., si son fils vit au jour où il atteindra sa vingt-neuvième année ; prime annuelle de 1,800 fr. ; contre assurance contractée par le père moyennant une prime unique de 2,400 fr. Pour le cadet H. il avait été stipulé qu'une somme de 40,000 fr. serait aussi payée à la mère si son deuxième fils vivait au jour de sa trentième année ; mais l'assurance avait été contractée moyennant une prime unique de 12,000 fr. ; contre assurance contractée par le père moyennant une somme de 2,000 fr. Postérieurement à la naissance du troisième et du quatrième enfant, le père avait contracté successivement une troisième et une quatrième assurances ainsi qu'une troisième et une quatrième contre assurances dans des conditions identiques à celles qui avaient établi l'assurance contractée à la naissance de l'aîné.

Le père meurt laissant une veuve et quatre enfants ; de grandes différences d'âge existent entre les enfants ; plus de vingt ans séparent l'aîné du quatrième.

Relativement à ces assurances contractées par le père au profit de sa femme sur la tête de ses enfants, la veuve pouvait-elle être tenue de rapporter des sommes qu'elle n'avait pas encore touchées et qu'elle ne devait recevoir que bien long-temps après la mort de son mari ?

Soutiendrait-on que la veuve restituerait à ses quatre enfants (qui avaient recueilli la part de communauté de leur père, mais seulement pour la nue-propriété) le montant des primes acquittées par son mari, puis par elle depuis le décès de son mari, chaque fois qu'elle toucherait l'une des indemnités d'assu-

soit en contradiction manifeste avec la réalité, les tribunaux ont une tendance à vouloir toujours s'inspirer de cette idée que l'assuré en traitant avec la Compagnie acquiert pour lui-même une créance dont l'exigibilité est seule incertaine et dont il fait donation au tiers, et admettant qu'il y avait donation d'une créance existant d'une manière ferme au moment même de la donation [1], ils en tirent cette conclusion que le montant intégral de cette créance doit être compris dans le calcul de la quotité disponible [2].

rance? Une telle prétention serait inadmissible. Il vaut beaucoup mieux considérer les primes comme prélevées sur les revenus ; toute difficulté cesse à propos du rapport et de la réduction.

Dans l'espèce, comme la valeur des primes payées annuellement ne constituait que le onzième des revenus annuels de la communauté, le notaire liquidateur avait considéré les primes d'assurances et de contre assurances comme des donations dispensées du rapport et le Tribunal civil homologua la liquidation. Dumont : *De l'attribution de l'indemnité d'assurance sur la vie*, p. 267 à 269.

1. Les législations étrangères qui ont édicté des prescriptions spéciales sur les assurances sur la vie, proclament l'application des règles sur le rapport et la réduction. Ainsi, l'art. 43 de la loi belge du 11 juin 1874, après avoir déclaré que la somme stipulée payable au décès de l'assuré appartient à la personne désignée dans le contrat, ajoute « *sans préjudice de l'application des règles du droit civil relative au rapport et à la réduction du chef des versements* faits pour l'assuré ».

Ce texte a été littéralement reproduit dans l'art. 43 de la loi du 16 mars 1891 sur les assurances dans le Grand Duché de Luxembourg.

D'après l'art. 453 du Code de commerce italien, les avantages de l'assurance subsistent au profit de la personne gratifiée, *sauf en ce qui concerne les versements effectués, les dispositions du Code Civil relatives au rapport et à la réduction en matière de succession*. (V. Vivante : *op. cit.*, T. III, n° 201 et suiv.). Pareillement l'art. 460 du Code de commerce portugais, après avoir reconnu que l'assurance subsiste au bénéfice exclusif de la personne désignée dans le contrat, fait cette restriction, *sauf néanmoins en ce qui concerne les sommes reçues par l'assureur, les dispositions du Code civil relatives aux rapports et aux libéralités inofficieuses*.

2. Partant de ce principe que l'attribution du bénéfice de la femme constituait une libéralité, de très nombreuses décisions ont reconnu la nécessité de la réduction dans les limites de la quotité disponible et du rapport (Besançon, 15 décemb. 1869 ; S. 70, 2, 201 ; D. P. 70, 2, 95 ; Montpellier, 15 décemb. 1873 ; D. P. 74, 2, 101 ; Cass., 10 nov. 1874 ; D. P. 75, 1, 248 ; S. 75, 1, 107 et le rapport de M. le conseiller Dumon *ibid.* ; Trib. civ. Seine, 25 juin 1875, *Journ. des assur.*, 75, 438 ; Besançon, 20 juin 1875 et Cass., 21 juin 1876 ; D. P. 76, 1, 429 ; S. 76, 1, 400 ; Trib. Constantine, 15 décemb. 1875, *Journ. des assur.*, 76, 120 ; Paris, 26 nov. 1878 ; D. P. 79, 2, 152 ; Rouen, 6 févr. 1878 ; D. P. 78, 2, 189 ; S. 78, 2, 272 ; Rennes, 23 juin 1879 ; D. P. 79, 2, 155 ; Amiens, 25 févr. 1880, D. P. 82, 1, 99 ; S. 81, 1, 337 ; Trib. Seine, 12 févr. 1881 et 26 févr. 1881, *Journ. des assur.*, 81, 136 et 220 ; Cass., 9 mai 1881 ; S. 81, 1, 337 et la note de M. Labbé *ibid.* ; D. P. 82, 1, 97 ; Trib. Seine, 15 juill. 1884, *Journ. des assur.*, 84, 32 ; *Rec. période. des assur.*, 84, 190 ; Douai, 14 févr. 1887 ; S. 88, 2, 49 ; Trib. Troyes, 13 juillet 1887, *Journ. des assur.*, 88, 51 ; *Rec. période. des assur.*, 87, 514.).

Un doute pouvait néanmoins s'élever à ce propos. Les règles en matière d'attribution de bénéfice étaient loin d'être fixées; on en était encore à soutenir que le stipulant acquérait d'abord pour lui contre la Compagnie un droit de créance qu'il transportait à la personne qu'il entendait gratifier.

Quand la Cour de cassation eut nettement proclamé que l'opération qui attribue le bénéfice à un tiers constitue une stipulation pour autrui et quand elle eut tiré de ce principe des conséquences logiques on put croire qu'elle reviendrait sur ce qui avait été décidé antérieurement et qu'elle refuserait de connaître l'appli-

Deux motifs paraissent justifier cette jurisprudence. Ils n'offrent

cation des règles sur la réduction et le rapport, à la suite de la Cour de Douai qui, dans un arrêt fortement motivé du 12 juin 1886 (S. 88,1, 129; D.P 88, 1, 199), avait formellement proclamé que le montant du capital assuré ne devait pas être compris dans la masse active de la succession de l'assuré. Cet espoir a été déçu.

Un arrêt de la Chambre civile du 8 février 1888 (S. 88, 1, 129 et D. P. 88, 1, 201. — V. le rapport de M. le conseiller Dareste, *Rec. périod. des assur.*, 88, 103 et D. P. 88, 1, 199) a affirmé, au contraire, en principe que la stipulation d'une assurance faite en faveur d'une personne déterminée et notamment par un mari au profit de sa femme constitue une libéralité soumise aux dispositions sur le rapport et la réduction.

Malgré toutes les explications données (Duhaut : *op. cit.*, p. 34; Crépon : Note à l'occasion de cet arrêt, S. 88, 1, 124; Chavegrin : *Gazette des Trib.*, 4 nov. 1888) il est certain que cette décision est en opposition avec les arrêts rendus peu de temps auparavant par la Cour de cassation. Si le capital versé à la personne gratifiée ne peut pas être considéré comme ayant fait partie du patrimoine du stipulant, d'après les décisions de principe qui s'imposent, on se demande comment il peut être compris dans la masse partageable pour le calcul de la quotité disponible. S'il faut reconstituer le patrimoine du donateur dans l'état où il serait si la libéralité n'avait pas eu lieu, comment tenir compte de la créance qui n'y est jamais entrée? Si la créance du capital assuré s'est formée non pas dans le patrimoine de l'assuré auquel elle n'a jamais appartenu, mais dans le patrimoine du bénéficiaire, ce dernier ne peut pas être considéré comme le donataire de cette créance. S'il y a dans l'assurance une donation sujette à rapport, comment peut-elle se former par une acceptation qui risque d'intervenir après le décès du donateur?

Cette contradiction, que le rapporteur de la Cour de cassation semblait vouloir éviter (V. le rapport de M. le conseiller Dareste, D. P. 88, 1, 200, *in fine*: *Rec. périod. des assur.*, 88, 106) et que l'on a cherché à nier (Sic, Pic : Note, *Ann. de Dr. comm.*, 1889, p. 35, etc.), mais que nous signalions presque immédiatement (V. *Les assur. sur la vie et la Cour de cassation en 1888*, p. 8-9), a été reconnue: En ce sens: Grellier : Note, D. P. 88, 1, 196; Dubois : Note, *Journ. des assur.*, 1888, p. 230; Chavegrin : *Gaz. des Trib.*, 4 nov. 1888; Flurer : *Rec. crit. de légist. et de jurisp.*, 1889, p. 324; Naquet : Note, S. 89, 2, 17; Boistel : Note, D. P. 89, 2, 155; Thaller : *Ann. de Dr. commerce*, 1889, p. 240; Bazenet : *op. cit.*, p. 153; Deslandres : *Bullet. de la Soc. de légist. comp.*, 1891, p. 372; Dupuich : Note, D. P. 92, 2, 153. — Comp. aussi Lefort : Note, *Pand. fr. périod.*, 92, 2, 242.

Aussi le système de la Cour suprême a-t-il rencontré une certaine résistance même parmi les Cours d'appel. V. Lambert : *op. cit.*, p. 129; Nancy, 18 février 1888, D. P. 89, 2, 198, S. 90, 2, 27; Bourges, 7 mai 1888, S. 89, 2, 17; Paris, 30 avril 1891, D. P. 92, 2, 153 (et la note de M. Dupuich, *ibid*); S. 91, 2, 189. Cependant nombre de Cours et de tribunaux ont adopté la solution de la Cour de cassation: Amiens, 8 mars 1888 (motifs), S. 88, 2, 177; Aix, 20 mars 1888, S. 89, 2, 17; Trib. Seine, 7 décembre 1888, *Journ. des assur.*, 89, 36; *Rec. périod. des assur.*, 89, 524.

Cette règle du rapport fictif pour le calcul de la quotité disponible a été étendue au cas d'assurance contractée par deux époux communs au profit du survivant d'entre eux. — Paris, 16 nov. 1888, S. 90, 2, 23.

De toute façon il semble possible d'écarter du débat le cas où il s'agirait de l'attribution par un mari à sa femme du bénéfice d'une assurance de capitaux différés souscrite sur la tête d'un de ses enfants et devant donner droit à un certain capital si l'enfant vit à une époque déterminée (Trib. Civ. Seine, 7 décembre 1888, *Journ. des assur.*, 89, 37 et la note): c'est qu'en effet, malgré son nom, un tel contrat ne constitue pas une assurance.

D'autre part, les dispositions sur la réduction sont applicables lorsque la créance contre la Compagnie est attribuée par une disposition testamentaire; le capital assuré a fait partie du patrimoine du défunt puisque l'instant de sa mort l'y a fait entrer en même temps qu'elle l'en dessaisissait en donnant ouverture au testament; ce qui a été ainsi légué c'est bien le capital assuré, non plus le bénéfice éventuel, mais le bénéfice acquis de l'assurance. — Couteau : *op. cit.*, T. II, p. 524.

pourtant rien de déterminant [1].

En premier lieu on fait intervenir l'idée de libéralité; toute libéralité est réductible et rapportable, les dispositions des art. 920 et 922 étant conçues en termes généraux et atteignant toutes les donations quelles qu'en soient la nature, la forme, les combinaisons du moment qu'elles entament la réserve [2].

C'est un tort que de vouloir généraliser. Si souvent la stipulation peut être une donation elle ne l'est pas dans tous les cas. Bien des fois l'assurance est, sinon l'accomplissement d'une obligation légale (celle de fournir des ressources à la femme), au moins l'exécution d'un devoir moral; elle peut non seulement tendre à procurer une indemnité à la femme [3] mais même avoir pour but de permettre de remplir une obligation civile [4].

1. On a fait remarquer qu'un simple artifice permet aux parties d'échapper à l'obligation que la jurisprudence édicte. Supposons, a-t-on dit (Naquet : Note, S. 80, 2, 17; Coulazou : op. cit., p. 104), que le donateur, au lieu de stipuler lui-même pour le tiers, son successible, s'adresse à ce tiers et lui attribue les primes en le chargeant de s'assurer lui-même, ce tiers ne devra compte à la succession et aux réservataires que des primes seulement. Cependant le raisonnement sur lequel la jurisprudence se fonde serait applicable à ce cas comme à celui où le donateur a stipulé pour le tiers; il s'appliquerait même avec plus de force. Stipule-t-il lui-même, le donateur se réserve encore un droit éventuel; fait-il agir le donataire, il évite tout enrichissement. Néanmoins dans ce second cas le capital de l'assurance reste à l'abri du rapport et de la réduction. Pourquoi n'en serait-il pas ainsi dans le premier? Établir une distinction c'est attacher à la forme d'un acte une conséquence extrêmement importante, ce qui est contraire à l'esprit de notre droit.

2. Guillemard : Rapport à la Cour de Cassation S.75, 1, 107. Ce magistrat ajoutait : « Peu importe à quelle époque le bénéficiaire a été saisi de la créance, que ce soit le jour même du contrat ou quelques jours après le décès ou au jour du décès de l'assuré; il est certain qu'elle n'a été saisie de la créance que parce que le bénéfice résultant du contrat d'assurance lui a été conféré à titre gratuit par l'assuré. Ce transport constitue au profit du bénéficiaire un véritable don soumis dès lors aux règles posées par les art. 920 et 922 C. Civ. »

3. Trib. Bar-le-Duc, 3 mars 1886, *Journ. des assur.*, 86, 227; Aix, 24 mars 1886, S. 87, 2, 214. Une femme ne peut-elle pas s'assurer une somme sur la tête de son mari en prévision du préjudice que lui causera la disparition de son mari dont le travail constitue l'unique ressource de la famille? L'affirmative n'est pas douteuse; Rennes, 26 juill. 1884, S. 86, 2, 201; Caen, 6 décembre 1881, S. 88, 2, 33.

4. Un mari ne peut-il pas traiter avec une Compagnie pour remplir la femme de ses reprises, afin de l'indemniser pour la dot compromise par une mauvaise gestion? Ce procédé est parfaitement légal par application de l'art. 1595 C. Civ. (Trib. Civ. Seine, 7 décembre 1888, *Journ. des assur.*, 89, 36). Un mari a dissipé les deniers propres de la femme au lieu d'en faire emploi; la loi l'autorise à l'indemniser au moyen d'une *datio in solutum*; pourquoi ne pourrait-il pas se libérer précisément au moyen d'une stipulation d'assurance? Cette combinaison a le grand avantage de lui permettre de s'acquitter par le simple paiement des primes aux mains de la Compagnie qui se charge en retour, quoi qu'il arrive, de la reconstitution de ce capital, que le mari était hors d'état de restituer sur ses propres ressources. Ce mode de remboursement ne pourrait être critiqué par les créanciers puisque le capital assuré est en dehors de leur gage. Les héritiers du mari ne seraient pas plus fondés à agir du moment qu'il s'agit non pas d'une libéralité, mais d'un paiement, d'un remboursement. — Pic : Note, *Ann. de Dr. commerc.*, 1889, p. 36 et 37.

En outre, et même en admettant l'existence d'une donation il est impossible de prétendre en droit qu'au jour du contrat d'assurance il y a *donation du capital assuré*.

D'une part, on ne donne que ce qui existe et ce capital n'existe pas ; personne ne peut savoir s'il existera jamais ; tout dépend de l'accomplissement du contrat et notamment du paiement *facultatif* des primes. D'autre part, le principe d'une donation est d'être irrévocable (art. 894) ; — donner et retenir ne vaut, dit une vieille maxime du droit français. — En cas d'assurance-vie, le prétendu donateur est toujours libre de rendre le contrat sans effet, en cessant, quand bon lui semble, de payer les primes dont le payement est facultatif [1].

Les derniers commentateurs de la jurisprudence de la Cour suprême semblent bien, à la vérité, avoir reconnu tout ce qu'a de contestable l'argument tiré de l'idée de donation [2]. Pour eux la

1. Comp. à cet égard, Couteau : *Rec. périod. des assur.*, 1890, p. 371 ; Mornard : *op. cit.*, p. 231.

2. Une explication nouvelle a été proposée par M. Boistel (Dissertation, D. P. 89, 5, 155. — Comp. Cass., 8 févr. 1888, D. P. 88, 1, 199 : S. 88, 1, 129; Douai, 14 févr. 1887, D. P. 87, 2, 136; Boissonade : *Hist. de la réserve héréditaire*, Paris, 1873, p. 605).

Lorsque l'on s'assure et que l'on attribue le bénéfice de l'assurance à un tiers on manque d'acquérir, d'augmenter son patrimoine : l'action Paulienne était inapplicable dans les cas de ce genre en droit romain ; elle est encore inapplicable aujourd'hui ; il faut en dire autant des dispositions du Code de Commerce qui établissent, pour le cas de faillite, des règles analogues à celle de l'art. 1167 C. Civ. Au contraire, en ce qui concerne le rapport et la réduction, le simple manque de gagner constitue une libéralité indirecte (art. 843 C. Civ.). La preuve en est dans l'art. 854 C. Civ. aux termes duquel les profits retirés par un héritier d'une association faite avec le défunt ne sont exemptés du rapport que si l'association a été faite sans fraude, c'est-à-dire sans avantage indirect stipulé *ab initio*. Le mot *fraude* révèle une grande rigueur de la loi, car puisqu'on peut dispenser expressément du rapport il n'y a pas fraude proprement dite à la loi; si l'on cherche à faire en cachette un avantage à un successible, on ne fait pas ce que la loi défend, on fait seulement un acte dans une forme dont elle ne se contente pas. Au fond ce mot *fraude* vise simplement les inégalités que le pacte social aurait pu établir entre les deux associés, comme la stipulation pour l'héritier d'une part plus forte dans les gains que dans les pertes, ou d'une part dans les gains non proportionnelle à sa mise. Ces stipulations seraient parfaitement régulières dans toute espèce de société (C. Civ. 1853) : elles seraient aussi valables entre le *de cujus* et le successible; mais elles obligeraient celui-ci au rapport de tous les avantages qui en seraient résultés à son profit.

Cette solution, dit M. Boistel, est tout à fait typique pour résoudre par analogie la question posée. Il est évident que, dans une association avec des droits inégaux pour les deux parties, les profits qui entrent dans le patrimoine du successible ne sortent nullement de celui du *de cujus*; celui-ci ne s'appauvrit pas par l'effet de ces stipulations; il manque seulement de gagner la part plus forte qui devrait lui revenir dans ces profits : il détourne le cours de ces profits pour les faire arriver dans le patrimoine du successible au lieu d'arriver dans le sien. C'est exactement ce qui arrive dans l'assurance au profit d'autrui : l'assuré pourrait laisser arriver dans ses biens le capital promis puisque la Compagnie, traitant avec lui, s'offre de le payer à qui il voudra; au lieu de cela il le fait entrer dans les biens du bénéficiaire. Il y a donc pour celui-ci un avantage indirect d'une nature identique à celui qui est prévu par l'art. 854 C. Civ.; dès lors, le rapport est dû. Il faut en dire autant de la réduction, même dans le cas

véritable raison c'est le maintien de l'égalité des partages[1] : s'il convient d'affirmer les droits exclusifs des bénéficiaires contre la Compagnie promettante de façon à faire respecter les stipulations de la police, il importe de replacer en face l'un de l'autre tous les héritiers, aussi bien les bénéficiaires de l'assurance que ceux qui n'y ont aucune part et de déterminer ce que chacun va prendre dans ce qui aurait dû faire le patrimoine commun du père de famille; il est conforme à la nature des choses que si les bénéficiaires de la

où le bénéficiaire ne serait pas un successible de l'assuré, car dans le silence de la loi sur la nature des libéralités sujettes à la réduction, on admet qu'il faut y soumettre tout ce dont le rapport est obligatoire; les avantages retirés d'une association avec le *de cujus* constituent dans la pensée du *de cujus* de véritables libéralités portant atteinte à la réserve; l'intention libérale existe certainement dans l'assurance au profit d'un tiers.

Contre ce système des objections sérieuses s'élèvent.

Cette théorie aboutit, en somme, à cette conclusion que le rapport et la réduction doivent être ordonnés pour tous les actes par lesquels le *de cujus* a négligé de s'enrichir. Il semble difficile d'aller jusque là. Est-il possible d'étendre par analogie les dispositions d'un article comme l'article 854 qui présente quelque chose d'exceptionnel? Est-il rationnel d'assimiler l'assuré stipulant au profit d'un tiers à quelqu'un qui néglige d'accepter une donation à lui offerte et qui perd par là une occasion de s'enrichir? Il y a dans ce cas un acte positif; dans l'autre une omission: la différence est considérable.

En outre, il n'y a pas identité entre l'hypothèse choisie par M. Boistel et celle de l'assurance contractée au profit d'un tiers. M. Boistel suppose une clause du contrat de société attribuant à l'un des intéressés une part plus forte dans les bénéfices. Mais l'assuré ne se réserve pas même une fraction de l'indemnité, il l'abandonne entièrement au tiers. Pour que l'analogie fût complète entre ces deux cas, il faudrait supposer une société avec attribution de tous les bénéfices à l'un des associés; l'argumentation de M. Boistel s'appliquerait dans l'espèce si une pareille société était valable; mais on l'annule précisément parce qu'elle se résout en une libéralité; à raisonner par analogie il faudrait annuler l'assurance au profit d'autrui, et non pas se contenter de soumettre le tiers au rapport ou à la réduction.

Ce raisonnement que, s'il n'y a pas appauvrissement du stipulant, il y a manque à gagner, s'appuie sur ce que le *de cujus* a procuré un avantage au bénéficiaire en refusant de l'acquérir pour lui-même, puisqu'à défaut de la stipulation qui transfère au tiers le bénéfice du contrat le montant de l'assurance aurait constitué une valeur active de la succession et aurait augmenté d'autant le patrimoine héréditaire. Mais c'est supposer que le *de cujus*, s'il n'avait pas stipulé pour la personne qu'il entendait gratifier, aurait stipulé pour lui-même. Or, c'est là une preuve impossible à faire. On doit le noter, il s'agit d'un acte que le stipulant était libre de ne pas consentir (Besançon, 8 mars 1887, *Journ. des assur.*, 87, 135. Bien mieux, il n'est pas logique de prêter à l'assuré l'intention de traiter pour lui s'il n'avait pas traité pour un tiers : tel qui, de très bon cœur, serait disposé à payer des primes au profit d'une personne déterminée n'aura peut-être nulle envie de le faire au profit de sa propre hérédité. Présumer une intention de ce genre c'est, suivant une juste observation, quitter le domaine des faits pour celui des hypothèses et même des hypothèses peu vraisemblables.   Dupuich : Note, D. P. 92, 2, 153 et 154. V. aussi Brissaud : *L'assurance sur la vie au profit d'un tiers.* (Rec. de l'Acad. de Législat., T. XXXIX, 1890-1891, p. 314 et 315).

1. L'arrêt de la Cour de cassation précité du 8 février 1888 dit, en effet « *que la stipulation.... constitue une véritable libéralité à laquelle sont applicables les règles concernant les rapports, soit qu'il s'agisse d'assurer l'égalité des partages entre cohéritiers....* » — V. aussi : *Du bénéfice de l'assurance sur la vie au point de vue des successions et rapports* (Gaz. des Trib., 28 janv. 1875).

somme assurée ont l'avantage d'être appropriés du produit d'une libéralité le montant de la réserve et de la quotité disponible dans la succession ne soit pas inférieur à celui qui résulterait de l'application pure et simple des principes de la loi successorale[1].

Cette argumentation n'a rien de décisif.

Sans doute l'égalité des partages est un principe fondamental, essentiel; tout héritier venant à la succession doit rapporter les biens qu'il a reçus à titre de libéralité; l'enfant qui a été gratifié au-delà de la portion disponible est tenu de restituer. Mais encore une fois, ce qui doit être rapporté ou réduit, c'est la portion des biens dont le patrimoine a été amoindri, diminué. Une libéralité ne devient réductible qu'autant qu'il y a appauvrissement de la masse destinée à être recueillie par les héritiers. Or, le stipulant restreint-il la réserve, appauvrit-il le patrimoine qui doit revenir à ses enfants? Évidemment non, puisque le montant du capital assuré sort de la caisse de l'assureur, est fourni par un tiers. L'enrichissement de la personne gratifiée ne concorde pas avec un appauvrissement du donateur[2]. Une comparaison vient immédiatement à l'esprit : la législation sur la faillite est dominée par ce principe qu'il faut rattacher à la masse les biens que le débiteur en a fait sortir par une donation entre époux, ces biens seulement, non point ceux qu'il a créés par une combinaison juridique permise ; pour quels motifs cette règle de conduite ne serait-elle pas appliquée en matière de succession du moment qu'il n'existe pas de différence sensible[3]? On l'a fait remarquer judicieusement[4], si la clause du contrat équivaut à une donation jusqu'à concurrence de la somme exigible de la Compagnie à l'égard des héritiers du stipulant,

1. Grellier : Note, D. P. 88, 1, 196; Crépon : Note, S. 88, 1, 121; Dareste : Rapport à la Cour Cassation, D. P. 88, 1, 200 et 201 ; *Rec. périod. des assur.*, 88, 106; Chavegrin : *Gaz. des Trib.*, 4 nov. 1888.

C'est également l'argument principal sur lequel se fondait l'auteur anonyme de l'article précité sur *Le bénéfice de l'assurance sur la vie au point de vue des successions et rapports* inséré dans la *Gazette des Tribunaux* du 28 janvier 1875, pour soutenir que la jurisprudence, en acceptant au bénéficiaire un droit propre et exclusif, n'avait jamais entendu aller jusqu'à une dispense de rapport.

En 1869, examinant la question de savoir si un père aurait le droit de souscrire une assurance au profit de l'un de ses enfants à l'exclusion des autres enfants (*Monit. des assur.*, 15 juin 1869, p. 228), M. Versigny, tout en reconnaissant qu'il y avait lieu de ne pas dépasser la quotité disponible, déclarait que les art. 843 et 913 relatifs au rapport n'étaient pas applicables, les biens qui résultent de ce contrat *sui generis* n'ayant pas fait partie du patrimoine de l'assuré, et l'assuré n'ayant rien donné *de suo*.

2. Un père contracte au profit de sa femme une assurance de 50.000 fr. ; après avoir payé une seule prime il meurt; la Compagnie verse la somme convenue. Cette somme n'a pas diminué le patrimoine puisque ce dernier n'a fourni que le montant de la prime.

3. Naquet : Note, S. 89, 2, 18. — Comp. Couteau : *Journ. des assur.*, 1891, p. 471 etc..

4. Naquet : Note, S. 89, 2, 17.

pourquoi lui dénier ce caractère vis-à-vis de la faillite? Le contrat n'a pas deux faces, que l'on puisse envisager suivant les cas, par exclusion l'une de l'autre. Les jurisconsultes en très grande majorité considèrent comme fort juste l'explication que la jurisprudence de la Cour suprême donne des art. 559 et 564 C. Comm.; mais cette explication implique virtuellement que le contrat d'assurance ne conduit pas à une libéralité; c'est parce que ce caractère lui fait défaut qu'il échappe aux dispositions du Code de Commerce sur les donations entre époux ou futurs époux. Pourquoi ne pas suivre cette idée lorsqu'il s'agit de succession? Les intérêts des créanciers, en somme, ne sont pas moins respectables que ceux des héritiers.

Au cours d'un débat judiciaire soulevé par l'attribution du bénéfice à une femme mariée, il a été allégué qu'en cas d'existence d'enfants nés d'une autre mère, ces enfants risquent d'être sacrifiés à une personne étrangère, arrivant à être préférée en vertu de la police, c'est-à-dire d'un acte pour lequel les descendants sont désarmés [1]. La Cour de cassation n'a pas hésité à faire prédominer les intérêts du bénéficiaire sur ceux des créanciers de l'assuré, à donner un droit de préférence non seulement à la femme, mais encore à toute personne désignée dans une police d'assurance ou dans un avenant, à l'exclusion des créanciers de l'assuré failli; sans craindre le reproche de rompre l'égalité qui doit régner entre tous les créanciers, elle a même admis qu'un commerçant pouvait très valablement attribuer le bénéfice d'une assurance à un créancier déterminé et que, malgré la faillite survenue postérieurement, la masse était hors d'état de formuler aucune réclamation de ce chef. Cette jurisprudence est pourtant acceptée tant on a reconnu qu'elle est la conséquence nécessaire du mécanisme de l'opération.

Les dispositions concernant la réserve légale en matière de succession ont un caractère nettement impératif; elles sont presque d'ordre public. Il s'en suit qu'elles ne peuvent recevoir leur application qu'autant que les conditions prescrites par la loi se retrouvent. La réduction et le rapport peuvent être prescrits uniquement lorsqu'il y a donation. Par conséquent toutes les fois qu'il apparaîtra au juge que la stipulation faite par l'assuré ne constitue pas une libéralité elle échappera à l'application des règles sur la réduction et le rapport [2]. Si donc un mari contracte sur sa tête une assurance

1. La même objection a été formulée par M. Chavegrin : *Gaz. des Trib.*, 4 nov. 1888.
2. Il a été jugé que l'acceptation faite après le décès de son mari par une femme commune en biens du bénéfice d'une police d'assurance souscrite à son profit par ce dernier remonte quant à ses effets au jour de la formation du contrat et que le capital assuré n'ayant jamais fait partie du patrimoine du mari ne saurait constituer une libéralité réductible pour le cas où elle excéderait la quotité disponible, non seulement une créance propre à la femme et que, par suite,

au profit de sa femme en qualité de gérant d'affaires de celle-ci, le capital intégral du capital assuré ne devra pas être réuni fictivement à la masse pour le calcul du disponible parce qu'il s'agit d'un service rendu et non pas d'une donation [1]. Pareillement, si un mari stipule en son propre nom et au bénéfice de la femme survivante pour la remplir de ses reprises, pour permettre à cette dernière de retrouver les reprises dotales qu'il a dissipées la femme pourra valablement repousser l'action en réduction intentée par les héritiers du mari, même s'ils sont les enfants nés d'une première union de son épouse ; il lui suffira de répondre qu'elle n'a pas profité d'une libéralité mais qu'elle a reçu, au contraire, un paiement qu'elle était légalement autorisée à accepter [2].

Comme le juge du fait est nécessairement souverain [3], attendu qu'il s'agit principalement de l'interprétation des intentions et de la volonté des contractants, sa décision motivée sur l'absence de l'idée de libéralité doit échapper à toute censure.

D'autre part, on peut se demander s'il ne serait pas possible à l'as-

celle-ci n'est pas tenue d'en faire même fictivement le rapport à la succession de son mari. — Nancy, 18 févr. 1888, S. 90, 2, 27 ; D. P. 89, 2, 198.

1. Labbé : Note, S. 88, 2, 50.

2. V. Trib. civ. Seine, 7 décembre 1888, *Journ. des assur.*, 89, 36, et la note de M. Pic sur cette décision, *Annales de Dr. commerc.*, 1889, 37.

3. La théorie qui vient d'être exposée ici n'est pas contraire à la doctrine formulée par la Cour de cassation.

L'arrêt précité du 8 février 1888 concernait une stipulation présentant tous les caractères d'un acte à titre gratuit ; rien dans cette décision n'atteste l'intention de la Cour d'en étendre les doctrines au cas où la situation aurait été différente.

De plus, il faut noter que la Cour de cassation a reconnu par son arrêt du 9 mai 1881 (S. 81, 1, 337 ; D. P. 82, 1, 97) que « les tribunaux ont le pouvoir d'apprécier souverainement si la stipulation, par un mari, dans un contrat d'assurance sur la vie payable, à son décès, à sa femme survivante, a relativement à celle-ci, le caractère d'une pure libéralité. » Et les arrêtistes ont semblé croire que la solution résultant tant de l'arrêt attaqué (Amiens 21 févr. 1880, S. 81, 1, 339) que de l'arrêt de la Cour de cassation du 9 mai 1881 (*ibid.*) s'expliquait par des circonstances particulières, par ce motif que la femme assurée était la seconde femme et qu'il y avait un enfant du premier lit qui se trouvait frustré en cas de non réduction (V. Labbé : Note, S. 81, 1, 339). Enfin la Cour, dans un arrêt, du 29 juin 1876 (Dalloz : *Rép.*, Supplém., v° *Assur. terr.*, n° 459), réputait les dispositions sur la réduction applicables en l'espèce parce qu'il avait été « souverainement reconnu en fait par l'arrêt attaqué que la convention avait le caractère d'une pure libéralité ». — V. aussi Cass., 21 juin 1876, D. P. 78, 1, 429 ; S. 76, 1, 400.

La Cour de Nancy a usé de ce pouvoir souverain lorsqu'elle a décidé le 18 février 1888 (D. P. 90, 2, 27 ; S. 89, 2, 198), que l'acceptation faite après le décès de son mari par une femme commune en biens du bénéfice d'une assurance souscrite à son profit par ce dernier remonte, quant à ses effets, au jour de la formation du contrat et que le capital assuré n'ayant jamais fait partie du patrimoine du mari ne saurait constituer une libéralité réductible pour le cas où elle excéderait la quotité disponible, mais seulement une créance propre à la femme et que par suite celle-ci n'est pas tenue d'en faire même fictivement le rapport à la succession de son mari.

Cf. sur le droit d'appréciation les observations de M. Pic : *Ann. de Droit commerc.*, 1889, p. 35.

suré de permettre de faire écarter l'obligation du rapport et de la réduction au moins pour le capital même, en chargeant le bénéficiaire de contracter lui-même l'assurance et en lui remettant le montant des primes [1]. Une pareille combinaison est parfaitement licite : avec le consentement du tiers il est loisible de contracter une assurance à son profit personnel sur la vie de ce tiers.

Mais dans tous les cas, en admettant l'application des art. 920 et suiv. 843 C. Civ., il convient de dire que la réduction et le rapport ne peuvent porter que sur le montant des primes [2].

Si c'est sur l'appauvrissement du donateur que doit se calculer le montant d'une donation en matière d'assurance souscrite au profit d'un tiers, le donateur ne s'appauvrit que des primes. La libéralité ne devient réductible et le rapport ne peut être imposé qu'autant qu'il y a diminution de la réserve, amoindrissement des biens destinés à être nécessairement recueillis par les héritiers légitimes. Or, la personne qui contracte une assurance au profit d'un tiers ne diminue pas la réserve, n'amoindrit pas le capital qui doit revenir à ses enfants, à ses héritiers, puisque le montant du capital assuré provient de la caisse de l'assureur. L'enrichissement de la personne gratifiée ne concorde pas avec un appauvrissement du donateur. La fortune de ce dernier est intacte : si elle a perdu quelque chose c'est simplement la somme représentant le montant des primes.

L'on ne saurait arguer de ce qu'en faisant porter la réduction sur les primes au lieu de prendre en considération le capital assuré on limite cette réduction à une valeur, pour ainsi dire, insignifiante. Il se peut fort bien, au contraire, que le total des primes atteigne le montant de l'assurance [3]. Cette éventualité est même relativement fréquente dans les Compagnies françaises où les primes sont, suivant l'expression technique, *très chargées* : d'après les tarifs [4] elle advient

1. Naquet : Note, S. 89, 2, 17.

2. En Belgique, sous l'empire de l'art. 43 de la loi du 11 juin 1874, la libéralité ne porte que sur les primes payées par la raison que c'est la seule chose qui soit sortie de l'avoir du preneur d'assurance : le rapport et la réduction se font sur le montant des primes versées par l'assureur au cours de l'assurance. — Forquin d'Almeida : *op. cit.*, p. 156, etc., Conf. Bruxelles, 5 juin 1875, *Journ. des assur.*, 76, 465.

La solution doit être la même en Italie, l'art. 453 du Code de Commerce reproduisant la loi belge et visant pour le rapport et la réduction « les versements effectués »; sous l'empire de l'art. 43 de la loi luxembourgeoise du 16 mai 1891 dont le texte est identique à la loi belge; et avec l'art. 460 du Code de Commerce portugais édictant l'application des dispositions du Code Civil relatives aux rapports et aux libéralités inofficieuses pour « les sommes reçues par l'assureur ».

Dans sa proposition de loi déposée en 1880 à la Chambre des Députés, M. Lockroy, copiant, sur ce point l'art. 43 de la loi belge, visait l'application des règles du droit civil relatives au rapport et à la réduction, mais « du chef des versements faits par l'assuré. »

3. Les arrêts de Besançon du 15 déc. 1869 (S. 70, 2, 200; D. P. 70, 2, 95), et de Montpellier du 15 déc. 1873; S. 74, 2, 81. (D. P. 74, 2, 101), prévoient ce cas.

4. V. Couteau : *op. cit.*, T. 1, p. 162 et suiv.

chaque fois que l'assuré pour la vie entière atteint l'âge de soixante-onze ans [1].

La jurisprudence néanmoins a condamné cette solution. Après avoir affirmé que les textes sur la réduction et le rapport sont applicables [2], elle a déclaré [3] que c'est non point le montant des primes qui doit être réuni à la masse, mais le capital assuré lui-même, que la réduction porte sur le capital assuré, que le rapport doit être du montant de la somme indiquée dans la police.

Pour justifier une pareille décision bien des explications ont été présentées. Tantôt il a été allégué que dans le contrat d'assurance passé par un mari au profit de sa femme, il existe une double stipulation, l'une principale par laquelle la Compagnie s'engage à payer au décès de l'assuré une somme déterminée, moyennant le service d'annuités, l'autre accessoire par laquelle il est convenu que la somme promise serait payée à l'échéance aux enfants de l'assuré; qu'à défaut de cette dernière stipulation le montant de l'assurance aurait constitué une valeur active de la succession et aurait augmenté d'autant le patrimoine héréditaire; que si cette créance en a été exclue c'est par la volonté du père de famille qui en attribue le bénéfice à ses enfants en restant seul chargé des annuités [4]. Tantôt

---

1. Dupuich : Note, D. P. 92, 2, 154.

2. Si l'on accepte la portée générale de l'art. 920 C. Civ. il faut admettre : 1° que si le bénéficiaire est l'enfant naturel du disposant il y a lieu d'appliquer l'art. 90 C. Civ. aux termes duquel les enfants naturels ne peuvent pas, par donation entre vifs ou par testament, rien recevoir au-delà de ce qui leur est accordé au titre *des successions* (C. Civ. art. 344, 757, 902); — 2° que si le stipulant a eu des enfants d'un premier mariage encore vivants au moment où la seconde femme doit recueillir le bénéfice de l'assurance, ce bénéfice sera réduit à la part de l'enfant le moins prenant, conformément à l'art. 1098 C. Civ.; — 3° que si le stipulant meurt laissant sa veuve bénéficiaire et des enfants il y aura lieu d'appliquer l'art. 1094. — Paulmier : *Étude sur les assur. sur la vie au point de vue fiscal et civil* (*Rev. prat. de dr. fr.*, T. LII, 1882, p. 99). Plus loin, nous envisageons cette question que nous croyons devoir résoudre dans un sens contraire, il est vrai.

3. Besançon, 15 décembre 1869, S. 70, 2, 200; D. P. 70, 2, 95; Montpellier, 15 décembre 1873, S. 74, 2, 81; D. P. 74, 2, 101; Cass., 10 nov. 1874, S. 75, 1, 107; D. P. 75, 1, 248; Trib. Seine, 25 juin 1875, *Journ. des assur.*, 75, 438; Trib. Constantine, 15 décembre 1875, *ibid.*, 76, 120 ; Besançon, 25 janv. 1876 et Cass., 21 juin 1876, S. 76, 1, 400; Rouen, 6 févr. 1878, D. P. 78, 2, 189; Paris, 26 nov. 1878, D. P. 79, 2, 152; Amiens, 20 févr. 1880 et Cass., 9 mai 1881, S. 81, 1, 337; D. P. 82, 1, 99; Paris, 5 mars 1886, *Journ. des assur.*, 86, 166; *Rec. périod. des assur.*, 86, 230; Cass., 8 févr. 1888, S. 88, 1, 121; D. P. 88, 1, 109; Paris, 16 nov. 1888, *Journ. des assur.*, 89, 75; *Rec. périod. des assur.*, 90, 365; S. 90, 2, 231.

4. Cass., 8 févr. 1888 précité.
Bien auparavant Herbault (*op. cit.*, p. 238 et 239) s'appuyait sur ce que le contrat d'assurance en cas de décès qui renferme une stipulation pour autrui se décompose en deux opérations distinctes, un contrat à titre onéreux entre l'assureur et l'assuré, procurant une créance du capital, et en second lieu un contrat à titre gratuit ayant pour résultat de transporter au tiers bénéficiaire à titre de libéralité la créance du capital obtenu au moyen de l'assurance; le tiers bénéficiaire, d'après cet auteur, serait gratifié non pas des primes acquittées (prix du contrat à titre onéreux intervenu entre le stipulant et l'assureur, et qui doivent être laissées en dehors de la libéralité qui l'accompagne), mais bien de l'intégralité de la

il a été soutenu que ce qui doit être fictivement rapporté c'est ce dont le tiers bénéficiaire a profité, c'est-à-dire le montant de l'assurance, parce qu'avec le simple rapport des primes la personne gratifiée serait exposée à restituer une somme supérieure à la somme due par la Compagnie [1]. Enfin, on a fait valoir que le contrat offre par lui-même une libéralité dont l'assuré aurait pu tout aussi bien gratifier ses enfants, que l'événement faisant rétroagir la condition au jour même du contrat, c'est surtout le contrat et l'éventualité qu'il crée qu'il faut considérer, et non le payement accessoire des primes et qu'ainsi c'est sur le capital et non sur les primes que la computation doit se faire [2].

Le système qui fait porter la réduction et le rapport sur le capital lui-même ne se conçoit qu'avec la théorie qui voit dans l'assurance au profit d'autrui une acquisition d'un droit de créance contre la Compagnie avec rétrocession immédiate à la personne que l'assuré veut gratifier. Il est totalement inadmissible, si l'on remarque que la créance est née directement sur la tête du tiers, qu'elle a été acquise par ce dernier *jure proprio* dès le jour même de la signature de la police et qu'elle n'a jamais fait partie du patrimoine de l'assuré. Il

somme garantie, du capital assuré. Cette créance n'a peut-être figuré qu'un moment de raison dans le patrimoine du stipulant si le tiers bénéficiaire a donné immédiatement son acceptation dans la police; mais il n'en est pas moins vrai qu'elle en a fait partie. La meilleure preuve est qu'il en a disposé, et qu'en cas de non acceptation l'assuré venant à révoquer son offre c'est à lui, ou plutôt à ses ayants droit qu'elle serait payée. — V. Vibert : *op. cit.*, p. 170 et suiv.; Paulmier : *op. cit.*, p. 100; Marchal : *op. cit.*, p. 152.

1. Crépon : Note sur l'arrêt précité du 8 février 1888, S. 88, 1, 124.

2. Trib. Civ. Meaux, 16 févr. 1888, *Rec. périod. des assur.*, 90, 365.

On n'a point manqué d'invoquer qu'avec le système de la réduction, le père qui aurait plusieurs enfants pourrait avantager l'un d'eux au-delà de ce qui est permis, car il lui suffirait de contracter pour cet enfant une assurance où il verserait le montant de ses économies, l'action en réduction ne frappant pas le capital, de sorte que le bénéficiaire garderait l'intégralité de la fortune créée par le père en présence de ses frères et sœurs qui pour tout bien auraient quelques primes à se partager. Chavegrin : *L'assurance sur la vie d'après les derniers arrêts de la Cour de Cassation* (*Gaz. des Trib.*, 4 nov. 1888).

Une réponse, décisive à notre sens, a été faite à l'objection tirée du désir qu'a eu le législateur de maintenir l'égalité entre les cohéritiers.

Il peut se faire, d'une façon générale, que l'égalité dans le partage soit observée et que les cohéritiers se trouvent inégalement riches, même par suite d'un acte libéral de l'auteur commun. Un père donne une valeur à lots ou un billet de loterie à l'un de ses enfants; celui-ci gagne 500,000 francs. Devra-t-il rapporter cette somme à la succession? Le devra-t-il encore si son père lui a prêté ou donné l'argent avec lequel il a acheté le titre ou le billet que le sort a favorisé? Au cas où le père aurait donné à chacun de ses enfants un billet de la même loterie, il aurait scrupuleusement respecté la règle de l'égalité. Si l'un des billets gagne le gros lot, l'heureux titulaire devrait-il être tenu au rapport? On ne saurait le soutenir. La même solution s'impose dans l'hypothèse d'assurance sur la vie : le souscripteur a fait emploi d'une partie de son patrimoine pour former un contrat dont les effets doivent se réaliser dans la personne du tiers; le fait qu'il est partie à la convention ne saurait changer l'objet de la libéralité, puisque le bénéfice du contrat ne tombe pas dans son patrimoine. — Deslandres : *op. cit.*, p. 96; Champeau : *op. cit.*, p. 188 et 189.

se heurte à la réalité des faits. Quand une personne s'assure en faveur d'une autre, l'objet de la libéralité, c'est-à-dire ce qui doit être pris en considération puisqu'il n'y a à tenir compte que de ce qui est fourni par la fortune, ce n'est pas le droit au capital : le stipulant n'a jamais été le créancier de la Compagnie [1]; dès lors la créance contre la Compagnie qu'engendre le contrat n'a pu sortir des biens de l'assuré au détriment des réservataires. Ce qui est sorti du patrimoine, ce que les réservataires auraient trouvé dans la succession si la police n'avait pas été signée c'est le montant des primes [2], c'est une valeur égale à la prime payée. Si la loi exige que le patrimoine du donateur soit reconstitué dans l'état où il serait si la libéralité n'avait pas eu lieu, il faut assurément compter dans le calcul du disponible seulement la valeur des primes puisque c'est elle qui s'y trouverait à défaut de contrat. Sans doute, le résultat ultérieur de la libéralité sera pour le bénéficiaire le même que si le donateur s'était lui-même obligé à payer ce qu'il appartient à l'assureur de payer, mais ce n'est pas à l'augmentation produite dans le patrimoine du donateur qu'il faut s'attacher, c'est à la diminution causée dans le patrimoine du donateur, *quod abest* [3]; il tombe sous le sens que les biens du donateur ne s'appauvrissent pas puisque c'est une tierce personne, la Compagnie, qui remet cette somme. Certainement le contrat va procurer au bénéficiaire un émolument supérieur à l'appauvrissement du donateur, mais cette considération ne saurait arrêter; on ne donne que dans la mesure où l'on s'appauvrit et l'on ne s'appauvrit pas en faisant acquérir à un tiers une chose qui ne nous a jamais appartenu [4]. De ce que le bénéficiaire a profité du paiement des primes fait par l'assuré à l'assureur, de ce que ce versement lui a fait acquérir une somme gratuitement, il s'en suit que c'est seulement du montant de ces primes payées qu'il importe de tenir compte [5].

1. L'assuré n'est pas créancier de son vivant; le capital ne lui est pas acquis car il ne peut l'être que si les primes sont versées et leur paiement est purement facultatif.

2. M. Couteau (*Rec. périod. des assur.*, 1890, p. 170) fait à ce propos une juste remarque : quand on examine de près la réalité des choses, dit-il, on voit ceci : *Primus* fait avec une Compagnie un contrat d'assurance au profit de *Secundus* et paie à la Compagnie une prime annuelle en exécution de ce contrat, c'est exactement comme si *Secundus* avait contracté lui-même l'assurance à son profit *sur la tête de Primus* et si, à chaque échéance, *Primus* lui avait donné de la main à la main une somme d'argent égale au montant de la prime à verser à la Compagnie.

3. Montluc : *op. cit.*, p. 176.

4. Dujarier : *op. cit.*, p. 105; Bazenet : *op. cit.*, p. 155.

5. En admettant que l'objet de la libéralité consiste dans les primes, comment doit s'opérer la réduction lorsque le total des primes versées joint aux autres libéralités du défunt aura dépassé la quotité de ses biens dont il pouvait disposer au détriment de ses héritiers réservataires?

L'art. 922 C. Civ. formule la règle à appliquer. Que les assurances successives que comporte le contrat aient été faites ou non au profit du bénéficiaire définitif,

Aussi le système de la jurisprudence [1], bien qu'il ait rencontré des adhésions dans la doctrine [2], est-il repoussé par la grande majorité des auteurs, surtout par ceux qui ont écrit en présence de la nouvelle jurisprudence relative à l'attribution du bénéfice [3], et

peu importe ; il n'y aura jamais que ce dernier qui ait été donataire du *de cujus* parce que les primes n'ont servi qu'à lui pour procurer l'indemnité dont on peut dire qu'elles sont le prix. Il n'y a donc pas à s'occuper des autres personnes qui auraient pu être antérieurement désignées comme bénéficiaires ; elles n'ont jamais été donataires. Néanmoins, l'on se trouve ici en présence d'une série de donations (si l'on accepte cette théorie), les choses se passeront comme si le défunt avait remis chaque année au bénéficiaire de la main à la main la somme nécessaire pour payer la prime, et, conformément à l'art. 923 C. Civ., l'on commencera à soumettre à la réduction la dernière prime versée et l'on remontera ainsi, année par année, jusqu'à ce que, en accumulant toutes les donations consenties par l'assuré, l'on arrive à compléter la masse qui constitue la réserve. Il n'y a là, du reste, qu'une application des principes généraux qui ne présente pas de difficulté particulière. — V. Béchade : *op. cit.*, p. 138.

1. Ce système est tellement rigoureux que des correctifs ont été proposés. Des auteurs ont enseigné, par exemple, que le capital assuré est réductible ou rapportable seulement quand l'assuré a contracté l'assurance pour son propre compte et en a transmis le bénéfice à un tiers par acte postérieur, mais qu'à l'inverse les primes seules doivent entrer en ligne de compte quand la police désigne le bénéficiaire par le motif que le droit au capital assuré ayant été acquis dès le jour même du contrat par la personne gratifiée, on ne saurait dire que la créance a figuré dans les biens du stipulant. — Agnel : *op. cit.*, n° 451 ; Comp. Rome : *op. cit.*, p. 217, etc.

2. Herbault : *op. cit.*, p. 238 ; Ruben de Couder : *op. cit.*, v° *Assur. sur la vie*, n° 106 ; Vibert : *op. cit.*, p. 170 ; Fey : *op. cit.*, p. 243 ; Chavegrin : *Le Droit*, 4 nov. 1888 ; X*** : *Assur. sur la vie entre époux, nature du contrat, quotité disponible, rapport* (*Gaz. des Trib.*, 16 janv. 1889) ; Brissaud : *L'assur. sur la vie au profit d'un tiers* (*Rec. de l'Acad. de législat. de Toulouse*, T. XXXIX, 1890-1891 p. 311) ; Heck : *L'assur. sur la vie au profit d'un tiers et la donation à cause de mort* (édit. Brissaud et Lefort), p. 18 ; Rehfous : *Assur. en cas de décès*, p. 140 et 144 ; Dumont : *De l'attribution de l'indemnité d'assur. sur la vie*, p. 265.

Des systèmes mixtes ont, à la vérité, été formulés, mais à raison de l'interprétation donnée au contrat. C'est ainsi que M. Blin (*De l'assur. sur la vie et spécialem. de la donat. contenue dans l'assur. au profit d'un tiers*, p. 101 et 110) fait porter le rapport ou la réduction sur la somme la moins élevée du total des primes ou du capital assuré. M. Clos (*op. cit.*, p. 142, etc.) soutient que si le bénéficiaire accepte dès la signature de la police, il n'y a pas lieu à rapport pour le capital, le bénéfice n'ayant jamais été dans le patrimoine de l'assuré, mais simplement à rapport pour les primes qui, puisées dans les biens du stipulant, ont alimenté le contrat ; et à l'inverse, que si le bénéficiaire n'a pas accepté au moment de la conclusion de l'assurance, le stipulant acquérant pour lui-même pour ne pas laisser la créance contre la Compagnie sans titulaire et faisant offre au bénéficiaire de ce droit au capital, la donation portant sur le capital, c'est le capital qui devra être rapporté : la solution serait la même pour la réduction. De son côté, M. Rabatel (*op. cit.*, p. 262) prétend que si le bénéciaire est désigné dans le contrat, le capital lui ayant toujours appartenu, il y a lieu seulement au remboursement des primes, mais qu'à l'inverse le capital est rapportable quand le bénéficiaire a été désigné ultérieurement, la valeur du contrat ayant fait partie du patrimoine et en étant sorti, par la suite, à titre de donation.

3. Rome : *op. cit.*, p. 217, etc. ; Agnel : *op. cit.*, n° 451 ; Mornard : *op. cit.*, p. 239 ; Dujarier : *op. cit.*, p. 102 et suiv. ; Bazenet : *op. cit.*, p. 153 ; Béchade : *op. cit.*, p. 134 ; Monthué : *op. cit.*, p. 176 ; Taudière, *op. cit.*, p. 171 ; Labbé : Note, S. 77, 1. 393 et S. 88, 2. 49 ; Dupuich : Note, D. P. 92, 2, 154 ; Huc : *op. cit.*, T. V, p. 421 ; Lambert : *op. cit.*, p. 130 ; Champeau : *op. cit.*, p. 185 ; Couteau : *Journ. des assur.*, 1891, p. 467 et *Rec. périod. des assur.*, 1890, p. 368, etc..

Dans son excellent ouvrage (T. II, p. 521 et suiv.), M. Couteau enseignait que

même par plusieurs décisions judiciaires [1]. Aujourd'hui, la doctrine semble admettre que lorsqu'il y a lieu soit à la réduction, soit au rapport, la valeur sur laquelle la réduction et le rapport doivent s'exercer est simplement le montant des primes payées en exécution du contrat [2].

Peut-être même doit-on aller plus loin et convient-il de dire que les réservataires ne sauraient, d'une façon absolue, réclamer qu'on leur tienne compte de la valeur des primes.

La somme versée chaque année pour le maintien du contrat, d'après les habitudes ordinaires, se prélève sur le produit du travail, de la profession ou l'emploi des capitaux; dans la grande majorité des cas, la personne qui tient à attribuer le profit d'une assurance à un tiers prend sur ses gains quotidiens ou sur ses revenus l'argent destiné à faire face à la dette annuelle. Les revenus peuvent légitimement être consommés. Aucun reproche ne saurait atteindre sérieusement la personne qui néglige de les épargner, de les capitaliser; l'assuré pouvait manifestement soit dépenser ces revenus dans son ménage, soit les affecter à ses besoins de chaque jour. Il pouvait acquérir des bijoux pour sa femme : donc il était capable de procurer une source de bénéfices à cette dernière. Il pouvait *lautius vivendo* gaspiller follement les sommes provenant de son labeur ou du placement de ses capitaux sans encourir aucun reproche juridique; la logique exige qu'on lui reconnaisse le pouvoir de procurer, sans dédommagement, des ressources en vue du veuvage. L'opinion qui nie le droit du mari pousse à une dilapidation des revenus et elle risque de décourager les actes de prévoyance conjugale; elle tend à paralyser les velléités d'épargne [3].

la libéralité devait être présumée faite avec dispense de rapport, sauf le cas où les primes auraient été prises sur le capital, mais au point de vue de la réduction que le montant des primes est seul sujet à réduction lorsque le bénéficiaire a été désigné dans le contrat : au cas où le contrat a été transmis postérieurement à titre gratuit, d'après cet auteur, il faudrait distinguer : la transmission du contrat en cours d'exécution n'aurait pour objet que la valeur de la dernière prime payée et la valeur du rachat du contrat au moment de la transmission; c'est là ce qui est sorti du patrimoine de l'assuré au jour de la libéralité et la demande en réduction ne pourrait avoir d'autre objet; mais si le défunt avait continué à payer les primes, ces payements constituent autant de libéralités successives égales à la somme déboursée et soumises également à l'action en réduction. Par la suite, M. Couteau est revenu sur la question et il a démontré que le rapport ne peut porter que sur les primes et non point sur le capital (*Journ. des assur.*, 1891, p. 466 à 474).

1. Douai, 12 juin 1886, S. 88, 1, 121 ; D. P. 88, 1, 193 ; Bourges, 7 mai 1888, S. 89, 2, 16 ; Rennes, 9 févr. 1888, S. 89, 2, 121 ; Nancy, 18 févr. 1888, D. P. 89, 2, 193 ; S. 90, 2, 27 ; Paris, 30 avril 1891, D. P. 92, 2, 155 ; S. 92, 2, 189.

2. Il faut bien évidemment exclure le cas d'une prime consistant dans le versement unique d'un capital.

3. A la vérité, on a objecté que si les primes sont réellement prises sur les revenus, elles ne sont pas données comme revenus pour être consommées, mais bien en vue d'une capitalisation. Il a été répondu (Mornard : *op. cit.*, p. 246) qu'il n'y a pas de capitalisation dans l'assurance sur la vie, qu'au contraire la

On conçoit parfaitement que dans ces circonstances l'on ait recommandé de ne pas formuler une règle générale, que l'on ait proposé de distinguer le cas où les prélèvements tendent non seulement à porter atteinte au capital même, mais encore à être excessifs, hors de proportion avec les ressources, et, au contraire, le cas où le montant des primes est modique, concorde absolument avec les revenus dont l'assuré pouvait disposer en bonne conscience et sans risquer aucun reproche [1]. Il serait contraire au bon sens d'établir une assimilation complète pour le versement de la même somme représentant la prime entre le modeste rentier ou le fonctionnaire qui ne dispose que de son traitement, et le riche capitaliste ou le grand propriétaire foncier.

Dans tous les cas, le juge doit tenir compte de l'intention que le disposant pouvait avoir de dispenser du remboursement des primes. De ce que l'on est en présence d'une libéralité accessoire à un contrat à titre onéreux, il n'y a pas à appliquer l'art. 919 C. Civ. exigeant une dispense de rapport expresse dans l'acte même ou dans un acte postérieur authentique. Presque toujours l'intention d'exonérer du rapport est évidente, et comme les libéralités indirectes sont dispensées des formes requises ordinairement pour les donations le juge arrivera fort souvent à dispenser du rapport le bénéficiaire donataire des primes [2].

§ 2. — Assurance contractée par la femme au profit de son mari.

Les raisons qui ont porté les tribunaux à réputer applicables les règles sur la réduction au cas d'une assurance contractée par le mari au profit de la femme, doivent forcément s'appliquer lorsqu'il s'agit d'un contrat passé au contraire par la femme, en faveur du mari. Sans vouloir revenir sur ce qui a été précédemment dit, il suffira de constater que par application du principe que l'assurance

prime est consommée tous les ans : l'opération consiste à former chaque année, au moyen des primes versées par tous les assurés, une masse égale à la totalité des indemnités à payer pour les décès survenus, durant cette période, dans le groupe des assurés; de là, il résulte que la prime annuelle est chaque année consommée, elle est versée comme revenu et peut être consommée.

1. Cette idée, que nous développions en 1886 dans le *Recueil périod. des assur.*, p. 460 et suiv., avait été antérieurement indiquée par M. de Caqueray : *op. cit., Rev. prat. de dr. fr.* T. XVI, 1863, p. 203. — Comp. Rousseau et Defert : *Code annoté des faillites*, p. 305. Elle se trouve enseignée par M. Coulazou : *op. cit.,* p. 405. Il importe de noter qu'elle est conforme aux tendances de la Cour de cassation. Par plusieurs arrêts (22 févr. 1888, S. 88, 1, 130 ; D. P. 88, 1, 198 ; 7 août 1888, S. 89, 1, 97 ; D. P. 89, 1, 118 ; 23 juill. 1889, S. 91, 1, 7 ; D. P. 90, 1, 393), la Cour suprême a décidé que le bénéficiaire qui doit toucher le capital assuré ne doit être tenu de restituer les primes que « *suivant les circonstances* ».

2. Cf. Aubry et Rau : *op. cit.,* T. VI, p. 624 ; Taudière : *op. cit.,* p. 177.

souscrite par une femme à son profit personnel, pour le cas où elle vivrait à une date fixée et, à la suite de son décès, au profit de son mari, constitue une libéralité, les règles concernant le rapport à l'effet de déterminer le montant de la quotité disponible doivent être déclarées applicables [1], la circonstance, que le bénéfice avait été stipulé pour le mari, considéré comme un tiers désigné, n'empêchant pas les réservataires de se prévaloir des dispositions pour la réduction et la quotité disponible [2].

§ 3. — Assurance contractée par l'un des époux au profit du conjoint survivant.

La solution de la difficulté soulevée par l'assurance contractée par l'un des époux en faveur du survivant dépend du parti qui a été pris quant à la nature de l'assurance contractée dans ces conditions.

La Cour de cassation a admis qu'en semblable occurrence l'opération intervenue se composait de deux libéralités, libéralités conditionnelles sous l'alternative de deux conditions inverses, libéralités dont une seule, par conséquent, est destinée à se réaliser [3]. Les partisans de cette théorie doivent admettre qu'il y a lieu à réduction. Mais une opinion, beaucoup plus justifiée, comme il sera établi plus loin, prétend que l'opération dont il s'agit a un caractère à titre onéreux [4]. En pareille circonstance il faut dire que les réservataires ne peuvent pas demander la réduction pour atteinte à la réserve [5].

SECTION II

Assurance souscrite en faveur des enfants, des héritiers et ayants cause.

Lorsque l'assurance est contractée au profit des enfants, héritiers ou ayants cause, aucune difficulté ne saurait s'élever : la stipulation

---

1. Paris, 16 nov. 1888, *Journ. des assur.*, 89, 75.
2. Paris, 26 nov. 1878, S. 79, 2, 44 ; D. P. 79, 2, 152.
3. Cass., 28 mars 1877, S. 77, 1, 393 ; D. P. 77, 1, 241. — En ce sens, Blin : *op. cit.*, p. 130 ; Couteau : *op. cit.*, T. II, p. 575, etc.
4. Douai, 31 janv. 1876, S. 77, 2, 33 ; D. P. 76, 2, 121.
V. aussi la note de M. Lyon-Caen, dans le premier recueil ; Rennes, 9 févr. 1888, S. 89, 2, 121. — En ce sens, Labbé : Notes, S. 77, 1, 393 et 89, 2, 121 ; Mornard : *op. cit.*, p. 277, etc. ; Dumaine : *Du contrat d'assur. sur la vie et des droits de mutation par décès auxquels il donne lieu*, p. 120 ; Rehfous : *op. cit.*, p. 121.
5. Rennes, 9 févr. 1888, précité.

est, en effet, faite au profit de personnes indéterminées, dans les termes de l'art. 1122 C. Civ. ; la créance tombe dans la succession de l'assuré; la somme payée par la Compagnie est assimilée aux autres biens qui composent l'actif; elle se répartit entre les différents héritiers [1].

Il en est de même quand la police n'indique aucun bénéficiaire.

Le débat ne s'élève et ne peut s'élever que si le droit au capital assuré appartient à une personne déterminée soit en vertu de la police signée à son avantage, soit par suite d'une cession. Il importe de se demander en pareil cas si la personne qui *jure proprio* recueille la somme versée par l'assureur est exposée à une action en réduction ou en rapport de la part des héritiers du stipulant.

§ 1. — Réduction.

En ce qui concerne la réduction, la solution formulée précédemment doit être adoptée ici.

L'application des art. 920, 921 et 922 C. Civ. dépend absolument du système qui aura été adopté quant à la nature de l'opération.

Si l'on se rallie à la doctrine exposée plus haut, d'après laquelle le droit au capital assuré a été acquis dès le jour même du contrat et n'a jamais fait partie du patrimoine du stipulant, il ne saurait être question de réunir même fictivement le capital assuré à l'actif de la succession pour déterminer la quotité de l'avantage fait à la personne gratifiée. Il faut dire, par suite, que les articles du Code Civil relatifs à la réduction, ne peuvent être invoqués pour les réservataires. La réduction ne peut vraiment porter que sur ce qui a été distrait de la fortune [2].

Mais, nous l'avons fait observer, la jurisprudence condamne malgré tout cette manière de voir : visant non seulement le cas où la stipulation est passée au profit des enfants ou des héritiers, mais même celui où le contrat attribue le bénéfice à une personne déterminée, elle déclare les art. 920 et suiv. du Code Civil appli-

---

1. On a soutenu (Taullier : *op. cit.*, p. 129) qu'il y aurait lieu de tenir compte de l'art. 908 C. Civ. pour l'assurance contractée par un époux au profit d'un enfant naturel reconnu, comme aussi de l'article 337 qui dispose expressément que la reconnaissance faite pendant le mariage par un époux ne pourra nuire au conjoint ou aux enfants issus du mariage est-il applicable. Nous envisageons cette importante question plus loin. Nous constaterons seulement ici que les partisans de cette opinion reconnaissent eux-mêmes qu'ils ne peuvent réclamer que le rapport des primes acquittées dans l'intérêt de l'enfant naturel, mais uniquement si le signataire de la police n'a pas de ressources propres.

2. V. notamm. Douai, 12 juin 1886, S. 88, 1, 129; D. P. 88, 1, 199.

cables [1]. Si l'on accepte cette jurisprudence, il faut reconnaître
que la réduction doit porter sur le capital même, que c'est le montant
de l'assurance elle-même qui doit être réuni fictivement aux biens
existant dans la succession du stipulant [2].

Il n'est pas possible d'aller jusque-là. Les raisons ont été données
plus haut. Il semble inutile d'insister. Il suffira de dire que les
motifs, évidemment fort graves, qui ont pu déterminer la jurisprudence à faire appliquer les règles sur la réduction, contrairement à
l'opinion émise par les auteurs, ne se rencontrent point ici. Encore
une fois la réduction ne peut porter que sur ce qui a été distrait
du patrimoine du stipulant ; ce qui a été donné, ce n'est point le
capital assuré puisqu'il n'a jamais été dans les biens de l'assuré,
c'est le montant des primes ; par conséquent, le droit des héritiers
réservataires doit porter tout au plus sur les primes versées par la
Compagnie, puisque c'est la somme que les héritiers auraient pu
trouver dans la succession si le contrat n'avait pas eu lieu [3].

1. Pendant un certain temps, la question a paru douteuse. Assurément, plusieurs
décisions avaient proclamé la légalité de la réduction (Trib. Besançon, 3 mars
1869 et C. Besançon, 15 décembre 1869, S. 70, 2, 201 ; D. P. 70, 2, 95 ; Montpellier,
15 décemb. 1873, S. 74, 2, 81 ; D. P. 74, 2, 101 ; Cass., 10 nov. 1874, S. 75, 1, 107 ;
D. P. 75, 1, 248 ; Trib. civ. Seine, 25 juin 1875, *Journ. des assur.*, 75, 438 ; Trib.
Constantine, 15 décemb. 1875, *Journ. des assur.*, 76, 120 ; Besançon, 25 janv. 1876,
D. P. 78, 2, 429 ; Paris, 26 nov. 1878, S. 79, 2, 44 ; D. P. 79, 2, 152 ; Trib. Seine,
26 févr. 1881, *Journ. des assur.*, 81, 220). Mais cette jurisprudence paraissait difficilement admissible. Elle s'appuyait principalement sur cette idée que le contrat se
décomposait en deux opérations : un contrat entre la Compagnie et l'assuré qui
avait pour effet de transmettre à ce dernier une créance, un autre contrat entre
l'assuré et le bénéficiaire, par lequel le premier transférait la créance qu'il venait
d'acquérir.

Aussi, lorsque l'arrêt de principe rendu par la Cour de cassation le 2 juillet
1884 (S. 85, 1, 11 ; D. P. 85, 1, 150) eût posé les règles qui devaient prévaloir en
matière d'attribution de bénéfice, on fut amené à croire à l'éventualité d'un
revirement désirable dans l'intérêt du développement des assurances. Il était
difficile de concevoir, que l'on pût considérer comme de nature à être
comptée dans l'actif de la succession la créance qui était déclarée n'avoir jamais
fait partie de cet actif et avoir toujours appartenu à la personne gratifiée. Se
fondant sur la théorie établie par la Cour de cassation, la Cour de Douai, par
son arrêt du 12 juin 1886 (S. 88, 1, 129 ; D. P. 88, 1, 199), déclara que les règles
sur la réduction n'étaient point applicables (Sic, Trib. Genève, 16 décembre 1882).
Mais la Cour de cassation a refusé de consacrer une pareille exception aux règles
du droit commun (Cass., 8 juin 1888, S. 88, 1, 129 ; D. P. 88, 1, 199). Nous
l'avons dit plus haut, cet arrêt constitue une anomalie ; il est en contradiction
manifeste avec les autres décisions de la Cour suprême qui, en proclamant le
droit propre et exclusif de la personne gratifiée, ont reconnu que jamais le droit
du capital n'avait été dans les biens du stipulant.

2. Besançon, 15 décembre 1869, S. 70, 2, 201 ; D. P. 70, 2, 95 ; Montpellier,
15 décembre 1873, S. 74, 2, 81 ; D. P. 74, 2, 101 ; Paris, 26 nov. 1874, S. 79, 2, 44 ;
Trib. civ. Seine, 25 juin 1875, *Journ. des assur.*, 75, 438 ; Besançon, 24 janv. 1876,
S. 76, 1, 400 ; D. P. 78, 1, 429 ; Cass., 24 juin 1876, S. 76, 1, 400 ; D. P. 78, 1, 429 ;
Cass., 8 févr. 1888, S. 88, 1, 129 ; D. P. 88, 1, 199.

3. V. en ce sens Trib. Bar-sur-Seine, 13 juill. 1886, *Journ. des assur.*, 86, 527.
D'après la loi belge du 11 juin 1874 la réduction doit porter simplement sur
les primes : la somme stipulée payable au décès de l'assuré, déclare l'art. 43.

Nous disons tout au plus, parce que, là encore, nous estimons que la réduction ne saurait être imposée dans tous les cas et notamment quand les primes ont été prélevées sur les revenus; les revenus sont destinés à être dépensés; les héritiers ne peuvent prétendre que l'assuré était tenu de les capitaliser, que, par conséquent, en en disposant en vue d'une assurance sur la vie il a diminué son actif; ce serait seulement lorsque les prélèvements effectués sur les revenus auraient été excessifs, sans rapport avec l'état de fortune que la réduction devrait être effectuée [1].

§ 2. — Rapport.

Si l'on admet que les dispositions légales relatives à la réduction sont applicables, l'on est forcé de reconnaître que celles qui ont trait au rapport (art. 843 et suiv. C. Civ.) doivent intervenir [2].

A la vérité, il a été enseigné [3] que la libéralité devra être présumée faite avec dispense de rapport par le motif que l'obligation de rapporter n'existe que pour les donations qui ont réellement diminué le patrimoine du défunt et que la libéralité qui résulte du contrat consiste simplement dans les dons manuels successifs de petites sommes d'argent prélevées sur les revenus et destinées à acquitter les primes. Cette opinion se base sur l'art. 852 C. Civ. qui dispense du rapport les frais de nourriture, d'entretien, d'éducation, d'apprentissage, ceux de noces et présents d'usage, ainsi que sur l'art. 856 d'après lequel les frais et les intérêts des choses sujettes à rapport ne sont dus qu'à compter du jour de l'ouverture de la succession. En d'autres termes, elle assimile les primes versées annuellement aux sommes employées aux dépenses visées dans l'art. 852 et qui échappent au rapport comme prélevées sur les revenus.

Mais cette théorie a rencontré dans la doctrine une vive résistance [4]. Il a été objecté que la distinction entre les libéralités faites

appartient à la personne désignée dans le contrat sans préjudice des règles du droit civil relatives au rapport et à la réduction *du chef des versements faits par l'assuré*. Il a été jugé sous l'empire de cette disposition que le bénéfice d'une assurance sur la vie ne constitue pas un avantage sujet à réduction et à la quotité disponible et qu'en supposant que ce bénéfice soit sujet à révocation jusqu'à l'acceptation du bénéficiaire la demande en réduction à la quotité disponible n'équivaut pas à une révocation.

1. En ce sens, Aix, 24 mars 1886, *Rec. périod. des assur.*, 86, 443.

2. Montpellier, 15 décembre 1873, S. 74, 2, 81 : D. P. 74, 2, 101 ; Rouen, 6 févr. 1878, S. 78, 2, 272 ; D. P. 78, 2, 189 ; Cass., 8 févr. 1888, précité.

3. de Caqueray : *op. cit.* (*Rev. prat. de dr. fr.*, T. XVI 1863, p. 203, etc.) ; de Folleville : *in* Herbault : *op. cit.*, p. 228 ; Couteau : *op. cit.*, T. II, p. 544, etc. ; Naquet : Note, S. 89, 2, 19.

4. Herbault : *op. cit.*, p. 234 ; Vibert : *op. cit.*, p. 164 ; Béchade : *op. cit.*, p. 136 ; Tybaldo Bassia : *op. cit.*, p. 150 ; Taudière : *op. cit.*, p. 175.

avec des prélèvements sur le capital et celles réalisées au moyen des revenus est arbitraire, qu'elle n'est pas autorisée par les art. 852 et 856 C. Civ.; on a ajouté que dans tous les cas il y a dispense pour les frais d'éducation, d'apprentissage et d'équipement et que, par conséquent, l'on ne saurait dire que ces dépenses sont exonérées du rapport parce qu'elles sont censées prises sur les revenus et que l'on peut encore moins en conclure que les libéralités faites sur les revenus ne sont pas soumises au rapport. Enfin l'on a fait remarquer que dans le cas où il s'agit de l'art. 852, il n'y a pas de véritable donation mais une suite de charges inhérentes à l'éducation d'un enfant. Si la loi dispense du rapport les présents d'usage et autres c'est sans doute parce que ces libéralités modiques n'amènent pas une diminution de patrimoine et ne se prennent que sur des revenus qu'on aurait dépensés d'une autre manière; on ne saurait donc, conclut-on dans ce système, en déduire que tout capital formé avec des revenus n'est pas sujet à l'action en réduction[1].

Nous avons exposé plus haut les raisons qui nous font écarter toute idée de réduction et de rapport. Il est inutile de revenir sur cette question. Ce qu'il convient simplement de dire c'est que là encore il s'est élevé une controverse relativement à la question de savoir en quoi doit consister le rapport. Si la jurisprudence admet que le rapport fictif doit porter sur l'intégralité du capital assuré[2], la doctrine paraît fixée dans le sens contraire. Elle décide que le rapport doit porter uniquement sur le montant des primes.

Comme précédemment, nous estimons que si l'on se rallie à la jurisprudence imposant le rapport il faut décider que les primes seules sont rapportables. Les développements déjà présentés ici dispensent d'insister. Une simple observation suffira. L'art. 843 C. Civ. impose l'obligation de rapporter tout ce que l'héritier a reçu du dé-

1. D'après M. Pallhot (*op. cit.* [*Rev. prat. de fr.*, T. XXVIII, 1869, p. 50)] la dispense de rapport est fondée sur plusieurs raisons : d'une part, sur ce que les libéralités faites ne diminuent pas le patrimoine du défunt; d'autre part, sur ce qu'elles n'augmentent pas le patrimoine de celui pour lequel elles sont faites; or, dit ce jurisconsulte, la somme assurée a certainement augmenté le patrimoine du successible donataire et la libéralité a diminué le patrimoine du défunt en ce sens que si les sommes n'avaient pas été affectées aux primes elles auraient accru le capital.

Une pareille argumentation n'a rien de décisif. Elle repose sur cette idée que si l'assuré n'avait pas contracté avec la Compagnie il aurait capitalisé ses revenus; rien n'établit pourtant qu'il n'en aurait pas fait un autre emploi. M. Pallhot comprend « sans peine que la loi n'ait pas ordonné le rapport des menues dépenses qui se prennent sur les revenus dans tout budget domestique bien réglé, qui peuvent nécessiter des sacrifices, mais qui, le plus souvent, n'entraînent que les privations de quelques plaisirs »; mais ne doit-il pas, dès lors, aboutir à la même conclusion quand les primes sont en rapport avec l'état de fortune, lorsque le prélèvement annuel pour le service des primes n'est presque rien eu égard à l'importance des revenus?

2. Besançon, 21 janv. 1876, S. 76, 1, 400; D. P. 78, 1, 420; Cass., 8 févr. 1888, précité.

funt; or, l'héritier n'a point reçu le capital puisque c'est la Compagnie, une tierce personne, qui le versera; il n'a profité que des primes; ce qui a été distrait du patrimoine et ce qui doit être rétabli pour reconstituer la situation, c'est la somme prélevée pour la prestation de l'assuré; c'est donc uniquement le montant des primes qui doit être rapporté. Toutefois, là encore un correctif peut sans doute être introduit : il semble rationnel d'admettre le rapport imposable seulement quand les prélèvements sont excessifs, lorsqu'en réalité ils tendent à diminuer la fortune même du stipulant; il est bien juste d'édicter une dispense quand le montant des primes est modique et se trouve en rapport avec les sommes dont il pouvait être disposé sans crainte d'un reproche de mauvaise administration.

SECTION III

Assurance sur la tête d'un tiers.

Lorsque la police est souscrite sur la tête d'un tiers par une personne stipulant à son profit exclusif un capital payable au décès de celui sur la tête de qui repose l'assurance, moyennant les primes acquittées par le signataire, il ne saurait être question de l'intervention des héritiers du défunt : l'assuré perçoit, en effet, en toute propriété le capital promis, comme contre-partie des versements annuels. L'acte qui est intervenu n'intéresse en rien la succession de l'assuré qui n'a joué qu'un rôle purement passif et qui n'a supporté ni risque ni prélèvement. Dès lors, l'héritier ne peut exiger qu'il soit tenu compte de l'opération pour le calcul de la quotité disponible et pour le rapport [1].

Il n'y a qu'au cas où le défunt aurait acquitté une partie des primes que la succession pourrait intervenir et réclamer le montant de ce qui aurait été payé dans l'intérêt du souscripteur bénéficiaire, à moins, bien entendu, de circonstances particulières laissées à l'appréciation du juge, par exemple, si le défunt avait manifesté la ferme volonté de dispenser l'assuré du remboursement des primes [2], et surtout s'il avait affecté à cette dépense une fraction modique de ses revenus, une part en rapport avec sa fortune.

---

1. Trib. civ. Seine, 14 janv. 1892, Journ. des assur., 90, 218. — V. aussi. Rieux, a juill. 1890; Journ. des assur., 90, 440.
2. Note, Journ. des assur., 1892, 228.

SECTION IV

Assurance en cas de vie.

Les difficultés relatives à l'attribution du bénéfice ne risquent de se présenter que s'il s'agit d'assurances en cas de décès. Il n'en surgirait point pour les assurances en cas de vie. L'assureur s'étant engagé à payer un certain capital ou une certaine rente à l'assuré si ce dernier vit à l'époque convenue, le souscripteur est à la fois assuré et bénéficiaire; c'est donc à lui que sera versé le capital; la somme passera dans son patrimoine, au profit de ses héritiers, de ses créanciers.

CHAPITRE QUATRIÈME

DROITS DES ÉPOUX.

Le contrat passé au profit d'un tiers désigné confère à ce dernier un droit propre et exclusif. Tel est le principe. Si son énoncé et sa démonstration sont faciles, son application, il faut le reconnaître, soulève de très grandes difficultés lorsqu'il s'agit de combiner cette règle avec les dispositions propres au régime matrimonial [1].

Pour envisager la solution à donner relativement aux contestations susceptibles de se produire, il convient de distinguer le cas où le conjoint est bénéficiaire du contrat et, au contraire, le cas où la créance contre l'assureur est attribuée à un tiers [2].

---

1. C'est qu'en effet les prescriptions relatives au régime des biens entre époux ont été établies à une époque où l'assurance en cas de décès n'était point connue en France ; elles s'appliquent mal aux rapports résultant du contrat d'assurance.

[...] [illegible] [...]

2. [illegible]

SECTION 1

Assurance contractée par un époux en faveur de son conjoint.

La première hypothèse à aborder est celle d'une police souscrite par un époux au profit de son conjoint.

Dès le début, il importe de le dire afin de simplifier la discussion, aucun débat ne peut se poser quand les époux sont mariés sous le régime sans communauté ou sous le régime dotal. Nul ne le conteste[1]. En effet, chaque conjoint a son patrimoine; la confusion ne saurait se produire; les acquisitions faites par l'un des époux lui restent propres et personnelles; en réalité, au point de vue du profit que chacun peut tirer d'une opération effectuée par l'autre, les deux époux sont étrangers l'un à l'autre.

Avec le régime de la séparation de biens, les époux ont des patrimoines distincts. Chacun conserve l'administration de ses biens. En particulier, la femme a le droit de disposer de son mobilier et de l'aliéner sans le consentement de son mari (1449 C. Civ.). Il faut donc assimiler à une assurance intervenue entre étrangers l'assurance passée soit par le mari au profit de sa femme, soit par la femme en faveur de son mari.

Au cas de police signée conjointement par les deux époux dans l'intérêt du survivant, chacun d'eux acquitte la moitié de la prime annuelle. Le survivant touche alors un capital supérieur à celui qu'il aurait obtenu par le versement de ses seules primes; on peut estimer qu'il y a libéralité pour la moitié du capital stipulé.

Sous le régime exclusif de communauté, le mari a la jouissance de la totalité des biens de la femme; par suite, les primes prélevées sur les revenus doivent être considérées comme prises sur les biens du mari.

L'assurance faite par le mari en faveur de sa femme est en tous points semblable à celle conclue pour une tierce personne.

Si l'assurance est contractée par la femme au profit de son mari, comme celle-ci n'a pas l'administration de ses biens, en cas de paiement des primes avec les revenus du mari, il faut réputer le béné-

---

[1]. Blondel : *op. cit.*, p. 245; Agnel : *op. cit*, n° 454; Herbault : *op. cit.*, p. 240; Mornard ; *op. cit.*, p. 253; Dujarier : *op. cit.*, p. 77; Bazenet : *op. cit.*, p. 45; Clos : *op. cit.*, p. 128; Dumont : *De l'attribut. de l'indemnité d'assur. sur la vie*, p. 250, note; Imbert Cyprès : *L'assur. sur la vie et les caisses de retraite*, p. 121 et 122. Defrénois : *Traité pratique du contrat d'assur. sur la vie*, Paris, 1887, p. 73.

ficiaire, créancier de la Compagnie au moyen de sommes lui appartenant. La situation serait la même si le mari avait passé lui-même une assurance sur la vie à son propre bénéfice, sur la tête de sa femme.

L'origine des primes permet de résoudre la question soulevée par l'assurance contractée conjointement au profit de l'époux survivant. Il faut, dans ce cas, se préoccuper de la question de savoir qui a maintenu le contrat par les paiements annuels. Si les primes ont été fournies par le mari et s'il survit, il a un droit exclusif ; on ne saurait, en effet, attribuer à la femme le rôle de donataire puisqu'elle n'a rien déboursé. Au contraire, elle serait donataire, en l'absence de tout sacrifice fait par elle [1].

Sous le régime dotal, il faudra appliquer les règles édictées pour le régime de la séparation de biens, quand la femme propriétaire et administratrice de biens paraphernaux aura payé les primes avec les revenus de ses biens, sans distinguer si l'assurance a été contractée par elle en faveur de son mari, ou conjointement au profit du survivant. A l'inverse, les dispositions concernant le régime exclusif de communauté devront être suivies si la femme n'a pas de paraphernaux et si les revenus de tous ses biens appartiennent à son mari.

Nous n'avons pas à insister. Bornons-nous à dire que sous tout régime autre que celui de la communauté l'assurance contractée par le mari au profit de la femme ou inversement par cette dernière en faveur de son époux doit être assimilée à l'assurance souscrite pour une autre personne ; les prescriptions relatives à l'assurance souscrite dans l'intérêt d'un tiers désigné sont applicables. L'époux recueille donc le bénéfice, conformément à l'art. 1121 C. Civ. ; au jour du décès son droit rétroagit à la date de la convention ; le capital assuré sur lequel la personne gratifiée a reçu un droit propre et exclusif n'a jamais fait partie de la succession du souscripteur de la police, et par conséquent, il ne pourra être compris dans la liquidation de cette succession [2]. Pour les primes, lorsqu'elles auront été payées avec les deniers propres du stipulant, c'est-à-dire avec les ressources dont il avait le droit de disposer, il n'y aura aucun compte à faire entre les époux [3].

---

1. Il va de soi que la femme serait donataire de la moitié du capital si son patrimoine avait contribué pour moitié au service des primes annuelles.

2. V. Trib. Saint-Quentin, 11 mai 1864 ; Bonnev. de Mars. ; III, 104.

3. Il a été décidé (Trib. civ. Seine, 17 décemb. 1869, *Journ. des assur.*, 71, 220) qu'au cas d'adoption de régime sans communauté le mari qui, après avoir au nom et dans l'intérêt de sa femme souscrit une assurance sur sa vie, paie les primes, fait non par un acte de donation ou d'emploi, mais bien un acte d'administration, de telle sorte que si une séparation de biens est prononcée les primes payées doivent être considérées comme le propre de la femme.

Cette décision a été critiquée (V. Blondel : *op. cit.*, p. 216) par le motif qu'elle

La difficulté ne s'engage que lorsque les époux sont mariés sous le régime de la communauté : il existe non seulement des biens personnels appartenant à chaque conjoint, mais aussi une masse de valeurs appartenant par moitié aux époux, et dont, en principe, le partage égal doit se faire à la dissolution de la communauté. La question est alors de savoir au cas le plus fréquent, c'est-à-dire en présence d'une assurance passée par le mari au profit de la femme, dans quel patrimoine tombera la créance contre la Compagnie, si c'est dans la communauté [1], si le patrimoine qui recueillera le capital assuré devra une récompense et comment devra être calculée cette dernière.

Les conséquences que le régime matrimonial peut avoir varient selon que l'assurance est signée au profit de la femme ou, au contraire, intervient pour le mari ou enfin selon qu'elle est passée dans l'intérêt du survivant.

§ 1. — Assurance passée par le mari au profit de sa femme.

I. — *Assurance antérieure au mariage.*

À l'étranger, il est très fréquent de voir un fiancé signer une police d'assurance en faveur de sa future [2].

semble considérer le paiement des primes comme une charge usufruitaire de la jouissance par le mari des biens de la femme.

1. Les conséquences sont graves. Au cas où le droit au capital assuré peut être réputé faire partie de la communauté, il échappera à la femme si cette dernière renonce, mais il ne sera recueilli qu'à moitié si elle accepte et dans tous les cas il devra être affecté au paiement des dettes comme les autres biens de la communauté.

2. Couteau : *op. cit.*, T. II, p. 553.
C'est ce qui se pratique surtout en Angleterre. Ainsi qu'on l'a dit (Coulazou : *De la stipulat. pour autrui dans l'assur. sur la vie*, p. 21), c'est une précaution analogue à celle que prennent chez nous certains commerçants qui se marient sous le régime dotal et constituent une dot à leur femme sur leurs biens personnels. Le but est le même dans les deux cas : mettre une partie du patrimoine à l'abri des poursuites des créanciers. L'assurance est cependant préférable à presque tous les points de vue. Loin de diminuer le capital disponible du mari, comme le régime dotal qui en immobilise une partie, l'assurance le laisse entier tout d'abord et l'augmente ensuite parce que, à l'aide de primes prélevées sur les seuls revenus, elle forme un capital qui, même du vivant du mari, peut lui être utile, grâce à la faculté qui lui est accordée de céder son contrat, de le racheter, d'emprunter sur sa police. C'est là peut-être la seule cause d'infériorité de l'assurance, comparée à l'expédient fourni par l'application du régime dotal. Beaucoup considèrent ce dernier comme une mesure prise contre la mauvaise administration du mari, et le droit de disposition dont il est investi à l'égard de la police d'assurance lui permet de dissiper la dernière réserve de la famille. La loi anglaise (*Act* du 9 août 1870, *Annuaire de législat. etc.*, 1870-1871, p. 57) a fait disparaître cet inconvénient. Elle attribue, dès le moment de la souscription, la propriété de la police à la femme, en confie la garde et la surveillance à des curateurs et empêche ainsi toute dissipation de la part du mari.

En France, bien que le procédé ne soit pas fort commun, il n'est point inconnu. Ce qui est certain c'est qu'il est fort régulier. On peut ajouter que c'est une excellente mesure : assez souvent les parents d'une jeune fille hésitent à lui donner pour mari un jeune homme qui n'a pas une position certaine, qui n'a d'autre fortune que le produit de son travail, de son intelligence et dont la mort risque de laisser dans la détresse une mère et des enfants ; l'assurance permet de calmer toute crainte en procurant la certitude que le dénument ne suivra pas la disparition du mari, grâce au paiement du capital assuré. Nous n'avons pas à insister ; il faut simplement retenir qu'un homme, sur le point de se marier, a incontestablement le droit et le devoir d'attribuer des ressources pour le cas où il viendrait à décéder avant la constitution, sinon d'une fortune, au moins d'une aisance convenable.

La stipulation qui est conclue en pareille circonstance confère, dès le moment où elle est régularisée, un droit propre et exclusif à la personne gratifiée [1].

Si le mariage avec la personne gratifiée suit le contrat d'assurance, quand les époux auront adopté le régime de la communauté d'acquêts, le droit au capital assuré ne tombera pas dans la communauté : la créance contre l'assureur restera propre à la femme bénéficiaire [2]. C'est qu'en effet, d'après l'art. 1498 C. Civ., lorsque les époux stipulent qu'il n'y aura entre eux qu'une communauté d'acquêts, ils sont censés exclure de la communauté leur mobilier respectif présent, en d'autres termes ce qui leur appartenait avant la célébration du mariage, notamment les créances, [3]. A quelque

---

1. Jugé que le bénéfice de l'assurance contractée au profit de la future épouse nominativement désignée appartient à cette dernière, même si le souscripteur décède avant la célébration du mariage. — Trib. civ. Anvers, 26 oct. 1887, *Journ. des assur.*, 88, 236.

Mais à ce propos il convient de faire une remarque :

L'art. 1088 C. Civ. dispose que toute donation faite en faveur du mariage devient caduque si le mariage n'est pas célébré ; si donc l'assurance peut être considérée comme une donation faite en vue du mariage, ce texte semble bien applicable. On ne peut l'écarter qu'en proclamant (ainsi que l'a fait, du reste, le Tribunal d'Anvers dans la décision précitée) qu'il n'y a pas eu donation. — Cf. *Journ. des assur.*, *loc. cit.*

2. V. notamm. Paris (sol. impl.), 4 juin 1878, D. P. 79, 2. 25 ; S. 80. 1. 337 ; Cass., 10 nov. 1879 ; D. P. 80, 1, 175 ; S. 80, 1, 337, *Contra :* Dujarier : *op. cit.*, p. 79 à 83 ; Bazenet : *op. cit.*, p. 147 ; Dumont : *op. cit.*, p. 254.

M. Couteau a fait observer (*op. cit.*, p. 553) que, quelque soit le régime matrimonial, si le mari a fait à sa femme une donation universelle de biens par contrat de mariage, cette donation étant irrévocable, il ne peut plus disposer à titre gratuit d'une assurance contractée par lui avec la mention payable *à son ordre* (Trib. civ. Rouen, 30 août 1867 ; *Journ. des assur.*, 67, 438). Mais, il faut noter que le mari pourra toujours arriver à révoquer indirectement la libéralité résultant de l'assurance en cessant le service des primes : l'assurance prend alors fin.

3. Une observation a été faite à ce propos : les primes d'un contrat d'assurance contracté avant le mariage par l'un des époux au profit de l'autre sont des dettes qui doivent, par conséquent, être exclues de la communauté ; il en est de même

moment que la somme promise par la police soit exigible, que ce soit pendant le mariage ou après sa dissolution, elle appartient à titre exclusif à la femme : la communauté ne peut rien réclamer soit sur la créance, soit sur le capital[1]. Toutefois, si à l'époque de l'échéance le mariage subsiste encore, ce qui peut arriver dans le cas d'une assurance à capital différé ou d'une assurance mixte, la communauté a droit aux intérêts de ce capital, de même qu'elle acquiert tous les fruits des propres des époux[2].

En ce qui concerne la récompense due à la communauté qui aurait payé les primes, des auteurs ont soutenu[3] que la communauté doit être indemnisée par la raison qu'il s'agit d'une dette antérieure au mariage et relative à un propre, qu'à ce titre elle est exclue de la communauté en vertu de l'art. 1498 et que si celle-ci l'acquitte, éteignant une dette personnelle de l'un des époux, elle a droit à récompense (art. 1437 C. Civ.)[4]. Mais cette solution a été contestée : la communauté serait tenue par application de l'art. 1409 qui fait figurer au passif de la communauté les arrérages et intérêts des rentes ou dettes passives personnelles aux deux époux[5].

Le droit à récompense peut assurément être nié. On peut exciper d'abord de ce qu'il n'y a lieu à récompense qu'autant que des capitaux ont été entamés, que tout ce qui se paie sur les fruits ne donne jamais lieu à récompense, les fruits étant destinés à être dépensés[6]. D'autre part, une assimilation s'impose entre l'assurance sur la vie et la rente viagère constituée au profit de la Compagnie moyennant la stipulation du capital de l'assurance : les primes se présentent comme les arrérages d'une rente viagère que l'un des époux est tenu d'acquitter ; le payement des arrérages d'une rente, qu'elle soit viagère ou perpétuelle, est toujours une

naturellement du bénéfice résultant de ces dettes, c'est-à-dire du capital assuré en faveur d'un des époux. — *L'Assurance dans le mariage* (*L'Assurance moderne*, 10 mai 1889).

1. De Loynes : Note dans la 2e édit. du *Traité de la Société d'acquêts* de Tessier, Bordeaux, 1881, p. 145. — V. aussi Mornard : *op. cit.*, p. 257 ; Bazenet : *op. cit.*, p. 48 ; Clos : *op. cit.*, p. 107 ; Defrénois : *op. cit.*, p. 76.

2. De Loynes : *loc. cit.*; Piolet, *Étude sur la communauté réduite aux acquêts et la société d'acquêts jointe au régime dotal*, Paris, 1877, p. 65.

3. De Loynes : *loc. cit.*; Bazenet : *op. cit.*, p. 129 ; Clos : *op. cit.*, p. 125.

4. Récompense qui comprendrait : 1° le montant des primes payées (naturellement peu élevé en comparaison du capital stipulé en cas de décès survenu peu de temps après la signature de la police et le mariage) ; 2° le montant du capital, c'est-à-dire du profit seulement que l'époux aura retiré s'il vit encore longtemps et si les primes accumulées sont supérieures au capital promis, un époux ne pouvant pas être tenu de ce dont il n'a pas profité et ne devant pas au-delà de son enrichissement. — Clos : *op. cit.*, p. 126.

5. V. Herbault : *op. cit.*, p. 225 ; Illin : *op. cit.*, p. 118 ; Tissier, *op. cit.*, p. 202 ; Imbert Cyprès : *L'assur. sur la vie et les caisses de retraite*, p. 123 ; Dumont : *op. cit.*, p. 252.

6. Piolet : *op. cit.*, p. 65, note.

dette s'acquittant sur les revenus, c'est une charge des fruits [1].

Mais les principes posés plus haut ne peuvent recevoir leur application quand les époux sont mariés sous le régime de la communauté légale. En pareil cas, et à moins d'une clause contraire formellement édictée par la police, la créance contre la Compagnie tombe dans la communauté. C'est l'application de l'art. 1401 C. Civ.. La communauté comprend, d'après ce texte, tout le mobilier possédé au jour du mariage, toutes les créances mobilières possédées à cette date. Comme l'acquisition du droit personnel du bénéficiaire d'une assurance sur la vie, lorsque le décès du stipulant survient, rétrongit au jour même de la formation du contrat, il faut dire que c'est à une époque antérieure au mariage que l'époux gratifié est devenu créancier de la Compagnie.

Avec la stipulation faite par une personne étrangère pour la femme, le bénéfice tombe dans la communauté; on ne voit pas pour quel motif la solution serait différente pour une assurance contractée par le mari.

A la vérité, on peut être tenté d'invoquer l'intention présumée du souscripteur de la police, on peut être disposé à faire valoir que ce dernier a surtout cherché à attribuer à sa femme la créance contre la Compagnie, que lors de la signature du contrat, d'ailleurs, il n'existait pas de communauté. Mais le texte est formel. Bien certainement la loi n'exige pas l'emploi de termes sacramentels pour proclamer la volonté de faire un propre, mais elle exclut à l'inverse une manifestation de volonté simplement tacite. La volonté qui résulte de l'ensemble des clauses d'un acte ou de la nature de l'objet donné est une volonté déduite, présumée, tacite en un mot, et non pas la volonté exprimée ou expresse qu'exige l'art. 1401. L'art. 1405 fortifie, au surplus, cette interprétation. Le législateur pose, en principe, que la donation d'immeubles est propre à l'époux donataire à moins que la donation ne contienne *expressément* que la chose donnée appartiendra à la communauté. Dans ce cas, comme dans celui de l'art. 1401, le donateur qui veut déroger au résultat admis par la loi dans le silence des parties doit exprimer formellement ses intentions. Il n'est pas possible d'abandonner au juge le droit de modifier d'après de simples présomptions les effets d'un régime matrimonial [2].

1. Bochart : *Étude sur la communauté réduite aux acquêts*, Paris, 1883, p. 104. Cet auteur reconnaît pourtant la nécessité d'un tempérament au cas où les primes seraient assez élevées pour que les revenus des époux fussent insuffisants à les acquitter, ce qui obligerait à entamer le fonds commun. Dans de telles conditions, dit-il, il serait difficile de refuser à la communauté le droit à une récompense égale à l'appauvrissement que lui aurait causé l'acquittement des primes puisqu'il y aurait alors vraiment une diminution subie par elle au profit de l'époux qui, par lui-même ou par ses ayants cause, doit profiter de l'assurance.

2. Bazenet : *op. cit.*, p. 50. V. aussi Couteau : *op. cit.*, p. 554; Levillain : Note,

Toutefois, il est loisible à la personne intéressée d'exclure de la communauté le capital assuré : il suffit de faire constater dans l'acte même que la créance restera propre à la bénéficiaire désignée. A défaut d'une indication expresse, le juge du fait peut même (la jurisprudence de la Cour suprême est formelle en ce sens) induire des faits et circonstances de la cause cette volonté de se constituer un propre ; en interprétant les termes du contrat, ainsi que l'intention du stipulant, il a le pouvoir d'écarter l'application de l'art. 1401 ; sa décision est souveraine [1].

Au cas où le capital assuré serait recueilli à titre de propre par la femme gratifiée sous le régime de la communauté légale, la communauté qui aurait payé les primes ne pourrait réclamer une récompense de ce chef. Le passif de la communauté, d'après l'art. 1401 C. Civ. comprend, « toutes les dettes mobilières dont les époux étaient grevés au jour de la célébration de leur mariage ». Quand le mariage a été contracté avec adoption du régime de la communauté réduite aux acquêts il en doit être de même : les primes sont assimilables aux intérêts ou arrérages des dettes propres que l'art. 1409 C. Civ. met à la charge de la communauté ; il n'est pas possible de les considérer comme des capitaux remis chaque année entre les mains de l'assureur [2].

D. P. 79, 2, 25 ; Labbé : Note, S. 80, 1, 337 ; Dujarier : *op. cit.*, p. 78-79 ; Clos : *op. cit.*, p. 107 et 108 ; Baron : *op. cit.*, p. 120 ; Imbert Cyprès : *L'Assur. sur la vie et les caisses de retraite*, p. 123.

La jurisprudence toutefois est contraire.

Ainsi il a été décidé par la Cour de Paris le 4 juin 1878 (D. P. 79, 2, 25 ; S. 80, 1, 337) que lorsqu'une assurance sur la vie a été souscrite au profit d'une tierce personne le mariage contracté postérieurement par l'assuré avec la personne bénéficiaire ne modifie point les droits de cette dernière ; pour réfuter l'objection tirée de l'art. 1401, cet arrêt invoque que dans la pensée du stipulant les avantages résultant de la police ont résidé uniquement sur la tête de la personne gratifiée.

La solution de la Cour de Paris, inspirée peut-être par le désir de fléchir la loi (Baron : *op. cit.*, p. 130), a été maintenue par la Cour de cassation le 10 novembre 1879 (D. P. 80, 1, 175 ; S. 80, 1, 337), mais par des motifs différents. La Cour de cassation se base sur ce que le juge du fait avait pu interpréter souverainement l'acte et les faits de la cause comme indiquant la volonté de faire un propre, d'exclure de la communauté la créance contre la Compagnie. C'est une suite de cette idée admise par la Cour suprême (Cass., 27 avril 1859, D. P. 59, 1, 508 ; S. 60, 1, 251), que la volonté de faire un propre peut s'induire des termes de l'acte et de l'ensemble des faits. — V. dans le sens de cette jurisprudence : Mornard : *op. cit.*, p. 257, etc. ; Agnel et de Corny : *op. cit.*, n° 455 ; Guillouard : *Traité du Contrat de mariage*, T. 1, p. 368 ; *L'Assurance moderne*, 10 mai 1889 ; Defrénois : *op. cit.*, p. 76.

1. Cass., 10 novemb. 1879, D. P. 80, 1, 175 ; S. 80, 1, 337.

2. Piclet : *op. cit.*, p. 65 ; Herbault : *op. cit.*, p. 225 ; Clos : *op. cit.*, p. 125 ; Imbert Cyprès : *op. cit.*, p. 123.

Des auteurs ont soutenu que de toute façon la communauté a droit à récompense : les uns s'appuient sur ce qu'il s'agit d'une dette antérieure au mariage et relative à un propre, exclue à ce titre de la communauté en vertu de l'art. 1498, et sur ce que, en cas de paiement, il y a extinction d'une dette personnelle de l'un des époux donnant droit à récompense d'après l'art. 1437

Lorsque le souscripteur de la police vient à décéder dans le laps de temps compris entre la signature de la police et la célébration du mariage le bénéfice de l'assurance n'appartient pas d'une façon absolue à la future épouse. Bien que l'exclusion des héritiers de l'assuré ait été proclamée[1], l'on doit dire que la solution dépend surtout des circonstances. Il est certain, en effet, qu'en présence d'une assurance souscrite au profit de la future épouse du contractant, on peut se demander si ce dernier n'a pas entendu subordonner l'effet de l'assurance à la réalisation du mariage. Il n'y aurait plus de doute si l'on considérait l'assurance intervenue dans ces conditions comme une donation faite en faveur du mariage. On se trouverait alors en présence d'un texte formel, l'art. 1088 C. Civ. qui ne permettrait pas de maintenir l'effet de l'assurance. Pour écarter l'argument résultant de cet article, on en serait réduit à refuser à l'assurance souscrite au profit d'un tiers le caractère de donation, mais la jurisprudence en France considère l'assurance comme une donation. Il faudrait cependant démontrer encore que l'assurance souscrite au profit d'une fiancée est une donation faite en faveur du mariage, l'art. 1088 C. Civ. étant uniquement applicable aux donations qui présentent ce caractère particulier[2].

II. — Assurance souscrite au cours du mariage.

Durant le mariage, le mari qui signe une police en faveur de sa femme fait un acte sage, surtout lorsqu'il est engagé dans des opérations importantes : il prévoit les chances défavorables qui risquent de mettre un terme à son activité et partant aux gains dont profite sa femme; il constitue à cette dernière une fortune indépendante qui la placera à l'abri de la misère et qui contribuera à faciliter l'établissement des enfants; en cherchant à procurer la sécurité et le bien être, il ne fait qu'accomplir le rôle de

---

(de Loynes : *op. cit.*, p. 145, note. — Comp. Bédarrides : Conclusions à la Cour de Cassation D. P. 77, 2, 244 ; S. 77, 1, 401). D'autres auteurs (V. notamment Bazenet : *op. cit.*, p. 129), sans tenir compte de la différence de situation, prennent pour point de départ ce fait qu'en cas d'assurance intervenue moyennant une prime unique, la communauté aurait droit à récompense; ils enseignent que l'époux souscripteur doit récompense parce que c'est lui seul qui tire un profit personnel des primes payées par la communauté au sens de l'art. 1437; en assurant son *futur* conjoint, dit-on à l'appui de cette opinion, il contractait une dette *personnelle* : or, cette dette a bien pu tomber dans le *passif provisoire*, mais non dans le *passif définitif* de la communauté (art. 1498); la communauté qui l'a payée a donc droit à récompense en vertu des art. 1437 et 1498 C. Civ.,

1. Trib. civ. Anvers, 26 octob. 1887, *Journ. des assur.*, 88, 236.

2. *Journ. des assur.*, 1888, p. 237.

Aussi, pour éviter toutes difficultés est-il plus prudent de déclarer dans la police même qu'elle est la véritable intention du contractant.

protecteur que sa conscience et la loi lui imposent. Là n'est pas la difficulté : elle porte sur le point de savoir qui recueillera le capital assuré, si le montant de l'assurance appartiendra en propre à la femme ou, au contraire, s'il fera partie de la communauté. La controverse est vive, précisément à raison des conséquences de la solution.

Si le produit de l'assurance fait partie de l'actif commun, d'abord la femme ne pourra y prétendre en rien si elle renonce à la communauté ; de plus, même en cas d'acceptation, elle ne pourra se le faire attribuer que pour moitié, ou, si elle le perçoit en totalité, elle devra tout au moins l'imputer sur sa part dans la masse commune ; enfin, elle ne sera jamais admise à toucher le montant qu'après le paiement intégral des dettes du mari de la communauté.

Au contraire, si la créance contre la Compagnie appartient en propre à la femme, elle sera en mesure d'en réclamer le bénéfice, alors même qu'elle renoncerait à la communauté ; d'un autre côté, soit qu'elle refuse, soit qu'elle accepte, elle en prendra le montant total par voie de prélèvement sans qu'elle se trouve, en cas d'acceptation, tenue de l'imputer sur sa part dans l'actif commun ; en troisième lieu, elle recueillera le capital de l'assurance à l'exclusion des créanciers de son mari et de la communauté [1].

La question offre donc un intérêt tout particulier.

Au cours d'une union placée sous l'empire du régime de la communauté, le mari a incontestablement le droit de souscrire une assurance au profit de sa femme. C'est l'accomplissement du devoir résultant pour le mari de l'art. 214 C. Civ. dont la portée est étendue. Il n'y a pas lieu de faire intervenir ici l'art. 1395 interdisant de modifier les conventions matrimoniales après la célébration du mariage [2]. L'opération conclue avec la Compagnie dans l'intérêt de la famille n'apporte aucun changement. Pareillement, l'art. 1437 défendant de constituer des propres au moyen de biens de la communauté doit être écarté, car ce texte, loin de viser la question de l'attribution du bénéfice, concerne uniquement celle des récompenses [3].

---

1. Levillain : Note, D. P. 79, 2, 25. Ce jurisconsulte ajoutait que l'attribution en propre à la femme deviendrait contestable toutefois dans le cas où, après avoir contracté l'assurance, le mari décéderait en état de faillite. L'on sait aujourd'hui que cette situation ne fait pas obstacle à la proclamation du droit propre et exclusif de la femme gratifiée.

2. On n'a pas manqué de faire observer à ce propos que c'est par suite de l'absence d'une législation propre aux assurances sur la vie que l'objection fondée sur l'art. 1395 s'est présentée. V. *L'assurance dans le mariage* (*L'Assurance moderne*, 10 mai 1889, p. 98).

3. Pour repousser les objections qui pourraient résulter de ces deux textes, Herbault (*op. cit.*, p. 243) a invoqué l'art. 1480 disposant que les donations que l'un des époux a pu faire à l'autre ne s'exécutent que sur la part du donateur dans la communauté et sur ses biens personnels. Avec M. Couteau (*op. cit.*, p. 563)

En réalité (et, bien entendu, à la condition que la femme soit désignée d'une façon suffisante), il s'agit ici d'une stipulation au profit d'une tierce personne déterminée : par conséquent, on peut, dès le premier abord, songer à faire intervenir l'art. 1121 C. Civ. avec les conséquences qui en découlent, c'est-à-dire penser immédiatement à reconnaître à la femme un droit propre. D'autre part, il n'est pas douteux que le mari qui stipule en faveur de sa femme, a cherché à la gratifier exclusivement, qu'il a voulu lui constituer des ressources personnelles, et par conséquent ne pas faire tomber le droit au capital assuré dans la communauté. Il a entendu conférer à sa femme le droit de réclamer le montant de l'indemnité promise par la Compagnie au cas où une mort prématurée supprimerait les ressources. Refuser à la femme la faculté d'acquérir *jure proprio*, c'est supprimer la disposition du Code Civil qui permet au mari de disposer au profit de sa femme pendant le mariage des effets mobiliers de la communauté ; le mari a le droit, au cours du mariage, de prendre des valeurs de la communauté dans les limites de son droit de co-propriété et d'en gratifier un tiers ; on ne voit pas pour quel motif la femme pourrait être moins bien traitée, d'autant encore une fois qu'il s'agit non pas d'une modification aux conventions matrimoniales mais purement et simplement d'une attribution d'effets mobiliers appartenant à l'actif commun, c'est-à-dire d'une opération qui n'est en rien contraire aux prescriptions de l'art. 1480 [1]. Aussi, semble-t-il bien certain maintenant /

nous répétons une pareille argumentation inutile, sinon dangereuse. L'art. 1395 est inapplicable parce que rien n'est changé aux conventions matrimoniales ; le capital assuré appartient au conjoint personnellement comme à tout bénéficiaire désigné, comme s'il lui venait d'un étranger ; il ne tombe pas dans la communauté, il est la propriété personnelle du bénéficiaire et comme il n'est acquis par lui qu'à la dissolution de la communauté il n'en a jamais pu faire partie. — Cf. aussi Baron : *op. cit.*, p. 135.

1. V. les judicieux développements de M. Levillain : Note, D. P. 79, 2, 25 et suiv..

2. Méline : *Assur. sur la vie* (*Revue du notariat*, 1873, p. 803,) ; de Caqueray : *op. cit.* (*Rev. prat. de dr. fr.*, T. XVI, 1863, p. 201) ; Herbault : *op. cit.*, p. 243 ; Couteau : *op. cit.* T. II, p. 563 ; Dujarier : *op. cit.*, p. 90 ; Guillouard : *Tr. du contr. de mariage*, T. I, p. 348 ; Bijó : *op. cit.*, p. 122 ; Typaldo Bassia : *op. cit.*, p. 163 ; Trib. Saint Quentin, 11 mai 1886, Bonnev. de Mars. : III, 104 ; Trib. Abbeville, 24 mars 1876, D. P. 74, 5, 205 ; Caen, 14 mars 1876, D. P. 77, 2, 131 ; S. 77, 2, 332 ; Nancy, 21 janv. 1882, D. P. 82, 2, 174 ; S. 83, 2, 35 ; Nancy, 17 janv. 1885, D. P. 89, 2, 153. V. aussi et spécialement pour l'assurance mixte, Besançon, 14 mars 1883, D. P. 83, 2, 120 ; S. 86, 2, 17, et sur cette jurisprudence Baxenet : *op. cit.*, p. 69 ; Montpellier, 15 mars 1886, *Rec. périod. des assur.*, 86, 235 ; Trib. civ. Bar-le-Duc, *Journ. des assur.*, 86, 227.

L'opinion adverse est fondée uniquement sur ce que l'art. 1401 place dans l'actif de la communauté tous les meubles acquis pendant le mariage ; mais elle paraît sacrifier à ce texte l'art. 1121 C. Civ. qui est la disposition fondamentale en matière d'assurance sur la vie et elle semble ensuite méconnaître le pouvoir que l'art. 1422 confère au mari. Ses partisans doivent reconnaître que ce système amène les conséquences les plus fâcheuses pour l'assurance entre époux. — V. en ce sens Clos : *op. cit.*, p. 110 et suiv. ; Imbert Cyprès : *op. cit.*, p. 125.

qu'en cas d'assurance [1] contractée par le mari au profit de sa femme, cette dernière doit seule profiter de l'assurance [2]; elle recueille à juste titre, par application de l'art. 1422 C. Civ. [3], le capital assuré *jure proprio* et sans que la créance contre la Compagnie puisse être considérée comme ayant fait partie de l'actif de la communauté [4].

[1]. Il en doit être ainsi non seulement quand il s'agit d'une somme payable au décès, mais même lorsque le contrat, ayant réservé à la femme le droit de choisir entre une somme ou une rente viagère à toucher dès la signature du contrat, l'option a porté sur cette dernière. — V. Paris, 19 mai 1890, *Rec. des Sociét.*, 90, 457, arrêt qui reconnaît que la femme avait pu donner cette rente en nantissement à un créancier de son mari sans que le syndic de la faillite du mari pût rien réclamer.

Faut-il fournir la même solution en présence d'une de ces combinaisons pratiquées par les Compagnies américaines sous le nom de *polices d'accumulation* ?

L'affirmative a été jugée (Paris, 19 mai 1890, *Journ. des assur.*, 90, 405). Cependant des réserves ont été formulées à cet égard (*Journ. des assur.*, 90, 409) : dans une police d'accumulation, a-t-il été dit, à côté de la stipulation qui consiste dans le paiement d'un capital en cas de décès de l'assuré et qui est faite au profit de la personne bénéficiaire, il y a une autre stipulation qui oblige la Compagnie à faire compte, après l'expiration d'une certaine période, des bénéfices accumulés et qui intervient non pas en faveur du bénéficiaire, mais dans l'intérêt exclusif de l'assuré, du souscripteur de la police.

[2]. Son droit prime donc celui des créanciers du mari et, d'un autre côté, il ne saurait être contesté par le motif qu'elle aurait renoncé à la succession.

Trib. Schelestadt, 16 août 1868, Bonnev. de Mars. : III, 138 ; Trib. comm. Caen, 21 mai 1887, *Journ. des assur.*, 88, 52 ; Cass., 16 juin 1890 (sol. impl.), D. P. 90, 2, 291. — *Contrà* : Trib. Lyon, 18 mars 1885, *Monit. jud. de Lyon*, 20 avril 1885 ; Caen, 3 mars 1888, *Rec. arr. Caen et Rouen*, 1, 88, 93 ; Amiens, 31 janv. 1889, S. 90, 2, 5.

[3]. Cass., 9 mai 1881, D. P. 82, 1, 97 ; S. 81, 1, 145.

Les dernières décisions rendues se basent également sur l'art. 1422 ; le point de départ n'a pas varié. Trib. civ. Fontainebleau, 2 févr. 1893, *Rec. périod. des assur.*, 93, 348.

On a longuement discuté pour dire à quel titre la femme qui a accepté la communauté recueille le montant du capital assuré. A côté de décisions affirmant que la femme a droit à tout le capital de libéralité sans récompense, mais avec rapport, la stipulation intervenue en sa faveur devant être assimilée à la stipulation conclue en faveur d'une personne étrangère (Amiens, 25 févr. 1880, D. P. 82, 1, 97 ; Cass., 9 mars 1881, D. P. 82, 1, 97 ; S. 81, 1, 145 ; Paris, 5 mars 1886, *Journ. des assur.*, 86, 269 et *Rec. périod. des assur.*, 86, 239), d'autres ont prétendu que la femme a droit à l'assurance moitié à titre personnel en qualité de commune en biens et moitié à titre de libéralité, sans charge de récompense Trib. Seine, 25 juin 1875 ; Bonnev. de Mars. : III, 204). Mais on a fait valoir aussi que l'assurance sur la vie constituant un contrat d'indemnité, la femme recueille le capital promis par la Compagnie non en vertu d'une libéralité, mais à titre d'indemnité, à raison du préjudice causé par la mort de l'assuré (Dubois : *Journ. des assur.*, 1883, p. 104 ; Mornard, *loc. cit.* ; Aix, 24 mars 1886 ; S. 87, 2, 214). Et les adversaires de cette dernière opinion ont dû reconnaître que ce système était la plus conforme à l'intention de l'assuré (Detrémois : *op. cit.*, p. 76).

[4]. Cette jurisprudence, inspirée par le désir de respecter l'intention chez le stipulant d'augmenter les ressources particulières de la femme et non pas d'accroître l'actif de la communauté destiné à être partagé entre la femme et les héritiers du défunt, a rencontré, il faut le confesser, une certaine résistance basée sur l'art. 1401 C. Civ. (Dumont : *op. cit.*, p. 257 et 258 ; Detrémois, *op. cit.*, p. 82). Il a été jugé dans ce sens, et par application de cet article, que la créance

La solution doit être identique tant au cas de communauté légale

contre la Compagnie tombe dans la communauté (Caen, 6 décemb. 1881, S. 83, 2, 33).

Afin d'échapper à cette disposition, une théorie particulière a été édifiée : en attribuant à sa femme un droit exclusif au capital assuré, le mari la constituerait donataire de sa part dans la communauté ; en cas d'acceptation de la communauté la femme recueillerait l'indemnité moitié comme femme commune et moitié comme donataire de la part de la communauté dans cette indemnité ; au cas de renonciation, elle recueillerait la totalité de l'indemnité comme donataire de son mari (Baconet : *loc. cit.*).

Ce système aboutit à cette conséquence : la femme vient en concours avec les créanciers de la communauté pour le montant du capital assuré ; dans tous les cas, ce dernier étant recueilli soit en totalité, soit en partie à titre de libéralité, il y aura lieu de faire application des prescriptions relatives au calcul de la quotité disponible. Ce résultat doit, à lui seul, faire écarter cette opinion.

A la vérité, la Cour de cassation a décidé le 2 mars 1881 (D. P. 81, 1, 402 ; S. 81, 1, 145) que l'assuré qui contracte une assurance pour attribuer le bénéfice à sa femme acquiert d'abord la créance pour lui-même et la transmet à sa femme à titre de donation. Mais cette décision a été rendue dans des circonstances particulières (V. Note de M. Labbé : S. 81, 1, 145).

Partant de ce principe (aujourd'hui abandonné) que tout contractant est censé d'abord stipuler pour lui-même, la Cour a considéré que, dans l'espèce, le mari avait d'abord stipulé pour lui, la femme n'ayant pas été expressément et spécialement désignée comme bénéficiaire. Dans le cas contraire, la solution aurait peut-être été différente. Sans doute, dit M. Labbé (*loc. cit.*), la Cour n'a pas eu l'intention de nier qu'une personne peut stipuler pour autrui au nom d'autrui, et alors faire naître une obligation à la charge du promettant au profit direct d'un tiers désigné. Mais elle déclare que tout contrat est censé fait pour celui qui y figure à moins qu'il ne parle expressément au nom d'autrui. Il ne suffit pas de stipuler à l'avantage d'un *autre* pour être considéré comme stipulant au nom de celui qui est appelé à bénéficier de la stipulation.

M. de Loynes (*Tr. de la Soc. d'acquêts* de Tessier, p. 145, note), invoquant plusieurs décisions de la Cour de cassation (Cass., 15 décembre 1873, S. 74, 1, 199 ; D. P. 74, 1, 113 ; Cass., 12 févr. 1877, S. 77, 1, 399 ; D. P. 77, 1, 342), enseigne que la créance contre la Compagnie constitue un acquêt fait à titre onéreux pendant le mariage et doit, en conséquence, entrer dans l'actif de la communauté. Antérieurement ce professeur avait adopté l'opinion contraire (V. *Rev. crit. de législ. et de jurisprud.*, 1871-72, p. 88, etc.); il a cru devoir l'abandonner en présence de l'art. 6 de la loi du 21 juin 1875 déclarant que l'on doit considérer, pour la perception du droit de mutation par décès comme faisant partie de la succession d'un assuré sous la réserve des droits de communauté, s'il en existe une, les sommes, rentes ou émoluments quelconques dus par l'assureur à raison du décès de l'assuré. M. de Loynes paraît avoir été déterminé par le commentaire de cette disposition donné en ces termes par le Rapport de M. Bertauld : « Le produit de l'assurance a été créé par le stipulant, il est son œuvre, il fait partie de son avoir, même lorsque le contrat d'assurance a été fait pour les héritiers, pour la femme, pour les enfants. » L'exposé du mécanisme de l'assurance et les développements présentés plus haut permettent de faire justice de cette allégation fort risquée.

Pour enlever toute difficulté, M. Typaldo Bassia (*op. cit.*, p. 165 et suiv.) propose de supprimer totalement l'art. 1121 C. Civ. et de décider que le capital assuré est acquis purement et simplement au bénéficiaire par le versement qu'a fait pour lui l'assuré à chaque renouvellement du contrat ; qu'importe, dit-il, que les primes versées aient été prises ou non dans le fonds commun ? L'art. 1422 ne reconnaît-il pas au mari un pouvoir de ce genre ? Le droit d'un bénéficiaire quelconque ne peut pas provenir d'une stipulation ou d'une donation proprement dite ; il ne procède que *ex ipso contractu sui generis* ; le bénéficiaire est appelé *jure proprio* à recueillir l'indemnité d'assurance. M. Typaldo Bassia ajoute que l'assurance sur la vie est destinée ici, comme ailleurs, à remplacer un capital

que de communauté réduite aux acquêts [1], et non seulement quand la police indique la femme comme bénéficiaire, mais même quand la désignation est faite à la suite d'un contrat ne mentionnant aucun bénéficiaire [2] ou bien quand un avenant a substitué la femme à un autre bénéficiaire. Toutes les fois, en effet, qu'un assuré se fait promettre dans la police par la Compagnie qu'un capital sera payé il se réserve implicitement mais nécessairement la faculté de désigner ultérieurement la personne à laquelle reviendra le bénéfice de l'assurance [3].

De ce que le mari, en puisant dans l'actif de la communauté pour faire face aux primes, ne s'enrichit point et de ce qu'il ne fait qu'user du pouvoir conféré par l'art. 1422 C. Civ. il suit qu'il n'est aucunement tenu vis-à-vis de la communauté.

Une vive controverse s'est élevée sur le point de savoir si, en considérant le capital assuré comme placé en dehors de la communauté [4], une récompense ne doit pas être imposée à la femme pour

disparu : elle ne peut être raisonnablement considérée comme une créance ; on ne saurait trouver la place de cette créance dans les rapports des époux entre eux ou avec la communauté.

1. Si au cas de communauté légale la femme a seule droit au propre que lui constitue son mari, au cas de communauté réduite aux acquêts il en doit être à plus forte raison de même, les acquisitions à titre gratuit faites durant le mariage constituant des propres.

Tout en reconnaissant que la femme a droit au bénéfice de l'assurance par suite d'une libéralité de son mari et sans charge de récompense, des auteurs (Houpin : *Des assur. sur la vie contractées par les époux mariés en communauté*, [*Jurisprud. du notariat*, 1886, p. 645]; Houpin : *Assurance sur la vie entre époux* [*Journal du notariat*, 1890, p. 659]; Defrénois : *op. cit.*, p. 82; Sic, Trib. Seine, 25 juin 1875, Bonnev. de Mars.: III, 204) ont soutenu qu'il faut distinguer : la femme, si elle renonce à la communauté, recueille à titre de libéralité la totalité du capital assuré à son profit par son mari ; mais quand elle accepte la communauté elle a droit au montant de l'assurance, moitié personnellement comme commune, et moitié en vertu d'une libéralité de son mari, sur la quotité disponible. — Comp. Herbault : *op. cit.*, p. 242; Levillain : Note, D. P. 79, 2, 25; Labbé : Note, S. 81, 1, 827; Bazenel : *op. cit.*, p. 62 et 63.

2. Ainsi au cas, assez peu fréquent à la vérité, où le mari, après avoir fait l'assurance sans désignation, attribuerait la créance contre la Compagnie à la femme par une transmission ultérieure ou par un testament il faudrait considérer le capital assuré comme n'étant pas tombé dans la communauté. Il convient de s'inspirer de ce qui se passe au cas où l'assurance est à ordre (V. suprà, T. II, p. 263 à 269) : la solution doit être la même puisque les motifs sont identiques.

Cependant M. Couteau (*op. cit.*, T. II, p. 567) prétend qu'en pareille circonstance le bénéfice tombe dans la communauté : l'acquisition faite par le mari d'un droit incorporel mobilier tel que l'assurance devrait être reputée faite pour la communauté : si l'assurance en était sortie il n'en faudrait pas moins la compter pour le calcul de l'actif. Au moment où cette remarque se produisait, la jurisprudence n'était pas encore fixée. Comp. à cet égard Comtois : *Rev. du notar.*, 1880, p. 348; Taudière : *op. cit.*, p. 185.

3. Cass., 7 août 1888, S. 89, 1, 97; D. P. 89, 1, 118 ; V. aussi Cass., 22 juin 1891 D. P. 92, 1, 206 ; S. 92, 1, 177 et spécialement Douai, 14 févr. 1887, S. 88, 2, 49. Contrà Guillouard : *Traité du contr. de mariage*, T. 1, p. 347.

4. Si la femme est considérée comme seule propriétaire du capital assuré il est clair que l'art. 1477 C. Civ. prévoyant le détournement ou le recel des effets de

les primes [1] destinées à maintenir le contrat et qui ont été fournies
par la communauté pendant la vie du mari [2].

la communauté n'est pas applicable à la femme qui n'a pas déclaré à l'inventaire dressé au décès de son mari le contrat d'assurance fait à son profit. Trib. civ. Fontainebleau, 2 févr. 1893, *Rec. périod. des assur.*, 93, 348.

1. Il convient de noter une fois pour toutes que dans l'opinion qui impose la récompense à l'époux bénéficiaire la restitution portera sur toutes les primes payées durant le mariage si l'époux a été bénéficiaire du contrat pendant toute sa durée, sur les primes payées depuis sa désignation et sur la valeur de rachat à cette époque s'il a été désigné au cours du mariage. Ruben de Couder : Note, S. 83, 2, 33; Taudière : *op. cit.*, p. 185; Grenoble, 2 févr. 1882, S. 82, 2, 106; D. P. 82, 2, 242.

2. On a soutenu que la femme était tenue à récompense par application de l'art. 1437 : la femme ne doit pas plus s'enrichir que le mari au détriment de la communauté; le patrimoine enrichi doit indemniser le patrimoine appauvri, a-t-on prétendu; tout ce qu'il est possible d'admettre c'est que le mari peut disposer la femme, mais à la condition de manifester son intention d'une façon non équivoque. Méline : *op. cit. (Rev. du notar.*, 1873, p. 803); Imbert Cyprès : *op. cit.*, p. 126; Bédarrides : Conclusions à la Cour de Cassation, S. 77, 1, 393; D. P. 77, 1, 241; Trib. civ. Meaux, 8 mars 1877, *Journ. des assur.*, 77, 356; Trib. civ. Clermont, 16 mai 1879, *ibid.*, 79, 404; Nancy, 21 janv. 1882, S. 83, 2, 35; D. P. 82, 2, 174; Trib. Bar-sur-Aube, 18 mars 1886, *Journ. des assur.*, 86, 266; Trib. Clermont-Ferrand, 24 mai 1886, *ibid.*, 86 : *Rec. périod. des assur.*, 86, 321 : Trib. civ. Seine, 15 nov. 1892, *Journ. des assur.*, 93, 55; *Rec. périod. des assur.*, 93, 144.

D'un autre côté on a affirmé et jugé qu'aucune récompense n'était due, le mari ayant le droit de disposer des effets mobiliers de la communauté en vertu de l'art. 1422 C. Civ. (Levillain : Note, D. P. 79, 2, 29; Herbault : *op. cit.*, p. 243; Conteau : *op. cit.*, T. II, p. 597 et 598; Bazenel : *op. cit.*, p. 130; Guillouard : *Tr. du Contr. de mar.*, T. II, p. 362; Clos : *op. cit.*, p. 127; Blin : *op. cit.*, p. 128; Dumont : *op. cit.*, p. 255. — V. aussi Troplong : *Contr. de mariage*, 1200, *Rente viagère*, art. 1973, n° 254; Verdier : *Rev. prat. de dr. fr.*, T. XLI, 1876, p. 27, etc.; Bonnivean Gesmon : *Rev. prat. de dr. fr.*, T. XXI, 1866, p. 290 et suiv.; Comtois : *Rev. not.*, 1880, p. 347; Blin : *op. cit.*, p. 128; Fosse : *op. cit.*, p. 238; Labbé : Note, S. 77, 1, 337; Lyon-Caen : Note, S. 77, 2, 33; Couturier : *op. cit.*, p. 152, etc.; Marchal : *op. cit.*, p. 163; Rabutel : *op. cit.*, p. 281; Masson : *op. cit.*, p. 156; Montpellier, 15 décembre 1873, D. P. 74, 2, 101; Besançon, 29 juin 1875, D. P. 78, 1, 429; Rouen, 6 févr. 1878, D. P. 78, 2, 189; Paris, 26 nov. 1855, D. P. 79, 2, 123; Rennes, 23 juin 1879, D. P. 79, 2, 152. Comp. Cass., 10 nov. 1874, D. P. 75, 1, 248; Douai, 31 janv. 1876, S. 77, 2, 33 et la note de M. Lyon-Caen; D. P. 76, 2, 121; Cass., 28 mars 1877, S. 77, 1, 393 et la note de M. Labbé; D. P. 77, 1, 241; Rouen, 6 févr. 1878, D. P. 78, 2, 189; Paris, 26 nov. 1878, D. P. 79, 2, 152; Rennes, 23 juin 1879, D. P. 79, 2, 155; Nancy, 21 janv. 1882, D. P. 82, 2, 174; Cass., 9 mai 1881, D. P. 82, 1, 97; S. 81, 1, 337; Trib. civ. Seine, 16 févr. 1882, *Journ. des assur.*, 82, 458).

Cette solution a pour elle la jurisprudence la plus récente (Paris, 5 mars 1886, *Journ. des assur.*, 86, 269, et *Rec. périod. des assur.*, 86, 239; Douai, 14 févr. 1887, S. 88, 2, 49; Bourges, 7 mai 1888, S. 89, 2, 16; Trib. civ. Fontainebleau, 2 févr. 1893, *Rec. périod. des assur.*, 93, 348).

Enfin un système mixte de Caqueray : *op. cit. (Rev. prat. de dr. fr.*, T. XVI, p. 202); de Folleville : note dans le *Traité* de Herbault, p. 228, distingue avec l'importance, ou mieux selon la nature des sommes fournies par la communauté : la récompense serait due au cas où les capitaux de la communauté auraient reçu cet emploi; à l'inverse, elle ne serait point due si le service des primes avait été simplement fait au moyen des revenus. Cette opinion invoque l'art. 1409-4° et l'art. 1473 C. Civ.; de ce que la communauté supporte les réparations usufructuaires des immeubles propres et de ce que les intérêts des récompenses ne courent au profit de la communauté qu'à partir de sa dissolution

Il semble pourtant que la femme bénéficiaire ne saurait, en principe, et sans une manifestation formelle d'une volonté contraire de la part du mari [1], être tenue à aucun titre.

Plusieurs raisons militent en faveur de cette solution.

En droit, le mari a le pouvoir de disposer des effets mobiliers de la communauté au profit de tiers; on ne voit pas pourquoi sa liberté serait restreinte lorsqu'il s'agit de sa femme, c'est-à-dire de la personne dont l'avenir doit le préoccuper avant tout. En second lieu, que serait l'attribution faite à la femme si cette dernière ne pouvait la recueillir que sauf récompense? Il se peut que le service des primes ait été fait par le mari pendant de longues années; le montant des primes risque d'égaler le capital assuré: la femme perdrait, en fournissant une récompense à la communauté, la moitié du capital [2]. L'opération irait alors contre la volonté du stipulant, puisque les personnes qu'il a entendu écarter, ses héritiers, profiteraient en partie de l'assurance [3]. Le mari qui contracte une assurance sur sa tête, dans l'intérêt de sa conjointe, n'entend pas seulement la faire bénéficier de la différence entre le capital de

il soit qu'il n'est jamais dû récompense que quant au capital puisé dans la communauté.

D'autre part, on a fait valoir (*Journ. des assur.*, 93, 57) qu'il n'y a pas de raison pour refuser d'appliquer la doctrine admise par la Cour de cassation quant au remboursement des primes payées, en cas de faillite du souscripteur de l'assurance, lorsque la femme est bénéficiaire du contrat; les principes sont les mêmes, car la communauté n'est pas autre chose qu'un créancier vis-à-vis de la bénéficiaire survivante; aussi faudrait-il admettre, disent les adhérents de cette opinion, que la communauté, comme la masse créancière, ne peut exiger la restitution des primes payées par le mari commun en biens que *suivant les circonstances*, circonstances appréciées souverainement par le juge du fait.

En Belgique, la jurisprudence paraît fixée en ce sens que la récompense est due 'Trib. Mons, 14 août 1874, *Pas.*, 75, 3, 290; Charleroi, 9 mai 1874, *Pas.*, 74, 3, 219). Mais cette solution semble difficilement explicable non seulement parce que l'art. 1422 C. Civ. autorise le mari à disposer à titre gratuit des effets mobiliers de la communauté, mais encore par suite du silence de l'art. 43 de la loi du 11 juin 1874; cette disposition ne vise que l'application des règles du droit civil relatives au rapport et à la réduction du chef des versements faits par l'assuré: elle ne parle pas de l'application des règles concernant les récompenses; d'où l'on peut induire que le législateur n'a pas entendu imposer la récompense de ce chef. — V. en ce sens, Forquin d'Almeida : *op. cit.*, p. 169 et 170.

1. Il peut parfaitement se faire que l'intention (appréciée souverainement par le juge du fait du mari ait été de soumettre sa femme au paiement d'une différence (V. par exemple Nancy, 21 janvier 1882, S. 83, 2, 35; D. P. 82, 2, 174 ; en pareil cas, la volonté du contractant doit être absolument respectée. Il en devrait être de même au cas où il serait certain que le mari aurait agi dans l'intérêt de la femme, pour lui faire une avance.

2. Est-il besoin de faire remarquer qu'aucune indemnité ne serait *a fortiori* due si les primes étaient supérieures au capital assuré? — Cf. Vivante: *op. cit.*, T. III, n°s 199 et 202.

3. Les libéralités ne donnent jamais lieu à récompense; s'il en était autrement il n'y aurait point de libéralité véritable entre époux communs en biens: les récompenses dues au donateur ou à la communauté seraient la destruction même des donations, elles constitueraient en quelque sorte des restitutions de choses données faites par le donataire au donateur. Lyon-Caen : Note, S. 77, 2, 33.

l'assurance et le montant des primes payées au cours du mariage ; son intention a été de la faire profiter de la totalité de ce capital et, du moment où on lui reconnaît la faculté de disposer de la sorte en faveur de sa femme tout comme en faveur d'un tiers, on doit décider, pour rester conséquent avec soi-même, que la femme ne sera, pas plus qu'un donataire étranger, assujettie à la prestation d'un équivalent quelconque [1].

Les art. 1437, 1404 et toutes les dispositions qui parlent de récompense s'appliquent à des hypothèses où il est question de contrats à titre onéreux ; si de ces contrats il résulte un avantage au profit de l'un des conjoints, celui-là doit récompense parce que les donations ne se présument point et qu'il n'est pas certain que l'un des époux ait voulu gratifier l'autre. Mais ici l'intention de donner est évidente [2].

Il n'y a donc pas lieu de s'arrêter à cette objection que l'assurance contractée par un mari au profit de sa femme constitue un contrat à titre onéreux attribuant à la femme un propre pour lequel récompense est due en vertu des principes du droit commun [3]. En effet, la femme est donataire même du montant des primes payées pour la continuation de l'assurance, des sommes qui sont prélevées sur les revenus, c'est-à-dire sur ce qui est destiné à être dépensé sans contrôle et dont le mari peut disposer à son gré [4]. De deux choses l'une : ou bien les primes ont été payées des deniers personnels du mari, chacune d'elles constitue alors une libéralité d'une somme d'argent, un don manuel ; c'est exactement comme si l'assurance étant faite au profit de la femme sur la tête du mari, ce dernier avait remis à sa femme le montant de la prime et que la femme l'eût payée elle-même avec cet argent ; une semblable libéralité ne pourrait être attaquée par les intéressés que si, par son importance, elle était hors de toute proportion avec les ressources dont le défunt pouvait disposer ; ou bien, au contraire, les primes ont été payées des deniers de la communauté, la situation est alors régie par l'art. 1422 C. Civ. accordant au mari le droit de disposer des effets mobiliers de la communauté à titre gratuit, à la condition de ne pas s'en réserver l'usufruit, article indubitablement applicable à l'assurance vie entière dont le bénéfice ne doit jamais être recueilli par le souscripteur [5].

---

1. Levillain : Note, D. P. 79, 2, 20 ; Bazenet : *op. cit.*, p. 130.

2. Blin : *op. cit.*, p. 123.

3. C'est pourtant l'objection qui paraît avoir motivé plus ou moins certaines décisions. Trib. civ. Meaux, 8 mars 1877, *Journ. des assur.*, 77, 356 ; Trib. civ. Clermont, 16 mai 1879, *ibid.*, 79, 404 ; Trib. Bar-sur-Aube, 18 mars 1886, *ibid.*, 86, 266.

4. Le système de M. Labbé, il faut le reconnaître, n'a pas de peine à écarter cette objection. V. S. 77, 1, 393 et S. 89, 2, 122. — Cf. Mornard : *op. cit.*, p. 299 et suiv..

5. Couteau : *op. cit.*, T. II, p. 597 et 598.

Sans établir une distinction pour le cas où l'assurance a été contractée moyennant une somme ou des primes prises sur le capital [1], il faut donc dire que la récompense ne saurait être exigée, à moins de preuve contraire. La dispense résulte de la libéralité contenue dans l'assurance : l'idée de récompense est incompatible avec l'idée de libéralité et le bénéficiaire ne pourrait plus être appelé donataire s'il devait restituer un jour ce qu'il a reçu [2].

La femme bénéficiaire ne devrait pas plus faire récompense à la communauté des bénéfices de la participation afférents au contrat [3].

Si les participations ont servi, pendant la vie de l'assuré, à augmenter le capital, aucune récompense n'est possible. Ces participations, en effet, ont été comprises dans la somme représentant le capital assuré par la police dont la femme est bénéficiaire, et cette somme doit lui appartenir, en vertu d'un droit propre et personnel remontant au jour où le contrat a été conclu et à la charge seulement par elle de faire à la communauté récompense des primes, suivant l'opinion dominante, à tort ce semble. Si les participations ont été touchées directement par l'assuré, elles ont pu être considérées comme tombées dans la communauté à titre d'acquêts et comme étant susceptibles de faire l'objet d'un partage, conformément aux art. 1468 et suiv. C. Civ.. Dans ce cas, on ne voit pas comment il pourrait être fait application de l'art. 1437 C. Civ. qu'invoquent

1. De Caqueray : *loc. cit.*

2. Couturier : *op. cit.*, p. 185.

Pour nous la dispense doit être présumée. Mais nous reconnaissons que plusieurs décisions judiciaires présument, au contraire, l'obligation de récompense, sauf à faire résulter la dispense des circonstances de la cause et des conditions dans lesquelles l'assurance a été souscrite. — V. notamm. Trib. civ. Fontainebleau, 2 févr. 1893, *Rec. périod. des assur.*, 93, 348; *Journ. des assur.*, 93, 472. Cf. un arrêt de la Cour de Paris du 14 févr. 1867 (S. 67, 2, 359) rendu en matière de rente viagère, il est vrai.

Confirmant une jurisprudence et une doctrine constantes (Cass., 20 avril 1851, S. 51, 1, 329; D. P. 52, 1, 25; Paris, 11 juin 1853, S. 53, 2, 456; D. P. 54, 2, 88 et 19 févr. 1864, S. 65, 2, 4; D. P. 65, 2, 73; Cass., 11 décembre 1867, S. 68, 1, 118; D. P. 68, 1, 270; 6 mars 1873, S. 74, 1, 129; D. P. 74, 1, 72; Caen, 12 mars 1874, S. 74, 2, 310; Paris, 26 juin 1880, S. 80, 2, 318; D. P. 81, 2, 207; Lyon, 6 janvier 1881, D. P. 83, 2, 169; Pont : *Petits contrats*, T. I, n° 701; Aubry et Rau : *op. cit.*, T. V, § 511 *bis*, note 8; Laurent : *op. cit.*, T. XXII, n° 486. — *Contrà*, Rennes, 3 janvier 1861, S. 61, 2, 591; D. P. 72, 2, 245; Bourniceau Gesmond : *De la reversibilité des rentes viagères au point de vue de la loi de frim. an VII* (*Rev. prat. de dr. fr.*, T. XXI, 1866, p. 290]; Labbé : *Note*, S. 65, 24), la Cour de cassation a décidé, le 24 janvier 1894 (*Le Droit*, 21 févr. 1894), que la récompense indiquée par l'art. 1437 n'est pas due, en cas de rente viagère acquise avec les deniers de la communauté et stipulée reversible sur la tête du survivant, lorsqu'il est constaté par le juge du fait que l'époux prédécédé, libre dans la disposition de ses biens, avait par acte régulier et notamment par une disposition testamentaire manifesté la volonté d'exonérer son conjoint survivant de toute récompense. Comp. Mémin : *Traité théor. et prat. de la réversion d'un droit de propriété ou d'un droit viager entre époux*, Paris, 1894, p. 75 et suiv..

3. Trib. civ. Seine, 15 nov. 1892, *Journ. des assur.*, 93, 55; *Rec. périod. des assur.*, 93, 444.

les partisans de l'idée de récompense. La femme n'est pas tenue à récompense pour les avantages qu'elle retire du partage de la communauté. Il n'y a lieu à récompense qu'autant que la communauté a fait une dépense dont l'un des époux tire un profit personnel [1].

Lorsque le mari commun en biens s'est assuré au profit de sa femme, si cette dernière a refusé son acceptation, le bénéfice tombe dans la communauté et n'appartient pas à la succession du souscripteur si les primes ont été acquittées au moyen de deniers communs. C'est, du moins, ce qui a été décidé [2].

§ 2. — Assurance passée par la femme en faveur de son mari.

L'acte par lequel une femme souscrit une assurance sur la vie au profit de son mari a le caractère d'un contrat à titre onéreux, à l'examiner au point de vue des relations créées entre la Compagnie et la signataire de la police. Au contraire, si on envisage le contrat relativement aux rapports qu'il est de nature à établir entre la femme et le mari, on peut dire que, dans la très grande majorité des cas, il n'y là qu'une libéralité. Aussi, hors le cas où, par suite d'une séparation de biens, la femme a la libre disposition de sa fortune [3], la capacité de la femme n'est pas entière [4].

Par application de l'art. 217 C. Civ. la femme même marchande publique, ou bien mariée soit sous le régime de la communauté, soit sous le régime sans communauté, soit sous le régime dotal en l'absence de biens paraphernaux, lorsqu'elle entend traiter avec une Compagnie d'assurance sur la vie, doit se munir de l'autorisation de son mari et, à défaut de l'assentiment de ce dernier, de l'autorisation de justice.

Le défaut d'approbation, qui ne peut guère être relevé que très rarement à raison de l'habitude prudente où sont les Compagnies d'exi-

1. Comp. Observal., *Rec. périod. des assur.*, 93, 117 et *Journ. des assur.*, 93, 57.
2. Besançon, 10 févr. 1881, *Journ. des assur.*, 81, 475.
3. La femme séparée qui contracte une assurance à son profit assume l'obligation de payer les primes, mais en agissant ainsi elle reste dans la limite de ses droits : l'art. 1449 C. Civ. reconnaît, en effet, le droit de disposer de son mobilier, par conséquent de ses revenus. Il semble que l'on peut aller plus loin et que la femme séparée a le droit d'affecter à une assurance même ses capitaux. Il y a une très grande différence entre sa situation et celle du mineur émancipé : ce dernier voit sa capacité restreinte aux actes de pure administration et pour les revenus ; au contraire, la femme séparée peut toucher des capitaux et les placer. — V. Baremet : *op. cit.*, p. 107 et ce qui a été dit plus haut. T. Ier, p. 273.
4. Il est à noter que la nécessité de l'autorisation maritale pour la femme n'existe pas partout. On conçoit ce qu'a de singulier l'autorisation exigible de la part de celui qui doit précisément profiter de l'acte pour lequel son assentiment est demandé. Aux États-Unis, la liberté de la femme est entière à ce propos. (Comp. *Monit. des assur.*, sept. 1875, p. 348 ; Typaldo Bassia : *op. cit.*, p. 258) ; il en est de même au Canada. — V. Couteau : *op. cit.*, T. I, p. 367.

ger une autorisation pour toute femme mariée [1], entraîne la nullité de l'opération. Et cette nullité peut être invoquée tant durant tout le cours du mariage, par le mari ou par la femme avec l'autorisation de son mari, qu'après la dissolution de l'union, pendant un laps de dix ans, par la femme ou par ses héritiers, conformément au droit commun. En pareil cas, la communauté qui profite du bénéfice d'assurance [2] devra rembourser les primes payées par la femme.

Mais il ne s'agit que d'une nullité relative; par suite, si les intéressés n'excipent pas de la nullité, l'assureur est dépourvu du droit de se prévaloir de l'incapacité de la femme : il est tenu de verser le capital assuré. Ce dernier appartient au mari *jure proprio*, comme si le contrat avait été passé à son profit par un étranger [3].

L'assurance contractée par la femme autorisée en faveur de son mari produit les mêmes effets qu'une assurance ordinaire; c'est qu'au total il y a purement et simplement une stipulation pour autrui dans les termes de l'art. 1121 C. Civ.. L'époux gratifié acquiert *jure proprio* un droit exclusif sur le capital assuré et le droit de créance ne tombe pas dans la communauté [4].

1. Les recueils de jurisprudence ont cependant conservé le souvenir d'un procès soulevé par une assurance contractée, sans l'autorisation du mari, par une femme mariée sous le régime de la communauté réduite aux acquêts, Poitiers, 17 août 1875; D. P. 76, 2, 181; S. 77, 1, 393.

2. Poitiers, 17 août 1875 D. P. 76, 2, 181; S. 77, 1, 393; Cass., 12 févr. 1877, D. P. 77, 1, 342; S. 77, 1, 393; Comp. Delrénois : *Assur.*, p. 86; Delrénois : *Traité des liquidat.*, 3620; Couteau : *op. cit.*, T. II, p. 570.

3. Cf. Furquim d'Almeida : *op. cit.*, p. 165 et 166.

Pourtant il a été jugé qu'en cas d'assurance contractée par une femme sans l'autorisation de son mari, ce dernier n'acquiert pas un droit exclusif sur le capital promis par la Compagnie et que l'assurance souscrite de la sorte par la femme commune en biens tombe dans la communauté. Trib. civ. Poitiers, 8 décembre 1874; Poitiers, 17 août 1875, D. P. 76, 2, 181 ; Cass., 12 févr. 1877; D. P. 77, 1, 342; S. 77, 1, 393. — V. en ce sens Blin : *op. cit.*, p. 123. Mais il ne s'agit là que d'une décision d'espèce. L'intention d'attribuer en toute propriété au mari la créance contre la Compagnie n'était pas constante chez la femme. D'où l'on peut bien conclure que si la volonté de la femme avait été manifestée d'une façon indubitable, le mari, au contraire, aurait eu un droit certain sur le capital assuré. — Comp. aussi sur l'interprétation à donner à ces arrêts, Houpin : *Jurisprud. du notariat*, 1886, p. 705 et suiv..

4. Paris, 26 nov. 1878, S. 79, 2, 44; D. P. 79, 2. 152. — V. Houpin : *Journ. du notariat*, 1890, p. 660, etc..

Une observation doit être faite. On a soutenu (Bazenet : *op. cit.*, p. 111; V. aussi Dumont : *op. cit.*, p. 300) que la créance est née directement sur la tête du mari par application de l'art. 1121, qu'elle est tombée immédiatement dans la communauté (art. 1401 C. Civ.), que la femme en désignant le mari comme bénéficiaire de l'assurance dans la police, ou en lui faisant une cession postérieure, a fait donation à celui-ci d'un effet de la communauté, que cet effet sorti de la communauté appartient en propre à la femme. Mais aussitôt une objection a été formulée : comment arriver à attribuer en propre le capital assuré au mari? La créance de ce capital est tombée dans la communauté (art. 1401; pour que la femme pût l'en faire sortir par une donation, il faudrait qu'elle pût aliéner à titre gratuit les meubles communs; or, l'art. 1422 C. Civ. n'accorde ce droit qu'au mari.

Il a été répondu que la donation d'un meuble de la communauté faite par la

De même que lorsqu'il s'agit d'une assurance passée par le mari au profit de sa femme, aucune récompense ne semble due à la communauté quand, au contraire, la femme munie de l'autorisation de son mari a contracté une assurance dans l'intérêt du mari : la femme autorisée a pu valablement donner à son mari sa part dans la créance commune ; le mari acquérant cette créance à titre gratuit ne doit pas indemniser la communauté [1]. Il n'est pas plus tenu à récompense à raison de sa qualité de donataire que la femme qui a contracté avec l'autorisation maritale n'aura à tenir compte à la communauté des prélèvements fournis par cette dernière en vue du service des primes, l'autorisation du mari impliquant la validité d'un engagement de la communauté.

§ 8. — Assurance contractée par les deux époux au profit du survivant.

Deux époux communs en biens ont le droit, sinon par un seul et même acte, à raison des difficultés que peut soulever l'application de l'art. 1097 C. Civ. [2], au moins par deux actes séparés, de traiter avec

femme au mari, à la condition d'être autorisée, est un acte inattaquable. Les époux sont co-propriétaires par indivis des biens communs, cela est certain. Pour qu'une aliénation de tels biens soit valable, il faut le concours des deux communistes. Par exception, la loi a accordé au mari, sur les biens communs, des pouvoirs plus étendus que ceux d'un co-propriétaire. Le mari peut, en effet, aliéner à titre onéreux les biens communs sans le concours de sa femme (art. 1421 C. Civ.); première dérogation au droit commun : Il peut ensuite, à des conditions fixées, aliéner *seul* à titre gratuit les meubles de la communauté, deuxième dérogation (art. 1422 . Quant au surplus, le droit commun reprend son empire, toute aliénation de biens devra donc, pour être valable, émaner des deux époux. Cette condition sera nécessaire, mais suffisante. Enfin si, comme dans l'espèce, la donation est faite par l'un des époux à l'autre, il suffira que l'époux gratifié prenne la part de son conjoint dans l'effet commun, puisqu'il est déjà co-propriétaire de cet effet. Le mari acquiert la part de la femme dans la créance de la communauté. La femme autorisée du mari peut donner à celui-ci ses biens propres, quelle raison empêcherait la femme, avec la même autorisation, de se dépouiller au profit du mari de son droit de copropriété dans l'actif commun ? Ce n'est pas la règle de l'immutabilité des conventions matrimoniales; Il n'est pas douteux que cette règle ne touche pas au droit qu'ont les époux de se faire, pendant le mariage, des donations même avec les biens communs (art. 1480 C. Civ.).

1. Herbault : *op. cit.*, p. 242; Vibert, p. 167 ; Couteau : *op. cit.*, p. 398; Baronet : *op. cit.*, p. 137; Clos : *op. cit.*, p. 127. — *Contrà*, Taudière : *op. cit.*, p. 185.

Au cas où, par impossible, le droit à récompense pourrait être reconnu (mais uniquement pour le montant des primes, puisque c'est cette valeur seulement qui a été fournie par la communauté), il semble incontestable, étant donné le caractère absolument personnel de l'action, que les créanciers du mari ne sauraient, par application de l'art. 1166 C. Civ., réclamer à la femme, au nom de la communauté, le remboursement des sommes prélevées sur cette dernière.

2. Nous ne pensons pas, contrairement à ce qui a été parfois enseigné (Clos : *op. cit.*, p. 121 ; Baron : *op. cit.*, p. 149), que cet article soit applicable à raison du caractère à titre onéreux qu'il nous semble difficile de contester à l'opération. Nous exposons plus loin nos raisons. Bornons-nous pour le moment à repro-

une Compagnie d'assurance, à l'effet de se faire promettre que le capital assuré sera remis au survivant. Chacun d'eux, prévoyant le cas où il viendrait à mourir le premier, abandonne sa part dans le bénéfice résultant du contrat en échange du droit à l'intégralité de ce même bénéfice qui doit lui revenir si, au contraire, il survit à son conjoint.

Une pareille stipulation a sa raison d'être. Elle se conçoit en particulier s'il n'y a point d'enfants; il est naturel que chacun des époux cherche à assurer au dernier vivant une ressource propre, indépendante du patrimoine même.

La validité de cette opération a paru plus ou moins douteuse un moment [1]. Mais aujourd'hui l'on semble être revenu sur une pareille opinion que rien ne justifie.

La stipulation dont il s'agit n'est pas en opposition avec les prescriptions légales. Il n'existe aucun texte interdisant à des époux mariés sous le régime de la communauté réduite aux acquêts de faire conjointement un contrat d'assurance et d'en stipuler le bénéfice au profit de celui qui survivra. Quoique l'on ait pu dire [2], la conclusion d'une assurance dans ces conditions n'est pas condamnée par l'art. 1097 C. Civ. qui prohibe toute donation mutuelle et réciproque entre époux par un seul et même acte, car ce texte n'est point applicable. La défense formulée par l'art. 1097 ne concerne et ne peut concerner que les donations proprement dites. Or, la stipulation passée par un époux au profit du survivant n'est pas une libéralité ordinaire; elle constitue en dernière analyse une opération d'une

<hr>

duire une seule remarque produite à ce propos : pour repousser l'art. 1097 on a fait valoir que sur le contrat dont s'agit, passé entre la Compagnie et les assurés, et qui constitue incontestablement un contrat aléatoire, se greffe un autre contrat passé entre les deux époux et qui a le même caractère; les chances de gain ou de perte sont égales de chaque côté; il paraît donc plus naturel de voir dans l'opération un contrat commutatif qu'un contrat de bienfaisance, d'autant plus qu'envisagée à ce point de vue, la convention pourrait être arguée de nullité comme renfermant une libéralité réciproque faite entre époux par le même acte (*Revue du notariat*, 1880, p. 354).

De son côté, M. Labbé a fait observer (S. 77, 1, 390) que cet article 1097 se réfère à la forme des donations et que la donation étant ici accessoire à un contrat à titre onéreux, elle est par cela même dispensée des règles de forme prescrites pour les donations. — V. aussi Houpin : *Assurance sur la vie entre époux* (*Journ. du notariat*, 1898, p. 674) et Marchal : *op. cit.*, p. 177.

1. V. notamment Moulon : Note, D. P. 65, 2, 73; de Loynes : Note dans le *Traité de la Société d'acquêts* de Tessier, p. 147.

2. C'est ainsi que M. Baron (*op. cit.*, p. 144-149), après avoir reconnu la parfaite validité de l'opération si on ne regarde que le contrat intervenu entre la Compagnie et les époux, n'hésite pas à arguer de la nullité par le motif que les époux se font une donation réciproquement et par un même acte, au mépris de l'art. 1097. Cet auteur ne peut méconnaître l'arrêt de la Cour de cassation du 28 mars 1877 (D. P. 77, 1, 241; S. 77, 1, 393) dont il sera parlé plus loin, mais il en est réduit à dire que « la Cour suprême va à l'encontre de la loi », tout en notant que cette décision a donné « satisfaction à la pratique et à des intérêts bien respectables ».

nature particulière, participant à la fois de l'acte à titre onéreux et de la libéralité ; la libéralité est, en réalité, l'accessoire d'un acte à titre onéreux [1].

En second lieu, la stipulation ne tombe pas sous le coup de l'art. 1395 C. Civ. et de la disposition si sévère sanctionnant la règle de l'immutabilité des conventions matrimoniales. En effet, le contrat intervenu avec la Compagnie ne modifie en aucune façon la situation créée avant la célébration du mariage. Le pacte matrimonial n'avait pas prévu le contrat d'assurance sur la vie ; dès lors, en souscrivant ultérieurement cette assurance, les époux ont simplement créé un pacte nouveau qui ne modifie en rien le contrat primitif, puisque son objet est complètement étranger à ce contrat [2].

Mais si l'on admet unanimement aujourd'hui la légalité d'un pareil contrat [3] et si la jurisprudence, d'accord avec les auteurs, a reconnu la parfaite validité d'une disposition de ce genre ainsi que le droit propre de l'époux gratifié et survivant [4], on est loin de se trouver d'accord quant à son caractère et quant à ses effets [5].

L'opération dont il est question ici, c'est-à-dire la stipulation par

---

1. Cf. les observations de M. Lyon Caen : S. 77. 2. 33.

M. de Folleville fait valoir avec raison (*Traité du contrat pécuniaire de mariage*, Paris, 1883, T. I, p. 658), que l'art. 1121 C. Civ. autorise les stipulations au profit des tiers lorsque telle est la condition d'une stipulation que l'on fait pour soi-même, que précisément ici chaque époux, ne s'obligeant que pour la moitié de la prime, a stipulé de la Compagnie le paiement intégral de la somme assurée à celui d'entre eux qui survivrait, que chacun a contracté pour son compte et en même temps au profit de son conjoint et il en tire cette conclusion que les stipulations faites par les époux sont autorisées par l'art. 1121.

2. de Folleville : *loc. cit.*

3. V. Troplong : *Contrats aléat.*, n° 254 ; Pont : *Petits contrats*, T. I, n° 701 ; Labbé : Note, *Pal.*, 65, 85 ; Blondel : *op. cit.*, p. 241 ; Herbault : *op. cit.*, p. 246, etc. ; Couteau : *op. cit.*, T. II, p. 576, etc. ; de Folleville : *op. cit.*, T. I, p. 657 ; Béchade : *op. cit.*, p. 152 et 153 ; Bavenet : *op. cit.*, p. 115 ; Couturier : *op. cit.*, p. 167, etc. ; Masson : *op. cit.*, p. 167, etc..

Paris, 25 mars 1844 : *Pal.*, 44, 540 ; Paris, 29 avril 1854 : S. 54, 4, 329 ; Paris, 19 févr. 1864 ; D. P. 65, 2, 75 ; Douai, 31 janv. 1876, D. P. 76, 2, 121 ; S. 77, 2, 38 et Cass., 28 mars 1877 ; D. P. 77, 1, 241 ; S. 77, 1, 393 ; Trib. civ. Meaux, 8 mars 1877 ; Bonnev. de Mars. : III. 238 ; Trib. civ. Clermont, 17 mai 1879 ; Dalloz : *Rép.*, Supplém., v° *Assur. terr.*, n° 477 ; Trib. civ. Charleville, 29 mai 1879 ; *Journ. de l'enreg.*, n° 21,156.

4. Les tribunaux allemands ont constamment décidé que l'assurance revenait à l'époux survivant. Holzgericht de Mannheim, 15 sept. 1866 ; *id.* de Wiesbaden, 1860 ; Oberappellationsgericht de Munich, 11 févr. 1868, cités par Kœnig : *Zeitschr. des Bernisch. Juristenvereins.*, XI, p. 297, etc. ; Rehfous : *op. cit.*, p. 121.

5. En Belgique, comme le fait observer M. Furquin d'Almeida (*op. cit.*, p. 167), aucune difficulté ne saurait se présenter sous l'empire de l'art. 43 de la loi du 11 juin 1874 proclamant le droit propre de la personne gratifiée, le bénéficiaire a droit au capital, en vertu du contrat lui-même ; ce capital n'a fait à aucun moment partie du patrimoine du preneur d'assurance ; ce n'est donc pas celui-ci qui le transmet au bénéficiaire ; dès lors, en cas de liquidation de la communauté il n'y a pas à se préoccuper du bénéfice au point de vue du partage, le capital assuré est un propre du conjoint bénéficiaire.

La solution doit être la même sous l'empire des législations qui ont reproduit les termes de l'art. 43 de cette loi du 11 juin 1874.

deux époux communs en biens que le capital assuré serait payé au survivant d'entre eux, cette opération semble, au premier abord, n'être qu'une double libéralité dont une seule est destinée à se réaliser.

Il paraît rationnel de penser que les parties ont eu en vue, non pas un échange de droits, mais bien une pensée de libéralité : l'époux prémourant a fait au survivant don de sa part dans la créance commune. Il doit s'ensuivre que l'époux qui subsiste possède un droit personnel et exclusif sur le capital promis par l'assureur [1], qu'il recueille en capital, abstraction faite de toute qualité autre que celle de contractant ; que dès lors cette créance n'entre pas dans la masse partageable, est recueillie même en cas de renonciation à la communauté, et échappe nécessairement aux réclamations des créanciers personnels du souscripteur de la police.

Bien qu'enseigné par un grand nombre d'auteurs [2], quoique consacré par la Cour de Cassation [3], ce système, qui s'attache plus à l'événement accompli qu'à l'intention des époux au moment où le contrat est devenu parfait, a rencontré une très vive opposition [4].

Il a été objecté que l'opération litigieuse n'était pas autre chose qu'une convention aléatoire à titre onéreux, dans laquelle chacun des époux était intéressé de part et d'autre [5] : si l'on considère le con-

---

1. Douai, 31 janv. 1876 ; D. P. 76, 2, 121 ; S. 77, 2, 38 ; Cass., 28 mars 1877 ; D. P. 77, 1, 241, S. 77, 1, 393. — Trib. civ. Meaux, 8 mars 1877, Bonnev. de Mars. : III, 238 ; Trib. civ. Clermont, 16 mai 1879 ; Dalloz : *Rép.*, Supplém., v° *Assur. terr.*, n° 477.

2. Blin : *Assur. sur la vie*, p. 430 ; Blondel : *op. cit.*, p. 242 ; Herbault : *op. cit.*, p. 216 ; Hochart : *Communauté réduite aux acquêts*, p. 109 ; Dujarier : *op. cit.*, p. 94 ; Couteau : *op. cit.*, T. II, p. 577, etc. ; de Folleville : *loc. cit.* ; Ruben de Couder : *loc. cit.*, n° 96, etc. ; Clos : *op. cit.*, p. 121, etc..

3. Arrêt précité du 28 mars 1877. — V. les observations de M. Labbé, S. 77, 1, 393.

4. Des partisans de cette opinion ont cherché à introduire un tempérament ; en admettant le principe, a-t-on écrit (Defrénois : *Traité prat. du contrat d'assur. sur la vie*, p. 90 et 91), il conviendrait de dire que le capital appartient au survivant, moitié à titre personnel et propre comme co-propriétaire des biens, et moitié en qualité de donataire de son conjoint prédécédé, rapportable fictivement à la succession et imputable sur la quotité disponible entre époux, mais sans charge de récompense.

À l'appui de cette correction on invoque l'argumentation suivante :

Quand deux époux s'assurent au profit du survivant, chacun d'eux n'entend donner à son conjoint que sa part propre et personnelle à laquelle il aurait droit si le montant de l'assurance faisait partie de la communauté ; l'autre moitié appartient au survivant personnellement, comme y ayant contribué pour cette quotité en sa qualité de co-propriétaire des biens communs ; il ne saurait y avoir donation pour cette moitié puisque les qualités de donataire et de donateur se confondent dans la même personne.

On a fait valoir que ce système permet à l'époux survivant, en présence d'héritiers réservataires, de recueillir, sinon la totalité, au moins une grande partie du capital assuré, sans que la succession de son conjoint ni la communauté n'éprouvent un préjudice.

5. V. Bédarrides : Conclusions à la Cour de Cassation, S. 77, 1, 393 ; D. P. 77, 1, 244 ; Domaine : *Du contr. d'assur. sur la vie et des droits de mut. par décès*

trat passé entre la Compagnie et les deux conjoints, on remarque que chacun des deux est à la fois créancier de la moitié de l'indemnité promise par l'assureur et débiteur de la moitié des primes dues à ce dernier; par une disposition accessoire, il est convenu que chacun des époux obtiendra, en cas de survivance, la part de l'autre dans le capital assuré, mais à la condition qu'il perdra en cas de prédécès la part qu'il a dans ce même capital; les deux contractants sont intéressés : si l'un est bien exposé à perdre sa part dans le droit à l'indemnité par suite de sa mort survenue la première, il risque de gagner la part de son conjoint à raison de sa survivance : en réalité, il achète un droit éventuel, dont la réalisation est fort possible au moyen d'un sacrifice aléatoire.

Cette opinion s'appuie sur l'entière analogie qui existe entre l'assurance contractée par deux époux au profit du survivant et le cas d'une rente viagère constituée sur la tête de deux époux communs en biens, avec clause de reversibilité au profit des survivants [1]. Les partisans de cette doctrine font valoir que cette dernière opération ne saurait, d'après les commentateurs, être considérée comme attribuant exclusivement un avantage fait par le prédécédé au survivant; la constitution est à titre onéreux, puisque la chance de survie est pour l'un comme pour l'autre: en effet, le but commun a été, par la réunion des primes, de procurer au survivant un capital plus élevé, et comme chacun a renoncé à la part revenant à sa succession pour avoir la chance de recueillir le capital entier en cas de survie, ce n'est pas l'idée de libéralité qui domine, mais bien plutôt celle du contrat aléatoire [2].

---

auxquels il donne lieu, p. 120; mais V. les observations du même auteur dans la 2e édition de son ouvrage publiée sous ce titre : *Du contrat d'assur. sur la vie en droit civil et en droit fiscal*, p. 284; Rehtous : *op. cit.*, p. 121 ; Guillouard : *Traité du contr. de mariage*, T. II, n° 1016, p. 462; Imbert Cyprès: *op. cit.*, p. 127; Dumont : *op. cit.*, p. 302; Lyon Caen : Note, S. 77, 2, 33; Labbé : Note, S. 89, 2, 121 ; Rennes, 9 févr. 1888, S. 89, 2, 121.

1. Il a été jugé (Poitiers, 1er févr. 1881, S. 82, 2, 27; D. P. 81, 2, 179) que la clause d'un contrat de rente viagère portant réversibilité au profit du survivant de deux crédi-rentiers ayant stipulé séparément au contrat constitue, au profit du survivant, non une libéralité qui lui aurait été faite par le prédécédé, mais un engagement spécial et éventuel du débiteur de la rente.   V. aussi (en matière fiscale) Trib. civ. Angers, 6 avril 1867, S. 68, 2, 321; Cass., 26 janv. 1870, S. 70, 1, 84; D. P. 70, 1, 169. Cf. Note, D. P. 69, 3, 47.

2. Bédarride : Conclusions précitées.

La différence entre les deux systèmes imaginés à ce sujet apparaîtra mieux au moyen d'un exemple :

Deux époux contractent, dans le même acte, une assurance au profit du survivant d'une somme de 50,000 francs moyennant une prime annuelle de 2,000 francs; le mari meurt au bout de deux années. D'après le premier système il y aurait eu en pareil cas deux libéralités conditionnelles, sous l'alternative de deux conditions inverses, libéralités dont une seule doit s'exécuter; la femme devrait rapporter à la succession de son mari le bénéfice de l'assurance, soit 50,000 francs. Si l'on adopte le second système, il faut considérer l'opération intervenue entre les deux époux comme des opérations intéressées de part et d'autre; la femme devrait,

Ce système semble plus fondé.

Les deux époux qui ont traité en faveur du survivant ont concouru à une opération d'assurance qui leur a été inspirée par un sentiment semblable et réciproque. Les risques courus par la Compagnie étaient déterminés par une double éventualité; toutefois, l'incertitude dérivant de la prévision de cette double éventualité a été ramenée à la fixation d'une prime annuelle unique. Dans l'un ou l'autre des cas prévus un même capital a été promis. L'assurance est unique; les deux époux y ont pris part. Dans quelle intention? En se plaçant à l'époque du contrat et sans attendre l'événement du décès, on doit reconnaître que chaque époux songeait à son intérêt, avait la perspective d'un échange propre à retirer du contrat. Il est bien certain que l'on ne peut faire abstraction des sentiments généreux qui existaient chez les époux, de la volonté de chacun de procurer à son conjoint survivant une existence convenable, mais les éléments d'une double donation n'apparaissent pas.

Dans une donation il faut nécessairement trouver un donateur, un donataire et un objet donné, une chose dont le donateur se dépouille, dont le donataire s'enrichit. Ici il est déjà difficile de dire *a priori* quel est le donateur, quel est le donataire. Chaque époux a tenu le même langage, a eu la même intention. Sans doute on comprend des donations réciproques entre deux personnes, des donations mutuelles. Quant à l'élément personnel, deux individus peuvent suffire pour réaliser deux donations, deux actes de libéralité, chaque personne pouvant jouer un rôle différent dans l'un des actes; mais il faut alors autant d'objets donnés que de libéralités, il faut voir, en chaque éventualité, l'objet dont une personne se dépouille au profit de l'autre. Dans le contrat dont il s'agit actuellement, tout est commun entre les parties; le résultat poursuivi est le même; la contribution de chacune des parties est égale; la somme destinée au survivant est l'objet unique d'une dette contractée par la Compagnie. On ne peut dire que cette somme promise par la Compagnie sorte plutôt de l'un que de l'autre des patrimoines des époux.

Il paraît difficile de découvrir et de séparer les éléments de deux libéralités; l'opération est une opération indécomposable de sacrifice mutuel et de prudence commune [1].

dans l'espèce indiquée ici, restituer uniquement le montant des primes versées, soit 4,000 francs. — Dumont : *op. cit.*, p. 302.

1. Tel est le système présenté par M. Labbé, dans une importante dissertation. (S. 80, 2, 121). Une double remarque le confirme.

Lorsque deux époux consacrent leur fortune à l'achat d'une rente viagère stipulée réversible en tout ou en partie sur la tête du survivant, ils ne se font pas des donations éventuelles et réciproques, mais simplement une opération

A la vérité, il a été opposé que si ce système parvient à écarter l'objection tirée de l'art. 1097 C. Civ. et de la règle d'après laquelle les donations mutuelles entre époux ne peuvent pas être faites par le même acte, il méconnaît formellement l'art. 1595 qui interdit la vente entre les époux [1].

Mais ce texte semble complètement sans portée en l'espèce : on ne voit pas en quoi l'opération dont il s'agit peut être assimilée à une vente ; on n'aperçoit pas, d'autre part, comment ce qui paraît normal et permis au cas de rente viagère réversible sur la tête du survivant, doit être défendu quand il s'agit d'une assurance sur la vie. Le tort des auteurs, aussi bien que des tribunaux, est de vouloir soumettre au Code civil une opération dont le mécanisme n'a été bien connu que dans ces dernières années et de faire intervenir des dispositions qui ne concernent et ne peuvent pas concerner l'assurance sur la vie. L'objection basée sur l'art. 1395 C. Civ. ne doit donc pas arrêter, et il est permis de dire que tout concourt à établir que le contrat en question est bien indécomposable et à titre onéreux [2].

---

intéressée de la part de chacun d'eux et aléatoire (V. Cass., 22 oct. 1888, S. 89, 1, 15). Deux futurs époux stipulent dans leur contrat de mariage un préciput au profit du survivant ; le Code civil déclare que cette clause qui profitera à l'un ou à l'autre des conjoints n'est pas une donation, mais une convention de mariage, une convention entre associés (C. Civ. art. 1515 et 1516) ; les époux sont, en effet, des associés ; ils peuvent, aussi bien dans le cours de la communauté qu'au début, se préoccuper du sort du survivant, sans accomplir des donations réciproques, proprement dites.

L'on doit ajouter que pour que le survivant, dans la situation qui occupe ici, puisse être considéré comme donataire de son conjoint prédécédé quant à la somme reçue de la Compagnie, il faudrait que la créance de cette somme eût été acquise par l'époux prédécédé, et par lui cédée gratuitement à cause de mort à son conjoint survivant. La Cour de cassation avait admis cette analyse (Cass., 28 mars 1877 ; D. P. 77, 1, 241 ; S. 77, 1, 393). Mais ce n'est point ainsi qu'est construite la convention d'assurance ; les deux époux promettent conjointement des primes en échange desquelles la Compagnie s'engage à verser directement une somme fixe et indivisible au survivant.

1. V. Domaine : *op. cit.*, p. 120.

2. Des auteurs, tout en reconnaissant qu'il y a lieu d'attribuer en propre à la femme survivante le capital assuré, estiment que l'on peut arriver à cette conclusion par une argumentation différente de celle affirmée par la jurisprudence.

L'un d'eux (M. Bazenet : *op. cit.*, p. 123, etc.) raisonne ainsi : les époux ont traité, à titre onéreux, avec la Compagnie d'assurance pour acquérir un capital dont la créance est entrée dans la communauté (art. 1401 C. Civ.). Puis chaque époux a donné à l'autre, sous condition de survie, sa part dans le capital commun. Le mari a donné le capital tout entier à sa femme, sous la même condition de survie, pour le cas où elle renoncerait à la communauté. Le mari ayant prédécédé et la femme ayant renoncé, la femme se trouve pour le tout donataire du mari. Le capital lui appartient en propre puisqu'il est sorti de la communauté au moyen d'une donation. Les art. 1395 et 1401 C. Civ. ne sont pas violés. Il ne faudrait pas alléguer, d'un autre côté, que l'acte qui contenait les deux libéralités (car il y a bien deux libéralités) n'a pas été fait dans la forme voulue (art. 1097 C. Civ.) ; ce texte est sans application : se référant à la forme des donations, il ne concerne aucunement les donations faites accessoirement à un contrat principal à titre onéreux ; or, il est certain que si le contrat d'as-

Une autre objection a été faite : les époux étant mariés sous le régime de la communauté, le bénéfice doit tomber dans la communauté et les héritiers de l'époux prédécédé doivent pouvoir réclamer leur part dans le profit de l'indemnité d'assurance. Avec l'argent de la communauté l'un des époux ne peut pas se créer un bien propre ; il lui est seulement permis de sauvegarder un intérêt propre. Par exemple, l'époux commun en biens peut, avec l'argent de la communauté, réparer un immeuble propre, mais il ne pourrait pas acquérir ainsi un immeuble propre.

Cette argumentation n'a rien de décisif. S'il s'agissait d'une opéra-

surance sur la vie entre conjoints au profit du survivant contient des libéralités, ces libéralités ne sont que l'accessoire d'un contrat principal à titre onéreux, celui que les conjoints ont conclu avec la Compagnie.

En second lieu, une autre théorie a été présentée (Béchade : *op. cit.*, p. 138, etc.) ; elle se résume ainsi :

Le capital assuré revient au survivant, si c'est la femme, à titre d'indemnité procurée par le don manuel que lui a fait des primes payées le prédécédé, comme dans toute autre assurance sur la vie ; il n'y a nul compte à tenir de l'art. 1097 prohibant les donations mutuelles entre époux par un seul et même acte, car cette règle n'a été édictée que pour conserver à ces sortes de donations leur caractère essentiel de révocabilité ; la police n'est point l'acte qui constate une donation mutuelle, qui constate même le contrat ; ce contrat n'existe que par le versement des primes ; la police est explicative et non constitutive des conventions des parties qui restent libres chaque année de renouveler l'assurance et, à chaque instant, d'indiquer un nouveau bénéficiaire, sauf, bien entendu, pour la femme, l'autorisation de son mari, nécessaire pour chaque renouvellement de l'assurance et constatée par le versement de la prime. On est en présence, si les époux n'ont pas modifié leur intention primitive jusqu'au décès du prémourant, de deux assurances restées antérieurement toujours distinctes. Lorsque l'une d'elles aura produit son effet, l'autre ne sera plus susceptible d'être continuée, *faute de cause*, c'est-à-dire *de risque*. Donc, désormais plus de prime à payer, ni de droit éventuel à une indemnité. L'assurance se confond ainsi avec celle que contracte l'un des époux au profit de l'autre ; il faut donc lui attribuer les mêmes effets. Le capital reviendra à la femme survivante, en vertu d'un droit propre conféré par le contrat lui-même ; et il ne sera pas plus dû de récompense par le bénéficiaire que dans l'autre cas, car chacun des époux : le mari, en vertu de son titre de chef de la communauté, la femme, en vertu de l'autorisation de son mari, a tiré des deniers de la communauté non pour augmenter sa fortune personnelle, mais pour créer une indemnité à raison de la disparition du capital représenté par lui-même, faculté qui, dans ces conditions, pouvait s'exercer aussi bien au profit de l'un d'eux qu'en faveur d'un tiers quelconque.

Si c'est le mari qui survit, il n'y a même pas eu don manuel à son profit des primes payées, puisque l'autorisation par lui donnée à sa femme de contracter l'assurance n'a eu d'autre effet que de faire payer les primes par la communauté, c'est-à-dire par lui-même, car pendant le mariage il est le maître absolu de cette communauté. De toute façon, il n'y a donc pas eu donation mutuelle. Il n'y a pas lieu à récompense : l'on ne se trouve point dans l'un des trois cas prévus par l'art. 1437 C. Civ. : la communauté n'a pas servi à acquitter la dette personnelle du bénéficiaire parce que le paiement des primes étant toujours facultatif, celui-ci ne devait rien à la Compagnie ; le paiement n'a pas eu lieu pour la conservation ou l'amélioration d'un bien personnel, mais dans l'intérêt commun des époux ; enfin, le mari survivant n'a retiré aucun profit personnel du paiement des primes puisque le capital assuré n'est qu'une indemnité.

Cette théorie a été reproduite littéralement par M. Typaldo Bassia : *op. cit.*, p. 181, etc..

tion devant atteindre son résultat pendant la durée de la communauté, l'objection serait fondée ; mais l'assurance contractée par les époux conjointement au profit du survivant est un contrat dont l'effet cherché ne doit se réaliser qu'après la dissolution de la communauté.

Si l'assurance ne peut profiter qu'à la communauté, le but que se proposaient les époux est manqué. Ils ne voulaient pas assurer contre le prédécès de l'un d'eux les ayants cause de la communauté ; leur but c'était de ne pas laisser en souffrance les intérêts du survivant. La femme, en prévision des revers de fortune pouvant atteindre son mari, a eu le soin de se prémunir contre leurs atteintes ; privée du soutien qui l'aurait fait vivre, malgré la faillite ou la déconfiture, elle a pu très légitimement s'assurer contre le risque résultant pour elle de la mort de son mari. Quant aux créanciers de la communauté, ils n'auront point à se plaindre du moment que la femme versera à la masse le montant des primes acquittées. Sur le capital ils ne peuvent élever aucune prétention ; nul ne voudrait soutenir, en effet, que le mari était tenu de contracter une assurance à leur profit [1].

Le système qui voit dans l'assurance passée au profit du conjoint survivant un contrat à titre gratuit conduit forcément à admettre la dispense du rapport pour les primes [2].

Toutefois, il ne faut pas croire, ainsi qu'on l'a avancé [3], que l'idée de récompense découle fatalement du système qui voit un contrat à titre onéreux dans l'assurance sur la vie stipulée par deux époux communs en biens au profit du survivant ; il sem' effet, que la communauté n'a pas droit à récompense, pa profit que l'époux survivant retire du contrat n'a point préjudice à la communauté : chaque époux, s'il a consenti crifice, a été gratifié du droit à un bénéfice éventuel ; l'égalité parfaite ; cette égalité a été rompue, mais uniquement par le hasa. c'est le hasard seul qui a fait recueillir le profit par l'un des contractants. Mais il y a plus, et ceci suffirait à répondre aux critiques susceptibles de se produire à cet égard [4], une raison domine tout : lorsque deux époux contractent dans le but d'assurer au survivant des ressources, chacun a la volonté manifeste de pro-

---

1. Labbé : Notes, S. 77, 1. 313 ; S. 80, 2, 121 ; Dumont : *op. cit.*, p. 303 et 304.

2. Cass., 28 mars 1877, D. P. 77, 1, 244 ; S. 77, 1, 393.

3. Bédarrides : Conclusions précitées ; Mornard : *op. cit.*, p. 295 ; Bazenet : *op. cit.*, p. 139 ; Guillouard : *loc. cit.* ; Clos : *op. cit.*, p. 127 ; Couturier : *op. cit.*, p. 187.

En ce sens Trib. civ. Meaux, 8 mars 1877, Bonnes. de Mars. : III, 238 ; Trib. civ. Clermont, 16 mai 1879, Dalloz : *Rép.*, Supplém., v° *Assur. terr.*, n° 477. V. aussi Nancy, 31 janv. 1882, D. P. 82, 2, 174 ; S. 83, 2, 35.

Comp. Comtois : *Revue du notariat*, mai 1888, p. 347.

4. Lyon Caen : Note, S. 77, 2, 33 ; Bazenet : *op. cit.*, p. 139.

curer à son conjoint l'intégralité du capital assuré; ce serait restreindre la portée de l'attribution, méconnaître l'intention des contractants que de conférer à la communauté, c'est-à-dire à un
patrimoine dont le défunt a dû avoir peu de souci, le droit d'exiger
la restitution d'une partie de la somme touchée [1]. En principe
donc, et sauf une manifestation formelle de volonté contraire,
aucune récompense ne saurait être exigée [2].

Il est incontestablement loisible à deux époux mariés sous le régime de la communauté d'acquêts de contracter une assurance au
profit du survivant, mais avec réserve de transmettre la police à
une autre personne désignée par endossement. A la dissolution du
mariage, si les deux époux se sont entendus pour désigner un
bénéficiaire par endossement, le survivant n'a aucune espèce de
droit à faire valoir; si, au contraire, l'endossement n'a pas été
réalisé au cours du mariage l'époux survivant recueillera seul
toute la somme assurée [3].

§ 4. — Révocation de l'assurance passée par un époux dans l'intérêt de son conjoint.

Pour terminer ce qui a trait aux conséquences du régime matrimonial quant à l'assurance contractée par un époux au profit de
l'autre, il importe d'envisager la question de révocation.

D'après l'art. 1096 C. Civ., les donations entre époux faites
pendant le mariage, quoique qualifiées entre vifs, seront toujours
révocables.

En fait, cette disposition ne paraît être d'aucune utilité ici,

1. V. Vibert : *op. cit.*, p. 178 et 179.
2. Au cas où la récompense serait due, il semble bien qu'elle ne devrait porter que sur le montant des primes, la communauté n'ayant fourni que ces
sommes. Nous avons indiqué plus haut les raisons qui justifient cette solution
en examinant le cas d'une assurance faite par un conjoint; aucun motif ne milite
en faveur d'un sentiment différent. — V. Couteau : *op. cit.*, T. II, p. 599; Guillouard : *loc. cit.*; Trib. civ. Meaux, 8 mars 1877; Bonnev. de Mars.: III, 236; Trib.
civ. Clermont, 16 mai 1879; Dalloz : *Rép., Supplém.*, v° *Assur. terr.*, n° 477.
A la vérité, on a soutenu que l'époux doit récompense dans la mesure du
profit qu'il retire des sommes déboursées; on en arrive à cette conséquence que,
si la vie du souscripteur a été de courte durée, le capital étant de beaucoup
supérieur aux primes déboursées par la communauté, cette dernière n'aura
droit qu'à la valeur des primes, puisqu'elle ne peut être créancière que d'une
somme égale à son appauvrissement, mais que si la vie du souscripteur a dépassé
les limites normales, le montant des primes payées étant égal, peut-être même
supérieur au capital promis, la communauté aura droit à la valeur du capital.
(Barenet : *op. cit.*, p. 140, etc.). N'est-ce pas rendre absolument illusoire la
stipulation? Les arguments mis en avant à l'appui de ce système n'ont, il faut
l'avouer, rien de déterminant.
3. de Folleville : *op. cit.*, T. Ier, p. 639.

la révocation pouvant toujours résulter d'un refus de paiement des primes[1]. Cependant on a fait valoir[2] qu'elle pourrait avoir une certaine portée dans des circonstances particulières : lorsque l'on donne une assurance sur la vie on donne en réalité la dernière prime payée et la valeur de rachat si la libéralité est faite au cours du contrat; la prime payée d'avance garantit l'assurance pendant un an; on a donné une créance conditionnelle égale au capital assuré à la condition que le décès survienne dans l'année : si le donateur se ravise presque immédiatement après le contrat, il pourra donc révoquer cette libéralité conditionnelle aux termes de l'art. 1096 ; cette libéralité pourrait avoir aussi pour objet la valeur du rachat, laquelle subsiste même lorsque l'opération n'est pas continuée[3].

En droit, l'art. 1096 C. Civ. semble inapplicable. Des développements particuliers ont été présentés précédemment à ce sujet[4]; il suffira de dire ici que ce texte n'a pas à intervenir parce que l'assurance sur la vie est une stipulation pour autrui, mais non pas une donation entre vifs dans les termes de l'art. 894 C. Civ. et que l'art. 1096 suppose nécessairement l'existence d'une donation.

1. On le sait (V. *Suprà*, T. II, p. 78 et 84), le contrat n'est maintenu qu'autant que le souscripteur acquitte chaque année le montant de la prime; si le souscripteur déclare qu'il ne veut pas payer, la révocation a lieu indirectement. C'est ce qui se passe pour toute autre assurance.

Cependant il importe de le noter, il existe une différence entre le cas où la police a été souscrite en faveur d'une personne étrangère et celui où le contrat intéresse spécialement et exclusivement le conjoint.

Si le contrat est résolu à raison du non paiement de la prime, celus se produisant dans les conditions prévues, c'est-à-dire après trois années, la police a toujours sa valeur de rachat; lorsque l'assurance a été passée au profit d'un tiers, ce dernier a droit à cette valeur de rachat; c'est un bénéfice du contrat; il est indéniable, en effet, que la somme est versée de ce chef par l'assureur et remise en vertu du contrat, de la police au contraire, quand l'assurance a été conclue dans l'intérêt d'un conjoint, la révocation expresse porte sur la valeur de rachat comme sur le bénéfice même du contrat, tandis que la révocation tacite résultant du refus du paiement des primes laisse subsister la valeur de rachat au profit du bénéficiaire qui dès lors aura droit à l'assurance réduite, si le rachat n'est pas exercé. Aussi, et bien que l'on ait enseigné que la révocation même de la libéralité réduite à la valeur de rachat pouvait résulter des circonstances (Frey; *op. cit.*, p. 227), a-t-on recommandé comme mesure de prudence une révocation expresse même pour la valeur du rachat. — Couteau : *op. cit.*, T. II, p. 569.

Il semble inutile de s'arrêter ici à la disposition de l'art. 1097 C. Civ. prononçant la révocation des donations mutuelles et réciproques faites par les deux époux au cours du mariage par un seul et même acte. Il a été établi plus haut (V. p. 351) que ce texte est sans application pour l'assurance contractée par deux conjoints au profit du survivant, que cette disposition édictant une règle de pure forme concerne les donations proprement dites à l'exclusion des actes qui ont un caractère mixte, participant à la fois d'un acte gratuit et d'un acte à titre onéreux. Nous nous bornerons à ajouter que pour échapper à l'art. 1097 il suffira de rédiger en même temps deux actes distincts avec les modifications convenables; la signature simultanée des deux polices n'aurait rien d'anormal.

2. Couteau : *op. cit.*, T. II, p. 569.

3. V. les observations de M. Buzenet à ce propos : *op. cit.*, p. 117, etc..

4. V. *Suprà*, T. II, p. 201 et 202.

Il faut le reconnaître toutefois, la jurisprudence paraît adopter la solution contraire [1]. Elle consacre la doctrine [2] qui soumet à l'art. 1096 C. Civ. l'assurance sur la vie contractée durant le mariage par un mari au profit de sa femme.

Si l'on considère que l'assurance sur la vie n'est pas autre chose qu'une donation ordinaire, il y a lieu de réputer applicables les causes de révocation édictées par les art. 935, 955 et 960 C. Civ.. Mais nous pensons avoir établi plus haut qu'il ne s'agit que d'une stipulation pour autrui, c'est-à-dire d'une donation d'un caractère spécial [3].

La solution ne doit pas être la même en cas de divorce ou de séparation de corps. L'époux qui a encouru le divorce ou la séparation de corps, conformément à l'art. 299 C. Civ., verra s'évanouir le droit que lui conférait la police [4]. C'est qu'en effet, les termes de l'art. 299 C. Civ. sont beaucoup plus larges que ceux des art. 1096, 935, 955 et 960 C. Civ.. Ces dispositions emploient le mot *donations* et, juridiquement parlant, l'assurance contractée en faveur d'un tiers n'est point une donation. L'art. 299 parle d'*avantages*, c'est-à-dire se sert d'une expression générique comprenant tous actes de disposition gratuite. Aussi doit-on considérer le divorce et la séparation de corps comme des causes légales de révocation pour l'époux coupable [5].

---

1. Trib. civ. Rouen, 30 août 1887, *Journ. des assur.*, 67, 438 ; Rennes, 23 juin 1879, D. P. 79, 2, 155 ; Cass., 22 févr. 1893, D. P. 93, 1, 493 ; S. 94, 1, 65 ; Rouen, 21 mars 1893, S. 93, 2, 251 ; D. P. 94, 2, 171.

2. Rome : *op. cit.*, p. 191 ; Tissier : *op. cit.*, p. 201 ; Herbault : *op. cit.*, p. 221 ; Dujarier : *op. cit.*, p. 85 ; Clos : *op. cit.*, p. 130 ; Couturier : *op. cit.*, p. 177 et 178 ; Baron : *op. cit.*, p. 135. — *Contrà* : Lefort : *Les assur. sur la vie et la Cour de cassation en 1892*, Lyon, 1893, p. 7 etc., et Note, *Pand. fr. pér.*, 94, 1, 65 et 66 ; Planiol : Note, D. P. 93, 1, 101 ; Observations à la suite de l'arrêt précité de la Cour de cassation du 22 février 1893, *Journ. des assur.*, 93, 163 ; *Rev. périod. des assur.*, 93, 351 ; Comp. les remarques de M. Labbé (S. 94, 1, 65) qui a montré les conséquences inacceptables du système consacré le 22 février 1894 par la Cour de Cassation.

3. En matière de rente viagère réversible en faveur du survivant comme il y a non pas une libéralité faite par le prédécédé mais un engagement spécial et éventuel du débiteur de la rente, il a été jugé qu'il n'y a pas lieu d'appliquer le principe de la révocation pour cause d'ingratitude. Poitiers, 1er févr. 1881, S. 82, 2, 27 ; D. P. 81, 2, 179.

4. Nous avons déjà fait remarquer (*Suprà*, T. II, p. 204, qu'il ne s'agit que de la révocation de l'assurance passée par un époux au profit de l'autre ; les libéralités faites par un tiers sont absolument maintenues (V. Vraye et Gode : *Le divorce et la séparation de corps*, T. II, p. 172, n° 683). Ainsi l'assurance contractée au profit d'un époux par le parent et son conjoint ne serait point révoquée par le fait du divorce ou de la séparation de corps.

5. Trib. civ. Baume-les-Dames, 3 août 1886, *Journ. des assur.*, 87, 239.

En fait, il faut le reconnaître, la question n'a pas d'importance : en effet, avant le jugement prononçant le divorce ou la séparation de corps, dès que la bonne harmonie du ménage sera troublée l'époux souscripteur de la police pourra prendre ses mesures soit pour révoquer la stipulation, soit pour transporter le bénéfice à un tiers.

La créance contre la Compagnie reviendra donc à l'époux souscripteur au cas où la police ne visait que le conjoint, ou bien aux bénéficiaires désignés en seconde ligne si le contrat était fait à la fois pour l'époux coupable et pour d'autres personnes appelées à recueillir, à son défaut, le capital assuré [1].

La révocation des avantages matrimoniaux doit se faire de plein droit, qu'il s'agisse de divorce ou de séparation de corps [2]. Si, malgré le divorce ou la séparation, les primes avaient été payées et si, par conséquent, le contrat avait été maintenu au regard de la Compagnie, les héritiers de l'époux signataire de la police seraient en droit de réclamer à l'assureur le montant du capital assuré [3].

SECTION II

Assurance contractée par un époux à son profit personnel.

§ 1. — Assurance passée antérieurement au mariage.

Il se peut qu'avant de se marier une personne ait souscrit une assurance en cas de décès à son profit personnel. Si l'on reconnaît qu'en cas d'union contractée sous l'empire de la communauté légale par application de l'art. 1401 C. Civ. faisant tomber dans la communauté toute créance mobilière, la créance du capital appartient à la communauté à la charge de servir les primes après le mariage et de les servir sans récompense, lorsque le mariage sera régi par les dispositions spéciales à la communauté d'acquêts la créance contre la

---

1. Trib. civ. Baume-les-Dames, 5 août 1886, *Journ. des assur.*, 87, 239. D'après cette décision, les personnes qui toucheraient le capital assuré à la suite de la révocation devraient indemniser soit la communauté, soit le mari ou ses créanciers, en cas de faillite, des primes qu'ils auraient payées pour maintenir l'assurance en vigueur.

Il faut ajouter que si l'on a parfois soutenu que l'insertion de la clause *à ordre* pourrait faire considérer le montant de l'assurance comme devant rester propre à l'assuré, par conséquent comme pouvant être revendiqué par les créanciers de ce dernier (Legendre : *Des effets du divorce*, p. 370), cette opinion n'est plus admissible d'une façon aussi absolue : il faut appliquer la distinction indiquée plus haut.

2. Cf. l'état de la doctrine et de la jurisprudence dans Frémont : *Traité prat. du divorce et de la séparat. de corps*, p. 461 ; Vraye et Gode : *op. cit.*, n° 688, p. 173.

3. Dans une intéressante notice sur *Le divorce et l'Assurance sur la vie* (*L'Assurance moderne*, 30 avril 1894), on a relevé que si après le divorce le mari payait la prime sans avoir modifié la clause d'attribution du bénéfice, il serait réputé faire à son ancienne femme une nouvelle libéralité qui, étant postérieure, ne tomberait pas sous le coup de l'art. 299 C. Civ.. Est-il bien nécessaire de s'arrêter à une hypothèse aussi peu vraisemblable ?

Compagnie restera propre au souscripteur. C'est la suite de la règle que les biens appartenant aux époux antérieurement au mariage, leur restent propres. Le signataire de la police doit la prime, non pas seulement la prime qui serait payée une fois pour toutes, mais même les primes annuelles, l'art. 1409, § 3 C. Civ. n'étant pas applicable[1].

§ 2. — Assurance souscrite par la femme.

La femme peut contracter à son profit personnel une assurance sur la tête de son mari. Lorsqu'elle est commune en biens le droit au capital assuré lui est propre. Il n'est pas possible de le considérer comme une portion de l'actif de la communauté.

Au premier abord, cette solution paraît bien contraire à ce principe que les traités à titre onéreux passés durant l'existence de la communauté par l'un ou l'autre époux et qui représentent toute l'habileté pour acquérir des deux époux profitent à la communauté, principe posé dans l'intérêt de la communauté, c'est-à-dire dans l'intérêt commun des deux époux[2]; il semble que c'est méconnaître cette règle que tout ce qui vient de l'emploi d'un bien de communauté doit retourner à la communauté. Mais cette objection ne saurait arrêter.

Le législateur a eu certainement une vue exacte et juste en voulant que les époux qui consentaient à être communs en biens fissent concourir à ce but unique la prospérité commune, tous leurs efforts. Seulement il ne faut pas exagérer cette règle, car ce serait empêcher de pourvoir à la sécurité de la femme survivante ; si le capital promis par la Compagnie à la femme, le cas échéant, devait être versé dans la communauté et si la communauté était mauvaise, la femme y renonçant perdrait l'émolument de l'assurance pour son temps de survie et de veuvage. Il est raisonnable de supprimer tous les obstacles capables de contrarier la combinaison qui remédie aux conséquences funestes de la mort ; il suffit que l'abri fourni par l'assurance en cas de décès soit constitué par l'assureur au moyen du calcul des chances courues et sur les réserves obtenues par la fructification des primes, grâce à une mutualité et à une réversion entre les assurés qui est de l'essence de l'assurance. Or, cette condition est remplie lorsque la femme survivante a le secours qu'elle a espéré recevoir des mains de l'assureur sur des ressources créées par l'assurance[3]. La femme seule a donc un droit sur le capital assuré.

1. Dujarier : op. cit., p. 79.
2. V. sur le principe Cass., 22 oct. 1888, S. 89, 1, 15.
3. Labbé : Note, S. 91, 2, 185.

Seule elle doit recevoir la somme portée au contrat quand elle figure elle-même à la stipulation, lorsqu'elle traite d'une façon telle que le contrat soit à son avantage et sans qu'en aucune éventualité le mari, intervenant exclusivement pour l'autorisation et la régularité, puisse rien réclamer [1].

A plus forte raison, le bénéfice résultant du contrat, reste-t-il propre à la femme lorsqu'elle est séparée de biens et quand elle a payé les primes avec ses propres ressources [2].

§ 8. — Assurance souscrite par le mari.

Si c'est le mari qui contracte avec les deniers communs une assurance sur la tête de sa femme à son profit personnel, on pourrait croire qu'au décès de la conjointe il a droit au capital assuré

---

1. Le contraire a pourtant été jugé : le 6 décembre 1881 (S. 83, 2, 33), la Cour de Caen a décidé que l'assurance souscrite dans ces conditions est un acquêt de communauté et comme tel fait partie de l'actif de la communauté.

Cette décision semble se baser exclusivement sur l'art. 1395 C. Civ. c'est-à-dire sur la prohibition de tout changement aux conventions matrimoniales. Ce texte est cependant totalement inapplicable en la cause. Nous croyons l'avoir démontré.

A ces observations il convient de joindre celles que M. Ruben de Couder formulait à l'occasion de cette décision (S. 83, 2, 33. Conf. Labbé : Note, S. 77, 1, 397) : il ne faut pas abuser des principes et les pousser sans mesure jusqu'à leurs extrêmes conséquences ; le rapport entre la situation pécuniaire des deux époux peut être modifié même après le mariage par des actes accomplis à l'avantage de l'un des époux, avec l'argent pris dans la caisse de la communauté ; l'art. 1437 C. Civ. offre quelques exemples de ces causes d'acquisitions personnelles.

Seulement M. Ruben de Couder semble croire que dans ce cas la récompense serait due. Mais la théorie imaginée par M. de Caqueray et dont il a été question plus haut, ne peut-elle pas recevoir son application ici ? Ne peut-on pas dire que nul héritier ne saurait blâmer la femme d'avoir, de concert avec son mari, prélevé sur les revenus, c'est-à-dire sur le produit des biens destinés à être consommés, le montant des primes à remettre chaque année à la Compagnie ?

La Cour de Riom, le 8 juillet 1890 (S. 91, 2, 185), a rendu un arrêt conforme en principe à notre solution en ce qu'elle a décidé que si le mari est intervenu seulement pour habiliter la femme par son autorisation, la communauté n'aura aucun droit pour le capital stipulé payable à la femme au décès du mari ; mais le motif donné que ce capital ne se forme qu'au moment où par ce décès la communauté est dissoute n'a absolument rien de décisif puisque le capital commence à exister dès que le contrat intervient et nullement au moment du décès, comme nous pensons l'avoir établi précédemment. V. *Suprà*, T. II. p. 220 et suiv.. Il importe d'ajouter que la Cour autorise dans tous les cas les créanciers à répéter les primes versées par la communauté pour procurer à la femme le bénéfice du contrat (*Sic*. Labbé : Note, S. 91, 2, 185).

Il est à noter que M. Houpin (*Journ. du notar.*, 1890, p. 677) a soutenu, comme suite des art. 1401 et 1498 C. Civ., que le capital, loin d'être propre à l'époux bénéficiaire, constitue un acquêt de communauté.

2. Trib. civ. Seine, 12 janv. 1887, *Journ. des assur.*, 87, 259. A l'inverse, une récompense (égale, bien entendu, au montant des primes) pourrait être imposée au cas où le patrimoine du mari, patrimoine absolument distinct, assimilable au patrimoine d'un tiers étranger, aurait fourni la somme payée chaque année à la Compagnie pour le maintien du contrat.

jure proprio, sauf à tenir compte du montant des primes. Il semble, en effet, que du moment qu'il a la latitude d'améliorer ses propres avec les deniers communs il lui est loisible d'affecter ces derniers à la constitution de ressources particulières.

Néanmoins, cette solution n'a point prévalu. En se basant sur ce qu'en signant la police il a obtenu contre la Compagnie une créance qui, en tant qu'acquise à titre onéreux, tombe en communauté et sur ce qu'il serait contraire à la loi de permettre aux époux d'employer les valeurs communes à se faire des propres même à la charge de récompense, l'on enseigne communément[1] que, soit au cas de communauté légale, soit au cas de communauté réduite aux acquêts, la somme assurée est une valeur commune, mais sans qu'aucune récompense soit due du chef des primes, le mari n'ayant droit au capital que comme époux commun.

SECTION III

Assurance contractée par un époux en faveur d'une personne autre que son conjoint.

§ 1. — Assurance antérieure au mariage.

Le mariage ne fait pas obstacle à la conclusion de l'assurance sur la vie passée par un des époux au profit d'une personne autre que le conjoint.

Quand la police a été souscrite pour un tiers déterminé à une date antérieure au mariage, aucun doute n'est même possible. Il s'agit d'un contrat ordinaire donnant directement, et dès le jour même où tout a été régularisé, un droit propre et exclusif à la personne gratifiée, conformément à l'art. 1121 C. Civ.. Le mariage qui intervient postérieurement ne peut en rien modifier la situation, du moment que la créance attribuée au tiers était déjà acquise par lui.

Le capital ne peut donc faire partie de la communauté puisqu'il appartient à autrui[2]. Seulement, le paiement des primes constitue

1. Dujarier : *op. cit.*, p. 84; Clos : *op. cit.*, p. 141. — Comp.: Houpin : *Journ. du notar.*, 1890, p. 677.

Ce qui est dit ici de l'assurance contractée par un mari sur la tête de sa femme s'applique au cas où la police est souscrite par un mari sur sa propre tête; en pareille circonstance, la créance est une valeur commune dont la moitié sera prise, sans récompense, par les héritiers du mari.

2. Sans qu'il y ait à établir une distinction pour le cas où la stipulation serait passée au profit soit d'un successible, soit d'un créancier.

une dette mobilière qui tombe dans la communauté et aucune récompense n'est due de ce chef car cette dette étant entièrement commune se trouve à la charge de la communauté (art. 1409 C. Civ.) [1].

L'assurance peut être souscrite au profit de tiers indéterminés : avec le régime de la communauté légale la créance contre la Compagnie tombe dans la communauté. Quand il s'agit d'une communauté réduite aux acquêts, à la date du mariage l'assurance forme un propre (consistant dans la valeur de l'assurance au jour du mariage) et un propre qui n'entre pas dans la communauté [2]. Mais l'assurance pour la vie entière et même l'assurance mixte n'étant en réalité qu'une succession d'assurances d'un an, la communauté devient la véritable contractante du moment où elle continue le payement des primes. Lorsque la communauté se trouve dissoute par la mort de l'époux assuré et que le capital est exigible, il faut faire deux parts de ce capital, savoir : 1° celle qui est due aux primes payées par le défunt avant le mariage et qui constitue le propre; 2° celle qui est due aux primes payées par la communauté et qui constitue l'acquêt. Le propre consiste dans *la valeur de réduction* au jour du mariage; le surplus forme l'acquêt [3].

Il n'est pas douteux qu'après avoir, avant son union, traité au profit de personnes indéterminées, l'assuré peut, au cours du mariage,

---

1. V. Dujarier : *op. cit.*, p. 83.

Mais cet auteur ajoute aussitôt que si un veut se remarie, après avoir contracté une assurance au profit de l'enfant né de sa première union, la communauté qui aura payé les primes aura, d'après l'art. 1469 C. Civ. applicable par analogie, droit à une récompense.

2. Si l'assurance que l'un des époux passe dans ces conditions avant le mariage lui reste propre et si, à son décès, la somme promise par la Compagnie fait partie de sa succession, sauf récompense pour les primes payées avec les deniers de la communauté, on a fait justement remarquer (Defrénois : *Traité prat. du contrat d'assur. sur la vie*, p. 75) que le capital assuré doit être considéré comme faisant partie de la communauté d'acquêts, s'il résulte du contrat de mariage que l'époux avait eu l'intention de mettre l'assurance aux risques de la communauté, qu'il en serait ainsi s'il avait compris les primes acquittées dans ses apports groupés pour être repris en deniers. — V. Lyon, 8 avril 1881, *Rép. Notar.*, 643-4.

3. Dumaine : *Du contrat d'assur. sur la vie en droit civil et en droit fiscal*, 2e édit., p. 231.

Si l'on décide que l'assurance reste propre pour la totalité à celui des époux qui l'a contractée, les primes ayant été payées par la communauté *pour la conservation et l'amélioration* de ce bien personnel (art. 1437 C. Civ.), les héritiers de l'assuré seraient débiteurs d'une récompense envers la communauté.

En Belgique, que l'assurance soit souscrite au profit d'un tiers déterminé ou qu'au contraire elle soit passée en faveur de personnes non individuellement désignées, la solution est la même : le bénéfice ne tombe pas dans la communauté; la créance éventuelle qui résulte du contrat ne fait point partie du patrimoine du contractant; par l'effet du contrat elle est dévolue aux personnes désignées; c'est l'application pure et simple de l'art. 43 de la loi du 11 juin 1874, attribuant la somme stipulée payable à la personne désignée dans le contrat. V. Forquin d'Almeida : *op. cit.*, p. 161.

La même solution s'impose sous l'empire des législations du Luxembourg, de l'Italie et du Portugal qui s'inspirent de la loi belge de 1874.

attribuer la créance à un tiers déterminé. On enseigne qu'il faut considérer comme propre au contractant la valeur de réduction de la police au jour du mariage, puisque cette valeur eût dépendu de sa succession si les primes avaient cessé d'être payées à cette date, mais que le surplus doit être considéré comme un acquêt [1].

§ 2. — Assurance souscrite au cours du mariage.

L'assurance souscrite au cours du mariage sans désignation de bénéficiaire, ou bien au profit de personnes indéterminées [2], tombe dans la communauté [3]; c'est un acquêt de communauté rentrant dans la définition de l'art. 1498 C. Civ. [4].

Mais l'assurance peut aussi être passée au profit d'un tiers déterminé.

Quand c'est le mari qui est le souscripteur de la police, aucun

---

1. Domaine : *op. cit.*, p. 233.

2. Pendant longtemps on a admis que l'assurance souscrite *à l'ordre du stipulant* tombait toujours dans le patrimoine du stipulant et en tant que droit mobilier dans la communauté, conformément à l'art. 1401 C. Civ. — Couteau : *op. cit.*, T. II, p. 556; Mornard : *op. cit.*, p. 256; V. aussi Trib. Seine, 23 avril 1874, *Journ. des assur.*, 74, 459; Trib. civ. Pontarlier, 3 juin 1890, *Rec. périod. des assur.*, 91, 396; *Journ. des assur.*, 91, 94.

Nous pensons avoir montré plus haut qu'il y a lieu de faire abstraction de cette clause et de s'attacher surtout à la question de savoir si la police peut être considérée comme passée au profit de tiers déterminés ou, au contraire, dans l'intérêt de personnes incertaines, indéterminées. V. *Suprà*, T. II, p. 265 à 269.

Il convient de noter ici un jugement du Tribunal de Montpellier, du 11 février 1881 (*Journ. des assur.*, 81, 454), d'après lequel, quand l'assuré marié sous le régime de la communauté, stipule que le capital sera payé lors de son décès à son ordre ou, à défaut, à ses héritiers et qu'il a endossé postérieurement cette police au profit d'une personne déterminée, la créance contre la Compagnie n'a jamais fait partie du patrimoine de l'assuré et n'a pu, dès lors, tomber dans la communauté.

Est-il besoin de faire remarquer que le juge du fait a un pouvoir souverain pour dire que la personne gratifiée est de nature à être considérée comme personne déterminée?

3. V. notamm. Trib. civ. Pontarlier, 3 juin 1890, *Journ. des assur.*, 91, 94; *Rec. périod. des assur.*, 90, 396; Caen, 6 décembre 1884, S. 85, 2, 33; Guillouard : *Traité du contrat de mariage*, T. I, p. 347.

Par application de ce principe il a été décidé que l'on doit réputer appartenant à l'actif de la communauté le bénéfice de l'assurance contractée par un mari commun au profit de ses héritiers, et que les enfants qu'il auroit eus d'un précédent mariage n'y ont aucun droit. Trib. civ. Havre, 23 novemb. 1883, *Rec. périod. des assur.*, 83, 132. — V. les observations à la suite de ce jugement.

4. On a soutenu, et cette opinion semble complétement admissible en ce qu'elle tient compte de la nature des biens qui ont été affectés au service des primes, qu'il pourrait y avoir lieu, au profit de l'autre époux, à récompense, si les primes avaient été alimentées au moyen de biens ne tombant pas dans la communauté, par exemple, si l'assurance avait été contractée moyennant une prime unique soldée au moyen de l'aliénation d'un propre de l'un des époux, ou si les primes viagères n'avaient pas été soldées uniquement avec le produit des revenus et fruits appartenant à la communauté.

doute ne saurait s'élever [1], non seulement quant à la validité même de l'opération [2], mais pour le droit exclusif acquis par l'étranger gratifié. D'une part, l'art. 1422 C. Civ. conférant au mari le droit souverain (sauf interdiction de la réserve d'un usufruit) de disposer, à titre gratuit et particulier, au profit de toutes personnes, des effets mobiliers de la communauté, il est possible, après avoir souscrit une assurance pour un tiers, de maintenir chaque année le contrat au moyen de primes prélevées sur les ressources de la communauté comme aussi de substituer un bénéficiaire à un autre [3]. En second lieu, on se trouve en présence d'une stipulation ordinaire, dans les termes de l'art. 1121 C. Civ., c'est-à-dire d'une stipulation conférant à la personne qui en est l'objet un droit propre sur le capital assuré : si le bénéfice est acquis directement par le tiers gratifié, il n'a jamais été dans le patrimoine du mari stipulant [4] et il ne peut être considéré comme ayant fait partie de la communauté [5].

Si une exception peut être apportée à ce principe c'est uniquement au cas où une assurance mixte ayant été conclue par le mari, ce dernier subsisterait à l'instant de l'arrivée de l'époque fixée par le contrat : la somme due par la Compagnie doit alors être payée non pas au patrimoine du mari mais bien à la communauté, sinon parce que l'art. 1422 C. Civ. interdit au mari de s'enrichir aux dépens de la communauté [6], au moins parce que les valeurs mobilières acquises

---

1. En écartant bien certainement le cas d'une fraude commise à l'égard de la femme. — V. Delvincourt : *op. cit.*, p. 76.

2. Sans distinguer si l'opération intervient au profit d'un successible.

3. V. Paris, 6 avril 1867, D. P. 67, 2, 223 ; S. 67, 2, 249. Cons. Guillouard : *Traité du contrat de mariage*, T. I, p. 348.

4. Il a été décidé que lorsque l'assuré a stipulé que le capital assuré serait payé à sa femme et, en cas de prédécès de celle-ci, à ses enfants, le contrat doit profiter à tous les enfants de l'assuré, fussent-ils nés de différents mariages, à l'exclusion de la deuxième femme épousée postérieurement à la signature de la police. Trib. Lyon, 3 décemb. 1880, *Journ. des assur.*, 81, 140 ; Colmar, 19 févr. 1868, *ibid.*, 68, 240.

Ne tombe pas plus dans la communauté la créance résultant d'une police souscrite au profit de la femme ou des enfants, en cas de prédécès de la femme. — Farquin d'Almeida : *op. cit.*, p. 164.

5. La solution est forcément la même au cas, peu fréquent, à la vérité, où après avoir passé une assurance sans désignation de bénéficiaire déterminé, on attribue à une tierce personne la créance contre la Compagnie. La solution ne peut faire doute.

Quid au cas où le bénéficiaire est désigné dans un testament contenant l'attribution qui manquait au contrat ? On peut croire que dans ces conditions, par application de l'art. 1423, le capital assuré fera partie de l'actif de la communauté de façon à être compris dans le partage, qu'il sera attribué directement au bénéficiaire s'il tombe dans le lot des héritiers du mari, mais que dans le cas contraire il appartiendra à la femme ou à ses ayants droit et que la valeur devra en être payée au bénéficiaire par la succession du testateur. Comp. : Couteau : *op. cit.*, T. II, p. 558 ; Fey : *op. cit.*, p. 222 ; Comtois : *Rev. du Notariat*, mai 1880, n° 6812.

6. Fey : *op. cit.*, p. 221.

au cours du mariage par chacun des époux appartiennent à l'actif commun [1].

Dans le cas où le bénéfice de l'assurance stipulée au profit d'un tiers ou d'un successible est recueilli par ce dernier, il n'est pas dû une indemnité à la communauté à raison des sommes qu'elle a pu fournir en vue du service des primes. C'est la conséquence forcée du droit que confère à l'époux l'art. 1422 C. Civ. [2]. On ne saurait objecter que le bénéfice de l'assurance est le produit des primes qui ont été tirées de la communauté ; les sommes destinées au paiement des primes n'ont été prises dans la communauté que dans le but de permettre au bénéficiaire de recueillir le capital assuré et, en agissant ainsi, le mari ne fait qu'user de la faculté que lui confère l'art. 1422 [3].

La solution serait la même si la police avait été souscrite par le mari pour assurer le paiement d'une dette de la communauté [4].

Une récompense cependant serait due, par application de l'art. 1478 C. Civ., si le mari avait pris le montant des primes sur les biens personnels de la femme, s'il pouvait tirer un profit personnel de l'opération, par exemple si la police était souscrite au profit d'un créancier particulier, s'il s'agissait d'arriver à l'extinction des dettes relatives à un immeuble propre ou des dettes d'une succession immobilière à lui échue [5].

Il se peut que, munie de l'autorisation de son mari (laquelle est essentielle en droit [6] et même en fait, aucune Compagnie ne con-

1. Couteau : op. cit., T. II, p. 557.

2. Le mari ne s'enrichit pas personnellement, en effet, aux dépens de la communauté. Cass., 18 mars 1862, S. 62, 1, 869 ; Aubry et Rau : op. cit., T. V, § 509, p. 328.

3. Paris, 5 avril 1867, D. P. 67, 2, 223 ; S. 67, 2, 249. — Comp. Cass., 30 avril 1862, S. 62, 1, 435 ; D. P. 62, 1, 523 ; Rodière et Pont : *Traité du contr. de mariage*, 2e édit., 1865-69, T. II, 685 ; Guillouard : op. cit., 720.

Le droit absolu du mari a été affirmé d'autre part dans un jugement du Tribunal de Montpellier du 11 février 1881 (*Journ. des assur.*, 81, 454), rendu dans des circonstances de fait particulières. Un mari marié sous le régime de la communauté avait passé une assurance stipulant un capital payable lors de son décès à son ordre ou, à défaut, à ses héritiers ; puis il avait endossé la police au profit d'un tiers déterminé ; la veuve prétendait que la valeur indiquée dans l'endossement était fausse et que la prétendue aliénation faite par son mari déguisait une donation ; le Tribunal a décidé que même si ces faits étaient prouvés la femme ne pouvait rien réclamer, le mari n'ayant fait qu'user du droit conféré par l'art. 1422.

4. Clos : op. cit., p. 141.

5. Mais alors la récompense est seulement du montant des primes payées avec les deniers communs, car elle ne doit pas dépasser la somme qui est sortie de la caisse de la communauté, quel que soit le profit que le mari aurait retiré (art. 1437 C. Civ.). — Ruben de Couder : op. cit., v° Assur. sur la vie, n° 106 ; Vibert : op. cit., p. 173 ; Detrépois : op. cit., p. 77.

6. Il va de soi que l'assurance contractée par une femme non autorisée serait radicalement nulle, la femme commune ne pouvant faire aucun acte de disposition du moment qu'elle n'a même pas l'administration de ses propres.

sentant à accepter une pareille irrégularité), la femme contracte sur sa propre tête une assurance au profit d'un tiers. Le contrat est valable, il doit être régi par les dispositions applicables en cas de stipulation pour autrui : le bénéfice va directement dans le patrimoine de la personne gratifiée; il appartient à cette dernière *jure proprio* et à dater de la signature du contrat. En d'autres termes, c'est le droit commun qui est applicable. Seulement, comme elle n'a aucun droit de disposition pour les deniers de la communauté, cette dernière devra être indemnisée des prélèvements effectués pour le service des primes [1].

Il est bien certain que si l'assurance est faite sans désignation de bénéficiaire ou au profit de bénéficiaires indéterminés la créance contre la Compagnie tombe dans la communauté [2].

La femme peut non seulement contracter directement en faveur d'un tiers, mais encore attribuer à ce dernier la créance résultant d'une police souscrite précédemment au profit de son époux. La validité de l'avenant intervenu dans ces conditions, bien entendu si la femme est autorisée, n'est pas douteuse [3]. La personne gratifiée recueille *jure proprio* et à titre exclusif le capital promis; tout ce qui pourrait être réclamé à ce bénéficiaire et à la grande rigueur, ce serait le remboursement des primes qui auraient été acquittées antérieurement au décès pour maintenir le contrat [4].

La femme séparée de biens soit par contrat de mariage, soit par jugement peut, sans l'autorisation du mari, contracter une assurance à son profit: c'est la conséquence du droit de disposition pour ses revenus que lui concède l'art. 1449 C. Civ. [5]. Mais il ne semble pas que l'on puisse aller jusqu'à lui reconnaître (sauf, bien entendu, le cas où elle serait autorisée par son mari) le droit de contracter une assurance sur la vie au profit d'un tiers [6].

1. Couteau : *op. cit.*, T. II, p. 558; Taudière : *op. cit.*, p. 185. — *Contrà* cependant Domaine : *op. cit.*, p. 341; Bertheau : *Rép. de la prat. des ass.*, n° 6544, s'appuyant sur ce que la femme n'a tiré aucun profit personnel.

A plus forte raison, selon M. Blin (*op. cit.*, p. 121), si le bénéficiaire, au lieu d'être une personne quelconque, est l'héritier du stipulant, la récompense est elle due, les héritiers de l'un des conjoints ne pouvant s'enrichir aux dépens de l'autre conjoint.

2. Relativement à l'assurance *à ordre* ou à l'assurance mixte nous n'avons qu'à renvoyer à ce qui a été dit précédemment. *Suprà*, T. II, p. 263 à 269, et 269 à 275.

3. Il n'y a pas novation du contrat primitif. — Lyon, 27 déc. 1887, S. 88, 2, 214 et la note *ibid.*.

4. Lyon, 27 déc. 1887, S. 88, 2, 214.

5. V. *Suprà*, T. 1er, p. 273.

6. Trib. civ. Seine, 10 décemb. 1884, S. 86, 2, 47.

De ce que l'assurance souscrite sans l'autorisation du mari est nulle, il suit que l'on doit prononcer la nullité du billet que la femme mariée signerait sans l'autorisation de son mari pour garantir à l'agent la commission due pour la négociation du contrat; la création de cette valeur accessoire d'une convention nulle ne saurait être admise en présence de la nullité de cette dernière.

En laissant de côté toute autre considération, une raison juridique paraît s'y opposer.

Assurément, l'art. 1449 C. Civ. permet à la femme séparée de reprendre la libre administration de son mobilier et de l'aliéner, mais c'est à la condition qu'il s'agisse d'un acte de sage administration ou bien d'un acte ayant pour objet de pourvoir à des besoins. On conçoit fort bien dans ce sens l'assurance d'un capital ou d'une rente différée au profit de la femme elle-même, l'assurance mixte ou l'assurance à terme fixe souscrites à son profit, si elle existe au terme convenu, et de ses héritiers si elle décède avant l'échéance, l'assurance pour la vie entière même, si le capital assuré est stipulé payable à la succession, l'assurance souscrite à titre de garantie au profit d'un créancier ; il ne s'agit là que d'actes d'administration. Mais il n'en est pas de même en présence d'une stipulation faite au profit d'une tierce personne : il y a à la fois un acte à titre onéreux passé avec la Compagnie, acte obligeant l'assurée, et ensuite attribution à un tiers à titre gratuit, sans compensation pour le signataire de la police ; il y a là non pas un acte d'administration, mais tout au contraire un acte de disposition que la loi entend précisément interdire [1].

L'un des conjoints peut stipuler dans l'intérêt d'un ou de plusieurs enfants du premier lit ; il est certain que la créance contre la Compagnie appartiendra exclusivement et directement à ces personnes. La controverse n'est pas là ; elle ne s'élève que sur la question de la récompense. On a soutenu qu'aux termes de l'art. 1469 C. Civ. chaque époux doit rapporter à la communauté les sommes ou valeurs qu'il en a tirées pour faire une donation à un enfant d'un autre lit, on a fait valoir que l'époux donateur ne peut pas avantager l'enfant d'un autre lit aux dépens du patrimoine commun et sans toucher à sa propre fortune, que dans sa propre fortune il aurait pris la somme nécessaire pour payer les primes et l'on en a conclu que c'est donc cette même somme qu'il doit restituer à la caisse commune [2].

Cette solution est difficilement admissible. Outre qu'il nous semble établi, quoi que l'on ait pu dire, qu'aucune récompense n'est due pour les prélèvements effectués sur les revenus, c'est-à-dire sur les ressources destinées à être consommées, la récompense ayant uniquement pour but d'obvier à la diminution de ce qui doit être conservé, le patrimoine commun, le capital même, il faut noter que l'art. 1469 C. Civ. impose l'obligation de la récompense non pas toutes les fois qu'il y a libéralité, acte tendant à gratifier un enfant

1. Cf. Observations, *Journ. des assur.*, 1885, p. 114 et 115; Vibert : *op. cit.*, p. 69.

2. Blondel : *op. cit.*, p. 230; Tissier : *op. cit.*, p. 203; Dujarier : *op. cit.*, p. 85 et 97; Typaldo Bassia : *op. cit.*, p. 163; Beudant : Note, D. P. 76, 1, 5.

né d'une précédente union, mais exclusivement lorsqu'il s'agit d'une constitution de dot [1].

Pareillement un époux peut assurer sa vie au profit d'un enfant naturel reconnu. Il a été allégué qu'alors les termes généraux de l'art. 908 C. Civ. forcent à dire qu'il ne pourra pas se dépouiller par là plus que de la part déterminée par le Code, que si l'enfant naturel a été reconnu durant le mariage cette reconnaissance ne pourra point nuire à l'autre époux pas plus qu'aux autres enfants issus du mariage, par application de l'art. 337, que si donc l'époux qui le reconnaît n'a pas de revenus dont il puisse librement disposer, ce qui arrive pour la femme non séparée de biens ou n'ayant pas de paraphernaux sous le régime dotal, les primes payées pour l'enfant naturel pourront être réclamées [2].

On peut se demander comment l'art. 908 C. Civ. serait applicable en présence d'une opération qui fournit des ressources prises hors des biens du père ou de la mère naturel. Cette disposition paraît manifestement inspirée par le désir de conserver la majeure partie du patrimoine aux enfants légitimes ; son intervention ne saurait donc se justifier lorsqu'il s'agit de procurer à l'enfant naturel une valeur qui n'a pas fait partie de la fortune du père ou de la mère. L'on pourrait peut-être admettre une restitution des primes à la grande rigueur, mais ne serait-ce pas nier cette règle qu'il n'est dû aucun compte des revenus ? ne serait-ce pas porter atteinte à ce principe incontestable que l'on a le droit d'employer à sa guise le produit du travail ou des biens et que la loi ne peut avoir d'effet que pour la diminution du capital ?

---

1. Cass., 23 juin 1869, D. P. 70, 1, 7 ; S. 69, 1, 358.

2. Toudière : *op. cit.*, p. 129. — L'application des art. 908 et 757 C. Civ. a été également soutenue (*Journ. des assur.*, 1882, p. 253), mais uniquement, à notre sentiment, parce que l'on répute toute libéralité sujette à rapport.

Dans tous les cas les partisans de cette opinion reconnaissent eux-mêmes que le bénéfice de l'assurance appartiendrait en propre à l'enfant naturel qui, parvenu à sa majorité, contracterait, moyennant des primes payées par lui-même, une assurance sur la tête de son père et de sa mère ; c'est qu'en pareil cas, il y a eu acquisition directe et à titre onéreux par l'enfant naturel.

Il en serait de même au cas où une personne, préoccupée de la gêne devant résulter, pour un enfant naturel, de la mort prématurée de son père ou de sa mère, souscrirait au profit de cet enfant une assurance sur la tête du père ou de la mère ; le bénéfice de cette assurance échapperait nécessairement à toute revendication des héritiers ou du conjoint de l'assuré, l'ayant droit étant devenu créancier de la Compagnie non par un acte imputable au père ou à la mère, mais bien par l'intervention d'un tiers.

SECTION IV

Droits de la femme en présence d'une assurance contractée pour un tiers bénéficiaire.

Pour terminer ce qui a trait aux droits des époux en présence d'un contrat d'assurance sur la vie, il reste à parler de la situation que la conclusion de la police fait à la femme au cas où l'assurance n'est point passée à son profit.

Dès le début, il convient de le dire, aucun doute ne peut surgir si les époux ont signé un contrat de mariage comportant emploi d'un régime exclusif de communauté. Nous l'avons montré plus haut, la difficulté n'est susceptible de naître qu'autant que les époux ont adopté le régime de la communauté.

Les règles qui déterminent l'attribution du bénéfice permettent de résoudre la question de savoir quand la créance contre la Compagnie peut tomber dans la communauté ou, au contraire, est exclue de cette dernière [1].

Toutes les fois que le mari aura traité en faveur d'un bénéficiaire insuffisamment désigné, ou bien quand il sera réputé avoir contracté pour son propre patrimoine, en d'autres termes quand la stipulation pourra être considérée comme faite conformément à l'art. 1122 C. Civ., le capital assuré fera partie de la succession du mari : dès lors, il entrera dans la communauté [2]. Il s'en suit que si la femme accepte la communauté elle touchera la moitié du capital assuré et verra sa part dans la masse commune diminuée d'autant si elle recueille toute la somme versée par la Compagnie ; à l'inverse, elle ne percevra rien si elle renonce à la communauté. Le moment de la signature de la police n'exerce aucune influence. Il importe peu que l'assurance ait été souscrite avant le mariage ou au cours du mariage : tout dépend de la question de savoir si oui ou non la créance contre l'assureur peut être considérée comme ayant fait partie du patrimoine du mari [3].

1. Cf. ce que dit à ce sujet Guillouard : *Traité du contrat de mariage*, T. 1, nº 378, p. 347, etc.. Cependant, il est à noter que cet auteur est peut-être trop absolu en ce qui concerne le cas où l'assuré se réserve la faculté de disposer jusqu'à son décès du droit au bénéfice.

2. Cass., 15 décemb. 1873 Bonnev. de Mars. : 1, 148 ; V. Defrénois : *Traité pratique et formul. des liquidat. et partages*, 2ᵉ édit., Paris, 1867, 3619.

3. Il a été jugé que le capital d'une assurance stipulé payable, après la mort de l'assuré, à ses héritiers ou à son ordre ou aux personnes qu'il se réserve de

Si le mari s'est assuré dans l'intérêt d'un tiers désigné, comme ce dernier a acquis dès le jour même du contrat un droit propre et exclusif sur le capital assuré, la somme ne peut être considérée comme ayant fait partie du patrimoine du mari et de la communauté. La femme est privée de tout profit : elle n'a même pas droit aux primes, le mari étant libre de disposer à titre gratuit et particulier des effets mobiliers de la communauté au profit de toutes personnes pourvu qu'il ne s'en réserve pas l'usufruit (art. 1422 C. Civ.).

La distinction posée plus haut sert à résoudre une autre question : celle de savoir si le montant de l'assurance peut servir à l'exercice des reprises.

Si, par suite des effets d'une stipulation passée dans les termes de l'art. 1422 C. Civ., le capital assuré est tombé en communauté, il peut servir à payer les reprises ; il n'existe aucune raison, en effet, pour ne pas l'assimiler aux autres biens composant la communauté. Au cas où la stipulation est faite dans les termes de l'art. 1121 C. Civ., comme la personne gratifiée est devenue créancière exclusive de la Compagnie, il est clair que le capital assuré n'ayant point fait partie de la communauté la solution doit être contraire [1].

désigner, fait partie de sa communauté d'acquêts (Cass., 15 décemb. 1873, D. P. 74, 1, 113 ; S. 74, 1, 199). La solution ne serait pas douteuse maintenant, sous l'empire de la nouvelle jurisprudence quant aux polices endossables, parce que les bénéficiaires appelés dans l'espèce réglée par cette décision à recueillir à défaut de l'usage de la faculté d'endossement n'étaient point déterminés.

1. *Quid* au cas où l'assurance est faite au profit d'un conjoint qui en recueille le bénéfice ?

Il a été allégué, en matière fiscale, à la vérité (Sol. Régie, 4 avril 1878 : *Rev. du Notar.*, 1880, 351), que les reprises peuvent alors être exercées : le capital assuré doit rester en dehors des prélèvements, si les valeurs existant dans la communauté au jour de la dissolution suffisent à l'exercice des reprises des deux époux ; mais lorsque les biens existant au décès présentent une valeur inférieure à celle des reprises, on peut admettre que l'excédent de reprises se trouve représenté jusqu'à due concurrence par la somme que les époux ont pu acquérir de la Compagnie d'assurance.

On a fait valoir que cette décision paraît se concilier avec l'intention probable des époux et spécialement avec celle du mari, lequel, lorsqu'il stipule dans l'intérêt de sa femme, n'entend vraisemblablement pas rester, le cas échéant, débiteur des reprises de celle-ci sur ses biens propres, après lui avoir fait, au moyen de l'assurance, un avantage qui peut être plus que suffisant pour la désintéresser.

Néanmoins ce système a été écarté et avec juste raison : nous pensons avec les auteurs qui ont envisagé la question (Couteau : *op. cit.*, T. II, p. 505 ; Mornard : *op. cit.*, p. 302 ; Taudière : *op. cit.*, p. 187), qu'il ne repose pas sur une base juridique. Si le mari veut pourvoir, grâce à une assurance, à l'exercice des reprises de sa femme, il le peut fort bien ; de même, il a la latitude, au moyen d'une assurance, de procurer à sa femme un avantage propre destiné à lui assurer des ressources, pour le temps où il ne sera plus. Mais ces deux opérations sont parfaitement distinctes : au premier cas, il fait non pas un avantage à sa femme, mais une libéralité à ses héritiers, puisqu'il affranchit ses biens personnels de toute reprise. Pourquoi, dès lors, se permet-on de substituer arbitrairement la première opération à la seconde ?

Aucune difficulté bien sérieuse ne peut se présenter pour les récompenses.

Naturellement quand le capital assuré tombe dans la communauté cette dernière n'a point à tenir compte des sommes qui ont servi à maintenir le contrat et qui ont été puisées dans son actif. Lorsque le bénéfice est recueilli par un tiers la femme n'a pas plus droit au remboursement des primes qu'au capital lui-même, le mari n'ayant fait qu'user du droit de disposition que lui accorde l'art. 1422 C. Civ..

FIN DU TOME DEUXIÈME.

ERRATA ET ADDENDA.

Page 27, treizième ligne : *au lieu de* descendants, *lisez :* ascendants.

Page 29, note 2. Ne peut-on pas reprocher à la Cour de Paris d'aller trop loin — non pas tant quand elle proclame (Paris, 12 janv. 1894, *Journ. des assur.*, 94, 96 ; *Rec. périod. des assur.*, 94, 132) que les certificats émanés des médecins des Compagnies et celui du médecin du contractant relatifs à la dernière maladie et aux conditions dans lesquelles elle est née doivent faire écarter toute fraude, mais bien lorsqu'elle décide que la présomption d'une fraude ou d'une réticence sur l'état de santé du contractant ne peut être que difficilement admise quand il s'est écoulé un long temps entre la souscription du contrat et le décès du contractant?

Page 40, note 1. *Adde :* Paris, 12 janv. 1894 ; *Journ. des assur.*, 94, 96 ; *Rec. périod. des assur.*, 94, 96.

Page 46 : *au lieu de* Section IV, *lisez :* Section II.

Page 98, vingt-septième ligne : Cette clause que la déchéance, en tant que touchant à l'ordre public, devrait être prononcée même dans le silence de la police, paraît généralement acceptée.

V. C. Vivante : *Istituzioni di diritto commerciale*, 2ᵉ édit., Milan, 1894, p. 241.

Page 105, note 8. L'acceptation peut résulter de ce fait que le bénéficiaire a pris part à l'instance engagée par les créanciers pour se faire attribuer le capital assuré.

Trib. civ. Laon, 7 févr. 1894, *Gaz. des Trib.*, 13 juin 1894 ; Trib. comm. Châlons-sur-Marne, 21 août 1889, *Journ. des assur.*, 91, 130 ; *Rec. périod. des assur.*, 90, 234.

Page 113 : *au lieu de* Obligations après décès de l'assuré, *lisez :* Obligations après le décès de l'assuré.

Page 121, note 3 : Arrêt de la Cour de Cassation, 16 mars 1893, D. P. 94, 1. 138 et le rapport de M. le conseiller Vételay à la Chambre criminelle sur cette affaire, D. P. 94, 1. 137.

Page 122, note 1. Dernièrement M. Pabon (*Manuel juridique des médecins, des dentistes et des sages-femmes*, Paris, 1894, p. 220) soutenait que « le médecin était seul juge en son âme et conscience du point de savoir s'il devoit ou non délivrer le certificat exigé ». M. Brouardel, au contraire, a maintenu dans toute sa rigueur sa thèse ancienne : le médecin doit refuser absolument de donner un certificat (*Le secret médical, leçons à la Faculté de médecine de Paris, Annales d'hygiène publ. et de méd. lég.*, avril 1894).

Page 148, note 1 : Les créanciers ne peuvent, en vertu de l'art. 1166 C. Civ., exercer le droit de révocation qui appartient à leur débiteur. Sans vouloir insister sur cette idée que la stipulation pour autrui fait partie d'un contrat parfait en lui-même, que seuls les contractants peuvent modifier ou révoquer (Tartufari : *Dei contratti a favore di terzi*, Vérone, 1889, § 126), il faut dire que le droit de révoquer la stipulation pour autrui est, de sa nature et par la volonté des contractants, éminemment personnel au stipulant ; il ne constitue pas en lui-même un avantage pécuniaire sur lequel les créanciers peuvent exercer leur gage. Toutefois, après avoir admis cette idée on a enseigné (notamment Champeau : *La stipulation pour autrui et ses principales applications*, p. 140) que les créanciers peuvent fort bien exercer l'action Paulienne.

Page 159, quinzième ligne. Note : Jugé que la Compagnie qui avance de l'argent à un de ses assurés et consent à ce que cet assuré remette les polices en nantissement à des tiers pour contracter des emprunts, accepte tacitement la dérogation à l'indivisibilité du paiement des assurances sur la vie et ne peut s'en prévaloir ultérieurement. Trib. civ. Seine, 5 mars 1894, *Journ. des assur.*, 94, 175.

Page 185, sixième ligne : Conformément à la doctrine enseignée ici un jugement du Tribunal civil de la Seine du 7 mars 1894 (*Rec. périod. des assur.*, 94, 258) a déclaré qu'en l'absence de la signification prescrite par l'art. 2075 C. Civ., et en cas d'endossement, la constitution du gage d'une police pour sûreté d'une dette civile n'était pas opposable aux tiers. V. les observations suggérées par cette décision, *Rec. périod. des assur.*, 1894, p. 261 à 263.

Page 187, sixième ligne. note : Décidé que lorsqu'une personne donne en nantissement une police d'assurance sur la vie, on ne saurait la présumer animée de l'intention de priver du droit au capital assuré le bénéficiaire expressément indiqué dans le contrat. Trib. civ. Seine, 5 mars, 1894, *Journ. des assur.*, 94, 175.

Page 225, note 1 : Aux auteurs qui ont reconnu un droit propre et exclusif à la personne gratifiée d'une assurance passée dans les termes de l'art. 1121 C. Civ., il faut joindre Dumont : *De l'attribution de l'indemnité d'assurance sur la vie*, p. 227; Champeau : *La stipulation pour autrui et ses principales applications*, p. 182.

Page 268, note 3. Dans le sens de l'arrêt de la Cour de Cassation, il y a lieu de citer un jugement du Tribunal civil de la Seine du 5 mars 1894 (*Journ. des assur.*, 94, 175), décidant que le maintien dans les clauses générales d'une police de la mention relative à la faculté de céder cette police par voie d'endossement ou de la racheter, ne démontre pas l'intention du stipulant d'enlever le bénéfice de l'assurance à la personne qui était formellement désignée pour toucher la somme promise par la Compagnie.

Page 277, note 2. Le droit de saisir arrêter le capital assuré en pareille circonstance a été nettement refusé aux créanciers du stipulant par le Tribunal civil d'Alger, le 15 novembre 1893, *Journ. des assur.*, 94, 215.

Page 303. Note, vingt-deuxième ligne : Dès cette époque M. Defrénois (*Traité prat. du contrat d'assur. sur la vie*, p. 93) combattait la doctrine de l'arrêt précité rendu par la Cour de Cassation, le 2 mars 1881 ; il admettait le droit propre de la femme sur le capital même, mais le rapport à la masse de la faillite du montant des primes payées par le mari. V. aussi Defrénois : *Traité des liquidations*, 3618.

Page 337, note 3. *Adde :* Trib. civ. Seine, 19 janv. 1894, *Rec. périod. des assur.*, 94, 251.

TABLE DES MATIÈRES.

QUATRIÈME PARTIE

OBLIGATIONS DE L'ASSUREUR, DE L'ASSURÉ, DU TIERS ASSURÉ ET DU BÉNÉFICIAIRE.

	Pages.
CHAPITRE PREMIER : *Obligations de l'assureur*	3
Section I. — Obligations lors de la formation du contrat	3
Section II. — Obligations au cours du contrat	4
Section III. — Obligations à l'arrivée de la condition prévue	11
CHAPITRE DEUXIÈME : *Obligations de l'assuré*	20
Section I. — Obligations lors de la formation du contrat	20
§ 1. — Déclarations	20
§ 2. — Indication des autres assurances	38
§ 3. — Paiement de la première prime	42
§ 4. — Paiement des frais du contrat	45
Section II. — Obligations au cours du contrat	46
§ 1. — Non aggravation des risques	46
A. — Suicide	50
B. — Duel	62
C. — Condamnation judiciaire	64
D. — Séjour et voyage à l'étranger	67
E. — Profession de marin	71
F. — Risque de guerre	72
§ 2. — Paiement de la prime annuelle	77
CHAPITRE TROISIÈME : *Obligations du tiers assuré*	94
CHAPITRE QUATRIÈME : *Obligations du bénéficiaire*	97
Section I. — Obligations au cours du contrat	97
§ 1. — Non aggravation des risques	97
§ 2. — Maintien du contrat	103
§ 3. — Acceptation	103
Section II. — Obligations après le décès de l'assuré	113
CHAPITRE CINQUIÈME : *Obligations de l'assuré au cas où il est bénéficiaire lui-même.*	125
§ 1. — Assurance en cas de vie	125
§ 2. — Assurance mixte	126

CINQUIÈME PARTIE

EFFETS DU CONTRAT A L'ÉGARD DE L'ASSUREUR ET DE L'ASSURÉ.

Pages.

CHAPITRE PREMIER : *Effets du contrat à l'égard de l'assureur*.............   129

CHAPITRE DEUXIÈME : *Effets du contrat à l'égard de l'assuré*............   133
  Section I. — Droit d'attribution du bénéfice....................   133
  Section II. — Droit de révocation   145
  Section III. — Droits personnels à l'assuré.....................   150
    § 1. — Droit de renouvellement du contrat.................   151
    § 2. — Droit de rachat....................................   152
    § 3. — Droit de réduction.................................   154
    § 4. — Droit de participation aux bénéfices...............   155
    § 5. — Droit d'emprunt....................................   158
  Section IV. — Droit de transmission.............................   159
    § 1. — Modes de transmission..............................   166
      A. — Transmission par le contrat...................   166
      B. — Transmission par un acte postérieur suivant le droit civil.   167
      C. — Transmission par un acte postérieur suivant le droit commercial ...   173
      D. — Nantissement.................................   184
      E. — Tradition....................................   187
    § 2. — Effets de la transmission   189
      A. — Transmission à titre gratuit   191
      B. — Transmission à titre onéreux.................   205

SIXIÈME PARTIE

EFFETS DU CONTRAT A L'ÉGARD DU BÉNÉFICIAIRE ET DES TIERS.

Notions générales..   213

CHAPITRE PREMIER. — *Droits du bénéficiaire*......................   220
  Section I. — Assurance contractée au profit d'un tiers déterminé.....   220
  Section II. — Assurance souscrite au profit de tiers indéterminés   245
  Section III. — Assurance à ordre................................   263
  Section IV. — Assurance mixte...................................   269
  Section V. — Assurance sur la tête d'un tiers...................   275

CHAPITRE DEUXIÈME : *Droits des créanciers.*
  Section I. — Notions générales.................................   276
  Section II. — L'assurance sur la vie et la faillite.............   280
    § 1. — Effets de la faillite déclarée du vivant de l'assuré..........   282
    § 2. — Effets du décès de l'assuré au cours de la faillite   291
    § 3. — Assurance au profit de la femme......................   295
    § 4. — Assurance au profit de tiers.........................   308

Pages.

CHAPITRE TROISIÈME : *Droits des héritiers* 319
  Notions générales 319
  Section I. — Assurance contractée au profit de l'un des époux 320
    § 1. Assurance contractée par le mari au profit de sa femme 320
    § 2. Assurance contractée par la femme au profit de son mari 342
    § 3. Assurance contractée par l'un des époux au profit du conjoint survivant 343
  Section II. Assurance souscrite en faveur des enfants, des héritiers et ayants cause 343
    § 1. Réduction 344
    § 2. Rapport 346
  Section III. Assurance sur la tête d'un tiers 348
  Section IV. Assurance en cas de vie 349

CHAPITRE QUATRIÈME : *Droits des époux* 350
  Section I. Assurance contractée par un époux en faveur de son conjoint 351
    § 1. Assurance passée par le mari au profit de sa femme 353
      I. Assurance antérieure au mariage 353
      II. Assurance souscrite au cours du mariage 358
    § 2. Assurance passée par la femme en faveur de son mari 368
    § 3. Assurance contractée par les deux époux au profit du survivant 370
    § 4. Révocation de l'assurance passée par un époux dans l'intérêt de son conjoint 379
  Section II. Assurance signée par un époux à son profit personnel 382
    § 1. Assurance passée antérieurement au mariage 382
    § 2. Assurance souscrite par la femme 383
    § 3. Assurance souscrite par le mari 384
  Section III. Assurance contractée par un époux en faveur d'une personne autre que son conjoint 385
    § 1. Assurance antérieure au mariage 385
    § 2. Assurance souscrite au cours du mariage 387
  Section IV. Droits de la femme en présence d'une assurance contractée par un tiers bénéficiaire 393

  Errata et Addenda 395

LE PUY-EN-VELAY. — IMPRIMERIE MARCHESSOU FILS.

BIBLIOTHEQUE

NATIONALE

CHATEAU
de
SABLE

1994

www.ingramcontent.com/pod-product-compliance
Lightning Source LLC
LaVergne TN
LVHW050833060726
842527LV00001BA/210